한반도와
강대국의
국제정치

미국의 한반도정책을
중심으로(1943~1954)

한반도와 강대국의 국제정치

_ 미국의 한반도정책을 _
중심으로(1943~1954)

초판 1쇄 발행 2021년 7월 17일

지 은 이   권영근
발 행 인   권선복
편   집   오동희
디 자 인   김소영
전 자 책   오지영
발 행 처   도서출판 행복에너지
출판등록   제315-2011-000035호
주   소   (07679) 서울특별시 강서구 화곡로 232
전   화   0505-666-5555
팩   스   0303-0799-1560
홈페이지   www.happybook.or.kr
이 메 일   ksbdata@daum.net

값 33,000원
ISBN 979-11-5602-899-4   (93340)

책 제목 확정에 도움을 주신
정도영 (전)환경부 중앙환경분쟁조정위원회 위원장님에게 감사드립니다.

도서출판 행복에너지는 독자 여러분의 아이디어와 원고 투고를 기다립니다. 책으로 만들기를
원하는 콘텐츠가 있으신 분은 이메일이나 홈페이지를 통해 간단한 기획서와 기획의도, 연락
처 등을 보내주십시오. 행복에너지의 문은 언제나 활짝 열려 있습니다.

한반도와
강대국의
국제정치

미국의 한반도정책을
중심으로(1943~1954)

권영근 지음

도서
출판 **행복에너지**

목차

저자 서문

이 책은 미국이 한반도 신탁통치를 공식적으로 거론한 1943년부터 한국과 미국 모두에서 한미상호방위조약이 발효된 1954년 11월까지의 미국의 한반도정책에 관한 것이다. 시카고대학의 저명 한반도 전문가 브루스 커밍스(Bruce Cumings) 교수는 "1943년부터 10년 동안 한반도에서 벌어진 사건들을 제대로 이해하지 못하면 오늘날의 한반도 정치를 전혀 이해할 수 없다."[1]라고 말했다. 필자는 이 같은 커밍스 교수의 관점에 전적으로 공감하는 입장이다.

이 책을 포함하여 추후 발간할 또 다른 책에서 필자는 1943년 이후 한반도에서 벌어진 주요 사건의 이면에 미국이 있었다고 주장할 것이다.[2] 한

---

1. Bruce Cumings(2005), *Korea's Place in the Sun: A Modern History* (Updated Edition) (p. 185). W. W. Norton & amp.; Company. Kindle Edition.

2. 브루스 커밍스가 지적하고 있듯이 1943년부터 미 국무성은 한반도 정치발전을 동아시아 지역에서의 미국의 안보와 연계하여 생각했다. Lloyd Gardner(1983), "Commentary," *in Child of Conflict: The Korean-American Relationship, 1943-1954*(Seattle: University of Washington Press, 1983) edited by Bruce Cumings, p. 58. 이는 미국이 한반도 상황을 자국 입장에서 동북아 안보에 도움이 되는 방향으로 유도하고 조성할 필요가 있었을 것이란 의미다.

반도 신탁통치 구상, 38선 분단, 남한 단독정부 수립, 대구 10·1사건, 여수/순천 10·19사건과 제주도 4·3사건 진압, 6·25전쟁[3], 이승만, 박정희, 전두환의 대통령 취임[4], 노태우의 6·29선언[5], 1997년의 IMF 사태, 북한 핵무기 개발[6] 등 한반도에서 벌어진 주요 사건의 이면에 미국이 있었다고 할 것이다. 이 같은 필자의 주장이 사실이라면 지난 70여 년 동안 한반도에서 벌어진 주요 사건을 올바로 이해하고자 하는 경우 미국이 이들 사건을 초래한 이유를 알 필요가 있다. 따라서 미국의 한반도정책 이해가 필수적이다. 이 책을 통해 필자는 한국인들이 이 같은 필자의 주장의 사실 여부와 미국이 이들 사건을 초래한 이유를 이해할 수 있기를 기원한다.

필자의 이 같은 주장은 미국이 지구상 유일 패권 국가이었다는 사실, 또 다른 패권국가 부상 방지를 자국의 가장 중요한 목표로 생각했다는 사실[7],

3. 미국이 신탁통치, 분단, 남한 단독정부 수립, 대구 10·1사건, 여수/순천 10·19사건과 제주도 4·3사건 진압, 6·25전쟁과 관련하여 많은 책임이 있다는 사실은 이 책을 통해 확인 가능할 것이다.

4. 미국이 이승만, 박정희, 전두환의 집권에 상당히 많이 기여했다는 사실과 관련해서는 다음을 참조. Gregg A. Brazinsky(2007), *Nation Building in South Korea* (The New Cold War History) (p. 254). The University of North Carolina Press. Kindle Edition.

5. 미국이 노태우의 6·29 선언에 깊숙이 개입되어 있었음을 알고자 하는 경우 다음을 참조. Chae-Jin Lee(2006), *A Troubled Peace: U.S. Policy and the Two Koreas* (Johns Hopkins University Press, 2006), pp. 123-6.

6. 북한 핵무장이 오늘날 미국 입장에서 대단히 중요한 의미가 있다는 사실과 관련해서는 다음을 참조. "북한이 재래식 전력 측면에서 한국군과 비교하여 열세하다는 점에도 불구하고 주한미군을 한반도에 주둔시킬 수 있게 해주는 주요 수단은 결국 북한 핵무기일 것이다." Scott A. Snyder(2018), *South Korea at the Crossroads: Autonomy and Alliance in an Era of Rival Powers* (A Council on Foreign Relations Book)(New York: Columbia University Press. 2018), p. 211.; 오늘날 북한 핵은 한미동맹 유지의 명분을 제공해주고 있다. 1990년대 당시 많은 한국인과 일본인이 한미동맹과 미일동맹의 지속 유지에 의문을 제기했다. 그 와중에서 이들 동맹을 지켜준 것은 북한 핵무기 개발이었다. 오늘날 트럼프가 한국에 방위비분담금 5배 증액을 요구할 수 있게 한 것도 북한 핵무기 개발이었다. Mira Rapp-Hooper(2020), *Shields of the Republic* (pp. 115-7), Harvard University Press. Kindle Edition.

7. Samuel P. Huntington(2001), *The Clash of Civilizations and the Remaking of World Order* (New York: Simon & Schuster, 2001), pp. 228-36.; John J. Mearsheimer(2014), *The Tragedy of Great Power Politics*(New York : W. W. Norton &Company, 2014), pp. 30-2, 35-8.

그러한 방지 차원에서 한반도에 대한 영향력 확보를 대단히 중요하게 생각했다는 사실, 미군이 한반도에 진주한 1945년 9월 8일 이후 한반도에서 상당한 영향력을 행사할 수 있는 입장이었으며, 과도할 정도로 영향력을 행사하고자 노력했다는 사실에 기인한다. 결국 해방 이후 한반도에서 벌어진 주요 사건은 한반도에 대한 미국의 영향력을 확보하고, 유지하며 강화하기 위한 성격을 띤다. 한반도를 미국과 또 다른 강대국 간의 패권경쟁에 동원하기 위한 성격이었다. 미국의 이 같은 행태는 동맹이론 측면에서 보면 지극히 당연한 현상이다.

2차 세계대전이 치열하게 진행되던 1943년부터 미국은 전후 소련의 세력팽창 저지를 위해 지구상 주요 지역 국가들과 동맹을 체결한 후, 이들 국가에 미군을 주둔시켜야 할 것으로 생각했다. 미국이 이처럼 생각한 지역에 한반도가 포함되어 있었다.[8] 미국은 한반도가 소련의 영향권으로 들어가는 경우 일본이 중립국을 추구하게 되면서 미군 주둔을 거부할 것이라고 생각했다.[9]

미국이 한반도를 일본의 영향권으로 인정해 준다는 내용을 담고 있던 카츠라(桂)-테프트 밀약이 체결된 1905년 이후 관심을 접었다가 또다시 한반도에 관심을 표명한 것은 일본군의 진주만 공격이 있던 1941년 12월 8일 직후였다. 일본군의 진주만 공격 이후 미국은 주중 미국대사를 통해 얻은 정보에 입각하여 해외 조선인들의 독립운동 현황, 해외 조선인과

---

8. Melvyn P. Leffler(2017), *Safeguarding Democratic Capitalism* (p. 124). Princeton University Press. Kindle Edition.

9. George F. Kennan(1972), *Memoirs 1950-1963* (Boston: Little, Brown and Company, 1972), pp. 41-4.; "…한반도에 미군을 주둔시키지 못하면 일본에 미군 기지를 유지하기가 쉽지 않을 것이다." Henry Kissinger(2001), *Does America Need a Foreign Policy?: Toward a New Diplomacy for the 21st Century* (Kindle Location 1617, 1804). Simon & Schuster. Kindle Edition.; 일본이 주일미군을 유지하는 주요 이유는 한반도의 분단 상태를 지속 유지하게 하기 위함이다. Ibid., (Kindle Location 1871)

한반도 조선인들의 관계, 한반도에 대한 주변국들의 이익 등을 심층 연구했다. 이 같은 연구에 입각하여 1943년 11월 카이로에서 프랭클린 루즈벨트(Franklin Delano Roosevelt) 대통령이 한반도 신탁통치를 거론했다. 미국의 한반도정책이 처음으로 모습을 드러낸 것이다.

당시부터 오늘에 이르기까지의 미국의 한반도정책을 어떻게 설명할 수 있을까? 이는 한반도가 미국, 중국, 러시아, 일본이란 주변 4강 입장에서 '전략적 이익(Strategic Interests)'에 해당하는 지역이란 사실과 한반도가 미국 입장에서 중국 및 러시아와 같은 적성국을 겨냥하여 전력을 투사할 수 있는 지역이란 사실에 기인했다. '전략적 이익'이란 그것 자체로는 의미가 없을 수 있지만 해당 지역이 자국 입장에서 적성국으로 모두 넘어가는 경우 적성국과의 경쟁에서 매우 불리해지는 그러한 지역을 의미한다.[10] 냉전 당시를 보면, 미국은 한반도에 대한 모든 영향력이 소련으로 넘어가는 경우 미소(美蘇) 경쟁에서 자국이 절대적으로 불리해지는 반면 자국으로 넘어오는 경우 절대적으로 유리해진다고 생각했다. 냉전 종식 이후 여기서 소련이 중국으로 바뀌었을 뿐이다.

미국의 한반도 신탁통치 구상은 한반도에 대한 모든 영향력을 자국 입장에서 적성국, 다시 말해 소련에 넘겨주면 안 된다는 이 같은 인식에 근거하고 있었다. 이미 1943년 미 국무성은 이 같은 인식을 표명했다. 당시 미 국무성은 미국이 한반도에 대한 상당한 영향력을 확보하여 행사해야 한다고 주장했다. 이 같은 영향력 확보 및 행사 차원에서 미군의 한반도 주둔 필요성을 암시했다. 미 국무성은 한반도 전체가 소련의 영향권으로

---

10. Glenn H. Snyder(1984), "The Security Dilemma in Alliance Politics," *World Politics*, Vol. 36, No. 4(Jul, 1984), p. 472.; Victor D. Cha(2003), "America's Alliance in Asia: The Coming Identity Crisis with the Republic of Korea?," in *Recalibrating The U.S.-Republic of Korea Alliance*(U.S. Department of Defense, May 2003), edited by Donald W. Boose, Jr. Balbina Y. Hwang, Patrick Morgan, Andrew Scobell, p. 16.

들어가면 미국에 우호적인 장제스(蔣介石)가 통치하게 될 중국대륙 안보는 물론이고 일본 안보가 위험해질 것이라고 생각했다.[11] 중국과 일본을 자국의 영향권으로 흡수한 소련이 궁극적으로 미국의 안보를 위협할 수 있을 것으로 생각했다. 한반도 신탁통치 구상을 통해 전후 미국이 한반도에 미군을 주둔시켜야 할 것으로 생각했던 것은 이 같은 이유 때문이었다.

오늘날 주변국 모두 한반도 남북통일을 원치 않는데 이것 또한 동일한 이유 때문이다. 미국은 통일한국이 중국과 가까워지면서 주한미군이 한반도에서 강제 철수당할 가능성을 자국 입장에서 최악의 상황으로 생각하는 반면[12] 중국은 통일 이후에도 한미동맹이 지속 유지되면서 미군이 압록강 부근으로 올라올 가능성을 심각히 우려하고 있는 것이다.[13] 이들이 남북통일이 아니고 현상 유지를 염원하고 있는 것은 이 같은 이유 때문이다.

미국은 한반도를 아태지역 우방국들을 적성국의 위협으로부터 보호하기 위한 완충지대로 생각했을 뿐만 아니라 중국 및 소련과 같은 적성국의 영토로 전력을 투사하기 위한 발판으로 생각했다.[14] 결국 지난 70년 동안의 미국의 한반도정책은 미국의 이 같은 인식에 입각하고 있다.

---

11. Quoted in William Stueck(2002), *Rethinking the Korean War* (p. 17). Princeton University Press. Kindle Edition.

12. "남북이 통일되면 한반도와 동북아에서 미국의 역할에 의문이 제기될 것이다." William J. Taylor Jr. and Michael J. Mazarr(1991), "US-Korean Security Relations: Post-Reunification," *KIDA/CSIS Conference and Workshop on* "U.S.-ROK Relations in the Post-Gold War Era," Seoul, Korea, (November 4-8, 1991), p. 158.

13. "…중국 입장에서 가장 바람직하지 않은 결과는 통일한국에 주한미군이 지속적으로 주둔하거나 한미동맹이 강화되기까지 하는 현상이다. 한만국경 건너편에 미군이 주둔하는 현상은…중국 입장에서 보면 경악스러울 뿐만 아니라 결코 수용할 수 없는 현상일 것이다." Cai Jian(2016), "Maintaining the Status Quo or Promoting the Reunification of the Korean Peninsula? A Chinese Perspective," in *One Korea: Visions of Korean Unification(Rethinking Asia and International Relations)* (Routledge, 2016) edited by TaeHwan Kwak and SeungHo Joo, p. 125.

14. Tim Beal(2016), "The Korean Peninsula within the Framework of US Global Hegemony," *The Asia-Pacific Journal*, 15 November 2016.

루즈벨트가 한반도 신탁통치를 거론한 1943년 11월부터 한미상호방위 조약을 체결했으며, 한국군에 대한 미국의 작전통제권 행사를 가능하게 해준 한미합의의사록을 체결한 1954년까지의 미국의 한반도정책은 한반도에 대한 자국의 영향력 확보와 더불어 이 같은 영향력을 패권경쟁에 쉽게 동원 가능하게 만들기 위한 것이었다. 1954년부터 소련의 해체로 냉전이 완벽히 종식된 1991년 12월까지의 미국의 한반도정책은 한반도에 대한 자국의 영향력을 지속 유지하면서 한미동맹을 소련의 세력팽창 저지 목적으로 이용하기 위한 성격이었다. 그러면 냉전 종식 이후의 미국의 한반도정책은 어떻게 생각할 수 있을까? 이는 냉전 종식과 한중수교 및 한러수교로 약화된 한반도에 대한 영향력을 재차 강화한 후 이 같은 영향력을 미중 패권경쟁에 동원하기 위한 성격을 가진다.

예를 들면, 한반도 신탁통치 운운하던 미국이 1945년 8월 15일 38선을 기준으로 한반도를 소련과 분할 점령한 이유, 38선 이남 지역으로 진주한 존 하지(John Reed Hodge)를 포함한 미국의 주요 인사들이 곧바로 남한 단독정부 수립을 위해 노력한 이유, 소련과 중국을 포함한 유라시아대륙 주변부를 봉쇄해야 한다는 내용의 NSC-68이란 문서에서 가정하고 있던 미군 재무장 차원에서 6·25전쟁을 방조 및 조장[15]한 이유, 전후 한미상호방위 조약 체결을 통해 미군을 한반도에 주둔할 수 있게 한 이유는 한반도에 대한 모든 영향력을 소련에 넘겨주면 안 된다는 1943년 당시의 미 국무성의 인식을 반영한 것이었다.

한미상호방위조약만으로는 미군의 한반도 주둔을 보장할 수 없었다. 어느 순간 한국인들이 미군 철수를 요구할 가능성도 없지 않았다. 한미동맹이 아태지역의 미국의 동맹체제에서 함정의 닻에 해당할 정도로 중요한

---

15. 이 책의 4장 2절, 그리고 5장 1절과 2절 참조.

성격[16]이란 사실을 고려하여 미국은 한국인들이 한미동맹 해체를 쉽게 요구할 수 없게 만들 필요가 있었다. 미국이 한미상호방위조약 체결 조건으로 한국군에 대한 작전통제권 행사를 요구했으며, 한국군을 독자적인 전쟁 수행이 불가능한 지상군 중심, 현행 작전 중심으로 편성했던 것은 이 같은 이유 때문이었다.[17] 이 같은 미국의 심모원려(深謀遠慮)로 미군이 한국군에 대한 작전통제권을 행사한 지 70여 년이 지났음에도 불구하고 오늘날에도 많은 한국인들이 미군이 없는 한반도를 상상조차 할 수 없게 된 것이다. 아무튼 당시 이후 미국은 미군의 한반도 주둔을, 미군의 한반도 주둔 측면에서 한국군에 대한 작전통제권 행사를, 매우 중요하게 생각했다.

미국이 1960년의 4·19혁명으로 등장한, 국정 수행을 미 중앙정보국(CIA) 한국지부장과 상의하며 할 정도로 친미적이던 장면(張勉) 정부를 매우 싫어했던 것은 지속적인 학생 데모와 이들 학생의 남북통일 노력을 보며 미군의 한반도 주둔이 어려워질 것으로 생각했기 때문이었다.[18] 미국이 장

---

16. Quoted in Mira Rapp-Hooper(2020), *Shields of the Republic*, (p. 52), Harvard University Press. Kindle Edition.; "Memorandum of Conversation, by the Assistant Secretary of State for Far Eastern Affairs (Robertson), April 24 1953," in *FRUS*, 1952-54, Vol. 15, Part 1, pp. 933-5.

17. 미국이 한반도전쟁에 연루되는 현상을 방지할 목적으로 한국군에 대한 작전통제권을 행사하고자 노력했으며, 오늘날에는 방기를 우려하여 작전통제권 전환을 꺼려하고 있다. Victor D. Cha(2003), "America's Alliance in Asia: The Coming Identity Crisis with the Republic of Korea?", p. 20.; Charles M. Perry 외 2명, *Alliance Diversification and the Future of the U.S.-Korean Security Relationship* (Institute for Foreign Policy Analysis: Potomac Books Inc. 2004), p. 70.; Selig S. Harrison(2009), *Korean Endgame: A Strategy for Reunification and U.S. Disengagement* (Princeton, New Jersey: Princeton University Press, 2009), pp. 166-7.; Shelley Su(2011), "The OPCON Transfer Debate" in *US-Korea 2011 Yearbook* (Johns Hopkins University, 2011), p. 168.; 미어샤이머 "한국, '안보' 美－'경제' 中 사이 결정의 시간 왔다" 『조선비즈』 2015. 10. 28.

18. Gregg A. Brazinsky(2009), *Nation Building in South Korea* (pp. 253-4) Kindle Edition.; 당시 미 CIA는 대한민국의 가장 큰 위협은 북한이 아니고 한국 내부의 비참한 경제상황과 정치적 불안정으로 생각했다. National Intelligence Estimate 14.2/42-61, "The Outlook for Korea," September 7, 1961, p. 1.; Daniel J. Oh(2017), *The United States-Republic of Korea Military Alliance: Impacts on US-ROK Relations And South Korean Political Development, 1960-69* (Ph.d

면 정부를 붕괴시킨 박정희의 쿠데타를 내심 반겼으면서도 김종필과 주한
미국 대리대사 마샬 그린(Marshall Green)이 군사 쿠데타에 동원한 한국군의
작전통제권 문제와 관련하여 합의를 한 이후에나 지지를 표명했던 것은,
미군의 한반도 주둔 보장 측면에서 한국군에 대한 작전통제권 행사의 중
요성을 보여준 것이었다[19]

　냉전 종식 이후 미국이 북한체제 붕괴를 위해 노력한 듯 보였던 김영삼
대통령을 매우 싫어했던[20] 주요 이유는 북한이 붕괴되는 경우 미군의 한반
도 주둔이 의미를 상실할 가능성 때문이었다.[21] 북한체제 유지 차원에서
한국 정부에 대북 포용정책을 요구했던 미국이 2001년 3월 이후 대북 압
박정책으로 돌변했던 것은 2000년 6월 15일의 6·15 남북공동성명 이후
한반도에 평화가 도래했다고 생각한 한국인들이 주한미군 철수를 외쳤기
때문이었다.[22] 미국이 북한정권 생존 보장을 통한 주한미군 입지 강화를

　　Thesis, University of Chicago, 2017), pp. 71, 169–70.

19. Gregg A. Brazinsky(2009), *Nation Building in South Korea* (pp. 120–3) Kindle Edition; 당시
　　유엔사는 미국이 혁명정부를 지지해야 할 것인지 여부는 박정희가 공산주의자가 아니란 사실과 혁
　　명군이 훼손시킨 한국군에 대한 작전통제권을 유엔사로 복원시키는지 여부에 좌우될 것임을 분명
　　히 했다. Daniel J. Oh(2017), *The United States-Republic of Korea Military Alliance: Impacts on
　　US-ROK Relations And South Korean Political Development, 1960-69*, p. 200.; 그런데 미국은 박
　　정희가 공산주의자가 아님은 이미 잘 알고 있었다. 따라서 주요 요인은 작전통제권 복원 여부였다.
　　Ibid., pp. 25–6, 203–224.; 미국 입장에서 보면 1960년대 당시 박정희 정권에 관한 미국의 주
　　요 결심을 추동해주는 것은 한국군에 대한 작전통제권 유지란 부분이었다. Ibid., p. 6.; 1960년대
　　당시 미국의 한반도정책에서 가장 중요한 부분에 한국이 한국군에 대한 미국의 작전통제권 행사를
　　인정하게 하는 일이 있었다. "Record of National Security Council Action No. 2430, June 13
　　1961," in *FRUS*, 1961–1963, Northeast Asia, Vol. 22, pp. 483–5.

20. 통일한국을 달성한 대통령이 되겠다는 열망으로 김영삼 대통령은 붕괴 가능성이 높다고 생각되
　　던 북한체계를 보다 압박하고자 노력했다. Don Oberdorfer and Robert Carlin(2013), *The Two
　　Koreas* (New York: Basic Books, 2013), pp. 270–271, 276, 280.; 북한을 압박하고자 노력했던
　　김영삼 정부를 클린턴 행정부는 좋아하지 않았다. 미국의 관리 가운데에는 "한반도에서 가장 골칫
　　거리는 북한이 아니고 한국정부다"고 생각하는 사람도 있었다. Ibid., p. 306.

21. 이미 언급한 바처럼 미국은 북한이 붕괴되는 경우 통일한국에 주한미군을 주둔하지 못할 가능성을
　　심각히 우려했다. 특히 통일한국이 중국과 가까워질 가능성을 매우 우려했다.

22. "2000년 6월 15일의 남북정상회담 종료와 동시에 주한미군 병사들을 겨냥한 반미적인 표현이 등장

위해 대북 포용정책을 펼친 것인데, 대북 포용정책의 결과 주한미군 입지가 약화된 것이다. 1990년대와 달리 2001년 3월 이후 미국이 이처럼 대북 압박정책을 펼칠 수 있었던 것은 1997년 이후 중국이 매년 상당 규모의 식량과 유류를 북한에 제공해 주었기 때문이었다.

미중 패권경쟁이 격화되고 있는 오늘날 미국이 전작권 전환과 한반도 종전선언에 반대하는 주요 이유 또한 주한미군의 한반도 주둔 보장과 관련이 있었다. 예를 들면, 종전선언 이후 주한미군 입지가 대거 약화될 가능성이 있었던 것이다. 북한 핵이 오늘날처럼 악화된 주요 이유 또한 주한미군 입지와 관련이 있었다. 북한 핵이 없는 경우 북한군 재래식 전력이 한국군과 비교하여 매우 열악한 수준이란 점에서 한국인들이 곧바로 주한미군 철수를 외칠 가능성이 있는 것이다.[23]

한편 미국은 중국의 대륙간탄도탄으로부터 미 본토를 보호하기 위한 성격으로 알려져 있는 사드미사일의 한반도 배치를 위해 노력했는데 이는 한미동맹을 통해 한국을 미중 패권경쟁에 연루시키기 위한 성격이었다.[24] 한국의 인도태평양 전략 동참 요구 또한 동일한 성격일 것이다.

진정 지난 70여 년 동안 한반도에서 있었던 주요 사건들이 미국의 한반도정책과 관련이 있다면, 지난 70여 년 동안 한반도에서 벌어진 주요 사건들 또한 이 같은 한반도정책 측면에서 보다 잘 설명할 수 있을 것이다. 뿐만 아니라 향후 한반도에서 벌어질 주요 사건들에 대한 미국의 반응을

했다.…일부 한국인들이 남북관계가 개선되면 한국의 자율성이 증대되면서 궁극적으로 한미동맹을 종료시킬 수 있을 것으로 생각하고 있었다." Scott A Snyder(2018), *South Korea at the Crossroads*, p. 98.

23. "북한 핵무기 개발은 가난하고 소국인 북한이 취할 수 있는 최상의 방안이다. 왜냐하면 핵무기가 어느 무기도 제공해줄 수 없는 억지력을 제공해주기 때문이다." Victor Cha(1999), "The Rationale for Enhanced Engagement of North Korea," *Asia Survey* XXXIX(6), 1999, p. 848.

24. Younggeun Kwon(2020), "National Defense," in *Routledge Handbook of Korean Politics and Public Administration*(Routledge, 2020) Edited by Chung-in Moon and M. Jae Moon, p. 173.

미국의 한반도정책 이해를 통해 사전 예견해 보거나, 주요 상황에 대한 한국의 대응 방안을 강구해 볼 수도 있을 것이다. 결과적으로 본 연구가 해방 이후부터 오늘에 이르기까지 패권경쟁의 와중에 있는 한국인들에게 많은 도움이 될 것이다.

신탁통치, 미군정, 남한 단독정부 수립, 제주도 4·3사건, 여수/순천 10·19사건 진압, 1949년의 주한미군 철수, 6·25전쟁, 정전협정, 1954년의 제네바회담, 한미상호방위조약 체결이란 이들 주제 가운데 특정 주제에 관해서 또한 많은 연구가들이 오랜 기간 연구한 바 있다. 이 같은 측면에서 보면, 분명히 말하지만 이 책에서의 필자의 연구는 이미 무수히 많은 훌륭한 연구가들이 관련 분야에 관해 진지하게 연구했기 때문에 가능해진 것이다.

한편 개인과 마찬가지로 지구상 모든 국가는 자국의 국익을 위해 일한다. 1945년 9월 8일 이후 미국이 한반도에서 취한 모든 조치는 한국의 국익이 아니고 미국의 국익을 위한 것이었다. 문제는 미국이 자국의 국익을 위해 한국 내부의 주요 사건들에 지대한 영향을 미쳤다는 사실이다. 결과적으로 한국이 미국의 국익 추구 행위에 이용되었다는 사실이다.

이 책과 관련하여 혹자는 반미감정 조성을 우려할 수도 있을 것이다. 그러나 우리는 미국이 아닌 또 다른 주변국이 지난 70여 년 동안 미국을 대신하여 한반도에 들어와 있었다고 가정하는 경우에도 이들 국가가 미국보다 훌륭했을 것으로 생각할 수 없다. 다시 말해. 이 책을 통해 필자는 한미관계에 결코 부정적인 영향을 미칠 의향이 없다. 필자가 이 책을 저술하며 의도하는 바는 지난 70여 년 동안 한국 역사에 지대한 영향을 미친 미국의 한반도정책에 관해 비교적 객관적으로 기술하는 것이다. 이 책을 통해 자기 자신을 본인만큼 사랑하는 사람이 이 세상에 없는 것과 마찬가지로 특정 국가를 자국처럼 아껴주는 국가가 지구상에 없다는 사실을 인지

할 수 있기를 기원한다. 한국인들이 국가안보를 자주적으로 해결해 나갈
수 있기를 진정 기원하는 바이다.

- 권영근

서문

　이 책에서 필자는 1943년의 루즈벨트의 신탁통치 구상부터 1954년의 제네바회담에 이르기까지 한반도와 관련된 주요 사건들을 한반도에 대한 영향력을 확보하기 위한 미국의 노력 측면에서 기술하고 있다. 한반도에 대한 영향력을 확보하고 그 힘을 유지하기 위한 미국의 한반도정책이 이들 사건의 향방을 좌우했다고 주장한다.

　1943년 이후 미국의 한반도정책이 한반도에 대한 영향력을 확보하고 유지하기 위한 성격이라고 가장 먼저 주장한 사람은 시카고대학 교수 브루스 커밍스로 보인다. 커밍스는 1943년 이후 미 국무성이 한반도에 대한 영향력의 확보와 유지를 미국 안보 측면에서 매우 중요하게 생각했다고 말했다. 커밍스는 신탁통치, 미군정, 6·25전쟁에 관해 깊이 연구하고 1945년부터 1948년에 이르는 미군정 정책을 한반도에 대한 영향력을 확보하기 위한 성격이라 기술했다. 그러나 6·25전쟁은 예외라 보았다. 6·25전쟁의 기원을 해방 이후 남한과 북한 고위층 간의 갈등 측면에서 보고, 일제 당시 만주에서 독립운동을 하던 김일성과 같은 북한의 주요 실세들과 이들을 체포하기 위해 노력했던 김석원, 백선엽과 같은 해방 이후 한

국사회의 실세들 간의 싸움으로 생각했다.[1]

이 책에서 필자는 미국 입장에서 6·25전쟁이 미군을 재무장하고 동맹 체제를 구축하고, 이 같은 방식으로 한반도에 대한 미국의 영향력을 확보 하기 위한 성격을 가진다는 관점을 견지하고 있다. 필자의 이 같은 관점은 『강대국 국제정치와 한반도: 트루먼, 스탈린, 마오쩌둥 그리고 6·25전쟁 의 기원(Odd Man Out: Truman, Stalin, Mao and the Origins of the Korean War)』이란 제 목의 책에서의 리처드 쏜턴(Richard C. Ttornton) 교수의 주장과 동일하다. 쏜 턴은 미국 입장에서 6·25전쟁이 미군 재무장 차원에서 한반도에서 미군 과 중국군을 격돌시키기 위한 전쟁이었다고 주장했다. 이같이 주장한 사 람은 쏜턴만이 아니었다.[2] 쏜턴의 주요 업적은 진정 6·25전쟁이 이 같은 성격이었음을 입증하고자 노력했다는 데 있다.

그러나 쏜턴은 미국이 중국군과 유엔군을 가능한 한 장기간 동안 격돌 시키기 위해 노력했음을 충분히 기술하지는 않았다. 1949년 초순부터 유 엔군의 2차 압록강 진격이 있었던 1950년 11월 말경까지만 기술했다. 1 차 및 2차 압록강 진격의 경우 또한 미군 재무장 차원에서의 미국의 노력 을 상세히 기술하지 않았다. 전쟁이 진정 정치적 목표를 겨냥하여 수행된 다면 그리고 6·25전쟁이 미군 재무장 차원에서 미군과 중국군을 격돌시

1. Bruce Cumings(2010), *The Korean War: A History* (Modern Library Chronicles Series Book 33) (Kindle Location 782, 790), Random House Publishing Group. Kindle Edition.

2. 6·25전쟁에서의 미국의 대응은 미군 재무장을 위해 1950년 4월 15일 미 국가안전보장회의가 수립 한 NSC-68 문서와 관련이 있었다. Wada, Haruki(2014), *Korean War* (Asia/Pacific/Perspectives) (Kindle Location 2348), Rowman & Littlefield Publishers. Kindle Edition.; "6·25전쟁은 미국 인들로 하여금 미군 재무장에 동의하게 하기 위한 수단으로서, 공산세력에 대항한 봉쇄의 선을 긋도 록 만드는 과정에서 의미가 있었다. …NSC-68에서는 세계적 차원에서 공산세력을 봉쇄하기 위한 시스템 구축을 촉구하고 있었다. … 6·25전쟁으로 인해 미국이 NSC-68 문서를 채택할 수 있었다." 결국 미국 입장에서 보면 6·25전쟁은 공산세력 봉쇄를 염두에 둔 미군 재무장 수단이었다. Callum A. Macdonald(1986), *Korea: The War Before Vietnam* (New York: Free Press, 1986), pp. 32-3, 37-9.

키기 위한 성격이었다면, 이 같은 사실을 전쟁 수행을 통해 입증해 보일 필요가 있을 것이다. 필자는 유엔군의 1차 압록강 진격에서부터 정전협정이 체결된 1953년 7월까지 미국이 미군 재무장과 동맹체제 구축을 위해 가능한 한 장기간 동안 중국군과 한반도에서 치열하게 싸우고자 노력했으며 미군 재무장을 겨냥하여 전쟁을 수행했다고 본다.

이 책을 저술하며 많은 도움을 받은 또 다른 사람에 미국의 저명 언론인 스톤(I. F. Stone)이 있다. 1952년에 발간한 『6·25전쟁 비사(The Hidden History of the Korean War: 1950–1951)』란 제목의 책에서 스톤은 트루먼, 맥아더와 같은 저명인사들의 발언, 뉴욕타임스지와 같은 주요 언론매체들의 6·25전쟁 보도, 미 극동군사령부 성명 등을 비교 분석하고 있다. 특히 6·25전쟁에서 트루먼과 같은 주요 인사들이 비공식적으로 발언한 미국이 추구해야 할 목표에 관한 이야기를 기술하고 있는데, 이들 자료는 오늘날 어디서도 찾아볼 수 없을 것이다. 6·25전쟁에서 미국이 진정 추구한 목표가 가능한 한 장기간 동안 공산군과 격돌함으로써 미군을 재무장하기 위한 성격임을 입증하는 과정에서 스톤의 책이 많은 도움이 되었다.

이외에도 이 책을 저술하며 여러 연구자들의 연구 결과, 특히 미국인들의 연구 결과가 많은 도움이 되었다. 그러나 가장 많은 도움을 받은 곳은 미국정부일 것이다. 미국의 외교문서, 미 국방부, 합참 및 육군이 발간한 6·25전쟁 서적 등의 자료가 없었더라면 본 연구는 불가능했을 것이다.

본 연구에서의 주요 의문 사항은 다음과 같다.

첫째, 1905년의 카츠라(桂)–테프트 밀약을 통해 한반도를 일본이 점령하게 한 후 더 이상 한반도에 관심을 표명하지 않던 미국이 일본군이 진주만을 공격한 1941년 12월 8일 이후, 특히 1943년 이후 한반도의 상당 부분에 대해 영향력을 행사해야 할 것으로 생각한 것은 무슨 이유 때문일까?

둘째, 한반도에 대한 영향력을 확보하여 유지해야 한다는 미국의 한반도정책이 어떻게 지난 70여 년 동안 한반도에서 벌어진 주요 사건들을 초래한 것일까?

보다 구체적으로 말하면 1943년부터 1954년까지 한반도에서 벌어진 주요 사건들이 어떻게 한반도에 대한 영향력을 확보해야 한다는 미국의 한반도정책에 의해 초래될 수 있었을까?

이 책의 1장에서 필자는 상기 질문에 대해 이론적으로 답변할 것이다. 나머지 장에서는 1943년부터 1954년까지 한반도에서 있었던 주요 사건들이 한반도에 대한 영향력을 확보한다는 미국의 한반도정책에 의해 초래되었음을 역사적 사례 분석을 통해 입증할 것이다.

이 책에서는 상기 의문사항과 더불어 다음과 같은 의문사항에 답변하고 있다.

첫째, 한반도는 왜 분단된 것일까?

둘째, 6·25전쟁은 왜 벌어진 것일까? 왜 그처럼 참혹한 방식으로 장기간 동안 진행된 것일까?

셋째, 미국은 왜 한미동맹을 체결하면서 한국군에 대한 작전통제권 행사를 요구한 것일까? 왜 한국군을 극단적인 육군 중심 군으로 만든 것일까?

넷째, 제네바회담에서 미국은 왜 남북통일과 평화협정 체결에 반대한 것일까?

이들 질문에 대한 세부 질문은 다음과 같다.

첫째, 한반도에 대한 영향력 확보 차원에서 미국이 미국, 소련, 중국, 영국이란 4강에 의한 한반도 신탁통치 방안을 제시한 것은 무슨 이유 때문일까?

둘째, 신탁통치 운운했던 미국이 38선을 중심으로 한반도를 소련과 양분한 것은 무슨 이유 때문일까?

셋째, 신탁통치 운운하며 38선 이남으로 진주한 하지가 신탁통치를 거부한 채 남한지역에 반공(反共)을 표방하는 단독정부 수립을 추구했던 것은 무슨 이유 때문일까? 여운형(呂運亨)이 전국 차원에서 창설한 건국준비위원회를 억압하는 한편, 친일파 중심의 군대, 경찰 및 정당을 만든 것은 무슨 이유 때문일까? 제주도 4·3사건, 여수/순천 10·19사건을 강력히 진압한 것은 무슨 이유 때문일까?

넷째, 한반도에 대한 영향력 확보 차원에서 반공성향의 남한 단독정부를 수립한 미국이 1949년 6월 30일 한반도의 모든 미 전투부대를 철수시킨 것은 무슨 이유 때문일까? 철수 3일 전인 1949년 6월 27일 북한군의 남침을 가정하여 미군을 유엔군의 일환으로 참전시킬 것이라는 내용의 극비문서를 작성[3]한 것은 무슨 이유 때문일까? 마찬가지로 1949년 9월 북한군이 남침하는 경우 유엔군이 낙동강까지 후퇴한 후 인천상륙작전을 통해 반격할 것이며, 그 후 진남포 및 원산에서의 상륙을 통해 북진할 것이란 내용의 SL-17이란 극비문서를 작성[4]했던 것은 무슨 이유 때문일까?

다섯째, 1950년 1월 12일 애치슨이 미국의 아태지역 방어선에서 대만과 한국을 배제시킬 것이란 내용의 연설을 한 것은 무슨 이유 때문일까?

---

3. "Memorandum by the Department of the Army to the Department of State, June 27 1949," in *FRUS*, 1949, The Far East and Australasia, Vol. 7, pp. 1,047-8.

4. 박명림, 『한국 1960: 전쟁과 평화』(서울: 나남출판사, 2003), p. 186.; Colonel (Retired) Donald W. Boose(2013), *Over the Beach: Amphibious Operations in the Korean War* (CreatSpace Independent Publishing Platform, 2013), pp. 118-9.; Clay Blair(1987), *Forgotten War: America in Korea, 1950-1953* (New York: Times Books, 1987), p. 87.

여섯째, 북한군의 남침을 허용해 주는 성격의 전문을 스탈린이 김일성에게 보낸 1950년 1월 30일 직후 해리 S. 트루먼(Harry S. Truman)이 공산세력 봉쇄를 염두에 둔 NSC-68이란 문서의 작성을 지시했던 것은 무슨 이유 때문일까? 트루먼을 포함한 미국의 주요 인사들이 6·25전쟁이 유엔군과 중국군이 가능한 한 장기간 동안 치열하게 싸우는 형태가 되어야 한다고 말했던 것은 무슨 이유 때문일까? 그러면서도 공식적으로는 38선 원상복구, 남북통일과 같은 목표를 언급했던 것은 무슨 이유 때문일까?

일곱째, 미국이 한반도전쟁을 통해 추구한 목표는 무엇이었을까? 38선 원상회복, 남북통일, 38선 원상회복, 자유의사에 의한 포로송환처럼 미국이 한반도전쟁 목표를 지속적으로 바꾼 것은 무슨 이유 때문일까?

여덟째, 북한군의 남침과 중국군의 참전을 트루먼이 기습적인 형태였다고 주장한 것은 무슨 이유 때문일까?

아홉째, 트루먼이 한강방어가 아니고 낙동강 방어를 주장했던 것은 무슨 이유 때문일까?

열째, 트루먼이 38선 북진을 추구했던 것은 무슨 이유 때문일까?

열한 번째, 중국군이 청천강 이북에 대거 포진하고 있음을 잘 알고 있던 당시 트루먼이 유엔군의 압록강 진격을 명령한 것은 무슨 이유 때문일까?

열두 번째, 중국군의 반격과 동시에 미국이 38선 부근에서의 정전협정 체결을 주장했던 것은 무슨 이유 때문일까?

열세 번째, 현재의 휴전선 부근으로 유엔군이 복귀한 후 트루먼이 제네바협약을 위배해 가며 자유의사에 의한 포로송환을 주장했던 것은 무슨 이유 때문일까?

열네 번째, 1954년의 제네바회담에서 미국이 공산측이 제안한 한반도 차원의 선거를 통한 남북통일과 평화협정 체결을 거부한 채 정전상태 지속 유지를 추구했던 것은 무슨 이유 때문일까?

열다섯 번째, 전후 미국이 한미상호방위조약을 체결한 것은 무슨 이유 때문일까? 한미상호방위조약 체결 조건으로 한국군에 대한 작전통제권 행사를 강력히 요구했던 것은 무슨 이유 때문일까?

일본군이 진주만을 공격한 1941년 12월 8일부터 한미상호방위조약이 발효된 1954년 11월 17일까지의 미국의 한반도정책을 다루는 이 책에서는 6·25전쟁 또한 남북분단 등의 여러 사건과 마찬가지로 일련의 사건 가운데 하나의 사건으로 간주하고 있다. 1943년부터 1954년까지의 기간 동안, 미국은 1943년 이후 미 국무성이 추구한 목표, 한반도에 대한 영향력 확보란 목표를 달성할 수 있었다. 다시 말해, 반공성향의 남한 단독정부 수립, 한미상호방위조약 체결, 한국군에 대한 작전통제권 행사, 미군 의존적인 한국군을 편성하는 방식으로 한반도에 대한 영향력을 확보할 수 있었다. 미국은 어떻게 10년의 짧은 기간 동안 그처럼 할 수 있었을까?

19세기 당시 서반구(西半球)의 패권국으로 부상한 미국은 또 다른 패권국의 부상 방지를 자국의 가장 중요한 안보 목표로 간주했다. 이 같은 패권국이 대서양과 태평양을 건너 미 본토를 공격하는 방식으로 미국의 안보를 위협할 가능성이 있었기 때문이었다. 1905년 당시 미국이 일본으로 하여금 한반도를 점령하게 했던 것은 아태지역을 겨냥한 소련의 세력팽창을 일본이란 동북아지역 국가를 통해 억제하기 위함이었다. 이 같은 방식으로 소련의 패권부상을 저지하려던 것이었다.

2차 세계대전이 격렬히 진행되고 있던 1943년 미국은 전후 유라시아대륙 주변부 주요 지역 국가들과 동맹을 체결해야 할 것으로 생각했다. 2차 세계대전을 통해 미국과 소련을 제외한 지구상 모든 열강들이 쇠락할 것으로 보였기 때문이었다. 이 같은 점에서 동맹 체결을 통해 이들 국가에 미군을 주둔시키지 않으면 독일 및 일본과 같은 주요 산업 국가들로 세력을 확대한 소련이 장거리 폭격기, 항공모함과 같은 원거리 타격 수단을 이용하여 미 본토를 위협할 것으로 생각했다.

1943년 당시 미국의 전략가들이 미군의 장기 주둔이 필요하다고 생각한 지역에는 한반도가 포함되어 있었다. 그 이유는 한반도가 미국, 소련 및 중국과 같은 패권 지향 국가들 입장에서 '전략적 이익(Strategic Interests)' 에 해당하는 지역이기 때문이었다. 이들 국가가 한반도에 대한 모든 영향력을 적성국에 넘겨주는 경우 패권경쟁에서 절대 불리해진다고 여겼다. 한반도를 점령한 국가가 동북아지역의 패권국으로 부상할 가능성이 높았기 때문이었다. 전후 소련과 미국을 제외한 모든 주요 열강이 쇠락했다는 점에서 미국이 방치하는 경우 한반도는 소련의 영향권으로 들어갈 수밖에 없었다. 이 경우 소련이 동북아지역 패권국으로 부상할 가능성이 농후했다. 이 같은 소련이 미 본토를 위협할 가능성이 있었다. 미국이 전후 한반도에 대한 영향력을 확보하여 유지해야 할 것으로 생각했던 것은 이 같은 이유 때문이었다.

당시를 기준으로 미국이 한반도에 대한 영향력을 확보하기 위한 필요조건과 충분조건을 생각할 수 있을 것이다. 필요조건은 한반도를 남과 북으로 분단시킨 후, 남쪽 지역을 미국이 점령해야 할 뿐만 아니라 이 지역에 반공(反共) 성향의 단독정부를 구성하는 것이었다.[5]

미국 입장에서 보면 남북통일은 곤란했다. 그 이유는 당시 한국의 지식인들이 친일파 내지는 공산주의자와 사회주의자로 구성되어 있었으며, 공산주의와 사회주의자들이 조선인들에게 대단히 인기가 있었다는 사실[6]과

---

5. 이처럼 한반도에 미군을 주둔시키고자 하는 경우 한반도를 남북으로 분단시킨 후 남한정권을 반공성향 정권으로 만들어야 한다. 이는 오늘날 북한에 민주정부를 수립하는 경우 북한이 남한과 평화 통일을 추구할 것이란 키신저의 논리에서도 확인 가능해진다. Henry Kissinger(2001), *Does America Need a Foreign Policy?* (Kindle Location 1883).

6. 일제 35년 동안 공산주의자들이 한반도와 해외에서 독립운동을 주도했다. Meade. E. Grant(1951), *American Military Government in Korea* (New York: King's Crown Press, 1951), p. 38.;

한반도가 소련에 인접해 있었기 때문이었다. 전후 친일파가 한반도에서 타도 대상일 것이란 점에서 방치하는 경우 통일한국은 소련의 영향권으로 들어갈 수밖에 없었다. 결과적으로 미국이 한반도의 상당 부분에 대해 영향력을 확보하고자 하는 경우, 한반도에서 소련을 봉쇄하고자 하는 경우, 남북을 중심으로 남쪽 지역을 점령한 후 독립정부를 구성해야만 했다. 이 같은 사실을 이승만의 정책 고문이던 로버트 올리버(Robert T. Oliver)는 다음과 같이 표현했다. "미 제국주의가 남한지역에 군사기지를 유지하기 위해 한반도를 분단시켰다."[7]

문제는 정부의 성향이었다. 사회주의자 또는 공산주의자들이 한국 정부를 주도하게 할 순 없었다. 분단된 한반도에서 이북 지역을 공산주의자들이 주도할 것이란 점에서 남한지역 또한 공산주의자 또는 사회주의자가 주도하게 하면 자연스럽게 한반도가 통일될 것이며, 통일 한반도가 소련의 영향권으로 들어갈 것이기 때문이다. 독립 운동가 출신들이 주도하게 할 수도 없었다. 이들의 경우 한반도 분단과 미군의 주둔을 거부할 것이기 때문이다.[8]

따라서 남한지역은 친일파들이 주도하게 해야만 했다.

한반도에 친일파가 주도하는 정부를 구성한다고 미군을 주둔시킬 수 있

1945년 당시 공산당은 조선 민족주의를 대변하고 있었다. 조선에서 가장 중요한 정당이었다. Gregory Henderson(1968), *Korea: The Politics of the Vortex* (Cambridge: Harvard University Press, 1968), pp. 320-2.; 조선의 좌익과 공산주의자들의 면면에서는 애국적인 채취가 묻어났다. Bruce Cumings(1990), *The Origin of The Korean War, Vol.. II The Roaring of the Cataract(1947-1950)* (Princeton, New Jersey: Princeton University Press, 1990), p. 188.

7. Robert T. Oliver(1950), *Why War Came in Korea* (New York: Fordham University Press, 1950), p. 6.

8. 오늘날에도 미국은 통일한국에 주한미군을 주둔시킬 수 없을 가능성을 심각하게 우려하고 있다. 그 이유는 아태지역에서의 미국의 미래가 주한미군에 달려 있기 때문이다. 한국 대통령과 무관하게 한반도에 평화가 정착되는 경우 주한미군의 존재가 남한 지역에서 논란이 될 것이기 때문이다. Henry Kissinger(2001), *Does America Need a Foreign Policy?* (Kindle Location 1890).

는 것은 아니었다. 먼저 한국인들이 미군의 한반도 주둔을 염원하게 만들어야만 했다. 제주도 4.3사건 등 남한 지역에서 벌어진 반미성향 사건을 강력 진압했음에도 불구하고 1949년 2월 75명의 한국 국회의원들이 한반도에서 외국군 철수를 요구하는 결의안을 발의했다. 이 정도로 한국인들이 미군 철수를 염원하고 있었다는 점에서 보면 한국인들로 하여금 미군 주둔을 염원하게 만드는 것은 대단히 중요한 문제였다.[9] 둘째, 미국이 병력과 국방비를 대거 삭감하고 있었다는 점에서 미국인들로 하여금 병력과 국방비의 대거 증액에 동의하게 만들 필요가 있었다.[10] 이처럼 하고자 하는 경우, 미국인들과 한국인들이 공산세력의 위협을 절감하게 만들 필요가 있었다. 소위 말해, 핵전쟁에 미치지 않는 수준에서 공산세력과 자유진영이 장기간 동안 치열하게 싸울 필요가 있었다. 이 같은 전쟁이 바로 한반도전쟁을 의미했다. 또한 미국과 중국의 싸움을 의미했다. 왜냐하면, 한반도가 미국, 소련, 중국 및 일본이란 4강의 이익이 교차하는 지구상 유일 지역이란 점에서, 전쟁이 벌어져 미국이 참전하여 북진하는 경우 한반도와 긴 국경선을 맞대고 있는 중국이 참전할 것이기 때문이다.

지금까지의 스토리를 정리하면 다음과 같다.

1943년 당시 루즈벨트가 제시한 신탁통치 방안은 미국이 한반도에 관심이 지대한 러시아, 중국 및 영국과 상호 공조하며 2차 세계대전을 수행

---

9. "Memorandum of Conversation, by the Secretary of the Army (Royall), February 8 1949," in *FRUS*, 1949, The Far East and Australasia, Vol. 7, p. 957.

10. 2차 세계대전 당시 2,300억$ 규모의 GDP, 1,200만 병력과 830억$ 국방비를 운용하던 미군은 1947년 당시 160만 병력과 128억$ 이하 예산 수준으로 대거 약화되어 있었다. John Lewis Gaddis(2005), *Strategies of Containment* (p. 23), Oxford University Press, Kindle Edition.; Rosemary Foot(1985), *The Wrong War: American Policy and the Dimension of the Korean Conflict, 1950-1953* (New York: Cornell University Press, 1985), p. 41.

해야 할 것이란 사실과 전후 미국이 한반도에 대한 영향력을 행사해야 할 것이란 사실에 기인했다. 당시 조선의 지식인이 친일파 내지는 사회주의자 및 공산주의자였다는 사실, 한반도가 소련에 인접해 있었다는 사실, 중국과 일본이 2차 세계대전을 통해 쇠락할 것이란 사실로 인해 한반도는 방치하는 경우 소련의 영향권으로 들어갈 것이 분명했다. 따라서 미국은 전후 한반도 상황에 개입하지 않을 수 없었다. 미국은 한반도에 대한 모든 영향력을 특정 국가에게 보장해 주는 듯한 조치를 취하면 안 되었다. 이처럼 하는 경우 한반도에 관심이 있던 미국, 러시아, 중국 및 영국 가운데 나머지 국가들이 불만을 토로할 가능성, 상호 공조에 입각한 2차 세계대전의 수행이 어려워질 가능성이 있었기 때문이었다.

미국이 상해임시정부를 인정해 달라는 장제스와 이승만(李承晩)의 요구를 수용하지 않았던 것은 이 같은 이유 때문이었다. 이 같은 인정은 전후 한반도를 상해임시정부 요원들이 통제할 수 있게 해주는 의미가 있었다. 그런데 상해임시정부가 장제스 국민당 정부의 지원을 받고 있었다는 점에서 이는 전후에도 중국이 한반도에 대해 영향력을 행사할 수 있을 것이란 의미였다. 이 같은 상황 전개를 미국은 물론이고 소련도 원치 않았다. 결국 루즈벨트의 한반도 신탁통치 구상은 2차 세계대전에서 공조하고 있던 미국, 중국, 소련 및 영국이 지속적으로 상호 공조하게 하는 한편 미국이 한반도에 대한 영향력을 확보하기 위한 절묘한 방안이었던 것이다.

한반도를 소련과 미국이 남쪽과 북쪽으로 나누어 한반도 이북 지역을 소련이 이남 지역을 미국이 분할 점령하는 문제는 얄타회담에서 미소 정상이 구두 합의한 사항이었다. 이외에도 당시 루즈벨트와 스탈린이 한반도 신탁통치와 관련하여 구두 합의한 사항이 있었다고 하는데 이것이 미국과 소련의 38선 분할 점령이었을 가능성이 있다. 포츠담회담에서 미국과 소련의 참모총장들 수준에서 38선 분할 점령에 구두 합의했는데 이것이 사전에 정치적인 합의가 없었다면 어려운 일이었을 것이기 때문이고, 이 합의에 따라 1945년 8월 10일 본스틸(Charles Bonesteel)과 러스크(Dean Rusk)가 한반도를 38선을 중심으로 분할하는 안을 만들었을 것이기 때문이다.

1945년 9월 8일 한반도로 진입하기 직전 하지는 남한 지역을 미국이 통제할 수 있게 하라는 임무를 부여받았다.[11] 이는 이미 살펴본 바처럼 남한에 반공성향의 단독정부 수립을 의미했다. 하지가 한반도에 진입한 즉시 반공성향의 남한 단독정부 수립을 위해 적극 노력했던 것은 이 같은 이유 때문이었다.

이 같은 정부 구성 차원에서 하지는 정당, 군대 및 경찰을 만들어야만 했다. 그런데 이들은 독립 운동가가 주도하게 할 수 없었다. 독립 운동가 출신의 경우 남한 단독정부 수립에 반대할 것이기 때문이다. 공산주의자 내지는 사회주의자가 주도하게 할 수도 없었다. 하지가 일제 당시 공산주의자들에 대항하여 싸웠다는 점에서 공산주의자들과 상호 대립하지 않을 수 없었던 친일파 중심으로 정당, 군대 및 경찰을 구성했던 것은 이 같은 이유 때문이었다. 이처럼 친일파 중심으로 정당, 군대 및 경찰을 조직하는 등 하지가 반공성향의 남한 단독정부 수립을 위해 노력하고 있는 듯 보이자 남한지역 도처에서 한국인들이 하지의 군정 정책에 저항했다. 이들 저항세력은 주한미군 철수와 남한 단독정부 수립 반대를 외쳤다. 대구 10·1사건, 제주도 4·3사건, 여수/순천 10·19사건은 이 같은 성격으로 일어난 것이었다. 여운형이 조직한 건국준비위원회 또한 분단에 반대하는 세력이었다. 하지 입장에서 보면 한반도에 대한 미국의 영향력 확보 차원에서 남한지역에 반공 성향의 단독정부 수립이 필수적이었다는 점에서 이들 저항

---

11. Martin Hart-Landsberg(1998), *Korea: Division, Reunification, and U.S. Foreign Policy* (New York: Monthly Review Press, 1998), p. 70.

세력을 제거하지 않을 수 없었다. 제주도 4·3사건 등의 진압은 미국이 계획하고 한국군 장교들이 시행했다. 결국 애치슨을 포함한 미국의 수뇌부가 진압한 것이다. 이 같은 미국의 노력으로 1948년 8월 15일에는 반공을 표방하는 단독정부가 남한에 수립되었으며, 1948년 말경에는 반공성향의 단독정부에 대한 남한지역 내부에서의 저항이 어느 정도 수그러들었다.

한반도에 대한 영향력 상실 우려 차원에서 주한미군 철수에 반대했던 미 국무성은 1949년 3월 한반도의 모든 미 전투 병력을 1949년 6월 30일까지 철수하기로 결심했다. 이는 1949년 1월 미 국무장관으로 취임한 애치슨의 결심이었다. 이 같은 미국의 결심에 이승만은 북한군이 남침하는 경우 미국이 지원해 줄 것임을 약속해 달라고 간곡히 요청했다. 애치슨은 이처럼 요구하는 경우 한국에 대한 경제 원조를 대폭 삭감할 것이라고 위협했다. 그러면서 1949년 6월 27일 미국은 북한군이 남침하는 경우 유엔군 형태로 참전하여 경찰 활동 차원에서 임무를 수행할 것이란 극비문서를 작성했다. 1949년 9월에는 북한군이 남침하는 경우 낙동강까지 후퇴한 후 인천상륙작전을 통해 반격하고, 그 후 북한의 2개 지역에서 상륙하는 방식으로 북진할 것이란 내용의 극비문서를 작성했다. 그런데 6·25전쟁은 이들 문서에서 구상한 바대로 진행되었다.

6·25전쟁 발발은 중국대륙 공산화와 관련이 있었다. 중국대륙이 공산화된 이후 미국은 아시아 지역에서의 미국의 정책과 입지를 공산세력이 더 이상 공격하지 못하게 해야 할 것으로 생각했다. 즉 더 이상의 공산화를 저지해야 했다.[12] 1948년 12월경에는 중국대륙 공산화가 거의 확실해졌다. 1949년 6월 30일의 미군의 한반도 철수는 공산중국의 선택에 따라

---

12. Quoted in Lloyd Gardner(1983), "Commentary," in *Child of Conflict* edited by Bruce Cumings, pp. 58, 63.

미국이 선택 가능한 또 다른 대안을 마련하기 위한 성격이었다. 공산중국이 소련과 동맹을 체결하지 않는 상태에서 미국과 우호적인 관계를 유지하거나 적어도 중립적인 입장을 견지하는 경우 미국은 미군 재무장이 없이도 소련의 위협에 대처할 수 있을 것으로 생각했다. 그러나 공산중국이 소련과 동맹을 체결하는 경우 미국은 소련과 중국을 포함한 공산세력을 봉쇄해야 할 것으로 보고, 유라시아대륙 주변의 주요 국가들과 동맹을 체결하는 방식으로 이들 지역에 미군을 배치하는 등 미군 재무장을 추진해야 할 것으로 여겼다. 이처럼 하고자 하는 경우 미 국방비의 대거 증액과 더불어 관련국 국민들이 자국 영토에 미군 주둔을 허용하게 만들 필요가 있었다. 이 같은 목적을 달성하고자 하려면 핵전쟁에 못 미치는 수준에서 공산세력과 치열하게 장기간 동안 싸울 필요가 있었다. 여기서 공산세력은 중국이었다. 중국과 미국이 싸울 수 있는 장소는 미국, 중국, 소련 및 일본의 이익이 교차하는 한반도뿐이었다. 1949년 6월의 주한미군 철수는 공산중국이 소련과 동맹을 체결하는 경우 미군 재무장 차원에서 한반도에서 전쟁을 초래하기 위한 애치슨의 사전 포석이었던 것이다.

1950년 1월 12일의 애치슨 연설은 마오쩌둥(毛澤東)과 스탈린을 겨냥한 것이었다. 애치슨은 상당한 시간을 투여하여 원고를 준비할 정도로 당시 연설에 많은 정성을 기울였다. 공식 자료를 배포하지 않은 채 노트를 갖고 진행된 연설에서 애치슨은 한반도와 대만을 미국의 아태지역 방어선에서 의도적으로 배제시켰다. 이미 1947년 1월 미국이 38선을 '봉쇄의 선'[13]으로 선정했다는 점에서 보면, 당시의 한반도 제외는 의도적인 성격이었다. 애치슨은 대만을 전혀 거론하지 않은 반면 한반도의 중요성을 암시했다.

---

13. U.S. Congress, Senate, Committee on Foreign Relations, *Hearings: A Bill to Provide for Assistance to Greece and Turkey*, 80th Cong., 1st sess (Washington, D.C. Government Printing Office, 1973), p. 22.

한편 애치슨은 스탈린과 동맹을 체결하지 않는 경우 대만을 점령하게 해줄 것임을 마오쩌둥에게 암시했다. 미 국무성은 당시의 연설을 뉴욕타임스지와 워싱턴포스트지로 하여금 보도하게 했다. 그런데 이들 두 신문의 보도가 매우 상이했다. 워싱턴포스트지의 경우 애치슨 연설을 비교적 충실하게 보도하게 한 반면 뉴욕타임스지를 통해 미 국무성은 미국이 대만과 비교하여 한반도를 경시하고 있음을 암시했다. 물론 이들 두 보도에서는 한반도가 미국의 아태지역 방어선에서 제외되어 있음을 언급했다. 이들 보도를 보며 스탈린은 미국이 마오쩌둥에게 대만을 점령하게 해줄 것이며, 미중관계 정상화를 추구할 것으로 생각했다. 스탈린 입장에서 이는 최악의 시나리오였다. 이 같은 상황 전개를 방지하기 위해 스탈린은 먼저 중소동맹을 체결한 후 중국의 대만 점령 이전에 북한군의 남침을 통해 한반도에서 미국과 중국이 격돌하게 만들어야 할 것으로 생각했다. 한편 트루먼은 중소동맹 체결이 미국 입장에서 최악이라고 생각했다. 중소동맹을 체결하는 경우 한반도전쟁을 통해 미군 재무장을 추진해야 할 것으로 보았다.

애치슨 연설에 반응하여 1950년 1월 30일 스탈린은 북한군의 남침을 허용해 주는 성격의 전문을 김일성에게 보냈다. 한편 마오쩌둥의 중소동맹 체결 결심을 보며 한반도전쟁 필요성을 절감하고 있던 트루먼은 스탈린의 상기 전문이 평양에 도착한 지 48시간이 지나지 않은 시점, 미 국방비 4배 증액을 통해 미군 재무장을 추구하는 형태의 내용을 담은 NSC-68 문서의 작성을 지시했다.[14] 이 문서에서 요구한 바를 달성하고자 하는 경우 미국인들이 공산주의의 위협을 절감해야만 하였다. 미국이 공산세력과 치열하게 장기간 동안 싸울 필요가 있었다. 트루먼을 포함한 미국의 주

---

14. Richard C. Thornton/권영근, 권율 번역(2020), 『강대국 국제정치와 한반도: 트루먼, 스탈린, 마오쩌둥 그리고 6·25전쟁의 기원』(서울: 한국국방연구원, 2020), pp. 129, 159.

요 인사들은 미군 재무장 차원에서 한반도전쟁이 장기간 동안 치열한 방식으로 진행되어야 할 것이라고 생각했다. 이 같은 한반도전쟁으로 인해 미국은 미 국방비를 4배 증액할 수 있었으며, 미군 재무장에 성공했다. 애치슨은 프린스턴대학 세미나에서 "6·25전쟁이 미국을 구해주었다."고 말했다. 6·25전쟁을 통해 지구상 주요 지역 국가들이 미국과 동맹 체결을 그리고 미군 주둔을 염원하게 된 것이다.

여기서 보듯이 한반도전쟁에서 미국이 지속적으로 추구했던 바는 가능한 한 장기간 동안 미국과 중국이 한반도에서 치열하게 싸우는 것이었다. 6·25전쟁에서의 인명 피해가 20세기 이후의 어떠한 전쟁과 비교해도 상대적으로 매우 높은 수준이었던 것은 이 같은 이유 때문이었다.

트루먼이 1950년 6월 25일의 북한군의 남침과 1950년 10월 16일경의 중국군의 압록강 도강을 기습적인 사건인 듯 상황을 연출했던 것은 한반도에서 미군과 중국군이 격돌하려면 북한군의 남침과 중국군의 참전이 필수적이기 때문이었다. 당시 트루먼은 북한군의 남침 준비와 중국군의 참전 준비를 잘 알고 있던 상태에서 의도적으로 방관했던 것이다.

북한군의 남침 이후 트루먼이 한강방어를 주장한 맥아더의 관점을 수용하지 않은 채 낙동강까지 유엔군을 후퇴시켰던 것은 한강방어를 통해 조기에 북한군의 남침을 저지하는 경우 미군 재무장에 필요한 충격 효과를 생성할 수 없었기 때문이었다.

1950년 9월 15일의 인천상륙작전 이후 유엔군을 38선 너머로 북진시킨 것은 중국군의 참전을 유도하기 위함이었다. 역사적으로 한반도가 중국대륙을 침공한 세력들이 거쳐 간 길목이란 점에서 미군이 북진하는 경우 중국군의 참전이 필수적이었던 것이다. 트루먼이 중국군이 청천강 이북 지역에 포진해 있음을 잘 알고 있었음에도 불구하고 유엔군을 압록강으로 진격시켰던 것은 중국군의 반격을 유도하여 결과적으로 유엔군과 중국군이 격돌하게 하기 위함이었다. 당시 중국군은 유엔군이 청천강 이북 지역을 넘지 않는 경우 유엔군을 공격하지 않을 예정이었던 것이다.

유엔군의 압록강 진격에 중국군이 반격한 지 4일이 지나지 않은 1950년 12월 1일 유엔군이 38선 부근으로 고속 남진했던 것은 38선 부근에서 유엔군과 중국군이 장기간 동안 격돌해야 할 것이란 미 고위급 인사들의 결심 때문이었다.

평택까지 남하했던 유엔군이 지금의 휴전선인 캔사스-와이오밍선 부근으로 올라온 1951년 6월 미국은 정전협정을 추구했다. 그러면서 포로송환에 관한 1949년의 제네바협정을 위배한 채 자유의사에 의한 포로송환을 주장하며 거의 2년 동안 정전협정 체결을 지연시켰다. 이 기간 동안 백마고지 전투, 저격능선 전투 등 고지 전투를 통해 엄청난 출혈을 초래했다. 이는 미군 재무장 차원에서 가능한 한 장기간 동안 유엔군이 중국군과 격돌해야 할 것이라는 이유 때문이었다.

1954년의 제네바회담에서 미국이 중국과 소련의 한반도 차원의 선거를 통한 남북통일 제안을 거부했으며, 평화협정 체결조차 거부했던 주요 이유는 남북이 통일되거나 평화협정이 체결되는 경우 미군의 한반도 주둔이 어려워지기 때문이었다. 결과적으로 한반도에 대한 영향력 확보가 어려워질 것이기 때문이었다.

미국이 한미상호방위조약을 체결했던 것은 한반도에 대한 영향력을 확보해야 할 것이란 1943년 이후의 미국의 한반도정책 때문이었다.

한미상호방위조약 체결 조건으로 한국군에 대한 작전통제권 행사를 요구했으며, 한미합의의사록을 통해 한국군을 극단적인 육군 중심으로 만들었던 것은 한국을 지속적으로 미국에 의존하게 함으로써 주한미군의 장기 주둔을 보장하기 위함이었다.

미국의 안보와 한반도

미국은 소련과 공조하며 2차 세계대전을 수행하던 1943년 이전부터 소련이 전후 자국의 주요 적국이 될 것으로 생각했다. 전후 부상하게 될 소련이 전략폭격기와 항공모함을 이용하여 미 본토를 공격할 가능성을 우려했던 미국은 유라시아대륙 주변부에 미군을 배치하여 소련의 세력팽창을 저지해야 할 것으로 생각했다. 미국이 이처럼 생각한 지역에 한반도가 있었다. 미국이 이처럼 생각했던 것은 한반도가 미국, 소련, 중국 및 일본이란 4강의 이익이 교차하는 지구상 유일 지역이기 때문이었다. 미국은 한반도에 대한 모든 영향력이 소련으로 넘어가는 경우 미소 패권경쟁에서 자국이 상당히 불리해진다고 생각했다.

미국이 한반도에서 아태지역을 겨냥한 소련의 세력팽창을 저지하기 위한 최상의 방안은 한반도를 분단시켜, 남한지역에 반공(反共) 성향의 단독정부를 수립하고, 이 같은 한반도에 미군을 주둔시키는 것이었다.

루즈벨트가 한반도 신탁통치를 공식 거론한 1943년 11월부터 한미상호방위조약이 발효된 1954년 11월까지의 미국의 한반도정책은 이처럼 한반도에 반공성향의 단독정부를 수립한 후 미군을 장기 주둔시키기 위한 성격이었다.

소련 또한 미국 이상으로 자국의 세력팽창 측면에서 한반도의 중요성을 잘 알고 있었다. 소련의 한반도정책은 이 같은 미국의 한반도정책에 부응하는 성격이었다. 주요 이유는 당시 미국의 국력이 소련과 비교하여 적어도 4배 이상 막강했기 때문이었다.

제1절. 미국의 안보전략

개인이 자신의 생명을 가장 중요하게 생각하는 것과 마찬가지로 국가는 자국의 생존을 가장 중요하게 생각한다. 국가 내부에서 개인과 개인 간에 갈등이 벌어지는 경우 이 같은 갈등을 권위 있게 중재해 줄 국가내부의 기관이 존재하는 반면, 국제사회에는 국가 간의 갈등을 권위 있게 중재해 줄 기관이 존재하지 않는다.[1]

전쟁은 국가와 국가 간의 갈등을 해소하기 위한 정치, 경제, 외교, 정보 및 군사와 같은 다양한 수단 가운데 비군사적 수단을 통해 해결할 수 없는 경우 벌어지게 된다. 예를 들면, 국가의 '사활적 이익(Vital Interests)'인 영토 주권과 같은 것을 놓고 벌어진다.[2] 인류 역사를 놓고 보면 이 같은 전쟁의 결과로 국가가 지구상에서 사라진 경우가 적지 않았다. 결과적으로 생존을 원하는 경우 국가는 자국 안보를 위협할 가능성이 있는 국가를 염두에 둔 상태에서 끊임없이 세력을 키워야 한다. 일반적으로 국가는 주변국

---

1. Donald M. Snow and Dennis M. Drew/권영근 번역(2003), 『미국은 왜? 전쟁을 하는가: 전쟁과 정치의 관계』(연경문화사, 2003), pp. 24-5.

2. Ibid., pp. 26-7.

과 동맹을 체결하거나 군사력 건설을 통해 세력을 키우게 된다.[3]

19세기 말경 서반구(西半球)의 패권국으로 부상한 미국은 자국 안보를 위협할 또 다른 패권국의 부상 방지를 가장 중요한 안보 목표로 간주했다.[4] 미국은 지구상 여타 지역에서 패권을 장악한 국가가 태평양과 대서양을 횡단한 후 서반구의 패권국인 미국을 위협할 가능성이 있다고 생각했다. 또한 이 같은 패권국이 유라시아대륙의 유럽과 동북아지역에서 부상할 수 있을 것으로 보았다.[5] 오늘날 미국은 유럽보다는 동북아지역에서의 패권국의 부상을 우려하고 있다.[6]

전통적으로 미국은 유럽 국가들 간 또는 동북아지역 국가들 간의 세력균형 조성을 통해 이들 지역에서 패권국이 부상하지 못하게 했다. 1905년 당시 미국이 카츠라(桂)-테프트 밀약을 통해 일본으로 하여금 한반도를 점령하게 한 것은 아태지역을 겨냥한 소련의 세력팽창을 동북아지역 국가인 일본을 통해 억제하기 위함이었다. 미국은 이 같은 또 다른 패권국의 부상 방지와 더불어 태평양과 대서양이란 지리적 이점을 이용하여 자국 안보를 지킬 구상을 했다.[7]

미국은 세력균형 와해로 특정 지역에서 패권국이 부상할 것으로 보이는

3. Barry R. Posen(1983), *The Sources of Military Doctrine* (New York: Cornell University Press, 1983), p. 61.

4. Samuel P. Huntington(2001), *The Clash of Civilizations and the Remaking of World Order* (New York: Simon & Schuster, 2001), pp. 228-36.

5. Mira. Rapp-Hooper(2020), *Shields of the Republic* (pp. 79-82). Harvard University Press. Kindle Edition.; "미국 입장에서 보면, 유럽과 동북아시아 지역이 대단히 중요한 의미가 있다. 왜냐하면 이들 지역에 산업 및 군사력의 중심 지역이 위치해 있기 때문이다." Stephen M. Walt(2018), *The Hell of Good Intentions* (p. 261). Farrar, Straus and Giroux. Kindle Edition.

6. Henry Kissinger(2001), *Does America Need a Foreign Policy?: Toward a New Diplomacy for the 21st Century* (Kindle Location 1554). Simon & Schuster. Kindle Edition.

7. John J. Mearsheimer(2003), *The Tragedy of Great Power Politics* (Kindle Location 4007). (Updated Edition). W. W. Norton & Company. Kindle Edition.

경우 해당 지역의 분쟁에 개입했다. 분쟁 개입을 통해 패권국의 부상 저지에 성공하는 경우 미국은 더 이상 지역 상황에 개입하지 않았다. 예를 들면, 미국은 1914년 6월의 1차 세계대전을 통해 독일이 유럽의 패권국으로 부상할 것으로 보였던 1917년 4월 6일 참전을 선포했으며, 참전을 통해 독일의 패권 부상을 저지한 후 유럽의 미군을 미 본토로 철수시켰다.

그러나 2차 세계대전과 관련해서 미국은 이 같은 안보전략을 적용할 수 없었다. 장거리 전략폭격기 및 항공모함과 같은 원거리 타격 수단의 등장으로 대서양과 태평양이 더 이상 미국을 지켜줄 수 없게 되었다는 사실과 전후 소련을 제외하면 유라시아대륙 주변부인 아시아와 유럽의 열강들, 다시 말해 독일, 일본, 영국과 같은 열강들의 세력이 크게 약화될 것으로 보였기 때문이었다. 결과적으로 유라시아대륙에서의 소련의 패권 추구 노력을 이들 국가가 평시 억제할 수 없을 것으로 보였던 것이다.[8]

2차 세계대전 종전 당시 미국의 전략가들은 어떠한 가상의 적국도 유라시아 대륙을 통제하지 못하게 해야 할 것으로 생각했다. 이는 1차 및 2차 세계대전을 통해 터득한 주요 교훈이었다. 미국의 전략가들은 유라시아 대륙을 통제하고자 노력하는 모든 세력을 미국의 잠재 적국으로 간주해야 할 것이라고 주장했다.[9]

미국의 전략가들이 전후 미국의 안보에 관해 진지하게 고민하기 시작한 시점은 1943-1944년의 기간이었다. 당시 미국의 전략가들은 소련이 제기할 가능성이 있던 위협을 심각하게 우려했다. 비록 소련이 미국을 군사

---

8. Quoted in Mira Rapp-Hooper(2020), *Shields of the Republic*, (p. 10), Harvard University Press. Kindle Edition.; Melvyn P. Leffler(2017), *Safeguarding Democratic Capitalism* (p. 124). Princeton University Press. Kindle Edition.; John Lewis Gaddis(2005), *Strategies of Containment* (Oxford: Oxford University Press, 2005), pp. 62-3.

9. Melvyn P. Leffler(2017), *Safeguarding Democratic Capitalism* (p. 132). Kindle Edition.

적으로 침략할 준비가 되어 있지 않고, 스탈린이 또 다른 전쟁을 원하고 있다고 생각하지 않았으며, 스탈린이 소련의 군사력이 미국과 비교하여 취약한 상태에 있다고 생각하고 있음을 감지했고 또한 군사적 충돌을 원치 않고 있음을 인지했음에도 불구하고 미국의 전략가들은 소련을 위협적으로 생각했다.[10]

이들이 이처럼 생각했던 이유는 2차 세계대전을 통해 얻은 교훈과 미국의 '사활적 이익'의 정의 때문이었다. 당시 이들은 여타 국가들을 정복한 침략세력의 경우 이들 국가의 자원을 이용하여 세력을 대거 강화시킨 후 침략전쟁을 수행하는 방식으로 미국의 '사활적 이익'을 위협할 수 있음을 터득했다.[11]

소련은 전쟁을 수행할 가능성이 없어 보였지만, 전후의 정치 및 경제적 혼란, 사회적 갈등 그리고 혁명적인 민족주의 열정으로 인해 유럽과 아시아 지역의 많은 국가들을 간접적인 방식으로 이용하거나 통제할 능력이 있었다. 미국의 전략가들은 공산주의 이념이 물심양면으로 심각한 고통을 받고 있으며, 전쟁, 대량 아사(餓死), 강제 이주(移住) 이후 보다 좋은 삶을 갈망하는 사람들에게 상당한 호소력이 있다고 생각했다. 미국의 전략가들은 소련이 유럽과 아시아에서 세력공백을 이용하지 못하게 함으로써 이들 지역에서 압도적인 파워를 쟁취하지 못하게 하고자 하는 경우, 서둘러 행동에 나서야 할 것으로 생각했다. 미국이 2차 세계대전을 통해 터득한 교훈은 바로 이것이었다. 공산주의가 곤궁에 처해 있는 사람들에게 호소력이 없도록 하고, 정치적 좌파들의 세력을 격파하며, 소련의 모험주의를 억제할 필요가 있었다. 이들은 이처럼 하고자 하는 경우 서유럽의 경제회복을

---

10. Ibid., p. 123.

11. Ibid., p. 118.

촉진시키고, 독일 및 일본과 같은 산업 국가를 미국이 선점해야 할 것으로 생각했다. 소련이 이들 지역으로 접근하지 못하게 해야 할 것으로 본 것이다.[12]

미국은 유라시아대륙 주변 주요 지역 국가들과 동맹을 체결하는 방식으로 이들 국가에 미군을 주둔시키지 않는 경우, 독일 및 일본과 같은 주요 산업 국가들로 영향력을 확대하여 세력을 강화한 소련이 장거리 폭격기, 항공모함과 같은 원거리 타격 수단을 이용, 미 본토를 위협할 수 있을 것으로 생각했다. 이들 전략가는 해외 기지(基地)를 염두에 둔 정교한 계획을 발전시키고 이들 기지를 미국의 '전략적 일선(Strategic frontier)'으로 정의했다. 미국은 이 같은 '전략적 일선' 너머 지역에서 적이 제기하는 노골적인 침략행위를 분쇄하거나 이들 적이 제기하는 온갖 위협을 저지하기 위해 이들 기지에서 군사력을 운용할 수 있을 것으로 생각했다. 미국이 구상하고 있던 이들 기지체계에서는 대서양과 태평양에서의 미국의 패권을 염두에 두고 있었다.

미국은 이들 해외 기지체계를 발전시키면서 두 가지 사항을 고려했다. 첫째는 종심(縱深) 방어였다. 당시 미국의 전략가들은 미국을 겨냥한 공격이 유럽 또는 아시아 지역에서만 초래될 수 있다고 생각했다. 이 같은 이유로 1943년 당시 이들 전략가는 미 본토가 위치해 있는 서반구를 다수의 기지로 둘러싸야 할 것으로 보았다. 태평양에서 미국이 기지를 설치해야 할 지역은 알류샨 열도, 필리핀, 오키나와 그리고 한반도처럼 2차 세계대전 이전에 일본이 점령하고 있던 지역이 포함되어 있었다. 이들 방어적 성격의 기지는 미국이 대서양과 태평양을 완벽히 통제할 수 있게 함으로써 적대세력이 미 본토에 접근하지 못하게 하기 위한 것이었다. 이 같은 종심

---

12. Ibid., pp. 123-4.

방어가 미국 입장에서 특히 중요해진 것은 일본군의 진주만 공격에서 보듯이 장거리 전략폭격기 및 항공모함과 같은 과학기술 발전으로 인한 위협 때문이었다.[13]

이들 기지를 선정할 당시 전략적으로 고려해야 할 두 번째 사항은 이 같은 기지에서 모든 가상 적국을 겨냥하여 효과적이고도 신속히 미국의 파워를 투사할 수 있어야 한다는 것이었다. 이들 '전략적 일선'에 위치해 있는 기지를 이용하여 미국은 아시아의 주요 원자재에 접근할 수 있으며, 이들 원자재를 가상의 적이 이용하지 못하게 하고, 문제의 소지가 있는 지역에서 평화와 안정을 유지하며, 주요 해상 교통로를 보호할 수 있었다. 또한 필요한 경우 소련을 포함한 모든 유라시아 대륙 국가들의 산업 기반구조를 겨냥하여 공세작전을 전개할 수 있었다.[14]

당시 미국이 염두에 두고 있던 기지는 장기간 동안 지속적으로 유지될 필요가 있었다. 왜냐하면 과학기술의 비약적인 발전으로 원거리 타격 수단이 보다 획기적으로 발전할 것이기 때문이었다. 이미 언급한 바처럼 1943년 당시 미국의 전략가들이 미군의 장기 주둔이 필요하다고 생각한 지역에 한반도가 포함되어 있었다. 그런데 한반도는 미국 입장에서 중국과 같은 주요 잠재 적국과 인접해 있었다는 점에서 대단히 중요한 의미가 있었다.[15]

---

13. Ibid., pp. 123-4.

14. Ibid., p. 125.

15. Ibid., pp. 125-7.

제2절. 전후 미국이 미군의 한반도 주둔을 염원한 이유

미국은 왜 1943년 당시 한반도를 미군의 장기 주둔이 필요한 지역으로 선정한 것일까? 이는 한반도가 동북아지역에서 대륙세력과 해양세력이 교차하는 지역이기 때문이었다. 동북아지역 패권국으로 부상하고자 하는 경우 한반도에 대한 영향력 확보가 필수적이었다. 따라서 동북아지역에서 미국이 아닌 또 다른 패권국의 부상을 방지하고자 하는 경우, 한반도에 대한 영향력 확보가 필수적이었다. 한반도는 역사적으로 소련, 중국 및 일본과 같은 강대국 패권경쟁에서 대단히 중요한 지역이었다. 한반도는 아태지역을 겨냥한 소련의 남진을 저지하기 위한 주요 길목에 위치해 있었다. 또한 전후 미국이 아태지역 안보의 중심으로 생각했던 일본이 한반도에 인접해 있었다.

한반도는 미국, 중국, 일본, 러시아란 4강의 이익이 교차하는 지구상 유일 지역이었다. 이들 국가에게 있어 한반도는 '전략적 이익(Strategic Interests)'에 해당했다. 이들 강대국에게 '전략적 이익'이란 그것 자체로는 의미가 없을 수 있지만, 자국과 경쟁 관계에 있는 강대국이 해당 지역을 통제하는 경우 패권경쟁에서 상당히 불리해지는 그러한 지역을 의미한다.[16]

일본군의 진주만 공격으로 태평양전쟁이 벌어진 1941년 12월 8일 당시에도 중국, 러시아, 일본에게 있어 한반도는 그처럼 중요한 지역이었다. 문제는 2차 세계대전 이후 한반도를 주요 지역으로 간주해야 할 것으로 생각한 국가에 미국이 추가되었다는 사실이었다. 미국이 소련, 중국 및 일

---

16. Glenn H. Snyder(1984), "The Security Dilemma in Alliance Politics," *World Politics*, Vol. 36, No. 4(Jul, 1984), p. 472.; Victor D. Cha(2003), "America's Alliance in Asia: The Coming Identity Crisis with the Republic of Korea?," in *Recalibrating The U.S.-Republic of Korea Alliance* (U.S. Department of Defense, May 2003), edited by Donald W. Boose, Jr. Balbina Y. Hwang, Patrick Morgan, Andrew Scobell, p. 16.

본의 패권 부상 방지 차원에서 미군의 한반도 주둔을 필수적으로 생각하게 된 것이다.

한반도는 동북아 지역의 전략적 삼각형에 위치해 있다. 이 같은 삼각형의 한편에 시베리아가, 또 다른 한편에 중국이, 나머지 한편에 일본이 위치해 있다. 이 같은 반도 국가는 로마제국처럼 강성할 당시 주변국을 주도할 수 있지만 그렇지 않은 경우 대륙세력과 해양세력의 각축장이 될 가능성이 높다. 반도국가가 강력한 독립국 상태를 유지할 당시 주변국은 평화를 유지하는 반면 그렇지 않은 경우 혼란에 빠졌다.

조선이 독립국 상태를 유지할 당시 동북아 지역 국가들은 평화를 누렸다. 외세가 한반도를 점령하는 경우 동북아지역을 주도하게 되면서 지구의 나머지 지역이 위태로워질 수 있었다. 13세기 당시 몽고는 이 같은 사실을 입증해 보였다. 당시 몽고는 한반도와 더불어 중국대륙을 점령했지만 대한해협 부근의 강풍으로 일본을 정복하지 못했다.

전통적으로 일본은 한반도를 자국을 겨냥한 날카로운 비수(匕首)로 생각했다.[17] 한반도가 독립국으로서 일본과 우호적인 관계를 유지하는 경우 일본이 평화를 누릴 수 있는 반면 한반도를 자국 입장에서 적성국이 지배하는 경우 일본 안보가 위태로워질 것으로 생각했다. 국가적으로 혼란기에 있던 한반도 점령을 추구하며 일본이 제기한 논리는, 한반도 안보 불안이 자국 안보를 위태롭게 한다는 것이었다. 한반도를 점령한 후 일본은 대륙으로 세력을 뻗치고자 노력했다.[18]

1592년부터 1598년까지 토요토미 히데요시(豊臣秀吉)는 중국대륙 정복을

---

17. Victor D. Cha, "Japan's Grand Strategy On The Korean Peninsula," *Japanese Journal of Political Science*, Volume 1, Issue 2, November 2000, pp. 250-1.

18. S. C. M. Paine(2017), *The Japanese Empire: Grand Strategy from the Meiji Restoration to the Pacific War* (pp. 22-3). Cambridge University Press. Kindle Edition.

명분으로 한반도 정복을 추구했다. 그러나 거북선을 이용한 이순신 장군의 지속적인 승리로 이 같은 목표를 달성할 수 없었다. 1894년부터 1895년의 청일전쟁 당시 일본과 중국은 한반도에 대한 영향력 확보 문제를 놓고 대결했다. 마찬가지로 1904년부터 1905년의 러일전쟁 당시 일본과 러시아는 전략적으로 중요한 의미가 있던 한반도에 대한 영향력 확보 문제를 놓고 상호 대결했다. 러일전쟁에서 승리한 일본은 1905년의 카츠라(桂)−테프트 밀약과 포츠머스 조약을 통해 1910년 조선을 병합할 수 있었다. 일본은 한반도에 철로와 기지를 건설한 후 1931년에는 만주사변을 통해 만주 정복의 길에 나설 수 있었으며, 1937년에는 중일전쟁을 통해 중국대륙 공략을 시작했다. 이와 더불어 1941년 12월 8일에는 진주만을 공격했다.

청일전쟁 직후인 1896년 일본의 야마가타 아리토모(山縣有朋) 장군은 38선을 중심으로 한반도에서 양국의 세력권을 분할하자고 러시아에 제안했다. 그러나 러시아는 38선 이남 지역의 부동항(不凍港)을 포기할 의향이 없었다. 뤼순(旅順)을 점령한 직후인 1898년에도 일본은 재차 이처럼 제안했지만 러시아는 이 같은 일본의 제안을 일축했다. 1903년 여름 일본 정부는 한반도를 자국의 영향권으로 하는 반면 만주를 러시아의 영향권으로 하자고 제안했다. 그러나 러시아의 지도자들은 자국이 만주를 독점하는 반면 한반도 분할 점령을 원했다. 당시 러시아는 자국과 비교하여 일본 입장에서 한반도와 만주 점령이 갖는 의미가 훨씬 크다는 사실을 인지하지 못했다. 러시아 입장에서 보면 동북아지역을 통제하는 경우 기분 좋은 수준이었던 반면, 자국의 생존 측면에서 제국 건설이 필수적이라고 생각했던 일본 입장에서 보면 이들 지역에 대한 통제가 대단히 중요한 의미가 있었던 것이다.[19]

---

19. Ibid., (pp. 51-2). Kindle Edition.

19세기 이후 러시아 또한 한반도에 대한 영향력 확보를 대단히 중요하게 생각했다. 1946년 12월 미국의 『새로운 지도자(The New Leader)』란 잡지는 러시아 입장에서 한반도의 중요성을 다음과 같이 표현했다. "러시아 육군과 외무성 교제에 따르면 조선은 크게 두 가지 원죄(原罪)가 있다. 첫 번째 원죄는 한반도가 전략적 요충지에 위치해 있다는 사실이다. 또 다른 원죄는 조선인들이 한반도를 지킬 능력이 없다는 사실이다.…한반도를 수중에 넣는 경우 러시아는 아시아를 지배할 수 있을 것이다."[20] 19세기 말경 이후 러시아는 한반도 점령을 자국 외교정책의 주요 목표로 간주했다. 러일전쟁 직전 러시아의 니콜라이 2세(Nicholas Ⅱ)는 다음과 같은 내용의 서신을 외무장관에게 보냈다. "러시아는 1년 365일 내내 운용 가능한 부동항을 절대적으로 필요로 합니다. 이 같은 항구는 한반도 동남쪽에 위치해야 합니다. 러시아가 이 항구로 연결되는 지역을 점령할 필요가 있습니다." [21]

러시아 입장에서 보면 한반도는 동유럽 다음으로 전략적인 의미가 있었다. 한반도는 제정러시아를 붕괴시킨 1904년의 러일전쟁을 초래하는 과정에서 주요 역할을 한 지역이었다. 결과적으로 소련은 한반도에 소련과 우호적이지 않은 정부가 출현하는 현상을 수용할 수 없었다.

1945년 6월 소련 외무성의 극동지역 담당 부서는 한반도가 동북아지역 분쟁의 중심 지역이라며 다음과 같이 말했다. "일본이 영원히 한반도에 발을 딛지 못하게 해야 한다." 독립된 한반도는 "소련과 우호적이면서도 긴밀한 관계를 유지해야 한다." 미국과 중국이 한반도에서의 일본의 경제적 입지 유지를 추구하는 방식으로 나름의 위협이 될 수도 있을 것이다. 미국이 한반도 신탁통치를 추구하는 경우 "러시아가 여기에…적극 참여해야

20. Robert T. Oliver(1950), *Why War Came in Korea* (New York: Fordham University Press, 1950), p. xiv.

21. Ibid., pp. 4-5.

한다."[22] 이는 한반도에 소련에 우호적이지 않은 정권이 출현하면 곤란하다는 의미였다.

1945년 12월의 모스크바삼상회의 직전 소련 관리는 다음과 같은 내용의 보고서를 작성했는데 이것 또한 동일한 의미였다. "···한반도에 들어설 정부의 성격이 한반도가 소련 입장에서 새로운 골칫덩어리 지역으로 돌변할 것인지 아니면 극동지역의 소련의 안보의 보루가 될 것인지를 결정해주는 주요 부분일 것이다."[23] 1945년 2월의 얄타회담에서 러시아는 대일전쟁 참전 조건으로 한반도에 대한 지분을 요구했는데 이는 이 같은 이유 때문이었다.

전통적으로 중국은 자국을 겨냥한 외세의 주요 침략이 한반도를 통해 이루어졌다는 사실에 주목했다. 1592년의 임진왜란 당시 도요토미 히데요시는 정명가도(征明假道), 다시 말해 명나라를 정복할 것이니 길을 비켜달라고 조선에 요구했다. 명나라가 임진왜란에 참전한 직후 패망했는데 이것이 한반도전쟁 참전 때문일 수 있었다. 1894–1895년의 청일전쟁 당시 또한 한반도를 통해 들어온 일본군이 청나라 군대를 패배시켰으며, 그 후 곧바로 청 왕조가 붕괴되었다. 러일전쟁에서 또한 한반도로 들어온 일본군과 러시아군이 만주지역에서 격돌했다. 만주사변과 중일전쟁 등 일본의 중국대륙 침략 또한 한반도를 통해 이루어졌으며, 이들 전쟁을 통해 수백만의 중국인이 희생되었다. 이 같은 사실을 고려하여 중국은 한반도를 중국 입장에서 순망치한(脣亡齒寒)의 관계로 생각했다. 입술이 닳으면 잇몸이 시린 것과 마찬가지로 한반도가 중국 입장에서 적성국의 수중에 들어가면

---

22. Kathryn Weathersby, *Soviet Aims in Korea and the Origins of the Korean War, 1945-1950: New Evidence from Russian Archives* (Cold War International History Project, Woodrow Wilson International Center for Scholars, 1993), pp. 11–2.

23. Ibid., p. 18.

중국이 심각한 영향을 받게 된다는 것이다.

1945년 11월 14일 장제스(蔣介石)는 중국 입장에서 한반도의 중요성을 다음과 같이 말했는데, 이것 또한 한반도 안보가 중국 안보와 긴밀한 관계가 있다는 의미였다. "모든 동아시아 국가 국민들이 조선의 운명을 지켜보고 있습니다.…조선이 독립국이 되지 않는 경우 중국의 독립이 완벽하지 않을 뿐만 아니라 동아시아와 세계의 평화가 공고해질 수 없습니다."[24] 당시 장제스는 김구(金九)의 상해 임시정부 지원을 통해 전후 한반도에 중국에 우호적인 정권이 들어서기를 원하고 있었다.[25]

1950년 10월 유엔군이 38선을 넘자 국공내전(國共內戰)이 완벽히 종료되지 않았음에도 불구하고 마오쩌둥(毛澤東)이 6·25전쟁 참전을 결심한 것 또한 동일한 이유 때문이었다.

주변국들이 주기적으로 야욕을 표명하면서 한반도는 이들 국가 입장에서 전투장과 전리품이 되었다. 종종 일본의 심장을 겨누는 날카로운 비수로 묘사되었지만 한반도는 일본 입장에서 아시아 대륙으로 진출하기 위한 발판이었다. 중국과 러시아 입장에서 보면 한반도는 외세가 자국으로 쳐들어오기 위한 길목일 수 있을 뿐만 아니라 자국의 세력을 팽창하기 위한 발판일 수 있었다. 러시아는 동해 부근의 부동항을 특히 탐욕스럽게 바라보았다. 결과적으로 주변 강대국 가운데 특정 국가가 지배를 추구하지 않은 경우가 드물 정도로 한반도는 지속적으로 분란의 지역이었다.[26]

---

24. "The Acting Chairman of the Korean Commission (Limb) to the Director of the Office of Far Eastern Affairs(Vincent), November 7 1945," in *FRUS*, 1945, The British Commonwealth, The Far East, Volume 6, p. 1,116.; Henry Chung(1947), *The Russian came to Korea* (Seoul, Korea: The Korean Pacific Press, 1947), p. 23.

25. Quoted in Stephen Pelz(1983), "U.S. Decisions on Korean Policy, 1943–1950: Some Hypotheses" in *Child of Conflict: The Korean-American Relationship*, 1943–1954 (Seattle: University of Washington Press, 1983) edited by Bruce Cumings, p. 98.

26. Quoted in James F. Schnabel(1992), *The Korean War Volume III: Policy and Direction, the First*

미국 입장에서 보면 한반도는 북한의 남침을 억제하기 위한 수단 이상이었다. 중국 및 소련과 전쟁을 하는 경우 전력을 투사할 수 있는 위치였을 뿐만 아니라 중국과 소련이 미국을 공격할 수 없게 하기 위한 주요 지역이었다. 아태지역의 미국의 동맹체제를 지켜주는 최일선 지역이었다.

태평양전쟁이 격렬히 진행되고 있던 1943년 당시 미 국무성은 한반도의 중요성을 다음과 같이 표현했다. "한반도는 스탈린 입장에서 매력적인 지역으로 보일 수 있다.…한반도를 점령하는 경우 소련은 극동지역 경제를 강화하고, 부동항을 얻으며, 중국 및 일본과 관련하여 전략적으로 주도적인 위치를 점유하게 될 것이다.…소련이 한반도를 장악하면 극동지역에 전혀 색다른 전략 환경이 조성될 것이다. 이 같은 사실이 중국과 일본에 끼치는 파장은 엄청난 수준일 것이다."[27] 이와 같은 주장은 그 후 미국의 한반도정책을 결정해 준 주요 요인이었다.

한미상호방위조약을 체결한 이후 모든 미국 대통령이 다음과 같이 간주할 정도로 한반도는 오늘날에도 미국에 대단히 중요한 의미가 있다. "그후의 모든 미 행정부는 한미동맹을 다음과 같은 세 가지 방식으로 바라보았다. 첫째, 한미동맹은 아태지역에서 소련의 위협을 봉쇄하기 위해 대만, 일본, 필리핀, 태국, 뉴질랜드 및 오스트레일리아와 연결되는 동맹 및 군사 시설의 일부였다. 둘째, 한미동맹은 한반도에 배치되어 있는 미 지상군이 미군 참전을 보장해 주는 인계철선 역할을 하는 가운데 2차 북한군 남침을 억제하기 위한 것이었다. 셋째, 한미동맹은 한국의 모험을 억제하는 의미가 있었다."[28]

Year (Kindle Location 210). (US Army Green Book). Kindle Edition.

27. Quoted in William Stueck(2002), *Rethinking the Korean War* (p. 17). Princeton University Press. Kindle Edition.

28. Victor Cha,(2018), *Powerplay: The Origins of the American Alliance System in Asia* (p. 105).

방위비분담금을 대거 늘리지 않는다며 트럼프가 주한미군 철수 운운하자, 미 국방부장관 제임스 매티스(James Mattis)는 주한미군이 3차 세계대전을 막아주는 역할을 한다고 말했다. 미 본토 안전 측면에서 미군의 한반도 주둔이 필수적이라고 말했다. 한반도에 배치되어 있는 감시 및 정찰체계를 이용하는 경우 북한이 미 본토를 겨냥하여 발사하는 핵미사일을 7초만에 탐지할 수 있는 반면 알래스카에서는 15분이 소요된다고 말했다.[29]

오늘날 미국은 한미동맹을 아태지역 미국의 동맹체제에서 함정의 닻(Anchor)에 해당한다고 생각하고 있다.[30] 닻이 고정되어 있지 않은 경우 함정이 요동치는 것과 마찬가지로 한미동맹이 안정적이지 못한 경우 미국의 아태지역 동맹체제가 안정적일 수 없다는 의미일 것이다.

대부분 한국인들은 이승만 대통령의 "벼랑 끝 전술" 때문에 1953년 당시 한미상호방위조약이 체결된 것으로 알고 있다. 그런데 이는 사실이 아니었다. 인천상륙작전 직후인 1950년 9월 19일 미국은 전후 유엔군의 한반도 주둔을 구상하고 있었다.[31] 판문점에서 정전협상이 시작된 1951년 7월 트루먼을 포함한 미국의 주요 인사들은 전후 한반도에 완벽한 평화가 정착되는 순간까지 거의 무기한 동안 유엔군을 주둔시켜야 할 것이라고

(Princeton Studies in International History and Politics) Princeton University Press. Kindle Edition.

29. Bob Woodward(2018), *Fear: Trump in the White House* (p. 305). Simon & Schuster. Kindle Edition.; 매티스는 북한을 강조했지만 미국 입장에서 북한이 아니고 중국일 것이다. 항상 미국은 중국 대신 북한을 거론한다.

30. Quoted in Mira Rapp-Hooper(2020), *Shields of the Republic*, (p. 52), Harvard University Press. Kindle Edition.; "Memorandum of Conversation, by the Assistant Secretary of State for Far Eastern Affairs (Robertson), April 24 1953," in *FRUS*, 1952–54, Vol. 15, Part 1, pp. 933-5.

31. "Position Paper Prepared for the United States Delegation to the United Nations General Assembly, September 19 1950," in *FRUS*, 1950, Korea, Vol. 7, p. 737.

말했다.[32] 그러면서 전후 외국군 철수 문제 등 한반도의 정치적 문제를 다루게 될 평화회담에서 한반도의 완벽한 평화 정착 노력이 성공할 수 없을 것이라고 말했다. 다시 말해, 미군이 한반도에 영구 주둔할 것이라고 말했다.[33] 이처럼 미국 입장에서 한반도는 대단히 중요한 지역이었다.[34]

전략적 측면에서 보면 한반도는 두 가지 기능이 있다. 한반도는 주요 목표를 겨냥하여 진격하기 위한 발판이 될 수 있다. 몽고와 일본은 이 같은 방식으로 한반도를 이용했다. 또는 적의 침략을 저지하기 위한 장애물 역할을 할 수 있다. 중국은 한반도를 이처럼 생각하고 있다. 또는 한반도가 이들 두 기능 모두를 할 수 있다. 이는 미국의 시각이다.

오늘날 미중 패권경쟁 측면에서 보면 한반도에 대한 모든 영향력이 중국으로 넘어가면 미국이 절대적으로 불리해지는 반면 미국으로 넘어가는 경우 중국이 그러한 상태가 된다. 이 같은 이유로 오늘날 미국과 중국은 한반도에 대한 자국의 영향력을 상실하지 않고자 적극 노력하고 있다.

이 같은 측면에서 보면 오늘날 미국과 중국의 한반도정책은 결국 한반도에 대한 자국의 영향력을 유지 및 확대하기 위한 성격과 다름이 없다.

---

32. Government, U.S. History of the Joint Chiefs of Staff – Volume III: The Joint Chiefs of Staff and National Policy 1951-1953, *Korean War Part Two - Syngman Rhee, UN Command, Diplomatic Deadlock* (p. 17). Progressive Management. Kindle Edition.

33. Ibid., p. 15.

34. 이승만 대통령이 전후 한반도 안보를 위해 노력한 애국자란 사실은 분명하다. 당시 이승만의 한미 상호방위조약 체결 요구에 미국은 한국군에 대한 작전통제권 행사를 그 조건으로 제시했다. 풍전등화 상태에 있던 당시 상황을 오늘날의 관점에서 평가할 수 없을 것이다. 그러나 당시 이승만이 주한미군 철수를 요구하는 등 한미관계 측면에서 당당하게 대응했더라면 미국이 한국군을 작전 통제하는 현상을 막을 수도 있었을 것이다.; 미일 동맹을 체결할 당시 미국은 일본 자위대에 대한 작전통제권 행사를 요구했다. 소위 말해 미일 연합지휘구조를 요구했다. 그러자 요시다 시게루(吉田 茂) 수상은 이처럼 하는 경우 일본에서의 미국의 국익 추구 행위에 일본이 연루될 수 있다며 거절했다. 오늘날 일본과 미국이 병행적인 지휘구조를 유지하게 된 것은 이 같은 이유 때문이다. Sheila A Smith(2019), *Japan Rearmed* (Kindle Location 2940). Harvard University Press. Kindle Edition.

오늘날 중국이 주한미군 철수를 염원하는 반면 미국은 주한미군의 장기 주둔을 매우 중요하게 생각한다. 이 같은 이유로 중국의 한반도정책은 가능하면 주한미군을 철수시키기 위한 성격인 반면, 미국의 한반도정책은 주한미군의 입지를 강화시키기 위한 것이다. 중국이 한반도 긴장완화를 원하는 반면 미국이 긴장조성을 원하고 있는 듯 보이는 것 또한 한반도 긴장이 완화되는 경우 미군의 한반도 주둔 명분이 약화되기 때문일 것이다.

한편 오늘날 미국과 중국은 한반도 통일을 원치 않는데, 이는 통일한국의 입지와 관련이 있을 것이다. 미국은 통일한국이 중국과 가까워질 가능성을 우려하는 반면 중국은 통일 이후에도 한미동맹이 지속 유지되면서 미군이 압록강 부근으로 올라올 가능성을 우려한다. 이들 국가에게 있어 이는 최악의 상황이다. 중국과 미국은 이 같은 최악의 상황보다는 한반도 현상 유지를 원하고 있는 것이다.

전작권 전환에 대한 미국과 중국의 입장 또한 마찬가지다. 미국은 가능한 한 한국군에 대한 전작권을 행사하고자 노력하는 반면 중국은 한국군의 전작권 전환을 염원하는 입장이다. 이는 전작권 전환으로 한국군의 능력이 신장되는 경우 주한미군의 한반도 주둔 명분이 약화될 가능성이 있기 때문일 것이다.

다음에서 보듯이 이 같은 한반도의 중요성에 관해 이승만 대통령 또한 잘 알고 있었다.

　　이승만은 한국이 힘이 없다고 자유진영이 한국을 버릴 수 있을 것으로 생각하지 않았다. 이승만은 러시아, 중국 및 일본으로 연결되는 삼각형의 한가운데 위치란 전략적 위상으로 인해 적어도 한반도 남부 지역이 적의 수중에 들어가지 않도록 함의 중요성을 미국이 인지하고 있음을 잘 알고 있었다. 이승만은 중국 또는 러시아가 한반도를 주도하는 경우 한반도가 일본 입장에서 자국의 심장을 겨누는 비수가 될 수 있을 것이란 일본의 오래된 우려를 잘 알고 있었다. 이승만은 북한군의 남한 정복으로 초래될 동북아 지역에서의 불안정 상태를 미국이 수용할 수 있을 것으로 생각하지 않았다. 이승만은 38선을 중심으로 한반도가 영구 분단되게 할 의향이 없었다.[35]

한반도가 미국, 중국, 소련 및 영국의 주요 관심 지역이란 사실을 포츠담회담에 대비한 미국의 브리핑북은 다음과 같이 표현했다. "다양한 국가, 특히 중국, 소련, 영국 및 미국이 한반도에 관심이 있다. 이는 극동지역의 평화와 안보에 지대한 영향을 미칠 정도로 한반도가 전략적으로 중요한 지역이기 때문이다. 이들 국가 가운데 어느 국가도 특정 국가가 한반도에서 주도적인 입지를 구축하기를 원치 않는다. ···"[36]

결론적으로 말하면 지난 수세기 동안 한반도는 중국, 러시아, 일본의 이익이 그리고 보다 최근에는 미국의 이익이 상충하는 지구상 유일지역이었다. 일본은 한반도를 대륙에서 자국을 겨냥한 비수로 간주했을 뿐만 아니라 대륙으로 세력을 투사하기 위한 지역으로 생각했다. 중국은 일본과 같은 국가들이 대륙을 침입하기 위한 길목으로 생각했다. 러시아는 블라디보스토크를 위협하는 지역이자 소련의 세력을 아태지역으로 확장시킬 수 있는 지역으로 간주했다. 미국은 공산세력 봉쇄 차원에서 더 이상 공산주의의 확산을 저지하기 위한 핵심 지역이자 중국과 러시아로 세력을 투사하기 위한 지역으로 간주했던 것이다.

---

35. Robert T. Oliver(1978), *Syngman Rhee and American Involvement in Korea, 1942-1960* (Seoul, Korea: Panmun Book Company, 1978), p. 240.

36. "[Document 605] Briefing Book Paper, Undated," in *FRUS*, 1945, The Potsdam Conference, 1945, Volume I, p. 925.

제3절. 미군 한반도 주둔의 필요충분조건

2차 세계대전이 격렬히 진행되고 있던 1943년 당시 미국의 전략가들은 자국을 위협할 수 있는 또 다른 패권국의 부상 방지 차원에서 전후 미군을 한반도에 장기 주둔시켜야 한다고 생각했다. 그러나 이들이 이처럼 생각한다고 미군을 한반도에 주둔시킬 수 있는 것은 아니었다.

미군을 한반도에 장기 주둔시키고자 하는 경우 먼저 조선인들로 하여금 미군의 장기 주둔을 염원하게 만들 필요가 있었다. 이것을 미군의 한반도 장기 주둔을 보장하기 위한 필요조건이라고 말할 수 있을 것이다. 전후 개인의 인권 및 자유와 더불어 주권을 강조했으며, 피압박 민족의 독립을 표방했던 미국 입장에서 이는 대단히 중요한 부분이었다.

조선인들이 미군 주둔을 염원한다고 미군의 장기 주둔이 가능한 것은 아니었다. 이와 더불어 미국인들로 하여금 미군의 한반도 주둔 필요성을 절감하게 만들 필요가 있을 것이다. 이처럼 주둔 필요성을 절감하는 경우에나 미국인들이 주둔에 필요한 인력 및 병력과 같은 자원 충당에 동의할 것이기 때문이다. 후자를 미군 장기 주둔을 보장하기 위한 충분조건으로 생각할 수 있을 것이다.

2차 세계대전 당시까지만 해도 평시 외국군이 주권국의 영토에 주둔하는 것은 지극히 예외적인 현상이었다.[37] 역사적으로 그 전례가 없었다. 외국군 주둔이 국가주권의 문제였기 때문이다. 역사적으로 조선왕조가 군사력 증강을 경시했던 주요 이유가 장군들이 왕위를 찬탈할 가능성 때문이

---

37. Quoted in Alexander Cooley(2020), *Exit from Hegemony* (p. 33), Oxford University Press, Kindle Edition.; Sebastian Schmidt(2014), "Foreign Military Presence and the Changing Practice of Sovereignty: A Pragmatist Explanation of Norm Change," *American Political Science Review* 108, no. 4, (November 2014), p. 817.

란 측면이 있었다. 미국이 미 본토에 육군을 가능한 한 주둔시키지 않았던 것도 육군이 정권을 찬탈할 가능성이 있었기 때문이었다.[38] 정권찬탈 위험 때문에 자국군 또한 경계하는 마당에 외국군 주둔 수용은 결코 쉬운 일이 아니었다.

미국인들 또한 외국의 문제에 관여하지 말라는 초대 대통령 조지 워싱턴의 권유로 미군의 해외 주둔은 쉽게 결정할 수 있는 일이 아니었다.

그러면 당시 미군의 한반도 주둔을 보장하기 위한 필요조건과 충분조건은 무엇일까?

1. 필요조건

전후 미군을 한반도에 주둔시키려면 한반도의 특정 지역을 먼저 국가로 만들어야 할 것이다. 두 번째는 이 국가와 미국이 공동 위협이 있어야 할 것이다. 세 번째는 한반도의 특정 지역에 설립된 국가가 위협 대비 측면에서 미군의 주둔을 염원해야 할 것이다. 그런데 이 같은 특정 지역이 한반도 전체일 수 없었다. 왜냐하면 당시 미국은 소련을 주요 위협으로 생각했던 반면 통일조선 입장에서 보면 소련은 위협이 아니었기 때문이다. 당시 조선인들의 이념성향을 놓고 볼 때, 통일조선은 소련과 적대관계가 아니고 우호적인 관계가 될 가능성이 컸다.

미국은 38선을 중심으로 한반도를 분할한 후 북한지역을 소련이, 남한지역을 미국이 점령하게 했다. 그 후 남한지역에 반공정부를 수립함으로써 남한과 북한을 적국으로 만들었다. 이는 아태지역을 겨냥한 소련의 남진 저지를 위해 미군의 한반도 주둔을 보장하기 위한 거의 유일한 대안이

---

38. Allan R. Millett(2005), "The Origins of the Prejudice Against Standing Armies," in *Foundations of the Military*(New York: Forbes, 1998) edited by Smith/Krupnick, pp. 30–1.

었다.

    이 같은 측면에서 보면

    첫 번째 필요조건은 한반도의 상당한 지역, 남부 지역 점령이었다.

    한반도의 상당한 지역에 미군을 주둔시키고자 하는 경우 해당 지역의 점령은 필수적일 것이다. 점령 이후에나 점령지 주민들로 하여금 미군 주둔을 염원하게 만들 수 있을 것이기 때문이다.

    그런데 여기서 말하는 상당한 지역 점령은 앞에서 언급한 바처럼 한반도 모든 지역의 점령일 수 없었다. 즉 통일 한반도일 수 없었다. 분단 이후 한반도의 통일 가능성이 수차례 있었다. 특히 소련은 한반도 통일을 원했다. 통일한국이 소련과 우호적인 관계가 될 가능성이 높았기 때문이었다. 반대로 미국은 한반도통일에 지속적으로 반대했다. 동일한 이유 때문이었다. 당시 미국이 한반도와 관련하여 원했던 것은 한반도가 일본과 러시아 사이에서 완충 역할을 해야 한다는 사실뿐이었다. 얄타회담을 준비하던 미 국무성 요원들 입장에서 보면 한반도는 협상용 담보물과 다름이 없었다. 미국은 전후 한반도를 여러 국가가 분할 점령하게 할 의향이 있었다.[39]

    이와 더불어 미국이 미군의 한반도 주둔 필요성을 인지한 1943년 당시의 전쟁 상황, 미국이 유럽에서 독일에 대항하여, 태평양에서 일본에 대항하여 동시에 싸워야만 하는 전쟁 상황과 루즈벨트 대통령이 가능한 한 미군 희생을 줄이는 문제를 매우 중요하게 생각했다는 사실로 인해 당시 미국은 소련, 중국 및 영국과 같은 주요 연합국, 특히 소련의 도움이 절실히

---

39. Joseph C. Coulden(1982), *Korea: The Untold Story of the War* (New York: Times Books, 1982), p. 16.

필요한 상황이었다. 루즈벨트는 엄청난 자국 국민을 희생시킨 1차 세계대전에서의 프랑스의 승리는 진정한 의미에서 승리가 아니라고 생각했다.[40] 이 같은 미군 희생 절감 측면에서 루즈벨트는 독일과 일본에 대항하여 소련과 공동으로 싸워야 할 것으로 보았다.

당시 루즈벨트는 최소의 미군 피해로 2차 세계대전에서 승리한다는 분명한 목표 달성을 위해 소련처럼 의문스런 국가와도 공조할 필요가 있음을 설명하기 위해 "상당한 위험이 상존해 있는 경우 위험을 극복하는 순간까지 악마와도 공조할 수 있어야 한다."[41]라는 문구를 빈번히 인용했다. 미국 입장에서 보면 태평양전쟁에서 미군의 희생을 줄이고자 하는 경우 1943년 당시 유럽에서 독일군에 대항하여 맹위를 떨치고 있던 소련의 대일전쟁 참전이 필수적이었던 것이다. 한반도는 소련과 국경을 접하고 있는 동북아 지역의 반도 국가였다. 결과적으로 미국은 소련을 간과한 상태에서 미군 단독으로 한반도를 점령할 수 있는 상황이 아니었다. 당시 영국과 중국은 한반도 점령에 동참할 수 있을 정도의 여력이 없었다. 결국 소련과 미국이 점령할 수밖에 없었다.

한편 당시 미국이 한반도에 미군을 주둔시키고자 했던 주요 이유는 아태지역을 겨냥한 소련의 남진을 저지해야 한다는 사실 때문이었다. 결과적으로 소련을 중심으로 한 공산세력의 남진을 더 이상 허용해 줄 수 없는 '봉쇄의 선'을 그을 필요가 있었다. 동북아지역에서 이 같은 '봉쇄의 선'이 나름의 의미가 있던 지역은 한반도뿐이었다. 소련이 시베리아대륙을 통해 한반도 북쪽에서, 미국이 태평양을 통해 한반도 남쪽에서 진입이 용이했다는 점에서 소련은 한반도 이북 지역을 미국은 한반도이남 지역을 점령

---

40. John Lewis Gaddis(2005), *Strategies of Containment* (pp. 5, 7). Kindle Edition.

41. Quoted in Ibid., p. 3.

해야만 했다.

두 번째 필요조건은 미군이 주둔한 남한지역에 단독정부 수립이다.

일단 한반도 이북 지역에 소련군이, 이남 지역에 미군이 주둔한 상태에서 미국은 한반도를 통일시키고자 노력하면 안 되었다. 왜냐하면 이미 언급한 바처럼 통일한국은 한반도의 지리적 특성과 많은 조선인들이 공산주의와 사회주의를 선호하고 있었던 조선의 이념성향으로 인해 소련의 영향권으로 들어갈 가능성이 농후했기 때문이다. 이 경우 미군의 한반도 주둔이 거의 불가능해졌다. 따라서 미군 점령 지역에 단독정부를 수립해야 한다.

세 번째 필요조건은 이 같은 정부가 반공(反共)을 표방해야 한다.

왜냐하면 북한지역을 공산세력이 점령할 것이란 점에서 북한과 대립각을 세우는 정권만이 미군의 주둔을 희망할 가능성이 있었기 때문이다. 공산정권, 사회주의 정권 또는 민족주의 정권의 경우 남북통일을 추구할 가능성이 농후했다. 이를 방지하기 위해서는 남한의 경찰, 군대 및 법조 기관과 같은 권력기관을 공산주의자들과 상호 공존이 불가능한 친일파들이 주도하게 해야 했다.

이처럼 북한과 남한에 상호 대립적인 정권을 유지하게 하는 경우 적어도 남한과 북한의 권력층들은 상대방에 의한 통일을 저지하기 위해 적극 노력할 것이다. 왜냐하면, 일제 당시부터 공산세력과 친일파들이 견원지간(犬猿之間)의 관계였기 때문이다. 이처럼 남북이 이념적으로 대립한 상황에서 미국은 북한 중심의 통일은 물론이고 남한 중심의 통일도 저지해야만 했다. 북한 중심으로 통일되는 경우 한반도가 소련의 영향권으로 들어가는 반면 남한 중심으로 통일되는 경우 한반도가 반공(反共)의 최일선으로

서의 의미가 약화될 것이기 때문이다.[42]

　네 번째 필요조건은 미군의 남한지역 주둔과 남한 단독정부 수립에 반대하는 세력의 제거다.

　이미 언급한 바처럼 당시 조선의 지식인 가운데에는 공산주의 또는 사회주의에 심취해 있는 사람이 많았다. 많은 조선인들이 사회주의와 공산주의를 선호했다. 중국과 소련의 조선인 가운데에도 공산주의자 내지는 사회주의자가 절대 다수라고 생각되었다. 미국은 시베리아 지역에 공산주의 이념으로 무장한 3만 5천 명 정도의 조선인이 있는 반면 상해임시정부 주변에 상대적으로 매우 적은 규모의 민족진영 조선인이 있다고 생각했다.[43]

　이들 사회주의자 또는 공산주의자들은 일제 당시 일본에 대항하여 조선 독립을 위해 싸운 사람들이었다. 즉 민족주의적인 성향이 매우 강하여 외세의 한반도 주둔을 배격하는 경향이 있었다. 예를 들면, 1950년 6월 25일 당시 남침을 선도했던, 그리고 대장정(大長征) 당시 중국 인민해방군의 포병사령관이었던 무정(武亭) 장군 또한 상당한 민족주의자였다. 국공내전(國共內戰) 등 중국 대륙에서 장제스의 국민당 군대와 마오쩌둥의 공산당 군대가 싸울 당시 많은 조선인들이 공산당 군대를 지원해 주었다는 사실을 거론하며 무정은 전후 간도(間島)를 조선에 넘겨주어야 할 것이라고 중국

---

42. 미국 입장에서 보면 이승만 또는 김일성 가운데 누가 주도하는지와 무관하게 통일 한반도는 곤란했다. 예를 들면, 이승만의 북진통일이 성공을 거두는 경우 반공(反共) 전선으로서의 한반도의 의미가 약화될 것이었다. 실패하는 경우 보다 더 약화될 것이었다. Lloyd Gardner(1983), "Commentary," in *Child of Conflict* edited by Bruce Cumings, pp. 63-4.

43. "The Ambassador in China (Gauss) to the Secretary of State, April 10 1942," in *FRUS*, 1942, The British Commonwealth; The Far East, Vol. 1, p. 869.; "The Ambassador in China (Gauss) to the Secretary of State, June 19 1942," in *FRUS*, 1942, The British Commonwealth; The Far East, Volume I, p. 878.

공산당 요원들에게 말했다. 이 같은 조선 공산주의자들의 극단적인 민족주의 성향과 관련하여 중국인들이 고개를 설레설레 흔들었다.[44] 해방 이후 이들이 주장했던 것은 한반도 분단반대와 외세철수였다. 그런데 이는 1919년 3월 1일 당시 우국지사들이 외쳤던 구호와 다르지 않았다.

따라서 미국이 남한지역에 미군을 주둔시키고자 하는 경우 미군의 남한지역 주둔과 남한 단독정부 수립에 반대하는 세력, 다시 말해 공산주의자와 사회주의자를 포함한 다수 세력을 제거해야만 했다.

다섯 번째 필요조건은 미군이 없으면 국가생존이 위태롭게 만들어야 한다는 것이었다.

남한지역에 반공 정권이 들어선다고 미군이 주둔할 수 있는 것은 아니다. 남한 사람들이 원하지 않으면 미군의 장기 주둔은 곤란한 일이기 때문이다. 이 같은 측면에서 보면 한국인들로 하여금 미군이 없으면 생존 위협을 느끼게 만들어야 한다. 이처럼 만드는 경우 남한 사람들이 미군 주둔을 염원하게 될 것이기 때문이다.

1970년대 초반까지만 해도 미국은 한국군 전력과 전시 한반도로 전개될 미군 전력 그리고 한반도에 주둔하고 있는 미군 전력의 합을 북한군 전력과 비교하여 약간 우세한 수준으로 유지했다.[45] 또한 1973년까지만 해도 미국은 한국군을 화력에 비해 많은 보병을 유지토록 한다는 원칙 아래 방어용 전력만을 갖춘 경보병으로 육성했다. 미국은 한국군이 통제 불가능할 정도의 군대로 발전하는 것을 원치 않았다. 결과적으로 조기경보, 전

---

44. Quoted in Bruce Cumings(1983), "Introduction; The Course of Korean-American Relations, 1943-1953," in *Child of Conflict* edited by Bruce Cumings, p. 40.

45. Richard G. Stilwell, "Challenge and Response in Northeast Asia of the 1985 Military Balance" *Comparative Strategy*, Volume 1, 2, 1978, p. 118.

투정보, 표적탐지체제 등의 개발을 간과해 왔다.[46] 이는 한국이 지속적으로 미국에 의존적인 상태에 있게 하기 위함이었다. 한국군에 대한 작전통제권 행사는 물론이고 한국군을 육군 중심 군대로 만든 것도 동일한 이유 때문이었다.

종합해 보면, 1943년 당시의 관점에서 미군의 한반도 주둔이 가능해지려면 미국은 먼저 한반도이남 지역을 점령한 후 이 지역에 반공(反共) 정부를 수립해야 했다. 남한 단독정부 수립과 미군 주둔에 반대하는 세력을 제거해야 했다. 미군이 없으면 한국인들이 안보 불안을 느끼도록 한국군을 만들어야 했다.

미국이 1943년부터 한미상호방위조약이 발효된 1954년 11월까지 한반도에서 한 것은 정확히 이것이었다.

이 책의 2장에서는 첫 번째 필요조건에 관해 3장에서는 두 번째, 세 번째, 네 번째 필요조건에 관해, 6장에서는 다섯 번째 필요조건에 관해 논할 것이다.

2. 충분조건

이미 언급한 바처럼 미군의 한반도 장기 주둔을 보장하기 위한 충분조건은 미국인들이 미군의 한반도 주둔 필요성을 절감하게 만드는 것이었다.

남한의 권력집단이 미군의 장기 주둔을 염원하는 경우에도 미군 주둔에 필요한 병력과 예산이 있어야 할 것이다. 그런데 2차 세계대전 당시 2,300억$ 규모의 GDP 상태에서 1,200만 병력과 830억$ 국방예산을 사용하던 미군은 1947년 당시 160만 병력과 128억$ 이하 예산 수준으로 대

---

46. Bridget Gail, "The Korean Balance Vs The US Withdrawal" *Armed Forces Journal*, April 1979, pp. 37–42

거 약화되어 있었다.[47] 이 같은 이유로 1949년 당시 미 육군은 미군의 한반도 주둔에 지속적으로 이의를 제기했다. 미 육군 입장에서 한반도 이상으로 중요한 지역이 지구상에 다수 있었기 때문이다.

결국 미국은 한반도에 미군을 장기 주둔시키고자 하는 경우 한반도를 포함하여 1943년 당시 미군의 주둔이 필요하다고 생각되었던 지역 모두에 미군을 주둔시킬 수 있을 정도의 병력과 예산이 필요했다. 왜냐하면 미군의 한반도 주둔이 미 세계전략의 일환이었기 때문이다. 그런데 이 같은 병력과 예산 충당을 허용해 주는 것은 미국인이었다. 전후 미국인들은 또다른 전쟁이 아니고 행복한 삶을 원했다. 이 같은 점에서 보면 미국인들로 하여금 소련 중심의 공산세력에 대항하여 국방비 대거 증액에 동의하게 하는 문제는 결코 쉬운 일이 아니었다. 소위 말해, 이는 미국인들이 소련 중심 공산세력의 위험을 절감하는 경우에나 가능한 일이었다. 이처럼 미국인들로 하여금 공산세력의 위협을 절감하게 하려면 공산세력과 장기간 동안 치열하게 싸워야 할 것이다.

그런데 이 같은 전쟁은 핵전쟁일 수 없었다. 핵전쟁으로 인류가 공멸할 가능성이 있었기 때문이었다. 그러므로 소련과 미국 모두 핵무기를 보유하고 있었다는 점에서 소련과의 전쟁은 선택할 수 없었다. 이는 중국과의 전쟁이었고, 미국, 중국 및 소련의 이익이 교차하는 핵심 지역이란 점에서 전쟁의 무대는 한반도가 되어야 했다.

중국대륙 공산화가 거의 확실해진 1949년 초순부터 한반도와 대만을 미국의 아태지역 방어선에서 제외시킨다는 내용을 담고 있던 1950년 1월 12일의 애치슨 선언이 있기까지 미국은 자국 안보 측면에서 두 가지 대안을 준비하고 있었다. 첫 번째 대안은 공산중국이 소련과 동맹을 체결하지

---

47. John Lewis Gaddis(2005), *Strategies of Containment* (p. 23). Kindle Edition.

못하게 하는 것이었다. 두 번째 대안은 한반도전쟁이었다.[48]

미국은 중국대륙이 공산화되고, 소련이 핵무장에 성공한 경우에도 공산중국이 소련과 동맹을 체결하지 않는 한 미군을 재무장하지 않아도 소련 위협에 대응할 수 있을 것으로 생각했다. 모스크바에 인접해 있는 터키와 같은 중동지역 국가에 핵무장한 전략폭격기를 배치하는 방식으로 소련이 지구상 도처에서 제기할 위협에 대응할 수 있다고 생각했다. 그러나 소련이 핵무기 개발에 성공한 상태에서 공산중국이 소련과 동맹을 체결하는 경우 소련과 중국을 포함한 모든 공산세력을 유라시아대륙 주변부에서 봉쇄해야 할 것으로 생각했다.[49]

이 같은 측면에서 1943년 당시 미국의 전략가들이 선정한 지역의 국가들과 동맹을 체결한 후 해당 국가에 미군을 장기 주둔시켜야 할 것으로 생각했다. 이처럼 하고자 할 당시 필요한 자원을 충당하고자 하는 경우 유엔군의 일환으로 참전한 미군이 한반도에서 중국군과 장기간 동안 치열하게 싸울 필요가 있다고 생각했다. 이처럼 하고자 하는 경우 남한의 도발이 없는 가운데 북한군의 남침을 유도할 필요가 있었다.

이들 두 가지 가능성을 염두에 둔 상태에서 1949년 초반부터 미국은 소련과 중국을 이간시키기 위한 쐐기전략 이행과 동시에 한반도전쟁을 준비하기 시작했다. 예를 들면, 1949년 6월 30일 모든 미 지상군 전투부대 한반도 철수, 북한군이 남침하는 경우 유엔군의 일환으로 미군이 참전하여 경찰 활동 수준에서 작전을 수행할 것이란 내용의 극비문서 1949년 6월 27일 작성, 북한군이 남침하는 경우 유엔군이 낙동강까지 후퇴한 후 인천

---

48. 이 책의 4장 참조.

49. I. F. Stone(1952), *The Hidden History of the Korean War, 1950–1951* (New York: Monthly Review Press, 1952), p. 31. 여기서는 소련과의 전쟁, 중국과의 전쟁, 중국과 소련을 모두 봉쇄하는 방안 세 가지 방안을 거론하고 있다. 당시 트루먼과 애치슨은 마지막 방안을 선호했다.

상륙작전을 통해 반격하며, 진남포와 원산이란 2곳의 북한지역 상륙을 통해 북진할 것이란 내용의 SL-17이란 전쟁계획의 1949년 9월 작성 등 한반도전쟁에 대비하고 있었다.

1950년 1월 12일의 애치슨 연설은 중국과 소련의 이간 가능성과 한반도전쟁 가능성을 모두 염두에 둔 것이었다. 당시의 연설에서 애치슨은 소련과 동맹을 체결하지 않으면서 미국과 우호적인 관계를 유지하는 경우 대만을 점령하게 해줄 뿐만 아니라 중국을 경제적으로 지원할 것이란 메시지를 마오쩌둥에게 보냈다. 한편 이미 1947년 1월 미국은 38선을 '봉쇄의 선'으로 결정했다.[50] 이는 북한군이 38선을 넘는 경우 미군이 자동 개입할 것이란 의미였다. 그럼에도 불구하고 애치슨 연설을 통해 미국은 한반도를 포기할 것처럼 행동했다. 이는 김일성과 스탈린의 남침을 유도하기 위함이었다. 이 같은 애치슨 연설에 마오쩌둥은 부정적으로 반응했다. 중소동맹 체결을 선언한 것이다. 반면에 1950년 1월 30일 스탈린은 애치슨 연설을 보며 북한군의 남침을 허용해줄 것이란 전문을 김일성에게 보냈다.

이제 미국의 선택이 분명해진 것이다. 1950년 1월 30일 이후 미국은 한반도전쟁을 본격적으로 준비했다. 또한 3년의 기간 동안 치열하게 전쟁을 수행한다. 이 같은 전쟁을 통해 미군 재무장에 필요한 자원을 마련할 수 있게 된 것이다.

이 책의 4장과 5장에서는 이들 충분조건에 관해 논할 것이다.

---

50. 1947년의 미 상원외교관계위원회에서 미 국무성 차관 애치슨은 미국이 자유진영을 위해 한반도에 대한 영향력을 확보해야 할 필요성을 당시를 기준으로 가장 강력히 언급했다. 그는 한반도에 트루먼 독트린을 적용해야 할 것이라고 말했다. 비공개를 전제로 한 발언에서 애치슨은 "우리가 효과적일 수 있는 장소들이 있다. 이들 지역에 한반도가 있다. 나는 소련과 미국이 이미 한반도에 '봉쇄의 선'을 그었다고 생각한다."라고 말했다. U.S. Congress, Senate, Committee on Foreign Relations, *Hearings: A Bill to Provide for Assistance to Greece and Turkey*, 80th Cong., 1st sess (Washington, D.C. Government Printing Office, 1973), p. 22.

결론적으로 말하면, 1949년 초반부터 한미상호방위조약이 체결된 1954년까지 미국이 한반도에서 한 것은 바로 이들 필요조건과 충분조건의 이행이었다.

한편 미국이 한반도에 관심을 표명한 1943년부터 1954년까지 한반도에서 미국과 소련이 주요 행위자였다는 점에서, 당시 미국의 한반도정책에 소련이 영향을 미칠 가능성이 있었을 것이다. 당시 소련은 어느 정도까지 영향을 미쳤을까?

제4절. 소련의 한반도정책: 1943년부터 1954년까지

이미 살펴본 바처럼 19세기 말경부터 소련은 아태지역을 겨냥한 세력팽창 차원에서 한반도에 대한 영향력을 확보하고자 적극 노력했다. 당시 소련의 한반도정책은 1943년 이후의 미국의 한반도정책과 마찬가지로 가능한 한 최대한 한반도에 대한 영향력을 확보하는 것이었다. 특히 부동항 확보 차원에서 한반도 이남 지역에 대한 영향력을 확보하고자 하였다.

1910년 이전 러시아의 한반도정책이 일본과의 관계 측면에서 구상 및 이행되었다면 2차 세계대전 이후에는 미국과의 관계 측면에서 그러할 예정이었다. 그 이유는 소련과 비교하여 4배 이상의 국력을 유지하고 있던 미국이 일본군이 진주만을 공격한 1941년 12월 이후 한반도에 대한 영향력 확보를 대단히 중요하게 생각했기 때문이었다.

이미 살펴본 바처럼 1903년 이전 한반도에 대한 영향력 확보 문제와 관련하여 소련은 일본과 비교하여 우위에 있었다. 적어도 1904년의 러일전쟁에서 패배하기 이전까지 소련은 일본의 요구를 거절하는 입장이었다.

이는 당시 소련의 국력이 일본과 비교하여 상당한 우위에 있었기 때문이었다.[51] 그러나 소련은 1943년 당시는 물론이고 이후에도 지속적으로 미국과 비교하여 국력이 상당히 열세했다. 결과적으로 소련의 한반도정책은 미국의 한반도정책에 반응하는 형태일 수밖에 없었다. 좋든 싫든 간에 미국의 제안을 일단 수용한 상태에서 자국의 영향력을 최대한 확보하는 형태일 수밖에 없었다.

1943년 11월 30일 루즈벨트가 스탈린에게 한반도 신탁통치 방안을 제안하자 스탈린은 러일전쟁 당시 손실한 자국의 권리 회복을 원했으며, 루즈벨트는 러시아가 전후 극동지역에서 부동항에 접근할 수 있게 해야 할 것이란 점에서 이 같은 스탈린의 요청에 공감했다.[52]

그런데 1943년 당시 소련은 그 이전과 비교하여 한반도를 자국의 영향권으로 만들기가 훨씬 수월한 측면이 없지 않았다. 주요 이유는 조선인 가운데 상당수가 공산주의 내지는 사회주의를 선호하고 있었다는 사실과 소련을 우호적으로 바라보고 있었다는 사실, 일본과 중국처럼 한반도에 관심이 있던 국가들의 국력이 매우 약해졌다는 사실, 한반도가 소련과 인접해 있다는 사실 때문이었다. 결과적으로 전후 한반도를 독립시켜 주는 경우 자연히 한반도가 소련의 영향권으로 들어올 가능성이 높았던 것이다. 이 같은 이유로 소련은 가능한 한 한반도의 조기 독립이 자국에 유리한 입

---

51. "당시 러시아는 일본과 비교하여 인구가 거의 3배, 국내총생산이 8배, 개인 소득이 2배 이상, 군대는 7배 규모였다." Quoted in S. C. M. Paine(2017), *The Japanese Empire: Grand Strategy from the Meiji Restoration to the Pacific War* (p. 71). Kindle Edition.; B.R. Mitchell(1978), *European Historical Statistics 1750–1970, abridged edn.*(New York: Columbia University Press, 1978), p. 7.

52. "Bohlen Minutes, November 30 1943," in *FRUS*, 1943, Conferences at Cairo and Teheran, p. 567.; "Minutes of a Meeting of the Pacific War Council, January 12 1944," in *FRUS*, 1943, Conferences at Cairo and Teheran, p. 869.; "The Ambassador in the Soviet Union (Harriman) to the President, December 15 1944," in *FRUS*, 1945, Conferences at Malta and Yalta, pp. 378-9.

장이었다. 부동항 확보 측면에서 보면 한반도를 남한과 북한으로 분할한 후 북한지역을 점령하는 방안은 소련이 결코 원할 수 없는 성격이었다.

미국이 한반도 신탁통치 문제를 본격적으로 거론한 1943년 11월부터 한미상호방위조약이 발효된 1954년 11월까지 소련의 한반도정책은 크게 3개 기간으로 구분하여 생각할 수 있을 것이다. 1945년 12월 말경의 모스크바삼상회의 직후까지의 기간, 모스크바삼상회의에서 합의한 한반도 문제 해결 방안이 난항을 보인 1946년 초순부터 남한지역에 단독정부가 들어선 1948년 8월 15일까지의 기간, 그리고 1948년 8월 15일부터 그 후의 기간이 바로 그것이다.

1. 1943년부터 1946년 초순까지

루즈벨트가 한반도 신탁통치 방안을 제시한 1943년 11월부터 모스크바삼상회의가 난항을 보인 1946년 초순의 기간 동안 소련은 신탁통치 방안을 놓고 미국과 상호 협조함으로써 소련에 우호적이거나 적어도 적대적이지 않은 통일한반도 정부가 출현할 수 있기를 염원했다.

이 기간 동안 소련의 한반도정책을 가장 분명하게 보여주는 부분은 1945년 6월 중국 외무장관 쑹쯔원(宋子文)과 스탈린의 다음의 대화일 것이다.

···스탈린은 신탁통치 시행 시 조선 영토에 군대를 투입하지 않아야 한다고 말했다. 스탈린은 신탁통치가 군대 투입을 의미한다면 자신은 신탁통치에 동의하지 않을 것이라고 말했다. 스탈린은 신탁통치가 일시적인 성격이 되어야 하며, 이것이 조선의 자결권과 독립의 조건을 준비하는 성격이어야 한다고 말했다.···스탈린은 조선인이 스스로 한반도에서 질서를 유지해야 한다고 말했다.···스탈린은 신탁통치에 관한 소련의 관점이 독립을 겨냥한 단계라면 영국의 관점은 식민화를 위한 단계로 생각했다.···스탈린은 신탁통치에 관한 루즈

벨트 행정부의 관점이 소련과 유사하다면 트루먼 행정부의 관점은 영국과 가까워졌다고 생각했다.[53]

여기서 보듯이 2차 세계대전이 종료되기 2개월 전 스탈린은 트루먼이 한반도를 자국의 식민지 지역으로 만들고자 노력하고 있다고 생각했다. 그러면서 스탈린은 가능한 한 조속히 한반도를 통일시켜야 할 것이라고 말했다.

스탈린은 한반도의 가능한 한 조기 통일을 원할 수밖에 없었다. 통일 한반도가 소련에 우호적일 가능성이 높았기 때문이었다. 결과적으로 한반도의 부동항에 접근할 수 있을 것이기 때문이었다. 그러나 스탈린은 1943년 11월 말경 루즈벨트가 제안한 한반도 신탁통치 방안을 내심 원했는지 아닌지와 무관하게 그것을 수용하지 않을 수 없었다. 당시 루즈벨트는 미국, 소련, 영국 및 중국이 일정 기간 동안 한반도를 공동으로 신탁통치 한 후 독립시켜 줄 것이라고 말했는데 스탈린 입장에서 보면 이것도 전혀 나쁜 것은 아니었다. 이것이 단순히 한반도 독립 시기가 몇 년 늦추어질 것을 의미했기 때문이었다. 반면에 2장에서 알게 되겠지만 루즈벨트의 사망으로 1945년 4월 12일 대통령에 취임한 트루먼은 4개국 공동의 신탁통치가 아니고 한반도를 분할 점령하는 방안을 선호하고 있었다. 이 방안 또한 스탈린은 수용하지 않을 수 없었다. 그러나 스탈린은 루즈벨트의 방안을 보다 선호했다. 왜냐하면 스탈린의 표현처럼 이것이 한반도 독립을 겨냥한 성격이라면 분할 점령하는 트루먼의 방안은 분단을 겨냥한 성격이기 때문이었다. 한반도 통일정부 수립을 통해서는 스탈린이 한반

---

53. 기광서, "해방 전 소련의 대한반도정책 구상과 조선 정치세력에 대한 입장*," 『슬라브연구』, 제30권 4호, 2014, p. 41.

도에서 부동항에 접근할 가능성이 높았던 반면 분단을 통해서는 그 가능성이 낮았던 것이다.

이 같은 스탈린의 구상은 얄타회담 직후 포츠담회담을 준비하며 소련이 작성한 문서에서도 확인 가능할 것이다. 이 문서에서는 다음과 같이 강조하고 있었다.

> …조선독립은 소련의 극동지역으로부터 소련에 압력을 가하고자 하는 모든 세력들이, 예를 들면 일본이 소련을 겨냥한 침략의 발판으로 조선반도를 이용하지 못하도록 효과적인 성격이 되어야 할 것이다.…극동지역에서의 소련의 안보와 조선독립을 보장하기 위한 가장 확실한 방안은 소련과 한반도정부의 우호적이고도 긴밀한 관계를 통해 보장될 것이다. 이 같은 사실을 향후 한반도 정부를 수립하는 과정에서 반영해야 할 것이다.…[54]

이 문서에서는 소련이 극동지역에서의 강대국 경쟁에 매우 관심이 있음을 보여주었다. 아직도 소련은 일본을 위협적으로 생각하고 있었다. 이 같은 이유로 소련은 일본이 아시아 대륙으로 세력을 확장하기 위한 발판으로 한반도를 이용하지 못하게 해야 한다고 생각했다. 그러나 소련은 한반도를 독자적으로 점령하거나 통제하고자 하지 않았다. 물론 장기적으로는 한반도에 소련과 "우호적이고도 긴밀한" 정부가 들어서기를 원하고 있었다.

미국과 소련이 38선을 중심으로 한반도를 분할 점령한 1945년 9월까지도 소련은 태평양지역에서 미국에 대항하고, 소련의 이익을 촉진시키기 위한 수단으로서 한반도 신탁통치를 지지하고 있었다. 이는 다음과 같은

---

54. Quoted in Kathryn Weathersby, *Soviet Aims in Korea and the Origins of the Korean War, 1945-1950*, p. 11.

소련 외무성 문서를 통해 확인 가능하다.

> 소련은 미국이 38선 이남 지역을 점령하고 있는 동안에만 38선 이북 지역을
> 점령해야 할 것이다.…미국과 소련의 점령이 종료되는 즉시, 아마도 2년 후 한
> 반도를 4개국이 신탁통치해야 할 것이다. 당시 소련군사령부가 부산, 제주도,
> 인천이란 전략적 지역을 통제할 수 있어야 할 것이다. 이들 전략적 지역을 통
> 제할 것이라고 주장할 당시 소련은 미국이 태평양지역에서 전략적 지역 접수
> 를 원한다는 사실을 이용하여…미국을 압박할 수 있을 것이다. 이들 한반도의
> 전략적 지역을 소련에 배당해 달라는 요구가 반대에 직면하는 경우 소련과 중
> 국이 합동으로 이들 지역을 통제할 것이라고 제안할 수도 있을 것이다.[55]

이들 문서가 보여주듯이 1945년 9월 당시 소련은 중국과 한반도의 공
동 관리를 통해 동북아지역에서의 자국의 전략적 이익을 지키고자 노력했
다. 당시 스탈린은 한반도 전체를 통제하고자 하지 않았다. 처음에 스탈린
은 한반도를 분단시키거나 북한지역을 독자적으로 점령할 의도가 없었다.
스탈린은 군사적으로 중요한 몇몇 지역을 통제할 수 있다는 가정 아래 한
반도에서 미국과 소련의 이익과 영향력이 균형을 이루게 하고자 했던 것
이다.[56]

적어도 1945년 말경까지 소련은 자국에 우호적이거나 적어도 적대적
이지 않은 통일정부를 미국과의 상호 협조 아래 한반도에 수립하고자 노
력했다. 1945년 12월 소련이 주일 소련대사 야곱 말리크(Jacob A. Malik)에
게 보낸 다음의 문서를 보면 이 같은 사실을 확인할 수 있을 것이다. 여기

---

55. Ibid., p. 14.
56. Ibid., p. 16.

서는 소련이 통일한반도 정부 수립에 반대함이 정치적으로 현명하지 않은 처사라고 주장하면서 다음과 같이 권유했다.

(1) 한반도 독립과 주권회복을 지원하고 선언한다. (2) 한반도의 모든 사회 및 정치적 기구가 참여하는 조선임시정부 수립 지원을 약속한다.… (6) 소련군사령부와 미군사령부 대표로 구성되는 미소 혼성 위원회를 설립하여 미군과 소련군의 한반도 주둔으로 초래되는 긴급한 문제를 해결하게 한다.[57]

1945년 11월 19일 소련은 38선 이북 5개 도를 관장하는 행정기구를 설치했다. 그러면서 소련은 미국과의 상호 협조를 촉진시킨다는 차원에서 이곳의 수장으로 공산주의자가 아니고 저명 독립 운동가이자 민족주의자인 조만식(曺晩植)을 임명했다.

미군이 38선 이남 지역에 진주한 1945년 9월 8일 이후 남한지역의 반공(反共) 기구들이 남조선 공산주의자들을 압박하고 의도적으로 방해 활동을 전개했음에도 불구하고 북한지역의 소련 점령 당국은 남조선 공산당의 지원 요청을 지속적으로 거부했다. 소련은 남한의 조선 공산주의자들에게 다음과 같이 훈계하면서 미군정에 협조하라고 말했다.

…국제사회에서 한반도의 의미를 정확히 이해해야 전략적으로 올바른 노선(路線)을 견지할 수 있게 된다.…자본주의 국가들의 지도자인 미국과 프롤레타리아의 조국(祖國)인 소련이 추구하는 이상(理想)을 한반도에서 상호 모순 없이 반영해야 할 것이다.…[58]

---

57. Ibid., p. 19.
58. Quoted in Ibid., p. 16.

당시 미군정 당국은 남한지역에서 강력한 저항에 직면했다. 당시 조선공산당은 남한지역에서 자신의 입지를 강화시킬 수도 있는 입장이었다. 그러나 1945년 당시 한반도에서 올라오는 보고서에는 소련이 남한지역에서 선전책동 내지는 소요(騷擾) 조성을 지원했음을 보여주는 부분이 전혀 없었다.[59]

1945년 이후 한반도에서 올라온 보고서에는 소련이 남한지역에서 선전선동 활동을 전개했음을 보여주는 부분이 전혀 없다. 1945년 당시 조선공산주의자들의 정치적 파워가 막강했다는 사실과 미국의 점령 정책이 매우 인기가 없었다는 사실을 고려해 보면, 소련이 미국의 남한지역 통제와 관련하여 가능한 한 대립을 피하고자 했다는 사실은 특히 주목할 만한 부분이다. 당시 한반도는 토착 공산주의자들이 승리를 거둘 수 있는 최상의 기회였던 것이다.[60]

1945년 12월의 모스크바삼상회의를 준비하며 작성한 브리핑 문서 또한 한반도와 관련한 스탈린의 주요 관심이 일본 위협의 부상이었음을 보여준다. 이 문서에서는 한반도 통일은 당연히 필요하다고 다음과 같이 말하고 있다.

그러나 소련의 정책이 일본 침략자의 군사력 파괴, 한반도에서의 일본의 영향력 제거, 조선인들의 민주적인 운동 촉진 그리고 조선독립 준비를 겨냥하고 있다면, 남한지역에서의 미국의 활동을 놓고 보면 미국의 한반도정책은 소련과 정반대다. 미국은 남한지역에 일제 당시의 행정 기구를 유지하고 있을 뿐만 아니라 일제에 부역했던 많은 인사를 주요 직위에 그대로 유지했다.…미국의 한

---

59. Quoted in Ibid.

60. Quoted in Ibid., p. 17.

반도정책으로 인해 조선인들이 분개하고 있으며, 한반도에 단일의 독립정부 수립이 어려워지고 있다. 이 같은 측면에서 보면 한반도 통일의 주요 장애요소는 미국이 독자적으로 점령 정책을 강구하여 구현하고 있다는 사실이다.[61]

1945년 당시 북한지역에서의 소련의 경제정책 또한 스탈린이 한반도 내지는 북한지역을 장기적으로 점령할 계획이 없었음을 보여준다. 1945년 12월 소련외무성이 준비한 "한반도에서의 일본 군대와 중공업에 관한 보고서"란 제목의 다음의 자료는 이 같은 성격이었다.

> (1) 한반도의 일본 군대와 중공업은 일본의 침략정책을 지원하기 위한 것이다. 소련 점령당국은 이들 중공업을 일본으로부터 빼앗아야 한다. (2) 북조선 지역의 일본의 모든 군수산업과 중공업은 소련군의 전리품으로 간주해야 한다.…
> (3) 마지막으로, 일본이 소련에 끼친 피해를 보상한다는 차원에서 북한지역의 일본의 군수산업과 중공업 시설을 소련이 차지해야 한다.…[62]

미 정보당국 또한 "4개국 신탁통치를 통해 한반도가 통일될 수 있을 것이다"라고 믿으면서 "러시아가 북한지역에 체류할 의도가 없다."[63]는 사실을 소련이 보여주고 있다고 결론지었다.

그러나 당시 소련은 또한 미국과 공조하여 소련에 우호적인 통일 한반도정부를 수립하는 것이 매우 어려운 일일 것이라고 판단했다. 이 같은 사실을 소련 외무성의 극동문제 담당관 자브로딘(E. G. Zabrodin)은 다음과 같

61. Quoted in Ibid., p. 18.

62. Quoted in Ibid., p. 20.

63. Quoted in Zhihua, Shen(2012). *Mao, Stalin and the Korean War* (Cold War History) (Kindle Location 1029). Taylor and Francis. Kindle Edition.

이 표현했다.

이 문제는 남한지역에 다양한 정당과 집단이 존재하며, 이들의 의견이 통일되어 있지 않다는 사실…로 인해 매우 복잡한 성격이다.…한편 향후 한반도에 들어설 정부의 성격이 한반도가 극동지역에서 소련의 근심 지역이 될 것인지 아니면 소련 안보의 강점이 될 것인지를 결정해 줄 것이다.

자브로딘은 다음과 같은 두 가지 방식으로 한반도정부가 출현할 수 있을 것이라고 결론을 지었다.

(1) 소련, 미국 및 중국 정부 간의 합의에 입각한 한반도정부 출범.…(2) 친일파를 제외한 선거를 통해 선출된 전 조선인민 대표들로 구성되는 대표인민회의를 소집한다. 대표인민회의가 조선공화국을 선포한 후 조선인민정부를 수립해야 한다.[64]

2. 1946년 초순부터 1948년 8월 15일까지

미국이 남한지역에서 공산세력에 대항한 강경 노선의 반공(反共) 정책을 추진한 이후부터, 특히 미소공동위원회가 난관에 봉착한 1946년 초순부터 소련은 자국의 한반도정책을 변경하기 시작했다. 미국과의 상호협조를 통해 단일의 한반도정부를 수립해야 할 것이란 정책을 변경하기 시작한 것이다. 소련은 북한의 정치 및 경제력 강화를 통해 궁극적으로 북한이 한반도 차원의 선거를 주도함으로써 소련에 우호적인 통일한반도 정부가 출

---

64. Quoted in Kathryn Weathersby, *Soviet Aims in Korea and the Origins of the Korean War*, 1945–1950, pp. 18–9.

범될 수 있도록 노력했다.

북한에 진입한 직후 소련 점령 당국은 곧바로 자신의 정치 및 행정력을 강화했다. 이들은 북한지역의 5개 도(道) 각각에 경비사령부란 군 관리 기구를 설치했으며, 모든 행정 조직을 통제했다. 처음에 경비사령부의 주요 임무는 일본으로부터 압수한 재산과 무기를 감독하는 것이었다. 그러나 1945년 8월 15일 이후 북한지역에는 소위 말하는 인민위원회를 포함한 다수의 자치 기구가 출현했다. 이들이 점차 지역 차원의 관리를 책임졌다. 이들 토착 기구가 일본 패망 이후의 세력공백을 메우면서 공공시설, 운송시설, 기업 보호 등의 방식으로 사회를 안정시켰다.

소련 점령 당국이 지역 경비사령부를 통해 모든 인민위원회를 직접 및 간접 통제했다. 나중에는 지역 경비사령부가 자신의 역할을 지역 인민위원회의 모든 측면을 망라할 정도로 확대하면서 군정과 유사한 기능을 수행했다.[65] 소련군이 인민위원회 소속 공산당원의 도움을 받아 북한의 정치 및 경제생활을 철저히 통제했다.

미소공동위원회가 진행되고 있던 1946년 초순 한반도 상황이 복잡해지면서 정치적 갈등이 첨예해졌다. 미군정은 남한지역의 다양한 정치세력들 간의 세력균형이 미국에 유리해지도록 만들고자 노력했다. 미군정은 공산당을 불법화했으며, 경찰과 같은 치안기구를 강화했다. 미국 주도의 좌우합작을 추구했다. 그런데 이들 모두는 남한의 통제 아래 한반도 차원의 선거를 치를 수 있을 정도로 폭넓은 정치적 기반을 조성하기 위함이었다. 소련 점령 당국 또한 북한에 나름의 정치적 실체를 지원했는데 이는 북한지역에 중앙 통제가 가능한 임시정부를 수립하기 위함이었다. 1946년 2월 8일에는 북한지역을 통제하기 위한 북조선임시인민위원회가 출범했으며,

---

65. Quoted in Shen Zhihua(2012), *Mao, Stalin and the Korean War* (Kindle Location 4891−4892).

조만식을 대신하여 김일성이 위원장이 되었다.

새로 출범한 북조선임시인민위원회는 스탈린에게 보낸 1947년 2월 20일 편지에서 다음과 같이 말했다. "조선인민들은 한반도를 대표하는 통일된 조선민주주의임시정부의 조속한 출범을 애타게 기다립니다." 마찬가지로 1947년 3월 1일의 비야체슬라프 몰로토프(Vyacheslav Molotov)의 서신에 대한 답신에서 북조선임시인민위원회 간부들은 다음과 같이 말했다. "조선이 아직 통일되지 않았음을 고려하여 북조선 인민들은 소련의 결심에 입각하여 조선반도 통일과 민주주의 정부 출범을 위해 온갖 노력을 경주하고 있습니다."

소련 외상 몰로토프의 1947년 광복절 축전에 답하면서 김일성은 다음과 같이 말했다.

> 귀하의 축전…으로 가능한 한 조기에 통일된 민주조선정부가 출범하고 조선이 완벽한 독립국가가 될 것이란 확신이 배가됩니다. 소련과 귀하의 노력의 결과로 모스크바삼상회의의 정신에 입각한 조선임시민주정부, 한반도 모든 조선인의 이익과 부합하는 이 같은 정부가 조기에 출범할 것을 확신합니다.[66]

소련은 이전의 약탈적인 경제정책을 바꾸었는데 이는 북한의 경제적 입지 강화를 위함이었다. 소련은 대북(對北) 경제 지원을 시작했다. 테렌티 스티코프(Terenty F. Shtykov) 장군은 스탈린에게 보낸 1947년 5월 12일 전문에서 다음과 같이 말했다.

> 소련 전문가 또는 여타 외국 전문가의 도움이 없이는 북한의 산업과 철도를 제

---

66. Quoted in Ibid., (Kindle Location 4900–4901).

대로 운용할 수 없습니다. 우리는 지체 없이 소련의 엔지니어와 기술자를 북한으로 보내야 합니다. 이는 인민위원회가 산업과 운송 시설을 관리할 수 있게 하기 위해서 뿐만 아니라 한반도에서의 소련의 향후 입지와 영향력을 강화하기 위해서 입니다.

남북통일 이전에 그리고 조선임시정부 수립 이전에 이들이 북한지역으로 들어가지 않는 경우 외국의 기술 지원에 의존하게 될 조선임시정부가 미국 기술자들을 초청할 수밖에 없을 것입니다. 따라서 가능한 한 조기에 소련 기술자들을 북한지역으로 보내기 위한 지시 하달을 간청합니다.[67]

소련군 점령 당국이 스탈린에게 보낸 이 문서는 소련의 한반도정책 변화를 분명히 보여주고 있다. 이 문서와 관련하여 소련 외무상 몰로토프는 다음과 같이 첨언했다. "스탈린 동지, 우리가 이 제안을 지원해야 할 것으로 생각됩니다."

요약해 말하면, 1946년과 1947년 당시 미국과 소련은 신탁통치 구도 아래 양측이 지속적으로 상호 협조하기 위한 방안이 더 이상 의미가 없음을 인지했다. 그렇다고 이것이 남한과 북한지역에 별도의 단독정부가 출범해야 할 것을 의미하는 것은 아니었다. 당시 미국과 소련은 자신이 통제하고 있던 지역의 조선인들을 통해 지속적으로 한반도 차원의 선거를 실시하고자 노력했다. 이 같은 방식으로 자국의 이익에 우호적인 조선임시정부를 수립하고자 노력했다. 미국과 소련 가운데 어느 국가가 먼저 자신이 통제하는 지역에 단독정부를 수립하기로 결심했는지에 관해서는 다양한 관점이 있다.[68] 그러나 유럽 지역에서 미소(美蘇) 대립이 첨예해지고 있

---

67. Quoted in Ibid., (Kindle Location 4905-4907).

68. Quoted in Ibid., (Kindle Location 4907-4910).; Kathryn Weathersby, *Soviet Aims in Korea and the Origins of the Korean War, 1945-1950*, pp. 17-9.

던 순간 남한과 북한지역에 별도의 단독정부가 출범하자 한반도 분단이 분명해졌다.

3. 1948년 8월 15일부터 1954년 11월까지

1948년 8월 15일 대한민국 정부가 남한지역에 출범했다. 그러자 소련은 소련의 구미에 맞는 정부를 북한에 출범시킨 후 이 정부를 기반으로 미국에 대항하고자 노력했다. 1948년 9월 9일 북한은 소련의 지원과 인정을 받는 조선민주주의인민공화국을 출범시켰다. 북한 정부 출범과 관련하여 1948년 10월 12일 스탈린은 김일성에게 다음과 같이 말했다.

소련정부는 통일된 독립국가 수립에 관한 조선인민의 권리를 변함없이 지지합니다. 북조선정부 출범을 환영하며 한반도 통일정부 복원을 위한 노력이 성공을 거두기를 기원합니다. 소련정부는 조선민주주의인민공화국과 외교관계를 수립하여 대사관을 교환할 준비가 되어 있습니다. 동시에 적정 형태의 경제관계를 정립할 준비가 되어 있습니다.[69]

소련은 북조선 정부가 발전을 거듭하여 한반도에서 미국의 영향력을 견제하고, 극동지역에서 소련의 안보 보장책으로 기능할 수 있기를 기원했다.

그러나 스탈린의 기본 한반도정책이 변했던 것은 아니었다. 소련은 한반도에서 미국과 더 이상 상호 협조할 방안이 없었지만 미국과 대립할 생각도 없었다. 소련이 추구한 목표는 소련에 우호적인 조선정부를 수립하는 것이었다. 이전에는 한반도 전체를 망라하는 우호적인 정부를 구상했

---

69. Quoted in Shen Zhihua(2012), *Mao, Stalin and the Korean War* (Kindle Location 4910–4912).

던 반면 이제 북조선에 이 같은 정부 출범을 추구한 것이다.

스탈린은 북한지역 또는 한반도에 동유럽 유형의 위성국가를 수립할 생각이 전혀 없었다. 먼저 소련은 소련군과 미군을 한반도에서 동시에 철수시키자고 제안했다. 이처럼 미군과 소련군이 동시 철수하는 경우 한반도에 소련에 우호적인 정부가 출범할 가능성이 높았던 것이다. 미국이 이 같은 제안을 수용하지 않자 소련은 북한지역에서 일방적으로 소련군을 철수시켰다. 그러면서 일부 동유럽 국가들에 제공해 준 것과 비교하여 훨씬 많은 무상 원조를 북한에 제공해 주었다. 소련은 김일성의 남침 지원 요청을 거부한 것은 물론이고 조선민주주의인민공화국과 동맹관계 수립조차 거부했다. 이는 미국을 자극하지 않기 위함이었다.

1949년 6월 30일의 주한미군 철수, 1949년 8월의 소련의 핵실험 성공, 1949년 10월의 중국대륙 공산화와 더불어 1950년 1월 12일의 연설에서 애치슨이 한반도를 미국의 아태지역 방어선에서 제외하자 1950년 1월 30일 스탈린은 북한군의 남침을 허용해 주었다.

북한군의 남침에 대항하여 참전한 미군이 38선 북진을 추구하자 소련은 수차례에 걸쳐 한반도 문제의 정치적 해결을 추구하고 남북한 총선거를 거론했다. 스탈린이 이처럼 제안했던 것은 이 같은 선거를 통해 한반도에 소련에 우호적인 정부가 출범할 것임을 잘 알고 있었기 때문이었다. 물론 미국은 이 같은 소련의 제안을 매번 거부했다.

제5절. 결론

루즈벨트가 한반도 신탁통치를 공식적으로 거론한 1943년 11월부터 한미상호방위조약이 발효된 1954년 11월까지의 미국의 한반도정책은 한반도에 대한 영향력을 확보하기 위한 성격으로 볼 수 있다.

미국이 이 기간 동안 한반도에 대한 영향력 확보를 위해 노력했던 것은 전후 미국의 안보 측면에서 한반도가 갖는 지정학적인 의미 때문이었다. 전후 미국은 전략폭격기와 항공모함으로 무장한 소련이 태평양과 대서양을 건너 미 본토를 공격할 가능성을 심각히 우려했다. 이 같은 소련의 위협을 유라시아 대륙 주변 지역에서 저지하기 위해 이들 주요 지역에 미군을 장기 주둔시켜야 할 것으로 생각했다. 이 같은 지역에 한반도가 포함되어 있었던 것이다.

미국이 전후 한반도에 미군을 장기 주둔시켜야 할 것으로 생각했던 것은 해양세력과 대륙세력이 교차하는 한반도의 지정학적인 특성, 즉 미국, 소련, 중국 및 일본이란 4강의 이익이 교차하는 지구상 유일 지역이란 사실 때문이었다. 이들 국가 입장에서 보면 한반도는 결코 적성국의 영향권으로 모두 들어가면 안 되는 지역이었다. 미국과 일본 입장에서 보면 냉전 당시 한반도는 소련의 영향권으로 모두 들어가면 곤란했다. 소련과 중국의 입장 또한 마찬가지였다. 냉전 당시를 보면 한반도에 대한 모든 영향력이 소련으로 넘어가면 미소 패권경쟁에서 미국이 절대 불리해지는 반면 미국으로 넘어오는 경우 소련이 절대적으로 불리해졌다. 냉전 종식 이후 소련이 중국으로 바뀌었을 뿐이다.

이 같은 이유로 미국은 한반도에 대한 영향력을 확보하여 유지할 필요가 있었다. 그런데 한반도가 소련과 인접해 있다는 사실과 많은 조선인들이 소련을 우호적으로 생각했다는 점에서 한반도에 대한 영향력을 확보하고자 하는 경우 미국은 한반도를 통일시키면 안 되었다. 한반도를 남북으로 분할시켜 남한지역에 반공성향의 단독정부를 수립할 필요가 있었다.

또한 전후 국방에 대한 관심이 저하된 미국인들로 하여금 국방비의 대거 증액과 더불어 미군의 해외 주둔에 동의하게 만들고자 하는 경우 미국은 핵전쟁에 못 미치는 수준에서 공산세력과 장기간 동안 치열하게 싸울 필요가 있었다. 이 같은 전쟁은 중국과의 전쟁이었으며, 이 전쟁이 가능한 지역은 한반도였다.

한편 소련은 19세기 말경부터 한반도에 대한 영향력을 확보하고자 노력했다. 1904년의 러일전쟁으로 이 같은 노력이 좌절된 소련은 2차 세계대전 이후 호기를 맞이했다. 조선의 많은 지식인이 사회주의자 내지는 공산주의자였다는 점에서 통일한국이 자연스럽게 소련과 우호적인 관계를 맺을 가능성이 높았던 것이다.[70] 그런데 이 순간 소련과 비교하여 국력이 적어도 4배 이상 막강했던 미국이 한반도에 지대한 관심을 표명한 것이다.

국력의 차이로 전후 소련의 한반도정책은 미국의 한반도정책에 부응하는 형태일 수밖에 없었다. 루즈벨트가 4개국 신탁통치를 주장하자 스탈린은 소련 입장에서 한반도의 즉각적인 독립이 바람직함에도 불구하고 신탁통치를 수용하지 않을 수 없었다. 트루먼이 한반도 분할 점령을 요구하자 이것을 또한 수용하지 않을 수 없었다. 그럼에도 불구하고 소련은 주어진 상황에서 한반도 통일을 위해 노력했다. 한반도통일이 한반도에 대한 소련의 영향력 확보 측면에서 바람직했기 때문이었다. 물론 이 같은 소련의 노력을 미국은 매번 저지해야만 했다. 이 같은 소련의 노력은 남한지역에

---

70. Quoted in Mark Paul, "Diplomacy Delayed: The Atomic Bomb and the Division of Korea, 1945," in *Child of Conflict* edited by Bruce Cumings, p. 85.

단독정부가 수립된 1948년 8월 15일 이전까지 지속되었다. 1948년 8월 15일 이후부터 소련은 북한정권을 통해 미국의 세력에 대항하지 않을 수 없었다.

이 같은 상황이 오늘날에도 반복되고 있는 듯 보인다. 소련이 중국으로 바뀌었을 뿐이다. 또한 6·25전쟁 당시까지만 해도 통일한국이 미국보다는 소련과 우호적인 관계를 유지할 가능성이 컸지만 70여 년 동안 유지해온 한미동맹으로 인해 통일한국이 미국보다 중국과 우호적인 관계가 될 가능성이 크다고 장담할 수 없다는 차이가 있을 뿐이다. 그렇다고 통일한국이 미국과 지속적으로 좋은 관계를 유지할 것으로 장담할 수도 없다. 어느 순간 미군이 한반도에서 철수할 가능성도 없지 않을 것인데 일단 철수하는 경우 재차 주둔은 쉽지 않을 것이다. 이 같은 이유로 오늘날 미국은 미군의 한반도 주둔 명분을 약화시킬 수 있는 모든 조치, 예를 들면 전작권 전환에 극구 반대하지 않을 수 없는 입장으로 보인다. 북한 비핵화 또한 이 같은 측면이 없지 않을 것이다. 북한 핵무기가 미군의 한반도 주둔을 보장해 주는 주요 수단[71]이란 미 외교협회 연구원 스콧 스나이더(Scott A. Snyder)의 발언은 이 같은 의미일 것이다.

---

71. Scott A Scott(2018), *South Korea at the Crossroads*(A Council on Foreign Relations Book) (Columbia University Press, 2018), p. 211.

1

강대국 국제정치와 한반도
미국의 한반도정책을 중심으로

한반도
분단

제2장

한반도 분할 점령

"그러나 한반도는 조선인들이 분단시킨 것이 아니었다. 38선 분단과 관련하여 가장 많은 책임이 있는 국가는 미국이다."[1]

"오늘날의 세계에서 한반도 분단처럼 그 기원 측면에서 놀라운 경우는 없다. 분단 당시의 상황 또는 조건과 분단이 그처럼 관련이 없는 경우도 없다. 오늘날까지 분단 이유에 관해 그처럼 설명이 없는 경우도 없다.…한반도 분단의 경우처럼 미국이 많은 책임이 있는 경우는 없다."[2]

"한반도 분단은 미국이 주도하고 소련이 묵인하는 가운데 진행된 것이다."[3]

---

1. Bruce Cumings(2005), *Korea's Place in the Sun: A Modern History* (Updated Edition) (p. 186). W. W. Norton &amp.; Company. Kindle Edition.

2. Gregory Henderson, Richard Lebow and John Stoessinger, *Divided Nations in a Divided World* (David McKay Company, 1974), p. 43.

3. Tim Beal, *Crisis in Korea: America, China and the Risk of War* (Pluto Press, 2011), p. 22.

"한국인들은 한반도 분단과 관련하여 미국을 비난합니다.…분명한 사실에 입
각하고 있다는 점에서 해명이 불가능한 실정입니다.…"[4]

한반도 분단은 3단계에 걸쳐 이루어졌다. 첫째, 38선 분할 점령이다.
이는 물리적인 분단이다. 둘째, 남북한 단독정부 수립이다. 이는 법적인
분단이다. 셋째, 6·25전쟁이다. 이는 정서적인 분단이다. 여기서는 한반
도의 물리적 분단, 다시 말해 38선 분할 점령 문제를 살펴볼 것이다.

결국 미국의 한반도 신탁통치 구상은 한반도를 소련과 미국이 양분하기
위한 성격이었다. 적어도 루즈벨트가 사망한 1945년 4월 12일 이후 이와
같았다.

루즈벨트는 미국, 소련, 영국, 중국 중심의 한반도 신탁통치를 구상했
다. 이들 가운데 전후 한반도에 직접 영향력을 행사할 수 있던 국가는 미
국과 소련뿐이었다. 미국 입장에서 보면 소련의 세력팽창 저지와 유라시
아 대륙을 겨냥한 자국의 전력 투사 차원에서 한반도를 소련과 분할 점령
할 필요가 있었다. 미국이 장제스(蔣介石)의 중국과 영국을 한반도 신탁통치
행사 국가에 포함시킨 주요 이유는 루즈벨트가 이들 국가를 중심으로 전
후 세계 질서를 정립할 구상을 하고 있었다는 사실과 이들 국가가 자국의
우방국이란 사실 때문이었다. 이들을 포함시키는 경우 미국이 소련에 대
항하여 한반도에서 보다 많은 영향력을 확보할 수 있었던 것이다.

미국, 소련, 중국 및 영국 가운데 루즈벨트의 한반도 신탁통치 구상을
진정 바람직하게 생각한 국가는 미국뿐이었다. 소련은 미국의 신탁통치
구상에 반대하는 한편 남북통일을 원했다. 통일한국이 자연스럽게 소련의

---

4. "General of the Army Douglas MacArthur to the Joint Chiefs of Staff, 16 December 1945,"
   in *FRUS*, 1945, The British Commonwealth, The Far East, Vol. 6, p. 1,145.

영향권으로 들어갈 것으로 생각되었기 때문이었다. 전후 한반도에서 자국을 봉쇄하고자 했던 미국과 한반도에 대한 영향력을 공유할 의사가 없었기 때문이었다. 그럼에도 불구하고 소련은 미국과 비교하여 파워가 상당히 약했다는 점에서 미국의 신탁통치 구상에 노골적으로 반대할 수 있는 입장이 아니었다. 이 같은 이유로 소련은 미국의 한반도 신탁통치 구상에 내심 반대하면서도 마지못해 구두로 동의해야만 했다.

중국은 미국 및 소련과 비교하여 국력이 미약했다. 이 같은 점에서 미국과 소련이 신탁통치를 명분으로 한반도 문제에 개입하는 경우 전후 한반도에서 영향력을 행사할 수 없는 입장이었다. 따라서 상해임시정부를 통해 한반도에 대한 지속적인 영향력 행사를 원했다. 상해임시정부 중심의 한반도 통일정부 출현을 원했다. 결과적으로 루즈벨트의 한반도 신탁통치 구상에 지속적으로 반대했다. 영국은 신탁통치 개념이 자국의 식민지에 적용될 가능성 때문에 반대했다.

미국은 4개국 신탁통치 이후 적정 절차를 거쳐 한반도를 통일시킬 것이라고 지속적으로 주장했다. 그러나 한반도에서 소련을 봉쇄해야 한다는 점에서 한반도를 통일시키면 안 되었다. 그럼에도 불구하고 미국은 자국이 한반도 통일을 원하는 입장이었음을 기록에 남기기 위해 카이로, 테헤란, 얄타 및 포츠담회담 관련 자국의 준비 자료에서 지속적으로 신탁통치 이후 한반도를 통일시킬 것이라고 주장했다. 그러면서도 미국은 1942년 2월부터 한반도를 영구 분할 점령하기 위한 방안을 연구했다. 1943년 12월의 테헤란 회담 이후 미국은 스탈린과 한반도 분할 문제를 지속적으로 구두로 논의했다. 얄타회담에서는 미국과 소련이 한반도 분할 점령에 구두 합의했으며, 포츠담회담에서 최종적으로 38선 분할 점령에 구두 합의한 것이다.

미국은 1945년 8월 10일 30분이란 짧은 시간 동안 본스틸과 러스크란

2명의 대령이 일본 항복을 용이하게 하기 위한 방안으로 미국과 소련 중심의 38선 분할 점령안을 제안하여 이행하게 된 것이라고 주장했다. 그런데 이것 또한 미국이 한반도의 항구적인 분할 점령을 주도했음을 은폐하기 위한 성격이었을 것이다.

미국은 한반도가 아태지역 질서 유지 측면에서 매우 중요한 지역이란 점에서 가능한 한 장기간 동안 미군의 한반도 주둔이 필요했다. 미국은 자국이 한반도 분할을 주도했음을 많은 한국인들이 인지하는 경우 미군의 한반도 장기 주둔이 영향 받을 가능성이 있다고 생각했을 것이다.

제1절. 미국의 한반도 신탁통치 구상

루즈벨트의 한반도 신탁통치 구상은 미국이 한반도에 대한 영향력을 확보하여 유지할 필요가 있다는 미 국무성의 1943년 인식에 입각하고 있었다. 1943년 봄 미 국무성 기획가들은 한반도 신탁봉지를 정당화시키기 위한 일련의 보고서를 준비했다.[5]

루즈벨트의 신탁통치 구상은 일정 기간 동안의 지도(指導) 이후 한반도를 독립시키기 위한 성격이 아니었다. 한반도를 가능한 한 장기간 동안 분단시키기 위한 것이었다. 적어도 루즈벨트가 사망한 1945년 4월 12일 이후 이 같은 성격이었다. 미국이 이처럼 한반도 분단을 추구한 주요 이유는 한반도가 자국 입장에서 '전략적 이익'에 해당하는 지역이기 때문이었다. 미

---

5. Quoted in William. Stueck(2002), *Rethinking the Korean War* (p. 18). Princeton University Press. Kindle Edition.

국 입장에서 한반도에 대한 모든 영향력이 자국의 적성국, 예를 들면 냉전 당시 소련, 냉전 종식 이후 중국으로 넘어가는 경우 패권경쟁에서 절대 불리해진다는 사실 때문이었다. 이 같은 이유로 오늘날에도 미국은 한반도 통일에 극구 반대하는 입장이다. 통일한국이 중국의 영향권으로 넘어갈 가능성 때문이다.

1943년 당시 한반도는 방치하는 경우 소련과 인접해 있다는 지리적 요인뿐만 아니라 조선인들의 이념성향이 사회주의 내지는 공산주의를 선호했다는 점에서 자연스럽게 소련의 영향권으로 넘어갈 수밖에 없었다. 이 같은 이유로 미국 입장에서 보면 한반도는 결코 통일시키면 안 되는 지역이었던 것이다. 1장에서 보인 바처럼 한반도를 남북으로 분단시킨 후 남한지역에 반공성향의 단독정부를 수립해야만, 이 같은 한반도에 미군을 주둔시켜야만 아태지역을 겨냥한 소련의 세력팽창을 저지할 수 있었던 것이다.

전후 미국이 신탁통치를 강요할 수 있던 국가는 독일, 오스트리아 그리고 한반도뿐이었다. 독일과 오스트리아가 2차 세계대전 당시 자행한 도덕적 과오로 인해 신탁통치를 강요당했다면 한반도는 앞에서 언급한 전략적 이유로 신탁통치를 강요당했던 것이다. 독일과 오스트리아가 그 후 통일되었던 반면 오늘날에도 한반도가 분단 상태에서 벗어날 수 없는 것은 이같은 이유 때문이다. 오늘날에도 한반도가 4강 입장에서 '전략적 이익'에 해당하는 지역이기 때문인 것이다.

루즈벨트가 한반도 신탁통치 방안을 공식 표방한 것은 1942년 3월이었다. 당시에도 미국에는 한반도와 관련하여 자국이 원하는 것이 신탁통치를 통한 독립이 아니고 한반도에 대한 영향력 확보 및 행사 차원에서 영구 분단이라고 주장하는 사람들이 없지 않았다. 예를 들면, 미 국무성 산하 '포기 보톰(Foggy Bottom)' 위원회는 일본군이 진주만을 공격한지 얼마 지나지 않은 1942년 2월 초순부터 한반도의 일정 지역을 미국이 점령해야 할 것이라고 주장하기 시작했다. 이 위원회의 당시 보고서에서는 루즈벨트가 구상하고 있던 한반도 신탁통치 방안이 몇몇 국가가 공동 관리하는 형태란 점에서 미국이 한반도에 대해 충분한 영향력을 행사할 수 있는 형태가 아니라고 말했다. 이 위원회는 소련의 한반도 상황 개입이 태평양 지역 안보에 미치는 의미와 관련하여 우려를 표명하기 시작했다. 이들은 신탁통치를 통해 미국이 한반도 문제와 관련하여 충분한 영향력을 행사할 수 있을 것인지 의문을 제기했다. 이들은 만주에서 일본군에 대항하여 싸우고 있던 조선인 게릴라들, 3만여 명에 달하는 조선인 게릴라들과 함께 소련이 한반도로 진입할 가능성을 우려했다. 신탁통치가 한반도에서 미국이 의도하는 바를 제대로 충족시켜 줄 수 없을 것으로 우려한 많은 기획가들은 전후 한반도 문제에 관해 미국이 주도적인 영향력을 행사할 수 있도록 미국이 특정 지역을 군사적으로 점령해야 할 것이란 개념을 발전시키기 시작했다. 점령 기간과 무관하게 여기서의 요지는 미국의 압도적인 파워가 지장받지 않도록 여타 열강이 한반도에서 영향력을 행사하지 못하게 해야 한다는 것이었다.[6]

미국의 한반도정책은 점령–신탁통치–완전 독립이란 3단계 구상 차원에서 한반도의 상당한 지역 점령을 1944년 이후부터 가정하고 있었다.[7]

그러나 루즈벨트가 생존해 있을 당시까지만 해도 한반도 영구 분단을 주장하는 세력과 미국 중심의 한반도 구상에 통합시키는 방안을 통해 소

---

6. Quoted in Bruce Cumings(2005), Korea's Place in the Sun, (p. 188), Kindle Edition.; "Memorandum Prepared by the Inter–Divisional Area Committee on the Far East, March 29 1944," in *FRUS*, 1944, The Near East, South Asia, And Africa, The Far East, Vol. 5, pp. 1,239–42.; "[Document 247] Briefing Book Paper, Undated," in *FRUS*, 1945, Conferences at Malta and Yalta, pp. 358–9.

7. 이완범, 『한반도 분할의 역사』(한국학중앙연구원출판부, 2013), p. 179.

련의 세력팽창을 저지해야 할 것이라는 세력이 공존했다. 후자는 한반도에서의 소련의 국익을 인정해 주면서 한반도 평화 유지와 관련하여 소련에 책임을 부과하는 형태였다. 루즈벨트가 이 같은 사고를 견지했다. 예를 들면, 1945년 3월 미 국방이 일본이 점령하고 있던 적도(赤道) 이북의 모든 섬을 "전략적 지역"으로 지정해야 할 것으로 생각하고 있음을 보고받은 루즈벨트는 "영토에 관한 미 해군의 관점은 무엇인가? 이들이 모든 지역의 점령을 추구하는가?" 질문했다. 1945년 4월 9일 루즈벨트 대통령에게 올린 비망록에서 미 국무장관 에드워드 스테티니어스(Edward Reilly Stettinius Jr)는 다음과 같이 주목했다. "미 국방이 한반도 특정 지역에 대한 완벽한 통제를 원했다. 이처럼 하고자 하는 경우 한반도에 신탁통치 개념을 적용할 수 없다." 며칠 뒤 스테티니어스는 이 같은 미 국방의 한반도 구상을 합병정책으로 표현했다. 미 해군 참모총장 제임스 포리스털(James Forrestal)과 육군장관 헨리 스팀슨(Henry Stimson)은 신탁통치란 막연한 개념을 버리고 미국에 필요한 영토를 완벽히 점령해야 할 것을 미 국무성에 촉구했다.[8]

루즈벨트가 사망한 1945년 4월 12일 이후 한반도를 분할 점령해야 한다는 미 국방의 관점이 상황을 주도했다. 한반도가 소련에 인접해 있었다는 점에서 전후 구상에서 소련의 전적인 참여가 필수적이었다. 이 같은 사실을 인정한 상태에서 미국은 한반도를 중립국으로 만들기 위한 방안을 강구할 수도 있었을 것이다. 또는 미국과 소련이 한반도에 들어설 통일정부의 주권을 인정해 주기로 약속하고, 일본의 항복을 받을 목적으로 한반도를 합동 차원에서 점령한 후 모든 외국군을 신속히 한반도에서 철수시킬 수도 있었을 것이다. 그러나 미국은 이들 방안을 선택하지 않았다.

---

8. "The Secretary of State to President Roosevelt, April 9 1945," in *FRUS*, 1945, General: The United Nations, Vol. 1, pp. 211-4.

1944년 초순 이후 미 국방성과 국무성 인사 가운데 한반도를 분할 점령 또는 모두 점령해야 할 것이라고 생각한 사람이 많았기 때문이었다.[9] 미국이 이들 방안을 선택하지 않았던 근본적인 이유는 미군을 한반도에 주둔시키지 않는 경우 한반도에 들어설 통일정부의 성격과 무관하게 이 정부가 소련의 영향권으로 들어갈 가능성이 컸기 때문이었을 것이다.

1943년부터 미 국무성 기획가들은 한반도가 소련의 영향권으로 들어갈 가능성을 우려했으며, 1944년 초순 이후 한반도를 분할 또는 모두 점령하는 방안을 구상했다. 그러나 소련이 한반도와 인접해 있다는 등의 이유로 한반도를 모두 점령한다는 것은 타당성이 없었다. 당시 이 같은 계획의 대부분은 미 국무성 '영토 위원회(Territorial Subcommittee)'가 담당했다. 이곳에서는 한반도가 전후 미국의 안보 측면에서 대단히 중요하며, 한반도에 대한 모든 영향력이 미국 입장에서 적성국으로 넘어가는 경우 미국의 안보가 위협받게 된다고 생각했다. 그 후 미국은 이 같은 사고를 지속적으로 견지했다.[10]

1944년 3월 미 국무성 기획가들은 미국의 한반도 점령을 구상했다. 이들은 소련이 극동지역에 공산주의 이념과 통치술에 정통한 35,000명의 조선인을 유지하고 있다고 생각했다. 또한 종전 과정에서 소련이 한반도의 상당한 부분을 점령할 것으로 예상했다. 이들은 한반도를 먼저 분할 점령한 후 추후 신탁통치를 실시해야 할 것으로 보았다. 왜냐하면 소련이 한반도 문제와 관련하여 비협조적이거나, 이념적으로 무장한 극동지역의 조선인을 이용하고자 하는 경우 점령이 미국의 안보이익 보장 측면에서 보

9. Bruce Cumings(1981), *The Origins of the Korean War, Vol. I: Liberation and the Emergence of Separate Regimes, 1945-1947* (Princeton, New Jersey: Princeton University Press, 1981), p. 113.

10. Ibid.,

다 확실한 방안이었기 때문이었다.[11] 여기서 보듯이 미국은 한반도에서 신탁통치를 실시할 수도 있었지만 상황에 따라서는 실시하지 않을 수도 있었던 것이다. 중요한 것은 신탁통치 이후의 한반도 독립 보장이 아니고 한반도에 대한 미국의 영향력 확보였다.

1945년 2월의 얄타회담에 대비한 글에서 미 국무성 기획가들은 다음과 같이 말했다.

첫째, 한반도에 들어설 점령군과 군사정부 내부에서 연합국 대표가 적정 비율을 유지해야 한다. 둘째, 이들 대표는 소련이 대일전쟁에 참전하는 경우 미국, 영국, 중국 및 소련처럼 한반도의 미래에 진정 관심이 있는 그러한 국가의 대표여야 한다. 셋째, 이들 국가의 대표가 차지하는 비율은 미국의 영향력을 약화시키는 형태가 되면 안 된다.[12]

여기서는 한반도를 지역별로가 아니고 단일 개체로서 통치해야 한다고 제언하고 있었다. 그러나 여기서의 요지는 미국이 점령 과정에서 그리고 군사정부 내부에서 주도적인 역할을 수행할 수 있을 정도로 미국 대표의 비율이 높아야 한다는 사실이었다.

1945년 7월의 포츠담회담 관련 미국의 준비 문서에서는 한반도에 대한 미국의 영향력 확보 문제를 다음과 같이 표현했다.

소련이 한반도 문제와 관련하여 주도적인 영향력을 행사해야 한다고 강력히

---

11. Ibid., pp. 114-5.

12. "[Document 247] Briefing Book Paper, undated," in *FRUS*, 1945, Conferences at Malta and Yalta, pp. 358-61.

요구할 가능성이 있다. 이 같은 요구로 한반도 관리 측면에서 소련을 제외한 여타 열강의 지분이 미미한 수준인 경우 한반도를 신탁통치 지역으로 지정한 후 유엔 기구가 권한을 행사하게 만들어야 할 것이다.[13]

여기서는 한반도에서의 미국의 정치적 목표 달성을 위해 점령, 신탁통치, 유엔기구 사용이란 3가지 수단을 명시했다.

지금까지 논의에서 보았듯이 당시 미국은 그 전례가 없을 정도로 한반도에 대한 야망을 표현했다. 일본군이 진주만을 공격한 1941년 12월 8일 이전까지만 해도 미국은 한반도 안보에 거의 관심이 없었다. 미국은 일본으로 하여금 한반도를 합병하게 한 1905년 이후 한반도에 대한 일본의 영향력 행사와 관련하여 이의를 제기하지 않았다. 이제 미국은 소련과 국경을 접하고 있는 한반도에서 유라시아대륙으로 세력을 투사하고자 했을 뿐만 아니라 아태지역을 겨냥한 소련의 세력팽창 저지를 위한 노력을 시작한 것이다. 이들 미국의 기획가 입장에서 보면 신탁통치는 이 같은 자국의 안보이익 확보를 위한 다수 수단 가운데 하나에 불과했던 것이다. 1944년 초순 이후 미국은 일정 기간의 신탁통치 이후 한반도를 독립시키는 것이 아니고 한반도에 대한 미국의 영향력 확보 및 유지 차원에서 한반도의 영구 분단을 구상했다.

지금까지 논의에 입각해 보면, 미국은 한반도에 대한 영향력을 확보하여 행사하고자 하는 경우 다음과 같이 해야만 했다.

첫째, 미국은 특정 국가가 한반도에 대한 영향력을 독점하지 못하게 해야만 했다. 여기에 미국도 포함된다. 미국이 아닌 또 다른 국가가 한반도

---

13. "[Document 252] Briefing Book Paper, July 4 1945," in *FRUS*, 1945, The Potsdam Conference, Vol. 1, p. 313.

에 대한 영향력을 독점하는 경우 미국은 당연히 한반도에 대한 영향력을 행사할 수 없을 것이었다. 미국이 한반도에 대한 영향력을 독점할 수도 없다. 독점하고자 하는 경우 먼저 한반도를 독자적으로 점령해야 할 것이다. 일정 기간 이후 한반도를 단일 국가로 독립시켜 주어야만 했을 것이다.

문제는 한반도에 단일 국가가 출현하는 경우 이 국가에 미군을 주둔시키지 못할 가능성이 농후하다는 사실이었다. 주권국가인 한반도에 미군을 주둔시키고자 하는 경우 적어도 미국과 통일한국이 동맹관계가 되어야 하는데 동맹은 공동의 적(敵)을 전제로 한다. 그런데 당시 미국이 소련을 적국으로 생각했던 반면 많은 조선인들이 일제에 대항한 독립운동 과정에서의 인연으로 소련을 우호적으로 바라보았다.[14] 이는 통일한국과 미국이 소련을 겨냥하여 동맹을 체결하기가 쉽지 않았음을 의미한다. 한편 미국은 전후 중국과 일본이 자국과 우호적인 관계가 될 것으로 가정하고 있었다. 따라서 통일한국에 미군을 주둔시킬 명분이 없었던 것이다.

당시 미국이 한반도 전체의 점령을 추구하지 않은 이유를 오늘날에도 미국이 한반도 통일을 내심 원치 않고 있다는 사실을 통해 유추해 볼 수도 있을 것이다. 오늘날에도 미국이 한반도 통일을 원치 않는 주요 이유는 미국 입장에서 한반도가 '전략적 이익'에 해당하는 지역이란 점에서 결코 한반도에 대한 모든 영향력이 중국으로 넘어가면 안 되는데 통일 이후 주한미군이 강제 철수 당하면서 통일한국에 대한 영향력이 중국으로 넘어갈 가능성도 없지 않기 때문이다.[15] 오늘날 미국은 한국이 지난 70여 년 동

---

14. Bruce Cumings(1990), *The Origin of The Korean War, Vol. Ⅱ : The Roaring of the Cataract (1947-1950)*, (Princeton, New Jersey: Princeton University Press, 1990), pp. 187-8.

15. "향후 아태 지역에서 미국이 직면하게 될 가장 크고 근본적인 문제는 미군을 주둔시키는 문제일 것이다. 한반도가 평화적으로 통일되면 동북아 지역에 미군을 지속적으로 주둔시킬 수 있을 것인가?란 보다 포괄적인 문제에 직면할 것이다." Andrew Scobell, Larry M. Wortzel(2000), "The Asia-Pacific In The U.S. National Security Calculus For A New Millennium," *Strategic*

안 자국과 긴밀한 관계를 유지해 왔음에도 불구하고 통일 이후 미국을 멀리한 채 중국과 가까워질 가능성을 심각히 우려하고 있는 것이다. 조선의 지식인 가운데 대다수가 사회주의자 또는 공산주의자였던 당시 상황을 고려해 보면, 미국이 한반도 모든 지역의 점령을 우려했던 이유를 이해할 수 있을 것이다. 이 같은 이유로 미국은 한반도를 특정 국가가 모두 점령하면 결코 안 될 것이라고 말했던 것이다.

1945년 12월의 모스크바삼상회의 결정, 다시 말해, 미국과 소련의 지원을 받는 임시정부를 5년 동안 운용한 후 한반도를 통일시킬 것이란 결정을 군정장관 하지가 반대했던 주요 이유 또한 통일한국이 소련의 영향권으로 들어갈 가능성이 매우 높았기 때문이었다. 유엔군이 38선에 도달했을 당시, 압록강 부근으로 진격했을 당시, 중국군의 참전으로 후퇴했던 유엔군이 재차 38선 부근으로 왔을 당시 소련은 선거를 통한 한반도 통일을 제안했다. 이 같은 제안에 미국이 반대했던 주요 이유는 통일한국이 소련의 영향권으로 들어갈 가능성이 컸기 때문이었다. 예를 들면, 미국은 1945년 12월의 모스크바삼상회의 당시 소련의 조선독립 열망을 한반도를 자국의 영향권으로 편입시키기 위한 성격으로 생각했다.[16]

둘째, 조선의 특정 세력이 한반도에 대한 영향력을 독점하지 못하게 해야만 했다. 여기에 대한 답변은 첫째에 대한 답변과 동일하다. 특정 조선

Studies Institute, U.S. Army War College, 2000, p. 22.; "미국이 우려하고 있는 부분 중 하나는 동북아지역이 안정되었다고 생각되는 경우 이들 지역에서 미군 기지의 철수를 요구하는 목소리가 제기될 것이란 사실이다." Carl E. Haselden, JR(2002). "The Effects of Korean Unification on the US Military Presence in Northeast Asia," *Parameters*, November 2002, p. 120.

16. "…특히 한반도에 관한 한 소련은 조선을 즉각 독립시키기를 원하고 있다고 말했다. …," "소련은 한국정부가 수립되는 경우 주권과 독립의 정신으로 신탁통치 문제를 해결해야 한다고 말하고 있다. 이는 소련이 반대세력을 제거하고 임시정부를 소련 우호세력들로 포진시킨 후 소련을 제외한 여타 세력들을 조선에서 몰아내기를 원하고 있음을 의미한다. …" "The Chargé in the Soviet Union (Kennan) to the Secretary of State, January 25 1946," in *FRUS*, 1946, The Far East, Vol. 8, pp. 619-20.

세력이 한반도를 독점하는 경우 통일한국의 이념적 성향 등의 이유로 미군의 한반도 주둔을 보장할 수 없게 된다. 미국이 전후 북한지역을 공산주의자가, 남한지역을 공산주의자와 견원지간인 친일파들이 주도하게 했던 것은 이 같은 이유 때문이었다.

셋째, 전쟁 기간 내내 지속적으로 4개국 신탁통치 이후 한반도를 독립시켜 줄 것처럼 주장해야만 했다. 이처럼 해야만 2차 세계대전을 수행하는 과정에서 소련, 중국 및 영국의 도움을 얻을 수 있고 미국이 전후 한반도에 발을 디더놓을 수 있기 때문이다. 이미 언급한 바처럼 중국, 소련, 영국 모두 한반도의 미래에 지대한 관심이 있었다. 중국은 19세기 이전처럼 전후 한반도에 대한 영향력 확보를 원했으며, 소련은 19세기 말경부터 한반도에 대한 영향력 확보를 염원했다. 특히 소련은 1945년 당시에는 조선인들의 이념적 성향으로 전후 자국이 한반도 전체를 통제할 수 있을 것으로 생각했다. 이 같은 상태에서 미국이 한반도에 관심을 갖게 된 것이다. 미국은 이 같은 상황에서 한반도에 대한 이들 국가의 이익을 전적으로 배제시키는 듯 보이는 조치를 취하는 경우 이들 국가의 도움을 받기가 곤란하다고 생각했을 것이다. 또한 미국이 전후 적정 순간에 한반도를 독립시켜 주기 위해 노력했음을 보여야만 조선인들이 적어도 반미감정을 보이지 않을 것이며, 미군의 장기 주둔을 보장해 줄 가능성이 있다고 생각했을 것이다. 미국이 처음부터 한반도 분단을 추구했음을 조선인들이 알게 되는 경우 미군의 장기 주둔이 쉽지 않을 것으로 생각했을 것이다.

넷째, 궁극적으로 한반도를 미국과 소련이 분할 점령해야 한다. 그런데 그 사실을 비밀로 해야 할 것이다.

한반도를 남북으로 분할한 후 남쪽 지역을 미군이 점령해야만 아태지역을 겨냥한 소련의 세력팽창을 저지할 수 있을 것이기 때문이다. 이미 언급한 바처럼 미국 입장에서 보면 이 같은 사실은 무덤까지 비밀로 갖고 가야 할 성격일 것이다. 그렇지 않은 경우 많은 조선인들이 반미감정을 표방할 가능성이 있기 때문이다. 미국이 카이로, 테헤란, 얄타, 포츠담에서 지속적으로 신탁통치 운운하면서 이면에서는 한반도를 소련과 분할 점령하는 계획을 발전시킨 후 이행했던 것은 이 같은 이유 때문이었을 것이다. 이들 계획을 소련과 문서를 통해서가 아니고 구두로 합의했던 것도 마찬가지다.

제2절. 특정 세력 한반도 주도 저지

당시 미국은 조선의 해외 망명세력을 인정하지 않았다. 한반도를 특정 국가가 주도하면 안 된다고 주장했다. 이는 특정 세력의 한반도 주도를 저지하기 위함이었다. 이 같은 측면에서 미국은 이승만과 같은 사람들의 상해임시정부 인정 노력뿐만 아니라 중국의 상해임시정부 인정 지원 노력에 부정적이었다.

1905년의 카츠라(桂)-테프트 밀약을 기점으로 한반도에 대한 관심을 접었던 미국은 1941년 12월 8일의 일본군의 진주만 공격 이후 갑자기 한반도에 지대한 관심을 표명했다. 예를 들면, 1941년 12월 22일 미 국무성은 상해임시정부 상황, 시베리아의 조선인 현황, 해외 거주 조선인과 본국 주민의 관계 등에 관해 중국주재 미국 대사관에 확인을 요청했다.[17] 이 같은 노력을 통해 미국은 러시아 지역에 30만 명 정도의 조선인이 있으며, 이

---

17. "The Secretary of State to the Ambassador in China (Gauss), December 22 1941," in *FRUS*, 1942, The British Commonwealth; The Far East, Volume I, p. 858. ; "The Secretary of State to the Ambassador in China (Gauss), January 3 1942," in *FRUS*, 1942, The British Commonwealth; The Far East, Vol. 1, p. 858.

들 가운데 3만 5천 명 정도가 공산주의 이념으로 무장되어 있다고 판단했다. 반면에 상해임시정부 지원 세력은 상대적으로 매우 적으며, 이들이 내분으로 분열되어 있다고 판단했다. 마찬가지로 한반도에는 공산주의자들이 대거 상존하는 것으로 판단했다.[18]

한편 2차 세계대전 발발 직후 몇몇 조선의 망명 집단들이 자신을 인정 및 지원해 달라고 미국에 호소했다. 이들은 조선이 독립 준비가 되어 있으며, 1882년에 체결한 조미수호통상조약(朝美修好通商條約)을 시오도 루즈벨트(Thoedore Roosevelt) 대통령이 위배했다는 사실을, 일본제국주의에 저항하기 위한 강력한 조치의 필요성을 변함없이 강조했다.

이 같은 지지 호소 측면에서 조선민족혁명당 당수 한길수가 적극적이었다. 1941년 5월 한길수는 경제적 측면에서의 대일(對日) 압박을 미국에 촉구했다. 한길수는 또한 중국 북부 지역에서 투쟁하고 있던 조선인 게릴라들이 일본 세력에 지속적으로 저항할 것이라고 약속했다. 한길수는 그 보상 차원에서 미국이 조선독립을 지지할 뿐만 아니라 조선의 게릴라 활동을 칭송한다는 내용의 공식 성명을 발표해 달라고 미국에 요청했다.[19]

충칭(中京)의 상해임시정부 수장 김구는 중국과 미국의 지원을 얻기 위한 노력을 조직적으로 전개했다. 상해임시정부 외무장관 조소앙(趙素昻)은 상해임시정부가 조선독립을 위해 싸울 수 있게 도와달라며 미 국무장관 코델 헐(Cordell Hull)에게 수차례 호소했다. 1941년 6월 김구는 워싱턴의 상해

---

18. "The Ambassador in China (Gauss) to the Secretary of State, April 10 1942," in *FRUS*, 1942, the British Commonwealth: the Far East, Vol. 1, p. 869.; "The Ambassador in China (Gauss) to the Secretary of State, June 19 1942," in *FRUS*, 1942, The British Commonwealth; The Far East, Volume I, p. 878.

19. "Memorandum of Conversation, by the Assistant Chief of the Division of Far Eastern Affairs (Atcheson), December 1 1942," in *FRUS*, 1942, British Commonwealth. the Far East, Vol. 1, pp. 878-9.

임시정부 공식대표 이승만의 신임장을 미국에 제출했다.[20]

미국은 이 같은 인정 및 지원에 관한 모든 조선인 망명 집단의 요청을 거부했다. 루즈벨트 대통령은 조선인 망명 집단의 지원을 통해 일본의 세력팽창을 저지할 수 없을 뿐만 아니라 이 같은 지원이 일본의 호전성을 증대시키기조차 할 가능성이 있다고 생각했다.

일본군의 진주만 공격 이후 상해임시정부는 미국의 한반도정책 구상 과정에서 주요 역할을 수행하기로 결심했다. 이승만은 상해임시정부 인정 문제와 관련하여 미 행정부에 압력을 가하기 시작했다. 1941년 12월 9일 김구는 상해임시정부 인정을 미국에 요청했다.[21] 이처럼 요청한 집단이 상해임시정부만은 아니었다. 여러 국가의 망명 집단들이 미국에 인정을 요구했다. 루즈벨트 정부는 미국인들이 특정 망명 집단의 인정 쟁취 노력에 개입하지 말라고 촉구했다. 이승만은 미국이 중국과 함께 상해임시정부를 승인해줄 것을 촉구했다. 이승만은 소련이 한반도 운명에 지대한 관심이 있음을 강조했다.[22]

이승만은 상해임시정부를 서둘러 인정해주지 않는 경우 소련이 한반도로 진격하여 조선 민족주의자들 중심의 민주정부가 발을 디디기도 전에

20. "The Executive Chief of the Provisional Government of the Republic of Korea (Kim) to President Roosevelt, June 6 1941," in *FRUS*, 1942, the British Commonwealth, Vol. 1, pp. 859-60.; "The Chargé in China (Atcheson) to the Secretary of State, March 1 1945," in *FRUS*, 1945, The British Commonwealth, The Far East, Vol. 6, p. 1,024.; "The Ambassador in China (Hurley) to the Secretary of State, August 14 1945," in *FRUS*, 1945, The British Commonwealth, The Far East, Vol. 6, p. 1,036.

21. Quoted in James Irving Matray(1977), *Reluctant Crusade: American Foreign Policy in Korea 1941-1950* (Ph.d, University of Virginia, 1977), p. 26.; Robert T. Oliver(1955), *Syngman Rhee: the Man Behind the Myth*, (Dodd &Mead and Co, 1955), pp. 181-2.

22. "The Chairman of the Korean Commission in the United States (Rhee) to President Roosevelt, May 15 1943," in *FRUS*, 1943, The British Commonwealth, Eastern Europe, the Far East, Vol. 3, p. 1,094.

한반도 전체를 유린할 것이라고 주장했다. 소련이 블라디보스토크에 존재한다는 조선해방위원회를 한반도 정부로 설치할 가능성이 있다고 주장했다. 이승만은 이처럼 상황이 전개되는 경우 조선의 이익은 물론이고 중국과 미국의 이익이 심각한 손상을 입게 될 것이라고 주장했다.[23]

루즈벨트와 그의 참모들은 상해임시정부와 같은 조선의 망명세력을 인정하지 않기로 결심했다. 미 국무성 소속 스탠리 혼벡(Stanley X. Hornbeck)은 상해임시정부를 인정해 주는 경우 미국 정부가 추후 수용 불가능할 정도의 책임을 감당하게 될 가능성이 있다고 생각했다.[24] 미 국무장관 헐은 한반도와 관련된 성급한 조치가 일본제국 내부에서 생활하고 있는 미국인들의 생명을 위태롭게 할 가능성이 있다고 생각했다. 이외에도 당시 미국은 여타 연합국들과 상의한 이후에나 한반도 문제에 관한 구체적인 정책을 구상할 생각이었다. 이 같은 설명에도 불구하고 김구와 이승만은 1882년의 조미수호통상조약으로 인해 미국이 한반도 문제와 관련하여 도덕적으로 책임이 있다는 사실과 유럽 국가들에게 제공해 주고 있듯이 전쟁 물자를 제공해 주는 경우 중국의 조선인들이 미국의 태평양전쟁 수행 과정에서 군사적으로 기여할 수 있을 것임을 지속적으로 강조했다.

이처럼 조선과 관련하여 전혀 조치를 취하지 않을 것처럼 보였던 미 국무성은 1942년 2월 한반도에 관한 보다 구체적인 방안을 구상하기 시작했다. 한반도 신탁통치 구상을 시작한 것이다. 미 국무성 극동문제 담당 부서의 윌리엄 랭던(William R. Langdon)은 조선인 가운데 대다수가 가난하고 무학(無學)이며, 정치적 경험이 없을 뿐만 아니라 경제적으로도 후진성을 면치 못하고 있다는 내용의 주요 비망록을 작성했다. 랭던은 "적어도

---

23. "The Acting Secretary of State to the Ambassador in China (Hwley), February 20 1945," in *FRUS*, 1945, The British Commonwealth, The Far East, Vol. 6, p. 1,023.

24. Quoted in James Irving Matray(1977), *Reluctant Crusade*, pp. 28-9.

30년 동안 조선을 열강들이 보호 및 지도해 줌으로써 근대국가로 성장할 수 있게 해야 할 것이다."고 말했는데 이 같은 그의 발언이 한반도 신탁통치를 거론하며 루즈벨트가 그 후 제시한 논리와 유사한 측면이 있었다.[25] 1942년 2월 23일 루즈벨트는 조선인들이 일본 치하에서 노예와 같은 생활을 하고 있다며, 대서양헌장에 명시되어 있는 민족자결주의 원칙이 지구상 모든 국가에 적용된다고 천명했다. 이처럼 루즈벨트의 당시 발언은 한반도 상황이 보다 분명해지기 이전에는 미국이 대서양헌장에 명시되어 있는 바람직한 세상에 관한 일반적인 원칙만을, 다시 말해 "모든 민족이 자신의 정부를 선택할 권한이 있으며, 이들 권한을 박탈당한 국민들에게 주권과 자치권을 복원시켜 주기를 희망한다."라는 사실만을, 언급해야 할 것이란 랭던의 제안과 정확히 일치했다.[26]

당시 루즈벨트는 조선을 전후 곧바로 독립시키지 않기로 결심했다. 그러면서 대일전쟁 측면에서 조선이 기여할 수 있도록 조선인들의 단합을 촉구했다. 당시 미국은 조선인들의 파벌이 심각한 수준이라고 생각했다. 1942년 1월 이승만은 상해임시정부 승인에 관심이 있던 미국인 존 스테거(John W. Staggers)로 하여금 미국이 본인을 조선 망명정부의 합법적인 대표로 인정했다고 발언하게 했다. 이 같은 발언과 관련하여 한길수는 즉각 사실 확인 작업에 착수했다. 혼백과 미 국무성 차관 서머 웰스(Sumner Welles)는 스테거의 주장을 곧바로 부인했으며, 특정 망명세력을 지원하지 않을 것이란 미국의 기본 정책을 재확인해 주었다.[27]

스테거의 노력이 실패로 끝나자 이승만은 상해임시정부의 공식적인 인

---

25. Quoted in Ibid., pp. 29-30.

26. Quoted in Ibid., pp. 30-1.

27. Quoted in Ibid., p. 31.

정과 관련하여 국무장관 헐에게 접근했다. 이 같은 이승만의 노력에 미 국무성 차관보 아돌프 벌(Adolph A. Berle)은 그 형태와 무관하게 독립운동을 인정하지 않는 것이 미국의 공식 정책임을 이승만에게 상기시켰다. 그러자 이승만은 이 같은 미국의 정책은 상해임시정부 인정과 관련해서는 적용될 수 없다고 말하면서 1882년의 조미수호통상조약 차원에서의 배려를 촉구했다.[28] 이 같은 이승만의 요구를 벌이 거절했다.

그러자 이승만은 루즈벨트 행정부의 주요 인사들과 긴밀한 관계에 있는 일부 미국인의 도움을 받아 문제를 해결해야 할 것으로 생각했다. 이들 가운데 캐나다 대사를 역임한 제임스 크롬웰(James H. R. Cromwell)이 있었다. 국무장관 헐에게 보낸 편지에서 크롬웰은 "…미 국무성이 조선의 실질적인 정부인 상해임시정부를 인정해줄 때만이 주권과 자치권을 강제로 박탈당한 그러한 사람들에게 주권과 자치권을 복원해줄 것이란 루즈벨트 대통령의 약속을 이행할 수 있을 것이다."라고 주장했다. 크롬웰은 김구 정권의 인정을 미국에 지속적으로 촉구했다.[29]

이 같은 노력에도 불구하고 국무장관 헐의 지원을 얻지 못하자 크롬웰은 본인의 오랜 친구인 벌을 동원하여 상해임시정부 지원 관련 프로그램을 제안하게 했다. 크롬웰은 한반도 지역에서 사보타지 및 간첩 활동을 체계적으로 조직하여 시작할 것을 벌에게 제안했다. 이 같은 본인의 계획을 이행하는 경우 일본의 뒷마당인 조선에서 엄청난 소동이 벌어질 것이라

---

28. "The Chairman of the Korean Commission in the United States (Rhee) to the Secretary of State, February 7 1942," "The Secretary of State to the Chairman of the Korean Commission in the United States (Rhee), February 19 1942," and "The Secretary of State to the Chairman of the Korean Commission in the United States (Rhee), March 24 1942," in *FRUS*, 1942, The British Commonwealth; The Far East, Vol. 1, pp. 859–63.

29. Quoted in James Irving Matray(1977), *Reluctant Crusade*, pp. 32–3.

고 주장했다.[30] 1942년 7월 31일 벌은 크롬웰의 이 제안을 합동정보위원회(Joint Intelligence Committee)에 보냈다. 이 위원회에서는 벌이 제안한 계획의 타당성에 관한 논평 측면에서 중국에 있던 요셉 스틸웰(Joseph Stillwell) 장군과의 접촉을 권유했다.[31]

스틸웰은 크롬웰의 구상을 전적으로 거부하면서 이 같은 구상이 거의 도움이 되지 않는 등 자금 낭비에 불과하며 정치적으로 심각한 결과를 초래할 것이라고 주장했다. 미 육군참모총장 조지 마샬(George G. Marshall) 또한 상해임시정부 인정에 반대했다. 그는 "무조건적인 특정 집단 인정이 어리석은 정책일 수 있다.…추후 출현 가능한… 여타 집단과 미국이 적대적인 관계가 될 수 있다."고 말했다. 그러자 미 연합참모총장이 크롬웰의 제안에 반대했다. 이들 미군 지도자는 상해임시정부를 인정해주는 것만으로는 한반도에서 반란을 초래할 수 없으며, 반란이 벌어지는 경우에서조차 일본이 제대로 준비되어 있지 않은 이 같은 반란을 쉽게 진압할 수 있을 것으로 생각했다.[32] 혼벡이 이 같은 미군 지도자들의 관점에 전적으로 공감했다.

이처럼 조선의 특정 망명 집단을 인정해 주지 않기로 결심했음에도 불구하고 미 국무성은 조선의 망명 집단들이 제기하는 주장의 합법성을 파악하기 위한 노력을 전개했다. 예를 들면 1941년 12월 18일 미 국무성은 혼벡과 알저 히스(Alger Hiss)에게 한반도 문제와 관련하여 이승만과 논의하라고 지시했다. 당시 히스는 미국이 중국과 소련의 입장을 정확히 파악한 이후에나 조선의 특정 망명정부를 인정해야 할 것인지 여부를 결정할 것

---

30. Quoted in Ibid., pp. 33-4.

31. Quoted in Ibid., p. 34.

32. Quoted in Ibid., p. 35.

이라고 답변했다. 히스는 소련이 한반도 운명에 많은 관심이 있지만 전쟁 도중이기 때문에 한반도 문제와 관련하여 상의할 수 있는 입장이 아님을 강조했다.[33]

조선인 망명 운동과 관련하여 미국이 정책을 구상하는 과정에서는 특히 주중 미국대사 클라랑스 가우스(Clarence Gauss)가 제공해 주는 정보가 중요한 의미가 있었다. 가우스는 장제스 정부가 김구를 포함한 상해임시정부 요원에 대해 부당한 영향력을 행사하고 있다고 의심했다. 당시는 중국이 상해임시정부 인정을 통해 전후 조선을 독립시키고자 한다는 소문이 무성했다. 따라서 미 국무성 차관보 웰스는 가우스에게 이 부분에 관한 정보를 요청했다. 가우스는 이 소문이 거의 사실이라고 말했다.[34]

장제스가 상해임시정부 인정 관련 조선인들의 노력을 적극 지원했다. 장제스는 상해임시정부 인정과 관련하여 미국에 상당한 압력을 가했다. 1942년 4월 8일 중국 외무장관 쑹쯔원은 미국이 조선인들로 구성되는 군대를 창설한 후 이들을 한반도에서 사보타지와 간첩 활동을 할 수 있도록 무장시켜 줄 것을 루즈벨트에게 촉구했다. 동시에 연합국들이 상해임시정부를 조선의 합법적인 정부로 인정해 주고, 전후 조선의 독립을 보장해 주자고 제안했다.[35] 이 같은 제안과 관련하여 미국은 전후 조선독립 약속이 비현실적이란 사실과 조선인 망명 세력들이 극심한 파벌양상을 보이고 있음을 강조했다. 미국은 조선인들이 전후 곧바로 자치권을 행사할 능력이 없음을 강조했다. 전후 한반도에서 상당 수준의 정치적 혼란이 벌어질 가

---

33. Robert T. Oliver(1955), *Syngman Rhee: the Man Behind the Myth*, p. 178.

34. Quoted in James Irving Matray(1977), *Reluctant Crusade*, p. 37.

35. "President Roosevelt to the Acting Secretary of State, April 8, 1942," in *FRUS*, 1942, The British Commonwealth; The Far East, Vol. 1, pp. 868-9.

능성이 있다고 생각했다.[36]

당시 중국의 한반도정책은 소련의 의도에 관한 장제스의 우려를 반영한 것이었다. 중국 지도자들은 소련이 대일전쟁에 참전하는 경우 시베리아와 만주의 조선인 망명 세력들을 동원하여 전후 한반도에서 자국의 영향력을 극대화하고자 노력할 가능성이 있음을 인지했다. 당시 상해임시정부 요원은 물론이고 중국은 소련의 한반도 구상을 강조하며 미국에 상해임시정부 지원을 요청했다.[37]

미국은 한반도에 대한 소련의 야욕보다는 중국을 훨씬 많이 우려했다. 1942년 4월 18일 장제스와 쑹쯔원은 중국이 조선독립을 지원하는 입장임을 강조하면서 미국의 지원을 요청했다.[38] 그 후 중국은 지속적으로 조선독립을 주장했다. 중국 지도자들은 중국이 전후 국제사회에서 책임 있는 행위자가 될 것이며 특정 국가에 대해 영향력을 행사하지 않을 것임을 강조했다.[39] 그러나 미국은 중국의 조선독립 지원을 의아하게 생각했다. 1942년 김구는 장제스가 상해임시정부를 재정 지원해 주는 대가로 광복군(光復軍)을 통제할 수 있게 했다. 그런데 이 같은 김구와 장제스의 조치가 전후 조선을 중국에 예속시키기 위한 성격의 협약과 다름이 없다는 소문이 무성했다.[40] 당시 루즈벨트는 중국이 역사적으로 한반도에 대해 영향력

---

36. "The Acting Secretary of State to President Roosevelt, April 13 1942," in *FRUS*, 1942, The British Commonwealth; The Far East, Vol. 1, p. 871.; "The Secretary of State to the Ambassador in China (Gauss), May 1 1942," in *FRUS*, 1942, The British Commonwealth; The Far East, Vol. 1, p. 874.

37. Quoted in James Irving Matray(1977), *Reluctant Crusade*, pp. 39-40.

38. "The Ambassador in China (Gauss) to the Secretary of State, April 18 1942," in *FRUS*, 1942, The British Commonwealth; The Far East, p. 872.

39. "The Ambassador in China (Gauss) to the Secretary of State, December 19 1942," in *FRUS*, 1942, China, p. 747.

40. Quoted in James Irving Matray(1977), *Reluctant Crusade*, pp. 40-1.

을 행사했다는 사실이 조선인들의 망명 활동에 대한 노골적인 통제는 물론이고 지나친 영향력 행사를 정당화시켜주는 것은 아니라고 생각했다.[41]

1942년 5월 1일 미 국무장관 헐은 2차 세계대전 기간 도중 한반도에 관한 미국 정부의 가장 중요한 결심 가운데 하나에 관해 주중 미국대사 가우스에게 통보해 주었다. 미국이 그 형태와 무관하게 조선인 망명 단체를 인정하지 않을 것이라는 것이었다. 헐은 그 이유로 다음과 같은 두 가지를 지적했다. 첫째, 조선인 망명 단체들이 단합이 안 된다. 둘째, 해외 조선인 망명 단체와 한반도의 조선인이 거의 교류가 없다.[42]

당시 루즈벨트의 한반도정책은 아시아 지역에서의 미국의 안보 이익과 관련이 있었다. 전후 미국은 한반도를 기지(基地)로 하여 서태평양 지역의 평화를 수호할 예정이었다. 이 같은 한반도의 미래는 미국과 중국에서 생활하는 일부 조선인 망명 집단의 노력보다는 2차 세계대전 도중과 이후에서의 연합국의 상호 협력에 의해 좌우될 예정이었다. 조선독립을 보장하고자 하는 경우 한반도의 주요 이해 당사국들의 이익을 보장해 주는 협정을 놓고 연합국 내부에서 협상해야만 하는 입장이었다. 장제스에게 보낸 서신에서 루즈벨트는 한반도 문제와 관련한 소련의 입장이 매우 중요하다고 경고했다. 조선독립과 같은 주요 문제를 논의하는 과정에서의 소련의 배제는 긴장과 갈등만 조성할 것이기 때문에 바람직하지 않다는 것이었다.[43]

한반도 신탁통치 방안은 루즈벨트의 구상으로 1942년에 출현했다. 루

---

41. "The Ambassador in China (Gauss) to the Secretary of State, December 19 1942," in *FRUS*, 1942, China, p. 748.

42. "The Acting Secretary of State to the Ambassador in China (Gauss), March 20 1942," in *FRUS*, 1942, The British Commonwealth; The Far East, Vol. 1, pp. 862-4.

43. "Draft of Letter From Mr. Owen Lattimore to Generalissimo Chiang Kai-shek, Undated," in *FRUS*, 1942, China, pp. 186-7.

즈벨트는 독립 이후의 조선의 안정은 정부 운영에 관한 훈련과 경험을 요구하는 성격이라고 주장했다. 1942년 12월 미국은 한반도 신탁통치 방안을 언급했다. 그러자 조선인 망명 세력들이 곧바로 격렬히 반응했다. 상해 임시정부는 이 같은 신탁통치 제안을 일본의 모략에 의한 것이라고 비난하면서 이 같은 미국의 전후 구상에 저항할 것이라고 말했다. 김구는 조선이 완벽한 독립을 쟁취해야 한다고 주장했다. 조소앙은 한반도 신탁통치 방안은 대서양헌장 정신에 위배될 뿐만 아니라 3천만 조선인들의 의지에 반하는 것이며, 극동지역의 평화를 위태롭게 하기조차 하는 성격이라고 주장했다. 이승만은 일본제국주의에 대항한 저항을 통해 조선인들이 전후 곧바로 독립을 쟁취할 것이라고 주장했다. 그럼에도 불구하고 조선인 망명 세력들은 루즈벨트의 신탁통치 결심을 바꿀 수 없었다.[44]

1943년 3월 27일 루즈벨트는 전후 한반도를 중국과 미국을 포함한 3국 또는 4국이 신탁통치할 것임을 영국 외무장관 앤서니 이든(Anthony Eden)에게 제안했다. 이처럼 이른 시점, 루즈벨트는 미국의 한반도정책을 신탁통치와 긴밀히 연계시켰다. 그럼에도 불구하고 미국은 이 같은 결정을 공공연하게 거론하지 않았다. 미 국무성은 전후 연합국이 조선을 일본의 속박에서 해방시킨 후 자치권을 부여해 줄 것이라고만 공식적으로 발언했다.[45] 아시아 지역에서의 루즈벨트의 신탁통치 구상과 관련하여 영국이 경악했다. 영국의 윈스턴 처칠(Winston Churchill) 수상은 대영제국 식민지 국가들의 경우 전후 신탁통치 대상에서 제외되어야 할 것임을 분명히 했다.

---

44. "The Ambassador in China (Gauss) to the Secretary of State, December 9 1942," in *FRUS*, 1942, The British Commonwealth; The Far East, Vol. 1, p. 880.; "The Ambassador in China (Gauss) to the Secretary of State, May 19 1944," in *FRUS*, 1944, The Near East, South Asia, and Africa, The Far East, Vol. 5, p. 1,293.

45. Quoted in James Irving Matray(1977), *Reluctant Crusade*, p. 49.

이 같은 루즈벨트의 신탁통치 구상과 관련하여 이승만은 미 중앙정보국(CIA) 전신인 전략사무국(Office of Strategic Service) 소속 프레스톤 굿펠로우(Freston Goodfellow) 대령의 도움을 받을 수 있었다. 이승만과 굿펠로우는 한반도에서의 사보타지 및 간첩 활동과 관련하여 100여 명의 조선인을 훈련 및 무장시킬 계획을 구상했다. 굿펠로우는 이 계획 수용과 상해임시정부 인정을 미 국무성에 촉구했다. 그는 이 같은 조치를 지연시키는 경우 "한반도와 관련하여 소련이 구상하고 있을 가능성이 있는 모든 계획 측면에서 소련에 도움이 될 가능성이 있다."[46]고 주장했다.

미 국무성 관리들은 상해임시정부의 단합과 능력에 의문을 제기하면서 굿펠로우의 제안을 즉각 거부했다. 당시 미국은 소련을 겨냥하고 있는 듯 보이는 조치는 그 형태와 무관하게 난관을 초래할 가능성이 있다고 우려했는데 이는 보다 중요한 부분이었다. 1943년 8월 혼벡은 아시아 지역에서 소련이 추구하는 목표를 설명하는 비망록을 작성했다. 혼벡은 소련이 자국 안보를 매우 중요하게 생각하며, "소련 주변 지역에 자국에 우호적일 뿐만 아니라 이념적으로 유사한 정부의 출현"을 추구하고 있다고 주장했다. 혼벡은 소련이 시베리아의 조선인 게릴라들과 긴밀한 관계를 유지하고 있다는 점에서, 이들 게릴라가 전후 한반도에서 소련의 영향력 확대를 위해 기여할 수 있는 상황이라고 말했다. 국무장관 헐에게 보낸 서신에서 혼벡은 한반도 문제와 관련하여 다음과 같이 말했다. "조선의 미래가 소련과 중국 입장에서 대단히 중요할 것으로 생각됩니다. 소련은 한반도에 출현하게 될 정부가 자국에 우호적이며, 이념적으로 공감할 수 있는 성격이 되도록 온갖 노력을 다할 가능성이 있습니다. 소련과 중국이 자국의 한반도정책을 놓고 상호 대립할 것이 거의 분명합니다." 이 같은 이유로 중국

---

46. Quoted in Ibid., p. 50.

과 영국은 물론이고 한반도 신탁통치 방안에 관한 소련의 동의가 보다 중요해졌다.[47]

2차 세계대전 이후 오스트리아를 포함한 몇몇 국가가 신탁통치를 받았다. 그런데 한반도와 달리 이들 국가는 주변국 침략과 같은 2차 세계대전 당시 자행한 도덕적 책임 때문에 신탁통치를 받은 것이었다. 한반도가 신탁통치를 받게 된 것은 미국의 '전략적 이익'과 관련이 있었다. 1943년 가을 장제스는 한반도에 대한 소련의 영향력 행사 가능성을 고려하여 쑹쯔원에게 루즈벨트의 한반도 신탁통치 방안을 지원하라고 지시했다. 이 같은 사실을 배경으로 루즈벨트는 한반도 신탁통치 방안에 관해 소련, 중국, 영국처럼 미국과 공조하여 전쟁을 수행하고 있던 열강들의 동의를 얻기 위한 노력을 시작한 것이다.[48]

그러나 1943년 8월의 영국과의 회담에서 미 국무장관 헐은 곧바로 난관에 봉착했다. 영국 외무장관 이든은 신탁통치 문제를 논의할 수 없다고 두 차례 말한 후 미국이 신탁통치 방안에서 강조한 '독립'이란 표현에 특히 반대했다. 이든은 영국 식민지들이 독립을 원치 않는다고 말했다. 2차 세계대전 기간 내내 이든은 헐의 신탁통치 방안에 지속적으로 반대했다.

미국은 연합국들의 신탁통치 구상 반대가 자국의 편협한 국익 때문으로 생각했다. 반면에 연합국, 특히 영국은 루즈벨트의 신탁통치 구상이 미국의 국익 촉진 목적의 것임을 간파했다. 이든은 신탁통치에 관한 영국의 관점을 다음과 같이 피력했다. "루즈벨트는 2차 세계대전 당시 강대국의 식민지였던 지역이 해방되는 경우 경제 및 정치적으로 미국에 의존하기를

---

47. Quoted in Ibid., p. 51.

48. Ibid.,

희망했다."[49]

1943년 10월 헐은 연합국 외무장관들과의 회동을 위해 모스크바를 방문했다. 10월 29일 헐은 식민지 문제를 심도 깊게 논의할 수 있는 기간이 얼마 남지 않았다고 말했다. 이든은 바로 3일 전에 본인이 헐의 신탁통치 방안에 반대했다는 사실을 상기시켰다. 그러나 소련 외무상 몰로토프는 신탁통치 문제가 매우 중요하며 연구 및 논의 가치가 있다고 말했다.[50] 결과적으로 영국, 소련 및 중국은 미국이 1943년 11월의 카이로와 테헤란 회동에서 신탁통치 문제를 거론할 것임을 예상할 수 있었다.

제3절.
신탁통치와 국익: 카이로, 테헤란, 얄타 그리고 포츠담

카이로, 테헤란, 얄타 및 포츠담에서 지속적으로 논의되었음에도 불구하고 한반도 신탁통치와 관련하여, 특히 38선 분할 점령과 관련하여 관련국이 공식적으로 합의한 사항은 없다. 구두 합의만 있었을 뿐이다.

신탁통치의 의미에 관한 공감대가 형성되어 있지 않았다. 스탈린은 루즈벨트와 본인이 이것을 한반도 전체에 대한 일정 기간 동안의 4개국 공동 통치, 통일된 독립정부 수립을 겨냥한 통치로 생각했던 반면 트루먼의 미국은 한반도를 자국의 식민지로 만들기 위한 노력으로 생각하고 있다고

49. Bruce Cumings(1981), *The Origins of the Korean War*, Vol. 1, p. 105.

50. Quoted in James Irving Matray(1977), *Reluctant Crusade*, pp. 52-3.

판단했다.[51]

중국과 영국은 루즈벨트의 한반도 신탁통치 구상과 관련하여 종전 시점까지 지속적으로 반대했다. 장제스는 4강에 의한 신탁통치를 구현하는 과정에서 중국이 아닌 미국과 소련이 주요 역할을 할 것으로 판단했을 것이다. 중국은 19세기 이전처럼 한반도에 대한 독자적인 영향력을 행사할 수 있기를 원했다. 중국은 힘의 열세로 한반도를 자국의 영향권으로 만들 수 없었다는 점에서 상해임시정부 요원들을 통해 전후 한반도에 대한 영향력을 행사하고자 했으며 이 같은 이유로 상해임시정부 중심으로 한반도가 통일되어야 할 것이라고 지속적으로 주장했다. 영국은 자국의 식민지에도 적용될 가능성을 우려하여 신탁통치 개념에 지속적으로 반대했다.

이미 언급한 바처럼 한반도에 대한 영향력을 행사하고자 하는 경우 미국은 한반도를 분할 점령할 필요가 있었다. 미국은 겉으로는 신탁통치 운운했다. 그러나 적어도 루즈벨트가 사망한 직후 미국은 이면에서 한반도 분할 점령을 추구했는데 이는 상기한 이유 때문이었다.

소련은 한반도 분할 점령에 동의했다. 그러나 소련은 루즈벨트가 추구한 일정 기간 동안의 신탁통치 이후 한반도를 통일시키는 방안을 선호했다. 소련은 19세기 말경부터 일본과 한반도 분할 점령을 위해 노력했다는 점에서 한반도를 분할 점령하자는 미국의 제안도 나쁘지 않다고 생각했을 것이다. 그러나 2차 세계대전 당시 조선인들의 이념성향을 고려해 보면 통일한반도가 소련과 우호적인 국가가 될 가능성이 컸다. 이 같은 점에서 보면 소련 입장에서 한반도 분할 점령이 아니고 일정 기간 동안의 신탁통치 이후 통일한반도 출현이 보다 바람직했던 것이다. 여기서 보듯이 루즈

---

51. 기광서, "해방 전 소련의 대한반도정책 구상과 조선 정치세력에 대한 입장*,"『슬라브연구』, 제30권 4호, 2014, p. 41.

벨트의 한반도 신탁통치 방안에 관한 미국, 중국, 소련 및 영국의 입장은 자국의 국익을 반영한 것이었다.

1. 카이로회담과 테헤란회담

1943년 11월 22일부터 26일까지 지속된 카이로회담에는 미국의 루즈벨트 대통령, 영국의 처칠 수상, 중국의 장제스가 참석했다. 이들은 2차 세계대전 수행 과정에서 상호 협력하는 문제, 특히 대일전쟁에서 협력하는 문제와 일본이 점령하고 있던 지역의 문제를 놓고 협의했다.

루즈벨트는 중국이 전후 모든 한반도 신탁통치에 참여하고자 할 것으로 생각했다.[52] 그러나 카이로회담 당시 중국은 전후 한반도를 독립시켜야 한다는 관점을 표방했다. 1943년 11월 23일 회동에서 장제스는 조선독립을 보장하는 문구 삽입을 강력히 요구했다.[53] 그러자 루즈벨트는 19세기 이전 당시와 마찬가지로 장제스의 중국이 전후 한반도에 대해 상당한 영향력을 행사할 의도가 있는 것으로 생각했다.

처칠 또한 루즈벨트의 신탁통치 구상을 부정적으로 바라보았다. 특히 처칠은 영국의 식민지들에 신탁통치 방안이 적용될 가능성을 우려했다.

이 같은 의혹에도 불구하고 이들은 카이로선언을 선포했다. 카이로선언에서는 "조선인의 노예 상태를 고려하여 '적정 절차(In due course)'를 거쳐 조선을 자유롭고 독립된 국가로 만들기로 결정했다."[54]고 천명했다. 카이로

---

52. "Minutes of the Presidents Meeting With the Joint Chiefs of Staff, November 19, 1943, 2 P.M., Admiral's Cabin, U. S. S. "Iowa", November 19 1943," in *FRUS*, Conference of Cairo and Teheran, 1943, p. 257.

53. "Chinese Summary Record, November 23 1943," in *FRUS*, 1943, Conference of Cairo and Teheran, p. 325.

54. "Revised American Draft of the Communiqué, November 25 1943," in *FRUS*, 1943, Conferences at Cairo and Tehran, p. 403.

선언의 이 문구는 미국이 심사숙고하여 작성한 것이었다. '적정 절차'는 신탁통치를 의미했는데 조선인들의 격렬한 반응을 예상한 미국은 신탁통치란 표현을 사용하지 않기로 결심했던 것이다.

그 후 곧바로 루즈벨트는 카이로선언과 관련하여, 그리고 한반도 신탁통치 문제와 관련하여 스탈린의 동의를 얻기 위해 테헤란으로 떠났다. 루즈벨트, 처칠, 스탈린이 참석한 테헤란 회담은 1943년 11월 28일부터 12월 1일까지 지속되었다.

11월 30일 스탈린은 러일전쟁 당시 잃은 자국의 권리 회복을 원했으며, 루즈벨트는 러시아가 전후 극동지역에서 부동항에 접근할 수 있게 해야 할 것이란 점에서 이 같은 스탈린의 요청에 공감했다.[55] 한편 테헤란 회담에 대비한 1943년 11월 19일의 미국 내부 논의에서 마샬 장군은 소련이 일본에 인접한 부산을 원하고 있다고 말했다. 그러자 킹(King) 제독은 소련은 거대 항구에 관심이 있다고 말했다.[56] 그런데 이미 1장 4절에서 살펴본 바처럼 소련은 한반도의 특정 지역이 아니고 부산과 같은 주요 항구, 부동항에 관심이 있었다. 이 자료는 테헤란회담 이전에서조차 소련과 미국이 한반도와 관련하여 나름의 논의를 했음을 암시해 준다.

테헤란회담 이후 루즈벨트는 "조선인들이 독립된 자치권을 행사 및 유지할 능력이 아직 없다며, 40년의 신탁통치를 받아야 한다."는 사실에 스탈린이 구체적으로 동의했다고 암시했다.[57] 그러나 소련 관리들의 발언을

---

55. "Bohlen Minutes, November 30 1943," in *FRUS*, 1943, Conference at Cairo and Teheran, p. 567.; "Minutes of a Meeting of the Pacific War Council, January 12 1944," in *FRUS*, 1943, Conferences at Cairo and Teheran, p. 869.; "The Ambassador in the Soviet Union (Harriman) to the President, December 15 1944," in *FRUS*, 1945, Conferences at Malta and Yalta, pp. 378-9.

56. "Minutes of the Presidents Meeting With the Joint Chiefs of Staff, November 19, 1943," in *FRUS*, 1943, Conferences at Cairo and Tehran, p. 258.

57. "Minutes of a Meeting of the Pacific War Council1, January 12 1944," in *FRUS*, 1943,

담고 있는 또 다른 자료를 보면 당시 스탈린은 루즈벨트의 신탁통치 방안과 관련하여 확답하지 않았다. 처칠이 한반도 관련 카이로회담 내용을 알고 있는지 질문하자 스탈린은 잘 알고 있다면서 "전후 한반도가 당연히 독립되어야 한다."[58]고 말했다.

워싱턴에 도착한 즉시 루즈벨트는 카이로선언에 "…극동지역 수천만 국민들이 어느 누구로부터도 구애받지 않으면서 나름의 자치 정부를 구성할 권리의 복원"에 관한 부분이 포함되어 있다고 설명했다. 궁극적으로 조선을 독립시켜 줄 것이란 루즈벨트의 약속에도 불구하고 조선인 망명 단체들은 '적정 절차'란 문구와 관련하여 상당한 불만을 표시하면서 그 의미의 구체적인 설명을 요구했다. 김구는 카이로선언이 외세의 지속적인 한반도 통제를 의미한다는 점에서 굴욕적이라고 말했다. 상해임시정부 지도자들과 마찬가지로 한길수는 해방과 동시에 조선의 즉각 독립과 자치권을 요구했다. 조선인 망명 세력들은 일본 패망 이후 통합되어 있으며 생존 가능한 민간 정부가 한반도에서 곧바로 출현하지 않을 가능성이 있다는 루즈벨트의 발언을 수용할 수 없었다.[59]

1944년 초순 미 국무성은 한반도 점령 및 통치와 관련한 보다 구체적인 계획을 수립하기 시작했다. 이처럼 미국이 계획을 수립하고 있을 당시 상해임시정부는 국제사회의 승인을 받을 수 있도록 조선인 망명 단체들을 통합시키기 위한 노력을 시작했다. 김구가 조선인 망명 단체들의 대립과 갈등을 종료시킬 수 있도록 상해임시정부 대표를 확대하는 문제와 관련

Conferences at Cairo and Tehran, p. 869.

58. "Bohlen Minutes, November 30 1943," in *FRUS*, 1943, Conferences at Cairo and Teheran, p. 566.

59. "The Ambassador in China (Gauss) to the Secretary of State, December 7 1943," in *FRUS*, 1943, The British Commonwealth, Eastern Europe, the Far East, Vol. 3, p. 1,096.

하여 최종적으로 동의한 것이다. 김구가 이처럼 결심했던 것은 상해임시정부가 여타 조선인 망명 단체들과의 대립 상태를 종결시키지 않는 경우 더 이상 상해임시정부를 지원하지 않을 것이란 장제스의 위협 때문이었다. 이처럼 고압적인 장제스의 태도와 관련하여 충칭의 조선인들뿐만 아니라 미 외교관들이 비난했다. 주중 미국대사 올리버 에드먼드 클럽(Oliver Edmund Clubb)은 중국 주변국이 자국의 운명을 결정할 권리에 대한 중국의 간섭을 미국이 더 이상 간과하지 않을 것이라고 장제스에게 경고했다.[60]

미국의 지도자들은 조선인 망명 단체들에 대한 중국의 영향력을 제한시키고자 노력했을 뿐만 아니라 망명단체들이 일치단결하라며 조선인들에게 간접적인 방식으로 압력을 행사했다. 이들 망명단체가 일치단결하기 이전 미국은 어떠한 망명단체도 인정해 주지 않을 것이라고 말했다.[61]

한편 독소전쟁에서 소련이 매우 잘 싸우고 있음을 목격한 미 육군성은 대일전쟁에 참전하는 경우 소련이 "일본 패망 이후 동북아지역에서 주도적인 입지를 확보할 것이다.…이곳의 모든 국가에 대해 자국의 의지를 강요할 수 있을 것이다."[62]라고 우려했다.

가능한 한 미군의 인명 피해를 줄이면서 태병양선생을 소기에 종료시킬 필요가 있다는 미국의 군사전략이 1945년 초순 미국이 한반도 문제를 놓고 상세 구상할 당시 주요 영향을 미쳤다. 미국의 각 군 참모총장들은 미군의 일본 본토 침공에 대비하여 일본이 만주의 일본군으로 본토 전력을 강화할 수 없게 해야 할 것이라고 생각했다. 이 같은 측면에서 소련군이

---

60. "Memorandum by Mr. O. Edmund Clubb of the Division of Chinese Affairs, May 19 1944." 그리고 "Memorandum by the Second Secretary of Embassy in China (Service), April 7 1944," in *FRUS*, 1944, Vol. 6, China, pp. 780-90.

61. Quoted in *James Irving Matray(1977), Reluctant Crusade*, p. 62.

62. Quoted in Ibid., pp. 64, 66.

한반도 전체를 조기에 점령하게 하자고 제한하기조차 했다. 해군제독 윌리엄 리히(William D. Leahy)의 이견 제기에도 불구하고 루즈벨트는 가능한 한 인명 피해를 줄이면서 대일전쟁에서 조기에 승리할 수 있도록 소련의 태평양전쟁 참전이 필요하다고 생각했다.[63] 루즈벨트 행정부는 그 형태와 무관하게 소련의 대일전쟁 참전을 곤란하게 만들 수 있는 조치는 취하지 않았다. 문제는 소련이 대일전쟁에 참전하는 경우 전후 중국의 입지가 약화되고, 조선의 완벽한 독립이 어려워질 가능성이 있었다는 사실이었다.[64] 이미 살펴본 바처럼 당시 미 국무성은 한반도 신탁통치에 관한 상세 계획을 작성했는데 이는 1944년 봄 미국의 태평양전쟁위원회(Pacific War Council)의 권유에 입각한 것이었다. 이 위원회에서는 한반도 점령과 군정(軍政) 과정에서 연합국 참여의 필요성을 강조했다. 여기서는 소련이 태평양전쟁에 참전하는 경우 4개국 신탁통치를 제안했다.[65]

2. 얄타회담

이탈리아의 항복과 더불어 독일의 패색(敗色)이 짙어지자 1945년 2월 4일부터 11일까지 미국의 루즈벨트, 영국의 처칠, 소련의 스탈린이 크리미아반도의 얄타에서 회동했다. 이곳에서 전후 독일의 처리 문제뿐만 아니

---

63. Quoted in Ibid., p. 66.; Henry L. Stimson (Author), McGeorge Bundy(1948), *On Active Service in Peace and War* (Harper & Brothers, 1948), pp. 600-3.; Herbert Feis(1953), *The China Tangle* (Princeton, New Jersey: Princeton University Press, 1953), pp. 232-3.

64. 미국은 일본의 침공하기 이전에 블라디보스토크에 상륙하여 한반도를 먼저 점령하자는 조선인들의 제안 이행을 거절했다. 또한 미국은 한반도에 스파이를 투입하자는 이승만의 계획을 거부했다. 그 이유는 장제스의 국민당정부가 상해임시정부를 통제할 야욕을 보였기 때문이었다. 미 국무성은 또한 종전 직후 일본과 신속히 무역을 재개하자는 영국의 제안도 거절했다. Quoted in James Irving Matray(1977), *Reluctant Crusade*, p. 66.

65. "[Document 247] Briefing Book Paper, Undated," in *FRUS*, 1945, Conferences at Malta and Yalta, pp. 358-61.

라 대일전쟁에서의 연합국의 상호 공조 방안이 논의되었다.

알타회담에 참석할 당시 루즈벨트는 소련의 대일전쟁 참전과 관련하여 스탈린으로부터 확답을 받고자 했다. 그런데 소련의 대일전쟁 참전 문제는 전후 한반도를 포함한 동북아 지역의 운명과 관련이 있었다. 당시 루즈벨트가 소련의 대일전쟁 참전을 염원했던 것은 태평양 지역에서 힘겹게 싸우고 있던 미군 지휘관들이 소련이 참전하는 경우 일본을 쉽게 격파할 수 있을 것이라고 지속적으로 말했기에 그 필요성을 절감했기 때문이었다.[66] 문제는 스탈린이 독일과의 전쟁에서의 승리가 분명해지기 이전에는 대일전쟁에 참전하지 않을 것임을 분명히 했다는 사실이었다.

1945년 2월 8일 루즈벨트는 스탈린에게 한반도의 3개국 신탁통치 방안을 제안했다. 루즈벨트는 필리핀에서의 미국의 경험을 거론하며 한반도 신탁통치가 20년에서 30년 동안 지속될 가능성이 있다고 말했다. 스탈린은 신탁통치 기간이 짧으면 짧을수록 좋다고 답변했다. 그러면서 스탈린은 외국군의 한반도 주둔 문제를 질문했다. 한반도에 외국군이 주둔하면 안 된다는 스탈린의 관점에 동의한 후 루즈벨트는 영국을 한반도 신탁통치에서 배제시킬 것이란 미묘한 문제를 거론했다. 루즈벨트는 한반도 신탁통치에 영국이 참여할 필요가 없다고 생각했다. 이 같은 루즈벨트의 발언에 스탈린은 영국을 배제시키면 처칠이 흥분하여 나를 죽이려 할 것이라고 말했다. 결과적으로 루즈벨트와 스탈린은 한반도의 4개국 신탁통치 방안에 동의했다.[67]

신탁통치에 관하여 연합국이 논의할 당시인 2월 9일 처칠이 루즈벨트를 신랄히 공격했다. 처칠은 "본인이 영국 수상으로 재직하고 있는 한 대영

---

66. Quoted in James Irving Matray(1977), *Reluctant Crusade*, p. 62.

67. "Bohlen Minutes, February 8 1945," in *FRUS*, 1945, Conferences at Malta and Yalta, p. 770.

제국 영토 가운데 어느 부분도 양보할 수 없다."[68]고 말했다. 이 같은 처칠의 공격에 스탈린이 즐거운 표정을 지었다. 스탈린은 자리에서 일어났다 앉았다 하면서 종종 박수를 쳤다.[69] 이 같은 처칠의 저항에 루즈벨트가 굴복했다. 루즈벨트는 신탁통치 개념이 대영제국 영토에 적용되지 않는다고 말했다. 여기서 보듯이 당시 스탈린은 루즈벨트의 한반도 신탁통치 방안을 탐탁지 않게 생각했다.[70]

당시 소련과 중국은 한반도에 대한 자국의 상대적 영향력 확대를 원하고 있었다. 스탈린은 루즈벨트가 소련군의 대일전쟁 참전을 요구하자 러일전쟁 당시 손실한 자국의 권리 회복을 강력히 요구했다. 이 같은 조건을 충족시켜 주지 않는 경우 "소련의 대일전쟁 참전과 관련하여 소련인들이 이해할 수 없을 것이다."라는 사실을 강조했다.[71] 루즈벨트는 스탈린의 요구를 수용했다. 미국의 각 군 참모총장들은 소련이 대일전쟁에 참전하는 경우 스탈린이 요구하는 지역을 어렵지 않게 점령할 것이라고 생각했다.[72]

얄타회담에는 장제스가 참석하지 않았다. 루즈벨트는 스탈린에게 만주, 외몽고, 신장 지역 등에 관한 권한을 인정해 주면서 구체적인 내용은 장제스와 협의할 것을 요구했다. 이 같은 맥락에서 얄타회담이 끝난 이후인

68. "Bohlen Minutes, February 9 1945," in *FRUS*, 1945, Conferences at Malta and Yalta, p. 844.

69. Quoted in Bruce Cumings(1981), *The Origins of the Korean War*, Vol. 1, pp. 109–10.

70. "Bohlen Minutes, February 8 1945," in *FRUS*, 1945, The Conferences at Malta and Yalta, p. 770.

71. Averell Harriman and Elie Avel(1975), *Special Envoy to Churchill and Stalin, 1941–1946* (New York: Random house, 1975), p. 398.

72. "Agreement Regarding Entry of the Soviet Union Into the War Against Japan, February 11 1945," in *FRUS*, 1945, Conferences at Malta and Yalta, p. 984.; "Bohlen Minutes, February 8 1945," in *FRUS*, 1945, Conferences at Malta and Yalta, pp. 768–9.; "Harriman Memorandum of Conversations, February 10 1945," in *FRUS*, 1945, Conferences at Malta and Yalta, pp. 894–7.

1945년 6월 말경부터 포츠담회담 기간까지 중국 외무장관 쑹쯔원과 스탈린이 상기 문제를 놓고 수차례 협의했다.

이처럼 스탈린이 영향력 확보를 원한 지역에 한반도가 포함되어 있었다. 그 일환으로 보이지만 얄타회담 당시 미국과 소련은 한반도를 분할 점령하는 문제와 관련하여 정상 차원에서 구두 합의했다. 한반도 이북 지역을 소련이 이남 지역을 미국이 점령하는 방안이었다.[73] 이 같은 사실을 얄타회담 당시 소련주재 미국 대사로서 스탈린과 루즈벨트의 비밀회동에 참석했던 유일한 미국인 애버렐 해리먼(Averell Harriman)이 확인해 주었다. 해리먼은 얄타회담 당시 루즈벨트와 스탈린이 한반도 신탁통치 문제와 관련하여 구두 합의했다고 말했다.[74]

이처럼 분할 점령에 합의하면서도 소련은 가능한 한 한반도에 통일정부가 곧바로 수립되기를 원한 듯 보였다. 해리먼은 조선인들이 스스로 정부를 수립할 수 있는데 한반도 신탁통치가 필요한 이유가 무엇인지 스탈린이 의문을 제기했다고 말했다. 해리먼은 스탈린이 말한 한반도 정부가 소련에 우호적인 정부일 것으로 생각했다.[75] 한편 해리먼은 중국과 한반도에 관한 얄타협정이 애매모호하다며 이 부분을 정교히 다듬을 필요가 있다고 말했다.[76]

---

73. 기광서, "해방 전 소련의 대한반도정책 구상과 조선 정치세력에 대한 입장*," pp. 38-9.; 1945 г., июня 29. - Запись беседы поверенного в делах СССР в Китайской Республике Т. Ф. Скворцова с представителем КПК в Чунциине т. Ван Жофэем по проблемам послевоенного политическогопереустройства Китая, политики СССР и США в Китае, вступления СССР в войну на ДальнемВостоке. Русско-китайские отношения в XXвеке. Документы и материалы. Т. IV(М.: Памятникиисторической мысли, 2000), с. 70.

74. Liu Xiaoyuan(1996), *A Partnership for disorder: China, the United States, and their policies for the postwar disposition of the Japanese empire, 1941-1945* (New York: Cambridge University Press, 1996), p. 249.

75. Walter Millis, ed., *The Forrestal Diaries* (New York: Viking Press, 1951), p. 46.

76. "Memorandum by the Acting Secretary of State, May 15 1945," in *FRUS*, 1945, The

얄타회담 당시 미소 양국이 한반도 분할 문제를 놓고 구두 합의했음은 얄타회담이 종료된 시점부터 포츠담회담이 시작되기 이전의 일련의 움직임을 통해서도 확인 가능하다. 예를 들면, 1945년 4월 미 합참이 한반도 점령 작전을 염두에 둔 자료를 준비했다.[77] 1945년 5월 맥아더는 38선 이남 지역을 점령하기 위한 3단계 작전계획을 수립했다.[78] 그런데 이들 미 합참과 맥아더의 조치는 고위급 차원에서 미국과 소련이 한반도와 관련하여 모종의 합의가 있었음을 암시해 주는 부분이다.

얄타회담 당시 미국과 소련이 한반도와 관련하여 비밀 합의했음이 분명하다는 보다 구체적인 주장은 이승만이 제기했다. 이승만은 트루먼 대통령에게 보낸 1945년 5월 15일 서신에서 얄타에서 한반도에 관한 비밀협약이 있었음이 밝혀졌다고 주장했다. 그러면서 상해임시정부가 샌프란시스코 회의에 참석할 수 있게 해달라고 요청했다.[79] 그러자 1945년 6월 5일 미 국무장관 대행 프랑크 록하트(Frank P. Lockhart)는 한반도에 관한 비밀협약은 터무니없는 주장이라고 답변했다. 상해임시정부가 한반도 어느 곳에 대해서도 행정권을 행사한 바 없으며, 오늘날 상해임시정부를 조선인들의 대표로 간주할 수도 없다고 주장했다. 상해임시정부를 추종하는 세력이 해외 조선인 가운데에도 얼마 되지 않는다고 말했다. 상해임시정부

Potsdam Conference, Vol. 1, p. 14.

77. Joint Intelligence Study Publishing Board, Joint Army-Navy Intelligence Study of Korea, April 1945.

78. 1945년 5월 맥아더는 한반도 점령계획을 수립했다. 이 계획은 3단계로 구성되어 있었다. 1단계에서 서울/인천 지역을, 2단계에서 부산 지역을, 3단계에서 군산 지역을 점령하는 것이었다. 그런데 이는 38선 이남 지역이었다. James F. Schnabel(1992), *The Korean War Volume III: Policy and Direction, the First Year* (Kindle Location 318), (US Army Green Book), Kindle Edition.

79. "The Chairman of the Korean Commission in the United States (Rhee) to President Truman, May 15 1945," in *FRUS*, 1945, The British Commonwealth, The Far East, Vol. 6, p. 1,028.

를 인정해 주는 경우 한반도의 조선인들이 진정 본인이 원하는 정부를 선택하지 못하게 될 가능성이 있다고 주장했다.[80] 1945년 7월 25일 록하트에게 보낸 답신에서 이승만은 다음과 같은 다섯 가지 이유로 얄타 밀약설에 관한 의구심을 떨칠 수 없다고 주장했다. "…둘째, 소련 대사관에 확인을 요청했는데 전혀 답변이 없다. 셋째, 처칠 수상은 얄타에서 많은 주제가 논의되었는데 현재 이들에 관해 밝힐 수 없다고 말했다. 처칠은 이들 논의된 주제에 한반도 문제가 포함되어 있지 않다고 말하지 않았다.…다섯째, 조선이 1905년에도 비밀외교의 희생물이 된 바 있다.…"[81] 이처럼 이승만은 미국과 소련이 한반도와 관련하여 모종의 밀약을 했다고 지속적으로 주장했다.

미 합참의 자료 또한 포츠담회담 이전에 미국이 38선 부근을 미소 분할선으로 생각했음을 보여주고 있다. 이 자료에서는 포츠담회담 당시 소련군의 대일전쟁 참전이 확실해지자 미 합참이 38선 분할 점령 계획을 마련했다며 다음과 같이 말하고 있다. "…소련이 대일전쟁 참전을 결심했다. 미군과 소련군 간의 분할선 필요성이 인지되었다.…미군장교들은 수도 서울과 더불어 적어도 주요 항구 하나가 미군 점령 지역에 포함되도록 하는 선을 제안하고자 준비했다. 이 선은 최종적으로 선정된 38선 부근의 선이었다."[82]

80. "The Acting Secretary of State to the Chairman of the Korean Commission in the United States (Rhee), June 5 1945," in *FRUS*, 1945, The British Commonwealth, The Far East, Vol. 6, pp. 1,029-30.

81. "The Chairman of the Korean Commission in the United States (Rhee) to the Acting Chief of the Office of Far Eastern Affairs (Lockhart), July 25 1945," in *FRUS*, 1945, The British Commonwealth, The Far East, Vol. 6, p. 1,033.

82. Government, U.S. *History of the Joint Chiefs of Staff Volume III: The Joint Chiefs of Staff and National Policy 1950 - 1951, The Korean War Part One: Attack and Response, MacArthur, Chinese Intervention* (pp. 8-9). Progressive Management. Kindle Edition. 1998.

조선대학교 교수 기광서가 밝힌 미국과 소련의 한반도 분할 점령에 관한 1945년 6월의 소련 측 자료, 얄타회담에서 루즈벨트와 스탈린이 한반도 신탁통치와 관련하여 구두 합의한 부분이 있다는 해리먼의 발언, 1945년 5월 맥아더가 작성한 38선 이남 점령 계획, 38선 이남을 미소 경계선으로 생각하고 있던 1945년 7월의 미 합참 자료 측면에서 보면 얄타회담 당시 루즈벨트와 스탈린이 구두로 한반도 분할 점령에, 구체적으로 말하면 38선 분할 점령에 동의했음이 분명해 보인다. 이승만의 얄타 밀약설이 사실이었던 것이다. 1949년 5월 무초 미국대사, 이범석(李範奭) 국무총리, 신성모 국방부장관이 참석한 회의에서도 이승만은 미국이 1905년 당시의 카츠라(桂)-테프트 밀약을 통해 그리고 1945년 2월의 얄타밀약을 통해 조선을 두 번 방기했다고 주장했다.[83]

　1945년 5월 트루먼은 소련주재 미국대사 해리먼으로 하여금 한반도 신탁통치 문제와 관련한 스탈린의 확약을 받고자 노력했다. 그런데 당시에도 스탈린은 신탁통치 구상에 동의한다는 사실을 구두로만 확인해 주었다.

　미 국무성 관리들은 전후 한반도에 관한 상세한 형태의 서면 합의가 없다는 사실에 심기가 불편했다. 이들은 1945년 7월의 포츠담회담에서 전후 한반도 신탁통치를 염두에 둔 상세 논의가 있어야 할 것이라고 생각했다.[84] 미국의 기획가들은 한반도 신탁통치에 관한 연합국과의 합의, 특히 소련과의 합의를 추구해야 할 것이라고 생각했다.

---

83. "Memorandum of Conversation, by the Ambassador in Korea (Muccio), May 2 1949," in *FRUS*, 1949, The Far East and AustraliaAsia, Vol. 7, Part 2, pp. 1,003-5.

84. "The Ambassador in the Soviet Union (Harriman) to the President and the Secretary of State, 9[8] July 1945," in *FRUS*, 1945, The Potsdam Conference, Vol. 1, p. 234.

3. 포츠담회담

루즈벨트가 사망한 1945년 4월 12일 미국의 지도자들은 소련이 미국의 정치 및 경제적 이상(理想)과 부합되지 않는 방식으로 동유럽과 동북아 지역을 재조정하기 위해 노력할 가능성을 우려하기 시작했다. 이들 지역은 미국이 아닌 또 다른 패권국가의 부상 방지 차원에서 대단히 중요한 지역으로 미군과 소련군이 직접 충돌하게 될, 미국과 소련의 이익이 상충될 가능성이 있는 지역이었다.[85]

이미 살펴본 바처럼 포츠담회담이 시작된 1945년 7월 17일 이전 트루먼은 한반도 신탁통치가 아닌 분할 점령을 결정한 상태였다. 미국의 핵무기 개발 성공으로 트루먼은 잠시나마 소련의 대일전쟁 참전을 배제할 가능성을 고려했다. 이는 한반도에 관한 트루먼의 관심이 신탁통치가 아님을 재차 보여준 것이었다. 그러나 이미 소련군이 대일전쟁 참전을 준비하고 있었다는 사실과 맥아더가 소련의 참전을 강력히 요청했다는 점에서 참전은 기정사실이었다.

1945년 7월 17일부터 8월 2일까지 지속된 포츠담회담에는 미국의 트루먼 대통령, 영국의 처칠 수상, 소련의 스탈린이 참석했다. 그런데 알타회담이 종료된 1945년 2월 11일부터 포츠담회담이 시작된 7월 17일의 기간에는 몇몇 주요 변화가 있었다. 4월 12일 연합국의 주요 지도자인 미국의 루즈벨트 대통령이 사망하면서 트루먼이 대통령에 취임했다. 5월 8일에는 독일의 항복으로 유럽에서 2차 세계대전이 종료되었다.

트루먼의 특사인 해리 홉킨스(Harry L. Hopkins)와의 세 번째 회동이 있던 5월 28일, 스탈린은 독일이 패망한 지 3개월이 되는 시점인 8월 8일경에

---

85. Mark Paul, "Diplomacy Delayed: The Atomic Bomb and the Division of Korea, 1945," in *Child of Conflict: The Korean-American Relationship*, 1943–1954 (Seattle: University of Washington Press, 1983) edited by Bruce Cumings, pp. 67–8.

대일전쟁 참전이 준비될 것이라며 참전 속도는 얄타회담에서 소련이 받기로 되어 있던 전리품을 제대로 받을 수 있는지와 관련이 있다고 말했다. 스탈린은 소련이 대일전쟁 참전 목적으로 극동지역으로 군사력을 이동시키는 모습을 일본이 7월 초순 감지하게 될 것이라고 했다. 홉킨스는 극동 문제와 관련하여 아직 1가지 문제가, 다시 말해 한반도 문제가 해결되지 않았다며 얄타에서 이 문제를 비공식적으로만 논의했다고 말했다.[86] 7월 중순경 미국이 원자폭탄 개발에 성공할 것으로 예상되었다. 소련은 자국이 점령한 유럽 국가들을 서둘러 위성국가로 만들고 있었다. 포츠담회담이 시작되기 바로 전날인 7월 16일 트루먼은 미국이 핵무기 개발에 성공했다는 보고를 받았다.

이 같은 사실에 기인한 것이지만 트루먼이 포츠담회담에 참석하기 직전 소련의 대일전쟁 참전과 관련하여 미국 지도자들의 시각은 양분되어 있었다. 그러나 소련의 대일전쟁 참전을 기정사실로 인정하는 분위기였다.

소련의 대일전쟁 참전에 반대하는 세력들은 유럽에서의 전쟁이 종료되었기 때문에 미국이 대일전쟁에 보다 많은 노력을 기울일 수 있으며, 핵무기를 이용하는 경우 소련의 참전이 없이도 미국이 대일전쟁에서 쉽게 승리할 수 있을 것이며 소련이 참전하는 경우 만주와 한반도에 대한 소련의 영향력 확대로 전후 아태지역에서의 미국의 입지가 약화될 가능성이 있다고 생각했다.

미 육군장관 스팀슨과 해군장관 포레스톨은 소련의 대일전쟁 참전으로 태평양에서 전략적으로 중요한 지역들이 소련의 영향권으로 들어갈 가능성을 우려했다. 트루먼은 아시아 지역에서의 소련의 향후 행태가 얄타회

---

86. "Memorandum by the Assistant to the Secretary of State (Bohlen), May 28 1945," in *FRUS*, 1945, The Potsdam Conference, Vol. 1, pp. 41-7.

담 직후 동유럽에서의 행태와 유사할 가능성이 있다고 생각했다.

독일 패망이 임박한 시점에서조차 미 해군제독 리히는 소련의 대일전쟁 참전과 관련하여 의구심을 표명했다. 리히는 "유럽과 아시아 지역에서의 러시아의 군사적 조치가 늦춰지거나 중지되는 경우에서조차 연합국의 승리 측면에서 별다른 문제가 없을 것이다."고 생각했다. 이처럼 트루먼 행정부는 대일전쟁 참전 조건으로 아시아 지역에서 소련의 영향력을 확대해 준다는 얄타회담 내용에 의문을 제기하기 시작했다. 소련주재 미국대사 해리먼은 극동지역에서 미국이 강경한 태세를 취할 것을 촉구했다. 해리먼은 소련이 유럽의 폴란드와 루마니아에서처럼 만주와 한반도에서 행동할 것으로 예상된다고 말했다.[87]

미국은 이들 일본의 점령지역을 미군이 해방시키는 경우 아시아 지역에서의 소련의 세력팽창이 거의 문제가 되지 않을 것이란 사실을 분명히 인지했다. 1945년 5월 해리먼은 소련이 대일전쟁에 참전하는 경우 미국이 일본을 점령하는 과정에서 소련의 참여가 필요해질 수 있다는 사실을 트루먼에게 상기시켰다.

그러나 육군장관 스팀슨은 대일전쟁을 이처럼 요행에 의존하여 수행하는 것이 현명한 처사가 아니라고 생각했다. 스팀슨은 계획대로 몇몇 국가가 한반도를 공동 점령해야 할 것이라고 주장했다. 반면에 트루먼과 제임스 번스(James F. Byrnes)는 핵무기 사용을 통해 일본을 조기에 항복시키는 경우 소련의 대일전쟁 참전을 저지할 수 있으며, 이처럼 하면 한반도가 소련의 영향권으로 들어가지 않도록 할 수 있다고 생각했다.

소련의 대일전쟁 참전을 염원했던 세력들은 맥아더를 포함하여 주로 2차 세계대전을 직접 수행하던 사람들이었다. 이들은 일본 점령 과정에서

---

87. Herbert Feis(1967), *Contest Over Japan*(New York: W.W. Norton, 1967), pp. 27–8.

상당히 많은 미군이 희생될 가능성이 있다고 생각했다. 소련의 대일전쟁 참전으로 만주와 한반도가 소련의 영향권으로 들어가는 한이 있더라도 소련군의 참전이 필수적이라고 주장했다.

미군 지도자들은 대일전쟁에서의 승리가 가장 중요하다고 지속적으로 말했다. 예를 들면, 맥아더는 소련의 대일전쟁 조기 참전을 선호했다. 맥아더는 그 과정에서 소련이 만주와 한반도를 점령한 후 전리품으로 지속 유지할 수도 있을 것이라고 말했다.[88]

미 국무성 차관보 요셉 그루(Joseph C. Grew)는 맥아더의 이 같은 주장에 극구 반대했다. 그루는 소련이 대일전쟁에 참전하는 경우 전후 아태지역에서 주도적인 세력으로 부상하면서 일본 이상으로 미국의 안보를 위협할 것이라고 말했다. 그루는 소련이 대일전쟁에 참전하는 경우 "몽고, 만주, 한반도가 점차 소련의 영향권으로 들어갈 것이며, 그 후 일본과 중국 또한 마찬가지일 것이다."[89]는 참담한 관점을 표명했다. 그루는 이처럼 비극적인 상황을 방지하고자 하는 경우 미국이 태평양의 몇몇 전략적 지역을 통제해야 한다고 생각했다. 해리먼 또한 트루먼에게 유사한 관점을 표명했다.

1945년 5월 초순 미 국무성은 포츠담회담 참석에 대비한 정책문서를 작성했다. 여기서는 소련이 한반도에 자국에 우호적인 정부를 수립해야 한다고 주장할 것이라고 예견했다. 전후 한반도 상황으로 인해 조선인들이 공산주의 이념뿐만 아니라 소련의 지원을 받는 정권을 쉽게 수용할 가능성이 있다고 생각했다.[90] 미 국무성은 소련의 대일전쟁 참전이 미국 입

---

88. Quoted in James Irving Matray(1977), *Reluctant Crusade*, p. 83.

89. Quoted in Ibid.,

90. "Policy Paper Prepared in the Department of State, June 22 1945," in "[Document 386] The Acting Secretary of State to the Secretary of War (Stimson), June 28, 1945," in

장에서 중요한 것은 사실이지만 어떠한 일이 있더라도 소련이 독자적으로 한반도를 점령하지 못하게 해야 한다고 생각했다.[91]

당시 한반도의 운명은 대일전쟁 승리 차원에서 미국이 동원할 수 있는 군사력 그리고 적용 가능한 군사전략과 긴밀히 연계되어 있었다. 이 같은 상황에서 1945년 5월 21일 미 전쟁성(육군성)은 맥아더의 2단계 일본 격파 계획을 지지한다는 입장을 표명했다. 전쟁성은 미군의 인명 피해를 줄이고자 하는 경우 소련이 대일전쟁에 신속히 참전할 필요가 있다고 말했다. 그러면서 전쟁성은, 스탈린이 중국과 조선의 주권 존중을 약속한 이후에나 미국이 얄타회담에서 스탈린에게 양보해 준 부분을 준수해야 할 것이란 그루의 제언을 거부했다. 전쟁성은 그 제언이 탁상공론에 불과하다고 주장했다. 왜냐하면 "미군의 점령 이전에 소련군이 일본을 격파한 후 만주, 한반도 및 중국 북부지역을 점령할 수 있을 것이기 때문이다." 이처럼 상호 대립적인 조언을 받은 트루먼은 미 국무성의 조언을 거부한 채 5월 25일 맥아더의 일본 침공 계획을 승인해 주었다.[92]

1945년 5월 말경 미 합참은 만주 또는 한반도에 대한 미 지상군 상륙 제안을 거부했다. 당시 미국의 최우선 목표가 일본의 신속한 격파였음을 고려하면, "상당 규모의 미군의 만주 또는 한반도 운용이 타당성이 없었던 것이다."[93] 1945년 6월 18일 트루먼은 맥아더의 일본 침공계획을 최종 승인해 주었다. 그럼에도 불구하고 트루먼은 이 계획의 두 번째 단계, 다시

FRUS, 1945, The British Commonwealth, The Far East, Vol. 6, pp. 561-4.

91. "[Document 605] Briefing Book Paper, undated," 그리고 "[Document 606] Briefing Book Paper, undated," in *FRUS*, 1945, The Potsdam Conference, Vol. 1, pp. 925-7.; "[Document 251] Briefing Book Paper, June 29 1945," 그리고 "[Document 252] Briefing Book Paper, July 4 1945," in *FRUS*, The Potsdam Conference, Vol. 1, p. 311.

92. Quoted in James Irving Matray(1977), *Reluctant Crusade*, p. 84.

93. Quoted in Ibid., p. 89.

말해, 일본 침공계획의 최종 승인을 늦추었다. 왜냐하면 핵실험 성공으로 그처럼 많은 인명 희생이 요구되는 작전이 불필요해질 가능성 때문이었다.[94] 또 다른 이유는 2차 세계대전 당시 30만 명의 미군이 전사했는데 일본 침공을 시작한 후 30일 동안 83만 3천 명이 재차 희생될 것으로 예상되었기 때문이었다.[95] 미군이 일본을 침공하는 경우 수십 만 명의 연합군 포로를 일본이 즉각 처형할 것을 이미 명령했기 때문이었다.[96] 당시 미군 지도자들은 미국의 핵 공격으로 일본이 곧바로 항복할 가능성을 준비하기 시작했다. 연합군의 일본본토 점령 작전은 1945년 11월 1일로 예정되어 있었다. 그러나 핵실험 성공 가능성을 고려하여 1945년 6월 29일 트루먼은 일본을 조기 점령하기 위한 계획에 서명했다.

포츠담회담 첫째 날인 1945년 7월 17일 스탈린은 만주, 외몽고 등 극동지역에 관한 얄타협정 조항에 중국이 동의하기 이전에는 소련이 대일전쟁에 참전하지 않을 것이라고 말했다. 7월 18일 스탈린은 소련이 8월 15일경에나 대일전쟁에 참전할 수 있을 것이라고 말했다. 이 같은 스탈린의 발언을 들은 트루먼과 번스는 중국 국민당정부 외무장관 쑹쯔원이 극동지역의 얄타회담 조항과 관련하여 소련에 지속적으로 단호한 입장을 견지하는 경우 핵무기를 이용하여 일본을 조기 항복시킴으로써 소련의 대일전쟁 참전을 막을 수 있을 것으로 생각했다.[97] 이 같은 방식으로 소련이 중국과 한반도를 점령하지 못하게 할 수 있을 것으로 생각했다.

---

94. Quoted in James Irving Matray(1977), *Reluctant Crusade* p. 89.

95. Bruce Lee(2015), *Marching Orders: The Untold Story of How the American Breaking of the Japanese Secret Codes Led to the Defeat of Nazi Germany and Japan* (Kindle Location 104). Open Road Media. Kindle Edition.

96. Ibid., (Kindle Location 84).

97. Quoted in James Irving Matray(1977), *Reluctant Crusade*, p. 95.

7월 22일 연합국 지도자들은 신탁통치 문제를 논의했다. 몰로토프가 이탈리아 식민지와 한반도 문제를 거론했다. 영국 외무장관 이든이 영국의 식민지 지역이 논의될 가능성에 민감한 반응을 보였다. 트루먼은 소련이 구이탈리아 식민지 지역처럼 이미 연합군이 점령한 지역의 문제를 논의하고자 하는 것으로 생각하여 이 문제를 외무장관회의에서 논의하게 하자고 말했다. 처칠은 "한반도 및 이탈리아 식민지처럼 추축국들이 점령하고 있던 영토의 입지가 얄타에서 비밀리에 그리고 샌프란시스코회의에서 공개적으로 결정되었다. 당시 결정된 사항을 여기서 번복할 수 없다."라고 말했다.[98] 당시 소련은 신탁통치 대상 지역으로 결정된 한반도의 처리는 물론이고 이탈리아의 구식민지들을 신탁통치 대상 지역으로 포함시킬 가능성과 관련하여 논의를 원하고 있었다. 영국은 이탈리아의 식민지들에 대한 신탁통치 관리에 참여하는 방식으로 소련이 지중해와 아프리카로 영향력을 확대하는 현상을 원치 않았다.[99] 결과적으로 소련이 한반도 신탁통치 문제 논의를 제기한 반면 이 문제가 논의되지 않았다.

7월 23일 트루먼은 미국이 8월 첫째 주 일본에 원자탄을 투하할 수 있을 것이란 보고를 받았다. 트루먼과 번스는 미국이 계획대로 원자탄을 투하하는 경우 소련이 태평양전쟁에 참전하지 못하게 되면서 영국, 중국 및 미국이 한반도를 점령할 수 있을 것으로 생각했다.[100]

마샬 장군은 핵무기를 이용한 트루먼의 대일전쟁 전략에 공감하지 않았다. 7월 23일 마샬은 소련군이 이미 시베리아 지역으로 몰려들고 있다며,

---

98. "[Document 710](#65) Thomson Notes, July 22 1945," in *FRUS*, 1945, The Potsdam Conference, Vol. 2, p. 253.; "[Document 710](#66) Cohen Notes, July 22 1945," in *FRUS*, 1945, The Potsdam Conference, Vol. 2, pp. 264–6.

99. "Memorandum by the Executive Secretary of the Central Secretariat (Yost), August 9 1945," in *FRUS*, 1945, The Potsdam Conference, Vol. 2, pp. 1,086–7.

100. Quoted in James Irving Matray(1977), *Reluctant Crusade*, p. 98.

스탈린이 점령을 원하는 동북아지역 가운데 미국이 점령하지 못하게 할 수 있는 지역이 거의 없다고 스팀슨에게 설명했다. 마샬은 일본의 조기 항복을 보장하기 위한 방안으로서 소련의 대일전쟁 참전을 지속적으로 원했다. 7월 24일의 미국, 영국 및 소련의 참모총장들의 회동에서 미국은 이 같은 마샬의 관점을 견지하고 있는 듯 보였다. 당시 소련군 대장 알렉세이 안토노프(Alexei E. Antonov)는 8월 후반에나 소련군이 대일전쟁에 참전할 것이라고 말했다. 그러면서 그는 미국이 한반도 지역에 상륙할 의향이 있는지 질문했다. 마샬은 미국이 큐슈(九州) 점령에 집중할 것이기 때문에 조만간 한반도 진입을 고려하지 않고 있다고 답변했다.[101]

당시 마샬이 이처럼 답변했던 것은 큐슈 점령과 비교하여 한반도의 의미 있는 지역을 점령하는 과정에서 훨씬 많은 노력이 소요될 것이라는 미군부의 판단 때문이었다. 이 같은 이유로 미국은 가능한 한 만주의 일본군, 필요하다면 한반도의 일본군을 소련이 정리해 주기를 원했다.[102] 여기서 보듯이 마샬이 한반도 점령을 뒤로 미루었다는 것이 미국 입장에서 한반도가 상대적으로 덜 중요하다는 의미는 아니었다.

7월 25일에는 소련의 대일전쟁 참전이 더 이상 필요하지 않다는 트루먼의 논거를 미군 지도자들이 수용했음이 분명했다. 당일 마샬은 일본이 조기 항복하는 경우에 대비한 일본 점령계획 준비를 요구했을 뿐만 아니라 한반도 진입에 얼마나 많은 전력이 요구되는지 파악하라고 맥아더에게 요청했다. 맥아더는 일본이 항복한 지 12일이 지난 이후에 일본을 점령할

---

101. "TriPartite Military Meeting, July 24 1945," in *FRUS*, The Potsdam Conference, Vol. 2, pp. 345-53.; "Combined Chiefs of Staff report, July 24 1945," in *FRUS*, The Potsdam Conference, Vol. 2, pp. 1,462-9; James F. Schnabel(1992), *The Korean War Volume* III (Kindle Location 329).

102. "[Document 598] Memorandum by the Secretary of the Joint Chiefs of Staff (McFarland), June 18 1945," in *FRUS*, The Potsdam Conference, 1945, Vol. 1, p. 905.

것이며, 그 후 한반도로 진입할 것이라고 말했다.

　마샬은 가장 가까운 시일에 미군을 일본에 상륙시킨 후 한반도를 점령할 계획을 준비하라고 맥아더에게 명령했다. 존 헐(John E. Hull) 중장과 논의할 당시 마샬은 소련이 대일전쟁에 참전하는 경우 미국은 적어도 한반도의 2개 주요 항구를 통제할 수 있어야 할 것이라고 설명했다. 따라서 마샬과 헐은 소련이 참전하는 경우 38선 부근의 선을 분단선으로 결정했다.[103] 당시 마샬에게 한반도 분할 점령을 거론한 사람은 포츠담회담 직전인 1945년 7월 초순 미 국무장관으로 취임한 번스였다. 마샬의 지시에 입각하여 미 합참은 38선 분할 점령안을 서둘러 만들었다.[104] 그런데 번스가 이처럼 마샬에게 말했던 것은 이미 얄타회담에서 38선 분할과 관련하여 미국과 소련이 사전에 합의했기 때문일 것이다.[105]

　여기서 보듯이 포츠담회담 당시 미국의 한반도정책은 놀라운 변화를 보였다. 미국은 태평양전쟁의 조기 종전으로 소련의 참전이 차단될 것으로 기대하면서 한반도 신탁통치 구상을 포기하기로 결심한 것이다. 소련이 참전하는 경우에도 트루먼은 이미 한반도 신탁통치가 아닌 영구 분단을 추구하고 있었다.

　7월 26일 미국과 영국은 일본의 즉각 항복을 촉구하는 포츠담선언을 발표했다. 일본이 반응하지 않자 미국은 8월 6일 히로시마에, 8월 9일 나가사키에 원자탄을 투하했다. 그런데 8월 8일 소련이 포츠담선언을 지지하며 대일전쟁에 참전한 것이다. 8월 9일 소련군 25사단장은 한반도 진입을 명령받았다. 소련이 그처럼 신속히 참전할 수 있었던 것은 1945년 7월 초

---

103. Roy E. Appleman(1992). *South To The Naktong, North To The Yalu*, (Kindle Location 386). Kindle Edition.

104. 이완범, 『한반도 분할의 역사』, pp. 247-53.

105. 이 부분과 관련해서는 이 책의 2장 4절(38선 분할의 진실) 참조.

순 일본이 태평양전쟁 종전 중재를 소련에 요청한 바 있다는 사실 때문이었다. 일본의 항복을 감지한 소련은 극동지역으로 전력을 서둘러 이동시켰던 것이다.[106] 그러나 이미 살펴본 바처럼 5월 28일의 홉킨스와의 대담에서 스탈린은 8월 8일 참전할 수 있을 것이라고 말했다. 또한 이 같은 참전에 맞추어 소련군을 극동지역으로 이동시키고 있었다. 이 같은 사실을 미국 또한 잘 알고 있었다.

일본의 조기 항복 가능성과 이 같은 항복이 동북아지역에서의 자국의 전리품 측면에서 미칠 영향을 인지하고 있던 스탈린은 소련군 장군들에게 대일전쟁 참전을 독촉했다. 소련군은 일본이 항복하기 6일 전에 한반도 동북부 지역에 도달했다. 영국군이 남태평양과 동남아시아 지역에서, 장제스의 국민당 군대가 중국 본토와 북부 인도차이나반도의 일본군 점령지를 재점령하는 과정에서 분주했다는 점에서 소련군과 미군만이 한반도를 점령할 수 있는 상황이었다. 그런데 미 지상군의 경우 한반도에서 수백 마일 떨어진 곳에 있었다. 미군은 소련군이 한반도 남쪽 지역으로 이동하기 이전에 공수 능력과 고속 함정을 이용하여 한반도에 상륙할 수도 있었다. 그러나 극동군사령관 맥아더가 미군을 일본 점령에 집중시키기를 원했다. 한반도 부근에 있던 소련군 선두부대가 상당한 수준일 것으로 생각한 워싱턴의 기획가들은 맥아더의 이 같은 계획을 변경시키지 않았던 것이다.[107]

---

106. "The Japanese Minister of Foreign Affairs (Togo) to the Japanese Ambassador in the Soviet Union (Sato), July 11 1945," in *FRUS*, 1945, The Potsdam Conference, Vol. 1, p. 874.; "The Japanese Ambassador in the Soviet Union (Sato) to the Japanese Minister of Foreign Affairs (Togo), July 12 1945," in *FRUS*, 1945, The Potsdam Conference, Vol. 1, p. 878.; "The Japanese Minister of Foreign Affairs (Togo) to the Japanese Ambassador in the Soviet Union (Sato), July 17 1945," in *FRUS*, 1945, The Potsdam Conference, Vol. 2, p. 1,248.

107. William Stueck(1995), *The Korean War* (Princeton Studies in International History and

일본이 항복하기 4일전 소련주재 미국 대사 해리먼은 미 보병들을 한반도로 서둘러 이동시킬 것을 촉구했다.[108] 8월 11일에는 미국과 소련의 최종 합의로 미 24군단이 한반도 이남 지역을 점령할 것임이 알려졌다. 8월 12일 미국은 24군단의 한반도 상륙을 9월 말경으로 결정했다. 8월 27일에는 그 일정이 9월 7일로 변경되었다. 이처럼 미군을 서둘러 상륙시키고자 했던 것은 일본군의 저항이 강력했기 때문이 아니고 소련군이 한반도로 신속히 진격하고 있었기 때문이었다. 맥아더사령부의 어느 장교는 다음과 같이 말했다. "트루먼은 미군을 한반도로 신속히 진입시키라고 지시했다.…미 전쟁성은 서울 지역의 우선순위를 대거 격상시켰다." 8월 25일의 미 24군단 저널에는 다음과 같은 글이 올라왔다. "트루먼이 신속히 한반도 점령을 원하고 있다." 당시 오키나와 현장에 있던 공식 사관(史官)은 "미국의 참모들이 소련이 38선 이남 지역으로 내려올 가능성을 우려했다."라고 말했다. 8월 29일 맥아더는 소련군이 서울을 점령하는 경우에도 한반도로 진격해야 한다고 하지에게 지시했다. 그런데 러시아군은 38선 이남 개성까지 내려왔다가 미군이 한반도로 진입하기 이전에 38선 이북 지역으로 되돌아갔다.[109] 당시 미군의 한반도 조기 진입은 트루먼 대통령, 번스 국무장관 등 모든 관련 요원의 적극적인 지원을 받고 있었다.

이제 미 국무성 입장에서 한반도 문제와 관련된 주요 요인은 더 이상 신탁통치가 아니었다. 소련의 지원을 받는 정권이 남한지역에 출현하지 못하게 하는 것이었다. 일단 소련과 미국이 한반도를 분할 점령하자 한반도는 미소 냉전의 희생양이 되었다. 왜냐하면 이들 양국이 한반도의 정치 및

Politics) (p. 18). Princeton University Press. Kindle Edition.

108. "The Ambassador in the Soviet Union (Harriman) to President Truman and the Secretary of State, 10 August 1945," in *FRUS*, 1945, The Far East, China, Vol. 7, p. 124.

109. Quoted in Bruce Cumings(1981), *The Origins of the Korean War*, Vol. 1, p. 125.

경제 발전의 진로를 결정하고자 노력했기 때문이다. 스탈린도 트루먼도 상대방 국가의 입지를 강화시켜주는 방식으로 한반도 문제를 해결하고자 하지 않았던 것이다.[110]

제4절. 38선 분할의 진실

루즈벨트는 미국, 소련, 중국 및 영국이 일정 기간 동안 신탁통치한 후 한반도를 독립시켜야 할 것이라고 주장했다. 그런데 이미 살펴본 바처럼 이처럼 하는 경우 미국은 한반도에 대한 영향력을 행사하지 못할 가능성이 농후했다. 따라서 미국은 한반도의 분할 점령을 추구해야만 했다. 미국이 한반도에서 추구했던 바가 소련의 남진 저지란 점에서 미국과 소련이 한반도를 양분하여 이북 지역을 소련이 이남 지역을 미국이 점령해야만 했다.

이처럼 미국이 한반도에 대한 영향력 확보 차원에서 한반도의 분할 점령을 결심했다고 가정해 볼 때, 주요 의문은 미국이 이 같은 분할 점령을, 특히 38선 분할 점령을 구상한 시점에 관한 것일 것이다. 이미 언급한 바처럼 카이로, 테헤란, 얄타 및 포츠담에서 미국, 소련, 중국 및 영국이 공식적으로 한반도 분할 점령에 관해 합의한 부분은 없다. 따라서 38선 분할 점령 문제는 관련 요원들의 증언 가운데 어느 것이 당시의 정황과 보다 일치하는지를 중심으로 판단할 수밖에 없을 것이다.

38선 분할 점령이 결정된 시점에 관해서는 다양한 관점이 있다.[111]

---

110. Quoted in James Irving Matray(1977), *Reluctant Crusade*, p. 111.

111. Bruce Cumings(1981), *The Origins of the Korean War, Vol. 1*, p. 120.

가장 널리 알려진 관점은 1945년 8월 10일 본스틸과 러스크라는 2명의 미군 장교가 급조하여 결정했다는 것이다.

일본이 항복을 암시한 1945년 8월 10일 미 국무성은 전후 미국의 세계 패권 구도를 구상하고 있던 위원회에 근무하던 조지 링컨(George Lincoln) 준장에게 한반도로 미군을 진주시키는 방안을 강구하라고 지시했다. 그런데 당시는 이미 소련군이 북한지역으로 진입하고 있었다. 따라서 미국은 어느 선(線)에서 소련과 타협해야 할 것인가란 문제를 놓고 고민했다. 링컨 준장은 방안의 벽에 걸려 있던 지도를 물끄러미 바라보고는 곧바로 한반도 중앙을 관통하고 있던 38도선에 주목했다. 자신의 판단이 올바른 것인지 확신할 수 없었던 링컨 준장은 본스틸과 러스크 대령에게 38도선보다 좋은 방안이 있는지 여부를 30분 이내에 검토하여 보고하라고 지시했다. 미국의 내셔널지오그래픽에서 발행한 조그만 지도를 참조하여 이들은 링컨의 판단이 타당하다고 곧바로 답변했다. 그러자 링컨은 합동전쟁계획위원회(Joint War Plans Committee)로 달려갔다. 그곳에서 그는 일본군의 항복에 포함될 대상을 결정해 주는 성격의 일반명령 1호(General Order No. 1)에 포함될 초안으로서 38도선을 제시했다. 한반도의 중요성을 인지하고 있던 이곳 기획가들은 서쪽으로는 거의 압록강 부근인 40도선에서 미국과 소련이 한반도를 양분하는 방안을 논의했다. 그러나 일본이 정식으로 항복한 1945년 8월 15일 직후 트루먼 대통령에게는 38도선을 중심으로 분할하는 안이 보고되었다. 트루먼이 곧바로 이 방안에 서명했다. 스탈린의 동의를 얻기 위해 곧바로 그 내용을 모스크바로 보냈다. 스탈린은 곧바로 이 방안에 서명했다. 스탈린이 이 방안에 기꺼이 서명하는 모습을 보며 미국이 매우 놀랐다. 결과적으로 38선 이북에서는 소련이 이남에서는 미국이 일본군으로부터 항복을

받게 된 것이다.[112]

또 다른 관점이 있다. 첫째는 38선 분할 점령이 포츠담회담 당시 미국
내부에서 결정되었지만 소련과 논의하지는 않았다는 관점이다. 이는 앞
의 관점과 유사하다. 둘째는 포츠담회담에서 각국 참모총장 수준에서 38
선 분할 점령을 구두 합의했다는 관점이다. 셋째는 얄타회담 당시 각국 정
상 수준에서 38선 분할 점령, 적어도 한반도 분할 점령을 구두 합의했다
는 관점이다. 넷째는 테헤란에서 38선 분할 점령 문제가 최초 논의되었다
는 관점이다.

포츠담회담 당시 38선 분할 미국 내부 결정, 소련과 공식 논의 미비

이 같은 관점을 미 합참과 육군 그리고 이완범이 제기했다.

미 합참의 관점은 다음과 같다.

한반도 문제가 포츠담회담 당시 미국과 소련 대표들 사이에서 논의되었다. 소
련이 대일전쟁 참전을 결심하면서 미군과 소련군 간에 분할선을 식별할 필요
가 있었다. 미국의 각 군 참모총장들이 소련의 각 군 참모총장들과 이 문제를
논의했다. 미소 양측은 만주와 일본 지역에서의 공중 및 해상 작전 지역에 관
해 동의했다. 그러나 한반도에서의 지상 작전을 위한 경계선 문제는 제기되지
않았다. 포츠담회담 이전 미군장교들은 서울, 그리고 적어도 하나의 주요 항구
를 포함하는 선을 소련에 제안하기로 준비했다. 이 선은 아마도 38선 부근의

---

112. William Stueck(2002), *Rethinking the Korean War* (pp. 11-2). Kindle Edition.

선이었을 것이다.[113]

여기서는 포츠담회담 이전에 미군장교들이 38선 부근의 선을 미군과 소련의 한반도 지상작전 분할선으로 제안할 준비를 했지만 포츠담회담에서 구체적으로 논의하지 않았다고 주장하고 있다.

미 육군의 관점 또한 미 합참의 관점과 유사하다.

한반도에서의 미국과 소련의 지상 경계선을 미 육군이 군사적으로 고려한 것은 1945년 7월의 포츠담회담 당시로 보인다.…이들은 미군 점령 지역에 적어도 2개의 주요 항구가 포함되어야 할 것이라고 결심했다. 결과적으로 인천과 부산을 포함한 서울 북방의 선을 결정했다. 포츠담회담 당시 미군장교들이 서울 북방에 그은 선은 정확히 38선은 아니었지만 38선 부근의 선이었다.[114]

38선 분할 문제를 가장 체계적이고도 깊이 있게 연구한 학자는 이완범으로 보인다. 이완범은 38선 분할 점령이 1945년 8월 10일 두 명의 대령이 30분이란 짧은 시간 동안 결정한 것이 아니고 깊은 연구의 산물로 보인다고 말한다. 그러나 이완범은 얄타에서 한반도 분할과 관련하여 강대국이 합의했음을 보여주는 문서를 찾지 못했다. 문서에 입각하여 판단하는 이완범 입장에서 보면 얄타에서 한반도 분할에 관해 강대국이 합의했다고 생각하지 않았다. 이완범은 전쟁성 국장이던 존 헐(John Hull) 중장의

---

113. Government, U.S. History of the Joint Chiefs of Staff – Vol. III: The Joint Chiefs of Staff and National Policy 1950 – 1951 (p. 9). Kindle Edition.

114. Roy E. Appleman(1992). *South To The Naktong, North To The Yalu* (Kindle Location 380). Kindle Edition.

전화통화 내용인 "38선은 포츠담에서 마련되었다."라는 자료를 거론하고 있지만 포츠담에서 미국과 소련이 38선 분할 문제를 놓고 모종의 합의가 있었는지 확신하지 못했다. 미국이 38선 분할 결정을 소련 측과 상의했을 가능성을 암시했다.[115]

38선 분할 포츠담회담 당시 각국 참모총장 수준에서 합의

이 같은 관점을 1945년 당시 국무성-육군성-해군성의 극동지역 위원회와 6·25전쟁 당시 미 육군참모총장 로턴 콜린스(J. Lawton Collins)가 제기했다.

국무성-육군성-해군성의 극동지역 위원회가 1945년 10월 20일 작성한 보고서에 따르면 다음과 같다.

> 한반도를 38선을 중심으로 분할한 후 이남 지역을 미국이, 이북 지역을 소련이 통제하기로 한 것은 미군과 소련군의 작전지역 측면에서 미국과 소련의 참모총장들이 논의하여 결정한 것이다.[116]

이 문서는 38선 분할 점령이 미국과 소련의 참모총장들의 논의의 결과라고 말한다. 논의 장소를 언급하지 않았다. 이들이 마지막으로 만났던 것은 포츠담회담이다. 얄타회담에서 이처럼 했을 가능성도 없지 않을 것이다.

콜린스 대장 또한 유사하게 주장했다.

---

115. 이완범, 『한반도 분할의 역사』, pp. 257-8.

116. "Report by the State-War-Navy Coordinating Subcommittee for the Far East, October 20 1945," in *FRUS*, 1945, The British Commonwealth, The Far East, Vol. 6, pp. 1,095-6.

소련의 대일전쟁 참전 대비의 일환으로 트루먼, 처칠, 스탈린은 일본 패망 이후 미국과 소련이 공동으로 한반도를 점령하기로 1945년 7월의 포츠담에서 합의했다. 38선이 양국 점령군 간의 잠정적인 분할선으로 기능할 예정이었다.···본스틸과 러스크는 정치가들이 분할해 놓은 선과 크게 벗어나지 않는 38선을 제안했다.···[117]

콜린스는 포츠담회담 당시 각국 참모총장들은 물론이고 각국 정상 차원에서 38선 분할을 선택했다고 말했다. 본스틸과 러스크가 38선을 분단선으로 제안하기 이전에 이미 정치적 수준에서 분단과 관련하여 합의한 것이 있음을 암시했다.

얄타 밀약설

얄타밀약설을 주장한 사람에 이승만 대통령, 1945년부터 3년 동안 호남 지역의 군정 책임자였던 미드 그랜트(Meade E. Grant), 독립운동가 정한경 박사[118], 1945년 당시 미 국무성의 한국 데스크를 담당했던 조지 맥큔(George McCune)이 있다.

이승만은 트루먼 대통령에게 보낸 1945년 5월 15일 서신에서 얄타에서 한반도에 관한 밀약이 있었음이 밝혀졌다고 주장했다. 1945년 7월 25일 이승만은 다음과 같은 이유로 얄타 밀약설에 관한 의구심을 떨칠 수 없다고 재차 주장했다. "···둘째, 소련 대사관에 확인을 요청했는데 전혀 답변

---

117. J. Lawton Collins(1969), *War in Peace Time: The History and Lessons of Korea* (Boston: Houghton Mifflin, 1969), pp. 25-6.

118. 1890년에 태어난 정한경은 1905년에 미국으로 건너가 평생을 독립운동을 했다. 1921년에 워싱턴 D.C의 아메리칸 대학에서 박사를 취득했다.

이 없다. 셋째, 처칠 수상은 얄타에서 많은 주제가 논의되었는데 현재 이들에 관해 밝힐 수 없다고 말했다. 처칠은 이들 논의된 주제에 한반도 문제가 포함되어 있지 않다고 말하지 않았다.…다섯째, 조선이 1905년에도 비밀외교의 희생물이 된 바 있다.…"

이승만은 대통령으로 재직할 당시에도 무초 대사와 같은 미국 인사들에게 얄타 밀약설을 지속적으로 주장했다.

그랜트는 다음과 같이 말했다.[119]

…이들 이유로 크리미아 반도에서 있었던 얄타회담에서 스탈린이 자국의 오랜 한반도정책을 고려하여 38선을 분단선으로 설정할 것을 루즈벨트에게 촉구했다고 정한경 박사는 주장했다.[120]…그러나 어느 권위 있는 인사는 당시 38선 분할 점령을 제안한 것이 연합국의 군사 지도자였으며, "이것을 소련이 수용한 것이다."[121]라고 말했다. 이유야 어떠하든 얄타에서의 미소 회담에서 러시아가 38선 이북 지역을 점령하는 반면 미국이 38선 이남 지역을 점령하기로 합의한 것이다. 포츠담회담 당시 미국과 소련의 참모총장들이 38선을 남북한 분단선으로 선정했다. 일본 항복 이후 맥아더가 38선을 공식적으로 인정한 것이다.[122]…번스 국무장관은 "군사작전 목적으로 38선 이북 지역을 소련이 이남 지역을 미국이 점령한 것이다"[123]라고 말했다.…38선이 일시적인 분단선에 불

119. Meade, E. Grant(1951), *American Military Government in Korea*, (New York: King's Crown Press, 1951), pp. 90-2.

120. Henry Chung(1947), *The Russians Came to Korea* (Seoul: The Korean Pacific Press, 1947), p. 42.

121. James F. Byrnes(1947), *Speaking Frankly* (New York: Harper & Brothers, 1947), p. 221.

122. Supreme Commander for the Allied Powers(SCAP), *General Order No. 1*, September, 1945.

123. Department of State Bulletin, XIII, p. 1,035.

과했다는 미국의 주장에도 불구하고 신탁통치 기간 동안 기존 38선 분할을 지속 유지하기로 양국이 합의한 1945년 12월의 모스크바삼상회의로 인해 이것이 보다 중요한 의미가 있게 되었다.[124]···"1945년 8월 10일 미군 참모들이 결정한 38선을 기정사실로 수용하지 않을 수 없는 입장이었다는 미 국무성의 주장은 일부 검토가 필요하다."[125] 여기서는 미국의 각 군 참모총장들로 하여금 포츠담회담 당시 38선을 분단선으로 신속히 선정하게 했던 이미 결정된 미국의 상부 정책을 간과하고 있다. 한반도를 38선을 중심으로 영토적으로 분할해야 할 것임은 1943년 12월의 테헤란 회담에서 결정된 것이었다. 이 같은 분단이 얄타회담의 각국 정상 수준에서 확인된 것이다.[126]

그랜트는 미국과 소련이 38선 분할 점령을 테헤란에서 거론했으며 얄타회담에서 이들 국가의 정상이 합의했다고 말한다. 포츠담회담에서 이들 국가의 참모총장들이 이행하기로 합의했다고 말했다.

1947년 재미학자이자 독립운동가인 정한경은 다음과 같이 말했다.

소련의 대일전쟁 참전 조건으로 루즈벨트는 얄타에서 쿠릴열도의 러시아 이양, 몽고의 독립국 유지,···이외에도 러일전쟁에서의 패배로 소련이 상실한 권리를 복원시켰다. 예를 들면, 남사할린과 부속 도서의 러시아 이양, 다롄(大連)항의 국제도시화, 뤼순(旅順)항에 대한 소련의 임차 복원, 중국과 소련의 만주철도

---

124. Moscow communiqué, December 27, 1945, III, 2.; "The Ambassador in the Soviet Union (Harriman) to the Acting Secretary of State, December 27 1945," in *FRUS*, 1945, General: Political and Economic Matters, Vol. 2, p. 820.

125. George M. McCune, "Korea: the First Year of Liberation," *Pacific Affairs*, XX, No. 1 (March, 1947), p. 5.

126. Department of State Bulletin, XII, p. 213.

공동 운용이 가능해지도록 했다. 이외에도 공식적으로 합의한 것은 아니지만 일본에 대항한 합동작전 측면에서 러시아군이 38선 이북 지역을 점령하는 한편 미군이 이남 지역을 점령하기로 잠정 합의했다.…자국의 세력팽창 계획을 구상한 19세기 말경부터 러시아는 38선을 아시아대륙에서의 세력팽창 측면에서 최소한 고수해야 할 선(線)으로 생각했다. 38선 이북 지역에 다렌과 뤼순을 포함한 중국 북부 지역 모두, 모든 만주지역 그리고 한반도 북쪽 지역이 포함되어 있었기 때문이다. 1904년부터 1905년까지 지속된 러일전쟁 이후에도 러시아는 이 같은 팽창야욕을 포기하지 않았다.…이처럼 38선을 중심으로 한반도 분할을 구상했던 러시아는 테헤란회담 당시 재차 이것을 미국과 소련의 경계선으로 제안했다. 얄타회담 당시 스탈린이 소련과 미국에 의한 38선 분할 점령의 타당성을 강조하자 러시아의 대외정책에서 38선이 갖는 의미를 잘 몰랐던 루즈벨트와 그의 참모들이 여기에 기꺼이 동의한 것이다.[127]

정한경과 그랜트의 관점은 유사하다. 합동작전 측면에서 얄타에서 러시아가 38선 이북 지역을, 미국이 38선 이남 지역을 점령하기로 비공식적으로 합의했다고 주장했다.

중국과 관련하여 정한경 박사가 1947년 저서에서 주장한 내용은 소련의 대일전쟁 참전 조건으로 미국과 영국이 소련에 양보해 주기로 했던 부분, 나중에 비밀 해제된 1945년 2월 11일 자 미 외교관계(FRUS) 문서인 "소련의 대일전쟁 참전에 관한 협약(Agreement Regarding Entry of the Soviet Union Into the War Against Japan)"의 내용과 정확히 일치한다. 그런데 이 문서는 1980년대 이후에 비밀이 해제되었다. 이 같은 비밀내용을 1947년 당시 정한경 박사는 어떻게 정확히 알 수 있었을까?

---

127. Henry Chung(1947), *The Russian Came to Korea*, pp. 31, 42.

1945년 당시 미 국무성 한국 데스크에 근무했던 맥큔 또한 1947년의 논문에서 다음과 같이 증언했다.

> 38선 분할 점령의 단초는 독일군이 항복한 후 3개월 이내에 대일전쟁에 참전할 의사가 있음을 소련이 구체적으로 표명한 1945년 2월의 얄타회담이었다. 얄타회담의 참모회담에서 한반도 북쪽지역을 소련군 작전지역으로, 남쪽 지역을 미군 작전지역으로 정한 것이다. 그 후 5개월 이후인 포츠담회담에서 참모총장들 수준에서 압록강과 대한해협의 정중앙에 위치한 38선을 미국과 소련의 작전지역을 구분하는 선으로 정한 것이다. 일본이 패망하자 동일선을 기준으로 이북 지역에서는 소련군에게, 이남 지역에서는 미군에게 일본군이 항복하게 한 것이다.[128]

맥큔은 얄타회담에서 한반도 분할 점령을 미소가 합의한 후 포츠담에서 각국 참모총장 차원에서 38선 분할 점령에 합의했다고 주장했다.

보완 자료

그 후 한반도 분할 점령에 관한 구두 성격의 비밀자료가 일부 확인되었다. 이들 자료에 따르면 얄타 밀약설이 타당성이 있어 보인다. 얄타 밀약설을 포츠담회담 당시인 1945년 7월 22일 영국수상 처칠이, 1945년 5월 15일 루즈벨트와 스탈린의 얄타회담 비밀회동에 유일하게 참석했던 소련 주재 미국대사 해리먼이, 기광서가 발굴한 1945년 6월의 소련 측 문서가, 그리고 맥아더사령부의 1945년 5월의 한반도 점령계획이 입증해 주었다.

---

128. George M. McCune(1947), "Korea: The First Year of Liberation," pp. 4~7.

포츠담회담 도중인 1945년 7월 22일 처칠은 다음과 같이 말했다. "한반도 및 이탈리아 식민지처럼 추축국들이 점령하고 있던 영토의 입지가 얄타에서 비밀리에 그리고 샌프란시스코회의에서 공개적으로 결정되었다. 당시 결정된 사항을 여기서 번복할 수 없다." 포츠담에서 스탈린과 몰로토프가 한반도 신탁통치 방안과 더불어 이탈리아 식민지를 신탁통치 지역으로 만드는 방안과 관련하여 논의를 요청하자 처칠은 얄타회담 당시 각국 정상 차원에서 이들 문제와 관련하여 비밀리에 결정된 것이 있음을 분명히 밝혔다. 포츠담에서 더 이상 논의해도 소용이 없다고 주장했다.

소련주재 미국대사 해리먼은 1945년 5월 15일 다음과 같이 증언했다. "해리먼 대사는 루즈벨트와 스탈린이…한반도 신탁통치 방안에 관해 구두 합의했다고 당시 회동에 참석한 사람들에게 말했다."[129] 당시 해리먼, 미 국무장관, 육군 및 해군 장관이 비밀 회동했는데 이는 루즈벨트가 사망하면서 얄타회담에서 미소(美蘇)가 합의한 내용을 구체적으로 파악할 필요가 있었기 때문이었다. 얄타회담에 관해 루즈벨트를 제외하면 가장 많이 알고 있던 해리먼과 이들 장관이 얄타회담 관련 내용을 놓고 논의했던 것은 이 같은 이유 때문이었다. 이미 살펴본 바처럼 1945년 2월 이전 미국은 점령-신탁통치-완전독립을 구상하고 있었다. 이 같은 측면에서 보면 신탁통치 이전에 한반도 점령이 필요했다. 루즈벨트와 스탈린의 비밀 회동에서는 한반도 분할 점령 문제가 거론되었을 것이다.

기광서가 발굴한 1945년 6월의 소련 측 자료는 얄타회담에서 미소가 한반도 분할 점령을 약속했음을 보여주었다. 1945년 6월 29일 자의 주중 소련 대리대사 T. F. 스크보르초프와 중국공산당 왕뤄페이(王若飞)의 대

---

129. Liu Xiaoyuan(1996), *A Partnership for disorder*, p. 249.

담록에는 얄타밀약 내용을 포함하여 얄타회담에서 미국과 소련이 합의한 또 다른 내용, 어떠한 공식 문서에도 포함되어 있지 않은 내용이 상세히 담겨져 있었다. 예를 들면, 소련군과 미군이 합동 군사작전을 위해 조선에 진주하여 일본을 몰아낸 후 소련이 한반도 이북 지역을, 미국이 이남 지역을 점령하기로 합의했다는 것이다.[130] 그러나 기광서가 발굴한 소련 자료에서는 한반도가 38선을 중심으로 분할될 것이라고 구체적으로 언급하지 않았다.

1945년 5월 맥아더는 3단계 한반도 점령계획을 구상했다. 1단계에서 서울 인천 지역을, 2단계에서 부산 지역을 3단계에서 군산 지역을 점령한다는 것이었다.[131] 여기서 보듯이 당시의 계획은 38선 이남 지역에 관한 것이었다. 이는 포츠담회담 이전에 미국이 38선 이남 지역을 점령하기로 소련과 합의했음을 암시해 주는 부분이다.

분석

첫째, 포츠담회담에서 미국과 소련의 참모총장 수준에서 38선 분할 점령이 결정되었음은 분명한 사실로 보인다. 앞의 자료 가운데 1945년 10월 20일 미국의 국무성-육군성-해군성의 극동문제 담당 위원회가 작성한 내부 보고서는 대단히 권위가 있다. 이 위원회는 1947년 미 국가안전보장회의(NSC)로 바뀌었다. 이 자료는 38선 분할 점령과 관련하여 미국이 포츠담에서 소련과 참모총장 수준에서 합의했음을 보여준다. 6·25전쟁 당시 미 육군참모총장 콜린스 대장의 증언 또한 대단히 권위가 있다. 이

---

130. 기광서, "해방 전 소련의 대한반도정책 구상과 조선 정치세력에 대한 입장*," pp. 38-9.

131. James F. Schnabel(1992), *The Korean War Vol. III* (Kindle Location 318), Kindle Edition

외에도 그랜트, 맥큔, 정한경은 포츠담에서 각국 참모총장 수준에서 38선 분할 점령이 결정되었다고 말하고 있다.

그러면 포츠담회담 당시 미국 내부에서 38선 분할 점령을 결정했지만 소련 측과 논의하지 않았다는 미 합참과 육군의 주장을 어떻게 생각해야 할까?

이들의 주장이 38선 분할 점령이 즉흥적으로 결정된 것임을 암시하는 성격이라면, 이는 다음과 같은 이유로 타당성이 떨어져 보인다.

2차 세계대전이 종료될 당시 트루먼은 한반도 점령을 일본 점령 다음으로 중요하게 생각했다. 미 국무성은 소련이 한반도를 모두 통제하는 경우 장제스의 중국과 일본의 안보를 위협할 수 있다고 생각했다. 궁극적으로 미국의 안보를 위협할 수 있다고 생각했다. 따라서 아시아에서 한반도 점령은 트루먼이 일본 점령 다음으로 중요하게 생각한 부분이었다.[132] 한편 조지 캐넌의 주장처럼 한반도가 공산화되는 경우 일본이 중립국이 되면서 한반도와 일본에 미군을 주둔시키지 못할 가능성이 있었다. 오늘날에도 미국은 이처럼 생각하고 있다. 이는 미국의 한반도 점령이 일본 점령과 거의 동일한 우선순위를 갖는 문제였음을 의미한다. 그럼에도 미국이 한반도 점령을 일본 점령 이후로 미루었던 것은 큐슈 점령과 비교하여 한반도의 의미 있는 지역을 점령하는 과정에서 너무나 많은 노력이 소요된다는 미 군부의 판단 때문이었다. 일본 점령 이후에 한반도를 비교적 쉽게 점령할 수 있을 것이라 본 것이다. 이 같은 관점에서 보면 한반도 점령 문제를 일본 패망 직전 두 명의 대령이 즉흥적으로 결정한 것이란 관점은 타당성이 떨어지는 듯 보인다. 한편 38선 분할은 미국 입장에서 매우 흡족한 결

---

132. Quoted in James Irving Matray(1977), *Reluctant Crusade*, p. 110.

정이었다.[133] 이미 살펴본 바처럼 미국 입장에서 최상의 결정이었다.

그러면 왜 이들은 포츠담에서 38선 분할과 관련하여 미국 내부적으로 합의했지만 소련과 논의하지 않았다고 주장했을까? 두 가지 이유 때문일 것이다. 이미 얄타에서 한반도 지상작전 경계선과 관련하여 미국과 소련이 합의했다는 점에서 더 이상 합의할 필요가 없었기 때문일 것이다. 또는 38선 분할 점령이 급조된 성격임을 강조하기 위함일 것이다. 38선 분할에 따른 미국의 책임을 모면하기 위한 노력일 것이다.

둘째, 분명히 말하지만 한반도 분할과 관련된 얄타밀약은 있었다. 포츠담회담 당시의 처칠의 발언 그리고 미 육군 및 해군 장관, 국무장관과의 회동에서의 해리먼의 증언은 얄타에서 한반도 신탁통치와 관련하여 각국 정상 간에 밀약이 있었음을 말해준다. 신탁통치가 가능해지려면 어떠한 형태로든 한반도를 점령해야만 했다. 그런데 기광서가 발굴한 소련측 자료는 미국과 소련이 한반도를 이북과 이남으로 나누어 이북 지역을 소련이, 이남 지역을 미국이 점령하기로 비밀 약속했음을 보여준다.

1947년 정한경 박사는 얄타에서 루즈벨트가 스탈린에게 허용해준 만주, 신장, 몽고의 경우와 달리 한반도 분할 점령과 관련하여 비공식적인 약속이 있었다고 말했는데 기광서의 발굴 자료는 정한경의 지적이 정확했음을 보여준다. 차이가 있다면 정한경 박사는 38선을 중심으로 합동작전 측면에서 소련이 이북을 미국이 이남 지역을 점령하기로 약속했다고 말한 반면 기광서 교수가 발굴한 자료에서는 정확한 선을 언급하지 않았다는 사실이다. 단지 한반도를 분할하여 이북 지역을 소련이 이남 지역을 미국이 점령하기로 했다고 말하고 있다는 사실이다.

셋째, 얄타에서 38선 분할 점령 관련 밀약이 있었는가? 거의 확실해 보

---

133. Quoted in Ibid., p. 439.

인다. 네 가지 이유 때문이다. (1) 1945년 5월 맥아더사령부가 작성한 한반도 점령계획이다. 이 계획에서는 38선 이남의 주요 지역인 서울, 부산, 군산 점령을 구상하고 있었다. 이는 그 이전 얄타에서 38선 분할과 관련하여 모종의 합의가 있었음을 암시해 주는 부분이다. (2) 1945년 10월 20일 미국의 국무성-육군성-해군성 극동지역 위원회는 포츠담회담에서 각국 참모총장 수준에서 38선 분할 점령에 합의했다고 말하고 있다. 포츠담회담에서 각국 참모총장 수준에서 38선 분할 점령과 관련하여 합의가 가능해지려면 각국 정상 수준에서 이미 합의가 있어야만 했기 때문이다.

(3) 포츠담회담 당시 처칠은 한반도, 이탈리아와 같은 추축국들이 점령하고 있던 영토들의 입지가 얄타에서 비밀리에 결정되었으며, 1945년 4월부터 8월까지 진행된 샌프란시스코회의에서 공개적으로 결정되었다고 말했다. 이처럼 결정된 사항을 포츠담회담에서 변경할 수 없을 것이라고 말했다. 그런데 샌프란시스코회의에서는 신탁통치에 관한 일반적인 원칙만 논의했다. 따라서 얄타에서 결정된 38선 분할 점령이 포츠담에서 그대로 적용된 것으로 볼 수 있을 것이다. 그랜트도 지적한 바처럼 포츠담에서 미국과 소련의 참모총장 차원에서 38선 분할을 결정할 수 있었던 것은 얄타에서 이미 정상 수준에서 38선 분할 점령 관련 합의가 있었기 때문이었을 것이다.

(4) 소련의 대일전쟁 참전과 관련하여 미국과 영국이 소련에 양보해 준 중국 관련 사항을, 그리고 한반도를 이북과 이남으로 분할하여 이북 지역을 소련이 이남 지역을 미국이 점령할 것임을 1947년의 저서에서 정확히 지적한 정한경 박사가 얄타에서의 38선 밀약을 언급하고 있다는 사실 때문이다.

그러면 포츠담에서 몰로토프와 스탈린은 왜 한반도 신탁통치 문제 논의를 제안한 것일까? 이는 얄타에서 미국과 비밀리에 구두로 합의한 38

선 분할 점령 방안을 스탈린이 탐탁지 않게 생각했기 때문일 것이다. 이미 1945년 6월 장제스의 외무장관 쑹즈원과의 대화에서 말한 바처럼 스탈린은 한반도 분할 점령을 원치 않았다. 소련이 한반도 분할 점령을 원치 않는 입장이었다는 사실은 1945년 12월의 모스크바삼상회의 관련 논의에서 보다 분명히 확인할 수 있을 것이다. 당시 소련은 한반도 통일을 통해 한반도 전 지역에 대한 영향력을 행사할 수 있기를 염원했다. 또는 이미 인용한 1945년 9월의 소련 외무성 문서가 보여주듯이 한반도 분할 점령이 아니고 부산, 인천, 제주도와 같은 전략적 지역과 이들 지역 점령을 통해 아태지역으로 세력을 확장하는 문제에 관심이 있었다. 미국의 1943년 11월의 테헤란 회담 준비 자료가 보여주고 있는 바처럼 1943년 당시에도 소련은 부산과 같은 한반도의 항구 도시에 관심이 있었으며, 소련이 이들 항구 도시에 관심이 있었다는 사실을 미국도 잘 알고 있었다. 이 같은 측면에서 보면 스탈린은 얄타에서의 38선 분할에 관한 구두 합의를 포츠담회담에서 수정할 필요가 있었다고 생각했을 것이다.

넷째, 테헤란 회담에서 38선 분할에 관한 논의가 있었을까? 이는 충분히 가능해 보인다. 그러나 추가 증거가 요구될 것이다.

테헤란 회담에서 루즈벨트가 소련군의 대일전쟁 참전을 요구하자 스탈린이 러일전쟁 당시 손실한 소련의 이권 복원을 요구했다는 사실, 부동항에 관한 소련의 요구를 충족시켜 주어야 할 것이라고 루즈벨트가 말했다는 사실, 소련이 부동항 측면에서 제정러시아 당시부터 한반도에 관심을 보였다는 사실, 테헤란 회담 이전에 소련이 이미 부산항을 원했으며, 이 같은 사실을 미국이 이미 잘 알고 있었다는 사실 측면에서 보면 테헤란 회담에서 한반도 문제, 예를 들면 38선 분할 문제가 진지하게 논의되었을 것으로 유추된다.

더욱이, 그랜트와 정한경 박사의 주장이 가진 신빙성 때문이다. 비밀 해제된 자료를 놓고 보니 얄타회담과 포츠담회담에 관한 이들의 주장은 정확했다. 이는 이들이 포츠담회담과 얄타회담에 참석했던 주요 인사들로부터 이들 내용을 전해 들었기 때문일 것이다. 이 같은 측면에서 보면 38선 분할이 테헤란에서 가장 먼저 논의되었다는 그렌트와 정한경 박사의 주장 또한 상당히 신빙성이 있어 보인다.

제5절. 결론

지금까지 논의에서 우리는 루즈벨트의 한반도 신탁통치 구상이 한국인들이 자치 능력이 부족했기 때문이 아니고 미국의 안보 측면에서 대단히 중요한 한반도에 대한 영향력을 확보하기 위한 방안임을 알았다. 한반도 신탁통치 문제와 관련하여 중국과 영국이 격렬히 반대했으며, 소련이 노골적으로 반대하지는 않았지만 탐탁지 않게 생각했음을 알았다. 미국은 일정 기간 동안의 4개국 신탁통치 이후 한반도를 독립시킬 것이라고 지속적으로 말했지만 그 방법과 관련하여 카이로, 테헤란, 얄타 및 포츠담회담에서 문서상으로 합의한 내용이 전혀 없음을 확인했다. 1944년 초순 이후 미국의 군부에서 신탁통치가 아니고 한반도를 분할 점령해야 할 것이란 분위기가 고조되었음을 알았다. 1945년 2월의 얄타회담에서 미국과 소련의 정상이 한반도 신탁통치 방안으로서 38선 분할 점령에 구두 합의했음을 알았다. 1945년 7월의 포츠담회담 당시 미국, 소련 및 영국의 각 군 참모총장 차원에서 38선 분할 점령에 최종 합의했음을 알았다. 루즈벨트가 사망하고 트루먼이 대통령에 취임한 1945년 4월 12일 이후에는 한반도 분할 점령이 미국의 기본 노선이었음을 알았다.

미국과 소련이 38선을 중심으로 분할 점령함과 동시에 한반도는 분단된 것과 다름이 없었다. 왜냐하면 스탈린과 트루먼 모두 조선의 정치 및 경제 발전을 결정하고자 노력했으며, 상대방의 세력을 강화시켜 주는 방식으로 한반도 문제를 해결하고자 하지 않았기 때문이었다. 어느 의미에서 보면 미국과 소련 모두 한반도에 자국의 국익에 도움이 되는 국가를 수립하고 자 노력했다. 미국과 소련 가운데 어느 국가도 상대방 국가와 우호적인 통 일한국을 건설하기 위해 한반도 절반 지역을 포기할 의향이 없었다. 소련 은 자국에 우호적이지 않은 한반도 국가는 수용하고자 하지 않았다. 미국 도 마찬가지였다. 점차 미국은 한반도 독립을 추구하던 조선인들을 공산 세력의 위협을 잘 모르는 철부지와 같은 어린이로 간주했다.

여기서의 첫 번째 의문은 왜 신탁통치에 대한 미국, 소련, 영국 및 중국 의 입장이 그처럼 상이했는가? 두 번째 의문은 왜 한반도를 분할 점령했 는가? 세 번째 의문은 왜 구체적인 신탁통치 방안과 관련하여 문서상으로 합의하지 않았는가?란 부분이다.

첫째, 신탁통치와 관련하여 미국, 소련, 영국 및 중국의 입장이 그처럼 상이했던 이유는 한반도 신탁통치가 자국의 국익에 미치는 의미가 상당히 달랐기 때문이었다. 미국이 신탁통치를 주장했던 것은 4강의 이익이 교차 하는 지구상 유일 지역인 한반도에 대한 영향력을 확보하기 위함이었다. 한반도가 소련의 영향권으로 들어가는 경우 아태지역 안보가, 궁극적으로 미국의 안보가 위험해질 것이란 인식 때문이었다. 이 같은 이유로 당시 미 국은 일정 기간 동안의 신탁통치 이후 한반도를 독립시켜 줄 것이라고 주 장했지만 처음부터 한반도를 분할 점령해야 할 것으로 판단했던 것이다.

루즈벨트가 한반도 신탁통치 문제를 거론한 시점은 일본군이 진주만을 공격한 1941년 12월 8일 이후부터 3개월도 지나지 않은 1942년 3월이었 다. 그런데 당시에도 미 국무성 예하 '포기 보톰(Foggy Bottom)' 위원회에서는 신탁통치를 통해 미국이 한반도에 대한 영향력을 확보할 수 없다며, 한반도 영구 점령을 주장한 바 있다.

중국의 장제스가 한반도 신탁통치 방안에 반대하는 한편 상해임시정부 인정과 전후 한반도 독립을 지속적으로 외쳤던 것은 자국의 국력 미흡으로 루즈벨트의 4개국 신탁통치 주장이 결국 미국과 소련의 이익을 강화해 주는 형태로 귀착될 수밖에 없음을 감지하고 상해임시정부를 통해서만이 한반도에 대해 간접적으로나마 영향력을 행사할 수 있을 것으로 생각했기 때문일 것이다.

영국이 신탁통치 개념에 반대했던 것은 이 개념이 지구상 도처에서의 영국의 식민지 지역에도 적용될 가능성이 있다고 생각했기 때문일 것이다. 영국은 카이로, 테헤란, 얄타 및 포츠담에서 지속적으로 신탁통치 개념에 반대했다. 그 골자는 자국의 식민지에 이 개념을 적용하면 결코 안 된다는 것이었다. 여기에 더불어 한반도 신탁통치를 통해 영국이 얻을 수 있는 이득이 거의 없다고 판단했기 때문일 것이다.

소련은 루즈벨트의 신탁통치 구상에 노골적으로 반대하지는 않았지만 적극 찬성하지도 않았다. 가능한 한 조속한 한반도 독립을 원했다. 신탁통치를 조선인 중심의 임시정부 형태로 생각했다. 미국과 소련이 일정 기간 동안 이 같은 임시정부를 지원해준 후 한반도를 통일시켜야 할 것으로 생각했다. 그러면서도 얄타와 포츠담에서 스탈린은 한반도 분할 점령에 구두 합의했다.

소련이 그처럼 했던 주요 이유는 당시 조선인 가운데 사회주의자와 공산주의자가 다수였으며, 한반도가 소련과 인접해 있었다는 사실로 인해 통일한반도가 소련과 우호적인 관계를 유지할 가능성이 높으며 통일한반도의 주요 항구를 통해 아태지역으로 세력을 팽창시킬 수 있을 것으로 판단했기 때문일 것이다. 3장에서 확인 가능하겠지만 남한에 단독정부가 수립된 1948년 8월 15일 이전까지도 소련은 이처럼 생각했다. 6·25전쟁 도중에도 이처럼 생각했다. 통일한반도가 소련과 우호적인 관계를 유지할 것으로 생각하여 한반도 통일을 원했다.

그럼에도 불구하고 스탈린이 미국과 38선 분할 점령에 구두로나마 합의했던 것은 38선 이북을 점령하는 경우 적어도 한반도를 통한 외세의 침략을 저지할 수 있을 것으로 판단했기 때문일 것이다. 또 한반도 분할에 관한 미국의 의도를 저지할 수 있을 정도로 소련의 국력이 막강하지 않았기 때문이기도 했을 것이다.

두 번째 의문은 왜 한반도를 전후 일본처럼 미국이 모두 점령하지 않고 분할 점령했는가?란 부분이다.

그 이유를 한국학중앙연구원의 이완범[134]과 서울대학교의 박태균[135]은 미국 입장에서 한반도가 일본과 비교하여 중요성이 떨어졌기 때문이라고 말했다.

과연 그럴까? 얄타회담, 포츠담회담의 준비 자료 등 한반도 신탁통치와 관련된 문서에서 미국은 한반도를 특정 국가가 단독으로 점령하면 안 될 것이라고 지속적으로 주장했다. 왜 미국은 이처럼 한반도 점령을 특정 국가가 독점하면 안 될 것이라고 지속적으로 주장한 것일까? 주요 이유는 어느 한 국가가 한반도를 독자적으로 점령하는 등 주도하는 경우 미국이 한반도에 대한 영향력을 행사할 수 없기 때문이었다. 미국이 아닌 또 다른 국가가 이처럼 하는 경우 미국이 한반도에 대한 영향력을 행사할 수 없음은 분명했다. 문제는 미국이 독자적으로 점령하는 경우에도 이 같은 상황이 벌어진다는 사실이었다.

---

134. 이완범, 『한반도 분할의 역사』, p. 182.

135. 박태균, "[최강1교시] EP.01 한반도 신탁통치에 관한 진실 | 한국전쟁 왜 일어났나? | 역사학자 박태균 – YouTube," (Accessed: 2021. 1. 21)

오늘날 미국은 한반도를 아태지역의 미국의 동맹체제에서 함정의 닻에 해당할 정도로 중요하게 생각하고 있다. 1장에서 살펴본 바처럼 1943년부터 미국은 한반도에 대한 모든 영향력이 소련으로 넘어가는 경우 미국의 안보가 위태로워질 것으로 생각했다. 결과적으로 미국이 한반도 전체에 대해 또는 상당 부분에 대해 영향력을 행사해야 했다. 그런데 미국은 한반도 전체에 대한 영향력이 아니고 상당 부분에 대한 영향력을 택했다.

이미 설명한 바처럼 한반도 전체 점령을 통해서는 한반도에 대한 영향력을 행사하지 못할 가능성이 있었다. 이는 한반도가 지정학적으로 소련과 인접해 있다는 사실과 더불어 조선인의 이념적인 성향 때문이었다. 한반도를 전체 점령하는 경우 어느 순간 통일한반도가 출현하지 않을 수 없는데, 통일한반도가 소련과 우호적인 국가가 될 가능성이 높았기 때문이었다. 결국 미군이 한반도에 주둔할 명분이 사라지고 이 경우 미국 안보가 심각한 영향을 받을 가능성이 있었다.

미군이 한반도에 진주한 1945년 9월 8일 이후 70여 년 동안 미국은 한반도에서 지대한 영향력을 행사하며 한국을 자유민주주의 시장경제를 추구하는 국가로 만들고자 많은 노력을 기울였다. 결과적으로 오늘날 한국은 북한과 비교하여 경제, 외교, 국방 등 제반 분야에서 상당한 우위를 누리고 있다. 한국인 대다수가 자유민주주의 시장경제 체제를 선호하고 있다. 그럼에도 불구하고 미국은 오늘날 남북통일을 내심 원치 않는다고 한다. 주요 이유는 통일한국이 중국과 가까워질 가능성 때문이라고 한다.

1945년 당시와 비교하여 오늘날 통일한반도는 미국에 보다 우호적일 가능성이 높다. 그럼에도 불구하고 오늘날에도 미국은 통일한반도에 반대한다. 따라서 통일한반도가 미국에 우호적일 가능성이 비교적 떨어졌던 1945년 당시 미국이 통일한반도 출현을 초래할 가능성이 있던 한반도 전체 점령이 아닌 분할 점령을 추구했던 것은 지극히 당연한 일이었다.

세 번째 의문은 왜 구체적인 신탁통치 방안과 관련하여 문서상으로 합의하지 않았는가?란 부분이다.

주요 이유는 미국이 겉으로 표방한 바와 속으로 추구한 바가 달랐기 때문이었을 것이다. 미국은 일정 기간 동안의 신탁통치 이후 한반도를 통일시킬 것이라고 지속적으로 주장했다. 이 같은 공식적인 주장이 진정 미국이 한반도에서 추구한 바였다면 한반도 문제의 주요 당사국이던 미국과 소련이 구체적으로 합의하지 못할 이유가 없었다. 소련 또한 이것을 원하고 있었기 때문이다. 그런데 1945년 6월 스탈린이 중국 외무장관 쑹쯔원에게 말한 바처럼 미국, 적어도 트루먼의 미국은 겉으로는 4개국 신탁통치 이후 한반도를 독립시킬 것처럼 주장했지만, 속으로는 한반도 영구 분할 점령을 추구하고 있었다.

결과적으로 루즈벨트와 트루먼은 일정 기간 동안의 4개국 신탁통치 이후 한반도를 통일시킬 것이란 방침에 입각하여 관련국들과 구체적인 방안을 놓고 합의할 수 없었다. 이처럼 합의하는 경우 어느 순간 한반도가 독립될 것이며, 한반도가 독립되는 경우 이미 말한 바처럼 통일한반도에서 미국이 영향력을 행사하지 못할 가능성이 매우 높았기 때문이다.

그렇다고 한반도 영구 분단 방안을 놓고 공식적으로 합의할 수도 없었을 것이다. 이 같은 영구 분단 방안을 기록으로 남길 수도 없었을 것이다. 이처럼 기록에 남기는 경우 비밀이 해제되어 그 사실이 알려지는 순간 조선인들 대다수가 강력한 반미감정을 표방하여 결과적으로 조선인들이 미군의 한반도 주둔을 거부하는 순간이 도래할 가능성이 있었기 때문이다.

결과적으로 미국은 자신이 일정 기간 동안의 신탁통치 이후 한반도를 독립시킬 구상을 했으나 소련의 대일전쟁 조기 참전 등의 이유로 어찌할 수 없이 한반도가 분할된 것처럼 상황을 조작할 필요가 있었을 것이다. 이처럼 조작하고자 하는 경우 미국이 일정 기간 동안의 신탁통치 이후 한반도를 독립시킬 의사가 있었음을 일관되게 기록으로 남겨야만 했다. 한편 구체적인 한반도 분할 점령 문제는 소련과 구두로 합의해야만 했을 것이다.

소련 또한 한반도 분할 점령 문제와 관련하여 문서로 합의할 의향은 없었을 것이다. 소련이 이 같은 분할 점령을 원치 않았다는 측면도 있지만, 분할 점령이 분단으로 직결되던 당시의 국제안보 상황에서 한반도 분할 점령과 관련하여 미국과 책임을 공유할 의사가 없었기 때문이었을 것이다.

남한 단독정부 수립

"조선인들은 독립에 열광적이었던 것과 마찬가지로 한반도 단일 정부 수립에 열광적이었다. 조선인들 사이에서 목격되는 수준의 동질성을 어디서도 찾아볼 수 없었다. 이들은 단일 민족으로써 동일한 언어를 사용하고 있었으며, 동일한 전통을 자랑스럽게 여기고 있었다.…한반도가 남북으로 분단되면서 38선 이북 지역을 북한, 이남 지역을 남한으로 지칭하기 이전까지는 적어도 그러했다. 남북통일은 신의 섭리다. 북한은 남한이 없으면 생존할 수 없으며, 남한 또한 북한이 없으면 그러한 실정이다.…따라서 경제, 정치 또는 역사적 관점에서 바라보는지와 무관하게 남한과 북한은 분리하여 생각할 수 없다."[1]

하지를 중심으로 한 미군정은 한반도에 진입한 1945년 9월 8일부터 반공성향의 남한 단독정부 수립을 추구했다. 이 같은 남한 단독정부 수립으로 한반도가 분단된 것이다. 한편 소련은 남한 단독정부가 수립된 1948년

---

1. Quoted in Michael Pembroke(2020), *Korea Where the America Century Began* (p. 59), Hardie Grant Books, Kindle Edition.; Kumara Menon(1965), *Many Worlds: An Autobiography* (Oxford University Press, 1965), p. 254.

8월 15일까지만 해도 선거를 통한 남북통일을 추구했다. 미국이 남한 단독정부를 추구한 반면 소련이 남북통일을 지향했던 것은 자국의 국익 때문이었다. 미국이 그처럼 했던 것은 남한에 반공성향의 단독정부가 수립되어야만 미군의 한반도 주둔을 통해 한반도에 대한 영향력을 확보할 수 있기 때문이었다. 소련이 남북통일을 추구했던 것은 통일한국이 소련에 우호적일 것으로 판단했기 때문이었다. 여기서는 미국이 남한 단독정부 수립 등의 조치를 통해 한반도를 법적으로 분단시키는 과정을 살펴볼 것이다.

제1절. 남한 단독정부 수립 전략

한국역사에서 8·15해방 이후부터 6·25전쟁이 벌어지기 이전까지의 5년의 기간만큼 논란을 초래하는 기간은 없어 보인다. 오늘날까지도 많은 한국인들이 이 기간 동안의 역사 문제를 놓고 논쟁하고 있다. 이 기간 동안 38선을 중심으로 한반도가 물리적으로 분할되었으며, 남한 단독정부 수립을 통해 법적으로 분단되었다. 친일파가 한국사회의 주류로 부상했다. 대구 10·1사건, 여수/순천 10·19사건과 제주도 4·3사건, 보도연맹 사건과 같은 비극적인 사건으로 6·25전쟁이 벌어지기 이전에 남한사회에서 10만 명에서 20만 명이 희생되었다. 당시 이들은 미군과 같은 외세철수와 한반도 분단반대를 외쳤다. 이들은 1919년 3월 1일 만세를 외친 독립 운동가들과 유사한 측면이 없지 않았다. 그런데 일제 당시 경찰에서 근무했던 친일경찰들이 이들을 제거한 것이다.

대부분 한국인들은 이들 사건을 이승만과 같은 한국인이 초래한 것으로 생각하고 있는 듯 보인다. 예를 들면, 한국인 가운데에는 1946년 6월의 이승만의 정읍 발언, 남한 단독정부 수립을 주장한 이승만의 정읍 발언으로 한반도가 분단된 것으로 알고 있는 듯 보인다. 이승만이 경찰, 군대와 같은 국가의 근간이 되는 조직을 친일파들이 주도하게 만든 것으로 알고 있는 듯 보인다.

이것이 아니었다. 전후 남한사회의 정치적 구조의 근간은 해방 이후 3개월 동안 하지의 군정이 정립한 것이었다. 당시 하지를 중심으로 하는 미국인들이 이 같은 구조뿐만 아니라 이들 구조를 운용해 갈 사람들을 선택했는데 이 같은 선택이 그 후 한국사회에 지대한 영향을 미친 것이다.[2] 예를 들면, 이승만을 초대 대통령으로 선정한 것도, 이승만 이상으로 막강한 권력을 행사한 장택상(張澤相)을 수도경찰청으로 임명한 것도 미국이었다. 한반도 분단 등 이 기간 동안 있었던 주요 사건의 중심에 미국이 있었다.

이들 사건은 당시 남한지역을 소련을 중심으로 하는 공산세력에 대항하기 위한 반공(反共)의 보루(堡壘)로 만들어야 한다는 미국의 한반도정책과 관련이 있었다. 이 같은 정책에 입각하여 미국은 한국사회를 개벽시켰던 것이다. 대한민국이란 국가를 새롭게 만든 것이다. 그 와중에서 한국사회의 근간이 뒤흔들렸던 것이다.

하지는 38선 이남 지역으로 진주하기 직전 미국의 한반도정책과 일관성이 있는 정부를 수립하라는 지시를 받았다.[3] 미군정의 공식역사에 따르면 한반도에서 미국의 노력을 인도하는 기본 원칙은 "…질서가 잡혀 있으며 효율적으로 운용 가능하며 정치적으로 미국에 우호적인 한반도를 만드는

---

2. Bruce Cumings(1981), *The Origins of the Korean War, Vol. I: Liberation and the Emergence of Separate Regimes, 1945-1947* (Princeton, New Jersey: Princeton University Press, 1981), p. 135.

3. Max Hastings(2016), *Korean War* (p. 28). Simon & Schuster. Kindle Edition.

것이었다." 또 다른 목표는 "한반도의 일부를 물리적으로 점령함으로써 미국이 아닌 또 다른 세력이 독점적으로 한반도를 통제하지 못하게 하는 것이었다."[4] 이는 한반도에 대한 모든 영향력이 소련으로 넘어가는 경우 미국의 안보 또는 태평양 지역의 안보가 위험해질 것이란 1943년 이후의 미국무성의 인식과 관련이 있었다. 미군정 요원들이 한국으로 이동하기 이전 "일본의 극동군사령부 민심참모는 남한지역 군정의 주요 임무 가운데 하나가 '공산주의에 대항한 보루'를 구축하는 것이란 인상을 이들 요원에게 심어주었다."[5]

결국 해방 이후 미국의 한반도정책은 미국의 대소(對蘇) 정책과 관련이 있었다. 1945년 9월 19일 미 합참은 소련이 미 군사기획에서 가장 중심적인 부분이란 사실을 강조하는 비망록을 작성했다.[6] 1946년 9월 트루먼의 요청에 따라 클라크 클리포드(Clark Clifford)는 소련을 다루기 위한 포괄적인 정책을 담고 있는 보고서를 제출했다. 미 국무장관, 해군장관, 육군장관, 합참 그리고 미 중앙정보국이 합의한 이 보고서에서는 미국이 "소련의 영향력을 기존 지역으로 국한시켜야 한다."라고 제안하고 있었다.[7] 이 같은 미국의 대소 정책으로 인해 1945년 말경부터 남한지역에서 미국이 좌익세력을 억압했으며, 1946년 초순 소련과의 한반도 신탁통치 협상을 무력화시키고, 1947년을 기점으로 한반도 분단 작업을 시작했던 것이다.

당시 미국은 한반도에 자국에 우호적인 정부가 들어섬으로써 이 정부가

---

4. Quoted in Bruce Cumings(1981), *The Origins of the Korean War*, Vol. 1, p. 136.

5. Meade, E. Grant(1951), *American Military Government in Korea* (New York: King's Crown Press, 1951), p. 52.

6. Quoted in Martin Hart-Landsberg(1998), *Korea: Division, Reunification, and U.S. Foreign Policy* (New York: Monthly Review Press, 1998), p. 92.

7. Quoted in Ibid.

소련에 대항한 보루로 기능하기를 원했다.[8] 그런데 이 목표를 구현하고자 하는 경우 일정 기간 동안의 신탁통치 이후의 한반도 독립은 곤란했다. 통일한반도가 소련과 가까워질 가능성이 있었기 때문이었다. 한반도를 영구 분단시켜야만 했다.

한편 해방과 동시에 미국은 한반도를 우호적인 지역에서 적국 지역으로 변경했다. 1943년의 카이로선언에서 미국은 조선인들을 "식민지 상태"에 있다고 표현함으로써 조선이 미국의 적국이 아니고 미국의 적국인 일본 침략의 희생자임을 암시했다. 1945년 8월 14일 오키나와에 보낸 메시지에서 요셉 스틸웰(Joseph Stilwell) 대장은 한반도를 "준 우호지역"으로 간주해야 할 것이라고 천명했다. "다시 말해, 5%에 달하는 일본인을 제외한 조선인을 우호적으로 간주해야 할 것이다."고 말했다. 1950년 8월 말경 맥아더는 한반도를 적으로부터 "해방시킨 지역"으로 간주하라고 하지 장군 휘하 24군단에 지시했다. 그런데 1945년 9월 4일 하지는 부하들에게 "한반도는 미국의 적국 지역이다.…따라서 항복을 받은 지역에 적용하는 조항과 조건을 한반도에 적용해야 할 것이다."라고 휘하 장교들에게 지시했다.[9]

이처럼 한반도에 대한 미국의 입장이 돌변했던 것은 2차 세계대전이 종료됨과 동시에 소련이 미국의 우방국에서 적국으로, 일본이 미국의 적국에서 우방국으로 바뀌었다는 사실과 관련이 있었다. 일제 35년 동안 많은 조선인들이 소련과 공조하여 일본에 대항하여 싸웠다는 점에서 미국 입장에서 조선이 우호적인 지역에서 적국 지역이 된 것이다. 미국 입장에서 적(소련)의 친구였던 조선이 적이 된 것이다. 그런데 이는 남한지역에서 소련

---

8. Meade, E. Grant(1951), *American Military Government in Korea*, p. 5.

9. Bruce Cumings(1981), *The Origins of the Korean War*, Vol. 1, p. 126.

과 이념적으로 가까웠던 세력, 다시 말해, 공산주의 내지는 사회주의 이념을 선호하던 세력을 제거해야 함을 의미했다. 한편 미국은 자국의 한반도 정책으로 인해 미군의 한반도 주둔이 필수적이었다. 이 같은 점에서 미국은 사회주의 및 공산주의 계열 독립 운동가를 포함하여 미군의 한반도 주둔에 반대할 것으로 예상되던 조선인들을 모두 제거해야만 하였다.[10]

하지가 한반도 진입과 동시에 혹독하게 군정을 실시한 이유에 관한 또 다른 관점이 있다. 일본군이 점령하고 있던 지역 가운데 전략적인 이유로 신탁통치 지역으로 지정된 영토에 관해 미국이 엄격히 통제해야 할 것이란 미 육군과 해군의 주장 때문이었다.[11] 한반도는 소련 봉쇄 측면에서 미국이 전략적으로 신탁통치를 결정한 지역이었다. 이 같은 이유로 한반도에서 아태지역을 겨냥한 소련의 세력팽창을 저지할 수 있도록 미국이 남한 지역을 대거 개조할 필요가 있었기 때문이었다.

당시 미국은 한반도에 대한 자국의 영향력 확보란 목표를 위협하는 세력이 소련이 아니고 독립을 열망하는 조선인들로 생각했다. 결과적으로 미국은 남한지역에서 미군 철수와 남북통일을 열망하는 세력들을 강력히 진압하지 않을 수 없었다. 당시 미국은 남한지역에서의 자국의 정치적 영향력 확보를 위해 소련의 반대에도 불구하고 공식적으로 한반도 분단을 추구했다.[12]

한반도로 진입하기 이전 미국은 많은 준비를 했다. 1942년부터 미국은 일본 점령임무 수행을 위해 2,000명 이상의 장교를 교육시켰다. 그런데 일본이 종전 이전 소련에 대항하여 싸웠다는 이유로 전후 미국의 우방

10. Martin Hart-Landsberg(1998), *Korea: Division, Reunification, and U.S. Foreign Policy*, p. 18.

11. "Memorandum by the Secretary of War (Stimson) to the Secretary of State, January 23, 1945," in *FRUS*, 1945, General: The United Nations, Volume I, p. 27.

12. Martin Hart-Landsberg(1998), *Korea: Division, Reunification, and U.S. Foreign Policy*, p. 70.

국으로 변했던 반면 한반도가 소련과 긴밀한 관계를 유지했다는 이유로 미국의 적국 지역이 되면서 이들 2,000명 장교 가운데 대부분이 한반도로 왔다. 당시 한반도는 "태평양전구에서 군정이 실시된 유일한 지역이었다." 이들 이외에도 하지의 정책보좌관 메릴 베닝호프(Merrell H. Benninghoff)는 1943년부터 미 국무성에서 한반도 문제를 다루어온 인물이었으며, 한반도에 관한 높은 전문성을 견지하고 있었다.[13] 전혀 준비 없이 하지가 한반도로 왔다는 일반적인 인식과 달리 당시 하지는 군정을 효과적이고도 효율적으로 수행할 수 있는 입장이었다.

하지를 중심으로 하는 미군정 요원들은 반공성향의 남한 단독정부가 미국의 한반도정책을 가장 잘 지원해 줄 것으로 생각했다. 이들이 반공성향의 남한 단독정부 수립을 위해 노력했던 것은 이 같은 정부만이 북한지역에 들어설 것으로 예상되던 공산정권과 대립각을 세울 것이기 때문이었다. 결과적으로 미군의 한반도 주둔을 가장 잘 지원해 줄 수 있을 것이기 때문이었다. 민족주의 정부 내지는 공산정권은 곤란했다. 이 같은 정부의 경우 남북통일을 추구할 가능성이 높았으며, 남북이 통일되면 조선인들의 이념성향과 한반도가 소련과 인접해 있었다는 점에서 통일한반도가 소련과 우호적일 가능성이 높아지고 결과적으로 미군의 한반도 주둔 가능성이 희박해질 것이기 때문이었다.

반공성향의 남한 단독정부를 수립하기 위한 유일한 방안은 정당, 경찰, 군 및 검찰과 같은 국가 권력기관을 친일파 중심으로 편성하는 것이었다. 일제 당시 공산세력들에 대항하여 싸웠던 친일경찰과 같은 친일파들만이 북한 공산세력과의 통일을 추구하지 않을 것일 뿐만 아니라 남한지역의 공산혁명 세력 제거를 위해 노력할 것이기 때문이었다. 일제 당시 일본을

---

13. Bruce Cumings(1981), *The Origins of the Korean War*, Vol. 1, pp. 128-9.

위해 일했던 친일파들만이 재차 미국을 위해 일할 수 있기 때문이었다.

곧바로 하지는 남한 반공정부 수립 작업에 착수했다. 먼저 지주(地主) 또는 일제치하에서 일본을 위해 일했던 인사들로 구성되는 정당의 창당을 지원한 후 이 정당과 긴밀한 관계를 유지했다. 1945년 9월 16일 하지는 일제 당시 부역한 인사 또는 지주들로 구성된 한국민주당(한민당) 창당을 촉구했다.[14] 일제 당시 경찰 또는 군에 근무했던 인사들을 중심으로 경찰과 군을 조직했다. 일제 당시 검찰 조직을 그대로 유지했다. 그 후 선거를 통해 남한 단독정부를 수립했으며, 이 같은 미군정의 조치에 저항하는 세력을 제거했다. 결과적으로 남한지역에 반공성향의 단독정부가 출범한 것이다.

제2절. 반공정부 조직 창설

3장 1절에서 언급한 바처럼 하지를 중심으로 한 미군이 한반도에 진입한 1945년 9월 8일부터 남한 단독정부가 수립된 1948년 8월 15일까지, 미국이 남한지역에서 한 일은 반공성향의 남한 단독정부 수립이었다. 이 같은 차원에서 1945년 11월과 12월 하지와 그의 보좌관들은 다음과 같은 4가지 일을 하기로 결심했다. 첫째, 38선을 지키기 위한 육군 조직 편성. 둘째, 남한지역 치안을 담당할 경찰조직 강화. 셋째, 우익정당과의 연계 강화. 넷째, 이 같은 미국의 정책에 반기를 드는 조선인 세력 진압.[15] 이 같은 하지의 노력으로 6·25전쟁이 벌어지기 이전에 한국은 반공국가

---

14. Quoted in Ibid., p. 98.

15. Bruce Cumings(2005), *Korea's Place in the Sun: A Modern History* (Updated Edition) (p. 200). W. W. Norton & Company. Kindle Edition.

로 변신했다.

6·25전쟁 발발 하루 전날인 1950년 6월 24일 일본을 방문한 박흥식(朴
興植), 대표적인 친일 기업가 박흥식은 당시의 한국 상황을 다음과 같이 표
현했다. "해방이 된 1945년 8월 15일 한국에서 반일감정이 표출되었습니
다. 이는 다수의 공산혁명가와 민족주의자들이 해외에서 귀국한 결과입니
다. 그러나 지금 이 순간 이 같은 모습을 찾아볼 수 없습니다. 이것이 아
니고 한국이 38선에서 '평화의 보루'로 기능하게 된 것입니다. 한국국방을
책임지는 주요 인사들이 대부분 구일본군에서 장교로 근무했던 사람인 것
이지요."[16]

1. 자주적인 정치세력 제거

친일파 중심의 남한 반공정부 수립 측면에서 하지의 군정이 가장 먼저
착수한 것은 자주적인 정치세력 제거였다. 미군이 한반도에 진입하기 이
전 조선에는 이미 여운형을 중심으로 나름의 정치세력이 구축되어 있었
다. 이곳은 친일파를 제외한 다양한 계파로 구성되어 있었다. 일제 당시
일본에 대항하여 싸웠던 민족진영과 공산진영이 주류를 이루었다. 공산진
영 또한 소련의 국제공산주의를 추종하는 세력이 아니었다. 이들은 철저
한 민족주의자였다.[17] 여운형 중심의 조선건국준비위원회는 이 같은 성격
이었다.

조선건국준비위원회

여운형은 미군이 한반도에 진주하기 이전에 나름의 정치세력을 구축할

---

16. Bruce Cumings(2010), *The Korean War: A History* (Modern Library Chronicles Series Book
    33) (Kindle Location 282, 291), Random House Publishing Group, Kindle Edition.

17. Bruce Cumings(1981), *The Origins of the Korean War*, Vol. 1, p. 82.

수 있었다. 이는 일본 패망 바로 전날인 8월 14일 법과 질서를 유지하며 한반도에 있던 일본인들을 무사히 귀국시킬 수 있도록 정무총감 엔도 류사쿠(遠藤柳作)를 포함한 조선총독부의 주요 인사들이 여운형에게 치안유지를 부탁했기 때문이었다. 당시 여운형은 이들에게 5가지 조건을 제시했다. (1) 조선의 모든 정치 및 경제 사범 즉각 석방, (2) 향후 3개월 동안 식량 제공, (3) 치안유지 활동 또는 조선독립 목적의 조선인들의 활동 간섭 금지, (4) 학생과 청년의 훈련에 대한 간섭 금지, (5) 노동자와 농민의 훈련에 대한 간섭 금지.[18] 일본 패망이 다가왔다는 점에서 이들은 이 같은 여운형의 요구를 수용하지 않을 수 없었다.

조선총독부의 일본인들과 회동을 마친 여운형은 곧바로 엔도 정무총감과 합의한 사항을 논의하고 추후 조직 준비 차원에서 몇몇 지도자와 회동했다. 여운형은 엔도가 요구한 평화와 질서유지 차원을 초월하여 친일파들이 정권을 잡지 못하도록 정치활동을 확대하기로 결심했다. 이 같은 차원에서 여운형은 조선건국준비위원회(건준)를 조직했다. 이미 8월 11일 여운형은 이 같은 조직을 구성해야 할 것이라고 생각했다. 8월 11일 여운형은 한반도로 진입할 연합국 요원들에게 제시할 4개 합의문의 초안을 작성했다.

건준은 일본으로부터 조선을 해방시켜준 것과 관련하여 연합국에 감사를 표명했다. 그러나 조선이 조선인의 것이 되어야 할 것임을 강조했다. 연합국은 조선의 내정 문제와 관련하여 엄격한 중립을 고수해야 할 것이라고 말했다. 여운형은 민주주의를 옹호하는 한편 친일부역자들을 제거하기 위한 일종의 독립선언문 작성을 지시했다. 이들 문서에서는 외세의 간섭이 없는 가운데에서의 조선의 즉각 독립과 친일부역자들이 권력을 행사

---

18. Quoted in Ibid., p. 71.

하지 못하도록 요구하고 있었다. 1945년 당시 많은 조선인들이 구한말의 일진회(一進會)와 같은 세력들이 재차 외세와의 무분별한 영합을 추구함으로써 조선의 독립을 좌절시킬 가능성을 우려하고 있었다. 여운형과 같은 사람들은 1940년대 당시 일본의 전쟁 노력을 측면 지원했던 일부 조선인들을 민족반역자로 생각했다. 이들은 국내외에서 고통 받은 반일(反日) 애국자들과 혁명가들을 해방 이후 보상해 주기로 결심했다.[19] 친일부역자들의 처리 문제에 관해 구체적으로 명시하지 않았지만 이들은 이들 부역자가 권력을 잡게 하면 안 될 것이라고 생각했다.

여운형은 즉각 행동에 착수했다. 8월 16일 여운형은 5,000여 명의 조선인들에게 조선민족의 단합과 유혈방지를 촉구했다. 일본인의 생명과 재산 보호를 촉구했다.[20] 마찬가지로 여운형은 전 조선 지역에서 정치 및 경제사범을 석방시켰다. 당시 열혈 공산주의자들이 감옥에 많이 있었다는 점에서 이 같은 석방으로 건준이 갑자기 급진적인 모습을 띠게 되었다. 당시 남한지역에서만 16,000여 명이 감옥에서 석방되었다. 이외에도 일본군에서 근무했던 15,000여 명의 군인이 귀국했다. 결과적으로 불과 며칠 만에 평화유지 임무와 정치활동에 동원 가능한 조선인들이 수만 명이 되었다.

1945년 8월 17일에는 모든 조선인들이 건준의 존재와 이곳의 지도자들을 인지하였다. 8월 말경에는 한반도 전 지역에 건준의 145개 지부가 설치되었다. 이 같은 정치활동이 하룻밤 사이에 이루어진 것은 아니었다. 당시로부터 수십 년 동안 조선 내부에서 은밀한 방식으로 유지되어왔던 것이다. 이것이 공산주의 운동, 노동자 및 농민 조합, 애국 및 반공 단체들에 의한 주민 침투와 같은 다양한 방식으로 진행되고 있었던 것이다. 결과적

---

19. Quoted in Ibid., p. 72.; 이만규, 『여운형선생 투쟁사』(서울.; 총문각, 1946), p. 187.

20. Quoted in Ibid., p. 73.; 이만규, 『여운형선생 투쟁사』, pp. 191-2.

으로 1945년 당시 수백만의 조선인들이 근대 유형의 정치 동원을 경험했다.[21]

8월 16일 몇몇 건준 지도자들은 청년 중심의 치안대를 조직했다. 이들은 교통질서와 치안유지 차원에서 2,000명의 학생과 청년을 동원했다. 치안대는 전국에 162개 지부가 있을 정도로 발전해 갔다. 이 같은 치안대의 출현으로 북한지역에서 일본 및 조선인 경찰들이 지역을 이탈했다. 남한지역에서 또한 이들 치안대가 적지 않은 영향을 미쳤다. 예를 들면, 8월 15일부터 9월 8일까지 일본인 경찰 가운데 90%가 자리를 지킨 반면 조선인 경찰 가운데 80% 정도가 자리를 이탈했다.[22] 당시 조선의 경찰 가운데 50% 정도가 조선인이었다는 점에서 이는 경찰력의 상당한 약화를 의미했다.

1945년 8월 치안대는 치안유지 측면에서 중요한 일을 수행했다. 이 기간 동안 조선에서는 거의 폭력사태가 벌어지지 않았다. 이는 조선인과 치안대 덕분이었다. 일본인조차도 치안대의 훌륭한 일처리를 인정하지 않을 수 없었다.[23] 그 후 뉴욕타임스지는 치안대의 활동과 관련하여 다음과 같이 보도했다. "조선의 정보 출처에 따르면 8월 15일 이후 일본인들이 35명의 조선인을 살해했지만 조선인이 일본인을 살해한 경우는 한 건도 없었다."[24] 그러나 당시 조선 전 지역에서는 일제 경찰로 근무했던 조선인들

---

21. Quoted in Bruce Cumings(1981), *The Origins of the Korean War*, Vol. 1, p. 74.; The Korean Minority in Japan, 1904-1950 (Vancouver: University of British Columbia, 1951), pp. 50-6.

22. Quoted in Bruce Cumings(1981), *The Origins of the Korean War*, Vol. 1, p. 75.; 수도관구경찰청. 『(해방이후)수도경찰발달사』(서울: 수도관구경찰청, 1947), p. 94

23. Quoted in Bruce Cumings(1981), *The Origins of the Korean War*, Vol. 1, p. 75.; "HUSAFIK," Vol. 1, ch. 3, p. 32.

24. Quoted in Bruce Cumings(1981), *The Origins of the Korean War*, Vol. 1, p. 75.; *New York Times*, September 12, 1945.

에 대한 폭력이 보편적인 현상이었다.

8월 15일 이후 조선에는 다수의 군사 및 준군사 조직이 출현했다. 그러나 8월 말경에는 이들 가운데 대부분이 건준 휘하로 들어갔다. 8월 17일에는 일본군에서 장교 및 사병으로 근무했던 조선인들이 치안유지 차원에서 건준을 지원하기 위해 회동했다. 이들 노력 가운데 가장 인상적인 경우는 8월에 노동자, 농민, 청년 및 여성 조직의 대거 출현이었다. 엔도 정무총감은 치안유지를 부탁할 당시 대중 동원에 간섭하지 말라는 여운형의 요구를 수용했는데 이는 판도라의 상자를 여는 의미가 있었다. 왜냐하면 그 후 몇 주가 지나지 않아 조선 도처에서 상당한 규모의 조합과 거대 조직이 출현했기 때문이다.

8월 15일 직후 조선 전 지역의 공장과 일터에 노동조합이 결성되었다. 이들 가운데 다수는 일본인과 조선인 주인으로부터 공장을 인수받았다. 일부 경우 조합원들이 공장을 직접 운영한 반면 또 다른 경우 경영 능력이 있는 사람을 채용하여 공장을 운영하게 했다. 그 후 노동조합을 방문한 미국 관리들에 따르면 이 같은 방식으로 조선인들이 "모든 거대 공장을" 인수했다. 조선인들에 따르면 노동운동이 그처럼 신속히 발전한 경우가 역사적으로 전무했다. 노동조합은 특히 "노동자들이 1945년 8월부터 11월까지 공장을 자유롭게 관리했던" 경상남도 지역에서 활발했다.[25]

이들 몇 주 동안에는 농민조합 또한 발전했다. 미군이 각 도(道)를 점령한 1945년 가을에는 도처에 이 같은 농민조합이 있었다. 1945년 말경 농민조합은 조선의 어느 조직과 비교해도 숫자가 많았다. 이들의 효시는 1924년 당시 결성된 조선노농동맹이었다. 이것이 1926년에 조선노동총

25. Quoted in Bruce Cumings(1981), *The Origins of the Korean War*, Vol. 1, p. 77.; Stewart Meacham, *Korean Labor Report*, (Seoul: United States Armed Forces in Korea, 1947), p. 10.

동맹과 조선농민총동맹으로 분열되었다. 아무튼 1945년 8월과 9월에는 조선 8도에 노동조합과 농민조합이 우후죽순처럼 출현했다.

한편 건준은 여운형 중심 세력과 또 다른 세력으로 구성되어 있었다. 여운형 세력이 주로 비공산세력이었던 반면 또 다른 세력은 공산세력이었다. 여운형 세력은 1944년 8월 10일 창설한 조선건국동맹이란 조직에 기반을 두고 있었다. 이곳은 조선독립과 일제 추출을 촉구했다. 친일 조선인과 매국노를 제외한 모든 조선인들의 대동단결을 촉구했다. 8월 17일과 22일에는 건준 지도자들의 면면이 분명해졌다. 8월 22일 여운형은 건준 지도자를 발표했는데 이들 가운데 11명이 여운형을 지지하는 세력이었던 반면 5명에서 11명 정도가 공산세력이었으며 나머지 11명은 신분이 불분명했다.

혹자는 당시의 건준을 공산주의자들이 주도했다고 주장했다. 그러나 이는 사실이 아니었다. 공산세력은 당시 미미한 수준이었다. 또한 이들은 국제 공산주의자라기보다는 민족주의자였다. 일제 35년 동안 민족진영 인사 가운데 많은 사람이 일제에 부역했다. 결과적으로 민족진영은 세력이 크게 약해져 있었다. 이처럼 변절하지 않은 사람들이 공산주의자로 변신해 있었다. 해방과 동시에 음지에서 양지로 또는 감옥에서 밖으로 나왔을 당시 조선의 공산주의자들은 애국애족 측면에서 전혀 결함이 없었다. 해방된 조선에서 정치적 합법성을 검증하기 위한 주요 수단은 일제치하 당시의 기록이었다. 일반적으로 공산주의자들이 이 같은 검증을 어렵지 않게 통과했던 것이다. 결과적으로 건준에 공산주의자들이 그처럼 많았던 것이다.[26] 당시 건준 지도자로 발표된 사람들은 그 기간에 차이는 있었지

---

26. Quoted in Bruce Cumings(1981), *The Origins of the Korean War*, Vol. 1, p. 80.; 여운형은 공산주의자들의 건준 지원을 거절할 수 없었다고 말했다. 왜냐하면 이들이 일제에 대항하여 싸운 경력이 있었기 때문이었다. 이만규, 『여운형선생 투쟁사』(서울.; 총문각, 1946), p. 230.

만 일제 당시 감옥에서 생활한 전력이 있었다.

한편 8월 15일경 여운형은 송진우(宋鎭禹)와 김병로(金炳魯)에게 접근하여 건준 합류를 수차례 요청했다. 그러나 이들이 여운형의 요청을 거부했다. 그런데 8월 19일경 이들이 건준 본부를 방문하여 보다 많은 민족주의자와 보수주의자를 포용할 수 있도록 건준을 확대해야 할 것이라고 촉구했다. 이들은 또한 건준이 정부를 더 이상 표방하지 말 것과 단순한 치안유지 세력으로 기능할 것을 촉구했다.[27] 8월 18일경에는 일본 또한 건준이 단순한 치안유지 세력으로 기능할 것을 촉구했다. 8월 18일 일본은 "믿을만한 조선인들"에게 총기를 배분해 주었다. 그런데 바로 그날 여운형이 총기 테러를 당한 것이다. 여운형이 요양 중이던 8월 19일 김병로와 백관수가 건준을 방문하여 상호 공조를 요청했다. 건준의 좌익세력들은 이들의 행태를 의심했다. 이들과 협조하지 않기로 결심했다. 당시 대부분 조선인들이 일제 당시 부역했던 조선인들을 일본인 이상으로 싫어했다는 점에서 조선의 지도자는 일본에 대항하여 싸웠던 세력들로부터 나올 수밖에 없는 상황이었다.[28]

한편 8월 마지막 주에는 소련군이 38선 부근으로 내려왔다. 그런데 당시 소련군이 남진을 멈추었으며, 미군이 한반도로 오고 있다는 소식이 널리 퍼졌다. 이제 한국의 좌파들이 건준의 외연확대 필요성을 느꼈던 반면 우파들은 더 이상 건준과 공조할 필요성을 느끼지 않았다. 이들이 나름의 조직을 구상하기 시작한 것이다.

러시아가 미국의 38선 분할 점령 요청을 수락했으며, 미군이 9월 8일에나 한반도로 올 수 있었다는 점에서 일본은 8월 15일 이후 몇 주의 시간을

---

27. Quoted in Bruce Cumings(1981), *The Origins of the Korean War*, Vol. 1, p. 80.

28. Quoted in Ibid., p. 81.

확보할 수 있었다. 이 기간 동안 일본은 남한경제를 마비시켜 버렸다. 8월 15일 당시 남한에서 유통되던 화폐가 50억 엔 규모였는데 이 기간 동안 30억 엔을 추가 발행한 것이다.[29] 8월 말경 조선총독부는 공산주의자들의 배신, 치안 부재 등을 하지 일행에게 주입시켰다. 이 같은 방식으로 미국의 환심을 사고자 노력했다.

한편 8월 28일 건준은 치안유지 활동에서 신생정부 수립 활동으로 관심의 초점을 대거 이동했음을 보여주는 선언문을 발표했다.[30] 건준은 신생정부 수립 이전의 임시 기구가 될 예정이었다. 또한 신생정부는 국가적 차원의 인민대표 회의에 의해 선출한 인민위원회를 통해 수립될 예정이었다. 달리 말하면, 건준은 조선의 주권 쟁취 과정에서 산파 역할을 담당할 예정이었다. 건준은 "완벽한 독립과 진정한 민주주의"를 촉구했다. "반민주주의 및 반동세력에 대항한 대중투쟁…일본제국주의와 결탁한 세력 그리고 민족반역자들에 대항한 대중투쟁"을 촉구했다. 9월 초순 건준은 신생정부 수립을 위한 조치를 취했다. 이들 노력에서 주요 행위자는 여운형, 허헌(許憲) 그리고 박헌영(朴憲永)이었다. 변호사 출신의 허헌은 공산주의자는 아니었다. 반면에 박헌영은 1945년 당시 "조선 공산주의자 가운데 가장 저명한 지도자였다."[31] 박헌영은 건준 예하 공산주의자들을 흡수하여 9월 8일 조선공산당을 조직했다.

조선인민공화국 출현과 하지의 박해

1945년 9월 6일 1,000여 명의 독립 운동가들이 경기여고에 모였다. 이

---

29. Quoted in Ibid., p. 82.

30. Quoted in Ibid., p. 83.

31. Ibid.,

들은 인민대표자대회를 개최한 후 조선인민공화국(KPR)을 선포했다. 이처럼 이들이 조선인민공화국을 서둘러 선포한 주요 이유는 미 점령군이 조만간 한반도로 진입할 것으로 보였기 때문이었다. 조선인들의 자치 능력을 과시하고, 미국의 한반도 지도(指導) 기간을 단축시키기 위함이었다. 또는 미국의 호의를 받는 여타 조선인들이 세력을 장악하지 못하게 하기 위함이었다. 9월 8일 조선인민공화국은 내각을 발표했는데 이들 인선을 보면 진정한 의미에서 좌우합작을 추구한 듯 보였다.[32]

대통령: 이승만, 국무총리: 허헌, 교육부장관: 김성수(金性洙), 내무부장관: 김구, 법무부장관: 김병로, 부통령: 여운형, 외무부장관: 김규식(金奎植), 경제부장관: 하필원(河弼源), 재무부장관: 조만식, 교통부장관: 신익희(申翼熙).

이들은 또한 전문성에 입각하여 선발된 듯 보였다. 예를 들면, 김규식은 몇 개 국어를 유창하게 말할 수 있었을 뿐만 아니라 지구상 도처를 방문한 경험이 있었다. 김성수는 보성전문학교를 설립한 사람이었다. 김병로는 유명한 법조인이었다.

여기서는 다수결에 따라 87명의 지도자를 선출했는데 이들 가운데 이승만과 김일성을 포함한 55명이 신생정부의 전국인민위원으로 선출되었다. 9월 14일 조선인민공화국은 다음과 같이 선언했다. "우리는 조선 내부의 일본제국주의자, 이들의 잔존세력, 반민주적 정파, 반동분자, 건전하지 못한 외세를 타파한 후 우리의 완벽한 자율성과 독립을 보장할 것이다. 이 같은 방식으로 진정 민주적인 국가를 수립할 것이다."[33] 여기서는 토지를 소작인들에게 돌려줄 것을 촉구했다. 여성해방, 8시간 근로보장, 유아

---

32. Ibid., p. 87.

33. George Katsiaficas(2012), *Asia's Unknown Uprisings Vol. 1: South Korean Social Movements in the 20th Century* (pp. 66-7), PM Press, Kindle Edition.

노동 금지, 무학(無學) 해소, 주요 산업 및 은행의 국유화, 신속한 산업화를 염두에 둔 주요 계획을 촉구했다. 또한 여기서는 언론, 집회 및 종교의 자유를 약속했으며, "미국, 소련, 영국 및 중국과의 긴밀한 상호 협조"를 표명했다. 반면에 외세의 부당한 간섭에 저항할 것을 약속했다. 이들은 또한 세계평화를 위해 노력하기로 약속했다.[34]

여운형은 조선이 외세의 도움으로 해방되었다는 사실을 인정했다. 그러나 여운형은 조선의 미래를 이들 외세에 의존할 의향이 없었다. 여운형은 1910년 이후 조선인들이 국내외에서 일제에 대항하여 투쟁했다는 점에서 자주권이 있다고 생각했다. 연합국의 경우 조선의 역사를 존중하고, 한반도 문제와 관련하여 내정불간섭을 표방해야 할 것으로 생각했다. 여운형의 이 같은 주장이 조선인들에게서 많은 호응을 받았다. 조선의 우국지사들이 스스로 독립을 쟁취하지 못한 것은 부끄러운 일이었다. 그러나 여운형은 외세가 해방 공간에서 조선의 미래를 구상하고 정의하는 모습을 수수방관하면 곤란하다고 생각했다.

조선인민공화국 지도자들이 남한지역의 어느 조선인들과 비교해도 주권의식 측면에서 훨씬 탁월했음은 분명한 사실이었다. 이들은 조직, 동원 그리고 국가목표 정립 측면에서 탁월했다. 건준이 관리한 치안대는 해방 이후 몇 개월 동안의 극심한 혼란기에 훌륭히 치안을 유지했다. 건준 지도자들은 주요 식량을 비축하고 관리했다. 노동자 지도자들의 경우 다수의 공장과 기업을 관리했다. 각 도의 조직가들이 인민위원회와 농민조합 편성을 지원했다. 이들 인민위원회와 조합으로 인해 조선 역사상 그 전례가 없을 정도로 많은 시민이 지역 활동에 참여할 수 있었다. 이들 모두는 일본의 그리고 나중에는 미군정의 박해에도 불구하고 진행되었다. 외세의

---

34. Ibid., p. 67. Kindle Edition.

간섭이 없었더라면 조선인민공화국과 그 휘하 조직이 자신들이 추구하던 바를 한반도 전 지역에서 몇 개월 이내에 구현할 수 있었을 것이다.[35]

　조선인민공화국은 다양한 계층의 인사를 결집시켰다. 이곳을 조직한 주요 인물인 여운형은 1919년의 3.1운동 이후 설립된 상해임시정부의 요원이었다. 1946년 10월의 대구 10.1사건 당시 린치를 당했던 여운형은 1947년 7월 우익의 손에 암살당했다.

　한반도에 처음 도착한 1945년 9월 8일 미군정장관 하지는 한반도가 곧바로 폭발할 것만 같은 화약고와 다름이 없다고 주장했다.[36] 그러나 당시 한반도는 폭발하지 않았다. 조선인민공화국 지도자들은 하지와 공조하여 평화를 수호하고자 노력했다. 당시 하지는 조선인들이 독립을 원하고 있음을 잘 알고 있었다. 또한 조선인 지도자들은 미국이 조선인들에게 자주권을 약속해 준 사실을 잘 알고 있었다. 1946년 8월의 미군정 여론조사에 따르면 응답자 가운데 71%가 정부 수립 조건으로 남북통일을 거론했다. 70% 정도가 사회주의를, 7%가 공산주의를 선호한 반면 자본주의를 선호한 사람은 14%에 불과했다. 8%는 중도였다.[37]

　1945년 당시 조선 공산주의자들은 국제공산주의를 신봉하는 사람들이 아니었다. 이들은 소련의 권위를 인정하지도 않았다. 마르크스 국제주의를 추종하지도 않았다. 조선 공산주의는 조선 특유의 현상이었다. 조선민족의 고유성과 전통, 이들 고유성과 전통 고수의 필요성, 조선의 문제는 조선 특유의 방식으로 해결해야 할 것이란 신념 측면에서 공산주의를 추

---

35. Bruce Cumings(1981), *The Origins of the Korean War*, Vol. 1, p. 91

36. "The Political Adviser in Korea (Benninghoff) to the Secretary of State No. 1, 15 September 1945," in *FRUS*, 1945, The British Commonwealth, The Far East, Vol. 6, p. 1,049.

37. George Katsiaficas(2012), *Asia's Unknown Uprisings*, Vol. 1, (p. 67), Kindle Edition.

종하던 조선인과 민족주의 성향의 조선인, 보수적인 조선인을 거의 구분할 수 없었다. 이들 조선 공산주의자들과 여타 조선인들의 차이는 (1) 한반도에 대한 일본의 영향력을 원천적으로 차단해야 한다는 사실, 일제치하에서 이득을 본 조선인들을 제거해야 할 것이란 사실, (2) 사회적 평등 추구, (3) 조선 봉건주의 유산의 개혁이란 3개 부분과 관련이 있었다.[38]

대부분 조선인들이 남북통일과 독립에 관한 미국의 약속을 분명히 기억하고 있었던 반면 군정장관 하지는 남한에 반공(反共) 성향의 단독정부를 수립한다는 구상을 계획대로 추진했다. 하지는 조선에서 일본인이 소유하던 자산을 미국 자산으로 생각했으며, 상해임시정부는 물론이고 조선인민공화국을 합법적인 조직으로 인정하지 않았다. 그레고리 헨더슨(Gregory Henderson)은 그 후 조선인들이 "의회 경험이 없다."[39]고 조롱했다. 1945년 헨더슨은 "조선에는 의미 있는 조직과 목표를 설정할 수 있는 집단이 거의 없다.…구심점이 없다."[40]고 말했다. 브루스 커밍스(Bruce Cumings) 또한 "해방 이후 몇 주가 지나지 않아 조선인들이 정치적 질서의식이 없음이 분명해졌다."[41]라고 말했다. 그러나 이들의 주장과 달리 일본이 패망한 지 며칠이 지나지 않은 시점, 조선인들은 분명한 계획과 폭넓은 지지를 받는 정부를 조직했다. 미군정의 주요 인사인 베닝호프에 따르면 조선인민공화국 요원들은 "자신들을 새로운 정부로 생각했다. 이들은 정치범을 석방했으

---

38. Bruce Cumings(1981), *The Origins of the Korean War*, Vol. 1, p. 86.

39. Quoted in George Katsiaficas(2012), *Asia's Unknown Uprisings* Vol. 1, (p. 67). Kindle Edition.; Gregory Henderson(1968), *Korea: The Politics of the Vortex*(Cambridge: Harvard University Press, 1968), p. 119.

40. Quoted in George Katsiaficas(2012), *Asia's Unknown Uprisings* Vol. 1, (p. 67). Kindle Edition.; Gregory Henderson(1968), *Korea: The Politics of the Vortex*, p. 130.

41. Quoted in George Katsiaficas(2012), *Asia's Unknown Uprisings* Vol. 1, (p. 67). Kindle Edition.; Bruce Cumings(1981), *The Origins of the Korean War*, Vol. 1, p. 99.

며, 공공질서, 식량 배분 등 여타 정부 기능을 수행하고 있었다."[42]

1945년 10월 9일 미군정의 아치볼드 아놀드(Archibald V. Arnold) 소장은 남한지역의 모든 신문에 조선인민공화국 간부들을 구체적으로 비난하는 공식 성명을 발표하게 했다. 이들 간부가 미군정 활동에 간섭하는 경우 무력을 사용할 것이라고 위협했다. 그러자 조선인민공화국은 "반역자와 애국자"란 제목의 간행물을 통해 미군정에 대항했다. 여기서는 일제치하에서 일본을 찬양한 반면 미국을 비난하는 글을 주요 언론매체에 기고했던 미군정에 협조적인 많은 친일 조선인들을 공격했다. 그러자 미군정 당국은 조선인민공화국이 운영하던 모든 언론매체를 폐간시켰다.[43]

한편 남한지역 123개 군 가운데 7개 군을 제외하면 전국적으로 인민위원회가 출범하여 사실상의 정부 기능을 수행하고 있었다. 단기간에 인민위원회가 수백 개 조직되었다. 브루스 커밍스는 다음과 같이 말했다. "이 같은 현상을 어떻게 설명할 수 있을까? 어떻게 그처럼 신속히 조직될 수 있었을까?"[44] 이처럼 인민의 힘이 폭발하면서 1945년 12월경에는 2,546개의 인민위원회가 읍, 면, 군, 시 및 도 단위에 출현했다.[45] 이외에도 1,000개 이상의 새로운 노동조합이 결성되면서 50만 명 이상의 회원을 갖는 조선노동조합전국평의회(전평)가 출범했다. 이들 인민위원회에 친일부역자를 제외한 모든 조선인과 조직이 참여했다. 인민위원회가 구성되어 있던 군 가운데 61개 군의 경우 세금을 징수했으며, 경찰을 통제했다.

42. Quoted in George Katsiaficas(2012), *Asia's Unknown Uprisings* Vol. 1, (p. 67). Kindle Edition.; Bruce Cumings(1981), *The Origins of the Korean War*, Vol. 1, 145-146.

43. Martin Hart-Landsberg(1998), *Korea: Division, Reunification, and U.S. Foreign Policy*, pp. 72-3.

44. Quoted in George Katsiaficas(2012), *Asia's Unknown Uprisings* Vol. 1, (p. 68). Kindle Edition.; Bruce Cumings(1981), *The Origins of the Korean War*, Vol. 1, p. 271.

45. Quoted in George Katsiaficas(2012), *Asia's Unknown Uprisings* Vol. 1, (p. 68). Kindle Edition.; Bruce Cumings(1981), *The Origins of the Korean War*, Vol. 1, p. 273.

이들 가운데 일부는 여론을 조사하고, 무장조직을 창설했다.

노동자, 여성, 학생, 과학자, 작가 및 농민들의 자치기구가 출현했으며, 이들을 조선인민공화국이 인정해 주었다. 1946년경에는 35개 정도의 이처럼 포괄적인 기구가 조선인민공화국과 공조하며 일했는데 이들은 민주적으로 선출된 국가적 수준의 단체였다. 이들 기구에는 작가동맹, 과학자동맹, 여성동맹, 민주청년연맹이 포함되어 있었다. 일본이 패망한 지 불과 몇 달이 지나지 않은 1945년 11월, 노동조합들이 전평 아래 하나가 되었다. 1945년 12월 8일에는 국가적 차원에서 농민조합이 결성되었다. 창설된 지 얼마 지나지 않아 전평은 50만 명 이상의 회원, 223개 사무소, 1,757개의 지역 조합을 갖는 수준으로 성장했다. 지방의 경우 농민들이 풀뿌리 인민위원회와 조합을 결성했다. 1945년 11월경에는 25,288개 읍, 1,745개 면, 188개 군에서 3,322,977명이 인민위원회에 소속되어 있었다. 이들 조직 결성 과정에서 공산주의자들의 역할을 지나치게 과장하는 사람들조차도 조선인들의 연대의식이 놀라운 수준이었음을 인정했다.[46] 이는 풀뿌리 운동이었다. 박헌영이 조선공산당 복원을 위해 서울에서 모임을 개최한 것은 1945년 9월 8일이었다. 조선의 민주주의와 관련하여 미국의 도움을 희망했던 박헌영은 1945년 10월 27일 하지를 만나 친일성향 관리를 해고하라고 조언했다. 박헌영은 미군정 관리들을 만나고 싶어 했지만 이들은 박헌영과의 만남을 회피했다.

조선인민공화국에 가담한 인사 가운데 공산세력이 일부 있었던 것은 사실이지만 이들 대부분은 순수한 민족진영 인사였다. 그런데 1945년 12월 하지는 이들 조직을 공산세력의 불법 조직으로 치부하며, 제거 대상으로 간주했다. 그러면서 하지는 일제 당시 지주 내지는 일제에 협력했던 인사

---

46. George Katsiaficas(2012), *Asia's Unknown Uprisings*, Vol. 1, (p. 68), Kindle Edition.

를 중심으로 새로운 조직을 만들고자 노력했다. 그런데 이는 이들이 미국의 국익을 위해 일할 가능성이 높았기 때문이었다.

2. 친미적인 정치세력 지원

일본에 동조했던 일부 조선인을 제외하면 모든 조선인이 해방의 기쁨을 누리고 있었다. 그러나 일제치하에서 권세를 누렸던 사람들은 전후 질서(秩序)를 매우 우려했다. 특히 지주(地主)들은 수세기 동안 한반도를 주도했던 본인들이 향후 이처럼 할 수 없을 것으로 생각하며 한숨을 쉬고 있었다. 이들 지주는 기득권 유지 차원에서 일제에 협력하지 않을 수 없었는데 이 같은 사실이 향후 조선사회에서 걸림돌이 될 수 있었다. 해방 이후 몇 주 동안 이들 지주 계층의 우파들은 불안한 모습을 감추지 못했는데 이는 이 같은 이유 때문이었다. 일제치하에서 고위직, 특히 일본경찰에 근무했던 사람들은 은신처 찾기에 바빴다. 향후 조선을 건준이 주도할 것으로 생각한 많은 부자들이 건준에 대거 헌금했다. 송진우와 김성수 같은 사람들은 건준을 자신의 목적을 위해 이용하고자 노력했다. 8월 말경 미군이 남한지역을 점령할 것이란 소식이 전해지면서 이들 우파가 나름의 조직 결성을 추구할 수 있었다. 8월 28일에는 김병로, 백관수(白寬洙), 조병옥(趙炳玉)과 같은 우파 인사들이 조선민족당을 창당했다. 한편 백남훈(白南薰), 김도현(金道鉉), 장덕수(張德秀)와 같은 인사들이 한국국민당을 창당했다. 9월 8일 이들은 미군의 한반도 진주를 기화로 조선인민공화국을 비난하는 공동성명을 발표했다. 9월 16일 이들은 한민당을 창당했다. 조병옥, 이인(李仁), 장덕수, 원세훈(元世勳), 백남훈이 창당 연설을 했다. 여기에는 지주 계급과 지식인, 애국자와 친일부역자, 순수한 사람과 순수하지 못한 사람이 혼재되어 있었다. 조선인들 입장에서 그럴듯해 보이는 사람들이 전면에 나섰지만 이들은 자신의 재산을 지키고자 노력한 지주, 처벌을 모면하고자 했

던 부역자와 반역자들을 방어해주기 위한 성격으로 생각되었다.[47]

예를 들면, 송진우는 태평양전쟁을 포함한 일본의 전쟁 노력을 적극 지원했다는 증거가 있었다. 김성수는 연설과 재산 기부를 통해 1940년대 당시 일본을 적극 지원했음이 분명했다. 보성전문학교 교수 장덕수는 이광수(李光洙), 최린(崔麟), 최남선(崔南善)과 같은 저명 친일부역자들과 함께 일본의 전쟁 노력을 지원하기 위한 연설에 적극 동참한 바 있었다.[48] 어느 미국인은 컬럼비아대학 박사 출신의 장덕수를 "미국의 야만성을 규탄하며 일제를 적극 지원했던 반면 미군이 한반도에 진주하자 미국에 적극 협조한 인물, 러시아가 세력을 잡는 경우 재차 러시아를 지원할 인물"[49]이라고 말했다. 한민당 내부에도 이인과 같은 우국지사가 없지 않았다. 그러나 조선인민공화국과 달리 한민당은 조선이 추구해야 할 분명한 목표를 제시하지 못했다. 처음부터 한민당은 조선인민공화국에 대항하여 자신들의 생존을 보존하는 문제에 몰두하고 있는 듯 보였다. 미군이 한반도에 진주한 9월 8일 발표한 문서에서 한민당은 건준과 조선인민공화국을 "일본제국주의의 주구(走狗)들의 모임"이라고 비난했다. 이들이 일본의 도움을 받아 방송국, 언론사, 운송시설들을 장악했으며, 이들 조직을 이용하여 조선사회를 혼란에 빠뜨렸다고 비난했다. 한민당 인사들 입장에서 보면 1945년 8월의 건준의 공장, 기업 등의 압류는 불법적인 성격이었다. 한민당은 세계평화와 민족문화 창달, 노동자들의 삶의 질 개선과 같은 막연한 프로그램을 제시했다. 한민당이 추구한 최대 목표는 해방 이전 당시의 본인들의 재산 유지인 반면 최소 목표는 사회적 기득권 유지로 보였다.

---

47. Bruce Cumings(1981), *The Origins of the Korean War*, Vol. 1, p. 93.

48. Ibid., p. 94.

49. Ibid.,

조선인들이 한민당 인사들을 별로 좋아하지 않았다는 점에서 처음에 이들은 상해임시정부와 유대관계를 맺고자 노력했다. 그러나 상해임시정부 요원들이 귀국한 시점, 이들은 더 이상 상해임시정부 요원들의 도움이 필요하지 않았다. 왜냐하면 한반도로 오고 있던 미국인들과 강력한 유대관계를 형성했기 때문이다.[50]

한민당 대변인은 송진우와 그의 추종 세력들이 나름의 조직 창설을 위해 노력했던 것이 "미군이 9월 7일경 한반도로 진주할 것이 분명하다"라는 이야기를 들은 8월 말경이었음을 실토했다. 미군정의 공식역사 또한 9월 16일의 한민당 창당이 미국인들의 종용에 의한 것이었다고 말하고 있다.[51] 조선인민공화국과 달리 긍정적이고도 매력적인 프로그램이 없었으며, 조직 능력이 부족했을 뿐만 아니라 조선인들로부터 인기가 없었다는 점에서 한민당 요원들은 외세의 한반도 진입을 학수고대하는 것 이외에 별다른 도리가 없었다.[52]

한반도에 진주한 지 1주가 지나지 않은 시점, 미국은 한국의 정치지도자들 가운데 본인들이 선호하는 대상을 식별했다. 미국이 그처럼 신속히 식별할 수 있었던 것은 미 24군단 정보부서 수장인 세실 니스트(Cecil W. Nist)의 보고서 덕분이었다. 니스트를 포함한 몇몇 미국인들이 일부 조선인을 초청하여 대화한 것이다. 9월 15일경 니스트는 한국의 정치집단에 관한 본인의 판단을 근거로 보고서를 작성했으며, 군정장관 하지의 정치 자문관인 미 국무성 소속 베닝호프를 통해 이 보고서를 미국에 보냈다.

당시 미국은 비교적 교육을 많이 받은 수백 명의 보수인사들에 주목했

50. Ibid., p. 98.

51. Ibid.,

52. Ibid., p. 99.

다. 이들 가운데 많은 사람이 일제의 전쟁 노력을 적극 지원한 친일부역자였다. 여기에는 김성수, 송진우, 조병옥, 윤보선, 장택상 등 그 후 한국사회에서 저명인사로 부상한 많은 인사가 포함되어 있었다. 미국의 강력한 후원 아래 9월 16일 이들은 한민당을 창당했다.

니스트, 베닝호프, 하지는 이들을 매우 좋아했다. 남한지역에 대한 영향력 확보란 미국의 목표 달성 측면에서 또 다른 대안이 없어 보였기 때문이었다. 하지는 특히 좌익성향의 정치가들을 좋아하지 않았다. 이들 보수성향 인사들의 주요 문제는 조선민족을 대변할 수 있을 정도의 경력, 예를 들면 독립운동 경력을 구비하고 있지 않다는 사실이었다. 일제 35년의 결과 당시 남한의 지식인은 공산주의자와 친일파로 양분되어 있었다. 중도성향 인물이 거의 없었다. 미국은 한반도에서 소련을 중심으로 하는 공산세력에 대항하기 위해 친일파를 선호한 것이다.

당시 미국이 친일파 또는 지주계층을 선호했던 것은 이들이 북한 공산세력에 대항하여 열심히 싸울 수 있는 인물로 보였기 때문이었다. 당시 미국이 찾고 있던 사람은 한반도에서의 공산혁명 저지 측면에서 미국이 의존할 수 있는 미국에 충성스런 세력이었다. 베닝호프와 니스트 모두는 자신을 민주적이며 친미적이라고 지칭하는 사람들을 모두 수용하고자 노력했다. 이 같은 측면에서 보면 한민당 구성원들은 남한지역에서 미국이 의존할 수 있던 가장 방대한 단일 조직이었다. 배닝호프가 급진주의자 또는 공산주의자 집단으로 식별한 또 다른 거대 조직인 조선인민공화국 요원들은 소련과 연계되어 있다고 생각되었다. 남한에 진주한지 1주일이 지나지 않은 시점, 미국인들은 한반도에서 미국을 지원해줄 수 있는 주요 세력이 친일적인 인물이며, 미국 입장에서 가장 경계해야 할 대상이 친소적인 인

물이라고 생각했다.[53]

한반도에 발을 디딘 지 2주가 지난 시점, 배닝호프는 남한지역 지식인들이 양극화되어 있음을 확인했다. "…한편에는 소위 말하는 민주적이거나 보수적인 세력이 있었다.…이들은 추구하는 목표와 정책 측면에서 서구 민주주의를 열망하고 있는 듯 보였다.…또 다른 한편에 급진적이거나 공산주의 집단이 있었는데 이들의 주요 세력은 조선인민공화국 내부에 포진해 있었다.…급진주의자들의 경우 자신들의 적(敵)인 민주세력과 비교하여 보다 잘 조직되어 있는 듯 보였다.…"[54]

배닝호프는 한민당 소속 요원들이 조선독립을 포기할 정도로 미국의 계획을 가장 적극 지원하고 있는 듯 보인다며 다음과 같이 말했다. "…이들 가운데 많은 사람이 조선이 일정 기간 동안 외국의 지도(指導)를 받아야 한다는 사실을 인지하고 있으며, 소련보다 미국의 지도를 받기를 원하고 있다."[55] 그런데 외국의 '지도'란 용어는 한국에서 많은 논란을 초래할 수 있는 성격이었다. 한일병탄을 정당화하며 일본이 사용한 용어 또한 '지도'였던 것이다. 대부분 한국인들은 '지도'란 용어의 사용을 선호하는 한민당 요원들을 외세와 무분별하게 영합하는 세력으로 생각했다. 당시 공산당 기관지 해방일보(解放日報)는 행정 능력 또는 여타 기술을 습득하기 위해 일정 기간 동안 미군의 남한지역 점령을 원하고 있던 송진우, 김병로와 같은 인물을 비난했다. 조선공산당은 이 같은 태도를 사대주의(事大主義)로 지칭하

53. Ibid., pp. 143-4.

54. "The Political Adviser in Korea (Benninghoff) to the Secretary of State No. 6, 29 September 1945," in *FRUS*, 1945, The British Commonwealth, The Far East, Vol. 6, p. 1,062.

55. "The Political Adviser in Korea (Benninghoff) to the Acting Political Adviser in Japan (Atcheson), 10 October 1945," in *FRUS*, 1945, The British Commonwealth, The Far East, Vol. 6, p. 1,070.

면서 일본에 대항하여 장기간 투쟁했다는 사실과 관련하여 미국을 칭송해야 할 것이지만 미군의 한반도 주둔은 일본군의 무장해제 기간 동안만 정당화될 수 있다고 말했다.[56]

친일세력들은 공산주의자들이 혐오했다는 점에서 공산주의자 주도의 남북통일을 원할 수 없었다. 공산화되는 경우 이들 친일세력이 숙청될 가능성이 매우 컸기 때문이다. 남한 단독정부 수립을 통해 한반도 분단을 추구하고 있던 하지 입장에서 보면 이들 친일세력보다 바람직한 정치적 대안은 없었던 것이다.

이처럼 민족주의적인 색채가 약한 사람들로 구성되어 있던 한민당을 대변해줄 수 있는 민족주의 성향의 인물, 소위 말해 얼굴마담이 필요했다. 결과적으로 이들은 해외에서 독립 운동하던 사람 가운데 일부 인사의 귀국을 원했지만 공산주의 성향의 독립 운동가는 원치 않았다. 이 같은 목적으로 미국의 전략사무국(Office of Strategic Services)이 발굴한 인물이 하버드대학 석사와 프린스턴대학 박사 출신의 이승만이었다. 굿펠로우처럼 미 중앙정보국(CIA) 전신인 전략사무국에서 근무하고 있던 사람과 절친했던 이승만의 귀국에는 전혀 문제가 없었다. 굿펠로우는 맥아더의 지원을 받아 이승만을 귀국시킬 수 있었다. 그런데 당시 굿펠로우는 반공성향의 남한 단독정부 수립 추진을 위해 한국에 왔다.[57] 이승만은 맥아더의 전용기를 타고 1945년 10월 16일 귀환했다. 10월 20일 이승만은 하지가 배석한 자리에서 반공성향이 짙은 연설을 했다.

이승만은 평생 미국에서 조선독립을 위해 헌신적으로 일했던 인물이었다. 이승만은 20세 미만의 젊은 나이에 조선왕정 폐지를 외쳤다가 극형

---

56. Bruce Cumings(1981), *The Origins of the Korean War*, Vol. 1, p. 150.

57. Bruce Cumings(2005), *Korea's Place in the Sun*, (p. 195). Kindle Edition.

을 언도받아 투옥되었다. 이승만은 미국의 도움을 받아 외세의 침략을 저지해야 할 것으로 생각한 민영환(閔泳煥)과 같은 인사들의 도움으로 1904년 미국으로 건너갔다. 1905년 이승만은 시오도 루즈벨트(Theodore Roosevelt) 대통령에게 조선독립 지원을 호소했다. 루즈벨트가 이 같은 이승만을 철저히 기만했다. 루즈벨트로부터 기만당한 이승만은 선교사들의 도움으로 프린스턴대학에서 정치학 박사를 받았다. 그 후 상해임시정부 대통령으로써 1920년 파리평화회의 참석을 위해 노력했지만 본인의 프린스턴대학 은사이자 막역한 친구이며 이상주의자로 생각했던 우드로 윌슨(Woodrow Wilson) 대통령의 반대로 참석할 수 없었다.[58] 이 같은 경험을 통해 이승만은 철저히 국익에 따라 움직이는 강대국 국제정치의 실상을 절감했다.

이승만은 1941년 『일본내막기(Japan Inside Out)』란 제목의 책을 저술하여 일본과 우호적인 관계를 유지하고 있던 미국인들에게 일본의 실상을 알리고자 노력했다. 이 책에서 이승만은 공산주의를 나치 및 일본의 전체주의 또는 군국주의 이상으로 좋지 않은 이념이라고 주장했다. 1945년 2월의 얄타회담 직후 이승만은 얄타회담에서 한반도와 관련한 주요 밀약이 있었다고 트루먼 대통령을 포함한 미국의 주요 인사들에게 항의했다. 그런데 2장에서 살펴본 바처럼 이승만의 주장은 사실이었다. 귀국 이전 40여 년의 기간 동안 미국에서 외교적 노력을 통해 조선을 독립시키고자 노력했던 이승만은 조선인 가운데 가장 저명한 인물이었다.

당시 미 국무성의 반대에도 맥아더와 하지가 이승만의 귀국을 위해 노력했던 주요 이유는 이승만이 미국적인 사고를 이해하는 인물이란 사실, 특히 공산주의를 혐오하는 인물이란 사실 때문이었다.

---

58. Robert T. Oliver(1978), *Syngman Rhee and American Involvement in Korea, 1942-1960* (Seoul, Korea: Panmun Book Company, 1978), p. 239.

여기서 보듯이 하지는 한국의 정치세력으로 보수성향 인물을 키우고자 노력했는데 일제 당시를 기준으로 보수성향 인물이란 친일파 또는 이승만과 같은 반공주의자를 의미했다. 하지는 조선의 지식인 가운데 일본제국주의에 협력한 경험이 있는 사람들을 신생 한국의 정치지도자로 만들고자 노력했다. 하지가 그처럼 했던 주요 이유는 일본의 이익을 위해 일했던 사람만이 재차 미국의 이익을 위해 일할 것으로 생각했기 때문이었다.

이승만이 귀국한 시점, 극동군사령관 맥아더의 정책보좌관 조지 애치슨(George Atcheson)은 진취적이고도 대중성이 있으며 명망이 있는 소수 지도자 또는 소규모 집단을 이용하여 특정 조직을 선도해 갈 수 있게 하자고 제안했다. 그는 이 같은 조직이 미군정의 지시와 협조 아래 전국적인 행정기구로 발전해 갈 수 있을 것이라고 말했다. 그러면서 애치슨은 이승만, 김구, 김규식을 지목했다.[59] 하지는 이들을 중심으로 남한 단독정부 수립을 추진하기로 결심했다. 1945년 11월 남한을 방문한 미 국무성의 존 J. 맥클로이(John J. McCloy)는 미국이 "어느 정도 합리적이면서 존경받는 정부 또는 일군(一群)의 조언자를 구성하고…이 같은 방식으로 향후 어느 순간 남한 사람들이 진정 자유로운 선거를 치를 수 있도록" 하지 않으면 공산주의자들이 남한지역을 장악하게 될 것이라고 말하며 하지의 이 같은 구상을 지원했다.[60] 당시 남한 단독정부 수립 목적으로 한국에 있던 굿펠로우가 이승만과 함께 이 같은 방향으로 하지에게 영향을 미쳤을 가능성이 없지 않았다.

1945년 11월 셋째 주 하지와 그의 보좌관들은 루즈벨트의 신탁통치 방

---

59. "The Acting Political Adviser in Japan (Atcheson) to the Secretary of State, October 15 1945," in *FRUS*, 1945, The British Commonwealth, The Far East Vol. 6, pp. 1,091-2.

60. "The Assistant Secretary of War (McCloy) to the Under Secretary of State (Acheson), 13 November 1945," in *FRUS*, The British Commonwealth, The Far East, Vol. 6, p. 1,123.

안을 대체할 계획을 수립했다. 하지는 김구의 통제를 받는 "통치 집단"을 창설하고, 이곳을 미군정과 곧바로 통합시키며, 그 후 이 조직이 미군정을 계승하게 한다는 계획을 구상했다. 이 계획에서는 조선의 육군과 해군을 조직·훈련 및 무장시킬 계획을 암시했다.[61] 남한 단독정부 수립을 염두에 둔 조직은 매우 신속히 구성되었다. 대한민국은 1948년 8월 15일 수립되었지만 그 정부 조직은 미군정이 시작된 지 처음 몇 개월 동안에 완료된 것이다.

1945년 당시 남한지역의 미국인들은 한민당 요원들이 정치, 경제 및 사회적으로 한국사회에서 실제적인 파워를 장악할 수 있게 했다. 예를 들면, 미군정 주요 기관의 고위급 인사들을 선발할 당시 이들 요원의 의견이 대거 반영되었다. 미군정의 경찰 총수로 임명된 조병옥은 대표적인 경우였다. 1950년 10월 17일 미군정 요원이 한민당 당수 송진우를 방문하여 경찰 총수로 일할 사람을 추천해 달라고 요청했으며, 송진우가 조병옥을 추천한 것이다. 다음날 미군정 요원과 송진우, 조병옥이 하지와 회동했으며, 그 자리에서 하지가 조병옥을 미군정의 경찰 총수로 임명한 것이다. 마찬가지로 장택상을 수도경찰청장으로 임명한 것도 미군정이었다. 하지가 공권력의 주요 수단인 경찰에 대해 거의 독점적인 권한을 행사하는 직책에 이들을 일방적으로 임명한 것이다.

3. 법과 질서 유지 기관 조직

한반도에 대한 영향력을 확보하여 유지해야 할 것이라는 미국의 한반도 정책에 저항하는 세력을 제거하기 위해 특히 미국이 신경 쓴 조직은 사법

---

61. "The Acting Political Adviser in Korea (Langdon) to the Secretary of State, 20 November 1945," in *FRUS*, 1945, The British Commonwealth, The Far East, Vol. 6, p. 1,132.

기관과 경찰이었다.

사법기관

1945년 말경 남한지역의 미국인들은 신생 한국의 사법기관에 관한 거의 모든 주요 결심을 내렸다. 당시 국가 조직 가운데 조선인화를 가장 먼저 시행한 곳은 사법기관이었다. 1945년 11월경에는 사법부의 조선인화가 완료되었다. 그 후 미국인들은 이곳의 조선인 관료들을 조언해 주는 역할을 했다. 달리 말하면, 사법부의 조선인화는 일본인들이 운영하던 사법기관을 조선인들이 인수함을 의미했다. 사법부 조직 또는 이곳의 근무자 측면에서의 근본적인 변화는 미군정 기간 동안 더 이상 있지 않았다. 미군정은 일제치하 사법기관에서 근무했던 대부분 조선인들이 일제에 부역했음을 잘 알고 있었다. 그러나 미군정은 이들 모두를 그대로 기용했다.[62]

미군정 당시 사법부의 법조문과 판례는 일본법과 미 점령군의 특별법을 결합한 형태였다. 이들 법에는 미국의 남한지역 점령을 위해 또는 미군정에 저항하는 조선인들을 억압하기 위해 추후 사용된 다수의 일본법이 포함되어 있었다. 이 같은 법조문으로 인해 1946년 가을 조병옥은 정치적으로 미군정에 저항할 가능성이 있던 세력들을 선제적으로 체포하기 위해 1912년 당시의 일본법을 사용해야 할 것이라고 말할 수 있었던 것이다.[63]

경찰 조직

해방 이후 남한지역에서는 다수의 비극적인 사건이 벌어졌는데 이들 사건은 주로 경찰과 관련이 있었다. 일제 당시 친일경찰이었던 남한경찰은

---

62. Bruce Cumings(1981), *The Origins of the Korean War*, Vol. 1, pp. 158-9.

63. Ibid., pp. 159-60.

고도로 중앙집중화되어 있었으며, 마음 내키는 대로 휘두를 수 있는 막강한 파워가 있었다. 이들은 공산세력에 대항한다는 명분으로 이들 파워를 휘둘렀다. 이들 경찰의 임무와 역할은 여타 민주경찰과 달리 공공질서 유지, 국민의 생명과 재산 보존을 통한 안전 유지가 아니었다. 이처럼 해서는 공산주의자들에 의한 살인, 파괴 및 게릴라전에 대항할 수 없었다. 결과적으로 남한경찰은 무기를 소지한 상태에서 공산세력에 대항하여 싸우지 않을 수 없었다. 남한경찰은 철저히 일본화되어 있던 매우 효율적인 세력이었다.[64]

남한경찰은 근대시대 어느 국가의 경찰과 비교해도 매우 다양한 기능을 수행했다. 미군정은 남한지역의 정치 조직에 관한 대부분 정보를 경찰을 통해 수집했다. 미군정은 남한경찰이 스파이 활동뿐만 아니라 민간인 사상통제 임무 또한 수행하게 했다. 이들 경찰은 미군차량, 소총과 대검, 기관단총은 물론이고 전화기와 무전기조차 소지하고 있었다. 1946년 중순 남한의 경찰은 39개의 전화중개소와 22,700킬로미터에 달하는 전화선을 운용하고 있었다.[65]

미국은 남한지역의 경찰처럼 막강한 파워를 행사하는 경찰을 유지해 본 경험이 없었다. 맥아더는 일본을 점령 통치할 당시 이 같은 유형의 경찰조직을 폐지했다. 그럼에도 불구하고 미군정이 이 같은 경찰을 남한지역에 유지했던 것은 좌익세력에 대항하기 위함이었다. 좌익세력에 대항한다는 측면에서 이들처럼 응집력이 있던 세력이 조선에 없었기 때문이었다. 일본경찰에 근무했던 조선인들은 자신들과 같은 친일부역자들을 제거 또는 처벌해야 할 것이라고 주장하는 세력들, 예를 들면 좌익세력들의 부상을

---

64. Ibid., pp. 160-1.

65. Ibid., p. 163.

저지하기 위해 적극 노력했다. 이들은 이 같은 측면에서 상당한 공감대를 형성하고 있었다. 이 같은 공감대로 인해 이들이 남한의 어느 집단과 비교해도 응집력이 높았던 것이다. 조병옥은 경찰만이 남한 도처에서 활동하고 있던 인민위원회와 조선인민공화국을 해체할 능력이 있는 것으로 본인과 하지가 생각하고 있었다고 말했다. 이 같은 조병옥의 주장에 미국인들이 공감했다.[66]

당시 남한지역의 미국인들은 일제치하에서 경찰관으로 일했던 인물을 재차 기용하는 것 이외에 별다른 도리가 없었다. 1945년 9월 하지와 하지를 자문해 주던 사람들은 일제에 부역한 조선인 출신 경찰관들을 해고하라는 지시를 받았다. 그러나 하지는 경찰 조직의 변화를 거부했다. 조선인민공화국, 인민위원회, 여타 좌익세력들이 남한지역에서의 미국의 구상을 위협하고 있다고 인식되는 한 미국인들은 남한의 경찰 조직에 의존하지 않을 수 없었던 것이다.

1947년 늦은 시점, 미군정 장관 하지는 이처럼 공산주의자들을 제거하기 위해 친일경찰을 기용하지 않을 수 없었던 미군정의 입장을 한국을 방문한 미 하원의원에게 다음과 같이 말했다.

우리는 공산주의와 싸울 당시 파시즘이 상황을 주도할 위험이 항상 있습니다. 조선에서 우리는 정치적으로 매우 어려운 상황에 처해 있습니다. 독일은 공산주의에 대항하기 위해 히틀러가 만든 것입니다. 그런데 이 같은 독일이 나치주의에 빠졌습니다. 스페인 또한 동일한 경우입니다. 또 다른 한편에서 보면 조선에서 공산주의와 공산주의자가 부상하는 경우 민주주의가 말살됩니다. 조선이 공산주의자들의 수중으로 넘어갑니다. 이 문제에 대한 해답은 무엇입니까?

---

66. Ibid., p. 162.

이 같은 혼란의 와중에서 어떻게 정치적으로 중도적인 세력을 확보할 수 있겠습니까? 이 같은 세력의 확보 방안에 관해 논의해 보았으면 합니다. 저는 묘안을 찾을 수 없는 입장입니다. 묘안이 있으면 좋겠습니다.[67]

미군정 공식역사에 따르면 "군을 제외하면 경찰은 남한지역에서 유일한 파워 집단이었다. 더욱이⋯남한지역이 혼돈 상태에 있었다는 점에서 사건이 벌어진 지역으로 신속히 이동 가능한 방대한 규모의 전력이 요구되었다."

다음에서 보듯이 미군정은 남한경찰의 조직 신장을 위해 적극 노력했다. "미군정이 일본으로부터 행정 조직을 인수한 1945년 9월 조선의 경찰 인력은 20,000명이었다. 그 가운데 12,000명이 일본인이었다. 일본인들을 본국으로 귀환시킨 후 우리는 조선인 출신 경찰을 승진시키고 경찰 보조원들을 경찰로 통합하는 방식으로 경찰력을 보강했다. 이 같은 방식으로 우리는 20,000명 수준의 경찰을 25,000명 수준으로 신장시켰다." 그런데 일제 당시 한반도의 경찰 인력이 20,000명 수준이었다는 점에서 보면 미군정은 남한지역의 경찰 인력을 일제 당시와 비교하여 2배 이상 증원시킨 것과 다름이 없었다.[68]

이들 경찰의 노력으로 남한지역에서 범죄자가 양산되었다. 예를 들면, 일제치하 당시인 1944년 한반도 전체에서 52,455명이 검찰에 기소 당했던 반면 1946년에는 남한지역에서만 63,777명이 기소 당했다. 해방 직전인 1945년 6월 한반도에는 16,587명이 감옥이 있었던 반면 1946년에는 남한지역에서만 17,363명이 감옥에 있었다. 그런데 이들 가운데 대부

---

67. Bruce Cumings(2005), *Korea's Place in the Sun*, (p. 194). Kindle Edition.
68. Bruce Cumings(1981), *The Origins of the Korean War*, Vol. 1, pp. 165-6.

분은 정치범이었다.[69] 해방 당시 감옥에 있던 사람이 모두 석방되었다는 점에서 보면 일제 35년 당시와 비교해도 해방 이후 훨씬 많은 조선인들이 남한지역에서 투옥된 것이다. 소위 말해, 공산주의 및 사회주의와 같은 이념성향으로 인해 또는 미군정에 대항한 결과 투옥된 것이었다. 1949년 말경 남한지역에는 대략 3만 명의 정치범이 있었는데 이들 가운데 80%가 공산주의자란 혐의를 받았다.[70] 당시 경찰은 일반적으로 공산주의자들을 전혀 문제를 일으키지 않는 경우에도 체포하여 구금하고 종종 사살해야 할 폭도 또는 반역자들의 집단으로 생각했다.[71]

당시 경찰조직의 부패와 탄압이 많은 문제를 초래했다. 일제 당시 경찰 조직에 근무했던 사람 가운데 북한지역을 탈출했거나 북한에서 추방당한 많은 사람들이 미군정의 경찰로 일했다. 이 부분과 관련하여 1946년 11월 20일의 한미 콘퍼런스에 제출한 글에서 최능진(崔能鎭)은 미군정 경찰이 "북한 공산주의자들이 추방시킨 부패한 경찰은 물론이고 일제 경찰과 반역자들의 온상이 되었다."라고 표현했다. 최능진은 본인과 조병옥이 친일부역자들을 경찰 인력으로 채용하는 문제와 관련하여 많이 대립했다고 말했다. 최능진은 "조병옥이 우국지사와 독립운동가 출신을 경찰로 채용하고자 한 본인의 처사에 반대했다."고 말했다. 최능진은 "경찰관들이 전혀 증거가 없음에도 불구하고 기분 내키는 대로 민간인을 연행했으며, 혹자가 특정인을 비방하는 경우 이처럼 비방당한 사람을 구금하여 구타했다."고 말했다. 최능진은 "미군정 경찰이 부패했으며, 인민의 적(敵)이다. 이 같은 상황이 지속되는 경우 남한 사람 가운데 80% 정도가 공산주의자로 변

---

69. Bruce Cumings(1990), *The Origin of The Korean War*, Vol. Ⅱ, p. 188.

70. Quoted in Martin Hart-Landsberg(1998), *Korea: Division, Reunification, and U.S. Foreign Policy*, p. 77.

71. Bruce Cumings(1990), *The Origin of The Korean War*, Vol. Ⅱ, p. 187.

신할 것이다."라고 주장했다. 이 글을 제출한 후 최능진은 경찰 조직에서 추방되었다. 당시 미군정 경찰 고위직의 배경을 보면 최능진의 주장은 거의 사실이었다.[72]

조선의 실상을 파악하기 위해 트루먼이 파견한 앨버트 웨드마이어(Albert Wedemeyer) 장군은 해방 직후 조선인 가운데 좌익으로 전향하는 사람이 많았음을 많은 조선인들과의 대화를 통해 확인했다.[73] 이들이 공산주의자로 전향했던 것은 조선경찰과 같은 친일부역자들의 행동을 참을 수 없었기 때문이었다. 당시 저명 학자 정인보(鄭寅普)는 공산주의자들이 조선인들에게 인기가 있었던 것은 북한의 술책 때문이 아니고 이들이 일제 당시 애국적이었다는 기억 때문이라고 다음과 같이 말했다. "조선에서 공산주의자들은 민족주의의 자양분을 받아가며 성장했습니다.···수십 년 동안 조선과 일본에 대항한 적개심을 공유했던 국가는 이웃 국가인 러시아뿐이었습니다."[74]

남한 단독정부가 수립된 이후에도 경찰은 남한사회에서 가장 영향력이 있는 조직이었다. 경찰과 이승만은 공생관계였다. 당시 남한경찰 가운데 대부분이 일제 당시 악랄하게 행동했다는 점에서 한국인들은 이들 경찰에 보복하고자 했는데 이승만이 이처럼 보복하지 못하게 했다. 한편 이승만은 "경찰만이 선거과정 통제를 통해 본인을 권좌에 지속적으로 유지시켜 줄 수 있다."라는 점에서 경찰을 절실히 필요로 하였다.[75]

---

72. Bruce Cumings(1981), *The Origins of the Korean War*, Vol. 1, pp. 166-7.

73. 당시 남한지역에는 4만 명 미만의 공산당원이 있었다. 그러나 이것보다 훨씬 많은 남한 사람들이 공산주의자들에 동조하고 있었다. 이들의 경우 공산당의 명령을 기꺼이 또는 마지못해 이행하고자 했다. 스칼라피노 박사와 이정식 박사의 저서를 인용하여 로버트 올리버는 이처럼 말했다. Robert T. Oliver(1978), *Syngman Rhee and American Involvement in Korea, 1942-1960*, p. 246.

74. Bruce Cumings(1990), *The Origin of The Korean War*, Vol. Ⅱ, pp. 187-8.

75. Ibid., p. 189.

이 같은 남한지역 경찰과 관련하여 미국인 가운데에는 냉소적인 시각에서 지원하는 사람, 미국과 무관한 현상이라고 말하는 사람, 개혁을 요구하는 사람이 없지 않았다. 그러나 트루먼 대통령과 같은 미국의 고위급 인사들은 혁신적인 정권과 비교하여 남한지역의 경찰 정권을 훨씬 더 선호했다.[76]

4. 군 조직

다음에서 보듯이 군정장관으로 부임과 동시에 하지는 남한 단독정부 수립을 염두에 두어 군 조직 창설을 원했다.

> 나(하지)는 미군정 시작과 동시에 한국군 창설에 매우 관심이 있었다. 이는 남한의 치안 유지와 관련된 다수의 사소한 일을 처리하는 과정에서 미군의 부담을 덜어줄 필요성 때문이기도 했지만 남한정부 수립이란 우리의 임무를 완수하게 될 미래 어느 순간에 대비하기 위함이었다.[77]

여기서 보듯이 하지는 한반도에 정부를 수립한다는 임무를 부여받고 왔다. 그런데 이 정부는 미국에 우호적인 정부였다. 남북통일이 거의 불가능한 일이라고 생각했던 하지는 1945년 12월 이후 남한정부 유지에 필요한 군 조직 창설을 위해 적극 노력했다.

그러나 미군정이 군 조직 창설을 결심하게 된 것은 치안 유지 차원에서 경찰 조직을 지원하기 위한 전력이 필요했기 때문이었다. 남한의 경찰은 적어도 문서상으로는 남한 전 지역에서 치안을 유지할 수 있을 정도의 자

---

76. Ibid.

77. Quoted in Bruce Cumings(2005), *Korea's Place in the Sun* (p. 200). Kindle Edition.

원을 보유하고 있었다. 그러나 경찰이 남한지역에서 자신을 위협했던 세력을 처리할 수 있을 정도로 효율적인 조직이 된 것은 1947년 초순이었다. 1945년 가을 경찰 관리들은 사기가 저하되어 있었으며, 출동 당시 미군이 종종 동행해야만 하는 상황이었다. 지방의 사소한 소요사태에도 미군이 경찰과 동행해야만 했다. 결과적으로 1945년 10월 미군정은 경찰을 보조하고 뒷받침해 주기 위한 군 조직 창설을 결심했다. 이처럼 미군정이 결심하게 된 사건은 1945년 10월 5일의 남원 사태였다. 당시 남원의 인민위원회와 이곳의 지원을 받는 무력 집단이 경찰 및 미군과 충돌했다.

서울의 미국인들은 당시 사태를 미국 중심 질서에 대항한 조선인민공화국의 저항 차원에서 바라보았다. 조선인민공화국과 연계되어 있던 무력집단의 존재를 보며 하지가 특히도 놀라지 않을 수 없었다. 결과적으로 하지를 포함한 미군정 요원들이 북한지역에 소련군이 주둔하고 있다는 사실과 미국의 한반도 신탁통치 구상을 고려하지 않은 채 군 창설을 결심한 것이다. 1945년 11월 20일 하지는 군 창설 계획을 극동군사령부로 보냈다. 11월 26일 맥아더가 미 육군참모총장 드와이트 데이비드 아이젠하워(Dwight David Eisenhower)에게 그 계획을 보냈다.[78]

1945년 12월 미군정은 남한의 국방조직 창설 계획을 수립했다. 12월 5일에는 국방경비대에서 근무하게 될 장교들에게 영어를 교육시키기 위한 군사영어학교가 창설되었다. 군사영어학교 1기생으로 선발된 60명 가운데 많은 사람이 1948년 이후 한국육군에서 고위직을 주도했다. 이들 60명 가운데 20명은 일본육사, 20명은 일본 관동군, 나머지 20명은 광복군 출신이었다.

---

78. "General of the Army Douglas MacArthur to the Chief of Staff (Eisenhower), 26 November 1945," in *FRUS*, 1945, The British Commonwealth, The Far East, Vol. 6, pp. 1,136.

1945년 11월 말경과 12월 초순에는 광복군이 대부분 귀환했다. 당시 미군정은 이들 광복군과 같은 우국지사들이 대부분 친일부역자로 인식되고 있던 초창기 국방경비대 요원들에게 정당성을 부여해줄 수 있을 것으로 기대했다. 그러나 이범석과 같은 광복군 지도자들은 국방경비대 참여를 거부했다. 이범석은 "군사정부 휘하에 국방경비대와 같은 조직을 두는 것이 말이 되는가? 군대를 조직하기 이전에 국가주권을 먼저 회복해야 한다."고 주장했다. 남한으로 귀환한 광복군들은 친일세력으로 치부되던 일본군 장교 출신들이 대거 참여하고 있던 국방경비대에 참여하고자 하지 않았다. 일부 참여한 광복군 요원들의 경우 국방경비대에서 소수 불만세력이 되었다. 이 같은 이유로 군사영어학교 1기생으로 선발된 20명의 광복군 출신 가운데 국방경비대에서 장교로 임관한 사람은 얼마 되지 않았다. 더욱이 미군정은 국방경비대에 근무할 장교들의 경우 일제치하에서 전과(前過) 기록이 없어야 한다고 가정했다. 해외와 국내에서 일제에 대항하여 싸우다가 투옥되었던 인사들, 소위 말해 우국지사들이 국방경비대에서 배제된 것이다. 결과적으로 국방경비대는 물론이고 그 후 한국육군이 일본군에서 장교로 근무했던 조선인들의 독무대가 된 것이다.[79]

이처럼 한국육군이 일본군 출신 장교들의 독무대가 된 또 다른 이유는 미군정이 일본군에서 고위직으로 일했던 조선인들에 의존한 결과였다. 이들 가운데 가장 중요한 인물은 일본군 대령 출신의 이응준(李應俊)이었다. 1945년 11월 국방경비대 창설과 관련하여 이응준이 미군정에 상당히 많이 조언했다. 이응준은 군사영어학교 학생 선발 과정에서 주요 역할을 했다. 이외에도 일본군 장교 출신의 원용덕(元容德)과 유재흥(劉載興)이 많은 영향을 미쳤다.

---

79. Bruce Cumings(1981), *The Origins of the Korean War*, Vol. 1, pp. 173-5.

군사영어학교 교육의 가장 큰 문제는 국방경비대가 남한의 국경을 경비하는 조직이라기보다는 경찰과 함께 치안유지 성격의 것이었다는 사실에 있었다. 미군정은 남한의 치안을 우려했으며 국방경비대를 경찰의 예비전력으로 간주했다. 국방경비대는 주로 공산세력들이 조장하는 내부 소요(騷擾) 또는 게릴라 활동에 대항하기 위한 성격이었다. 따라서 남한경찰과 국방경비대는 1946년부터 1950년의 기간 남한사회 도처에서 목격되었던 심각한 소요에 대항하여 사용 가능한 주요 도구였던 것이다.

결과적으로 군사영어학교를 통해 110명의 장교가 양성되었는데 이들 가운데 108명이 일본군 장교 또는 하사관 출신이었다. 그 후 이들 가운데 78명이 장군으로 승진했으며, 13명이 참모총장이 되었다.[80] 이처럼 군사영어학교 출신 가운데 일본군 출신이 절대 다수로 많았던 것은 이들이 군사적 전문성이 상대적으로 높았던 측면도 있지만 광복군과 같은 독립군 출신과 비교하여 반공의식이 투철했기 때문이었다. 대체적으로 독립군 출신들이 일본군 출신들과 함께 근무하고자 하지 않았기 때문이었다.

그런데 『소용돌이의 정치(Politics of the Vortex)』란 제목의 1951년의 저서에서 헨더슨은 한국군에서 고위직을 담당하고 있던 일본군 출신들은 노골적으로 표현하지는 않았지만 본인들이 일본천황을 위해 싸웠으며 일본에 충성을 바쳤다는 사실을 내심 매우 자랑스럽게 생각했다고 암시했다.[81] 예를 들면, 박정희 대통령은 재임 기간 중 청와대에서 종종 일본군 장교복장,

---

80. Allan R. Millett(2005), "Captain James H. Hausman and the formation of the Korean Army, 1945-1950," *Armed Forces and Society*. Chicago, Vol. 23, Iss. 4, (Summer 1997), pp. 503-39.

81. "…일본 천황으로부터 받은 칼이 3.1운동 참여 내지는 조선을 위한 여타 애국적인 행위 이상으로 본인의 입지 구축에 도움이 되었다." Gregory Henderson(1968), *Korea: The Politics of the Vortex*, p. 343.

가죽장화, 점퍼차림에 말채찍을 들고는 즐거운 표정을 지었다.[82] 소위 말해, 이들은 조선의 이익이 아니고 일본의 이익을 대변했음을 자랑스럽게 생각하는 사람들이었다는 점에서 전후 한국 이익이 아니고 미국 이익을 기꺼이 대변할 가능성이 높았던 것이다.

이처럼 일본군 내지는 일본경찰에서 근무하던 인사들을 중심으로 치안조직을 편성한 결과 우국지사들이 이들 조직과 함께 일하고자 하지 않았으며, 일제치하에서 부역했던 이들이 여타 민간인의 사상을 검증하는 등의 기이한 사태가 벌어진 것이다. 꼬리가 몸통을 뒤흔드는 현상이 벌어진 것이다.

제3절. 반공성향의 남한 단독정부 수립

1945년 12월 미 국무장관 번스, 영국 외무장관 어니스트 배빈(Ernest Bevin), 소련 외무장관 몰로토프가 조선임시정부 수립 등 한반도 통일 방안과 관련하여 모스크바에서 회의했다. 여기서는 최대한 5년 동안 조선임시정부를 운영한 후 한반도를 통일시킬 것으로 합의했다. 미군정장관 하지는 이 같은 방식으로 출현하게 될 통일한반도 정부가 소련과 우호적일 가능성이 크다고 생각했다. 하지는 한반도에 대한 미국의 영향력을 확보하여 유지하고자 하는 경우 이 같은 통일한반도 정부가 아닌 반공성향의 남한 단독정부를 수립해야 할 것으로 생각했다. 이 같은 이유로 하지는 모스크바삼상회의 결의안에 반대했다. 하지는 이 같은 통일한반도 정부에 반

---

82. 류순열, 『벚꽃의 비밀』(서울: 에세이, 2012), p. 39에서 재인용.

대할 수밖에 없던 남한의 세력들, 예를 들면, 한민당을 동원하여 1945년 12월 27일의 모스크바삼상회의 합의안을 무산시켰다.

한편 1947년 1월에 미 국무장관에 취임한 마샬은 1945년 말경에 하지가 정립한 남한 단독정부 수립 방안을 수용했다. 마샬은 한반도 문제를 유엔으로 갖고 가서 남한 단독정부를 수립하기로 결심했다. 통일 한반도정부 수립을 통해 한반도에 대한 영향력을 행사하고자 했던 소련이 이 같은 미국의 노력에 반대했다. 이 같은 소련의 반대에도 불구하고 1948년 8월 15일 남한에 단독정부가 수립되면서 한반도가 법적으로 분단된 것이다.

이미 1945년 12월 이전 하지가 군대, 경찰, 정당 등 국가의 근간에 해당하는 조직을 반공성향 인물들로 포진시켰다는 점에서, 1948년 8월 15일에 출범한 남한정부는 반공성향일 수밖에 없었다.

1. 모스크바삼상회의

모스크바삼상회의 한반도 합의안 관련 주요 행위자는 미국과 소련이었다. 보다 구체적으로 말하면 미 국무성, 하지 중심의 미군정 그리고 소련이었다. 결과적으로 보면 이들 가운데 가장 중요한 행위자는 하지였다. 당시 소련은 조선의 즉각 독립을 원했다. 미 국무성은 한반도 신탁통치를 원했다. 하지는 남한 단독정부 수립을 주장했다. 결국 하지의 구상대로 남한에 단독정부가 수립된 것이다. 모스크바삼상회의에서 소련과 미국은 타협안으로 조선임시정부와 미소공동위원회 설치에 동의했다. 하지가 남한 내부의 본인의 지지 세력들을 동원하여 이 같은 타협안을 무산시켰다. 그러면서 하지는 미국정부에 사직서를 제출했다. 그러자 트루먼의 절친한 친구이자 소련주재 미국대사인 해리먼이 한국을 방문하여 하지를 만났다. 해리먼이 하지의 판단이 옳다고 트루먼에게 말했다. 결과적으로 워싱턴이 남한에 단독정부를 수립하기로 결심했다. 그 후 몇 차례 진행된 미소공동위원회는 형식적인 성격이었다.

한반도 미래에 관한 주요 행위자들의 상이한 구상

하지는 한반도 신탁통치 방안을 매우 탐탁지 않게 생각했다. 하지의 정책보좌관 랭던은 미 국무장관에게 보낸 1945년 11월 20일 자 서신에서 "…신탁통치 개념을 한반도 상황에 적용할 수 없다.…신탁통치 방안을 폐기해야 한다고 생각한다.…"[83]라고 말했다. 하지는 반공 성향의 남한 단독 정부 수립만이 한반도에서의 미국의 국익과 전략 목표를 지원해 주는 반면 한반도 통일정부가 구성되는 경우 이 같은 정부를 통제할 수 없을 뿐만 아니라 이 정부가 소련의 영향권으로 들어갈 가능성이 있다고 생각했다.[84] 이는 하지가 맥아더를 통해 미 합참에 보낸 다음과 같은 서신을 보면 잘 알 수 있다.

> …둘째, 조선인들은 무엇보다도 독립을 원한다. 지금 당장 독립을 원한다.…셋째, 남한의 상황은 공산주의가 정착하기에 매우 좋은 토양이다.…다섯째, 지금 이 순간 또는 미래 어느 순간 신탁통치를 한국인들에게 강요하는 경우 폭동을 일으킬 가능성이 있다.[85]

하지는 본인의 신탁통치 반대를 '신탁통치를 한국인들에게 강요하는 경우 폭동을 일으킬 가능성이 있다.'로 표현했다. 한반도를 독립시키면 안

---

83. "The Acting Political Adviser in Korea (Langdon) to the Secretary of State, 20 November 1945," in *FRUS*, The British Commonwealth, The Far East, Vol. 6, p. 1,130.

84. Michael Pembroke(2020), *Korea Where the America Century Began* (pp. 56–7). Kindle Edition.

85. "General of the Army Douglas MacArthur to the Joint Chiefs of Staff, 16 December 1945," in *FRUS*, 1945, The British Commonwealth, The Far East, Vol. 6, pp. 1,145–6.

될 것임을 독립 이후 '남한의 상황이 공산주의가 정착하기에 매우 좋은 토양'으로 표현했다. 여기서 하지는 한반도를 분단시켜야 할 것이라고 말하고 있었다. 거의 유사한 이유로 하지는 모스크바삼상회의 합의안을 지지하는 세력을 싫어했다. 반면에 반대하는 세력을 좋아했다.[86] 그 이유는 모스크바삼상회의 합의안에 따르면 몇 년 후에 한반도가 통일될 예정이었기 때문이었다.

미 국무성은 신탁통치를 추구했다. 1945년 11월 3일 소련주재 미국대사 해리먼에게 보낸 편지에서 미 국무장관 번스는 "대사도 잘 알고 있는 바처럼, 트루먼 정부는 조만간 군정을 종식시킨 후 완벽한 독립 이전에 신탁통치 적용을 선호하고 있다."[87]라고 말했다. 1945년 11월 16일 미 국무장관 번스에게 보낸 서신에서 미 국무성 극동문제 실장 존 빈센트(John Carter Vincent)는 "…한반도 신탁통치가 트루먼 정부의 공식 정책이란 사실을 하지에게 통보해 줄 필요가 있다."[88]라고 말했다. 한반도에 신탁통치 적용이 곤란하다는 랭던의 서신에 대한 답신에서 1945년 11월 29일 번스는 "…현재의 남한과 북한지역에서 전개되는 상황을 개선하고 38선을 제거하기 위해 아직도 신탁통치를 적용할 필요가 있을 수 있다."라면서 "소련과의 협의를 통해 한반도를 통일 또는 독립시키기 위한 적절하고도 구체적인 보장책을 마련할 수 있는 경우 신탁통치 방안을 더 이상 옹호하지 않을 수도 있을 것이다."[89]라고 말했다.

---

86. Bruce Cummings(1981), *The Origins of the Korean War*, Vol. 1, p. 220.

87. "The Secretary of State to the Ambassador in the Soviet Union (Harriman), November 3 1945," in *FRUS*, The British Commonwealth, The Far East, Vol. 6, p. 1,109.

88. "Memorandum by the Director of the Office of Far Eastern Affairs (Vincent) to the Under Secretary of State (Acheson), November 16 1945," in *FRUS*, 1945, The British Commonwealth, The Far East, Vol. 6, p. 1,127.

89. "The Secretary of State to the Acting Political Adviser in Korea (Langdon), November 29

번스 국무장관의 1945년 11월 29일 자 서신에 대한 답신에서 랭던은 "한반도 차원의 신탁통치 방안을 적용하지 말자"라면서 그 대안으로 "5년 동안 남한지역을 미국이, 북한지역을 소련이 신탁통치하게 한 후 한반도 에서 미군과 소련군이 동시에 철수하게 하자"라고 말했다. 랭던은 그 후 "인적 및 물적인 교류가 유지되는 가운데 남한과 북한을 유엔에 가입시키 는 방안"[90]을 제안했다. 그런데 이는 한반도를 분단시켜야 할 것이란 주장 과 다름이 없었다.

소련은 한반도의 즉각 독립을 원했다. 루즈벨트가 카이로에서 한반도 신탁통치 문제를 거론한 1943년 11월 이후 소련은 내심 신탁통치에 반대 했다. 조선의 조속한 독립을 염원했다. 1945년 11월 소련주재 미국대사 해리먼은 미 국무장관 번스가 한반도 신탁통치 문제를 거론할 당시 소련 이 침묵을 지켰던 반면 몇몇 포럼에서 조선의 독립을 주장했다고 미국에 보고했다. 해리먼은 "국제사회 국가들이 조선을 지도(指導)하기 위한 특정 체제를 통해서가 아니고 소련에 우호적인 한반도 통일정부 수립을 통해 소련이 한반도에서 보다 많은 영향력을 행사할 가능성이 있다."라고 말했 다. 해리만은 소련이 신탁통치를 싫어하는 이유를 "…한반도를 신탁통치 하는 경우 소련이 3표 또는 4표 가운데 1표를 행사할 것이기 때문이다."[91] 라고 말했다.

1946년 1월 25일 조지 캐넌(George F. Kennan) 또한 소련이 조선의 조기 독립을 원하고 있음을 다음과 같이 표현했다.

1945," in *FRUS*, 1945, The British Commonwealth, The Far East, Vol. 6, pp. 1,137-8.

90. "The Acting Political Adviser in Korea (Langdon) to the Secretary of State, December 11 1945," in *FRUS*, The British Commonwealth, The Far East, Vol. 6, p. 1,141.

91. "The Ambassador in the Soviet Union (Harriman) to the Secretary of State, November 12 1945," in *FRUS*, The British Commonwealth, The Far East, Vol. 6, p. 1,122.

샌프란시스코에서의 유엔회의 이후 소련은 자국이 미국 또는 영국의 신탁통치 개념을 지지하는 입장이 아님을 분명히 했다. 특히 한반도에 관한 한 소련은 조속한 독립을 원하는 입장임을 밝혔다.[92]

미국과 소련의 입장과 모스크바삼상회의 합의안

1945년 12월 16일부터 26일까지 미국, 영국, 소련 외무장관이 모스크바에서 2차 세계대전의 전후 처리 문제를 놓고 논의했다. 당시 논의에서 한반도 신탁통치 문제는 주요 안건 가운데 하나였다.

모스크바삼상회의의 한반도 관련 합의안은 다음과 같았다. 첫째, 조선 독립 목적으로 민주적인 임시정부를 수립한다. 둘째, 조선임시정부의 수립을 지원 및 협조하기 위한 방안을 미소공동위원회가 조선의 민주적 정당 및 사회단체들과의 협의를 통해 강구한다. 셋째, 5년 기한의 4개국 신탁통치를 실시한다.

소련이 조선반도의 조속한 독립을 원하는 입장이었다는 측면에서 보면 이들 합의는 소련과 미국의 일종의 타협안으로 볼 수 있었다.

한반도 신탁통치에 관한 미국 안(案)에서는 무역, 운송 및 화폐와 같은 문제를 공동으로 관리하는 소련군과 미군으로 구성되는 공동 사령부 창설을 촉구하고 있었다. 조선의 입법, 사법 및 행정 기능을 수행할 4개국 신탁통치 기구가 이 같은 임시 기구를 대체할 예정이었다. 이 같은 기구가 독립 준비가 되어 있다고 생각되는 순간까지 조선을 신탁통치할 예정이었다. 당시 미국은 5년 동안의 신탁통치를 제안했지만 필요하다면 5년 연장할 수도 있다고 생각했다. 미국의 제안에서는 신탁통치를 행사하는 4개국

---

92. "The Chargé in the Soviet Union (Kennan) to the Secretary of State, January 25 1946," in *FRUS*, 1946, The Far East, Vol. 8, p. 619.

휘하에서 기능하는 조선의 행정 기구 내지는 임시정부에 관해 전혀 언급하지 않았다.[93]

소련이 제안한 안은 조선임시정부 수립, 이 같은 조선임시정부 구성 과정에서 도움을 줄 미소공동위원회 수립 측면에서 미국 안과 차이가 있었다. 미국과 영국 대표가 소련 안을 일부 수정 후 채택했다.[94] 당시 합의된 최종안에서는 한반도 신탁통치 개념이 상당히 희석되었다. 최종안에서의 방점은 조선임시정부였다. 조선임시정부를 출범시키고, 미소공동위원회와 이곳이 협의한 이후에나 관련 4개국이 "최대 5년 기간의 4개국 신탁통치에 관한 협정을 도출할 예정이었다."[95] 결과적으로 신탁통치가 필요하지 않을 수도 있었다. 1945년 12월 30일 번스 국무장관은 "조선임시정부와 공조하여 일하는 미소공동위원회가 한반도에 신탁통치를 적용하지 않기로 판단할 가능성이 있다."[96]라고 말했는데 이는 이 같은 의미였다.

2차 세계대전 당시 루즈벨트는 일정 기간 동안의 신탁통치 이후 한반도 통일정부를 수립할 예정이었다. 모스크바삼상회의 합의안에 따르면 조선임시정부를 먼저 구성한 후 나중에 신탁통치 실시 여부를 결정할 예정이었다. 루즈벨트가 한반도 신탁통치를 구상할 당시는 조선인들의 자치 능

---

93. "Memorandum by the United States Delegation at the Moscow Conference of Foreign Ministers, December 17 1945," in *FRUS*, 1945, General: Political And Economic Matters, Vol. 2, pp. 642-3.

94. "Memorandum by the Soviet Delegation at the Moscow Conference of Foreign Ministers, December 20 1945," in *FRUS*, 1945, General: Political And Economic Matters, Vol. 2, pp. 699-700.; "United States Delegation Minutes of an Informal Meeting, Conference of Foreign Ministers, Moscow, Spiridonovka, December 21 1945," in *FRUS*, 1945, General: Political And Economic Matters, Vol. 2, p. 716.

95. "The Ambassador in the Soviet Union (Harriman) to the Secretary of State, December 27 1945," in *FRUS*, 1945, The British Commonwealth, The Far East, Vol. 6, p. 1,151.

96. Bruce Cumings(1981), *The Origins of the Korean War*, Vol. 1, p. 220.; Department of State Bulletin, December 30, 1945, p. 1,036.

력 결여를 그 이유로 들었는데 모스크바삼상회의 합의안은 조선임시정부 운영 측면에서의 조선인들의 능력에 의문을 제기하지 않았다. 이 같은 점에서 보면 모스크바 합의는 신탁통치 관련 합의로 볼 수 없었다. 당시의 합의에서는 미국과 소련이 38선 분할 점령을 조기 종료할 것임을 암시했다. 여기서는 이것이 통일한반도를 달성하기 위한 유일한 방안임을 인지했다. 당시 합의안의 이행, 이 같은 합의안을 조선인들이 어떻게 생각할 것인지가 대단히 중요한 의미가 있었다. 미국과 소련의 긴밀한 상호 협조 및 조정과 합의안 문구의 철저한 준수가 대단히 중요했다.[97]

모스크바삼상회의 합의안에 대한 미군정과 남한지역 조선인들의 반응

한반도에 관한 모스크바삼상회의 합의안은 주로 미군정과 남한지역 조선인들로 인해 곧바로 좌초되었다. 적어도 1945년 10월 중순부터 미군정은 한반도에서 신탁통치가 시작될 것임을 잘 알고 있었다. 10월 20일 미국무성의 빈센트는 한반도 신탁통치 구상을 공식 천명했다. 이 순간부터 하지는 물론이고 베닝호프와 랭던처럼 하지를 자문해 주던 인사들이 신탁통치 구상을 포기하거나 우회할 것을 워싱턴에 촉구하기 시작했다.

남한지역의 모든 정치세력이 신탁통치 반대 운동, 소위 말해 반탁운동을 전개했다. 혹자는 한국인들이 "일정 기간 동안 미국의 지도를 받아야 할 것"으로 생각하고 있다고 암시했다.[98] 하지의 지시에 따라 일부 한국인

---

97. "Policy For Korea," in "Memorandum by the Assistant Secretary of State for Occupied Areas (Hilldring) to the Operations Division, War Department, June 6 1946," in *FRUS*, 1946, The Far East, Vol. 8, p. 693. "미국 정부의 의도는 모스크바삼상회의 결정 사항의 범주 안에서 미국의 목표를 달성하는 것이다. …"

98. "The Political Adviser in Korea (Benninghoff) to the Acting Political Adviser in Japan (Atcheson), 10 October 1945," in *FRUS*, 1945, The British Commonwealth, The Far East, Vol. 6, p. 1,070.

들이, 특히 송진우와 한민당이 반탁운동을 주도했다. 그 와중에서 한민당 당원 김성수가 운영하던 동아일보가 주도적인 역할을 했다.

미군정 당국은 이 같은 남한지역의 반탁운동을 워싱턴에 곧바로 전달하면서 신탁통치 적용 중지를 촉구했다. 미군정은 워싱턴의 승인을 받지 않은 상태에서, 소련을 포함한 여타 관련국의 한반도에서의 이익을 고려하지 않은 채, 조선인들에게 반탁운동 동참을 종용했다. 미군정은 조선을 특정 국가가 지도해야 할 것이라면 미국이 이처럼 지도해야 할 것임을 암시하기조차 했다.

10월 30일 미군정의 아놀드 장군은 신탁통치에 관한 미 국무성 빈센트의 발언은 미국의 정책이 아니고 빈센트 개인의 생각이라며 조선인들이 빈센트의 한반도 신탁통치 발언을 무시할 수 있을 것이라고 말했다.[99] 10월 31일 하지는 한민당 당수 송진우와의 논의에서 동일하게 말했다. 송진우와 한민당은 동아일보와 같은 언론매체를 이용하여 미군정의 주요 결심들을 조선인들에게 전파했다. 11월 1일 송진우에 따르면 10월 31일 하지는 다음과 같이 말했다.

> 한반도 신탁통치에 관한 모든 논의는 미 국무성 극동문제실 실장 빈센트 개인의 생각이다. 빈센트는 미국의 한반도정책을 통제할 수 있는 위치에 있지 않다.…조선인들이 일치단결하여 독립을 누릴 자격이 있음을 보여주는 경우 나는 곧바로 한반도 독립을 인정할 것이다.…38선 문제와 관련하여 말하면, 남한 사람들이 내 지시에 따라 일사분란하게 행동하는 경우 통일한반도 정부가 출현할 것이며, 결과적으로 38선 분단 문제가 곧바로 해결될 것이다.[100]

---

99. Quoted in Bruce Cumings(1981), *The Origins of the Korean War*, Vol. 1, p. 218.; 매일신보, 1945년 10월 31일.

100. Quoted in Bruce Cumings(1981), *The Origins of the Korean War*, Vol. 1, p. 218.; "조선 지시

얼마 후 송진우는 빈센트가 한반도 신탁통치 성명을 발표했을 당시 하지를 포함한 미군정 요원들은 내게 "곧바로 한반도를 통일시키라고 조언했다. 그러면서 이들은 신탁통치 실시 가능성을 우려했다."[101]라고 언론에 말했다. 하지의 이 같은 주장과 달리 결국 모스크바삼상회의 합의안 찬성은 일정 기간 이후의 한반도 통일을 의미했던 반면 반탁운동은 한반도 분단을 의미했다.

적어도 10월 중순 이후 하지를 포함한 미군정의 주요 인사들이 한반도 통일을 전제로 하는 신탁통치 방안에 반대했다. 이들은 미국이 제안한 신탁통치 방안과 비교하여 한반도 통일을 보다 가속화시키는 성격의 모스크바삼상회의 합의안에 반대했다. 주요 이유는 이 같은 합의안을 준수하는 경우 한반도에 조만간 친소(親蘇) 성향의 통일정부가 출현하면서 한반도에 대한 미국의 영향력 확보가 곤란해질 가능성이 있었기 때문이었다. 이 같은 이유로 하지를 포함한 미군정의 주요 인사들은 모스크바삼상회의 합의안을 원천적으로 무효로 만들기 위해 노력했다.

하지는 모스크바삼상회의 결정을 무산시키기 위해 다음과 같은 전략을 구사했다. 대부분 조선인들이 신탁통치에 반대한다는 사실을 잘 알고 있던 하지는 모스크바삼상회의에서 미소가 합의한 내용이 신탁통치와 동일한 성격이란 성명을 발표했다. 그러면서 하지는 미국이 조선의 즉각 독립을 지지한 반면 소련이 한반도 신탁통치를 추구했다고 남한 사람들이 믿게 하기 위한 노력을 전개했다.[102]

계급에게 고함," 1945년 11월 1일, in 李革 편집, 愛國 삐-라 全集. 第1集(서울 : 祖國文化社, 1946), pp. 56-8.

101. Quoted in Bruce Cumings(1981), *The Origins of the Korean War*, Vol. 1, p. 219.; 민중일보, 1945년 12월 30일.

102. Martin Hart-Landsberg(1998), *Korea: Division, Reunification, and U.S. Foreign Policy*, p. 82.

이 같은 측면에서 미군정이 믿고 의논할 상대는 한민당 인사들이었다. 이들은 좌익이 주도하게 될 통일한반도에서 본인들의 입지가 매우 불안해 질 가능성이 있었다는 점에서 남북통일을 전제로 하는 신탁통치에 반대할 수밖에 없는 입장이었다. 루즈벨트의 신탁통치 방안과 비교하여 한반도를 보다 신속히 통일시킬 가능성이 있던 모스크바삼상회의 합의안의 무력화 를 위해 전념해야 하는 입장이었다.

한반도 문제에 관한 모스크바삼상회의 합의안이 서울 시간으로 1945년 12월 28일 오후 6시에 공포되었다. 이미 12월 27일 하지의 지시를 받은 동아일보는 『소련은 신탁통지 주장, 미국은 즉각 독립 주장』이란 1면 머리 기사를 보도했다.[103] 그런데 이미 살펴본 바처럼 이는 사실을 180도 왜곡 시킨 것이었다. 당시 소련이 조선의 즉각 독립을 요구한 반면 미국이 최대 10년 기간의 신탁통치를 주장했던 것이다.

모스크바삼상회의 합의안이 발표된 직후인 12월 29일 하지는 한민당 당수 송진우와 회동했다. 나중에 하지는 "송진우가 한반도 신탁통치 문제 와 관련하여 눈치껏 알아서 행동할 것이라고 말했다. 그런데 다음 날 아침 피살되었다."라고 말했다. 12월 29일 저녁부터 30일 새벽까지 송진우는 김구와 회동했다. 당시 송진우는 한반도 신탁통치 문제와 관련하여 미군 정과 대립하지 말라며 김구를 설득하고자 노력했다. 당시 김구는 송진우 가 남한지역이 미군정의 지도를 받아야 한다고 생각하는 것으로 판단했던 듯 보였다. 이유야 어떠하든 김구와의 회동이 끝난 지 2시간이 지나지 않 은 새벽 6시경 한현우가 송진우를 암살했다. 나중에 한현우는 본인이 송 진우를 암살한 것이 송진우가 일정 기간 동안 남한지역이 미국의 지도를

---

103. 『동아일보』, 1945. 12. 27.

받아야 한다고 주장했기 때문이었다고 말했다.[104] 그런데 이미 살펴본 바처럼 당시 하지는 남한은 미국이, 북한은 소련이 신탁통치하게 하자고 주장한 바 있으며, 이 같은 주장을 송진우를 중심으로 하는 한민당 요원들이 지원했다. 당시 송진우가 한민당의 중심적인 인물이었다는 점에서 김구에게 그처럼 주장했음이 거의 분명할 것이다.

당시 사람들은 좌익들이 송진우를 암살했다고 생각했다. 왜냐하면 남한 지역이 일정 기간 동안 미국의 지도를 받아야 할 것이라는 송진우의 발언을 주로 좌익들이 비난했기 때문이었다. 한편 12월 29일 하지는 일부 조선인들에게 신탁통치 반대를 지시했다.[105] 12월 30일 하지는 "좌익들이… 한반도 신탁통치 발표와 관련하여 미국이 전적으로 책임이 있다는 말을 퍼뜨리고 있다."[106]라는 내용의 전문(電文)을 맥아더에게 보냈다. 그러면서 하지는 판세를 뒤엎기 위한 노력을 시작했다. 하지는 미국이 한반도 신탁통치에 반대하는 한편, 조선의 조속한 독립을 옹호하는 입장이라고 말하기 시작했다. 곧바로 하지는 신탁통치 반대 성명을 발표했다.[107] 12월 30일 하지는 신탁통치에 반대한다는 내용의 김구의 발언을 맥아더에게 전송하면서 이것을 모스크바삼상회의에 참석한 각 국 정상들에게 배포해줄 것을 촉구했다.[108] 하지의 또 다른 활동으로 한반도에서 반탁운동이 시작되었다. 결과적으로 얼마 지나지 않아 한반도 신탁통치 구상과 관련하여 조

---

104. Quoted in Bruce Cumings(1981), *The Origins of the Korean War*, Vol. 1, p. 219

105. Quoted in Bruce Cumings(1981), *The Origins of the Korean War*, Vol. 1, p. 220.; 李康國 著, 民主主義朝鮮의 建設 (朝鮮人民報社厚生部, 1946), p. 103.

106. "Mr. Arthur B. Emmons to the Secretary of State, December 30, 1945," in *FRUS*, The British Commonwealth, The Far East, Vol. 6, p. 1,153n.

107. Quoted in Bruce Cumings(1981), *The Origins of the Korean War*, Vol. 1, p. 220.

108. "Lieutenant General John R. Hodge to General of the Army Douglas MacArthur at Tokyo, 30 December 1945," in *FRUS*, 1945, The British Commonwealth, The Far East, Vol. 6, p. 1,154.

선인들이 소련을 비난하기 시작했다. 다음에서 보듯이 이 같은 현상과 관련하여 미국이 책임이 없지 않았다. "미국은…한반도 신탁통치 구상과 관련하여 비난해야 할 국가가 소련이라는 여론이 남한지역에서…조성되게 했다."[109]

한편 반탁운동의 일환으로 김구가 태업과 시위를 주도했는데 이것이 미군정에 대항한 쿠데타 성격으로 변질되었다. 1945년 12월 29일 김구는 국가적 차원의 시위를 촉구했으며, 미군정 소속 조선인들에게 본인의 지시를 따르라고 말했다. 김구는 모든 정당의 해산을 촉구했으며, 상해임시정부를 한반도 유일 정부로 인정해 줄 것을 촉구했다. 12월 31일 김구는 일련의 성명을 발표했는데 이들 성명은 남한정부를 본인이 접수할 것이란 의미와 다름이 없었다. 1946년 1월 1일 하지는 김구를 사무실로 불러 재차 "본인을 배신하는 경우 죽여 버리겠다."라고 말했다. 그러자 김구는 자살 소동을 벌였다. 그 후 김구의 쿠데타 계획이 유명무실해졌다. 결과적으로 김구는 체면이 많이 손상되었는데, 상해임시정부 요원들은 이 같은 손상을 극복할 수 없었다.[110] 당시 김구의 반탁운동은 모스크바삼상회의 합의안에 대한 반대라기보다는 조선의 즉각 독립 쟁취에 초점을 맞춘 것이었다. 김구의 활동은 남한지역이 일정 기간 동안 미국의 지도를 받아야 한다고 주장하는 미군정을, 미군정과 연계되어 있던 송진우와 같은 인물을 겨냥하고 있었다. 김구의 반탁운동이 실패로 끝난 직후 반탁운동의 주도

<hr />

109. Quoted in Bruce Cumings(1981), *The Origins of the Korean War*, Vol. 1, p. 220.; Leonard C. Hoag, "American Military Government in Korea: War Policy and the First Year of Occupation, 1941–1946" (The Office of the Chief of Military History, 1970), p. 352. 여기서는 1945년 12월 27일 자의 성조지(Stars and Stripes)를 인용하여 당시 미국 정부가 조선의 즉각적인 독립을 원한 반면 소련이 신탁통치를 주장했다고 표현하고 있다.

110. Quoted in Bruce Cumings(1981), *The Origins of the Korean War*, Vol. 1, p. 221.; "HUSAFIK," Vol. 2, ch. 2, pp. 53–60.; and Vol. 3, ch. 4, pp. 48–9.

권이 이승만과 한민당으로 넘어갔다. 그런데 이들은 반탁운동을 반공(反共) 및 반소(反蘇)와 연계시켰다. 일제에 부역한 바 있던 한민당 인사들은 본인들의 정체성 세탁 차원에서 반탁운동을 이용하기로 결심했다.

이승만은 모스크바삼상회의가 시작된 날의 다음날인 1945년 12월 17일 이 같은 반탁운동을 시작했다. 라디오 연설에서 이승만은 소련이 조선을 자국의 식민지로 만들고 싶어 한다고 주장했다. 조선 공산주의자들이 소련을 모국으로 생각하며, 조선이 소련의 일부가 되기를 원한다고 주장했다. 소련과 조선의 공산주의자들이 한반도 분단을 원하고 있다고 주장했다. 그러면서 이승만은 "…이 문제를 해결하지 못하면 한반도가 분단될 것이며, 내전(內戰)에 휩싸이게 될 것이다."[111]라고 주장했다. 1946년 1월 10일 한민당의 성명서는 다음과 같은 표지의 글을 담고 있었다. "소련 신탁통치 옹호, 미국 즉각 독립 옹호"[112] 이 같은 자극적인 주장으로 인해 이미 신탁통치 개념에 거부감을 느끼고 있던 조선인들의 심기가 뒤틀렸다. 이 같은 방식으로 한민당은 한반도에 관한 모스크바삼상회의 합의안을 왜곡시켰다. 결과적으로 전국 도처에서 반공 및 반소 운동이 벌어졌으며, 극우세력들이 좌익세력들에 대한 매도를 통해 처음으로 조선인늘의 지지를 얻을 수 있었다. 당시 극우세력들은 남한의 좌익들을 소련과 연계시킴으로써 외세의 하수인으로 묘사할 수 있었다. 모스크바삼상회의 결과에 입각하여 한반도가 좌익 중심으로 통일되는 경우 본인들의 미래가 암울할 것으로 생각한 남한의 우익들이 반탁운동을 통해 남북통일을 저지하고자 했던 것이다.

---

111. Quoted in Bruce Cumings(1981), *The Origins of the Korean War*, Vol. 1, p. 222.;『서울신문』, 1945. 12. 21.

112. Quoted in Bruce Cumings(1981), *The Origins of the Korean War*, Vol. 1, p. 222.; 韓國民主黨 特報, no. 4, 1946. 1. 10.

이 같은 우익의 노력 측면에서 도움이 된 두 가지 사건이 1946년 1월에 벌어졌다. 첫 번째 사건은 신탁통치에 반대했던 좌익들이 1946년 1월 3일 갑자기 자신들의 입장을 180도 바꾸었다는 사실이었다. 일반적으로 알려진 바와 달리 당시 좌익들이 옹호한 것은 한반도 신탁통치가 아니고 모스크바삼상회의 합의안이었다. 그러나 당시 좌익 언론매체 폐쇄와 같은 미군정의 정책으로 좌익들은 모스크바삼상회의 합의안에 관한 본인들의 입장을 조선인들에게 곧바로 그리고 공개적으로 전달할 수 없었다.[113] 결과적으로 당시 미군정과 남한의 조선인들은 이 같은 좌익들의 변신이 모스크바 또는 평양의 지시에 따른 것이라고 주장했다. 얼마 지나지 않아 이 같은 우익들의 선전이 효력을 발휘했다. 좌익은 소련과 공모하고 있다는 우익의 주장에 반박할 수 없었다. 그 과정에서 미국이 한반도 독립을 선호하는 세력으로 부상했으며, 좌익은 남한지역에서 일시적이나마 국민의 지지를 상실했다.[114]

우익세력들이 좌익세력들을 매도할 수 있게 해준 또 다른 사건은 조선 및 외국 언론매체와 조선공산당 당수 박헌영의 1946년 1월 15일 인터뷰였다. 뉴욕타임스지의 한국 특파원 리처드 존스턴(Richard Johnston)은 박헌영이 한반도가 장기간 동안 신탁통치를 받은 후 소련에 합병되어야 할 것이라고 말했다고 주장했다. 박헌영의 기자회견에 참석했던 또 다른 미국 특파원들은 박헌영이 "조선인을 위해 조선인들이 통치하는 한반도"만을 요구했다고 주장했다. 여러 한국기자들 또한 박헌영이 이처럼 요구했다고 말했다. 미군정의 보고서는 박헌영이 "조선의 즉각 독립"을 지지했으며,

---

113. Martin Hart-Landsberg(1998), *Korea: Division, Reunification, and U.S. Foreign Policy*, pp. 82-3.

114. Quoted in Bruce Cumings(1981), *The Origins of the Korean War*, Vol. 1, p. 224.; "HUSAFIK," Vol. 2, ch. 1, pp. 24-6.

리처드 존스턴의 보도는 "완벽한 오보"라고 말했다. 그러나 하지는 존스턴의 보도가 매우 흥미롭다고 말하면서 보도 취하를 거부했다.[115]

결과적으로 박헌영의 명성이 심각한 타격을 입었다. 좌익 내부에서도 박헌영을 친소 동조자로 치부했다. 그 후 우익들은 남한 공산주의자들을 "국가를 팔아먹는 소련의 앞잡이.…조선을 소련의 일부로 만들고자 하는 인간들"로 지칭했다. 하지의 표현처럼 "신탁통치, 소련의 한반도 지배, 공산주의가 동의어(同意語)가 되었다." 이 같은 하지의 논리를 수용하여 김성수가 운영하던 동아일보는 신탁통치 반대는 소련과 공산주의에 대한 반대이며 애국인 반면 신탁통치 찬성은 친소이자 용공이며 결국 매국이란 공식을 주장했다. 소위 말해, 반탁=반소=반공=애국, 찬탁=친소=용공=매국의 공식을 만든 것이다.[116]

미국의 반응

한반도에서 반탁운동이 격렬히 진행되자 1945년 12월 30일 미 육군참모총장 아이젠하워는 한국인들의 격앙된 분위기를 잠재우기 위한 방안의 글을 맥아더에게 보냈다. 아이젠하워는 모스크바삼상회의 내용 가운데 한반도 관련 부분을 모든 언론매체를 동원하여 조선인들에게 설명해 주는 경우 조선인 대다수가 모스크바삼상회의 합의안을 흡족하게 생각할 것이라고 말했다. 그러면서 그는 다음과 같은 사항을 강조하여 조선인들에게 설명해 주라고 권유했다.

(1) 곧바로 남한과 북한을 단일의 공동체로 통합하기 위한 조치를 취할 것이다.

---

115. Quoted in Bruce Cumings(1981), *The Origins of the Korean War*, Vol. 1, pp. 224-5.

116. Ibid. p. 225.

(2) 조선 민주단체와의 협의 아래 미소공동위원회가 조만간 조선임시정부를 수립할 것이다.

(3) 신탁통치 기간은 조선임시정부와의 상의를 통해 미소공동위원회가 정할 것이다.

(4) 신탁통치 기간은 최대한 5년을 넘지 않을 것이다. 5년 이내에 한반도 신탁통치가 종료되고 조선인들이 완벽히 독립될 것이다.

당시 미 국무성 전문가들은 신탁통치를 설명하거나 정당화시키지 말고 이들 4가지 사항을 강조할 것을 권고했다.[117]

해리먼은 신탁통치가 루즈벨트 대통령의 아이디어였다는 사실, 소련이 아니고 미국이 모스크바에서 신탁통치를 주장했다는 사실, 모스크바삼상회의 합의안을 존중해야 할 것이란 사실을 하지에게 상기시키기 위해 성급히 한국을 방문했다.[118] 그런데 하지와의 대화를 통해 해리먼 또한 한반도를 분단시켜야 할 것이라고 생각하게 되었다.

소련의 반응

스탈린은 남한지역에서 모스크바삼상회의 결정이 왜곡 보도되면서 반탁운동이 고조되자 소련주재 미국대사 해리먼을 1946년 1월 23일 초치하여 항의했다. 그러면서 한국에서 수신한 다음과 같은 내용의 전문(電文)을 읽어주었다.

---

117. "The Chief of Staff (Eisenhower) to General of the Army Douglas MacArthur at Tokyo, 30 December 1945," in *FRUS*, 1945, The British Commonwealth, The Far East, Vol. 6, p. 1,155.

118. Quoted in Bruce Cumings(1981), *The Origins of the Korean War*, Vol. 1, p. 225.; "XXIV Corps Journal," February 6, 1946 Entry. 당시 해리먼은 스탈린의 발언을 인용하여 다음과 같이 말했다. "미국 정부가 한반도 신탁통치를 필요로 하지 않는 것과 마찬가지로 소련 정부는 한반도 신탁통치를 필요로 하지 않습니다.…미국과 소련이 원하는 경우 신탁통치를 폐기할 수 있을 것입니다."

한국의 미군정 요원들이 신탁통치 합의안을 취하시킬 것이라고 한다. 한국에서 신탁통치 취하를 요구하는 집회가 열렸다고 한다. 미국이 아니고 소련이 신탁통치를 주장했다고 한국 언론이 보도했다고 한다. 미 민정책임자 아서 러취(Archer L. Lerch) 장군이 상기 과정에 구체적으로 개입되어 있다고 한다.[119]

1월 25일 타스통신은 다음과 같이 보도했다.

미군정이 장악하고 있는 남한지역의 일부 신문들이 한반도 문제에 관한 모스크바삼상회의 결정을 오도하고 있다. 이들은 한반도 신탁통치 적용을 소련이 추구한 반면 미국이 그 반대 입장을 표명했다고 보도했다.…결과적으로 이들 한국 신문은 사실을 왜곡시키고 있으며, 소련정부의 입장을 잘못 해석하고 있다. 분명히 말하지만 이들 한국 신문은 거짓 정보와 비양심적인 정보의 희생양이 된 것이다.[120]

그러면서 타스통신은 모스크바삼상회의에서 한반도 문제에 관한 초안을 제시한 사람은 미국 대표였다고 주장했다. 1946년 1월 25일 소련의 타스통신은 미국 측 안과 소련 측 안의 차이를 설명하면서 소련의 임시정부 수립 방안이 채택된 사실 등 모스크바삼상회의의 최종 합의안을 상세히 밝혔다. 스탈린은 미국이 장기간에 걸친 한반도 신탁통치를 옹호한 반면, 소련이 한반도의 즉각 독립을 옹호했다고 말했다.[121]

---

119. "The Ambassador to the Soviet Union (Harriman) to the Secretary of State, January 25 1946," in *FRUS*, 1946, The Far East, Vol. 8, p. 622.

120. "The Chargé in the Soviet Union (Kennan) to the Secretary of State, January 25 1946," in *FRUS*, 1946, The Far East, Vol. 8, p. 617.

121. Quoted in Bruce Cumings(1981), *The Origins of the Korean War*, Vol. 1, p. 225.

그 결과

동아일보는 이처럼 모스크바삼상회의의 진상이 한국인들에게 전파된 이후에도 지속적으로 사실을 왜곡하며 반탁·반소운동을 전개해 나갔다. 모스크바삼상회의 합의안 지지자를 매국노로 매도한 반면 이 합의안 반대를 주도한 친일파들을 애국자로 둔갑시켰다. 한민당과 이승만은 소련이 신탁통치 안을 제시했다는 왜곡된 보도를 근거로 반탁운동을 반공·반소 운동으로 몰아갔다.[122] 즉 미국이 주장한 신탁통치 방안을 소련이 주장한 것처럼 왜곡 보도하면서 '조속한 시일에 조선임시정부 수립'을 골자로하는 '모스크바삼상회의 결정' 지지를 '찬탁', '친소', '매국'으로 몰아붙였으며, 반탁운동을 반공운동과 연계하여 격렬하게 전개했다.[123]

몇몇 한국의 학자들이 하지 중심의 미군정과 극동군사령부가 이 같은 동아일보의 의도적인 정보 조작을 지원했다는 관점을 또 다른 시각에서 피력했다. 보도검열이 엄격했던 1945년 12월 27일 당시 동아일보가 미군정의 도움이 있었기 때문에 신탁통치 관련 기사를 그처럼 신속히 전파할 수 있었다는 것이다.[124]

당시 대부분 한국인들이 신탁통치에 반대했다. 그러나 이들이 반대한 이유는 전혀 달랐다. 김구와 같은 사람들은 조선임시정부를 통한 5년 동안의 신탁통치조차 필요 없으며, 곧바로 독립시켜야 할 것이란 생각을 견지하고 있었다. 대부분 한국인이 이처럼 생각했다. 반면에 이승만, 한민당 그리고 하지의 신탁통치 반대는 조선임시정부를 5년 동안 운용한 후 한반도를 통일시키는 경우 한반도가 공산화될 것이란 이유 때문이었다. 이 같

122. 한국현대사. 1-2 / 한국역사연구회 현대사연구반, (서울: 풀빛, 1991), p. 366.

123. 박태균, "해방후 친일파의 단정·반공운동의 전개," 역사문제연구소, 『역사비평』, 1993 겨울, pp. 191-2.

124. 정용욱, 『존 하지와 미군 점령통치 3년』(중심, 2003), p. 65.

은 이유로 이승만 또한 남한 단독정부 구상을 극구 주장했다. 이승만은 모스크바삼상회의 결정을 비난하면서 북한정권을 '천연두'에 비유했다. 이승만은 북한 빨갱이들과 결코 하나가 될 수 없을 것이라고 강조해 말했다.[125]

이 같은 상태에서 1945년 12월 하지는 남한지역에만 적용되는 남한임시위원회를 조직했다. 이것의 조직으로 남한 단독정부 수립 필요성이 강화되었다. 1947년에도 미소공동위원회가 개최되었지만 끊임없는 논쟁만 반복할 뿐이었다. 1947년 9월의 3차 및 4차 회동에서 스티코프는 조선인들이 나름의 정부를 구성해야 한다면서 미군이 남한지역에서 철수하는 경우 소련군이 북한지역에서 철수할 것이란 놀라운 제안을 했다. 미국은 이 같은 소련의 제안을 탐탁지 않게 생각했다. 그 이유는 선거를 통해 출현하게 될 통일한반도 정부가 한반도에서의 미국의 전략목표 달성에 도움이 되는 성격인지 확신할 수 없었기 때문이었다. 이 같은 정부가 통제가 불가능할 뿐만 아니라 소련과 노선을 함께 할 가능성이 있었기 때문이었다.[126]

당시 소련은 조선인들이 토착 좌익세력을 널리 옹호하고 있었다는 점에서 자국이 통일한반도에서 강력한 영향력을 행사할 수 있을 것으로 생각했다. 그 와중에서 하룻밤 사이에 모스크바삼상회의의 합의안이 대거 의미를 상실했는데 이는 결코 예상할 수 없던 결과였다. 소련은 이것을 미국의 배신이자, 미국과의 상호 협조는 미국에 유리한 방향으로만 가능함을 보여준 징조로 해석했을 가능성이 있다.

신탁통치 반대를 주도하면서 하지는 본인의 권한을 초월하여 행동했다. 결과적으로 1946년 1월 18일 사직서를 제출했다. 이 같은 하지의 사직서

---

125. Michael Pembroke(2020), *Korea Where the America Century Began* (p. 57), Kindle Edition.
126. Ibid., pp. 57-8, Kindle Edition.

제3장. 남한 단독정부 수립　**219**

제출 이후 워싱턴의 분위기가 하지를 지지하는 방향으로 급변했다. 매우 노련한 외교관이자 트루먼의 절친한 친구였으며, 소련주재 미국대사였던 해리먼이 한국을 방문하여 하지와 대화한 후 하지의 능력과 외교력에 관해 트루먼에게 극찬한 것이다. 결과적으로 트루먼 행정부는 모스크바에서의 미국의 입장을 180도 바꾼다. 모스크바삼상회의 합의안 찬성에서 반대로 입장을 180도 선회한 것이다.[127]

한편 남한의 우익세력들이 자신들만이 독립을 대변하는 집단이라고 언론매체를 통해 천명하면서 좌익들이 코너에 몰렸다. 하지의 노력으로 남한의 우익들이 반탁운동을 통해 세력을 결집시킬 수 있었던 것이다. 이 같은 여세를 이용한다는 차원에서 미군정은 남한의 보수세력 통합을 염두에 둔 정치동맹 결성을 적극 장려했다. 결과적으로 1946년 2월 14일 이승만을 리더로 하는 미군정의 자문기관인 남조선대한국민대표민주의원이 결성된 것이다.

2. 유엔 선거

한반도에 진주한 즉시 하지는 반공성향의 남한 단독정부 수립을 위해 노력했다. 한민당이란 미군정에 우호적인 정당 창당, 태생적으로 공산주의를 혐오할 수밖에 없던 친일파들로 구성된 군, 경찰 및 검찰과 같은 정부 조직 편성이 이 같은 성격이었다. 그러나 1945년 9월부터 하지가 한반도에서 추구해 온, 반공성향의 단독정부 수립을 통해 남한지역을 공산세력을 봉쇄하기 위한 반공의 보루로 만들어야 할 것이란 정책을 워싱턴이 최종적으로 인수한 것은 1947년 초순이었다.

당시 미 국무장관 마샬은 한반도 문제를 유엔으로 넘겨 남한 단독정부

---

127. Max Hastings(2016), *Korean War* (p. 37). Kindle Edition.

를 수립한 후 이 정부를 일본, 필리핀, 대만, 중동 지역으로 연결하는 초승달 모양의 반공체제의 일부로 만들 것을 지시했다. 당시 미국은 38선을 공산세력의 남하를 저지하기 위한 '봉쇄의 선(線)'으로 결정했다.[128] 이는 북한과 남한을 별도의 주권국가로 만들 것이며, 북한이 남한을 침공해 오는 경우 미국이 공산세력 봉쇄 및 롤백 차원에서 한반도 상황에 개입할 것이란 의미였다. 다시 말해, 38선을 중심으로 물리적으로 분단되어 있던 한반도를 법적으로까지 분단시킬 것이란 의미였다. 그 후 미국은 남한지역을 반공(反共)의 첨병 지역으로 만들었다. 미국이 이처럼 한반도를 만든 주요 이유는 유럽 지역과 달리 아시아 지역의 경우 정치 및 전략적으로 이 같은 선을 그을 장소가 마땅하지 않았기 때문이었다.[129]

마샬이 이처럼 결정했던 것은 세계경제 엔진으로 기능하도록 일본의 중공업을 중흥시킬 필요가 있으며, 공산세력을 봉쇄해야 할 것이란 2개 전략의 이행 측면에서 한반도가 보다 중요해졌기 때문이었다. 1947년 초순 미국 관리들은 일본 중공업 재건 결심과 더불어 2차 세계대전 당시의 일본인 전범(戰犯) 숙청 중지를 결심했다. 이들은 독일에 대한 지원을 보다 방대한 규모의 마샬 계획에서 단순히 주요 부분으로 간주한 반면 "일본 중흥 계획을 아시아 지역에서의 미국의 단일의 주요 노력"[130]으로 생각했다. 마샬은 분단된 남한 경제가 아직도 일본, 남한, 대만, 동남아시아, 궁극적으로 페르시아 지역을 상호 연결되는 "거대한 초승달" 모형의 고리의 일부로서 일본 경제 중흥에 기여할 수 있을 것이라고 생각했다.

---

128. Quoted in Bruce Cumings(2005), *Korea's Place in the Sun* (p. 210). Kindle Edition.

129. Henry Kissinger(2001), *Does America Need a Foreign Policy?: Toward a New Diplomacy for the 21st Century*, (Kindle Location 1608). Simon & Schuster. Kindle Edition.

130. Quoted in Bruce Cumings(2005), *Korea's Place in the Sun* (p. 209). Kindle Edition.; William S. Borden(1984), *The Pacific Alliance: United States Foreign Economic Policy and Japanese Trade Recovery, 1947–1955* (Madison: University of Wisconsin Press, 1984), p. 15.

워싱턴이 이처럼 생각하게 된 배경을 이해하고자 하는 경우 먼저 제1차 및 2차 미소공동위원회를 살펴볼 필요가 있다.

미소공동위원회

1946년 3월에는 한반도임시정부 수립 관련 적정 방안을 결정하기 위한 제1차 미소공동위원회가 열렸다. 당시 미국은 미소공동위원회가 남조선대한국민대표민주의원을 남한지역의 유일한 자문 집단으로 고려해야 할 것이라고 그리고 북한의 집단들과 남조선대한국민대표민주의원이 상의하여 한반도임시정부에서 보직을 맡게 될 사람을 결정해야 할 것이라고 제안했다. 소련은 미국의 이 같은 제안을 거부했다. 소련은 미소공동위원회가 조선의 집단들과 상의하게 되어 있으며, 상의를 주도할 특정 집단을 선정하는 입장이 아니라고 말했다. 이는 올바른 지적이었다. 이외에도 미국과 소련 간에 몇몇 이견이 노정되었다. 예를 들면, 미국은 북한과 비교하여 남한의 인구가 2배에서 3배에 달하기 때문에 남한지역 대표들의 경우 임시정부에서 보다 많은 발언권을 행사할 수 있어야 한다고 주장했다. 소련은 모스크바삼상회의 결정에 찬성한 집단과 미소공동위원회 활동을 지원할 의향이 있는 집단만이 상의 대상에 포함되어야 할 것이라고 주장했다. 결과적으로 1차 미소공동위원회는 어떠한 결의안도 채택하지 않은 채 종결되었다.

1차 미소공동위원회가 종료된 직후 미국은 모스크바삼상회의 합의안은 물론이고 자국이 제안한 한반도 신탁통치 구상을 포기하기로 결심했다. 미국의 정책가들은 한반도 전체를 미국이 주도할 방안이 없었다는 점에서 남한 단독정부 수립을 위해 노력했다. 문제는 이 같은 단독정부 수립 방안이었다. 당시 미국은 한반도 문제와 관련하여 소련과 더 이상 대화하지 않으면서 남한 단독정부를 수립할 능력이 있었다. 그러나 이 같은 전략의 문제는 당시 남한의 정치지도자들이 이미 정당성을 상당히 많이 상실한 상태였다는 사실이었다. 이 같은 방식으로 정부를 수립하는 경우 이 정부에 대한 국제사회의 지지는 물론이고 국내지지 또한 받기가 쉽지 않았다. 미국과 소련이 전면전에 돌입하는 경우 이 같은 정부를 외세의 침략으로부터 방어하기가 쉽지 않다는 점에서 미군 또한 이 전략에 반대했다. 남한 지도자들의 정당성 결여와 남한지역 방어란 두 가지 문제 해결 차원에서 당시 미 국무성은 남한 단독정부 수립 문제를 미국이 주도하고 있던 유엔에서 해결하자고 제안했다. 미 국무성은 유엔이 남한 단독정부 수립을 승인해 주는 경우 이 정부가 국제사회에서 나름의 신뢰를 확보하게 될 것일 뿐만 아니라 국제사회가 남한정부 방어를 공약해주는 의미가 있다고 생각했다.[131] 그러나 미국이 남한 단독정부 수립 문제를 유엔으로 갖고 가기 이전에 소련과의 더 이상의 협상이 무모한 형태란 사실을 입증해보일 필요가 있었다. 이 같은 이유로 미국이 2차 미소공동위원회에 동의했던 것이다.

2차 미소공동위원회는 1947년 5월에 개최되었다. 1차 미소공동위원회가 종료될 당시와 마찬가지로 당시의 수요 문세는 조선인들이 자문을 받아야 할 대상에 관한 것이었다. 당시 대략 425개의 남한 집단이 자신들이 한반도 문제를 자문할 권리가 있다며 미소공동위원회에 등록했다. 미국은 이들 모두가 한반도임시정부 수립 문제와 관련하여 자문할 자격이 있다고 주장했다. 소련이 이 같은 미국의 제안을 거부하면서 곧바로 대화가 난항을 거듭했다. 2차 미소공동위원회의 마지막 회동이 있기 직전인 1947년 8월 미국은 양국의 이견 해소 차원에서 4강 회담을 개최하자고 제안했다. 그러자 소련은 모든 외세를 한반도에서 철수하게 함으로써 조선인들이 스

---

131. Bruce Cumings(1990), *The Origin of The Korean War*, Vol. Ⅱ, pp. 65-7.

스로 문제를 해결하게 하자고 제안했다. 미국은 외국군 철수에 반대했다.

1947년 9월 17일 미국은 한반도 문제를 유엔총회로 넘겼다. 미소공동위원회 파기 이유로 미국은 소련의 이중성과 소련이 한반도 전체를 통제하고자 한다는 이유를 제기했다. 당시 미국과 소련의 제안은 자국의 국익을 반영한 것이었다. 당시 미국은 유엔을 통해 남한지역에 반공성향의 단독정부 수립을 추구했는데 이 같은 방식으로서만이 한반도에 대한 자국의 영향력을 확보할 수 있다고 생각되었기 때문이었다. 반면에 소련이 조선인들에 의한 한반도 차원의 선거를 주장했던 이유는 이 같은 선거를 통해 소련에 우호적인 통일정부가 한반도에 출현할 가능성이 컸기 때문이었다. 당연히 미국은 이 같은 소련의 제안을 거부한 채 남한 단독정부 수립을 위해 노력했다.

유엔을 통한 선거

1947년 11월 14일 유엔총회는 한반도 차원의 선거를 통해 정부를 수립하자는 미국의 제안을 수용했다. 결과적으로 유엔이 한반도 정부를 수립하기 위한 선거를 감독하며, 한반도정부 출범 이후 모든 외국군을 한반도에서 철수시킬 예정이었다. 유엔은 이 같은 국회의원 선거를 용이하게 하고 촉진시키며 관찰할 목적으로 국제연합한국임시위원단(UNTCOK)을 구성하기로 결심했다. 국제연합한국임시위원단에는 미국에 순종적이던 필리핀과 대만 대표, 어느 정도 미국의 정책에 부정적이었지만 미국의 영향력과 압력에 굴복할 수밖에 없던 오스트레일리아와 캐나다 대표가 포함되어 있었다. 당시 북한과 소련은 유엔이 한반도의 미래를 결정하는 과정에 참여하면 안 된다고 생각했다. 북한과 소련의 반대를 고려해 보면, 이 위원단이 내린 모든 결심이 38선 이남 지역에서만 이행될 것임이 분명했다. 유엔총회의 중간위원회는 이 문제를 놓고 숙고했다. 이승만은 가능한 한넓은 지역에서 즉각 선거를 실시할 것을 강력히 촉구했다. 그러나 이승만을 추종하던 한민당을 제외한 거의 모든 정당이 공산주의자들이 참여를 거부하는 형태의 한반도 선거에 반대했다. 이 같은 선거가 진정한 의미에서 자유로운 선거가 될 수 없었을 뿐만 아니라 많은 조선인들이 염원하고 있던 조선민족의 일체성을 어렵게 만들 가능성이 있었기 때문이었다. 당시의 선거는 한반도 분단을 공식적으로 인정하는 의미가 있었다.

여기서 선출한 국회의원들이 정부를 수립할 예정이었다. 1947년 11월 14일 채택된 한반도 선거에 관한 유엔결의안 5조에 따르면 국제연합한국임시위원단이 추구해야 할 목표는 남북한 단일 정부를 수립하고, 미군과 소련군을 한반도에서 철수시키는 것이었다. 그러나 이는 달성이 불가능한 형태였다. 미국 정부는 표면적으로는 단일의 한반도정부 수립을 표방했지만 이것이 불가능한 목표라는 사실을 잘 알고 있었다. 한반도에 통일된 정부 수립은 이미 불가능했다. 미국은 상기 의미의 결의안을 지지한 듯 보였지만 이는 미국의 본심이 아니었다.

국제연합한국임시위원단의 임무 수행을 어렵게 하는 다수 요인이 있었다. 무엇보다도 이들은 서울에 도착한 1948년 1월 북한지역으로 들어갈 수 없었다. 트루먼 대통령은 이 같은 결과를 사전 예견하고 있었으며, 국제연합한국임시위원단의 역할이 남한지역으로 국한될 것으로 예상하고 있었다. 1948년 1월 5일 트루먼은 캐나다 수상에게 이처럼 말했던 것이다. 트루먼이 당시 추구한 목표, 이 위원단이 실제 달성할 수 있을 것으로 트루먼이 알고 있던 부분은 남한지역에 미국에 우호적인 단독정부를 수립하는 것이었다.[132]

이외에도 이들은 남한의 선거위원회 위원 15명 가운데 12명이 한민당

---

132. Michael Pembroke(2020), *Korea Where the America Century Began* (p. 58). Kindle Edition.

소속 요원 내지는 김성수의 측근임을 파악했다. 이들과 균형을 맞추기 위해 새로운 위원을 요구하는 경우 이들 추가된 요원은 항상 보수적인 인물이거나 극우성향 인물이었다. 국제연합한국임시위원단은 유엔이 요구한 바를 달성하고자 하는 경우 남북한 도처를 방문하여 상황을 관찰하고 다양한 인사들의 의견을 경청할 필요가 있었다. 그런데 그처럼 할 수 없었다는 점에서 이 위원단은 부여받은 임무를, 한반도 차원의 단일정부 수립을 용이케 한다는 임무를 완수할 수 없었다.

이 위원단의 단장은 옥스퍼드대학 출신의 외교관이자 초대 인도 외무장관을 역임한 메논(K.P.S. Menon)이었다. 메논은 다음과 같은 본인의 관점을 유엔에 보냈다. "저는 명실상부한 차원에서 한반도 문제를 조선인들에게 맡기는 경우 이들 조선인이 자구책을 강구하여 나름의 민주적인 정부를 수립할 것으로 생각합니다."[133] 그러면서 메논은 국제연합한국임시위원단 대다수 단원들의 관점이 다음과 같다고 말했다.

> 남한 단독정부 수립이 한반도 선거에 관한 유엔결의안 5조에서 명시한 두 가지 목표, 다시 말해 조선독립 쟁취와 외국군 철수란 목표를 용이하게 할 수 없을 것이다. 따라서 남한지역에서의 선거 방식과 무관하게 이 방식이 이론상으로는 한반도 전 지역으로 적용 가능한 듯 보이는 경우에서조차 적용이 불가능할 것이다.[134]

미국은 이 같은 메논의 주장을 반기지 않았다. 미국은 메논의 관점은 물론이고 메논의 동료들이 거의 이구동성으로 공감한 우려를 간과했다. 그

---

133. Quoted in Martin Hart-Landsberg(1998), *Korea: Division, Reunification, and U.S. Foreign Policy*, p. 85

134. Ibid..

러면서 미국은 메논의 관점이 미국 입장에서 수용 곤란한 성격이란 바로 그 이유로 메논을 좌익으로 또는 신뢰할 수 없는 인물로 매도했다. 북한지역에서의 선거를 시행할 수 없을 뿐만 아니라 그 과정을 관찰할 수 없음에도 불구하고 미국은 이면에서 유엔중간위원회에 영향력을 행사하여 남한 단독선거가 예정대로 진행되도록 많은 노력을 기울였다.

당시 미국이 추구한 목표는 한반도 차원의 선거가 불가능한 경우에서 조차 남한지역에서 유엔감시 아래 선거를 실시하는 것이었다. 이 같은 방식으로 미국은 남한지역에 반공성향의 단독정부 출범을 희망했다. 당시 미 공화당의 지원을 받던 미 국무성 자문위원 존 포스터 덜러스(John Foster Dulles)의 유엔중간위원회를 겨냥한 압박이 효과가 있었다. 메논에 따르면 본인이 유엔중간위원회에 한반도 선거의 부당성에 관한 보고서를 제출한 즉시 미국이 "남한 단독정부 수립을 초래할 결의안을 이곳에 제출했다." 또한 미국은 "유엔회원국들을 대상으로 상당한 압력을 가했다." 메논은 "이것이 한반도 분단을 겨냥한 최초의 공식적인 조치였다."라고 말했다.[135]

1948년 2월 26일 유엔중간위원회는 "위원단이 접근 가능한 한반도 지역"에서의 선거를 감독 및 관찰하기 위한 계획을 수립하여 이행하라고 국제연합한국임시위원단에 지시했다. 이것이 남한지역만의 선거란 사실을 모두가 잘 알고 있었다. 트루먼이 예상하고 있었으며, 하지가 염원했을 뿐만 아니라 덜러스가 잘 알고 있었듯이 이는 한반도 분단을 공고히 하기 위한 또 다른 단계였다.

1948년 3월 11일, 국제연합한국임시위원단 요원들은 유엔중간위원회

---

135. Quoted in Michael Pembroke(2020), *Korea Where the America Century Began* (p. 60), Kindle Edition.

의 지시에 따라 한반도에서 선거를 실시해야 할 것인지 여부를 놓고 내부 투표했다. 미국의 지속적인 압력에도 불구하고 오스트레일리아 대표와 캐나다 대표가 유엔중간위원회의 지시 이행에 반대했다. 바로 그 날 오스트레일리아 대표는 국제연합한국임시위원단의 기능의 타당성은 물론이고 선거 결과의 타당성을 부인하는 것과 다름이 없는 성격의 다음과 같은 내용의 결의안을 유엔에 보냈다. "지금 이 순간 예상되는 남한의 선거는 한민당이란 단일 정당의 통제를 받고 있는 듯 보인다." 더욱이 이 결의안에는 "남한과 북한 상황은 선거 실시에 적합하지 않다."라면서 유엔총회가 "남한지역에서의 선거와 관련하여 책임져야 하는 상황에 빠져들면 안 된다."라고 언급되어 있었다. 오스트레일리아 대표는 국제연합한국임시위원단이 한국을 떠날 것과 이 같은 사실을 유엔에 보고해줄 것을 이곳에 권유했다. 물론 이 같은 내용의 결의안은 유엔에서 채택되지 않았다.[136]

이들의 주장은 남한지역에서의 선거만으로는 한반도 통일을 진척시킬 수 없으며, 남한지역의 극우세력을 제외한 모두가 이 선거에 반대할 것이란 논리에 입각했다. 당시 미국은 종종 남북통일을 표방했지만 남북통일은 진정한 의미에서 미국이 추구한 목표가 아니었다. 하지, 덜러스, 트루먼은 한반도에서 남북통일이 아닌 또 다른 목표를 추구하고 있었다. 하지는 남한 단독선거에 반대했던 오스트레일리아 및 캐나다 대표를 "소련에 유화적(宥和的)이다."라며 그리고 "공산세력을 겨냥한 냉전(冷戰)을 제대로 이해하지 못하고 있다."라며 비난했다. 이는 하지를 포함한 미국의 주요 인사들이 분단을 통해 한반도를 소련을 중심으로 하는 공산세력 봉쇄의 보루로 만들고자 했음을 보여주는 부분이었다. 그러나 국제연합한국임시위원단에서 캐나다와 오스트레일리아는 주류가 아니었다. 이들의 이의 제기

---

136. Quoted in Bruce Cumings(2005), *Korea's Place in the Sun* (p. 211), Kindle Edition.

는 효력이 없었다. 메논조차도 유엔중간위원회의 지시를 수용할 수밖에 없었다.

결과적으로 1948년 5월 10일 남한지역만의 선거가 실시될 예정되었다. 이 같은 상황에서 이승만을 제외한 남한지역의 가장 저명한 지도자들, 예를 들면 김구와 김규식이 남북한 정치대화를 제안하는 서신을 김일성에게 보냈다. 1948년 4월에는 평양에서 남북연석회의가 열렸다. 국제연합한국임시위원단의 캐나다 및 오스트레일리아 대표는 이 회의를 지지했다. 마찬가지로 남한지역의 "많은 국민, 지식인 및 신문"이 이것을 지지했다. 하지와 이승만은 이 회의를 공산주의자들의 음모라고 비난했다. 그러나 이 회의는 예정대로 진행되었으며, 남한과 북한의 수백 명의 대표가 참석했다. 회의 이후 발표된 공동성명에서는 한반도 통일정부 수립과 모든 외국군 철수를 촉구했다. 특히 "독재와 독점 자본주의"를 비난했으며, 남한 단독선거에 반대했다. 여기서는 향후 한반도에서 벌어질 사건에 대한 경고일 수밖에 없는 다음과 같은 사항을 추가했다. "남한지역에서 단독선거가 실시되는 경우 이 선거는 남한과 북한 조선인들의 모든 의지를 반영할 수 없을 것이다.…" 이 같은 반대에도 불구하고 미국은 남한 단독정부 수립에 관한 의지를 굽히지 않았다. 남한 단독선거를 통해 반공 성향의 단독정부를 수립하겠다는 미국의 결심은 전후 미국의 한반도정책과 관련이 있었다. 이는 남한 지역을 공산세력에 대항하기 위한 보루(堡壘)로 만들기 위함이었다.[137] 미군의 한반도 장기 주둔이 가능해지게 하기 위함이었다.[138]

---

137. Max Hastings(2016), *Korean War* (p. 43). Kindle Edition.

138. Robert T. Oliver(1950), *Why War Came in Korea* (New York: Fordham University Press, 1950), p. 6.

남한 단독정부 출범

1948년 5월 10일 이승만이 열광적으로 지원한 선거가 실시되었다. 그러나 이승만과 김성수를 추종하는 후보들만이 선거에 동참했다. 한반도 전 지역에서 조선인들이 선거에 격렬히 반대했다. 중도적 성향의 김규식은 물론이고 이승만보다 극우적이던 김구를 포함한 거의 모든 주요 정치가와 정당이 선거에 불참했다.[139] 국제연합한국임시위원단의 몇몇 요원에 따르면 모두가 그 결과를 사전에 예견할 수 있었다. 경찰과 극우세력들이 선거를 조직했으며, 농민들의 경우 선거 장소에서 식권(食券)에 도장을 받게 했다. 선거에 불참하는 경우 식권이 의미를 상실하게 만들었다. 선거는 정치적 탄압이 가열되는 분위기에서 진행되었다. 당시 남한지역의 정치범에 관한 국제연합한국임시위원단의 질문에 군정장관 윌리엄 딘(William F. Dean) 소장은 다음과 같이 답변했다. "본인의 이념이 다른 사람의 이념과 다르다는 이유로 감옥에 있는 사람이 있을지 의문입니다." 그러나 "충성스런 시민"들로 하여금 공동체 보호 역할을 하도록 남한경찰에 허용해 준 사람은 딘 소장이었다. 미국인들은 이들 "충성스런 시민"을 곧바로 "이승만의 근위조직"으로 지칭했다. 이들의 목적은 분명히 말하지만, 공산주의자를 포함하여 우익에 동정적이지 않은 모든 집단을 남한사회에서 추방시키기 위한 성격이었다. 선거 도중 "경찰을 포함한 이들 '충성스런 시민'의 폭력과 억압으로 589명이 사망"했다. 또 다른 사학자는 다음과 같이 기술했다. "이승만의 경찰이 선거 결과를 조작하기 위해 가혹할 정도로 폭력을 휘둘렀다."[140] 좌익세력은 물론이고 민족주의 성향의 우익세력 가운데에도 상당수가 선거에 불참했다. 이들은 선거로 인해 민족이 분열될 수 있

---

139. Bruce Cumings(2005), *Korea's Place in the Sun* (p. 211). Kindle Edition.

140. Max Hastings(2016), *Korean War* (p. 41). Kindle Edition.

다고 주장했는데 여기에는 상당한 이유가 있었다. 국제연합한국임시위원단 단원 가운데 당시의 선거로 한반도 전체를 대변하는 국회가 출현했다고 생각한 사람은 아무도 없었다. 오스트레일리아 정부는 선거 결과가 결코 만족스럽지 않다고 말했다. 그 후 오스트레일리아 정부는 이 같은 관점을 미 국무장관에게 전달했다.

선거 당일인 1948년 5월 10일 남한 인구는 2천만 명 정도였는데, 이들 가운데 유권자는 7백8십만 명 정도였다. 이들 유권자 가운데 95%가 선거에 동참했다. 유엔 위원들은 "당시의 선거가 조선인들의 자유의지의 타당성 있는 표현"이라고 주장했다. 유엔주재 미국대사 덜러스는 "이 선거가 조선인들이 대표성과 책임성이 있는 정부를 수립할 능력이 상당한 수준임을 보여주었다."라고 유엔총회에서 말했다. 당시 선거에서 이승만을 지지하던 세력이 제헌국회 의석 200석 가운데 55석을 차지했다. 보수당인 한민당이 29석을, 또 다른 우익정당이 각각 12석과 6석을 차지했다. 좌익성향 후보는 선거에 불참했다는 점에서 우익세력이 제헌국회에서 상당한 우위를 점유할 수 있었다.[141]

제헌 국회의원 선거가 실시된 5월 10일부터 6월 25일까지의 7주의 기간 동안 선거의 타당성, 적절성 및 합법성에 관한 그리고 그 결과를 인정해야 할 것인지 여부에 관한 찬반 논쟁이 벌어졌다. 이 같은 논란에도 불구하고 "미국은 선거 결과를 승인하라고 지속적으로 압박했다." 궁극적으로 오스트레일리아와 시리아 대표가 불참한 가운데 당시의 선거 결과를 "국제연합한국임시위원단이 접근 가능했던 한반도 지역에서의 유권자들의 타당성 있는 자유의지 표현"이라고 천명하는 합의에 도달했다. 당시 오스트레일리아 정부는 그 결과에 대한 이의 제기 차원에서 선거에 관여하

---

141. Ibid., p. 42.

지 말라고 오스트레일리아 대표에게 지시했다. 한편 오스트레일리아 정부는 "서울에서 구성된 정부는 1947년 11월 14일 유엔총회 결의안에서 구상한 정부로 간주할 수 없다."고 주장했다. 1948년 12월 12일 유엔총회는 남한 국회를 "한반도에서의 유일한 합법적인 정부"라고 천명했다.[142]

당시 출현한 남한정부는 한반도를 대변하는 정부가 아니었으며, 1947년 11월의 유엔결의안에서 구상했던 "조선의 독립"을 촉진시킬 수 있는 성격도 아니었다. 주한영국 총영사는 "38선 이북 지역의 조선인들을 대변하지 못했을 뿐만 아니라 이들에 대해 권한을 행사할 수 없었던 신생 남한정부를 한반도 정부로 지칭하기 어렵다."라고 기술하는 등 괴로운 심정을 보였다. 영국 외무성은 한반도를 대변할 자격을 구비하지 못한 남한정부를 인정함은 "바보스럽고도 부적절하다"라고 표현했다. 하지는 "전혀 예상치 못했던 영국정부의 반발"에 불만을 토로했다.[143]

미국은 남한 단독선거를 통해 추구한 목표를 달성했음을 애매모호하게 표현한 후 곧바로 그 결과를 정당화하기 위한 작업에 착수했다. 미국은 남한지역에서 선출한 의원들로 한반도를 대변하는 국회를 구성하게 했으며, 헌법을 제정하게 했다. 이승만을 의장으로 선출했다. 8월 12일 미국은 남한지역에서 출범한 신생 국회와 정부를 1947년의 유엔결의안에서 구상했던 한반도 전체를 대변하는 국회와 정부로 인정했다.

1948년 8월 15일에는 신생 대한민국 정부가 출범했으며, 이승만이 초대 대통령으로 취임했다. 취임 연설에서 이승만은 한반도 통일이 본인의 임무라고 즉각 천명했는데 이는 호전적이고도 자극적인 성격이었다. 12월 12일 유엔총회는 일종의 타협과 혼동의 산물인 남한 단독정부 수립에

---

142. Quoted in Michael Pembroke(2020), *Korea Where the America Century Began* (p. 62), Kindle Edition.

143. Quoted in Ibid.

동의했다. 여기서는 1947년 11월의 유엔결의안에서 추구한 목표가 달성되지 않았음을 인정했다. 다시 말해, 한반도 통일이 완수되지 않았음을 인정했다. 그러나 여기서는 "국제연합한국임시위원단이 관찰하고 협의할 수 있던 한반도의 남한지역에 대한 효과적인 통제와 사법권"을 한국정부에 부여해 주기로 결심했다.

트루먼 행정부는 미군정을 500명 규모의 주한미군군사고문단(KMAG)과 경제협조처(ECA)로 대체했다. 1948년 8월 24일 미국은 미 전투 병력이 한반도에 상주하는 한 주한미군군사고문단이 한국 군대와 경찰을 작전 통제할 것이란 내용의 비밀협약을 한국정부와 체결했다.[144] 그런데 미국은 한반도에서 모든 전투 병력을 철수시킨 1949년 6월 30일 이후에도 지속적으로 한국군을 작전 통제했다. 1950년 4월의 본인의 75회 생일 퍼레이드 식장에서 이승만은 제임스 하우스만(James Hausman)을 포함한 주한미군군사고문단 요원들에게 한국군이 군사고문단의 지휘를 받는다는 점에서 한국국민의 군대가 아니고 군사고문단의 군대라고 말했다.[145] 이는 6·25전쟁이 벌어지기 2개월 전에도 한국군이 미군의 작전 통제를 받고 있었음을 보여주는 부분이다.

대통령에 취임한 지 몇 개월이 지나지 않은 시점 이승만은 남한지역에 독재정권을 출범시켰다. 이승만은 남북통일과 한반도 독립을 지지하는 듯 보이는 각료들을 해임했으며, 경찰과 군대를 직접 통제하기 위한 조치를 취했다. 1948년 9월부터 1949년 4월의 기간 남한지역에서는 89,710명이 경찰에 체포되었는데 이들 가운데 무혐의로 석방된 사람은 불과 28,404

---

144. Robert K. Sawyer(1988). *Military Advisors in Korea: KMAG in Peace and War* (Kindle Location 612, 619).

145. Allan R. Millett(2005), *The War for Korea, 1945-1950* (Modern War Studies) (Kindle Location 6055). University Press of Kansas. Kindle Edition.

명이었다. 1949년 6월 26일에는 저명 독립운동가 김구가 안두희에 의해 암살당했다. 1949년 6월 30일 미국은 500명의 군사고문단과 700명 정도의 기술자를 제외한 모든 미 전투 병력을 한반도에서 철수시켰다. 분단된 한반도 통일을 감독한다는 궁극적인 목표를 추구하라는 임무를 부여받았던 국제연합한국임시위원단은 이제 남한지역에 상주하면서 남한과 북한의 도발 행위를 관찰하며, "한반도에서 군사적 분쟁을 초래할 수 있는 모든 상황 발전을 관찰하여 보고"하라는 임무를 부여받았다.[146]

거의 동시에 북한지역에서는 유엔의 승인을 받지 않은 국가가 출범했다. 북한의 국가 형성 과정을 보면 먼저 다수 지역의 인민위원회가 그 대표를 지명했으며, 이들 대표가 1947년 평양에서 최고인민회의를 구성했다. 여기서 1948년 4월 소련 헌법에 입각한 헌법을 승인했다. 1948년 8월 25일에는 선거를 통해 212명의 의원을 선출했다. 1948년 9월 9일에는 북조선인민공화국을 선포했으며, 김일성을 수상으로 지명했다. 국공내전(國共內戰)에서 싸웠다가 귀환한 다수 군인을 포함하고 있던 북한인민군이 그 이전에 창설되었다. 1948년 12월에는 소련군이 북한지역에서 모두 철수했다. 몇 주 차이를 두고 남한과 북한지역에 주권국가가 출범한 것이다. 이들 국가의 정부는 자신들이 한반도 전체에 대한 영향력을 행사할 수 있는 입장이라고 천명했지만 그렇지 못했다. 그러나 이들은 38선을 사이에 두고 자신의 관할 지역을 효과적으로 통제했다.

38선을 중심으로 물리적으로 분할된 지 3년이 지난 시점, 남한지역을 공산세력을 봉쇄하기 위한 보루로 만들 것이란 미국의 한반도정책과 그에 상응하는 소련의 정책으로 인해 한반도가 법적으로 2개 국가로 분단되었다. 1945년 8월 15일 당시의 군사적 분할이 국가 간의 국경선이 되면서

---

146. Max Hastings(2016), *Korean War* (p. 42), Kindle Edition.

그 이전까지만 해도 단일 국가가 통제했던 한반도가 상호 대립하는 2개 국가로 분할되었다. 1945년 8월 15일 이전까지만 해도 한반도전쟁은 상상조차 할 수 없었다. 그런데 38선을 중심으로 한반도가 물리 및 법적으로 분할된 1945년 8월 15일 이후 한반도전쟁은 필연적이었다. 김일성과 이승만이 무력 통일을 꿈꾸고 있었기 때문이었다.

당시 영국은 한국군 지휘관들의 뇌리는 "북한을 무력 점령하는 구상으로 꽉 차있었다."고 말했다. 미국은 북진하는 경우 미국의 원조가 중단될 것이며, 주한미군군사고문단이 모두 철수할 것이라고 이승만 정부에 지속적으로 경고했다. 이 같은 이유로 이승만 정부는 미국의 원조를 지속적으로 받을 수 있도록 남한의 도발이 없는 가운데 북한이 먼저 도발하게 만들고자 노력했다. 마찬가지로 북한은 남한의 도발을 학수고대했다. 김일성과 이승만 가운데 누가 먼저 38선을 넘어 전쟁을 시작할 것인지가 문제였다. 1950년 1월 김일성이 스탈린을 설득하여 먼저 전쟁을 시작할 수 있었던 것이다.

제4절. 미군정에 저항하는 세력 제거

미군이 한반도에 발을 디딘 1945년 9월 8일부터 6·25전쟁이 벌어진 1950년 6월 25일까지의 기간 남한지역에서는 1946년 10월의 대구 10·1사건을 시작으로 도처에서 지속적으로 사건이 벌어졌다. 1947년 3월 1일을 기점으로 1948년 4월 3일 발발하여 1954년까지 지속된 제주도 4·3사건, 제주도 4·3사건 진압 목적의 한국군 14연대 소속의 남로당 출신 김지회/지창수가 주동이 되어 1948년 10월 19일부터 27일까지 벌인 여수/순천 10·19사건은 대표적인 경우였다. 한편 이들 사건과 관련이 있는 남한 사람들을 보도연맹에 가입하게 한 후 6·25전쟁 직전과 직후에 대거 학살한 사건이 있었다. 이들 사건으로 6·25전쟁이 벌어지기 이전에 이미 남한 지역에서 10만 명 이상의 인명이 희생되었다.[147]

바라보는 시각에 따라 이들 사건을 반란, 폭동, 봉기 등의 다양한 용어로 표현하고 있는 듯 보인다. 이들 사건을 부정적으로 바라보는 사람들은 반란 또는 폭동으로 생각하는 반면 정당하고도 긍정적인 성격으로 바라보는 사람들은 봉기로 표현하고자 할 것이다. 그러나 여기서는 이들을 비교적 가치중립적인 용어인 사건으로 표현할 것이다. 미국의 한반도정책에 관해 기술하고 있는 이 책에서는 이들 사건에 대한 긍정 또는 부정적인 시각에서의 판단을 유보할 것이다. 단순히 이들 사건과 미국의 한반도정책의 관계에 초점을 맞출 것이다.

이들 사건과 관련한 세 가지 주요 의문사항이 있다. 첫째, 이들 사건이 일어난 것은 무슨 이유 때문일까? 둘째, 이들 사건에 북한과 소련이 개입되어 있는가? 셋째, 이들 사건의 진압을 누가 왜 주도했는가? 란 부분이다. 여기서는 미군이 한반도에 진주하기 이전 출범한 조선인민공화국과 인민위원회 탄압, 1946년의 대구 10·1사건, 제주도 4·3사건, 여수/순천 10·19사건 탄압을 살펴볼 것이다.

1. 사건의 배경, 주도 및 진압

한반도에 진주한 미군은 일제 35년의 유산을 그대로 유지하기로 결심했다. 일제에 부역했던 지식인 중심의 정당인 한민당을 지원했을 뿐만 아니라 일제 당시의 조선인 검찰, 경찰 그리고 군인들을 중심으로 남한지역을

---

147. George Katsiaficas(2012), *Asia's Unknown Uprisings* Vol. 1 (p. 60), Kindle Edition.

관리하기로 결심했다. 해방으로 바뀐 것은 남한지역의 주인이 일본에서 미국이 되었다는 사실뿐이었다. 이 같은 미군정에 대항하여 많은 인사가 격렬히 저항했다. 1945년 9월부터 1946년 9월까지의 1년의 기간 동안 미국은 남한지역 도처에 출현한 다수의 인민위원회 진압을 위해 노력했다. 이 같은 진압에 대항하여 한반도 도처에서 여러 사건이 벌어졌다. 1946년 10월의 대구 10·1사건, 1948년 4월의 제주도 4·3사건과 10월의 여수/순천 10.19사건은 이 같은 성격이었다. 이들 사건을 강경 진압하자 이들 사건에 참여했던 인사 가운데 일부가 1948년과 1949년 당시 게릴라 활동을 전개했다.

이들 사건이 벌어진 이유와 관련하여 남한지역의 식량 사정이 열악했으며, 콜레라와 같은 질병이 만연했기 때문이란 관점이 없지 않다. 그러나 이들 사건은 주로 한반도 분단과 남한 단독정부 수립에 반대하고, 미국과 같은 외세를 철수시키기 위한 성격이었다. 미군정의 친일파 중심 한반도 정책에 저항하기 위한 성격이었다.[148]

1장 4절에서 살펴본 바처럼 남한 단독정부가 수립된 1948년 8월 15일 이전까지 소련과 북한은 남한지역에서 벌어진 사선에 개입하지 않았다. 해방 이후부터 적어도 1945년 12월 말경까지 소련은 미군정에 협조하라고 남로당에 지시했다. 당시 소련은 미국과 협조하여 자국에 우호적인 한반도 통일정부 수립을 구상하고 있었다. 1946년 초순 이후 일부 변화가 있었지만 1948년 8월 15일 이전까지만 해도 소련은 한반도 차원의 선거를 통해 자국에 우호적인 통일한반도 정권이 출범될 수 있기를 원했다. 당시까지만 해도 소련은 남로당을 포함한 남한 좌익세력에 폭력 행사를 종용하지 않았다. 그러나 남한과 북한지역에 독자적으로 정부가 수립

---

148. Ibid., (p. 79). Kindle Edition.

된 1948년 9월 9일 이후 소련은 북한정권이 미국과 남한정권에 대항하여 싸울 수 있기를 원했다. 이 같은 측면에서 보면 1948년 10월에 벌어진 여수/순천 10.19사건에 소련과 북한이 영향력을 행사하며 남한지역 도처에 숨어 있던 남로당 출신들에게 사건 주도를 지시했을 가능성이 있다. 그런데 이들 사건에도 북한과 소련은 직접 개입하지 않았다.

그러나 1948년 중순부터 북한이 남로당 요원들에게 이승만 정부의 주요 기관에, 예를 들면 국방경비대에 침투해 들어가라는 지령을 보냈으며, 이들 지령을 미국이 감청했다.[149] 1948년 10월 미국이 국가보안법을 만들고 숙군(肅軍) 작업에 착수했던 것은 이 같은 이유 때문이었을 것이다.

그러나 소련 또는 북한이 남한지역 게릴라들을 직접 지원해 준 증거가 거의 없었다. 1950년 4월 미국은 북한이 강원도 지역과 경상북도 북쪽 해안 지역의 게릴라들에게 무기와 보급물자를 지원해 주었음을 확인했다. 이들을 제외한 "전라도와 경상도의 게릴라들의 전력은 거의 100%가 남한 지역에서 자체 충원한 것이었다." 38선 부근 지역의 경우를 제외하면 소련제 무기가 남한지역에서 확인된 경우는 없었다. 남한지역의 대부분 게릴라들은 일제 및 미제 무기로 무장하고 있었다. 또 다른 보고서에 따르면 이들 남한지역 게릴라들의 경우 "분명히 말하지만 북한으로부터 격려 차원의 지원 이상을 거의 받지 못했다."[150]

이들 사건의 진압은 트루먼 대통령, 애치슨 국무장관과 같은 미국의 주요 인사들의 지시에 따라 주한미군이 주도한 것이었다. 1948년 8월 15일 이전에는 미국의 지시에 입각하여 미군정이, 8월 15일 이후에는 주한미군

---

149. Bruce Cumings(2005), *Korea's Place in the Sun* (p. 221), Kindle Edition.

150. Quoted in Ibid., (p. 245), Kindle Edition.; CIA, "Communist Capabilities in South Korea," Feb. 21, 1949.; State Department 795.00 file, box 4262, Drumwright to State, April 15, 1950, enclosing a report titled "Guerrilla Strength and Activity."

군사고문단이 진압을 주도했다. 미군정이 한반도를 통치했던 1948년 8월 15일 이전 한반도에서 벌어진 모든 사건의 진압은 미군이 주도했는데 이는 당연한 현상이었다. 그런데 대한민국 정부가 수립된 이후부터 6·25전쟁이 발발한 1950년 6월 25일까지 벌어진 사건의 진압 또한 미군이 주도했다. 1948년 8월 24일 한미가 체결한 비밀협정으로 인해 주한미군 전투 병력이 모두 철수한 1949년 6월 30일 이전까지 미군이 한국군과 경찰을 작전 통제했음을 주목할 필요가 있다. 그러나 실제적으로는 6·25전쟁이 벌어지기 이전까지도 미군이 한국군과 경찰을 작전 통제했음을 주목할 필요가 있다.[151] 이는 미국이 6·25전쟁 이전에 한반도에서 벌어진 모든 사건의 진압을 계획했음을 의미한다. 한국군 대령들이 미군이 수립한 진압 계획을 이행했는데, 이행 과정을 진두지휘한 것도 하우스만과 같은 주한 미군군사고문단 소속 장교였다.[152]

보도연맹을 학살한 주역과 관련하여 혹자는 특무대장 김창룡(金昌龍)과 이승만 대통령을 거론한다. 그러나 한국군과 경찰이 6·25전쟁 이전은 물론이고 전쟁 도중에도 미군의 작전 통제를 받았음을 알아야 한다. 예를 들면, 1950년 8월 초순 대전에서의 7,000명에 달하는 보도연맹 인사들의 학살은 주한미군군사고문단 요원들의 지시와 감독 아래 한국경찰이 자행한 것이었다. 이 같은 사실을 알란 위닝턴(Alan Winnington)이 런던데일리워

---

151. 1949년 4월 본인의 75회 생일 퍼레이드에서 이승만은 미 군사고문단들에게 이처럼 말했다. Allan R. Millett(2005), *The War for Korea* (Kindle Location 6055). Kindle Edition.

152. 여수/순천 10·19사건을 직접 진압한 지휘관은 미군이었다. 이들 미군 지휘관을 채병덕, 정일권 및 김백일과 같은 몇몇 젊은 한국군 대령이 도와준 것이다. Bruce Cumings(2010), *The Korean War* (Kindle Location 2024).; 미군정이 종식되었음에도 불구하고 그리고 표면적으로는 미국이 한국의 내정에 간섭할 권한이 없음에도 불구하고 당시 진압은 미국인이 계획을 수립하고 지시했으며 한국군 젊은 장교들이 이행했다. 한미 비밀협정에 입각하여 한국군을 미국인들이 작전 통제했으며, 미군 고문관들이 모든 한국육군 부대에 들어가 있었다. Bruce Cumings(2005), *Korea's Place in the Sun* (p. 222). Kindle Edition.;

커(London Daily Worker)에 기고한 글에서 주장했다. 당시 학살을 목격한 증인들에 따르면 2대의 지프차로 이동한 미군장교들이 학살 현장을 감독했다.[153] 브루스 커밍스는 한국정부가 수립된 1948년 8월 15일 이후에도 공산주의자와 좌익세력 제거 과정을 미국이 지원했을 뿐만 아니라 공모했다고 말하고 있다.[154] 한편 주한미군군사고문단 출신의 도널드 니콜스(Donald Nichols)는 본인이 공산주의자란 혐의를 받고 있던 한국인들을 고문 및 학살하는 과정에 동참했다고 말했다. 이 같은 고문과 학살을 미국이 암묵적으로 지원했다고 말했다.[155] 그런데 역할 분담 측면에서 보면 미국이 계획을 수립하고 지시한 반면 한국 경찰과 군이 이행하는 성격이었다. 다시 말해, 미국의 책임이 훨씬 더 컸던 것이다.

당시 한국과 외국의 비평가들은 이승만을 독재자로 지칭했다. 그러나 이승만은 거의 권력을 행사할 수 있는 입장이 아니었다.[156] 적어도 이들 보도연맹 소속 요원은 물론이고 6·25전쟁 도중의 인민위원회 소속 남한 사람들은 이승만의 지시가 아니고 미군의 지시에 따라 김창룡과 같은 사람이 제거한 것이었다.

그러면 왜 미국은 이들 사건을 트루먼 대통령 차원에서 진압한 것일까? 주요 이유는 미소(美蘇) 패권경쟁에서 한반도가 갖는 중요성 때문이었다. 이미 1943년 미 국무성은 한반도가 소련의 수중으로 모두 넘어가는 경우 장제스가 통치할 중국대륙의 안보는 물론이고 일본의 안보가, 궁극적으로 미국의 안보가 위태로워질 것이라고 생각했다. 그런데 2차 세계대전 당시

---

153. Bruce Cumings(2005), *Korea's Place in the Sun* (p. 273), Kindle Edition.

154. Ibid., p. 224.

155. Blaine Harden(2017), *King of Spies: The Dark Reign of America's Spymaster in Korea* (p. 2), Pan Macmillan, Kindle Edition.

156. Robert T. Oliver(1978), *Syngman Rhee and American Involvement in Korea, 1942-1960* (Seoul, Korea: Panmun Book Company, 1978), pp. 242-3.

미 합참의장이던 마샬이 1945년 12월 중국대륙으로 건너가 장제스의 국민당과 마오쩌둥의 공산당을 장제스 중심으로 연립 정부를 구성하고자 노력하다 뜻을 이루지 못하고 귀국한 1947년 1월 이후 미국은 중국대륙이 공산화될 가능성이 있다고 생각했다. 1948년 말경에는 중국대륙 공산화가 거의 확실해졌다. 이 같은 이유로 한반도가 미국의 안보 측면에서 보다 더 중요해졌다. 이 같은 안보 측면에서 남한지역 내부에서 벌어진 소요(騷擾) 사태 진압이 대단히 중요한 의미가 있었던 것이다.

미 국무장관 딘 애치슨(Dean Acheson)은 이들 소요 사태를 진압하지 못하는 경우 이승만 대통령이 마오쩌둥에게 먹힐 장제스와 같은 신세가 될 것으로 생각했다. 애치슨과 미 국무성 정책실 실장 캐넌은 남한지역 소요 사태 진압 여부를 이승만 정권의 존속 여부를 판단하기 위한 리트머스 시험지로 생각했다. 진압에 성공하는 경우 한반도에서 미국이 공산세력의 확산을 봉쇄할 수 있을 것인 반면 성공하지 못하는 경우 이승만 정권은 장제스의 국민당 정권과 마찬가지로 존속이 곤란할 것이란 의미였다. 1948년 말경 굿펠로우는 이승만에게 보낸 편지에서 "개인적으로 한반도 문제와 관련하여 애치슨과 수차례 이야기했다.…이들 게릴라를 신속히 제거해야 한다.…모두가 한국이 공산주의자들의 위협에 대처하는 모습을 유심히 지켜보고 있다."라며 이들에 대항하여 강력한 정책을 강구하지 않는 경우 한국정부가 미국의 지원을 얻지 못할 것이라고 말했다. 그러면서 굿펠로우는 이들 공산주의자의 위협에 제대로 대처하는 경우 "미국이 남한정부를 높이 평가할 것이다."라고 말했다.[157]

1949년 9월 말경 주한미군군사고문단 단장 로버츠(W. L. Roberts)는 "이들 게릴라의 가능한 한 조기 소탕이 대단히 중요하다."라고 말하면서 한국육

---

157. Quoted in Bruce Cumings(2005), *Korea's Place in the Sun* (p. 246). Kindle Edition.

군과 공조하기 위한 보다 많은 보병들을 보내달라고 워싱턴에 요청했다. 그는 38선 부근의 한국군에게 모두 또는 부분적으로 내륙 지역으로 이동하여 "게릴라를 소탕하라"는 지시를 내렸다고 맥아더에게 말했다. 로버츠는 1949년 11월부터 1950년 3월의 기간에만 "게릴라 활동의 근간을 분쇄하기 위한 소탕작전"을 통해 6,000명의 게릴라를 사살했다고 말했다.[158]

결국 미국이 이들 사건을 무자비하게 진압하고, 이들 사건에 개입했던 사람들을 보도연맹에 가입하게 한 후 6·25전쟁 직전과 직후 김창룡 등을 통해 제거했던 주요 이유는 한반도에 대한 영향력 확보 차원에서였다.

지금까지 논의에서 보았듯이 이들 사건은 남한지역 토착 세력들이 한반도 분단반대와 주한미군 철수를 외치며 일으킨 것이었다. 이들 사건을 진압한 주체는 미국이었다.

2. 조선인민공화국과 인민위원회 탄압

이미 살펴보았듯이 미군정은 조선인민공화국과의 공조를 거부하고 미군정 소속 요원들에게 이들에 대항하여 싸우라고 지시했다. 미군과 인민위원회가 최초로 대적한 경우는 1945년 10월 5일의 전라북도 남원에서였다. 남원 인민위원회가 관리하고 있던 일본인 자산을 미군이 강제로 빼앗고자 하면서 문제가 벌어진 것이다. 일본인 주인과 관리자가 본국으로 귀국한 후 조선인들이 이 공장을 인수하여 자율적으로 운영하고 있었다. 일본 패망 후 2개월이 지난 시점, 미국 관리들은 전라도의 50개 공장 가운데 42개가 매우 잘 가동되고 있음을 확인했다. 제주도와 부산에서는 인민위원회가 많은 공장을 성공적으로 운영하고 있었다. 남한 전 지역의 공장들이 종종 일본인이 통제할 당시 이상의 수준으로 생산량을 곧바로 늘렸다.

---

158. Quoted in Ibid.,

이들 인민위원회에는 대략 100만 명에서 200만 명의 노동자가 가입되어 있었다. 이들은 조선인민공화국 입장에서 보면 가장 중요한 지원 세력이었다.[159]

당시 노동자들은 단순한 경제적 사안이 아니고 정치적 사안에 민감히 반응했다. 이들은 자신의 관점을 표명하기 위해 지속적으로 거리로 나섰다. 1945년 8월부터 1947년 3월의 기간, 다시 말해 미군정 기간, 적어도 노동자들이 2,388회 시위를 벌였으며, 이들 시위에 60만 명 정도가 동참했다.[160] 조선인이 주인인 공장의 경우 시위가 보다 빈번했다. 1945년 8월 31일 정선의 면직공장에서는 1천 명 이상이 파업했다. 일본 감옥에서 석방된 1만 명 이상의 정치범들과 일본군에서 제대한 1만 5천 명 이상의 젊은이로 인해 남한지역에서는 진취적인 세력들이 다수를 이루었다. 당시 하지가 남한의 상황이 곧바로 폭발할 것만 같은 상태에 있는 것으로 인지했던 것은 이 같은 이유 때문이었다. 하지는 남원의 인민위원회를 겨냥하여 폭력을 행사했다. 11월 15일 하지는 남원 인민위원회 소속 5명의 지도자를 체포하라고 명령했다. 그 과정에서 미군의 총검에 적어도 2명이 사망했으며, 많은 사람이 부상했다. 그 후 5일 뒤인 11월 20일의 인민위원회 대의원회의에서 남한지역의 25개 도시와 175개 지역에서 온 650명의 대의원들이 행정 권한을 인민위원회에 곧바로 넘길 것을 미군정에 촉구했다. 12월 미군이 이 같은 촉구에 반응했다. 12월 8일 미군정은 파업을 금지시켰다. 12월 12일 미군정은 인민위원회와 조선인민공화국이 대중의 적(敵)이라고 말하면서 이들을 불법화시켰다.[161] 1945년 12월 18일 하지는 일본

159. Quoted in George Katsiaficas(2012), *Asia's Unknown Uprisings* Vol. 1 (p. 69). Kindle Edition.

160. Quoted in Ibid.

161. Bruce Cumings(1981), *The Origins of the Korean War*, Vol. 1, p. 197.

군에서 근무한 경험이 있던 일부 조선인을 중심으로 국방경비대 창설을 결심했다. 미군 관리들은 인민위원회와 조선인민공화국의 활동으로 '대중 정부'의 근간이 흔들렸다고 생각했다. 미군 대령이 각 도의 책임자였음에도 불구하고 이미 인민위원회가 실질적인 권력을 행사하고 있었다. 1945년 12월 8일 서울에서 개최된 전국 농민조합 창단식에는 239개 농민조합에서 545명의 대표가 참석했다. 당시 전라남도 대표는 인민들이 미군정 관리의 지시가 아니고 지역 인민위원회의 지시를 따르고 있다고 말했다. 당시 미국은 조선인들의 독립의지를 과소평가했다. 1946년 3월 1일, 3·1절 행사를 기점으로 시작된 시위는 6월 27일경까지 그 규모가 지속적으로 커졌다. 결과적으로 6월 27일경에는 서울에서 50만 명에 달하는 시민이 미군정에 대항하여 시위를 벌였다.[162] 1946년 8월 26일 미군정은 38선을 폐쇄하는 방식으로 한반도를 물리적으로 분단시켰다. 미군정이 남한지역 좌익들을 탄압함에 따라 박헌영을 포함한 몇몇 주요 인사가 월북했다.

미군정 치하에서 지방의 생활 여건이 신속히 악화되었다. 미군정이 출범한 지 1년이 지나지 않아 미국인들이 공장에서 노동자 위원회를 추방시킨 후 조선인민공화국으로부터 일본 자산을 빼앗아 통제함에 따라 100만 명 이상의 노동자가 일자리를 잃었다. 이들 실직자 가운데 절반이 경상도에서 벌어졌다. 철도노동자처럼 일자리가 있는 사람들조차 생활이 궁핍해졌다. 이들 가운데 다수는 가족의 식량조차 충당할 수 없었다. 인플레로 시민들의 구매력이 매우 낮아졌다. 미군정은 자신들이 한반도에 진주하기 이전과 비교하여 쌀값이 100배 이상 올랐다고 판단했다. 서울의 경우 쌀값이 30배 이상 치솟았다.[163]

---

162. Quoted in George Katsiaficas(2012), *Asia's Unknown Uprisings* Vol. 1, (p. 70). Kindle Edition.

163. Quoted in Ibid..

당시의 식량 부족은 쌀이 부족했기 때문이 아니고 정치적 요인 때문이었다. 특히 미군정이 추곡 수매 권한을 경찰에 부여해 준 결과였다. 일제 당시 일본은 보다 많은 쌀을 일본으로 갖고 가기 위해 수년 동안 조선인들을 굶주리게 만든 바 있었다. 그러나 미군정 치하에서 조선의 식량 사정은 일제 당시와 비교하여 훨씬 악화되었다. 경찰관들이 상당히 많은 쌀을 착복했던 것이다. 대구의 곡식창고는 우익 청년들이 장악하고 있었다. 사리사욕을 챙기던 정부 관리들이 매일 상당한 분량의 쌀을 일본으로 밀수출하고 있었다.

1946년 가을에 이르기까지 기아(饑餓), 질병 및 외세의 지배를 더 이상 감수하고자 하지 않던 지역 주민들이 81군데 경찰소와 23군데의 공공관서를 공격했다. 1946년 8월 15일 미군이 화순의 탄광 인부들을 겨냥하여 총을 발사했다. 그 결과 7명이 사망했다. 이처럼 불안이 지속되는 가운데 미군이 한겨울의 혹한 속에서 기아선상에 있던 탄광 노동자들을 겨냥하여 전차와 총검을 사용했다.[164] 1946년 9월 6일 미군은 남로당 핵심 요원이던 박헌영, 이주아, 이강국(李康國)의 체포를 명령했다. 8월 23일에는 영주 인민위원회 소속 28명 모두가 체포되었다. 보성의 경우 35명이 체포되었다. 그 후 대구경찰서에서는 이들에 대한 고문이 시작되었다. 이들의 비명이 너무나 커서 기자들은 비명의 출처와 관련하여 감히 질문하지 못했다.

설상가상으로 주민들은 당시 몰아친 콜레라에 노출되었다. 10월 1일경에는 콜레라로 1만 명 정도가 희생되었는데 이들 희생자 가운데 절반 이상이 경상도에서 벌어졌다. 하지의 군정은 이들 위기를 극복할 수 있도록 주민에게 물자를 제공해 준 것이 아니고 경찰에 총기를 제공해 주어 이들 주민의 소요를 진압하게 했다. 새롭고 좋은 무기를 경찰에 제공해 주었음

---

164. Ibid., p. 71.

에도 불구하고 대부분 경찰은 질서를 유지할 수 없었다. 결과적으로 이들 경찰을 지원하기 위해 미군이 투입되었다. 당시 미군정은 러시아가 한반도 소요(騷擾)를 이용할 수 없도록 이들 소요를 진입해야 할 것이라고 주장했다.

3. 대구 10·1사건

1946년 10월 1일 벌어진 대구 10.1사건은 미군정이 실시된 지 불과 1년 만에 벌어진 대규모 시위였다. 이 사건이 전국 도처로 확산되면서 1947년까지 지속되었다. 이 사건이 제주도 4·3사건과 여순/순천 사건에 영향을 주었다.

사건의 성격

1946년 10월 1일 대구에서 시작되어 전국으로 확산된 대구 10·1사건은 미군정의 경제 및 정책 실패와 더불어 미군정이 조선인민공화국 및 인민위원회와 같은 풀뿌리 노력을 억압했다는 데서 기원했다. 시위대들은 친일부역자 정리, 분단반대, 외세철수를 외쳤다.[165]

1946년 대구 10·1사건은 동학운동 이후 가장 규모가 큰 대중 무장운동이었다. 미 육군은 이 사건을 남한지역에서 벌어진 노골적인 폭동으로 지칭했다. 미 육군의 개입이 없었더라면 이 사건으로 남한의 행정이 마비되면서 조선인민공화국이 유일한 정부가 되었을 것이다. 이 사건으로 상당히 많은 인명이 희생되었다. 예를 들면, 강만길은 300명 사망, 3,600명이상 실종, 26,000명 부상 그리고 15,000명 투옥으로 표현했다.[166]

---

165. Ibid., p. 78.
166. Ibid., p. 72.

사건 진압을 위해 조선경찰은 물론이고 미군정 소속 미군들이 직접 시위대를 겨냥하여 소총과 기관단총을 발사했다. 놀라운 것은 미군의 인명 피해가 전혀 없었다는 사실이다. 이는 당시 시위대가 놀라울 정도로 기강과 규율이 잡혀 있었다는 의미다. 당시 인민위원회 지도자들은 미국이 권력을 조선인민공화국에 이양해 줄 것이라고 기대하면서 미군을 사살하지 말라고 시위대들에게 말했으며 이 같은 지도자들의 지시를 시위대가 준수한 것이다.[167] 당시 미군은 전투하는 것처럼 상황에 대처했다. 어느 미군정 관리는 당시 상황을 다음과 같이 표현했다. "우리는 전투를 수행하는 것처럼 상황에 대처했습니다. 우리는 사건 진압 과정에서 일부 무고한 시민이 희생될 가능성을 고려할 수 있을 정도의 여유가 없었습니다. 우리는 도시 외곽에 집단수용소를 설치했으며, 감옥이 넘치는 경우 시위대들을 이곳에 억류했습니다. 이는 전쟁이었습니다. 우리는 전쟁으로 생각했습니다. 전쟁하듯이 사건을 진압했습니다."[168]

사건의 발단과 진행

대구 10·1사건의 발단은 1946년 9월 23일의 부산 시위였다. 당시 8천 명 정도의 부산의 철도노동자들이 임금 인상, 매일 급여 지급, 직업 안정 보장, 보다 많은 쌀 배급을 외치며 파업을 선언하였다. 거의 모든 부산 지역 학생들이 시위에 동참했다. 그날 저녁 대구 지역의 1천 명 정도의 철도노동자들 또한 시위에 합세했다. 다음 날 서울, 대전, 대구, 인천, 광주의 철도노동자들을 포함하여 적어도 3만 명이 시위를 벌였다. 부산 지역 노동자들의 비교적 순수한 요구가 미군정을 겨냥한 정치적 시위로 돌변했

167. Ibid.

168. Ibid., 73.

다. 이들은 미군정의 테러중지, 정치범 석방, 식량배급 증대, 일제에 부역했던 모든 미군정 및 경찰 요원들의 해고를 촉구하는 국가적 차원의 결단을 촉구했다. 이들은 또한 토지개혁, 기업국유화, 권력의 인민위원회 이양을 촉구했다.

전평은 총파업을 촉구했다. 곧바로 25만 명의 노동자들이 파업에 동참했다. 많은 학생들이 반동성향 교수의 강의를 거부했으며 파업에 동참했다. 서울의 경우 295개 회사가 파업했다. 5만 명 정도의 노동자와 학생, 시민이 파업에 동참했다. 남한 지역 도처에서 시민들이 독립과 정의를 겨냥한 국가적 수준의 운동에 동참하기 위해 일상생활을 중지했다. 모든 주요 도시에서 시민들이 수천 명 단위로 거리로 뛰쳐나갔다. 총파업이 시작되자 전국적으로 2백만 명의 시민이 동참했다. 이는 남북분단, 친일부역자들의 직위 유지, 미국의 친일인사 옹호, 기아(飢餓)에 대항한 대규모 집단시위였다.

대구 10·1사건의 발단은 10월 1일 아침 아녀자를 포함한 3백여 명의 시민이 보다 많은 식량배급을 요구하며 대구시청 앞을 행진한 사건이었다. 시위대는 1천 명 이상으로 불어났다. 당시 미군정은 대구를 '적국' 도시처럼 통치했다. 그럼에도 불구하고 미군정은 대구의 인민위원회를 해체할 수 없었다. 경찰이 이들 시위대 해산을 시작한 지 얼마 안 된 순간 수천 명의 학생들이 미 제국주의 타도를 외치며 500명 정도의 시위대들과 합세했다. 경찰이 이들을 해산하기 위해 투입되었다. 오후 6시경 주민과 경찰의 충돌과정에서 2명의 민간인이 경찰의 발포로 사망했다.

다음 날 오전 8시부터 대구역 앞에서 수천 명의 군중과 무장경찰이 대치했다. 대구의전 학생들이 신원미상의 시신을 메고 대구경찰서로 향했다. 이들 학생과 시위대가 경찰서의 무기와 탄약을 탈취했으며 경찰을 구금했다. 그 와중에서 격렬한 전투가 벌어지면서 적어도 38명의 경찰과 48

명의 시위대가 사망했다. 그 후 몇 시간 동안 시위대가 대구를 통치했다. 이들이 대구 외각의 경찰서들을 공격했다. 한국인 미군정 관리와 경찰의 가옥을 급습했다. 경찰이 군중 해산에 실패하자 오후 5시경 미 6사단이 투입되었다. 미군 전차가 대구를 통제할 당시 시위가 경상북도의 여타 도시와 군으로 확산되었다. 이들 지역에서 전국으로 확산되었다. 경북지역 시위는 1946년 10월 1일과 2일의 달성군부터 시작하여 10월 2일과 3일의 칠곡과 고령, 10월 3일의 성주와 김천, 10월 4일의 영주와 영일 등 19개 군으로 확산되었다.

사건의 확산

10월 3일에는 영천에서 적어도 10,000명의 시민이 경찰을 제압했다. 그 후 이틀 동안 시민들이 도시를 통치하면서 경찰, 지주 그리고 친일관리를 처형했다. 포항과 경주에서는 시위대들이 관공서와 부유한 사람의 가옥을 불태웠다. 미군정이 이들 지역에 계엄을 선포했다. 전주에서는 경찰이 20명의 시민을 사살했다. 10월 6일에는 대구에서 60명 이상이 총에 맞아 사망했다. 남한시역 도서에서 시민들이 들고 일어났으며, 이들을 미군 병사와 전차가 진압했다. 경상북도 지역의 경우 60곳 이상의 도시와 마을에서 소요가 벌어졌다. 10월 6일 하지는 경상북도 전 지역에 계엄령을 선포했다. 10월 7일에는 경상남도 모든 지역으로 시위가 확산되었다. 예를 들면, 마산에서 경찰과 40명의 미군이 6,000명에 달하는 굶주린 군중을 겨냥하여 발포하면서 적어도 8명이 사망하고 수십 명이 부상을 입었다. 당시 상황을 목격했던 어느 미군 하사관은 트루먼 대통령에게 다음과 같은 내용의 서신을 보냈다. "내가 속해 있던 대대는 마산 전역을 초계했습니다. 도로 곳곳에 시체가 즐비했습니다. 우리는 총구가 시뻘겋게 달아오를 정도로 기관단총을 발사했습니다."[169] 하동에서는 수백 명의 농민들이 죽창을 들고 경찰을 공격했다. 이들이 뿌린 전단에는 다음과 같은 내용이 기술되어 있었다. "우리가 경찰을 증오하는 것이 아니다. 그러나 우리는 조국의 독립을 위해 죽을 각오가 되어 있다.…모든 권력을 국민에게 이양하라"[170] 10월 11일에는 해남에서 54명의 농민이 사살되고 357명이 구금되었다. 10월 17일에는 소요가 충청도로 확산되었다. 10월 31일에는 소요가 거의 모든 전라도 지역으로 확산되었다. 이곳에서는 11월 말경까지도 소요가 지속되었다.

1946년 10월의 대구 10·1사건은 매우 중요한 의미가 있던 민중들의 무장 사건이었다. 당시의 사건은 조선인민공화국과 인민위원회의 지원 아래 남한지역 도처로 확산되었다. 철도노동자 파업으로 시작된 파업이 총파업이 되었으며, 프롤레타리아 무장농민들의 시위로 전환된 것이다. 총성이 멈추었을 당시 수백 명의 민간인이 사망했으며, 수천 명이 부상 또는 체포되었다. 당시 경찰에 대한 조선인들의 증오는 심각한 수준이었다. 대구지역 병원의 경우 미군이 총검으로 위협하기 이전에는 이들 경찰을 치료해 주지 않았다.

본인의 정책 실패로 벌어진 대구 10·1사건과 관련하여 군정장관 하지는 책임을 통감하지 않았다. 하지는 미국의 강력한 지원으로 건재할 수 있었다. 특히 1946년 가을 추수 이후 러시아가 남한을 침공할 태세라는 의미의 전문을 맥아더에게 보낸 10월 28일 이후 그러했다.[171] 미군 지휘관들이 러시아가 남한을 침공할 것이란 하지의 주장을 믿었는지 의문이다.

169. Quoted in Ibid. p. 75.

170. Ibid..

171. "General of the Army Douglas MacArthur to the Chief of Staff(Eisenhower), 28 October, 1946," in *FRUS*, 1946, The Far East, Vol. 8, p. 750.

이 같은 믿음과 무관하게 이들 부대는 이미 본인들이 남한지역에서 전쟁 상태에 있는 것처럼 전투를 수행했다.

대구 10·1사건을 브루스 커밍스는 폭동 또는 반란으로 표현했다. 반면에 조지 카치아피카스(George Katsiaficas)는 민중봉기로 표현했다. 그 정의와 무관하게 당시의 사건에서 시위대들은 기본적으로 친일경찰과 같은 친일 부역자 제거, 분단 반대, 외세철수를 외쳤는데 이들 외침은 주권국가로서의 대한민국의 정체성에 관한 것이었다.

4. 제주도 4·3사건

1948년 4월 3일 자정(子正) 몇몇 제주도민의 신호를 기점으로 제주도 도처에서 공격이 시작되었다. 한라산 정상 도처에서 올라온 횃불로 제주도가 대낮처럼 밝아졌다. 4월 4일 새벽 2시, 3,500명의 도민들이 서북청년단은 물론이고 24개 경찰서 가운데 11군데 경찰서를 공격했다. 한편 일제에 부역했던 15명의 인사와 경찰을 살해했다. 제주도 4·3사건이 시작된 것이다.

사건의 성격

제주도 4·3사건은 크게 두 가지 이유 때문에 벌어졌다. 첫 번째 이유는 1947년 3월 1일 이후 미군, 우익단체 그리고 경찰이 제주도민을 겨냥하여 발포하는 등 도민들에 대한 지속적인 억압에 저항하기 위함이었다. 두 번째 이유는 남한 단독정부 수립에 대한 반대 차원의 것이었다. 제주도 4·3사건은 1948년 5월 10일 예정되어 있던 남한 단독정부 수립을 염두에 둔 선거와 관련하여 남한지역 도처에서 진행되고 있던 반대 운동의 일환이었다.

미군이 조선인을 직접 살해한 1946년 10월의 대구 10·1사건으로 제주도에도 긴장이 고조되었다. 이 같은 상황에서 1947년 3월 1일 적어도 5만 명의 제주도민들이 제주북초등학교에 모였다. 이는 제주도 역사상 가장 대규모 시위였다. 이들 군중이 거리로 뛰쳐나가자 미군은 한국경찰에 발포를 명령했다. 경찰의 발포로 적어도 6명의 제주도민이 사망했으며, 보다 많은 제주도민이 부상을 입었다. 수십 명이 체포되었다. 1주일 뒤 1,000여 명의 도민들이 구류된 제주도민의 석방을 요구했다. 경찰이 재차 이들 군중을 겨냥하여 발포하면서 5명이 사망했다. 이 같은 노골적인 폭력 행사를 보며 모든 학교, 관공서 및 기업이 파업에 들어갔다. 160개 이상의 공공기관이 시위에 동참했다. 다수의 보수인사들뿐만 아니라 일부 경찰, 군인 및 해안경비대 요원들이 시위에 동참했다. 구금된 제주도민의 즉각 석방과 피해보상 이외에 시위대들은 제주도민을 살해한 경찰 처벌, 친일부역자들 해고, 미소공동위원회 재개를 요구했다.[172]

1947년 3월 10일에는 적어도 176곳에서 제주도 도민들이 유혈사태에 항의하기 위해 파업에 들어갔다. 1947년 3월 1일 당시 제주도민을 겨냥하여 발포했던 경찰관은 하지가 제주도를 전라도에서 분리하여 도(道)로 승격시킨 후 제주도로 보낸 육지 사람들이었다. 상황이 걷잡을 수 없이 돌아가자 하지는 보다 많은 우익 경찰을 제주도로 파견했다. 시위를 주도한 5백여 명의 도민을 체포했으며, 제주도 출신 66명의 경찰관을 해고했다. 이들을 육지에서 온 우익인사들이 대체했다. 이에 대한 항의의 표시로 도지사가 사임했다.

당시 체포된 제주도민 가운데 많은 사람이 극심한 폭행을 당했다. 3월 16일 심하게 부패하여 수면 위로 올라온 시체들이 발견되면서 이들 가운데 적어도 3명이 고문으로 사망했음을 알 수 있었다. 미군정은 당시 고문

---

172. Quoted in George Katsiaficas(2012), *Asia's Unknown Uprisings* Vol. 1, p. 92.

치사를 자행한 경찰을 체포하거나 이들이 더 이상 폭력을 행사하지 못하게 하지 않고 328명의 제주도민을 군사재판에 넘겼다. 적어도 1명의 미국인 판사가 불법 모임, 미군정법 위반, 시위계획 수립 등의 죄목으로 158명을 기소했다. 수백 명의 우익경찰이 제주도로 들어왔다. 새롭게 제주도로 온 육지사람 가운데 가장 악랄했던 사람은 북한지역에서 공산세력을 피해 내려온 800명 이상의 서북청년단이었다. 이들은 경찰 이상으로 공권력을 행사했다. 이들의 잔혹한 행동을 보며 제주도민들이 분개했다. 무보수로 일했던 서북청년단은 마을에서 마을로 전전하며 강간, 살인 등 혼란의 전리품을 열심히 챙겼다. 이들은 힘없는 제주도민, 특히 여성을 고문하고 능욕했다. 근무에 대한 보상으로 토지를 분배해 줄 것이란 미군정의 약속으로 이들 가운데 많은 사람이 미군의 명령을 열심히 따랐다. 1947년 말경까지 적어도 2,500명의 제주도민이 체포되었으며, 이들 가운데 많은 사람이 고문으로 사망했다.

미 정보당국은 종종 제주도를 "빨갱이들의 섬"으로 표현했다. 1948년경 미국 보고서에서는 제주도민 가운데 20% 정도인 6만여 명을 남로당원으로, 8만여 명을 남로당에 공감하기나 남로당을 적극 지원하는 세력으로 판단했다.[173] 남로당 출신 제주도 인민해방군은 400명의 핵심 요원으로 구성되어 있었는데 이들 가운데 절반이 총기를 휴대하고 있었다. 호미, 칼, 창, 갈고리 등으로 무장한 4,000여 명의 자경대(自警隊)가 이들을 지원했다. 4,000여 명의 제주도민들에 대한 미군과 한국군의 심문 기록을 분석한 로스웰 브라운(Rothwell Brown) 대령은 제주도의 남로당원 숫자가 6만명 정도일 것으로 생각했다. 그러나 그는 이들이 "주로 무학(無學)의 농민과

---

173. Quoted in Ibid.

어민"[174]이라고 보고 "2주 정도면 폭동을 진압할 수 있을 것이다."라고 상부에 보고했다. 당시 제주도의 남로당은 거의 전적으로 제주도민으로 구성되어 있었던 반면 미군정과 일하던 조선인들은 주로 육지 사람이었다.

1947년 3월 14일, 미 정보당국은 제주경찰의 도민 살해에 대항하여 제주도에서 일대 파업이 벌어졌다고 보고했다. 파업은 미군정 소속 제주도 출신 근로자 가운데 75%가 동참했을 정도로 놀라운 수준이었다. 166개 공공 기관과 시민 조직 소속의 41,211명을 포함하여 제주도의 모든 공공 관리와 노동자 가운데 95% 이상이 파업에 동참했다. 파업이 너무나 심각했다는 점에서 육지에서 파견된 경찰들이 발전소를 직접 가동해야 하는 상황이었다. 3월 20일경 모슬포의 모든 경찰 또한 파업에 동참했다. 1947년 초순 미군정은 남한지역에 할당한 곡물 가운데 69% 정도를 수곡할 수 있었던 반면 곡물 할당 비율이 여타 지역과 비교하여 5배 정도 높았던 제주도의 경우 1%만 수곡할 수 있었다.[175]

사건의 발단과 진행

남한 단독선거를 통한 분단이 다가오던 1948년 2월 7일 남로당은 국가적 차원의 파업을 촉구했다. 그러자 남한지역 도처에서 많은 사람이 파업에 동참했다. 이 같은 파업은 제주도에서 가장 심했다. 이곳 시위대들은 여러 곳에서 경찰관들과 대치했다.[176] 1948년 3월 1일 경찰은 한반도 분단 목적의 5월 10일 선거에 대항하여 시위하던 2,500여 명의 제주도 젊은이를 체포했으며, 이들 가운데 많은 사람을 고문했다. 미군정의 억압과 이

---

174. Quoted in Bruce Cumings(1990), *The Origin of The Korean War*, Vol. Ⅱ, p. 254.

175. Quoted in George Katsiaficas(2012), *Asia's Unknown Uprisings* Vol. 1 (p. 93), Kindle Edition.

176. Quoted in Ibid., p. 89.

에 대한 제주도민의 저항이 반복되는 가운데 제주도 남로당원들은 제주도 점령을 통해 테러 통치를 종식시키고자 했다.

이 같은 움직임에 미군정 당국이 신속하고도 가혹하게 대응했다. 무장한 또 다른 미군 1개 연대와 더불어 1,700명의 경찰이 부산에서 제주도로 투입되었다. 1948년 3월에는 1만여 명의 제주도민이 구류되었다. 제주도민의 공격에 대항한 미군정의 반격이 보다 격렬해졌다. 미군정은 지속적으로 병력을 보강했다. 미군정에 저항하는 세력들은 마을, 동굴, 한라산의 기지로 퇴각했다. 4월 29일, 제주도 도지사는 물론이고 제주도 지역의 한국군 가운데 대다수가 반군 편에 합류하면서 피비린내 나는 전투가 시작되었다.[177]

미군정은 9연대장 김익렬에게 초토화 작전을 명령했다. 그러나 김익렬은 게릴라 지도자 김달삼과 3단계 평화협정을 고안해 내었다. 4월 29일 미군장교들은 표면적으로는 이 같은 협정 이행을 돕기 위해 제주도로 왔다. 그러나 미군정이 투항한 게릴라들을 학살하면서 협정이 무산되었다. 그런데 미군정은 보고서 조작을 통해 학살의 책임을 게릴라들에게 돌렸다. 처음에 존 맨스필드(John S. Mansfield) 대령은 김익렬이 구상한 평화협정을 승인해 주었다. 그러나 미군정 제주도 지역 책임자인 딘 장군의 반대로 협상을 통한 해결안이 무산되었다. 제주도 지사가 게릴라들에 합세하면서 딘 장군은 미군정과 협조할 의향이 있는 새로운 도지사를 물색했다. 무엇보다도 미국은 제주도 사건 진압을 위해 투입된 군과 경찰 가운데 남로당 동조 세력들을 숙청하고자 노력했다.

1948년 5월 10일 선거 이전 1주일 동안 무장 게릴라들이 적어도 63개 마을에서 경찰과 대치했다. 이들은 또한 3개 관공서를 공격했다. 5월 10

---

177. Quoted in Ibid., p. 94.

일 선거 당일 제주도는 남한지역에서 투표율이 가장 저조했다. 투표율이 너무나 저조하여 제주도로 할당되어 있던 국회의원 의석 가운데 2자리를 채우지 못했다. 여성동맹 소속 요원들이 도민들에게 투표 불참을 설득했으며, 수천 명의 도민들이 투표장으로 끌려가지 않기 위해 야밤에 한라산으로 올라갔다. 투표 관리 요원 가운데 절반 정도가 당일 모습을 보이지 않으면서 투표 관리 목적으로 일본군 복장의 보조 경찰관이 투입되었다. 제주도 전 지역에서 몇 개월 동안 제주도민을 겨냥한 미군정의 공격이 격화되었다. 육지 출신 남로당원들이 제주도로 침투하지 못하도록 5월 12일에는 미 해군 함정이 제주도 해역을 초계했다.

사건 진척 상황

6월 18일 토벌군 지휘관 11연대장 박진경 대령을 문상길 중위가 살해했다. 미군 보고서에 따르면 6월 27일 "공산 반군들이 2척의 해안경비대 소속 함정의 함장을 살해한 후 이들을 북한 항구로 몰고 갔다." 1948년 말경 제주도 경찰은 100회 이상의 전투를 통해 6천여 명의 제주도민을 체포했다고 보고했다. 미군 정보 출처에 따르면 사상자가 5천 명 이상이었다.

1948년 8월 15일 정부 출범과 동시에 이승만은 제주도 소요 사태 진압에 박차를 가했다. 제주도 도처에서 숲과 나무를 벌목했으며, 토지를 다듬고 가옥을 불태웠다. 마을 단위로 집단 처벌을 강화했다.

북한에 조선민주주의인민공화국이 선포된 1948년 9월 9일 이후 한반도 전 지역에 대한 주권을 주장하는 2개 정부가 한반도에 출현했다. 남한지역의 경우 1948년 8월 15일 미군정이 종료되면서 한국군에 대한 작전통제권을 한국이 행사해야 마땅했을 것이다. 그러나 8월 24일 미국과 이승만 정부가 체결한 비밀협정으로 인해 한반도에서 모든 미 전투 병력이 철수한 1949년 6월 30일까지 주한미군군사고문단이 한국군과 경찰을 법적으로 작전 통제했다. 6.25전쟁이 벌어지기 이전에도 이들 미군이 실제적으로 한국군과 경찰을 작전 통제했다. 1948년 9월 주한미군군사고문단장 로버츠는 이범석 국무총리에게 누가 한국군을 지휘하고 있는지란 문제를 다음과 같이 분명히 말했다. "국무총리께서도 잘 알고 계시듯이 한국군에 대한 작전통제권은 아직도 주한미군사령관이 갖고 있습니다. 따라서 한국군에 대한 작전통제와 관련된 모든 명령은 하달 이전에 적정 미 고문관의 승인을 받는 것이 대단히 중요한 의미가 있습니다."[178]

미군정 치하에서 제주도 유혈사태로 대략 30만 명 도민 가운데 3만 명 이상이 살해되었다. 일각에서는 그 수치가 7만 명이라고도 말했다. 보다 많은 인명이 부상을 당했다. 여자들이 조직적으로 강간을 당했으며, 적어도 십만 명이 해안 부근 보호지역으로 강제 이주되었다. 제주도 가옥의 70% 정도가 파괴되었다. 제주도에서는 1948년부터 1954년까지 대략 119명의 군인과 119명의 경찰이 살해되었는데 이는 당시 제주도민의 저항이 비교적 평화적인 성격이었음을 보여준다. 김동춘은 이것을 다음과 같이 표현했다. "당시 미 군사고문단들은 제주도의 무장 게릴라 숫자를 500명으로, 희생된 민간인 숫자를 30,000명으로 판단했다. 이 같은 비이성적인 작전을 한국군에게 수행하게 한 것은 도대체 누구인가?"[179]

누가 주요 책임자인가?

미군정은 제주도 전체가 거대한 살인 지역으로 전환되는 과정에서 직접 및 간접적인 방식으로 관여했다. 정부가 수립된 1948년 8월 15일 이후에도 한미 비밀협정에 따라 미군 장군이 한국군을 작전 통제했다는 점에

---

178. Quoted in Ibid., p. 96.

179. Quoted in Ibid.

서 보면 당시 상황과 관련한 미국의 책임은 막중했다. 미군 폭격기와 전투기가 당시 제주도에 투입되었음은 입증되지 않았지만 미군 항공기가 정보 수집 목적으로 사용되었다. 미국은 우익세력들에게 상당한 탄약, 운송 수단을 제공해 주었을 뿐만 아니라 이들의 활동을 격려해 주었다. 특히 미국의 지원을 받고 있던 서북청년단이 제주도의 경찰력과 언론매체를 장악했다. 서북청년단원들은 제주도민 학살, 이들의 토지 갈취, 이들의 재산 착복과 같은 방식으로 부(富)를 축적했다. 1948년 11월 17일 미국의 적극적인 인지와 협조 아래 제주도에 계엄이 선포되었다. 제주도를 차단하기 위해 미국이 제공해 준 18척의 함정이 무방비 상태의 도민들을 37밀리 기관단총으로 공격했다.[180]

당시 미군정은 우익단체, 경찰 및 군을 배후 조종하면서 제주도 4.3사건을 가혹하게 진압했다. 당시의 진압에 군정장관 하지, 무초 대사가 직접 개입했다. 제주도 상황을 애치슨 국무장관에게 규칙적으로 보고했다. 당시 미국은 제주도민을 겨냥한 초토화 작전을 지시했다.[181] 주한미군군사고문단 일원이던 할리 풀러(Harley E. Fuller) 대령은 "제주도 반군들이 송요찬(宋堯讚) 중령의 초토화전술로 점차 진압되고 있다."고 말했다. 그러자 주한미군군사고문단 단장 로버츠는 다음과 같이 말할 정도로 송요찬 중령의 초토화전술을 승인해 주었다. "송요찬 중령 휘하 국방경비대의 초토화전술을 격찬해야 합니다. 언론을 통해 그리고 이승만 대통령에게까지 알려야 합니다."[182]

---

180. Quoted in Ibid., p. 97.

181. Jeong-Sim Yang, "The Jeju 4.3 Uprising and the United States: Remembering Responsibility for the Massacre," *S/N Korean Humanities*, Vol. 4 Issue 2 (September 2018), pp. 61-2.

182. Quoted in Ibid., p. 60.

그러나 미군은 제주도 진압현장에 모습을 보이면 안 되었다. 미군의 대행자인 한국군과 경찰이 사건을 현장에서 진압하게 했다. 현장 진압 책임자인 브라운 대령에게 하달된 명령문에는 이 같은 사실이 다음과 같이 구체적으로 언급되어 있었다. "미군이 진압작전에 직접 개입하면 안 된다." 달리 말하면, 주한미군은 야전 작전에 직접 참여하면 안 되었다. 그러나 이면에서 작전계획을 수립한 후 한국군과 경찰을 통해 이들 계획을 이행해야만 했다.

남로당의 개입 정도

당시 경찰과 군을 통제하며 작전을 지휘했던 브라운 대령은 제주도민과 남로당의 관계와 관련하여 다음과 같이 말했다.

> 제주도에 남로당 조직을 설치하기 위해 6명 미만의 제대로 훈련받은 선동가와 조직가가 육지에서 제주도로 파견된 것으로 추산된다. 또한 공산주의 이념과 목적을 제대로 이해하고 있는 사람을 포함한 500명에서 700명 정도의 지원 세력이 이들 6명의 전문 조직가들과 행동을 함께한 것으로 판단된다. 제주도 남로당에 동참한 6,000명에서 7,000명의 도민들은 공산주의 이념을 제대로 이해하고 있었던 것도 아니고 이 같은 조직에 동참할 의향이 있어서 동참한 것도 아님이 분명하다. 이들은 가난했다는 점에서 남로당원들이 제안한 금전 보상에 현혹되었던 것으로 보인다.

제주도에서 남로당이 그처럼 성공을 거두었던 요인과 관련하여 브라운은, "제주도를 담당했던 59미군정 대대의 민사장교들이 공산당에 관해 무지했으며, 이들이 제주경찰을 제대로 통제하지 못했다는 사실, 한국인 관리들의 부정과 비생산적인 행태, 미군정 대대와 대반란전 담당 부대 간의 상호협조 결여"를 지적했다. 특히 그는 "제주도에 도착한 경찰들이 자행한 과도할 정도의 잔혹한 테러 행위"를 지적했다.[183]

5. 여수/순천 10·19사건

한반도 분단과 관련하여 한국인들이 전개한 마지막의 가장 큰 저항은 1948년 10월에 예기치 않게 시작되었다. 당시 여수의 한국군 14연대는 제주 4·3사건 진압 지원을 위해 제주도로 출동하라는 명령을 받았다. 수천 명의 병사들이 명령에 불복하며 장교들과 친일부역자들을 살해했다. '여수와 순천(여순)' 주변의 적어도 6개 면을 장악했다. 그 후 지리산으로 올라가 그곳에서 게릴라전 기지를 조성했다. 사건은 10월 19일부터 10월 27일까지 지속되었다.

사건의 성격과 발단

여순 사건은 한반도 분단에 대항한 한국인들의 저항 가운데 가장 격렬한 형태였다. 당시 사건을 주도했던 병사들은 한반도 분단을 초래한 미군 주도의 한국정부에 대항하기 위해 전 국민을 동원할 수 있기를 원했다. 미군정은 가용한 모든 병력을 투입하여, 대규모 반격작전을 감행했다. 결과적으로 많은 피를 흘리면서 여순 지역을 재차 탈환했다. 여순 사건 이후 수천 명의 주민이 처형되었으며, 한국군 내부에서 좌익세력들이 숙청되었다. 국가보안법이 제정되면서 북한에 대한 우호적인 입정 표명이 사형 대상이 되었다.

1948년 10월 19일 이전까지만 해도 한국군 내부에서 반란 내지는 폭동의 조짐은 전혀 없었다. 제주도 4·3사건이 벌어진 이후인 5월경, 부산의 한국군 충원 요원들이 제주도를 방문하여 남북통일을 원하는 세력이 다수

---

183. Quoted in Ibid., p. 55.

있던 한국군이 아닌 분단을 염원하던 경찰 조직을 집중 공격하라고 제주도민들에게 조언했다. 일제 당시부터 경찰에 몸담아 왔던 우익 경찰들과 제주도의 한국군 요원들이 거의 1년 이상 기간 동안 수차례 유혈사태를 벌일 정도로 제주도의 경찰과 한국군은 사이가 좋지 않았다.

14연대가 창설된 것은 1948년 5월 1일이다. 서울의 미군정 당국은 14연대 요원 가운데 많은 사람이 남로당에 동정적일 수 있음을 발견했다. 결과적으로 14연대장을 포함한 여러 장교를 체포하여 서울로 압송했다. 이들 14연대가 제주도로 향하는 운송함의 승선을 기다리고 있던 당시 남로당원으로 알려진 몇몇 하사관들이 대처 방안을 논의했다. 이들은 함정을 북한으로 납치하는 방안, 제주도 저항 세력과 합세하는 방안, 여수를 정복하는 방안이란 세 가지 방안을 놓고 논의했다.

제주도로 향해 출발 대기하고 있던 10월 19일 밤, 14연대 요원들은 M-1 소총을 보급받았으며 승선 이전에 잠시 동안 휴식을 취할 수 있었다. 당시 지창수 하사관이 남북통일과 외세철수만을 원하고 있는 제주도민을 살해하지 말고 정의(正義)의 투쟁을 하자며 촉구했다. 곧바로 40명의 병사들이 지창수를 지지했다. 이들은 무기고로 달려가서 보다 많은 무기를 탈취했으며 보다 많은 지원세력을 확보했다. 곧바로 2천 명에 달하는 병사들을 포함한 거의 모든 연대 요원들이 14연대의 제주도 전개에 반대하면서 남북통일을 위해 투쟁하기로 결심했다.

14연대 출신 장교들의 저항에 직면한 이들은 자신들에게 동조적이던 김지회를 제외한 20명 정도의 장교를 살해했다. 그런데 그 후 남한지역 게릴라 지휘관 이현상(李鉉相)은 당시 살해된 장교 가운데 적어도 15명은 비밀 남로당원이었다고 주장했다. 당시 남로당 출신 14연대 하사관과 남로당 출신 14연대 장교들이 서로 잘 몰랐던 것은 하사관과 병사들이 전라도의 남로당과 연계되어 있었던 반면 장교들은 서울의 남로당 본부와 연계되어 있었기 때문이었다. 이 같은 배경에는 사병 및 하사관과 비교하여 장교들의 빈번한 부대 이동이 있었다.

가능한 한 많은 무기를 탈취한 이들 반란 요원이 여수 중심지로 몰려갔다. 여수 중심지에 도달했을 당시 이들은 거의 2,500명으로 불어났다. 주민들이 격려하자 이들은 인공기(人共旗)를 높이 흔들었다. 당시 2만 5천 명 규모의 여수시민 가운데 5천 명 정도가 상황을 관찰하기 위해 운집했다. 여수가 해방되었으며 한반도가 재차 통일될 것이라는 이야기가 전해지자 곧바로 축하의 목소리가 울려 퍼졌다. 14연대는 제주도로 가면 "동족을 살해해야 했으며, 우리가 인민의 군대이기 때문에 제주도로 가지 않았다." 라는 의미의 성명서를 발표했다. 이들은 또한 자신들의 주요 목표가 "제국주의 세력에 대항하여 조선을 지키는 것이며, 조선의 진정한 독립을 쟁취하는 것이다."라고 말했다. 이들은 경찰과 비교하여 보다 최신 무기로 무장하고 있었을 뿐만 아니라 많은 시민들의 지원을 받았다는 점에서 여수의 전 지역을 곧바로 장악했다.[184]

새로 해방된 공간에서 여성들이 한국 법의 즉각 폐기와 이들 법을 북한 법으로 대체할 것을 촉구하고 균등한 토지분배를 선언했다. 친일부역자들, 특히 경찰관과 극우세력들을 인민재판에 회부할 예정이었다. 반군들이 여수 거리에 집결한 6백여 명의 남로당원들을 무장시켜 주었다. 반군의 지원을 받던 인민위원회가 여수의 공권력을 장악했다. 새로운 조선인민공화국을 변호하고, 토지를 재분배해 주며, 친일부역자들의 즉각적인 숙청과 분단반대를 약속하는 신문이 곧바로 발간되었다.

14연대 반란 이전에는 식량 가격이 거의 500% 올랐는데, 인민위원회가 복원되면서 곧바로 안정되었다. 무장반군들이 여수시를 전전하면서 다수

---

184. George Katsiaficas(2012), *Asia's Unknown Uprisings* Vol. 1 (pp. 98–99), Kindle Edition.

의 친일부역자를 처형했다. 적어도 100명 정도의 경찰관을 처형했다. 도처에서 시민들이 해방 소식을 전파하며 행진했다. 미군정 정보 당국은 다음과 같이 말했다. "남녀 중학생들조차 무장하고 있었다."[185]

사건의 확산

여수를 점령한 반군들은 부근의 순천을 점령하기로 결심했다. 10월 20일 10시 400명의 무장 반군들이 열차를 타고 순천으로 갔다. 이들이 허공을 향해 총을 발사하며 순천으로 진입할 당시 순천 지역 국군이 곧바로 합세했다. 그러나 순천의 경찰들이 순천 북쪽 지역에 포진해 있었다. 반군들이 하루 동안의 전투를 통해 4백 명의 경찰을 살해한 오후 7시경, 순천을 장악했다. 수천 명의 시민들이 인민위원회를 복원했으며, 인민재판소를 설치하여 친일부역자들을 처형했다. 많은 사람이 인민재판을 지원했다. 중학생들이 반군과 함께 경찰을 공격했다. 한편 반군들은 현장에서 반군에 생포되었던 2명의 미군장교를 안전하게 되돌려주었다. 순천 주민들은 미군을 살해하지 않을 정도로 규율이 잡혀 있었다. 당시 미국 관리들은 본인들이 남한지역에서 전쟁을 수행하고 있음을 잘 알고 있었던 반면 한국인들은 아직도 미국이란 해방세력을 설득하면 미국이 한국을 독립시켜 줄 것이라는 희망을 버리지 않고 있었다.

반군들이 남원, 광주, 광양 방향으로 무장 병력을 투입했다. 이들은 곧바로 구례를 점령했으며, 벌교, 고흥, 보성 및 곡성에 도달했다. 광양과 보성에서 시민들이 인민재판소를 열었다. 구례에서 인공기가 도처에 펄럭였으며, 인민재판소가 열렸다.

10월 21일 한국군은 순천의 반군들이 광주지역 반군들에게 보낸 1급

---

185. Quoted in Ibid., p. 99.

비밀 전문(電文)을 감청했다. 이 전문은 호남지역을 통제하기 위한 상세계획이었다. 비밀전문에 따르면 14연대가 남원, 전주 및 이리를 점령할 예정이었던 반면 광주의 4연대가 목포와 광주를 점령한 후 이리의 14연대와 합류할 예정이었다.

사건의 진압

상황이 매우 긴박하게 돌아갔다. 결과적으로 주한미군사령부는 한반도 지상 전투조정관인 하우스만 대위에게 다음과 같이 말했다. "불으면 날아갈 정도로 미약한 한국정부가 풍전등화의 상태에 있다. 어떠한 희생을 치르더라도 여수를 곧바로 탈환해야 한다."[186] 하우스만은 반군이 점령하고 있던 도시들을 차례차례 포위하여 재탈환할 것을 당시 한국군이 유지하고 있던 15개 연대 가운데 10개 연대에 지시했다.

당시 전라도에서 사건이 그처럼 성공적이었던 이유는 주민들에게 인기가 있었기 때문이었다. 미군정은 우수한 화력, 하우스만을 포함한 우수한 미군장교들의 감독을 통해서만 사건을 진압할 수 있었다. 당시 미군 지휘 아래 반군을 진압했던 모든 한국군 지휘관은 일본군 출신이었다. 이들 대부분은 조선인 빨치산을 진압하기 위한 훈련을 받았던 봉천군관학교 출신이었다. 브루스 커밍스는 당시의 진압과 관련하여 다음과 같이 말했다. "당시 사건을 실제적으로 진압한 지휘관은 미군이었다.…미군정이 종료되었음에도 불구하고, 미국이 한국의 내정에 간섭할 권한이 없었음에도 불구하고 그러하였다."[187]

이틀 동안의 격렬한 전투 이후 10월 23일 아침 국군이 순천을 점령했

---

186. Quoted in Ibid., p. 100.

187. Bruce Cumings(1990), *The Origin of The Korean War*, Vol. Ⅱ, p. 264.

다. 국군은 그날 아침 9시 40분에 여수를 공격하기 시작했다. 이 공격은 10월 27일까지 지속되었다. 당시 미군은 "여수 부근에 박격포를 설치한 후… 여수시의 많은 부분을 불바다로 만들었다."[188] 이틀 동안 함정들이 여수시민을 겨냥하여 함포를 발사했다. 37밀리 기관단총으로 무장하고 있던 해안경비정을 인천에서 여수로 보냈다. 반군 가운데에는 일제 소총으로 무장한 100여 명의 여학생이 있었다. 10월 25일 이들은 여수의 해안가를 점령하고 있었다. 이들은 10월 27일 오전 10시 국군이 함정에서 포를 발사했음에도 불구하고 굳건히 해안가를 지키면서 국군의 두 번째 상륙 격퇴를 지원했다. 국군은 반군과의 시가전을 통해 10월 27일 오후 2시 여수를 완전히 탈환했다. 여수의 선창가가 불바다가 되었으며, 도시의 1/4 정도가 전소되었다. 모든 여수시민을 한곳에 집결시켰지만 이들 가운데 14연대 소속 요원은 거의 없었다. 불과 63명만이 있었다. 나머지는 포위망을 뚫고서 지리산으로 올라갔다.

한국군은 여수 방어 과정에서 수백 명의 인명을 살해했으며, 그 광경을 미군상교들이 조용히 지켜보았다. 당시 미국의 어느 보고서는 한국군들이 광적으로 시민을 겨냥하여 난사하는 모습을 설명했다. 모든 시민을 초등학교 운동장에 집결시켜 놓았으며, 구일본군 제복의 경찰이 이들에게 참혹하게 보복했다. 이들 가운데 가장 참혹한 경우는 '타이거 김'으로 알려진 일본군 상사 출신의 김종원(金宗元)이었다. 김종원은 사무라이 칼을 이용하여 많은 시민의 목을 베었다. 인민위원회가 무상 배포해 준 흰색 신발을 신고 있던 사람들, 노동자, 어부 또는 가난한 농부처럼 손이 거친 사람은 처형 대상이었다. 학생과 젊은이들 또한 마찬가지였다.[189]

---

188. Quoted in George Katsiaficas(2012), *Asia's Unknown Uprisings* Vol. 1 (p. 101). Kindle Edition.

189. Quoted in Ibid., p. 101.

1948년 12월 6일 미국의 언론인 칼 마이단스(Carl Mydans)는 이들 잔혹상을 라이프지에 상세 보도했다. 그는 국군이 체포한 5,000명의 시민들을 곤봉, 쇠사슬, 총기의 개머리판으로 때리는 모습을 묘사했다. 커밍스의 표현에 따르면 여수에서 '타이거 김'이 조성한 공포, 미군 휘하 한국군이 자행한 학살은 "무고한 사람에 의한 학살이 아니었다."[190] 반군들이 살해한 사람의 숫자와 미군과 한국군이 살해한 사람의 숫자가 너무나 많은 차이가 났기 때문이다. 반군이 수백 명을 살해했다면 미군과 한국군은 수천 명을 살해했다. 당시 반란에 참여했던 4,700명 병사 가운데 2,000여 명이 살해되었다. 이들 병사 가운데 적어도 2,591명이 대전형무소로 운송되었다. 이들은 6·25전쟁 초기 미군장교들의 감독 아래 대전에서 모두 처형되었다.[191]

당시 하우스만의 지휘 아래 한국군 장교들이 많은 민간인을 살해했지만 미국은 하우스만이, 미국이, 당시의 비극과 관련하여 책임이 있다는 사실을 인정하지 않았다. 오히려 하우스만은 "여수/순천 10·19사건 진압의 계획수립 및 시행"을 효율적으로 했다는 사실과 관련하여 미 공로훈장을 받았다.

지리산 토벌 작전 당시 미 군사고문관들이 수천 명의 한국군을 선도하여 탐색 및 격파 임무를 수행했다. 그 과정에서 생포된 사람은 반군으로 간주했다. 무고한 많은 양민들을 미국 기준에 따라 심판했다. 1948년 11월 말경까지 1,714명을 군사법정에서 심판하여 866명을 사형 언도했다. 지리산 토벌 당시의 포로들에 대한 응징을 어느 미군은 다음과 같이 표현했다. "이들 반군 제거 작업은 간단했다. 연대장이 지정한 약식재판에서 사형을 구형했다. 훌륭한 법무장교는 오전에 60명에서 70명을 심판한 후 오후에 이들의 처형을 감독할 수 있었다. 총알이 부족한 경우 죽창이 매우

---

190. Ibid.,

191. Ibid., p. 102.

효율적인 수단이었다. 그러나 죽창으로 죽이고자 하는 경우 수차례 찔러야 했다. 병사들에게 이는 매우 피곤한 작업이었다."[192] 대부분 시체는 불에 태워 그 가루를 주변에 뿌렸다. 14연대가 반란을 시작했던 당시 하사관들이 살려준 장교인 김지회는 지리산에서 빨치산 리더가 되었다. 하우스만 대위는 김지회를 살해한 후 그의 목을 5갈론 크기의 가솔린 통에 넣어 사무실에 보관했다.[193]

제5절. 결론

미 MIT 공대의 세계적인 인류학자 노암 촘스키(Avram Noam Chomsky)는 국내 신문과의 인터뷰에서 한국인 가운데 절반 이상이 한국의 국익이 아니고 미국의 국익을 위해 일하고 있는 듯 보인다고 말했다.[194]

한국인들이 대한민국의 국익이 아니고 또 다른 이익을 위해 일한다고 생각한 미국인이 촘스키만은 아니었다. 유명한 냉전 선문가 제임스 어빙 매트레이(James Irving Matray)는 다음과 같이 표현했다. "…정치권력을 놓고 벌어지는 한국 내부의 투쟁은 국가 사회 또는 이념 차원의 목표를 달성하기 위한 것이 아니고 개인의 야욕을 달성하기 위한 성격이다.…한국 특유의 이 같은 정치 및 사회적 성격을 이해하지 않고는 국가 지도자들이 외세에 의존하는 방식으로 자신의 권력과 명성을 추구하는 한국의 전통적인 경향을 어

---

192. Quoted in Ibid.

193. Quoted in Ibid., p. 104

194. "위기론 득 보는 남한 보수정권, 평화정책 관심없어." 『오마이뉴스』, 2016. 2. 21.

느 누구도 설명할 수 없을 것이다."[195] 한국군 국방경비대 장교 가운데 90% 정도가 일본천황을 위해 일했던 사람들임을 지적하며 대한민국을 비정상적인 국가, 괴물국가(Frankenstein State)로 비유하는 사람도 없지 않다.[196]

미국인들이 지적하고 있듯이 오늘날의 한국이 비정상적인 국가임을 보여주는 증거가 다수 있다. 대표적인 사례에 군 출신들의 전작권 전환 반대가 있을 것이다. 자군에 대한 작전통제권을 타국에 위임하고자 하는 행위는 지구상 어느 국가에서도 찾아볼 수 없는 기현상이다. 1960년대 당시의 베트남전쟁에서 미군, 한국군, 남부 베트남군이 북부베트남군에 대항하여 독자적으로 작전을 수행했던 주요 이유는 남부 베트남군이 미군의 지휘를 받지 않고자 했기 때문이었다. 미국은 한반도에서와 마찬가지로 미군장교가 베트남전쟁을 지휘하게 만들고자 노력했다. 그런데 남부 베트남군이 필사적으로 미군의 지휘를 거부했다.[197] 남부 베트남군이 한국군과 미군을 지휘해야 한다고 나선 것이다. 그러자 미국은 주월한국군만이라도 한반도에서처럼 작전 통제하고자 노력했다.[198] 채명신 장군의 노력으로 이것을 저지할 수 있었다. 여기서 보듯이 군의 지휘는 쉽게 타국 장교에게 위임할 수 있는 성격이 아니다.

통상 국가를 개인에 비유한다. 군의 지휘권을 타국에 위임하는 행위는 본인의 신체에서 가장 중요한 부분에 관한 권한을 타인에게 위임함과 다름이 없다. 그런데 잘 알려진 바처럼 전작권 전환이 진지하게 논의되던

195. James Irving Matray(1977), *The Reluctant Crusade, American Foreign Policy in Korea 1941-1950*, (Ph.d, University of Virgina, 1977), pp. 19-20.

196. George Katsiaficas(2012), *Asia's Unknown Uprisings* Vol. 1 (pp. 81-2) Kindle Edition.

197. Harry G. Summers Jr(2020). *On Strategy: The Vietnam War in Context* (p. 194). Barakaldo Books, Kindle Edition.

198. 채명신, 『채명신 회고록: 베트남전쟁과 나』(서울: 팔복원, 2006), pp. 141-62.

2000년대 중반 생존하고 있던 거의 모든 예비역 대장들이 전작권 전환에 반대하고 나섰다. 이는 매우 비정상적인 현상이었다.

이와 더불어 한국을 이끌고 간다는 주요 언론매체를 포함하여 한국에는 한국 이익이 아니고 미국 이익을 대변하고 있는 듯 보이는 사람 또는 조직이 없지 않아 보인다. 왜 이처럼 한국이 비정상적인 국가가 되었을까? 주요 이유는 미국의 한반도정책과 관련이 있었다.

그중 신생 한국을 친일파들이 주도하게 한 것을 예로 들 수 있겠다. 친일파는 조선의 이익이 아니고 일본의 이익을 위해 노력한 사람으로 정의될 수 있을 것이다. 전후 미국은 미국의 이익과 한국의 이익이 배치되는 경우 한국의 이익이 아니고 미국의 이익을 대변해 줄 세력이 한국의 주류가 되기를 염원했는데 미국 입장에서 보면 이는 지극히 당연한 현상이었다. 이들이 바로 친일파였다.

전후 미국이 친일파를 선호한 이유를 설명하면서, 혹자는 본인을 '한국군의 아버지'로 표현한 하우스만 대위를 다음과 같이 평가했다. "하우스만은 일본 식민지 세력을 위해 일했던 그러한 한국인들을 발굴하여 좌익세력 척결 임무를 부여했다.…이처럼 민족을 한번 배반했던 사람만이 외국 열강(미국)을 위해 자국 국민을 거침없이 학살할 것임을 제대로 파악했던 것이다."[199] 하우스만은 태평양에서 전투를 했던 조선인보다는 만주에서 조선족 독립 운동가를 추적하는 일을 담당했던 조선인, 특히 봉천군관학교 출신 조선인들을 선호했는데 이는 이 같은 이유 때문이었다.

오늘날 많은 한국인들이 분단의 책임, 친일파가 한국사회에서 득세한 문제 등 전후 한국의 주요 쟁점사항과 관련하여 특정 한국인, 예를 들면

199. Young Kim (1999. 11. 5) "James Hausman: The Ugly American in Korea?," at https://groups.google.com/g/alt.politics.Korea/c/qSAV-XWAqCY)(Accessed: 2021. 3. 19)

이승만 대통령을 비난한다. 그러나 이미 살펴본 바처럼 주요 책임은 한국인이 아니고 미국에 있었던 것이다. 전후 한반도에서 벌어진 대부분 주요 문제는 한반도에 대한 상당한 영향력을 확보하여 행사할 수 있어야 할 것이란 1943년 당시의 미국의 한반도정책에 기인했다.

대구 10·1사건, 제주도 4·3사건, 여수/순천 10·19사건 등 해방 이후 한반도에서 벌어진 참혹한 사건 또한 미국의 한반도정책과 관련이 있었다.

지금까지 한국인들 가운데에는 이들 사건을 북한 공산주의자들이 주도했다고 말하는 사람이 없지 않았다. 이미 살펴본 바처럼 이들 사건을 남로당이 주도한 것은 사실이다. 이들을 공산주의자로 볼 수도 있을 것이다. 그러나 이들은 북한 또는 소련과 무관하게 일제 35년을 거치면서 남한지역에서 자생적으로 성장한 조직이었다.[200]

일제 35년 동안 조선의 많은 지식인들이 친일부역자로 변절했다. 이광수, 최남선 등 민족 지도자들 가운데 많은 사람이 변절했다. 마지막까지 변절하지 않은 조선인 가운데 많은 사람이 공산주의 내지는 사회주의 노선을 견지했다. 오늘의 시각에서 보면 이들은 배척의 대상일 것이다. 그러나 당시를 기준으로 보면 이들은 남한사회에서 '조선의 얼'을 지키고자 노력했던 얼마 되지 않던 사람들이었다. 당시 이들을 주목한 외국인들은 이들이 애국심으로 충만해 있었다고 말했다. 소위 말해 이들은 공산주의보다는 민족주의적인 성향이 강했다는 것이다. 유고의 티토 내지는 중국의 마오쩌둥과 유사한 측면이 있었다고 말했다. 예를 들면, 1950년 6월 25일 당시 남침을 주도했던 북한군의 무정 장군 또한 상당한 민족주의자였다.

---

200. 당시 남한의 게릴라 활동을 북한 또는 소련이 지원해주었다는 증거는 없다. 1950년 4월 미국은 북한이 강원도 그리고 경상북도 최북단 해안 지역의 게릴라들에게 무기와 보급물자를 제공해주었음을 확인했다. 그러나 전라도와 경상도 게릴라의 거의 100%가 지역에서 충원된 것이었다. 이들은 일제 또는 미제 무기를 소지하고 있었다. Bruce Cumings(2005), *Korea's Place in the Sun* (p. 245), Kindle Edition.

국공내전 등 중국 대륙에서 장제스의 국민당 군대와 공산군이 싸울 당시 많은 조선인들이 공산군을 지원해 주었다는 사실을 거론하며 무정은 전후 간도(間道) 지역을 조선에 넘겨주어야 할 것이라고 중국공산당 요원들에게 지속적으로 말했다. 이 같은 조선 공산주의자들의 극단적인 민족주의 성향과 관련하여 중국인들이 고개를 설레설레 흔들었다고 한다.[201] 당시 이들이 주장했던 것은 한반도 분단반대와 외세철수였다. 그런데 이는 1919년 3월 1일 당시 우국지사들이 외쳤던 구호와 다르지 않았다.

이들 남로당이 주도한 대구 10·1사건, 제주도 4·3사건과 여수/순천 10·19사건의 진압 계획을 트루먼 대통령과 같은 미국의 주요 인사들의 지시에 입각하여 주한미군군사고문단과 같은 미군장교들이 수립했다. 이 같은 계획을 한국군 장교들이 시행했으며, 시행 과정에서 또한 하우스만과 같은 미군장교의 지시를 받았다. 이 같은 측면에서 보면 이들 사건의 진압과 관련된 주요 책임을 감당해야 할 주체는 이승만 대통령도 한국군 장교도 아니었다. 미국이었다. 그런데 오늘날 대부분 한국인들은 이들 사건의 주요 책임자를 이승만 또는 한국군 장교로 생각하고 있는 듯 보인다. 이미 살펴본 바처럼 이들 사건을 진압하는 과정에서 상당히 많은 남한 사람이 처형되었다. 해방 이전까지 10만 명에서 20만 명이 처형되었다고 한다.

혹자는 6·25전쟁 이전에 남로당을 제거하지 않았으면 북한군의 남침을 저지하지 못했을 것이라고 말한다. 이 같은 측면에서 대구 10·1사건, 제주도 4·3사건, 여수/순천 10·19사건의 진압을 정당화한다. 그러나 이들 사건은 한반도가 미국과 소련에 의해 분단되지 않았더라면 발생하지 않았을 것이다. 6·25전쟁 또한 벌어지지 않았을 것이다.

---

201. Quoted in Bruce Cumings(1983), "Introduction; The Course of Korean-American Relations, 1943-1953," in *Child of Conflict: The Korean-American Relationship, 1943-1954* (Seattle: University of Washington Press, 1983) edited by Bruce Cumings, p. 40.

미국과 소련이, 특히 미국이 한반도를 분단시키지 않았더라면 오늘날의 대한민국은 없었을 것이라고 말하는 미국의 학자들도 없지 않다. 통일한 국의 생활수준이 베트남 또는 중국 정도일 것이라고 말한다. 그러나 이들은 전후 미군이 한반도에 들어오지 않았더라면 분단의 비극도 6.25전쟁도 없었을 것이라고 말한다.[202]

이미 살펴본 바처럼 전후 미국이 한반도에 들어온 이유, 이들이 한반도를 분단시킨 이유, 친일파 중심으로 한국사회를 운영한 이유, 대구 10·1사건, 제주도 4·3사건, 여수/순천 10·19사건을 가혹하게 진압한 이유 모두는 남한지역에 반공성향의 단독정부를 수립하기 위함이었다. 남한지역을 공산세력에 대항하기 위한 보루로 만들기 위함이었다. 이 같은 미국의 한반도정책으로 인해 한반도가 희생된 것이다. 미국이 이처럼 남한지역에 반공성향의 단독정부를 수립하는 등 이곳을 자국의 패권전략의 보루로 만들고자 했던 주요 이유는 한반도가 갖는 지정학적인 특성 때문이었다. 한반도에 대한 모든 영향력을 적성국에 결코 넘겨줄 수 없으며, 분단된 한반도를 미국이 패권경쟁의 최전선으로 만들 필요가 있었기 때문이었다. 이 같은 사실은 미중 패권경쟁이 격화되고 있는 오늘날에도 변함이 없어 보인다.

38선 분단, 대구 10·1사건, 제주도 4·3사건, 여수/순천 10·19사건 등 해방 이후 한반도에서 벌어진 비극적인 사건들이 오늘날 한국인들에게 주는 주요 교훈은 이들 유사한 사건이 한반도에서 재차 벌어질 수 있다는 사실일 것이다. 이들 사건에 관한 진지한 연구를 통해 다시는 이 같은 일이 한반도에서 벌어지지 않도록 노력해야 할 것이다.

---

202. Gregg A. Brazinsky, *Nation Building in South Korea* (The New Cold War History) (pp. 251–2). The University of North Carolina Press. Kindle Edition.

2

강대국 국제정치와 한반도
미국의 한반도정책을 중심으로

자유진영을 위한
순교

전쟁인가 평화인가?
(1949. 1 – 1950. 6)

이 책에서는 1950년 1월의 마오쩌둥과 스탈린의 중소동맹 체결 결심을 6·25전쟁의 기원으로 생각한다. 이들의 중소동맹 체결 결심을 보며 1950년 1월 30일 트루먼은 소련과 중국을 동시에 봉쇄할 목적의 NSC-68이란 전략문서 구상을 지시했다. 이 문서에서 주장하는 바를 구현하고자 하는 경우 미 국방예산의 400% 증액이 요구되었다. 이 같은 증액을 위해 미국이 유엔군의 일환으로 공산세력과 핵전쟁에 못 미치는 수준에서 치열하게 싸울 필요가 있었으며 이것이 한반도전쟁이란 것이다. 미국이 이 같은 한반도전쟁을 구체적으로 고민하기 시작한 시점은 애치슨이 미 국무장관에 취임한 1949년 1월 이후였다.

1951년의 시카고대학 강의에서 조지 캐넌은 1898년의 미서전쟁(美西戰爭)이 미국 입장에서 극소수 천재 전략가들의 작품으로 보인다고 말했다. 한편 미국의 저명 언론인 스톤(I. F. Stone)은 6·25전쟁이 미국 입장에서 극소수 전략가의 작품으로 보인다고 말했다.[1] 그런데 미 시카고대학 교수 브

---

1. I. F. Stone(1952), *The Hidden History of the Korean War, 1950–1951* (New York: Monthly

루스 커밍스는 그 후 비밀 해제된 자료들을 보니 스톤의 말처럼 미국의 6·25전쟁 참전이 미 국무장관 애치슨이란 단일 인물의 작품이었다고 다음과 같이 단정적으로 말했다. "…비밀 해제된 자료가 분명히 보여주듯이 미국의 6·25전쟁 간섭을 기획한 주요 인물은 애치슨이었다.…6·25전쟁은 NSC-81의 용어로 표현하면 롤백 전략을 구현하기 위한 것이었다.…"[2] 롤백전략은 공산세력의 디 이상의 확장을 지지할 것이란 의미의 전략이었으며, 이처럼 저지하고자 하는 경우 나름의 시스템을 구축할 필요가 있었다. 미군을 재무장하고 지구상 도처에 동맹체제를 구축할 필요가 있었다.

캐넌 또한 6·25전쟁 참전 관련 모든 결심을 애치슨이 혼자서 했다고 다음과 같이 말했다. "6·25전쟁 참전 관련 모든 결심은 군의 지도자들이 애치슨에게 강요한 형태가 아니고 애치슨이 독자적으로 고민하여 내린 것이다."[3]

1949년 1월부터 6·25전쟁이 벌어진 1950년 6월 25일까지 미 국무장관 애치슨은 소련과 공산중국의 관계를 이간(離間)시키기 위한 노력과 한반도전쟁 준비 노력을 병행적으로 추진했다. 애치슨은 소련과 공산중국이 동맹을 체결하지 않으면 미군을 재무장하지 않아도 미국의 안보를 지킬 수 있다고 생각했다. 이 경우 미국은 터키와 같은 중동지역에 전략 핵폭격기를 배치하는 방식으로 지구상 도처에서의 소련의 위협을 억제할 수 있을 것으로 생각했다. 그러나 핵무장한 소련과 공산중국이 동맹을 체결하는 경우 소련이 유럽에서, 중국이 아시아 지역에서, 공산세력의 확산을

Review Press, 1952), p. 345.

2. I. F. Stone(2014), *The Hidden History of the Korean War, 1950–1951* (Forbidden Bookshelf Book 10) (Kindle Location 143). Open Road Media. Kindle Edition.

3. Quoted in Bruce Cumings(1983), "Introduction; The Course of Korean–American Relations, 1943–1953," in *Child of Conflict: The Korean-American Relationship 1943-1953* (Seattle: University of Washington Press, 1983) edited by Bruce Cumings. p. 45.

위해 노력할 가능성이 있었다. 따라서 중국과 소련이 동맹을 체결하는 경우 미국이 공산세력과 격렬히 대결할 필요가 있다고 생각했다.[4]

　중국과 소련이 동맹을 체결하는 경우와 관련하여 미국은 세 가지 방안을 놓고 논쟁했다. 첫째, 소련이 더 막강해지기 이전에 미국이 소련과 전쟁을 해야 한다는 관점, 둘째, 미국이 마오쩌둥과의 전쟁을 통해 중국대륙을 장제스에게 되돌려주어야 할 것이란 관점, 셋째, 중국과 소련을 동시에 봉쇄해야 할 것이란 관점이 바로 그것이었다.[5] 소련과의 전쟁은 인류 공멸을 초래할 핵전쟁으로 비화될 수 있을 것이란 점에서 고려대상에서 제외되었다. 맥아더와 같은 차이나로비 세력들이 두 번째 관점을 고수[6]했던 반면 트루먼과 애치슨은 세 번째 관점[7]을 고수했다. 그런데 맥아더는 물론이고 트루먼이 자신의 목표를 달성하기 위해 주목한 방안은 한반도전쟁이었다. 소위 말해, 1950년 당시 맥아더와 트루먼은 한반도전쟁을 염원했지만 그 이유는 서로 달랐던 것이다.

　1949년 초순부터 1950년 1월 12일의 애치슨 연설 이후 며칠까지의 1년여 기간 동안 애치슨은 공산중국과 소련이 동맹을 체결하지 못하도록 노력하면서도 중국과 소련이 동맹을 체결하는 최악의 상황에 대비했다. 최악의 상황에 대비하기 위한 방안은 미군 재무장이었으며, 이 같은 미군

---

4. Richard C. Thornton/권영근, 권율 번역(2020), 『강대국 국제정치와 한반도: 트루먼, 스탈린, 마오쩌둥 그리고 6·25전쟁의 기원』(서울: 한국국방연구원, 2020), pp. 22, 155-6.

5. I. F. Stone(1952), *The Hidden History of the Korean War*, p. 31.

6. 맥아더와 같은 차이나로비 세력들은 한반도를 통해 북진하여 중국 대륙을 통일해야 할 것이라고 생각했다. 예를 들면 장제스는 한국을 방문한 1949년 8월 이승만에게 한반도를 통한 장제스 군대와 한국군의 공동 북진을 주장했다. Wada Haruki(2014), *The Korean War: International History* (Kindle Location 1591, 1601). (New York: Rowman & Littlefield Publishers, 2018). Kindle Edition.; 장제스는 6·25전쟁 발발과 유엔군의 북진에 환호한 반면 정전협정 체결에 매우 실망했다. Ibid., (Kindle Location 8725). 그리고 I. F. Stone(1952), *The Hidden History of the Korean War*, p. 166.

7. 이는 이 책에서 지속적으로 입증하고 있다.

재무장이 가능해지려면 미국이 지구상 특정 지역에서 핵전쟁에 못 미치는 수준에서 공산세력과 장기간 동안 치열하게 싸울 필요가 있었다. 여기서 말하는 특정 지역이 한반도였던 반면 공산세력은 중국군이었다.[8]

이 같은 전쟁 준비를 위해 미국은 1949년 6월 30일까지 한반도에 있던 모든 미 전투 병력을 철수시켰으며, 그 후 500명의 미 군사고문단을 통해 한반도에서 전쟁 발발 여건을 조성했다.[9] 그러면서 1949년 6월 27일 미국은 북한군이 남침하는 경우 미군이 유엔군의 일환으로 참전할 것임을 명시한 극비 문서를 작성했으며, 1949년 7월에는 공산세력을 롤백시켜야 한다는 의미의 NSC-48을 작성한 것이다.[10] 그런데 롤백정책은 공산군의 남침을 전제로 한 개념이었다. 이 같은 미국 정부의 입장을 반영하여 미국의 언론매체는 남한정부를 공산주의자들에게 넘겨주어야 할 것이라고 주장했다. 예를 들면 1949년 7월 17일 뉴욕데일리뉴스(New York Daily News)에 기고한 글에서 오웬 라티모어(Owen Lattimore)는, "남한을 공산주의자들의 수중으로 넘어가게 하는 것이 보다 좋을 것이다.…남한을 붕괴시켜야 한다. 그런데 미국이 그처럼 한 듯 보이지 않게 해야 할 것이다."[11]라고 말했다.

마찬가지로 1949년 9월 미국은 북한군이 남침하는 경우, 유엔군의 일

---

8. Richard C. Thornton/권영근, 권율 번역(2020), 『강대국 국제정치와 한반도: 트루먼, 스탈린, 마오 쩌둥 그리고 6·25전쟁의 기원』, pp. 193-204.

9. 당시 주한미군군사고문단의 역할은 명목상으로는 한국군을 훈련시키는 것이었다. 그러나 실제 목표는 한국군이 제대로 무장하지 못하게 하는 것이었다. 당시 이곳의 임무는 한국군이 38선을 결코 월경하지 않게 하고, 한국군이 공세적 기동이 가능한 형태로 훈련 및 무장되지 않도록 하며, 전개되지 않도록 하는 것이었다. 또한 여기서는 이승만에게 한국군을 옹진반도와 같은 민감한 지역에서 철수시키라고 요구했다. Robert T. Oliver(1978), *Syngman Rhee and American Involvement in Korea, 1942-1960* (Seoul, Korea: Panmun Book Company, 1978), pp. 249, 255. 북한군 전력이 대거 증강되고 있던 당시 이는 북한군의 남침 여건을 조성하기 위한 성격일 수 있다.

10. Bruce Cumings(1983), "Introduction; The Course of Korean-American Relations, 1943-1953," in *Child of Conflict* edited by Bruce Cumings, p. 33.

11. Robert T. Oliver(1978), *Syngman Rhee and American Involvement in Korea, 1942-1960*, p. 245.

환으로 참전한 미군이 낙동강까지 후퇴한 후 인천상륙작전을 통해 반격하고, 진남포 및 원산에서의 상륙을 통해 북진할 것이란 내용의 극비 한반도 전쟁 계획인 SL-17을 작성했다. 당시는 소련으로부터 추가 군수물자가 도착하고, 국공내전에 참전했던 북한군이 귀환하면서 북한군의 전력이 한국군 전력을 앞지르기 시작한 시점이었다.[12]

1949년 10월 10일 미국에서 이승만에게 보낸 편지에서 로버트 올리버는 미소관계 측면에서의 미국의 입장을 다음과 같이 말했는데 이는 당시 미국의 롤백정책 구현 측면에서 한국이 먼저 북한군의 남침을 당해야 한다는 의미일 것이다.

> …미국 내부 관료와 민간인들의 강력한 정서는 미국이 침략적이란 모습을 보이지 않기 위해 지속적으로 한발 뒤로 물러나야 한다는 것입니다. 벌어진 결과와 관련하여 소련에 책임을 전가할 수 있게 해야 한다는 것입니다. 한반도가 분단된 지 4년이 지난 시점에도 한국이 아직도 소극적이고도 유화적인 태세를 견지해야만 한다는 사실과 관련한 대통령님의 역겨움에 전적으로 공감합니다. 그러나 러시아 공산세력을 롤백하게 될 순간이 멀지 않았다고 생각합니다.[13]

한편 1948년 12월 유엔은 1948년 5일 10일의 남한 단독선거를 감독하기 위해 설립했던 국제연합한국임시위원단을 해체한 후 국제연합한국위원회(UNCOK)를 설치했다. 1949년 10월 21일 미국은 국제연합한국위원회에 한반도에서 전쟁을 초래할 가능성이 있는 모든 상황 발전을 관찰하여

---

12. Martin Hart-Landsberg(1998), *Korea: Division, Reunification, and U.S. Foreign Policy* (New York: Monthly Review Press, 1998), p. 89.

13. Robert T. Oliver(1978), *Syngman Rhee and American Involvement in Korea, 1942-1960*, p. 258.

유엔에 보고하게 하는 결의안을 통과시켰다.[14] 1949년 12월 14일 애치슨 국무장관은 1949년 10월 21일 유엔이 상기 결의안을 통과시켰던 주요 이유가 북한군이 38선을 넘어 남침할 것으로 예상했기 때문이라고 말했다. 그러면서 이처럼 전쟁이 벌어지는 경우 한국정부가 유엔안전보장이사회 내지는 유엔총회에 도움을 요청하게 하고, 주한미국 대사관이 전쟁 진행 상황을 미 국무성에 별도 보고하라고 무초에게 지시했다.[15] 이들 일련의 움직임 또한 미국이 북한군의 남침을 가정하고 있었음을 보여주는 부분일 것이다.

1949년 10월 27일 이승만에게 보낸 편지에서 올리버는 미 국무성과 국방성의 분위기가 한반도전쟁을 가정하고 있음을 다음과 같이 표현했다.

> …한반도전쟁이 필연적이며, 전쟁의 순간이 보다 다가왔다고 느끼지 않을 수 없습니다. 북한군의 남침이 갑자기 전개될 것인지 아니면 몇 년 동안의 싸움의 결과로 벌어질 것인지 예견은 거의 불가능해 보입니다. 그러나 미 국무성과 국방성의 사고는 거의 항상 한반도에서 전쟁이 벌어질 수 있을 것이란 가능성을 전제로 하고 있는 듯 보입니다.[16]

1949년 12월 15일 이승만에게 보낸 편지에서 올리버는 미국이 한반도를 포기할 것이란 미국 내부의 분위기를 다음과 같이 전했다.

---

14. "Resolution 293 (IV), Adopted by the United Nations General Assembly, October 21 1949," in *FRUS*, 1949, The Far East and Australasia, Vol. 7, pp. 1,090−1.

15. "The Secretary of State to the Embassy in Korea, December 14 1949," in *FRUS*, 1949, The Far East and Australasia, Vol. 7, p. 1,108.

16. Robert T. Oliver(1978), *Syngman Rhee and American Involvement in Korea, 1942-1960*, p. 260.

뉴욕타임스지의 군사 전문가 핸슨 발드윈(Hanson Baldwin)과 3시간 30분 동안 대화했습니다.…발드윈은 미국 정치의 일반적인 분위기는…소련이 자신이 원하는 시점에 한반도를 점령하지 못하게 미국이 할 수 없을 것이란 사실입니다.…딕 존슨(Dick Johnson)은 한국이 공산주의자들의 수중으로 들어가지 못하게 하기 위한 어떠한 조치도 미국이 취하면 안 된다는 입장입니다.…군사전문가로서 발드윈은 미국의 아태지역 방어선이 일본, 대만 그리고 필리핀을 관통하며, 여기에 한반도가 포함되어 있지 않다고 주장했습니다.[17]

1949년 12월 16일 마오쩌둥의 모스크바 방문은 미국의 안보 측면에서 전환기적인 사건이었다. 중소동맹 체결 가능성이 있었기 때문이었다. 당시 미국은 1949년 1년 내내 중국에 대해 구사했던 전략, 다시 말해 중국과 소련이 동맹을 체결하지 못하게 하기 위한 전략인 쐐기전략을 최종적으로 구사했다. 1949년 12월 23일과 30일 애치슨은 공산세력의 봉쇄와 롤백을 구상하고 있었을 뿐만 아니라 공산중국이 소련과 동맹을 체결하지 않는 경우 밝은 미래를 보장해 줄 것이란 내용을 담고 있던 NSC-48/1과 NSC-48/2란 문서를 작성했다. 미 국무장관 애치슨은 이들 문서에 입각한 1950년 1월 12일의 연설에서 마오쩌둥에게 중소동맹을 체결하지 않는 경우 미중관계 개선을 통해 중국에 밝은 미래를 보장해 줄 것임을 암시했다. 이 같은 미국의 제안을 거부한 채 마오쩌둥이 중소동맹 체결을 결심하자 애치슨이 선택할 수 있던 유일한 대안은 중국과 소련을 동시에 봉쇄할 수 있도록 미군을 재무장하는 것이었다. 이 같은 미군 재무장 차원에서 전쟁이 필요했는데 이것이 6·25전쟁이었다.[18] 1949년 9월의 SL-17에서

17. Ibid., p. 263.

18. Richard C. Thornton/권영근, 권율 번역(2020), 『강대국 국제정치와 한반도: 트루먼, 스탈린, 마오쩌둥 그리고 6·25전쟁의 기원』, p. xvii.

가정하고 있었듯이 이 같은 한반도전쟁은 북한군이 남침한 후 참전한 유엔군이 낙동강까지 후퇴했다가 반격하는 형태로 진행될 예정이었다.

애치슨이 한반도전쟁을 결심한 이후인 1950년 2월부터 미국은 가능한 한 한국군 전력을 약화시키고자 노력했다. 북한군이 남침하는 경우 한반도를 포기할 것임을 다양한 방식으로 암시했다. 1950년 1월과 2월 애치슨은 한국이 공격받는 경우 미국이 방어해 줄 의향이 없을 뿐만 아니라 도덕적인 의무도 없다고 미 의회에서 말했다.[19] 이와 더불어 T-34 전차를 중심으로 고속으로 남하한 북한군이 한반도 점령을 기정사실화할 가능성에 대비하여 미 본토에서 3군 합동 차원의 반격 훈련을 했다.[20] 한반도에서 전쟁이 벌어지는 경우 이 전쟁이 남한의 도발이 없는 가운데 북한군의 남침에 의한 것임을 100% 확신할 수 있도록 여건을 조성했다. 이는 유엔군의 신속한 참전을 보장하기 위함이었다. 6·25전쟁이 벌어지기 이전 얼마 동안 한국군에서 벌어진 기이한 사건, 예를 들면 전방 지휘관과 후방 지휘관의 교체, 1950년 6월 24일의 장병 대거 휴가 등은 이 같은 성격의 것이었다.

제1절. 6·25전쟁의 성격, 원인, 목표, 그리고 전략

6·25전쟁은 북한군의 남침 형태로 시작되었다. 그러나 1950년 6월 27일 유엔군이 참전을 결정하면서 국제전 성격이 되었다.

---

19. Robert T. Oliver(1978), *Syngman Rhee and American Involvement in Korea, 1942-1960*, p. 273.

20. Richard C. Thornton/권영근, 권율 번역(2020), 『강대국 국제정치와 한반도: 트루먼, 스탈린, 마오쩌둥 그리고 6·25전쟁의 기원』, pp. 236-43.

저자는 미국이 한반도전쟁 가능성을 최초 구상한 시점을 1947년 1월로 생각한다. 1947년 1월은 마샬이 장제스 중심으로 국공내전(國共內戰)을 중재하기 위해 1945년 말경부터 1946년 말경까지 중국대륙에서 노력하다 귀국하여 미 국무장관에 취임한 시점이었다. 당시 마샬은 한반도 문제를 유엔으로 갖고 가서 남한에 단독정부를 수립하라고 지시했다. 그러면서 한국, 일본, 필리핀, 페르시아만 지역 국가를 포함한 초승달 모양의 '봉쇄의 고리'를 만들 것을 지시했다. 마샬이 이처럼 지시했던 이유는 2차 세계대전 당시 미국이 구상한 아태지역 안보질서가 중국대륙 공산화[21]로 와해될 가능성이 있다고 생각했기 때문이었다. 다시 말해, 장제스 중심의 중국 대륙, 미국에 우호적인 남한정부, 미국에 우호적인 일본을 중심으로 하는 아태지역 안보질서, 소위 말해 얄타회담 당시 미국이 구상했던 안보질서가 와해될 가능성이 있다고 생각했기 때문이었다.

미국이 자국의 봉쇄전략 이행 측면에서 한반도전쟁을 보다 구체적으로 구상한 시점은 중국대륙 공산화가 거의 확실해진 1949년 1월이었다.[22] 당시부터 중소동맹 체결이 확실해진 1950년 1월 중순까지 미 국무장관 애치슨은 한반도전쟁 준비와 중국과 소련을 이간시키기 위한 전략을 동시에 추진했다.

그러나 미국이 본격적으로 한반도전쟁을 준비한 시점은 중소동맹 체결이 확실해진 1950년 1월 중순이었다. 스탈린이 북한군의 남침을 지원해 줄 것이란 공문을 김일성에게 보낸 1950년 1월 30일을 기점으로 48시간이 지나지 않은 시점, 트루먼은 중국과 소련을 포함한 공산세력을 봉쇄하기 위한 성격의 NSC-68이란 문서 작성을 지시했다. 그 후 트루먼이 한반

---

21. 당시 마샬은 중국대륙에 장제스 중심의 국가가 수립되지 못할 가능성이 있다고 생각했다.; Kevin Peraino(2017), *A Force So Swift* (pp. 94-5). Crown/Archetype. Kindle Edition.

22. Ibid., pp. 262-4.

도전쟁에 본격적으로 대비한 것이다.

6·25전쟁은 2차 세계대전 이후 미국 및 소련과 같은 강대국들이 자국의 패권우위를 확보하기 위해 벌인 전쟁이었다. 전후 미국은 제한된 국방예산으로 소련의 세력팽창 저지를 위해 노력하고 있었는데, 이 같은 미국의 노력을 소련은 자국을 포위하기 위한 성격으로 간주했다. 미국이 소련의 세력팽창 가능성을 우려했던 것 이상으로 소련은 유라시아대륙 주변부를 중심으로 하는 미국의 대소 봉쇄 노력과 관련하여 심각한 우려를 표명했다.

1950년 2월에는 핵무장에 성공한 소련과 중국대륙 공산화에 성공한 공산중국이 중소동맹을 체결했다. 중국은 대만을 점령한 후 미국을 포함한 지구상 모든 국가와 외교관계 정상화를 추구할 것이라고 천명했다. 문제는 트루먼과 스탈린 모두 마오쩌둥의 이 같은 노력을 묵과할 수 없는 현상으로 간주했다는 사실이었다. 트루먼은 마오쩌둥이 스탈린과 중소동맹을 체결하는 경우 중국과 소련 모두를 동시에 봉쇄해야 한다고 생각했다. 소련이 유럽에서, 중국이 아태지역에서, 세력을 확장하고자 노력할 가능성이 있었기 때문이었다.[23]

트루먼은 중소동맹을 체결한 상태에서의 마오쩌둥의 대만 점령을 결코 수용할 수 없는 현상으로 간주했다. 그 이유는 마오쩌둥이 대만을 점령하면 공산중국과 동맹관계에 있는 소련이 대만에 해군 기지를 건설할 수 있을 것이며, 이 경우 일본과 한반도 안보가 위협받을 수 있었기 때문이었다. 반대로 스탈린은 중국이 대만을 점령하는 경우 미국과 중국 간에 대립적인 요소가 사라지면서 이들 국가가 관계 정상화를 추구할 수 있을 것으

23. Richard C. Thornton/권영근, 권율 번역(2020), 『강대국 국제정치와 한반도: 트루먼, 스탈린, 마오쩌둥 그리고 6·25전쟁의 기원』, pp. 174, 562.

로 생각했다. 그에 따라 미국과 중국이 자국을 봉쇄할 가능성을 우려했다. 당시 마오쩌둥은 중소동맹을 체결한 후 대만을 점령할 것이라고, 대만점령 이후 미국을 포함한 지구상 모든 국가와 관계를 정상화할 것이라고 공공연히 말했던 것이다.

안보 관련 결심은 최악의 상황을 가정한 상태에서 하게 되는데 당시 트루먼과 스탈린의 결심은 이 같은 성격이었다. 결과적으로 스탈린은 중국의 대만 점령을 차단함으로써 미국과 중국이 관계를 정상화하지 못하게 할 필요가 있었던 반면, 미국은 중국이 대만을 점령하기 이전에 소련과 중국을 동시에 봉쇄하기 위한 조치를 취할 필요가 있었던 것이다. 이 같은 이유로 미국과 소련 모두는 미중 격돌을 원했으며, 이 같은 전쟁이 벌어질 수 있는 지역은 4강의 이익이 교차하는 지구상 유일 지역인 한반도였던 것이다.

1. 전쟁의 성격: 패권전쟁

많은 학자들이 6·25전쟁을 내전(內戰) 또는 대리전으로 정의하고 있다. 그런데 이 전쟁은 엄밀한 의미에서 미국, 소련, 중국이란 강대국이 한반도에서 벌인 패권전쟁이었다. 이들 국가의 국익 추구 행위에 한반도가 철저히 희생된 전쟁이란 의미다.

이 같은 6·25전쟁의 성격 규명은 전쟁 원인 식별 측면에서 대단히 중요한 의미가 있다. 예를 들면, 6·25전쟁을 내전으로 정의하는 경우 이 전쟁의 원인을 남한과 북한 간의 해결할 수 없는 근본적인 갈등 측면에서 찾아야 할 것이다. 이 전쟁을 미국, 소련, 중국과 같은 패권국가들이 한반도에서 벌인 패권전쟁으로 정의하는 경우 전쟁 원인을 이들 강대국 간의 근본적인 갈등 측면에서 찾아야 할 것이다.

전쟁 원인으로부터 전쟁에서 추구해야 할 정치적 목표가 도출되며, 정치적 목표로부터 군사적 목표가 도출되고, 군사적 목표와 군사력에 입각하여 이 같은 목표를 달성하기 위한 군사전략이 도출되며, 군사전략에 입각하여 목표 달성을 위한 전역계획(戰役計劃)을 작성하게 된다[24]는 점에서 보면 6·25전쟁의 성격 규명은 이 전쟁에 관한 연구 측면에서 가장 중요한 출발점일 것이다.

6·25전쟁을 연구하는 브루스 커밍스와 같은 학자는 이 전쟁을 남한과 북한 간의 내전으로 생각했다. 미국을 포함한 강대국들과 이 전쟁의 관계를 간과했다. 커밍스는 김일성의 남침이 남한과 북한을 단일 국가로 통일시켜야 할 것이란 이유도 있었지만 1930년대 당시 만주 지역에서 자신을 생포하기 위해 혈안이 되어 있던 김석원(金錫源), 백선엽(白善燁)과 같은 인물들이 한국군의 주요 간부가 되었다는 사실과 관련이 있다고 말했다.[25]

브루스 커밍스의 주장과 달리 6·25전쟁을 내전으로 볼 수 없는 가장 중요한 이유는 이 전쟁에 미 남북전쟁(南北戰爭) 당시 남군과 북군을 대변했던 로버트 리(Robert E. Lee) 장군, 율리시스 그랜트(Ulysses S. Grant) 장군 같은 사람이 보이지 않는다는 사실 때문이다. 남북전쟁 당시 리 장군이 남부 정부를 대표하여, 그랜트 장군이 북부 정부를 대표하여 싸웠다. 이들 정부는 남북전쟁을 통해 추구한 나름의 목표가 있었으며, 이 같은 목표 달성을 겨냥하여 전쟁을 수행했다. 6·25전쟁 당시 남한과 북한이 추구한 나름의 목표가 있었는가? 이 같은 목표를 달성하기 위해 전쟁계획을 직접 수립한 남한과 북한의 장군이 있었는가? 이들 목표를 겨냥하여 전쟁을 지휘한 남

---

24. Donald M. Snow and Dennis M. Drew/권영근 번역(2003), 『미국은 왜? 전쟁을 하는가: 전쟁과 정치의 관계』(연경문화사, 2003), pp. 30-1.

25. Bruce Cumings(2010), *The Korean War: A History* (Modern Library Chronicles Series Book 33) (Kindle Location 782, 790). Random House Publishing Group. Kindle Edition.; George Katsiaficas(2012), *Asia's Unknown Uprisings Vol. 1: South Korean Social Movements in the 20th Century* (p. 79). PM Press. Kindle Edition.

한과 북한의 장군이 있었는가?

6·25전쟁을 내전으로 볼 수 없는 또 다른 이유는 6·25전쟁이 진정 남북통일 목적의 내전이었다면 미국이 유엔군을 편성하여 참전할 명분이 없었기 때문이다. 참전을 결정할 당시 미국의 대부분 안보 전문가들은 북한군 남침의 배후에 소련이 있다고 주장했는데 이는 6·25전쟁이 내전이 아니란 의미였다. 내전이었다면 전후 70여 년 동안 북한군의 남침 저지 운운하며 미군이 지속적으로 한반도에 주둔해야 할 이유가 없을 것이다. 북한을 겨냥하여 지속적으로 경제 제재를 가하는 이유를 설명할 수 없을 것이다. 여기서 보듯이 6·25전쟁은 결코 남한과 북한이 벌인 내전이 아니었던 것이다.

또 다른 시각에 남한과 북한이 미국과 소련을 대신하여 벌인 전쟁이란 관점, 대리전이란 관점이 있다. 대리전이란 전쟁에 직접 참전하지 않은 특정 국가를 위해 전쟁을 대신 수행함을 의미한다. 북한 입장에서 6·25전쟁이 소련을 대신하여 수행했다고 볼 수 없는 주요 이유는 소련이 북한군의 남침을 허용해 주고, 전쟁계획을 작성해 주었으며, 전쟁 물자를 제공해 주었을 뿐만 아니라 전쟁 수행을 지시했다는 사실에 있다.[26] 김일성은 단지 병력만을 제공해 주었다. 북한군은 스탈린 입장에서 보면 꼭두각시와 다름이 없었다. 한국 입장에서 6·25전쟁이 미국을 대신하여 수행했다고 더더욱 볼 수 없을 것이다. 트루먼의 전략지시에 따라 작전을 수행하는 미군의 지휘를 받았다는 점에서 보면 한국군은 미군의 일부와 다름이 없었다.

1960년대 당시의 베트남전쟁은 대리전 측면이 있었다. 베트남전쟁은 소련이 미국을 베트남 정글에서 장기간 동안 많은 출혈을 흘리게 하기 위

---

26. Richard C. Thornton/권영근, 권율 번역(2020), 『강대국 국제정치와 한반도: 트루먼, 스탈린, 마오쩌둥 그리고 6·25전쟁의 기원』, pp. 311-28.

한 전쟁이었다. 소련이 남북통일을 염원하고 있던 북부베트남 지도자 호지명(胡志明)으로 하여금 자국을 대신하여 미국과 싸우게 한 전쟁이었다. 베트남전쟁과 6·25전쟁의 주요 차이는 북부 베트남의 호지명이 소련의 물자를 지원받은 것은 사실이지만 김일성과 달리 미국과 전쟁을 염두에 둔 계획을 직접 작성했으며, 이 같은 전쟁계획을 소련의 지시를 받지 않으면서 직접 수행했다는 사실에 있다.

6·25전쟁 당시 북한군은 중국군의 참전 이전에는 스탈린의 지시를 받은 반면, 중국군의 참전 이후에는 마오쩌둥의 지시를 받았다. 한국군은 전쟁 기간 내내 트루먼의 지시를 받았다. 김일성에게 남침을 허용해 준 것도, 김일성의 남침계획을 작성해 준 것도, 전쟁 물자를 제공해 준 것도, 중국군 참전 이전까지 전쟁 수행을 지도해 준 것도 스탈린이었다. 중국군이 참전한 후 북한군은 스탈린과 마오쩌둥의 지휘 내지는 지원을 받았다. 전쟁 수행 측면에서 김일성이 영향을 미친 부분은 거의 없었다. 스탈린 또는 마오쩌둥 입장에서 보면 북한군은 자국의 목표 달성을 위해 동원된 용병과 다름이 없었던 것이다.

한국군 또한 마찬가지였다. 전쟁 기간 내내 한국군은 유엔군의 일환으로 전쟁을 수행했으며, 유엔군의 작전계획은 유엔군사령관인 미군 대장이 수립했다. 그런데 이 계획은 트루먼의 전략 지시에 입각했다. 트루먼의 전략 지시는 6·25전쟁을 통해 미국이 추구한 정치적 목표와 관련이 있었다.

조지워싱턴 대학 교수 리처드 쏜턴(Richard C. Ttornton)은 6·25전쟁에서 소련이 추구한 목표가 대미(對美) 견제 수단으로 이용할 목적에서 중국을 소련에 예속시키기 위한 것이었다고 말한다. 미국의 전쟁목표는 가능한 한 장기간 동안 자유진영과 공산진영이 참혹한 방식으로 격돌함으로써 미군 재무장을 추진하기 위한 것이었다고 말한다. 트루먼과 스탈린이 이 같은 전쟁목표를 겨냥하여 3년 동안 6·25전쟁을 수행했다는 것이다.

결국 6·25전쟁은 미국, 소련 및 중국이 자국의 패권이익 달성을 위해 한반도를 초토화시킨 패권전쟁인 것이다. 이 같은 비극적인 전쟁이 벌어진 주요 이유는 1장에서 설명한 바처럼 한반도가 미국, 소련, 중국 및 일본이란 패권국가들의 이익이 교차하는 지구상 유일 지역이기 때문이었다.

스탈린이 북한군을 남침시키는 경우 한반도에 대한 모든 영향력이 소련으로 넘어갈 가능성을 고려하여 미국이 자군을 참전시키지 않을 수 없었던 것이다. 한편 스탈린은 1949년 당시 미국이 수립한 롤백정책으로 인해 6·25전쟁에 참전한 미군이 38선 이북으로 북진할 것임을 매우 잘 알고 있었을 것이다.[27] 미군이 북진하는 경우 자국 안보 측면에서 마오쩌둥이 중국군을 참전시킬 것임이 거의 확실했던 것이다. 트루먼 입장에서 또한 동일하게 생각할 수 있었다. 한반도에서 미국과 중국의 격돌을 통해 트루먼과 스탈린은 자신들이 추구하는 정치적 목표를 달성할 수 있을 것으로 생각했을 것이다. 6·25전쟁이 벌어진 것은 이 같은 이유 때문이었다.

2. 전쟁 원인

1950년 6월 25일 새벽 4시 북한군이 남침을 시작했다. 6·25전쟁이 벌어진 것이다. 6·25전쟁은 왜 벌어진 것일까? 이미 언급한 바처럼 이는 2차 세계대전 이후 미국, 소련 및 중국이 자국 입장에서 보다 유리한 입지를 점유하고자 노력하는 과정에서 벌어진 것이었다. 국공내전(國共內戰)에서의 승리를 기반으로 지구상 모든 국가와의 대등한 외교관계 수립을 통해 새로운 중국을 건설하고자 했던 마오쩌둥의, 이 같은 중국을 자국에 예속시켜 대미(對美) 견제 수단으로 삼으려했던 스탈린의, 미국인과 자유진

---

27. 당시 소련은 미 국무성과 공조하며 일했던 영국 외무성의 주요 간첩들로 인해 미국의 비밀 계획을 소상히 알고 있었다. Jon Halliday(1988), Korea, *The Unknown War* (New York: Pantheon Books, 1988), pp. 68-9.

영 국가 국민들에게 공산주의의 위험을 각인시킴으로써 공산세력에 대항한 봉쇄전략 구현에 필요한 미 국방비의 400% 증액을 정당화시키고자 했던 트루먼의, 전략적 계산이 한반도에서 6·25전쟁이란 동족상잔의 비극을 초래했던 것이다.

미중관계 정상화를 자국 입장에서 최악의 상황으로 간주했던 스탈린이 한반도에서의 미중 격돌을 통해 미중관계 정상화 가능성을 차단하고, 중국을 자국에 예속시키기 위해 김일성의 남침 요청을 수용했던 것이다. 트루먼은 이 같은 스탈린의 북한군 남침 지원 노력을 미군 재무장과 동맹체제 강화 목적으로 방관했을 뿐만 아니라 유도하기조차 했던 것이다.

이처럼 당시 스탈린이 김일성의 남침을 허용해 준 이유, 이 같은 김일성의 남침을 트루먼이 자국의 재무장을 위해 교묘히 이용하고자 했던 이유는 전후 이들 국가가 견지하고 있던 위협 인식과 관련이 있었다.

전후 미국의 위협 인식

2차 세계대전 이후 미국은 지구상에서 가장 막강한 국가로 부상했다. 전후 미국 경제가 세계 경제에서 차지하는 비중은 50%에 달했다.[28] 전쟁을 통해 소련, 영국, 독일, 프랑스, 일본과 같은 지구상 주요 국가들이 경제 및 인구와 같은 국력의 요소 측면에서 심각한 피해를 보았던 반면 미국은 거의 피해를 입지 않았다. 미국은 전쟁을 통해 국력이 훨씬 막강해졌다.

예를 들면, 2차 세계대전을 통해 미국은 4십만 명의 군인과 민간인이 사망한 반면 일본은 대략 2백만 명, 독일은 6백 5십만 명. 소련은 2천 3백만 명이 희생되었다. 이들 국가가 초토화되었으며, 경제적으로 심각한 피

---

28. William C. Wohlforth, "The Stability of a Unipolar World," *International Security* 24, no. 1 (Summer 1999), pp. 9 - 22.

해를 입었다. 전후 유럽 국가들과 일본에서 공산주의가 매우 인기가 있었는데 이는 전쟁 피해로 이들 국가의 국민이 심각한 굶주림과 기아를 경험하고 있었다는 사실과 관련이 있었다.

2차 세계대전을 통해 미국은 산업 기반구조와 인구 측면에서 거의 피해를 입지 않았을 뿐만 아니라 일본, 한국, 유럽 국가들의 시설을 포함한 지구상 도처의 군사 시설에 접근할 수 있었다. 미국은 더 이상 지리적으로 고립되어 있지 않았다. 역사상 처음으로 미국은 대서양과 태평양 너머 지구상 도처로 상당한 전력을 투사할 수 있었다. 전반적으로 학자들이 국제정치에서 국력의 평가 요소로 간주하는 국내총생산, 인구 및 동맹과 같은 측면에서 보면 미국은 2차 세계대전을 통해 국력이 훨씬 막강해졌던 것이다.

그러나 당시 미국은 주요 적국으로 간주했던 소련과 비교하여 상당한 우위에 있다고 생각하지 않았다. 가장 중요한 이유는 유라시아대륙의 주요 국가인 독일, 일본과 같은 국가의 국민들이 굶주림에 허덕이고 있다는 사실로 인해 공산당들이 세력을 장악한 후 이들 국가를 소련의 영향권으로 편입시킬 가능성이 있다는 사실 때문이었다. 미국의 지도자들은 이 같은 가능성을 미국 입장에서 전략적인 재앙으로 간주했다. 왜냐하면 소련이 이처럼 유라시아대륙 주변을 장악하는 경우 유럽과 동북아지역이란 지구상에서 가장 중요한 산업 지역 가운데 두 곳에서 상당한 세력을 형성하게 될 것이기 때문이었다.

군사적 상황은 보다 참담했다. 구체적으로 말하면 1940년대 말경 항공기, 전차 및 함정과 같은 재래식 전력 측면에서의 미국과 소련의 불균형은 심각한 수준이었다. 이 같은 현상이 벌어진 주요 이유는 전후 미국이 국방비와 병력을 대거 삭감했기 때문이었다. 2차 세계대전 당시 2,300억$ 규모의 GDP, 1,200만 병력과 830억$ 국방비를 운용하던 미군은 1947년 당시 160만 병력과 128억$ 이하 예산 수준으로 대거 약화되어 있었다.[29] 전후 미국인들이 군사력 삭감을 통한 경제부흥을 원했기 때문이었다. 결과적으로 1948년 당시 미 합참은 소련이 유럽 지역에 135개 사단을, 소련의 우방국들이 100개 이상의 사단을 보유하고 있다고 판단했다. 그런데 미국은 당시 유럽 지역에 불과 2개 사단을 유지하고 있었다. 또한 이들은 전후 점령 임무를 수행하고 있었다는 점에서 제대로 전투 준비가 되어 있지 않았다. 미국은 유럽에서 위기가 벌어지는 경우 주요 전력증강을 추진할 수 있는 입장도 아니었다. 당시 미국은 지구상 도처에 모두 10개 사단을 유지하고 있었다.[30] 미국의 주요 우방국인 영국은 대영제국 도처에 12개 사단을 유지하고 있었다. 이들의 경우 유럽대륙에서 전쟁이 벌어지는 경우 신속한 전개가 불가능한 실정이었다.[31]

전후 이처럼 미국이 느끼고 있던 자유진영의 취약성을 어느 정도 완화시켜 주는 요인이 있었는데 이는 미국이 핵무기를 독점하고 있었다는 사실이었다. 그러나 1949년 8월의 소련의 핵무기 개발로 이 같은 독점 상태가 종료되었다. 여기서 보듯이 미국의 핵무기 독점은 1945년 8월부터 1949년 8월이란 4년 동안 지속되었다. 1946년 당시 미국은 11발의 핵무기를 보유하고 있었는데 이것이 1950년에는 300발 정도로 늘어났다. 당시 미국의 주요 문제는 미 공군이 이들 핵무기를 소련으로 운반하기 위한 능력이 매우 미미한 수준이었다는 사실이었다. 당시 핵무기를 운반하기 위한 수단은 폭격기뿐이었다. 그런데 미국은 소련으로 핵무기를 운반할 수 있는 폭격기가 많지 않았다. 1946년부터 1948년의 기간 미국은 이 같

---

29. Gaddis, John Lewis. *Strategies of Containment* (p. 23). Oxford University Press. Kindle Edition.

30. Steven T. Ross, *American War Plans, 1945–1950* (London: Frank Cass, 1996), p. 86.

31. Ibid.

은 폭격기를 35대 보유하고 있었다. 이들 폭격기의 작전반경은 미 본토에서 직접 소련을 타격할 수 있는 수준이 아니었다. 이는 미국이 터키와 같은 유라시아대륙 주변의 기지에서 이들 폭격기를 발진시킬 필요가 있음을 의미했다.[32] 설상가상으로 당시 미국의 전투기들은 폭격기와 비교하여 작전반경이 훨씬 짧았다. 결과적으로 이들 폭격기가 소련 부근 지역에서 발진하는 경우에서조차 이들 전투기가 폭격기를 소련의 표적 지역 상공으로 엄호 비행할 수 없었다. 따라서 1940년대 말경 소련을 겨냥한 미국의 핵 공격은 전투기의 엄호를 받지 않는 상태에서 폭격기들이 소련의 도시를 향해 비행한 후 폭격하는 방식이었다. 소련의 서유럽 공격에 대항하여 미국이 핵 폭격기를 발진시키는 경우 소련은 방공망을 가동시킬 가능성이 있었다. 결과적으로 이들 핵폭격기가 표적 지역을 겨냥하여 비행하는 과정에서 소련의 전투기에 의해 격추당할 가능성이 상당했다.[33]

아무튼 2차 세계대전이 종료된 1945년 8월 15일 이후부터 6·25전쟁이 벌어진 1950년 6월 25일 이전까지 미국이 소련의 위협에 대항하기 위한 유일한 수단은 핵무기였다. 그런데 이들 핵무기 또한 막강한 재래식 전력을 이용한 소련의 세력팽창 노력을 억제할 수 있는 수준이 아니었다.

이 같은 미국의 핵무기 독점이 1949년 8월의 소련의 핵실험으로 종료되었다는 사실과 1949년 10월 1일의 중국대륙 공산화로 미국의 안보가 보다 불안해졌던 것이다. 그럼에도 불구하고 공산중국이 미국과 우호적인 관계를 유지하는 경우 미국은 상당한 수준의 재무장을 하지 않으면서도 자국 안보를 지킬 수 있을 것으로 생각했다. 그러나 중국과 소련이 동맹을 체결하는 경우 미국은 전면 재무장을 추구해야 할 것으로 생각했다. 서유

---

32. Ibid., pp. 12-3.

33. Ibid., p. 84.

럽에서 소련이, 아태지역에서 중국이, 세력 확장을 위해 노력할 가능성이 있어보였기 때문이었다. 이처럼 미군을 재무장하고자 하는 경우 미국인들이 공산세력의 위협을 절감하게 만들 필요가 있었다. 이 같은 이유로 미국이 핵전쟁에 미치지 않는 수준에서 공산국가와 장기간 동안 치열하게 싸울 필요가 있었다. 당시 미국은 이 같은 전쟁을 중국과의 전쟁으로 생각했으며, 미국과 중국이 격돌할 수 있는 지역을 한반도로 생각했다. 북한군의 남침에 대항하여 미군이 유엔군의 일환으로 참전하여 북진하는 경우 한반도의 중요성을 아는 중국이 한반도전쟁에 참전하지 않을 수 없을 것으로 생각했다. 한반도의 특정 전선(戰線)을 사이에 두고 이 같은 중국과 장기간 동안 치열하게 싸울 필요가 있다고 생각했다.

이 같은 이유로 중국대륙 공산화가 확실해 보였던 1949년 초순부터 미국은 중국과 소련의 동맹체결을 저지하기 위한 쐐기전략을 구사했을 뿐만 아니라 중국과 소련이 동맹을 체결할 가능성에 대비하여 한반도전쟁을 준비했던 것이다. 마오쩌둥과 스탈린이 중소동맹 체결을 최종 결심한 1950년 1월 중순 이후 미국은 자국 안보 측면에서 미군 재무장이 필요했으며, 이 같은 재무장 측면에서 한반도전쟁을 본격적으로 준비하지 않을 수 없었던 것이다.

전후 소련의 위협 인식

전통적으로 소련은 자국이 외세에 포위되어 있다고 생각했다. 소위 말해, 소련인들은 심각한 수준의 피포위의식(Siege Mentality)을 견지했다. 소련의 이 같은 인식은 방대한 영토에도 불구하고 외세의 침공으로 모스크바가 불바다가 될 정도로 엄청난 피해를 입은 바 있다는 사실, 부동항을 찾기 위한 자국의 노력을 영국 및 미국과 같은 해양세력들이 지속적으로 저지하고자 했다는 사실과 관련이 있었다.

예를 들면, 13세기 당시의 몽고의 침공으로 영토가 초토화되면서 러시아 문명이 여타 서구국가와 비교하여 상당히 뒤처졌다. 몽고의 침입에 이어 서구국가들이 러시아를 지속적으로 침공했다. 17세기의 폴란드군, 18세기의 스웨덴군, 1812년의 프랑스군, 1차 세계대전과 2차 세계대전에서의 독일군의 침공이 바로 그것이었다. 이들 가운데 독일군의 침공은 가장 혹독했다. 러시아군이 독일군을 몰아내었을 당시 2천 300만 명 정도의 러시아인이 사망했다.

한편 1년 내내 얼음이 얼지 않는 항구를 거의 갖고 있지 않았던 러시아는 19세기 이후 부동항을 찾아 나섰다. 예를 들면, 19세기 말경 러시아는 한만국경 부근으로까지 철로를 연결하는 등의 방식으로 아태지역을 겨냥한 세력팽창을 추구했다. 이 같은 러시아의 노력에 대항하여 청일전쟁 직후인 1896년 일본의 야마가타 아리토모(山縣有朋) 장군은 38선을 중심으로 한반도에서 양국의 세력권을 분할하자고 러시아에 제안했다. 38선 이북 지역을 러시아가 이남 지역을 일본이 통제할 수 있게 하자고 제안했다. 38선 이남 지역의 부동항을 포기할 의향이 없었던 러시아는 이 같은 일본의 제안을 일축했다. 이처럼 부동항에 대한 러시아의 열망은 상당한 수준이었다.

그런데 미국 및 영국과 같은 국가가 부동항을 겨냥한 러시아의 남진정책을 적극 저지하고 나섰다. 1904년의 러일전쟁에서 러시아가 일본에 패배했던 이유에 미국과 영국이 일본을 적극 지원해 주었다는 사실이 있었다. 당시 미국과 영국은 러시아를 겨냥한 일본의 전쟁 노력 지원을 통해 러시아의 남진을 저지하고자 했다. 1905년 미국의 시오도 루즈벨트 대통령은 일본과 카츠라(桂)–테프트 밀약을 체결했는데 당시 루즈벨트가 이 밀약을 체결했던 이유 또한 일본의 세력을 이용하여 러시아의 세력팽창을 저지하기 위함이었다.[34] 이외에도 1843년 영국은 인도양과 홍해 진출을 추구했던 러시아의 노력을 아프간 점령을 통해 저지했는데 이것도 동일한 성격이었다. 1853년부터 1856년까지 진행된 크리미아전쟁도 마찬가지였다. 러시아의 세력팽창 노력에 대항하여 영국, 프랑스와 같은 국가들이 오스만터키를 지원하고 나선 것이다.

이들 일련의 사건을 통해 러시아는 방대한 영토의 자국이 적국으로 둘러싸여 있으며, 이들 적국이 자국 안보를 호시탐탐 위협하고 있다고 생각했다. 이 같은 이유로 전후 소련은 자국 주변의 유라시아대륙 지역에 방대한 완충지대를 두고자 노력했다. 2차 세계대전 이후 소련이 폴란드, 체코, 헝가리와 같은 국가를 자국의 위성국가로 만들었을 뿐만 아니라 태평양전쟁 참전 조건으로 만주, 한반도 등에 대한 영향력 확대를 요구했던 것은 이 같은 이유 때문이었다.

이 같은 상태에서 전후 미국이 소련을 주요 적국으로 간주했는데 당시 미국은 소련과 비교하여 4배 이상의 경제력을 유지하고 있었을 뿐만 아니라 핵무기를 보유하고 있었다. 더욱이 1943년 이후 미국은 유라시아대륙 주변부인 서유럽, 터키, 한반도, 일본 등에 미군을 주둔시키는 방식으로 소련의 세력팽창을 저지해야 할 것으로 생각하고 있었다. 이 같은 구상에 입각하여 미국이 전후 이들 지역을 점령했던 것이다. 한편 1947년 미국은 마샬 플랜을 통해 서유럽 국가들을 경제적으로 지원했으며, 1949년에는 나토 창설을 추진했다. 동북아지역의 경우를 보면 일본의 경제 및 군사적 부상을 추구했으며, 남한지역에 미국에 우호적인 단독정부를 수립했다. 소련은 미국에 의한 이들 일련의 상황 전개를 자국을 봉쇄하기 위한 노력

---

34. James Bradley(2009), *The Imperial Cruise: A Secret History of Empire and War* (pp. 227-8, 233-6). Little, Brown and Company. Kindle Edition.

으로 간주했다.

한편 소련은 자국과 가장 긴 국경을 유지하고 있던 중국대륙을 미국과 우호적인 세력이 장악하면 안 될 것이라고 생각했다. 1945년 2월의 얄타 회담에서 스탈린은 전후 장제스 중심으로 중국대륙이 통일될 수 있도록 지원할 것이라고 루즈벨트에게 약속했다. 그러나 스탈린은 전후 재개된 국공내전에서 마오쩌둥을 지원했는데 이것 또한 미국의 지원을 받고 있던 장제스가 중국대륙을 통치하면 안 될 것이란 인식 때문이었다.

그러면서도 스탈린은 전통적으로 자국을 지구의 중심으로 생각하고 있던 중국인들이 중국대륙 전체를 장악해도 곤란할 것으로 생각했다. 국공내전에서 마오쩌둥의 승리가 거의 확실해 보였던 1949년 초순, 스탈린은 양쯔강(揚子江)을 중심으로 중국대륙을 장제스와 양분할 의향이 있는지를 아나스타스 미코얀(Anastas Mikoyan)을 통해 마오쩌둥에게 타진했는데 이는 이 같은 이유 때문이었다.

2차 세계대전 이후 동유럽 지역, 만주, 한반도 이북 지역 등의 점령을 통해 소련은 역사상 어느 순간과 비교해도 세력이 막강해져 있었다. 그러나 스탈린은 역사상 가장 막강했던 미국이 유라시아대륙 주변 지역을 점령하는 방식으로 자국을 봉쇄하고자 노력하고 있음을 보면서 역사상 어느 때보다도 자국이 주변국에 의해 포위되어 있다고 생각하게 된 것이다.

국공내전에서의 승리를 통해 중국 대륙을 장악할 것으로 보였던 마오쩌둥의 선택이 미국 대통령 트루먼에게 상당한 의미가 있었던 것과 마찬가지로 소련의 스탈린에게도 대단히 중요한 의미가 있었던 것이다.

문제는 마오쩌둥의 미·소 양다리 전략

마오쩌둥의 문제는 중소동맹 체결과 병행하여 미중관계 정상화를 추구했다는 사실에 있었다. 마오쩌둥의 미·소 양다리 전략 추구가 문제였다.

국공내전에서 승리한 마오쩌둥은 19세기 당시 중국이 서구 열강과 체결한 모든 불평등조약을 파기한 후 지구상 모든 국가와 대등한 관계를 수립하고자 노력했다. 마오쩌둥은 1945년 8월 스탈린이 장제스의 국민당정부와 체결한 중소조약을 대등한 형태로 바꿈으로써 이것을 여타 국가와 중국의 관계 측면에서 모델로 삼고자 노력했다.

　　마오쩌둥이 소련과 먼저 관계 정상화를 추구했던 이유에 소련으로부터 대만 침공에 필요한 항공기와 함정을 얻을 필요가 있다고 생각한 측면이 있었다. 마오쩌둥은 이들 항공기와 함정을 이용하여 대만을 점령함으로써 국공내전(國共內戰)을 종료시킨 후 미국을 포함한 모든 서방 국가들과 관계를 정상화할 것이라고 지속적으로 말했다. 이는 서방 국가의 자본과 첨단 과학기술을 도입함으로써 중국을 세계 일류국가로 만들기 위함이었다. 마오쩌둥은 중국이 미국은 물론이고 소련에게조차 의존하면 안 된다고 생각했다. 중국이 완벽한 주권국가가 되어야 할 것으로 생각했다.

　　스탈린 칠순 생일잔치 참석을 이유로 모스크바에 도착한 1949년 12월 16일 마오쩌둥은 스탈린에게 기존 중소조약 개정 필요성을 거론했다. 이 같은 마오쩌둥의 요구에 스탈린이 부정적인 반응을 보였다. 그 후 며칠 동안 스탈린이 마오쩌둥과의 회동을 의도적으로 거부했다. 자신에 대한 스탈린의 문전박대에 울화가 치민 마오쩌둥은 본인과 베이징(北京)의 중국 지도자들이 주고받는 전문(電文)을 스탈린이 감청하여 읽고 있음에 틀림없다고 생각하여 전문을 통해 스탈린과 대화하기로 결심했다. 마오쩌둥은 이처럼 간접적인 방식으로 스탈린을 압박함으로써 자신에 대한 스탈린의 고압적인 태도를 바꾸고자 노력했다. 베이징의 지도자 류사오치(劉少奇)에게 보낸 12월 19일 자 전문에서 마오쩌둥은 특정 자본주의 국가와 관계 정상화를 추진하라고 말했는데 여기서 말한 자본주의 국가는 미얀마였다. 이어서 마오쩌둥은 본인이 허용해 준 절차를 "모든 자본주의 국가들"에 적용할 수 있을 것이라고 말했다.

마오쩌둥의 이 메시지가 스탈린에게 강력한 압박으로 작용했다. 여기서 마오쩌둥이 거론한 자본주의 국가를 미국일 수 있다고 생각한 것이다. 스탈린은 인도가 1949년 12월 30일, 영국이 1950년 1월 6일을 기점으로 중국을 인정할 것임을 잘 알고 있었다. 또한 미국이 미중관계 개선을 위해 노력하고 있음을 잘 알고 있던 스탈린은 미중관계 정상화를 위한 노력이 막후에서 진지하게 진행되고 있으며, 이 같은 정상화 가능성이 매우 높다고 생각했다. 그런데 스탈린은 미중관계 정상화를 소련의 아태지역 안보구조를 근본적으로 뒤흔드는 엄청난 사건으로 생각했다.

스탈린의 전략적 대응

스탈린은 마오쩌둥의 미·소 양다리 전략을 자국 입장에서 최악으로 간주했다. 이 같은 전략을 차단하기 위해 김일성의 남침 요구를 수용하기로 결심했다. 1949년 초반 이후 스탈린은 수차례에 걸친 김일성의 남침 지원 요청을 거부한 바 있었다.

미중관계 정상화를 허용하는 듯 보였던 1949년 12월 19일자 마오쩌둥의 전문(電文)을 보며 북한군의 남침 지원 요청에 대한 스탈린의 입장이 180도 바뀌었다. 당시까지만 해도 스탈린은 기존 중소조약을 최적의 형태로 바꾸기 위한 방안을 강구하고 있었다. 이제 소련의 주요 적국인 미국과 중국의 관계 정상화란 보다 큰 위기가 도래할 가능성이 있어보였던 것이다. 스탈린은 이것을 어떠한 대가를 지불하더라도 저지해야 할 것이라고 생각했다. 스탈린이 미중관계 정상화 저지 차원에서 선택한 대안은 한반도전쟁이었다.[35] 스탈린은 마오쩌둥의 대만 점령 이전에 한반도전쟁을 도

---

35. Richard C. Thornton/권영근, 권율 번역(2020), 『강대국 국제정치와 한반도: 트루먼, 스탈린, 마

발하여 미국과 중국이 한반도에서 격돌하게 함으로써 중국의 미중관계 정상화 노력을 차단해야 할 것으로 생각했던 것이다.

마오쩌둥과 중소동맹 개정을 추구하고 있던 당시에서조차 스탈린은 북한군의 남침 지원 문제를 놓고 골몰했다. 1950년 1월 18일의 이주연(李周淵)의 중국주재 북한대사 부임을 축하하기 위한 모임에서 김일성은 남침 문제를 논의할 수 있도록 스탈린을 만날 수 있게 해달라고 북한주재 소련 대사 스티코프에게 요청했다. 이 같은 김일성의 요청을 보고받은 스탈린은 북한군 남침 지원 문제와 관련하여 김일성과 논의할 의향이 있다는 내용의 전문을 1월 30일 스티코프에게 보냈다.[36]

트루먼의 전략적 대응

트루먼 또한 마오쩌둥의 미·소 양다리 전략을 결코 수용할 수 없다고 생각했다. 중소동맹을 체결한 중국과 소련을 동일체로 간주하여 봉쇄해야 할 것으로 생각했다.

2차 세계대전 이후 미국은 핵무기와 전략폭격기를 독점하고 있었다. 미국은 모스크바에 인접한 터키와 같은 국가에 이들 무기를 배치하는 방식으로 지구상 도처에서의 소련을 포함한 공산세력의 위협을 억제할 생각이었다. 가능한 한 국방예산을 줄여 국가 기반시설과 경제건설에 투입할 생각이었다. 이 같은 이유로 2차 세계대전 이후 미국은 군사력을 대거 삭감했다. 2차 세계대전 당시 1,200만 명 병력과 830억$의 국방비를 유지하고 있던 미국은 1949년 당시 120만 병력과 130억$ 수준의 국방비를 유지하고 있었다.

오쩌둥 그리고 6·25전쟁의 기원』, pp. xi–xii.

36. Ibid., pp. 110, 129.

1949년 9월의 소련의 핵실험 성공과 10월 1일의 중국대륙 공산화로 이같은 미국의 구상이 의미를 상실했다. 더 이상 미국이 핵무기에 의존하여 안보를 지킬 수 없게 된 것이다.

미국은 소련의 핵무장과 중국대륙 공산화에도 불구하고 공산중국이 미국과 우호적인 관계를 유지하거나, 적어도 미국과 소련 사이에서 중도적인 입장을 견지하는 경우 재무장할 필요는 없다고 생각했다. 그러나 중국이 소련과 동맹을 체결하면 문제가 달라질 것으로 생각했다. 이 경우 소련이 유럽에서, 중국이 아시아 지역에서 효과적으로 공산세력을 확산시킬 수 있을 것으로 생각했다. 이 같은 노력을 통해 이들 국가가 일본 및 독일과 같은 국가의 과학기술 능력에 접근하는 경우 향후 이들이 미국을 위협할 수 있을 것으로 생각했다.

마오쩌둥이 모스크바를 방문한 1949년 12월 16일 미국이 긴장했던 것은 이 같은 이유 때문이었다. 이 같은 상황에서 자본주의 국가들과의 관계 정상화를 추진하라는 의미의 마오쩌둥이 류샤오치(劉少奇)에게 보낸 1949년 12월 19일 자 전문이 발송된 직후인 12월 23일 미국은 중국과 소련을 이간시키기 위한 노력을 시작했다. 1949년 12월 말경 미국은 중국이 소련과 동맹을 체결하지 않으며, 적어도 미국과 소련 사이에서 중도적인 입장을 견지하는 경우 대만을 점령하게 해줄 뿐만 아니라 미중 경제관계를 강화할 것이란 내용의 정책 문서인 NSC-48/2를 서둘러 작성했다. 1950년 1월 5일 트루먼이, 1월 12일 애치슨이, 이들 내용을 공식 발표했다.

이 같은 미국의 노력에도 불구하고 마오쩌둥이 중소동맹 체결을 결심하자 미국은 중국과 소련을 동시에 봉쇄하기 위한 새로운 전략의 필요성을 절감했다. 그런데 이 같은 전략을 구현하고자 하는 경우 미 국방비의 대거 증액이 요구되었다. 미국인들이 국방비 증액을 원치 않았다는 점에서 이는 결코 쉬운 일이 아니었다.

트루먼은 미국인들로 하여금 국방비 대거 증액에 동의하게 만들고자 미국이 핵전쟁에 못 미치는 수준에서 공산세력과 장기간 동안 치열하게 싸울 필요가 있다고 생각했다. 이 같은 싸움은 공산중국과의 싸움이며, 이처럼 싸울 수 있는 곳은 중국의 주요 관심 지역인 한반도란 것이다. 한반도 전쟁에서 미군이 압록강을 겨냥하여 진격하는 경우 중국이 자국 안보 측면에서 자동 참전하게 될 것이며, 이 같은 중국과 치열하게 장기간 동안 싸울 수 있을 것으로 판단했다. 이 같은 상황에서 트루먼은 북한군의 남침을 허용해 줄 것이란 1950년 1월 30일 자 스탈린의 전문이 있은 지 48시간도 지나지 않은 1월 31일, 중국과 소련 모두를 봉쇄하기 위한 새로운 전략 구상을 지시했다. 미국은 이처럼 미군이 중국군과 한반도에서 격돌하게 만들고자 하는 경우 북한군의 남침을 조장 및 유도해야 할 것이라고 생각했다. "한반도에서 전쟁이 벌어지지 않았더라면 미국은 이 같은 전쟁을 지구상 어디에서 조장할 필요가 있었다. 이처럼 조장하지 않는 경우 미국은 통제 불가능한 형태로 전개되고 있던 세계에서 자국의 국익을 제대로 지키지 못했을 것이다."[37] 이처럼 미국 입장에서 한반도전쟁은 절실한 성격이었다.

새로 정립된 미국의 전략을 담고 있는 NSC-68이란 문서에 따르면 130억$ 규모의 미 국방비를 500억$ 규모로 늘릴 필요가 있었다. 당시 미국의 1년 GDP가 2,300억$ 수준이었다는 점에서 이는 미국인들이 공산주의의 위험을 절감하기 이전에는 결코 쉽지 않은 일이었다. 이 같은 이유로 6·25전쟁이 장기간 동안 치열한 방식으로 진행될 필요가 있었다. 애치슨은 6·25전쟁이 NSC-68 계획의 이행 측면에서 상당한 기여를 했음을 다

37. Joyce and Gabriel Kolko, *The Limits of Power: The World and United States Foreign Policy, 1945-1950* (New York: Harper and Row, 1972), p. 65.

음과 같이 표현했다. "소련이 북한을 선동하여 남한을 침공하게 함으로써 미국인들이 공산주의를 증오하게 만들지 않았더라면 6·25전쟁 이후 몇 년 동안 미국이 이룬 것들을 이룰 수 있었을지 의문이다."[38]

미국 입장에서 보면, 6·25전쟁은 38선이 공산세력이 넘을 수 없는 '봉쇄의 선'이란 사실을 만천하에 과시하고, 미군 재무장을 위해 미국인들을 결집시키기 위한 성격이었다. 미국은 6·25전쟁을 아시아 지역에서의 군사력 구축이 아니고 당시 충분하지 않다고 생각되었던 서유럽의 군사력을 강화하기 위한 기회로 생각했다.[39]

3. 미국의 전쟁목표와 그 출현 배경

전쟁은 정치적 목표를 달성하기 위한 것이다. 국가는 '사활적 이익'을 놓고 전쟁을 한다. '사활적 이익'이란 국가의 이익 가운데 정치, 경제 및 외교와 같은 비군사적 수단을 통해 해결할 수 없는 이익을 의미한다. 한편 전승(戰勝)의 기준은 적에게 얼마나 많은 피해를 입혔는지가 아니고 정치적 목표를 달성했는지 여부에 의해 결정된다.[40]

국가지도자는 정치적 목표를 염두에 둔 상태에서 정치, 경제, 외교, 군사 등 국력의 제반 수단을 동원하여 전쟁을 수행하게 된다. 그런데 정치적 목표는 전쟁 원인으로부터 도출된다. 전쟁 원인의 규명이 대단히 중요한 의미가 있는 것은 이 같은 이유 때문이다. 6·25전쟁을 누가 왜 시작한 것일까? 란 질문이 대단히 중요한 의미가 있는 것이다.

---

38. Dean Acheson(1969), *Present at the Creation: My Years in the State Department* (New York: Norton, 1969), p. 374.

39. Callum A. Macdonald(1986), *Korea: The War Before Vietnam* (New York: Free Press, 1986), p. 37.

40. Donald M. Snow and Dennis M. Drew/권영근 번역(2003), 『미국은 왜? 전쟁을 하는가: 전쟁과 정치의 관계』, pp. 23-8.

전쟁목표

6·25전쟁에서 미국이 추구한 목표는 공산세력 봉쇄를 위한 미군 재무장이었다. 이 같은 재무장이 가능해지도록, NSC-68이란 문서에서 요구하는 미 국방비 400% 증액을 염두에 두었다. 당시 미국의 GDP는 2,300억$였으며, 국방비가 130억$ 수준이었다. 미 국방비를 500억$ 수준으로 늘림과 동시에, 일본, 한국, 유럽, 필리핀 등 대소 봉쇄 측면에서 중요한 의미가 있던 지역의 국가들과 동맹을 체결함으로써 이들 국가에 미군을 장기 주둔시켜야 했다.[41] 이 같은 목표를 달성하기 위해 장기간 동안 치열한 형태로 한반도에서 공산세력과, 특히 중국군과 싸울 필요가 있었던 것이다.

오늘날 한국과 미국의 육군, 해군 및 공군대학과 같은 교육기관에서는 6·25전쟁 당시 미국이 추구한 목표가 처음에 38선 원상회복이었던 반면, 인천상륙작전 이후 남북통일로 바뀐 것으로 교육시키고 있다고 한다. 중국군의 참전 이후 유엔군이 고속남진하면서 재차 38선 원상회복으로 전쟁목표가 바뀐 것으로 알고 있다고 한다. 그러나 이는 사실이 아니었다. 이는 소위 말하는 명목상의 목표였다. 이들이 진정 미국이 추구한 목표가 아니었음은 당시의 전쟁이 이 같은 목표를 겨냥하여 수행되지 않았다는 사실을 통해 잘 알 수 있을 것이다. 유엔군의 38선 북진 이후 미국이 추구한 목표가 남북통일이었다면 중국군의 참전 직후 이 같은 목표가 재차 38선으로의 회귀가 될 수 없었다.

예를 들면, 1950년 11월 24일 시작된 유엔군의 크리스마스 공세에 대항한 중국군의 반격이 시작된 지 불과 사흘이 지난 11월 30일 애치슨은

---

41. Richard C. Thornton/권영근, 권율 번역(2020), 『강대국 국제정치와 한반도: 트루먼, 스탈린, 마오쩌둥 그리고 6·25전쟁의 기원』, pp. xvii, xxxi.

6·25전쟁에서 미국이 추구하는 목표가 남북통일이 아님을 다음과 같이 암시했다. "미국이 추구하는 목표가 남북통일이 아님을 맥아더에게 분명히 해야 한다.…38선 부근에서 전선을 정착시킨 후 정전협정을 체결하면 미국 입장에서 좋지 않은가?"라는 애치슨의 질문에 마샬 국방부장관을 포함한 미국의 주요 인사들이 공감을 표시했다.[42] 애치슨의 제안에 따라 유엔군이 그 후 곧바로 후퇴하여 38선 부근에서 2년여 동안 중국군과 치열히 싸운 것이다.

한편 1950년 9월 15일의 인천상륙작전으로 6·25전쟁이 유엔군의 조기 압승으로 종료될 가능성이 엿보였다. 이는 미국 입장에서 결코 수용할 수 없는 상황이었다. 우리는 당시의 상황 전개에 관한 미국의 주요 인사들의 인식을 통해 6·25전쟁에서 미국이 추구한 목표를 분명히 알 수 있을 것이다.

6·25전쟁 당시의 미 국방부장관 마샬 장군은 6·25전쟁의 조기 종전 가능성에 관해 미 육군장관 프랑크 페이스(Frank Pace)에게 다음과 같은 우려를 표명했다.

"미 육군장관 페이스는 6·25전쟁이 추수감사절 이전에 종료되고 미군이 본국으로 귀환할 수 있을 것이라는 맥아더의 낙관적인 관점을 마샬 국방부장관에게 말했다.…그러자 마샬은 '페이스! 6·25전쟁이 그처럼 종료되면 문제가 심각해집니다.'고 말하는 등 결코 기분 좋은 표정이 아니었다. 페이스는 마샬이 본인의 말을 제대로 알아듣지 못한 것으로 생각했다. 그래 전쟁 종결이 임박했다는 좋은 소식을 반복해 말했다. 마샬은 당신 말을 잘 알아들었습니다. 그러나 6·25전쟁이 그처럼 신속히 종료되면 미국

---

42. James Chace(2008), *Acheson: The Secretary Of State Who Created The American World* (pp. 304–305), Simon & Schuster, Kindle Edition.

이 직면하고 있는 문제를 미국인들이 완벽히 이해할 수 없을 것입니다. 아직도 마샬이 의미하는 바를 잘 몰랐던 페이스는 마샬이 의미하는 바가 미국인들이 냉전의 완벽한 의미를 보다 잘 이해할 필요가 있다는 의미인지 확인하기 위해 물었다. 그러자 마샬은 바로 그것이라고 말했다.…페이스는 '미국인들이 냉전의 교훈을 터득했다고 말하면 나를 순진하다고 말하겠지요?'라고 마샬에게 질문했다. 그러자 마샬은 '페이스! 이처럼 말하는 당신에 대해 나는 순진하다고 말하는 것이 아니고 놀라울 정도로 순진하다고 말할 것입니다.'"[43] 미 국방부장관으로 취임한 1950년 9월 21일 마샬은 유럽의 미군 전력을 강화시키고자 하는 경우 군의 문제를 새로운 방식으로 접근해야 할 것이라고 언급했다. 6·25전쟁이 평화로운 방식으로 종료되면 유럽의 미군 전력증강에 도움이 되지 않을 가능성이 있었다.[44]

1952년 1월 8군사령관 밴플리트(Van Fleet) 장군은 필리핀 사절단에게 다음과 같이 말했다. "6·25전쟁은 미국 입장에서 축복입니다. 한반도가 아니라면 또 다른 지역에서 6·25전쟁과 같은 전쟁이 있어야 합니다."[45]

미 공군장관 토머스 핀레터(Thomas K. Finletter)는 미 항공작가협회 회원들과의 식사 도중 다음과 같이 경고했다. "국제 안보환경이 개선되면, 특히 6·25전쟁이 조만간 연합군의 승리로 종료되면 미국의 재무장 노력이 약화될 가능성이 있습니다." 핀레터는 한반도 상황과 무관하게 "지구상의 상황과 무관하게 미국의 소요(所要)에 관한 냉전 및 장기적인 계산에 입각하여" 미국이 미군 재무장을 지속해야 할 것이라고 생각했다.[46]

---

43. David. Halberstam(2008), *The Coldest Winter: America and the Korean War* (p. 180). Hachette Books. Kindle Edition.

44. I. F. Stone(1952), *The Hidden History of the Korean War*, p. 102.

45. Ibid., p. 348.

46. Ibid., p. 101.

핀레터가 항공작가협회에서 발언한 지 얼마 지나지 않은 시점, 미 합참의장 오마르 브레들리(Omar N. Bradley)는 워싱턴의 내셔널프레스클럽에서 다음과 같이 말했다. "오늘날 서구사회가 직면하고 있는 가장 큰 위험은 한반도에서 유엔군이 승리를 거둔 후 미군 재무장 노력이 약화될 가능성이란 부분이다…." 브레들리는 6·25전쟁에서의 승리 이후 도래할 국제사회의 평화가 미국의 여론과 의회에 미칠 부정적인 영향을 우려하고 있는 듯 보였다.[47]

미 국무성 또한 평화를 우려했다. 미국은 독일과 일본의 재무장을 추진하고 있었다. 독일 재무장에 영국과 프랑스가, 일본 재무장에 아태지역 국가들이 반대했다. 독일과 일본의 재무장이 가능해지려면 독일과 일본이 제기하는 위협과 비교하여 소련이 제기하는 위협이 보다 상당한 수준임을 영국과 프랑스 국민이 절감해야만 했다. 6·25전쟁이 이 같은 효과를 초래해야만 했다. 1950년 9월 23일 뉴욕타임스지의 유엔주재 특파원은 이 같은 사실을 다음과 같이 표현했다. "일본 주변국들이 미국이 제안한 일본 재무장과 관련하여 어떠한 태도를 보일 것인지는 재무장한 일본이 제기하는 위협과 비교하여 소련이 제기하는 위협을 보다 심각하게 느끼는지 여부에 좌우될 것이다. …지금 이 순간 소련이 한반도에서 긴장완화를 위한 나름의 조치를 취하지 않으면 유럽의 프랑스와 아태지역 도서 국가들이 독일과 일본 재무장에 관한 미국의 제안에 동의하지 않을 수 없을 것이다."[48]

문제는 소련이 한반도 긴장 완화를 위해 노력할 의향이 있어 보였다는 사실이었다. 1950년 9월 25일 소련 외무성차관 야곱 말리크에게 미국의

---

47. Ibid., p. 102.

48. Ibid., pp. 102-3.

어느 언론 특파원이 "완벽한 평화 달성을 위해 미국과 소련의 고위급 인사들이 양국의 이견을 해소하기 위한 회동을 소련은 선호합니까?"라고 질문하자 말리크는 "당연히 이 같은 회동을 선호한다."고 답변했다. 미 국무성 대변인은 이 같은 말리크의 답변이 거짓이라고 일축했다. 당시 미 국무성은 소련이 한반도 긴장 완화를 위해 무언가 할 준비가 되어 있다는 사실을 우려했다. 한반도에서 긴장이 완화되는 경우 독일 재무장과 관련하여 프랑스를, 일본 재무장과 관련하여 태평양의 도서 국가들을 설득할 수 없을 것이기 때문이었다.[49]

트루먼 대통령 또한 평화 도래를 우려했다. 맥아더가 의기양양하게 서울로 귀환한 1950년 9월 28일 트루먼은 매우 놀란 음성으로 기자 회견했다. 이 같은 트루먼의 반응은 당시 소련과 관련하여 트루먼이 추구했던 바를 제대로 알아야 이해될 수 있을 것이다. 트루먼은 미국이 소련과 전면전을 하는 상황에 내몰리지 않으면서도 소련의 평화조성 노력을 거부할 수 있을 것이란 확신에 입각하여 행동했다. 미국은 소비에트블록을 적대적으로 대해야만 했으며, 정치적 보이콧과 경제봉쇄를 단행해야만 했다. 소련을 보다 적극적으로 군비경쟁에 내몰리게 함으로써 소련의 경제재건을 차단할 필요가 있었다. 이는 이 같은 미국의 압박으로 소련이 내부로부터 붕괴되게 하기 위함이었다. 이 같은 정책을 추구하고자 하는 경우 미국은 국내 및 국외 모두에서 긴장을 조성하여 유지할 필요가 있었다. 이는 소련에 과도할 정도의 재무장과 세금징수를 강요하고, 서독과 일본을 재무장하며, 소비에트블록과 자유진영의 무역을 보다 더 규제하기 위함이었다. 6·25전쟁이 평화로운 방식으로 해결되면 미국이 필사적으로 피하고자 노

---

49. Ibid., p. 103.

력했던 화해 분위기가 봇물 터지듯이 터질 것임이 분명했던 것이다.[50]

뉴욕타임스지에 따르면 트루먼은 다음과 같이 예견했다. "미국은 소련의 군사적 위협과 공세정책에 대항하여 오랜 기간 동안 미국의 능력 동원과 재무장을 준비해 왔습니다. 한반도에서 예상되는 완벽한 승리로 이 같은 미국의 진지한 노력이 중지될 가능성이 있습니다."[51]

재임 기간 내내 트루먼은 미국과 소련이란 강대국 간에 새로운 유형의 세력균형을 유지하는 문제를 놓고 고민했다. 당시 트루먼은 여기에 소요되는 예산 확보를 위해 미소경쟁으로 인해 초래된 경악과 우려를 보다 많이 이용했다. 트루먼은 공산세력이 제기하는 위협을 강조함으로써 미국의 번영과 재건은 물론이고 미군 재무장에 필요한 예산을 미 의회로부터 쉽게 획득할 수 있었다. 그 과정에서 6·25전쟁이 트루먼에게 많은 도움이 되었다. 6·25전쟁이 필요 이상으로 장기간 동안 치열하고도 참혹한 방식으로 진행되었던 것은 이 같은 이유 때문이었다.

6·25전쟁에서 미국과 소련이 추구한 실제 목표는 미중격돌이었으며, 남북통일은 명목상의 목표였다. 트루먼과 스탈린은 미중격돌을 겨냥하여 6·25전쟁을 준비하고 지도했다. 예를 들면, 트루먼은 미군 재무장 차원에서 한반도에서 미중격돌을 염원했다. 이미 살펴본 바처럼 트루먼, 애치슨과 같은 미국의 저명인사들이 6·25전쟁에서 미국이 추구해야 할 목표가 미중격돌이며 남북통일이 아니라고 언급했거나 암시했던 것이다.

이미 1949년 7월 애치슨은 세계평화와 안전을 위한 적극적인 조치를 밝혔다. 1950년 6월 22일 덜러스는 애치슨이 언급한 적극적인 조치를 기

---

50. Ibid., p. 104.

51. Ibid., p. 105.

자들에게 밝혔다.[52] 이는 롤백 정책을 의미했다.[53] 북한군의 남침에 대항한 유엔군의 반격을 의미했다. 덜러스는 6·25전쟁이 미군 재무장에 관한 것임을 암시했다.

그러면 6·25전쟁 당시 왜 트루먼은 유엔군이 남북통일을 추구할 것이라고 공식적으로 말했을까? 왜 오늘날 미국의 전문가들은 6·25전쟁에서 미국이 남북통일을 추구했다고 말하는 것일까? 6·25전쟁 당시 미국이 공산세력 봉쇄에 필요한 미군 재무장을 위해 한반도에서 장기간 동안 치열히 싸우고자 한다고 말했다면 한국인과 여타 유엔참전국의 반응은 어떠했을까? 6·25전쟁에서 미국이 추구한 목표가 남북통일이 아니고 미중격돌이었다고 말하면 오늘날 한국인들의 반응은 어떠할까?

4. 미국과 소련의 전략

6·25전쟁에서 트루먼이 이승만 중심의, 스탈린이 김일성 중심의 남북통일을 추구했다는 관점이 보편적이다. 그러나 이미 살펴본 바처럼 남북통일은 명목상의 목표였으며, 이들이 추구한 실제 목표는 미국과 중국의 격돌이었다. 스탈린은 대미(對美) 견제 목적으로 중국을 자국에 예속시키기 위해, 트루먼은 공산세력의 위험을 절감시킴으로써 미국인들이 공산세력 봉쇄에 필요한 미 국방비의 대거 증액에 동의하도록, 미국과 중국이 한반도에서 격돌할 필요가 있다고 생각했다.

트루먼과 스탈린이 6·25전쟁에서 미중격돌을 추구했다면, 이들은 미중격돌이 가능해지도록 전쟁을 준비하고 지도했어야만 했을 것이다. 왜냐하면 전쟁은 정치적 목표를 달성하기 위한 것이기 때문이다.

---

52. Ibid., p. 27.

53. Bruce Cumings(1983), "Introduction; The Course of Korean-American Relations, 1943-1953," in *Child of Conflict* edited by Bruce Cumings, p. 38.

한반도에서 미중이 격돌하게 하려면 스탈린 입장에서 다음과 같이 할수밖에 없었다. 첫째, 중국의 대만 점령 이전에 북한군을 남침시켜야 한다. 북한군의 남침 이전에 중국이 대만을 점령하면 북한군이 남침하는 경우에도 미국과 중국이 한반도 문제와 관련하여 대결이 아니고 타협을 추구할 가능성이 있었기 때문이다. 중국이 미국과 대립해야 할 이유가 없었기 때문이었다. 둘째, 북한군의 남침을 한국군이 저지할 수 없게 해야 한다. 한국군이 북한군의 남침을 저지하는 경우 미군의 참전조차 불필요해지면서 미중격돌이 불가능해지기 때문이다. 셋째, 미군이 북한군을 38선 너머로 몰아낼 수 있게 해야 한다. 미군이 압록강 부근으로 진격해야 중국군의 참전 가능성이 높아지며, 미국과 중국이 격돌할 수 있을 것이기 때문이다. 넷째, 중국군의 참전을 강요해야 한다. 다섯째, 참전한 중국군이 소련의 참전을 요구할 수 없게 해야 한다. 소련이 참전하면 세계대전이 초래되면서 미중격돌이 불가능해지기 때문이다. 그런데 6·25전쟁과 관련하여 소련이 한 것은 정확히 이들이었다.[54]

한반도에서 미중이 격돌하게 하려면 트루먼 입장에서 다음과 같이 할수밖에 없었다. 첫째, 한반도에 있는 미 전투 병력을 모두 철수시켜야 한다. 둘째, 북한군의 남침을 격퇴한 후 북진하기 위한 계획을 작성해야 한다. 셋째, 북한군이 남침하는 경우 한반도를 포기할 것처럼 행동해야 한다. 소련의 지원과 무관하게 지구상 최강인 미국이 남침을 저지할 것으로 생각되는 경우 북한군의 남침이 처음부터 불가능해지기 때문이다. 넷째, 북한군의 남침을 저지할 수 없을 정도로 한국군을 약화시켜야 한다. 한국군이 북한군의 남침을 저지하는 경우 미군의 참전이 불필요해지기 때문이

---

54. Richard C. Thornton/권영근, 권율 번역(2020), 『강대국 국제정치와 한반도: 트루먼, 스탈린, 마오쩌둥 그리고 6·25전쟁의 기원』, pp. 45-62, 102-113, 129-137, 311-321, 366-370, 429-434, 443-451, 473-482.

다. 다섯째, 중국에 한반도전쟁 참전과 미중대결을 강요해야 한다. 여섯째, 특정 전선을 중심으로 중국군과 장기간 동안 격렬히 싸워야 한다.[55]

미국의 방책

미국과 중국이 한반도에서 격돌하게 만들기 위해 미국이 강구한 방책은 구체적으로 다음과 같았다.

첫째, 1949년 6월 30일 한반도에 있던 모든 미 전투 병력을 철수시켰다. 미군 전투 병력이 상존해 있는 한 북한군의 남침은 근본적으로 불가능해지기 때문이었다.

둘째, 북한군의 남침을 격퇴한 후 북진하기 위한 계획을 수립했다.

미 전투 병력이 한반도에서 모두 철수하기 3일 전인 1949년 6월 27일 미국은 북한군이 남침하는 경우 유엔군의 일환으로 참전하여 경찰 활동 차원에서 임무를 수행할 것이란 내용의 극비 문서를 작성했다. 1949년 9월 미국은 북한군이 남침하는 경우 유엔군의 일환으로 참전한 미군이 낙동강까지 후퇴한 후 인천상륙작전을 통해 반격할 것이란 사실, 북한의 2곳 지역에서의 상륙을 통해 북진할 것이란 사실을 포함하고 있는 SL-17이란 비밀문서를 작성했다. 북한군이 T-34 전차를 보유하고 있음을 확인한 1950년 5월 이후 미국은 전차를 이용한 고속남침을 통해 한반도 점령을 기정사실화할 가능성을 우려하여 미국 내부에서 북한군의 남침에 대비한 3군 합동 훈련을 실시했다.[56] 또한 전쟁 발발 며칠 전 맥아더는 유사시 일본의 특정 기지가 아니고 일본의 모든 지역이 6·25전쟁을 지원할 수 있

---

55. 여기서 다섯째 부분은 Ibid., pp. 174-7, 352-364, 366-370, 394-403, 423-9, 436-443.을 참조. 나머지 부분은 이 책을 참조.

56. Ibid., pp. 236-43.

게 조치했다.[57] 또한 트루먼은 북한군에 대항한 육군, 해군 및 공군 전력과 더불어 유엔군을 준비시켰다.

셋째, 북한군이 남침하는 경우 한반도를 포기할 것처럼 행동했다.

미국은 북한군 남침 준비에 관한 1950년 6월 19일 자 미 중앙정보국 보고서 등 남침 준비 현황을 간과했다. 미국은 중국군의 대만 침공 준비와 관련하여 빈번히 경고했던 반면 북한군의 남침 징후가 상당했음에도 불구하고 지속적으로 침묵을 지켰다. 뿐만 아니라 북한군의 남침 가능성을 부인했다.[58]

더욱이 북한군의 남침을 유도했다. 한국을 자국의 아태지역 방어선에서 제외시킨 1950년 1월 12일의 애치슨 연설이 북한군의 남침을 유도했다는 비난을 받았다.[59] 한편 1950년 1월과 2월 미 의회 위원회에서 애치슨 국무장관은 한국이 침략을 받는 경우 미국은 한국을 방어해 줄 도덕적인 책무가 없으며, 방어할 의향도 없다고 말했다.[60] 1950년 5월 5일 미 상원외교위원장 톰 코널리(Tom Connally)는 인기 시사주간지 '유에스 뉴스 앤드 월드리포트(U.S. News & World Report)'와의 인터뷰에서 미국이 한국을 포기할 수밖에 없을 것이라고 말했는데 이승만은 이것을 남침 유도와 다름이 없다고 생각했다.[61] 당시 미국은 자국 입장에서 불리하게 돌아가던 상황을 반전시키기 위해 유럽과 아시아에서 일련의 시도를 전개할 수 있게 해줄 사건을 학수고대하고 있었다. 미국은 북한군의 남침을 이 같은 성격으로

---

57. Ibid., pp. 177-86.

58. Ibid., pp. 229-32.

59. James F. Schnabel(1992), *The Korean War Vol. III: Policy and Direction, the First Year* (Kindle Location 1208, 1216), (US Army Green Book), Kindle Edition.

60. Robert T. Oliver(1978), *Syngman Rhee and American Involvement in Korea, 1942-1960*, p. 273.

61. Richard C. Thornton/권영근, 권율 번역(2020), 『강대국 국제정치와 한반도: 트루먼, 스탈린, 마오쩌둥 그리고 6·25전쟁의 기원』, p. 221.

생각했다.[62] 1950년 1월 미 의회는 한국지원 법안을 부결시켰는데 이는 1930년 이후 미 의회가 대외지원 법안을 부결시킨 최초의 경우였다. 소련은 특히 미국의 이 조치에 주목했다.

넷째, 북한군의 남침이 가능해지도록 한국군 전력을 의도적으로 약화시켰다.

1950년 2월 애치슨은 한국의 인플레 극복 차원에서 국방비를 대거 삭감하지 않으면 대한(對韓) 원조를 전면 중지할 것이라고 위협했다. 결과적으로 한국정부는 국방비 삭감을 약속했다. 또한 미국은 1950회계연도 대한(對韓) 군사원조 1,024만$ 가운데 2/3는 1951회계연도에 1/3은 1952회계연도에 집행되게 했다. 전쟁이 벌어지기 이전까지 1950년 전반부 6개월 동안 통신라인 구입 목적으로 오직 108$를 지원했다.[63] 미국은 항공기와 같은 공격용 무기는 물론이고 대전차포 및 대전차 지뢰와 같은 남침 저지용 무기조차 제공해 주지 않았다.[64]

북한군 전력이 대거 증강되던 당시 미국의 이들 조치로 한국군의 북한군 남침 저지가 불가능해졌다.

다섯째, 중국에 참전과 미중대결을 강요했다.

중국군이 참전하면 유엔군이 심각한 타격을 입을 수 있던 인천상륙작전 이전까지 중국군의 참전을 저지하기 위해 노력했던 미국이 인천상륙작전 이후 중국군의 참전을 강요하기 위한 조치를 본격적으로 취한 이유[65], 미군이 38선을 넘으면 참전하지 않을 수 없다는 중국의 지속적인 경고에도

---

62. Lloyd Gardner(1983), "Commentary," in *Child of Conflict* edited by Bruce Cumings, p. 57.

63. Richard C. Thornton/권영근, 권율 번역(2020), 『강대국 국제정치와 한반도: 트루먼, 스탈린, 마오쩌둥 그리고 6·25전쟁의 기원』, p. 196.

64. Ibid., pp. 197-8.

65. Ibid., pp. 436-42.

유엔군이 북진한 이유, 북진 과정에서 8군과 10군단의 지휘를 양분시킨 이유, 청천강 이북 지역에 중국군이 대거 포진해 있음을 잘 알고 있던 상태에서 유엔군이 압록강으로 진격한 이유 모두는 미중격돌을 위함이었다.

여섯째, 중국군을 38선 부근으로 유인하여 장기간 동안 격렬히 싸웠다.

미군을 재무장시키고, 지구상 주요 지역 국가에 미군을 주둔시킴으로써 중국과 소련을 포함한 공산세력을 봉쇄하고자 하는 경우 이들 국가의 국민들에게 공산세력의 위협을 절감시킬 필요가 있었다. 그 과정에서 전쟁이 세계대전으로 비화되면 곤란했다. 이처럼 하고자 하는 경우 한반도의 특정 전선을 중심으로 미군과 중국군이 장기간 동안 격렬히 싸울 필요가 있었다. 1950년 12월 1일 애치슨은 미군과 중국군이 38선 부근에서 이처럼 싸워야 할 것이라고 결심했다.[66]

소련의 방책

미국과 중국이 한반도에서 격돌하게 만들기 위해 소련이 강구한 방책은 구체적으로 다음과 같았다.

첫째, 중국의 대만 침공 이전에 북한군을 남침시켰다. 스탈린은 중국의 대만 침공에 필수적인 항공기와 함정 제공을 지연시켰던 반면 북한군의 전력을 대거 증강시킴으로써 중국의 대만 침공 이전에 북한군이 남침할 수 있게 했다.[67]

둘째, 한국군이 남침을 저지할 수 없을 정도로 북한군 전력을 증강시켰다. 1950년 1월 8일 스탈린은 국공내전에서 국민당군대에 대항하여 중국

---

66. 이 책의 5장 3절, 4절 그리고 5절에서는 중국과 격돌하기 위한 미국의 노력과 격돌 모습을 확인할 수 있을 것이다.

67. Richard C. Thornton/권영근, 권율 번역(2020), 『강대국 국제정치와 한반도: 트루먼, 스탈린, 마오쩌둥 그리고 6·25전쟁의 기원』, pp. 129-37.

군과 함께 싸웠던 북한군 전력의 귀환을 마오쩌둥에게 요청하라고 김일성에게 지시했다. 모스크바에 있던 마오쩌둥은 스탈린이 지켜보고 있었다는 점에서 김일성의 이 요청을 거부할 수 없었다. 또한 스탈린의 지원으로 남침 당시 북한군은 항공기 211대, 전차 242대를 보유하고 있었던 반면 한국군은 정찰 및 연락기 22대, 전차 0대 등 매우 미약한 수준이었다. 1950년 2월 스탈린은 전쟁경험이 풍부한 군사고문단을 파견하여 북한군의 남침을 준비시켰으며, 그 후 북한군 남침계획을 작성하게 했다.[68]

셋째, 북한군 남침에 대항하여 미군이 참전할 수 있게 했으며, 38선 너머로 북한군을 몰아낼 수 있게 했다.

1950년 1월 초순 스탈린은 몇몇 이유를 거론하며 유엔주재 소련대표 말리크를 유엔에서 퇴장시켰다. 스탈린은 유엔군의 6·25전쟁 참전 관련 모든 결의안이 유엔안전보장이사회를 통과한 1950년 8월 이후에나 말리크의 유엔 복귀를 허용했다. 이 같은 방식으로 미군이 유엔군의 일환으로 6·25전쟁에 참전할 수 있게 했다. 유엔에서 말리크가 거부권을 행사했더라면 미군의 이 같은 참전이 쉽지 않았을 것이다.[69]

또한 북한군이 고속으로 남진하여 부산을 점령하는 경우 미군의 참전이 곤란해진다는 점에서 스탈린은 북한군을 서울에서 1주일 정도 지체시켰으며, 3, 4 및 6사단으로 구성되어 있던 남진의 주력을 약화시켰다. 6사단을 천안에서, 4사단을 대전에서 호남 방향으로 진격시켰으며, 3사단만이 부산을 겨냥해 진격하게 했다. 이 같은 방식으로 미군이 부산에 교두보를 설치할 수 있게 해주었다.[70]

---

68. Ibid., pp. 109-113, 226-236.

69. Ibid., pp. 102-3.

70. Ibid., pp. 323, 325.

낙동강방어선에 도착한 북한군에 충분한 전력을 제공해 주지 않음으로써, 후방 지역 경계에 신경 쓰지 못하게 함으로써 유엔군의 반격과 인천상륙을 가능하게 했다.[71]

한편 1950년 5월 스탈린은 도쿄의 소련군 대장 쿠즈마 데레프얍코(Kuzma Derevyanko)을 본국으로 소환함으로써 맥아더가 북한군에 대항하여 주일미군기지를 자유롭게 사용할 수 있게 했다.[72] 주일 미군기지에서 이륙한 항공기들의 지원이 없었더라면 북한군을 38선 너머로 몰아낼 수 없었을 것이다.

넷째, 중국군의 참전을 강요했다.

스탈린은 북한군이 승승장구하던 1950년 7월 초순부터 마오쩌둥에게 중국군의 참전 준비를 요구했다. 이 같은 스탈린의 요구에 마오쩌둥은 대만 침공을 준비하고 있던 중국군을 만주지역으로 급파했다. 그 후 스탈린은 참전하면 김일성 입장에서 대단히 중요한 의미가 있던 인천상륙작전 이전의 기간까지 중국군의 참전을 요구하지 않았다. 유엔군이 북진을 준비하기 시작한 10월 초순부터 지속적으로 중국군의 참전을 요구했다.[73]

다섯째, 중국이 소련의 참전을 요구할 수 없게 했다. 한반도전쟁을 결심한 이후 스탈린은 처음 생각과 달리 마오쩌둥에게 중소조약의 전면 개정을 요구했다. 기존 중소조약에서는 중국 또는 소련이 제3국과 '분쟁' 상태에 있는 경우 나머지 국가가 자동 개입하게 되어 있었다. 반면에 스탈린은 중국 또는 소련이 제3국과 '전쟁' 상태에 있는 경우에만 이처럼 개입해야 한다고 주장했으며, 이 같은 본인의 주장을 새로운 중소조약에 관철시켰다. 그런데 미국의 극비문서에 따르면 미군은 북한군이 남침하는 경우 전

71. Ibid., pp. 325-6.

72. Ibid., pp. 103-4.

73. Ibid., pp. 340-52, 443-51.

쟁 수행이 아니고 경찰 활동 차원에서 참전할 예정이었다. 개정된 중소조약으로 인해 중국군이 참전하는 경우에도 미국과 중국이 전쟁 상태에 있지 않다는 점에서 중국이 소련에 참전을 요구할 수 없게 된 것이다.[74]

제2절. 한반도전쟁 가능성 대비

1949년 6월 30일 미국은 주한 미 지상군 전투 병력을 모두 철수시켰다. 그 이유와 관련하여 논란이 분분하다. 그러나 주요 이유는 중국과 소련이 동맹을 체결하는 경우 한반도에서 전쟁이 벌어지게 하기 위함이었다. 미 전투 병력이 상존하는 한 전쟁 발발이 어려워질 것이기 때문이었다. 당시 미국은 미 전투 병력을 철수시키면서 500명의 군사고문단을 남겨놓았다. 미국은 이들 군사고문단이 훈련 등의 방식으로 한국군을 강화시키기 위한 성격이라고 말했다. 그런데 추후 알게 되겠지만 이승만의 고문이던 로버트 올리버는 이들이 북한군의 남침을 용이하게 하기 위한 성격이었다고 말했다. 이들이 이 같은 일을 했다고 말했다.

1. 1949년의 주한미군 철수

1949년 6월 30일 미국은 주한 미 지상군 전투 병력을 모두 철수시켰다. 그러면서 미국은 500명의 군사고문단과 700명의 기술자를 잔류시켰다. 한반도에 대한 모든 영향력이 소련으로 넘어가는 경우 미국의 안보가 상당한 영향을 받을 가능성이 있다며, 1943년부터 한반도에 대한 영향력

---

74. Ibid., pp. 121-8.

확보 방안을 진지하게 구상했던 미 국무성이, 미 육군성의 철수 주장에도 불구하고 철수 곤란을 주장했던 애치슨 국무장관 휘하 미 국무성이 1949년 3월 주한미군 철수에 동의했다.[75] 왜 당시 미국은 이들 지상군 전투 병력을 철수시킨 것일까?

1949년 당시의 주한미군 철수 문제를 이해하고자 하는 경우 먼저 1947년부터 1949년까지 한반도에 대한 미 육군성과 국무성의 시각을 살펴볼 필요가 있다. 당시 미 육군성은 소련과의 세계대전이란 군사적 시각에서 한반도를 바라보았던 반면 미 국무성은 한반도 전체가 미국 입장에서 적성국으로 들어가는 경우 아태지역 안보가 위협 받으면서 미국의 명성과 신뢰가 대거 손상된다는 정치적 시각에서 바라보았다. 소련과의 세계대전이란 미 군부 시각에서 보면 한반도는 거의 의미가 없었다. 당시 제한적인 국방비를 사용하고 있던 미 군부 입장에서 보면 소련과의 세계대전은 터키와 같은 모스크바와 인접한 지역에 전략핵폭격기를 배치하는 방식으로 보다 잘 수행될 수 있었다. 주한미군은 전시 소련에 잡혀 있는 인질과 다름이 없었다. 이 같은 이유로 이 기간 동안 미 군부가 지속적으로 주한미군 철수를 주장한 반면 미 국무성이 주한미군 주둔을 주장했던 것이다. 주한미군 한반도 철수가 결정된 1949년 3월까지의 미 육군성과 국무성의 시각은 이 같은 측면에서 바라볼 필요가 있을 것이다.[76]

1947년 1월 미 국무장관 마샬은 남한 단독정부를 수립한 후 한국 경제

---

75. 애치슨은 1945년 8월부터 1947년 6월까지 미 국무성의 부장관이었다. 그러나 번스 국무장관과 마샬 국무장관이 외유를 많이 했다는 점에서 실제적으로 미 국무장관과 다름이 없을 정도로 막강한 권한을 행사했다. 또한 1949년 1월부터 1953년 1월까지 미 국무장관이었다. 애치슨이 국무성 부장관과 장관으로 근무하던 시점은 남한 단독정부 수립, 6·25전쟁 등 한미관계 측면에서 대단히 중요한 사건이 벌어진 시점이었다. 특히 이 책에서는 미국이 한반도전쟁을 본격적으로 구상한 시점을 1949년 초순으로 생각하고 있다.

76. Bruce Cumings(1983), "Introduction; The Course of Korean-American Relations, 1943-1953," in *Child of Conflict* edited by Bruce Cumings, pp. 22-3.

와 일본 경제를 상호 연결하는 계획을 수립하라는 메모를 국무성 부장관 애치슨에게 전달했다. 이 같은 마샬의 지시에 따라 1947년 1월 애치슨은 38선을 '봉쇄의 선'으로 결정했다. 이는 한반도를 38선을 중심으로 분단시킬 것이며, 38선 너머로의 북한군의 남침을 미국이 결코 간과할 수 없을 것이란 의미였다. 그러면서 애치슨은 트루먼 독트린 모델에 입각하여 한반도에서 공산세력을 몰아내기 위한 주요 계획을 지원할 수 있도록 예산 확보를 요청했다. 이 같은 애치슨의 요청에 미 의회와 국방성이 주저하자 애치슨은 한반도 문제를 유엔으로 갖고 갔다.[77]

한편 1947년 4월 미 육군장관 로버트 페터슨(Robert P. Patterson)은 주한미군 주둔비가 미 육군성 입장에서 상당한 부담이 된다고 말하면서 주한미군의 조기 철수를 주장했다. 그 방안으로 페터슨은 남한지역에 단독정부를 수립한 후 이 정부를 미국이 인정해 주던가 아니면 단독정부 수립 문제를 유엔으로 갖고 갈 것을 요구했다.[78]

이 같은 애치슨의 구상과 페터슨의 발언으로 1947년 중순부터 1949년 초순까지 미 국무성이 한반도에서의 미국의 정치−전략적 가치가 상당한 수준이라고 주장한 반면 미 국방성이 한반도의 군사−전략적 의미가 거의 없다고 주장하는 상황이 지속된 것이다.

주한미군 철수에 반대하는 미 국무성과 찬성하는 국방성 간의 대립의 와중에서 1947년 9월부터 1948년 3월 1일의 기간 주한미군이 45,000명에서 18,000명으로 줄어들었다.[79] 한편 육군성과 국무성의 논의를 통해

---

77. Bruce Cumings(2005), *Korea's Place in the Sun: A Modern History* (Updated Edition) (p. 210). W. W. Norton &amp.; Company. Kindle Edition.

78. Quoted in Bruce Cumings(1983), "Introduction; The Course of Korean−American Relations, 1943−1953," in *Child of Conflict* edited by Bruce Cumings, p. 20.

79. Jongsuk Chay(2002), *Unequal Partners in Peace and War: The Republic of Korean and the United States, 1948-1953* (Westport, Connecticut: Praeger, 2002), p. 117.

1948년 4월에는 NSC-8이란 문서가 발간되었다. 이는 냉전 상황이 점차 악화되고 있다는 점에서 38선을 중심으로 공산세력을 봉쇄해야 할 것이란 정책을 공식적으로 선언한 성격이었다. 이 문서로 남한 단독정부 수립이 최종적으로 공식화된 것이다. 여기서는 1948년 12월 31일까지 모든 주한 미군 철수가 가능해질 정도로 여건을 조성하기 위해 미국이 온갖 노력을 다해야 할 것이라고 결론을 지었다. 그 후 철수 일정에 일부 변화가 있었지만 이 문서에서 정한 주한미군 철수 관련 기본 지침은 변함없이 유지되었다.[80]

1948년 5월 15일 맥아더는 8월 15일부터 주한미군 철수를 시작하여 12월 15일까지 철수를 완료하자고 제안했다. 이 같은 맥아더의 제안을 워싱턴이 승인했다. 이 같은 상황에서 중국대륙에서 장제스의 국민당군대의 상황이 악화되면서 주한미군 철수가 중국대륙에 미칠 영향과 관련하여 미국무성이 불안한 입장이 되었다. 그러나 7월 8일 미 국무성은 8월 15일 철수를 시작하여 12월 15일 완료할 것이란 맥아더의 제안에 최종적으로 동의했다.

1948년 가을 소련군이 북한지역에서 철수할 것이란 소식이 주한미군 철수 문제를 복잡하게 만들었다. 1948년 9월 10일 북한최고인민회의는 한반도에서 외국군을 동시에 즉각 철수할 것을 미국과 소련에 요청했다. 소련은 1948년 12월 말경까지 소련군을 모두 철수할 것이라고 답변했다. 소련은 미국 또한 1948년 12월 말경까지 주한미군을 철수할 수 있기를 원한다는 내용의 메시지를 미국에 전달했다. 이 같은 상황 전개에 미국은 조심스럽게 반응했다. 미국은 주한미군 철수 문제를 한반도 통일과 독립

---

80. Bruce Cumings(1983), "Introduction; The Course of Korean-American Relations, 1943-1953," in *Child of Conflict* edited by Bruce Cumings, pp. 24-5

이란 보다 큰 문제의 일환으로 고려할 것임을 소련에 통보했다.

　1948년 12월 주한미군 철수 문제를 유엔에서 논의한 결과 미 국무성 입장에서 나름의 성과가 있었다. 국무성은 당시 가속화되고 있던 주한미군 철수 과정을 잠시나마 지연시킬 수 있었다. 주한미군 철수 최종 단계를 완료하기 이전에 한반도 상황에 관한 고위급 수준에서의 재검토가 있게 된 것이다.

　한편 1948년 12월 미 육군참모총장 콜린스는 주한미군의 최종 철수 일자인 12월 31일이 지난 후, NSC-8에 언급되어 있던 이 날짜가 지난 후 미군 전술부대를 얼마나 더 한반도에 체류시켜야 할 것인지를 맥아더에게 질문했다. 맥아더는 본인의 기존 입장을 반복했다. 맥아더는 소련과 전면전이 벌어지는 경우 주한미군이 일종의 인질이 될 것이라고 주장했다. 맥아더는 한국육군의 훈련이 상당히 진행되었다는 점에서 미 육군 잔여 전력을 한반도에서 철수시킬 수 있을 것이라고 말했다.[81] 미 육군의 철수 노력으로 1948년 12월 말경 주한미군은 전투력을 상실했다. 육군은 이처럼 의미 없는 수준의 병력을 유지하고 있는 상태에서 남한이 공격을 받는 경우 미국이 한반도 상황에 연루될 가능성이 있다고 주장했다.[82]

　한편 1948년 12월 17일 미 국무성 동북아문제실 실장 막스 비숍(Max Bishop)은 중국대륙 공산화로 NSC-8을 작성할 당시와 비교하여 상황에 많은 변화가 있었다는 점을 고려하여 한반도 문제를 재검토할 필요가 있다고 월턴 버터위스(Walton Butterworth)에게 말했다. 비숍은 "한반도 전체가 공산화되는 경우 일본이 소련, 한반도 및 중국대륙이란 3개 공산국가에 둘러싸이면서… 일본을 미국의 영향권으로 유지하기가 점차 어려워질 가능

---

81. Allan R. Millett(2005), *The War for Korea, 1945-1950* (Modern War Studies) (Kindle Location 4601). University Press of Kansas. Kindle Edition.

82. Quoted in Jongsuk Chay(2002), *Unequal Partners in Peace and War*, p. 123.

성이 있다.…"고 말했다. 비숍은 중국대륙 공산화 이후 한반도조차 공산화되는 경우 태평양지역에서의 미국의 안보가 궁극적으로 심각한 영향을 받을 수 있을 것이라고 말했다. 그러면서 비숍은 "소련에 대항하기 위한 일련의 독립 국가들을 동북아지역에 구축할 필요가 있다.…경제적 자생력 구비를 통해 공산세력의 확산을 성공적으로 차단할 수 있는 그러한 국가를 구축할 필요가 있다."고 말했다. 비숍은 미 국가안전보장회의에 NSC-8의 재검토를 촉구했다.[83]

1949년 1월 10일 버터워스는 미국의 한반도정책 재평가 필요성을 NSC에 공식 요청했다. 여기에 미 육군이 반응했다. 당시 미 국무성은 중국 대륙 공산화 측면에서 주한미군 철수 연기 등 한반도를 안정시키기 위한 또 다른 조치가 필요하다고 생각하고 있었던 것이다.

주한미군 철수에 반대했던 미 국무성의 관점은 중국대륙 공산화가 보다 분명해졌으며, 애치슨이 미 국무장관에 취임한 1949년 1월 21일 이후 급변했다. 중국대륙 공산화가 분명해지면서 미국 입장에서 일본과 한반도가 보다 중요해졌다. 중국대륙 공산화 가능성이 보였던 1947년 초순부터 미국은 일본 재무장을 추진했는데 이는 이 같은 이유 때문이었다. 그런데 중국대륙 공산화 이전에도 한반도의 공산화 가능성으로 주한미군 철수에 반대했던 미 국무성이, 중국대륙 공산화로 한반도가 보다 중요해졌다고 인식된 1949년 3월 철수에 동의한 것이다.

1949년 1월 미 국무장관에 취임한 애치슨은 공산중국이 소련과 동맹을 체결하지 않으면 유라시아대륙 주변 국가들의 경제 발전을 통해 소련의 세력팽창을 봉쇄한다는 기존 정책을 고수할 수 있다고 생각한 반면 중

---

83. Quoted in Bruce Cumings(1983), "Introduction; The Course of Korean-American Relations, 1943-1953," in *Child of Conflict* edited by Bruce Cumings, pp. 25-6.

소동맹을 체결하는 경우 더 이상 공산세력이 세력을 확장하지 못하도록 지구적 차원에서의 군사적 봉쇄를 추구해야 한다고 생각했다. 이 같은 군사적 봉쇄가 가능해지도록 아태지역에서 롤백정책을 구상했다. 그런데 이 정책은 공산세력의 사전 도발을 전제로 했다.[84] 당시 미국은 아태지역 국가들 내부의 갈등으로 이 같은 공산세력의 도발을 조장할 수 있을 것으로 생각했다.[85]

1949년 2월 초순 육군장관 케네스 로열(Kenneth C Royall)은 한반도 상황을 직접 평가하기 위해 한국을 방문했다. 로열과 무초가 이승만을 만났다. 이들과 만난 자리에서 이승만은 1948년 12월 12일 유엔이 한국을 한반도 유일 합법정부로 인정해주었다며, 무력을 통한 남북통일의 정당성을 언급했다.[86] 이승만은 "한국육군의 병력과 무장 능력을 늘리고 싶다. 그 후 곧바로 북진하고 싶다. 유엔이 한국정부를 한반도 유일의 합법적인 정부로 인정해 주었다는 점에서 남북통일 추구가 합법적인 현상이 되었다. 더 이상 지체해 보았자 소용이 없다."고 말했다. 그러자 무초는 "북한과 한반도 문제를 평화적으로 해결할 기회가 도래하기 이전에는 이처럼 행동하면 안 된다."고 말한 반면 로열은 "미국이 미 전투 병력을 한반도에 유지하는 한 한국군의 북침은 결코 불가능할 것이다. 이승만의 이 발언은 미국이 모든 미 전투 병력을 한반도에서 철수하라는 요구와 다름이 없다."고 말했다. 이는 비밀리에 진행된 사적인 대화였다. 그런데 당시 발언 이후 무초와 로열의 관점은 정반대였다. 무초는 이승만을 통제하기 위해 주한미군이 지속적으로 주둔해야 할 것이라고 주장한 반면 로열과 미 육군은 이승만의

---

84. Ibid., p. 31.

85. Ibid., p. 34.

86. Ibid., p. 28.,; 이 같은 사실을 이승만은 빈번히 언급했다. Robert T. Oliver(1978), *Syngman Rhee and American Involvement in Korea, 1942-1960*, p. 222.

북진으로 한반도에서 전쟁이 벌어지는 경우 상황에 간섭해야 할 것인지를 미국이 선택할 수 있도록 주한미군을 철수시켜야 할 것이라고 주장했다.[87]

최종적으로 미 국무성과 국방성은 주한미군 철수와 관련된 이견을 좁히기로 합의했다. 1949년 3월 22일의 미 NSC 회동을 통해 NSC-8/2가 출현했는데 여기서는 1949년 6월 30일까지 주한미군 철수를 요구하고 있었다.[88] 당시 철수의 논리는 로열이 말한 바처럼 한반도에서 전쟁이 벌어지는 경우 미국이 이 전쟁에 참전해야 할 것인지 여부를 선택할 수 있게 하기 위함이었다.[89] 1947년 초순 38선을 '봉쇄의 선'으로 설정했다는 점에서 보면, 북한군이 남침하는 경우 미국은 한반도전쟁에 참전할 것임이 분명했다. 철수 이후 예상되던 한반도전쟁에 참전 여부를 결정할 수 있도록 철수해야 할 것이란 논리는 결국 북한군의 남침을 유도할 필요가 있다는 주장과 다름이 없었다.

당시의 NSC 회동이 있기 1개월 전인 2월 28일 미 중앙정보국은 "1949년 봄 한반도에서의 미군 철수의 결과(Consequence of the Troop Withdrawal from Korea in Spring, 1949)"란 제목의 보고서를 작성했다. 여기서는 주한미군이 철수하는 경우 이승만 정권이 붕괴될 수 있으며, 이처럼 붕괴되는 경우 미국의 명성이 치명타를 입고 극동지역에서의 미국의 안보이익이 상당히 손상

---

87. "Memorandum of Conversation, by the Secretary of the Army (Royall), February 8 1949," in *FRUS*, 1949, The Far East and Australasia, Vol. 7, pp. 957-9.

88. "Report by the National Security Council to the President, March 22 1949," in *FRUS*, 1949, The Far East and Australasia, Vol. 7, pp. 970-8.

89. Bruce Cumings(1983), "Introduction; The Course of Korean-American Relations, 1943-1953," in *Child of Conflict* edited by Bruce Cumings, pp. 28-9.에서 재인용.; 이는 당시 한반도에 있던 미국인들의 일반적인 관점이었다. 예를 들면 1953년의 프린스턴 대학 세미나에서 조지 캐넌(George Kennan)은 1950년 6월 이전 미국의 기획가들을 괴롭혔던 부분은 북한군의 남침이 아니고 "미국이 어떻게 하면 이승만과 남한 친구들이 북침하지 못하도록 하는 것인가?"라는 문제였다고 말했다.

될 것이라고 주장했다. 반면에 미 육군은 북한군이 스탈린의 허락과 방대한 지원을 받지 않는 한 남침할 수 없을 것이라고 주장했다. 미 육군 정보는 주한미군 철수 이후의 이승만 정권의 붕괴와 북한군의 남침은 터무니없는 소리라고 주장했다. 한국육군 병력을 늘려주고, 지원해 주며, 국제연합한국위원회를 사기진작 차원에서 지원해 주는 것으로도 북한군의 남침을 억제할 수 있을 것이라고 주장했다.[90] 1949년 9월 말경 미국은 국제연합한국위원회의 임무 연장을 유엔에 요청하면서 이곳의 기능을 강화시켰다. 이곳은 한반도에서 전쟁이 발발하는 경우 누가 도발 책임이 있는가를 판단하는 임무를 부여받았다.[91]

NSC-8/2란 새로운 문서에서는 1948년 4월 이후의 극동지역 상황 발전을 평가했다. 여기서는 한국정부가 생존을 유지하려면 약간의 경제 및 군사 원조가 필요하지만 주한미군은 필요하지 않다고 평가했다. 미 NSC는 1949년 6월 30일까지 모든 주한미군의 철수를 권고했다.[92]

NSC-8/2에서는 철수 마지막 단계에서 미국이 한국정부와 상의할 것이라고 가정했지만 당시 한국정부가 할 수 있는 것은 아무 것도 없었다. 당시 한국인들은 미국의 처사가 부당하다고 말했지만 자신들의 주장을 관철시킬 수 있는 수단이 전혀 없었다. 무초는 NSC-8/2와 관련하여 이승만을 설득했다. 결과적으로 1949년 4월 11일 이승만은 한국인들에게 주한미군 철수에 관해 본인이 직접 설명할 것이라고 말하기조차 했다. 이승만

---

90. Quoted Jongsuk Chay(2002), *Unequal Partners in Peace and War*, p. 124.

91. Quoted in James Irving Matray(1977), *Reluctant Crusade: American Foreign Policy in Korea 1941-1950* (Ph.d, University of Virginia, 1977), p. 512.

92. NSC-8와 관련해서는 다음을 참조 "Note by the Executive Secretary of the National Security Council (Souers) to President Truman, April 2 1948," in *FRUS*, 1948, The Far East And AustralAsia, Vol. 6, pp. 1,163-9.; NSC-8/2와 관련해서는 다음을 참조. "Report by the National Security Council to the President, March 22 1949," in *FRUS*, 1949, The Far East And AustralAsia, Vol. 7, pp. 969-78.

은 주한미군 철수와 관련하여 한국인들에게 설명하면서 1948년 12월 12일의 유엔결의안의 관점에서 볼 때 미국이 철수 시점을 재검토할 수도 있을 것이라고 암시했다.[93]

1949년 5월 2일 이승만과 이범석 국무총리가 한반도 안보위기를 논하기 위해 미국의 고위급 외교사절단과 회동했다. 이승만은 한국군 병력이 너무나 작다고 우려했다. 이승만은 주한미군 철수와 장제스의 몰락 가능성을 고려해볼 때 미국이 한반도에 어느 정도 군사력을 유지하고, 북한군이 남침해 오는 경우 한반도를 방어해 줄 것임을 공개적으로 발언함이 중요하다고 말했다. 미 국무성은 이 같은 이승만의 호소에도 불구하고, 이 같은 호소를 무초가 측면 지원했음에도 불구하고 전혀 동요하지 않았다.[94]

중국대륙 상황이 이승만을 놀라게 했다. 1949년 4월 중국 공산당 군대가 양쯔강을 도강하자 이승만은 주한미군 철수에 관해 의문을 품기 시작했다. 이승만은 북한군이 남침하는 경우 미국이 한국 안보를 보장해 주게 하기 위한 노력을 전개했다. 이승만은 군수물자, 해군 및 공군 장비와 더불어 1882년의 조미수호통상조약 재약속을 촉구했다.[95] 1949년 4월 늦은 시점부터 이승만은 미국 정부에 주한미군 철수 중지를 호소했다. 그 과정에서 이승만은 주한미군 철수 문제와 관련하여 한국에 동정적이던 국제연합한국위원회의 필리핀 대표를 이용하기로 결심했다. 필리핀 대표를 통해

---

93. "The Special Representative in Korea (Muccio) to the Secretary of State, April 9 1949," in *FRUS*, 1949, The Far East And AustralAsia, Vol. 7, pp. 981-2.; "The Special Representative in Korea (Muccio) to the Secretary of State, April 12 1949," in *FRUS*, 1949, The Far East And AustralAsia, Vol. 7, p. 986.

94. Allan R. Millett(2005), *The War for Korea, 1945-1950* (Kindle Location 4734, 4741), Kindle Edition.

95. "Memorandum of Conversation, by the Ambassador in Korea (Muccio), May 2 1949," in *FRUS*, 1949, The Far East and AustraliaAsia, Vol. 7, Part 2, pp. 1,003-5

이승만의 메시지를 받아본 애치슨이 격노했다.[96]

결과적으로 의기소침해진 이승만은 5월 7일 언론매체를 통해 다음과 같은 본인의 심정을 피력했다. "우리가 지금 알고자 하는 것은 미국이 한국을 자국의 최일선 방어 지역으로 간주하고 있는지 여부가 아닙니다.…외세가 침공해오는 경우 한국이 미국의 군사 지원을 대거 받을 수 있을 것인가?…이 질문은 미군이 한반도에 지속적으로 체류할 것인지의 문제와 비교하여 훨씬 중요한 의미가 있습니다.…한국은 한국이 초래하지 않은 공산주의자들의 위협에 대항하여 생사를 건 싸움을 하고 있습니다.…" 이 같은 내용의 보고를 접한 애치슨은 격노한 상태에서 다음과 같이 이승만에게 전하라고 무초 대사에게 지시했다. "이처럼 바람직하지 못한 발언으로 한국이 불이익만 당할 것이다. 향후 한국의 경제 및 군사 원조 요청 측면에서 상당한 악영향이 초래될 수도 있을 것이다."[97]

무초는 애치슨의 이 같은 발언과 더불어 본인의 보다 강경한 발언을 이승만에게 전달했다. 애치슨의 반응에 어느 정도 놀랐을 뿐만 아니라 상황 전개를 우려했던 이승만은 본인의 승인이 없는 가운데 상기 기사가 언론에 공표되었다고 말했다. 그 후 며칠 뒤 이승만은 이 같은 본인의 노력이 미국 정부의 손과 발을 묶고자 하는 형태의 일종의 실수였음을 인정했다. 그러나 이승만은 아직도 미국이 한국에 대한 경제 및 군사 원조와 관련하

---

96. "The United States Representative at the United Nations (Austin) to the Secretary of State, May 4, 1949," in *FRUS*, 1949, The Far East and AustraliaAsia, Vol. 7, Part 2, pp. 1,006-7.; "The Secretary of State to the United States Representative at the United Nations (Austin1), May 5 1949," in *FRUS*, 1949, The Far East and AustraliaAsia, Vol. 7, Part 2, p. 1,006.

97. "The Ambassador in Korea (Muccio) to the Secretary of State, May 7 and 9, 1949," in *FRUS*, 1949, The Far East and AustraliaAsia, Vol. 7, Part 2, p. 1,012-3.; "The Secretary of State to the Embassy in Korea, May 9 1949," in *FRUS*, 1949, The Far East and AustraliaAsia, Vol. 7, Part 2, pp 1,014-5.

여 그리고 유럽의 나토와 유사한 태평양조약과 관련하여 공개적으로 발언해야 할 것이라고 주장했다.

이처럼 애치슨이 주한미군 철수가 미국 정부의 확고부동한 정책임을 천명했지만 미 국무성의 일부 인사들은 당시의 한반도 상황을 우려했다. 조병옥 및 장면(張勉)과 만난 자리에서 버터워스는 미국정부가 한국을 포기할 의사가 없다고 말하면서 적절한 시점에 이 같은 사실을 공표해도 문제가 되지 않을 것이라고 말했다.[98]

온갖 수단을 동원해도 소용이 없자 5월 중순 한국인들은 주한미군 철수를 수용하지 않을 수 없었다. 이승만은 주한미군 철수 대안으로 태평양조약 또는 한미상호방위조약 체결을 원했다. 또한 1882년의 조미수호통상조약 가운데 미국의 '우호'란 문구의 재확인을 원했다. 1949년 5월 20일 이승만, 국방부장관, 외무장관이 무초를 포함한 일부 미국인과 대화했다. 당시 임병직(林炳稷) 외무장관은 벌컥 화를 내면서 미국이 자유중국을 양쯔강에 팔아넘긴 것과 동일한 조치를 한국에 하고 있다고 말했다. 무초는 한국육군이 매우 막강하다고 말하면서 북한군이 감히 남한을 침공하지 못할 것이라고 말했다. 그러나 한국인들은 남북한 군대의 상대적 전력에 관해 이미 잘 알고 있었다. 5월 31일 무초는 다음과 같이 미 국무성에 보고했다. "주한미군 철수에 대한 한국인들의 아우성과 우려는 예상을 훨씬 초월합니다. 공황에 가까운 위기감이 한국정부 고위급 인사들을 사로잡고 있습니다. 이 같은 위기감이 보다 많은 한국인들에게 전파되고 있습니다."[99]

6월 둘째 주 미국 정부는 주한미군 철수가 결코 한국에 대한 미국의 관심 축소를 의미하지 않는다고 언론매체를 통해 언급했다. 6월 마지막 주

---

98. Jongsuk Chay(2002), *Unequal Partners in Peace and War*, p. 127.

99. "Muccio to the Secretary of State, May 17, 20, 26, 31, 1949," in *FRUS*, 1949, The Far East and AustraliaAsia, Vol. 7, Part 2, pp. 1,029, 1,034-5.

유엔총회 연례 회동에서 조병옥은 주한미군 철수 시점을 1년 연기해 줄 것을 호소했지만 전혀 소용이 없었다. 주한미군 철수를 우려하는 한국인들이 서울 거리를 행진하는 가운데 주한미군 철수작전이 1949년 6월 30일 최종 완료되었다.[100]

6월 24일 이승만은 한국정부의 방어능력에 관한 다음과 같은 참담한 실상을 유엔과 워싱턴의 한국 대사관에 보냈다.

> 6월 말경이면 주한미군이 한반도에서 철수할 것입니다. 우리의 방어력은 어떠한가요? 대부분 육군병사들은 소총이 없습니다. 경찰과 해군도 상황은 마찬가지입니다. 국방부장관은 우리의 탄약이 전시 3일 정도 사용 가능한 수준이라고 말합니다. 반면에 타임지를 포함한 미국의 잡지들은 미군이 철수할 당시 보유 장비와 무기를 모두 한국군에 넘겨줄 것이며, 한국이 필요 이상의 무기를 보유하게 될 것이라고 말합니다. 한국이 충분한 무기가 없다는 이야기를 전해 들은 일부 미국인들은 놀란 표정을 짓습니다. 미국인들은 한국이 필요로 하는 모든 무기를 소유하고 있다고 생각하기 때문입니다.…현재 우리는 경제건설과 비교하여 국가방위를 위한 적정 무기를 충분히 확보하는 것이 보다 중요합니다. 국가안보를 지킬 수 있는 경우 경제건설 등 여타 것들을 할 수 있습니다. 국가안보가 손상되면 다른 것들이 무슨 소용이 있나요?[101]

당시 영국의 관측가들은 주한미군 철수를 미국의 한반도 포기와 다름

---

100. Quoted in Jongsuk Chay(2002), *Unequal Partners in Peace and War*, pp. 128-9.; "The Acting United States Representative at the United Nations (Ross) to the Secretary of State, June 1 1949," in *FRUS*, 1949, The Far East and AustraliaAsia, Vol. 7, Part 2, p. 1,036.; "The Ambassador in Korea (Muccio) to the Secretary of State, June 6 1949," in *FRUS*, 1949, The Far East and AustraliaAsia, Vol. 7, Part 2, p. 1,039.

101. Robert T. Oliver(1978), *Syngman Rhee and American Involvement in Korea, 1942-1960*, p. 249.

이 없다고 말했다. 1947년부터 1949년까지 미 육군성 차관으로 일했으며 1949년 당시 주한미군 철수 관련 의사결정에 관여했던 윌리엄 드레이퍼(William H. Draper)는 다음과 같이 말했다. "주한미군 철수는 북한군에게 남침 초대장을 보낸 것과 다름이 없었다.…." 1952년 가을 미 대통령 선거에서 아이젠하워 후보는 "소련이 북한에 구축해 놓은 군사력의 남침을 주한미군 철수 이후 한국육군이 저지할 수 없음을 소련인들이 모를 이유가 없다."고 말했다. 물론 당시의 철수가 6·25전쟁의 유일한 원인은 아니지만 이것이 가장 중요한 원인 가운데 하나였던 것이다.[102]

미국은 1949년 6월 30일 주한미군을 철수시킨 주요 이유를 이승만의 북침으로 한반도에서 분쟁이 벌어지는 경우 참전 여부를 선택할 수 있게 하기 위함이었다고 말했다. 그러나 이는 명분과 다름이 없었다. 왜냐하면, 이승만과의 대화에서 로열이 말한 바처럼 당시 미 전투 병력이 한반도에 주둔하는 한 이승만이 마음대로 북침할 수 있는 상황이 아니었기 때문이었다. 마찬가지로 북한군이 남침할 수 없었기 때문이었다. 이는 당시 미국인들도 잘 알고 있던 사실이었다.

그러면 왜 미국은 주한미군을 철수시켰을까? 근본적인 이유는 이미 언급한 바처럼 공산중국의 선택에 따라 미군 재무장을 추진하기 위함이었다. 공산중국이 소련과 거리를 두는 경우 미군 재무장을 추진하지 않으면서 소련 위협에 대항할 것인 반면 공산중국이 소련과 동맹을 체결하는 경우 미군을 재무장하기 위함이었다. 이 같은 차원에서 6·25전쟁을 조장하기 위함이었다.

여기서 주목해야 할 부분에 1949년 1월 21일 애치슨이 미 국무장관으로 취임했다는 사실, 미국 입장에서 6·25전쟁은 애치슨과 같은 일부 우수

---

102. Jongsuk Chay(2002), *Unequal Partners in Peace and War*, p. 129.

한 사람이 조장한 것이란 사실, 6·25전쟁이 미군 재무장 차원의 것이며, 재무장이 가능해지려면 미군과 중국군이 한반도에서 격렬히 장기간 동안 싸워야 할 것이란 사실, 이처럼 싸우고자 하는 경우 북한군의 남침에 대항하여 미군이 북진해야 할 것이란 사실, 애치슨이 이 같은 롤백 개념을 1949년 7월 트루먼에게 설명[103]했다는 사실을 이해할 필요가 있을 것이다. 그런데 북한군의 남침이 가능해지려면 주한미군 철수가 필수적이었던 것이다. 결국 당시의 주한미군 철수는 롤백정책을 가능해지게 하기 위함이었다.

당시 이 같은 롤백정책을 부추긴 세력에 차이나로비(China Lobby) 세력이 있었다. 1948년 12월 중국대륙 공산화가 분명해지자 중국대륙 공산화 책임에 대한 논란이 미국 내부에서 격렬히 진행되었다. 세칭 차이나로비 세력들은 한반도전쟁을 통해 중국대륙 진입을 주장했는데, 맥아더, 딘 러스크, 존 포스터 덜러스, 타임지 사주 헨리 루스(Henry Luce), 많은 미 공화당 의원이 이와 같았다. 이처럼 이들은 한반도전쟁을 통해 중국대륙을 마오쩌둥으로부터 빼앗아 장제스에게 되돌려주어야 할 것이라고 생각했다.[104] 1950년 9월 말경 중국 지도자들은 미군이 38선을 넘으면 중국이 6·25전

---

103. Kevin Peraino, *A Force So Swift* (p. 170). Kindle Edition. 1949년 7월 미 국무장관 애치슨은 트루먼에게 아태지역에서 더 이상 공산세력의 확장을 허용하지 않아야 할 것이라며 다음과 같이 말했다. "…아시아 지역 어디에서도 더 이상 공산주의가 확산되지 못하도록 할 생각입니다. …트루먼은 이 같은 애치슨의 전략을 좋아했으며, 이것을 보다 발전시키라고 말했다. 그 날, 애치슨은… 극비 형태의 메모를 본인의 최고위급 참모 가운데 1명에게 건네주었다. …'아시아 대륙 또는 동남아시아 어디에서도 더 이상 공산주의 확산을 허용하지 않을 것임이 미국의 정책에서 가장 중요한 부분이라는 사항을 귀하는 기꺼이 수용해야 한다.' 첨언하여 애치슨은 다음과 같이 말했다. '아시아에서의 전체주의의 확산을 방지한다는 차원에서 우리의 능력 범주 안에서 모든 가능한 부분을 강구할 것임을 분명히 한다.'"

104. Ross Y. Koen, *The China Lobby And The Formulation of American Far Eastern Policy-1945-1952*, A Dissertation Presented To The Graduate Council of The University of Florida, June, 1958, pp. 79, 82.; Ross Y. Koen, *The China Lobby in American Politics* (New York: Macmillan, 1960), p. 95.

쟁에 참전할 것이라고 중국주재 인도대사 파니카르(K.M. Panikkar)에게 말했다. 이들이 그처럼 말했던 이유에 이 같은 측면이 있었다. 중국은 미군의 38선 월경을 한반도전쟁을 중국대륙으로까지 비화시킨 후 중국대륙을 장제스에게 넘겨주기 위한 성격으로 생각했던 것이다.[105] 이들 차이나로비 세력 이외에 한반도전쟁을 염원한 세력이 있었는데 이는 애치슨 및 트루먼과 같은 인사들이었다. 1949년 초순 미국이 주한미군 철수를 결심했던 것은 이 같은 이유 때문이었던 것이다.

당시 트루먼의 보좌관들은 공산주의자들이 침공해 오는 경우 남한이 방어 능력이 없음을 인정했다. 그러나 "논리적으로나 상식적으로 보아도 철수하면 안 되는 그러한 시점"에 미군이 한반도에서 철수한 것이다.[106]

주한미군이 모두 철수하기 3일 전인 1949년 6월 27일 미국은 북한군이 남침하는 경우 유엔군의 일환으로 미군이 참전할 것이란 내용의 극비문서를 작성했으며, 9월에는 북한군의 남침에 대항하기 위한 전쟁계획 SL-17을 작성했다. 10월 21일 유엔은 한반도전쟁이 우려된다며 국제연합한국위원회에게 한반도에서 전쟁을 초래할 가능성이 있는 모든 상황 발전을 관찰하여 유엔에 보고하게 하는 결의안을 통과시켰다. 12월 14일 애치슨 국무장관은 10월 21일 유엔이 상기 결의안을 통과시킨 주요 이유가 북한군이 38선을 넘어 남침할 것으로 예상했기 때문이라고 말하면서 이처럼 전쟁이 벌어지는 경우 한국정부가 유엔안전보장이사회 내지는 유엔총회에 도움을 요청하게 하고, 주한미국 대사관이 전쟁 진행 상황을 미 국무성에 별도 보고하라고 무초에게 지시했다. 또한 마오쩌둥이 소련을 방문하고 있던 1949년 12월 말경 미국은 롤백을 염두에 둔 NSC-48/2를 작성

---

105. "The Ambassador in the Soviet Union (Kirk) to the Secretary of State, September 29 1950," in *FRUS*, 1950, Korea, Vol. 7, p. 822.

106. Quoted in James Irving Matray(1977), *Reluctant Crusade*, p. 479.

했는데 이들 모두는 마오쩌둥이 중소동맹을 체결하는 경우 미국이 한반도 전쟁에서 롤백을 통해 미군 재무장을 추진할 것이란 의미였다.

결론적으로 말하면 중국대륙 공산화가 분명해진 1948년 말경 이후 미국 내부에서는 공산세력과의 전쟁을 통해 중국대륙을 재차 복원해야 할 것이라고 주장하는 세력들이 막강한 파워를 형성했는데 이들은 한반도전쟁을 통해 이처럼 해야 할 것이라고 생각했다. 이와 더불어 한반도에서 중국군과 미군이 장기간 동안의 격렬한 싸움을 통한 미군 재무장을 추구한 세력이 있었다. 미 육군의 지속적인 주장에도 불구하고 미군을 한반도에서 철수하면 안 된다는 미 국무성의 관점을 수용했던 트루먼이 1949년 3월 주한미군 철수에 동의했던 것은 한반도전쟁을 통해 이 같은 롤백정책을 가능하게 하기 위함이었다.

6·25전쟁 발발 1주일 전에 한국을 방문한 존 포스터 덜러스는 일본에서 조만간 아태지역은 물론이고 세계평화를 보장해 줄 '적극적인 조치 (Positive Action)'가 강구될 것이라고 반복해 말했다. 그런데 덜러스가 당시 말한 '적극적인 조치'는 6·25전쟁을 통한 롤백정책을 의미했다. 이미 잘 알려진 바처럼 6·25전쟁을 통해 미국은 당시 미국이 안고 있던 모든 문제를 해결할 수 있었다고 한다. 냉전 승리의 초석을 마련할 수 있었다.[107] 1949년 6월의 주한미군 철수는 이 같은 목적의 것이었다.

---

107. 1953년의 프린스턴 대학 세미나에서 애치슨의 동료가 "6·25전쟁이 미국을 구해주었습니다. 미국에 크게 기여했습니다."라고 말했다 그러자 애치슨은 "그렇게 말할 수 있습니다."라고 답변했다. 당시 미국은 공산주의 위협에 대항한다는 차원에서 국방비를 400% 증액해야 하는 등 여러 문제를 안고 있었는데 이 같은 미국의 문제를 6·25전쟁이 해결해주었다는 것이다. James Carroll(2007), *House of War: The Pentagon and the Disastrous Rise of American Power*(Kindle Location 4014). (New York: Mariner Books, 2007). Kindle Edition,

2. 북한군의 남침 유도: 애치슨 연설과 코널리의 발언

주한미군이 모두 철수한 1949년 6월 30일 이후에는 한반도에서 항시라도 전쟁이 벌어질 가능성이 있었다. 미국이 한반도전쟁을 교묘히 이용하여 미군 재무장이란 목표를 달성하고자 하는 경우 한국군의 도발이 없는 가운데에서의 북한군의 남침이 필수적이었다. 북한군 남침 유도 측면에서 1949년 중반 이후부터 6·25전쟁이 벌어지기까지 미국이 취한 조치는 1950년 1월 12일의 애치슨 연설, 북한군이 남침하는 경우 한반도를 공산세력에게 넘겨주어야 할 가능성이 있다는 1950년 5월의 미 상원외교위원장 코널리의 발언, 미 행정부가 요청한 대외 원조 가운데 한국 원조에 대한 미 의회의 1950년 2월의 거부가 있었다. 여기서는 애치슨 연설과 코널리의 발언을 중심으로 살펴볼 것이다.

1950년 1월 12일의 애치슨 연설

1950년 1월 12일의 애치슨 연설은 마오쩌둥과 스탈린을 겨냥한 것이었다. 애치슨 연설은 1949년 12월 작성된 NSC-48/1과 NSC-48/2에 입각하고 있었다. 그런데 이들 문서에서는 중소동맹을 체결하지 않는 경우 마오쩌둥에게 대만점령 허용을 포함하여 다양한 혜택을 제공해 줄 것임을 암시하고 있었을 뿐만 아니라 한반도와 같은 지역에서의 롤백정책을 암시하고 있었다. 여기서 말하는 롤백정책은 예를 들면, 북한군의 남침에 대항하여 미국이 반격하여 북진할 것이란 의미였다. 한반도와 같은 지역에서 공산세력의 침략을 유도하고, 이 같은 침략에 대항하여 반격하는 방식으로 공산세력과 장기간 동안 치열하게 싸울 것이란 의미였다. 이 같은 방식으로 미군 재무장이 가능해지게 할 것이란 의미였다.

당시의 연설에서 애치슨은 마오쩌둥에게 세 가지 사실을 말했다.

첫째, 미국이 중국내전에 개입하지 않을 것이다. 애치슨은 장제스의 국민당 정부가 정치적 부적합성뿐만 아니라 "어떠한 군의 사령부에서도 찾아볼 수 없을 정도의 엄청난 무능"을 노정시켰다고 말했다. 애치슨은 공산주의자들이 "이 같은 상황을 초래하지 않았다."고 추론했다. 공산주의자들은 이 같은 상황으로 인해 조성된 간극을 교묘히 이용했을 뿐이라고 주장했다. 이제 장제스는 "중국 대륙 해안의 조그만 섬에서 일부 잔여 세력과 망명생활"[108]하는 신세가 된 것이었다. 애치슨은 장제스가 중국대륙을 공산주의자들에게 넘겨준 이상 공산주의자들의 대만 점령 저지가 의미가 없다고 말했다. 그런데 이는 1949년 12월 30일 트루먼이 서명한 문서인 NSC-48/2의 판단이었다. 이 문서에서는 "대만이 미국의 노골적인 군사적 조치를 정당화시켜 줄 정도로 전략적으로 중요한 의미가 있지 않다."라고 결론지었다. 1951년 1월 5일 트루먼 또한 다음과 같이 유사하게 말했다. "미국 정부는 대만의 장제스 군대에 군사적 도움 내지는 조언을 제공해 주지 않을 것이다."[109]

둘째, 애치슨은 장기적으로 중국의 독립을 위협하는 세력이 소련임을 분명히 했다. 애치슨은 소련이 중국 북부지역의 거대한 영토를 중국에서 분리시켜 "소련 영토로 편입시키고 있다"라고 주장했다. 애치슨은 "이 같은 과정이 외몽고에서 완료되었다. 만주, 신장 및 내몽고 지역에서 거의 완료되었다"라고 말했다. 애치슨은 "소련이 중국 북부 4개 지역을 자국 영토로 편입시키고 있다는 사실이 모든 열강과 아시아의 관계에서 가장 중요하고 의미 있는 사실이다."[110]라고 설명했다.

---

108. Dean Acheson(1950), "Crisis in Asia—An Examination of U.S. Policy," Department of State Bulletin (January 23, 1950), p. 113.

109. Sergei N. Goncharov, John W. Lewis, and Xue Litai, *Uncertain Partners: Stalin, Mao, and the Korean War* (Stanford: Stanford University Press, 1993), p. 98.

110. Secretary of State Acheson(1950), "Crisis in Asia—An Examination of U.S. Policy," p. 115.

셋째, 애치슨은 유고의 티토처럼 행동할 것을 마오쩌둥에게 암시했다. 그러면서 애치슨은 이념이 아니고 국익에 입각한 새로운 미중관계에 관한 전망을 다음과 같이 제시했다.

> 동구권과 서구권 간의 예전의 관계, 최악의 경우 착취와 다름이 없는 관계는 오늘날 더 이상 적용되지 않습니다. 이 같은 관계는 종료되었습니다. 동구와 서구의 관계는 상호 존중과 도움의 관계가 되어야 합니다.[111]

당시의 연설에서 애치슨이 대만을 미국의 아태지역 방어선에서 배제시켰던 것은 상기 이유 때문이었다. 애치슨은 또한 한국을 미국의 아태지역 방어선에서 배제시켰다. 그런데 이는 NSC-48/2에서 말한 롤백정책 구현 차원이었다. 대만과 한국을 미국의 아태지역 방어선에서 제외시켰던 것은 마오쩌둥에게 대만이란 미끼를 스탈린에게 한국이란 미끼를 동시에 내민 것으로 볼 수 있었다.

애치슨은 마오쩌둥이 중소동맹을 체결하지 않음으로써 중국이 소련과 어느 정도 거리를 두는 경우 대만을 마오쩌둥에게 넘겨줄 수 있을 것으로 생각했다. 그러나 마오쩌둥이 중소동맹을 체결하는 경우 애치슨은 미국이 중국과 소련을 동시에 봉쇄해야 하며, 이 같은 봉쇄 측면에서 대만이 군사적으로 대단히 중요한 의미가 있다고 생각했다. 따라서 마오쩌둥과 스탈린이 중소동맹을 체결하는 경우 미국은 한국과 더불어 대만을 자국의 우방국으로 유지해야 하는 입장이었다. 이처럼 하고자 하는 경우 미 국방비 대거 증액과 더불어 이들 국가를 포함하여 일본 등 미국이 중요하게 생각하는 국가의 국민들이 공산주의의 위협을 절감하게 만들 필요가 있었던

---

111. Ibid., p. 118.

것이다. 이 같은 측면에서 전쟁이 필요했는데 이것이 한반도전쟁이었던 것이다.

당시 연설에서 애치슨은 대만에 관해 전혀 언급하지 않은 반면 한국의 중요성을 강조했다. 한국이 침략을 받는 경우 먼저 자국의 힘으로 대응하고 유엔에 도움을 요청해야 할 것이라고 말했다.

애치슨은 당시의 연설 내용을 워싱턴포스트지와 뉴욕타임스지가 전혀 상반된 형태로 보도하게 했다. 워싱턴포스트지가 본인의 연설 내용을 충실하게 보도하게 한 반면 뉴욕타임스지는 미국이 한반도에 전혀 관심이 없는 듯 보이게 만들었다.

워싱턴포스트지 보도가 마오쩌둥을 겨냥한 것이었다면 뉴욕타임스지 보도는 스탈린을 겨냥한 것이었다. 워싱턴포스트지를 통해 애치슨은 공산 중국이 소련과 동맹을 체결하지 않으면 대만을 점령하게 해줄 뿐만 아니라 경제적 혜택을 제공해 줄 것이라고 암시했다. 반면에 뉴욕타임스지 보도를 통해 미국이 한국에 전혀 관심이 없는 반면 대만에 관심이 있음을 암시하게 한 것이다. 워싱턴포스트지 보도에도 불구하고 마오쩌둥이 중소동맹을 체결할 것이라고 천명하자 미국은 중국과 소련의 동시 봉쇄를 위한 재원 마련 측면에서 중국과 격돌해야 하는 입장이었다.

한편 마오쩌둥이 중소동맹 체결을 통해 소련으로부터 항공기와 함정을 획득하여 대만을 점령한 후 미국과 외교관계 정상화를 추구할 것이라고 말함에 따라 그리고 애치슨 연설을 통해 미국이 중국과 외교관계 정상화를 염원하고 있음을 확인한 소련 또한 미중관계 정상화를 차단하기 위해 미국과 중국의 격돌을 조장해야 하는 입장이 된 것이다. 그런데 이 같은 미중 격돌은 북한군의 남침을 통해 이루어질 것이었다.

스탈린은 미국이 한국 안보에 관심이 없다는 뉴욕타임스지 보도는 물론이고 영국 국무성 간첩들이 입수하여 제공해 준 극비 문서인 NSC-48/2

를 통해 미국의 아태지역 방어선에서 한국이 제외되어 있음을 확인했다. 스탈린 입장에서 보면 북한군의 남침은 손해될 것 없는 장사였다. 북한군의 남침에 대항하여 미국이 참전하지 않는 경우 한반도 전체를 자국의 영향권으로 편입시킬 수 있었다. 미국이 참전하는 경우 미국과 중국의 대결 종용을 통해 중국을 자국에 의존적인 국가로 만들 수 있을 것이었다.

마오쩌둥이 중소동맹 체결 이후 대만 점령과 미중관계 정상화를 추구하고 있었다는 사실을 포함한 여러 정황을 놓고 볼 때 애치슨은 스탈린이 마오쩌둥의 대만 점령 이전에 북한군을 남침시킬 것으로 기대했다. 그런데 애치슨 연설이 있은 지 18일이 지난 1950년 1월 30일 스탈린이 북한군의 남침을 허용해 줄 것이란 의미의 전문을 김일성에게 보낸 것이다. 그러자 그 후 48시간이 지나지 않은 시점, 트루먼은 김일성의 남침을 이용하여 미군 재무장을 추진하기 위한 NSC-68 문서의 작성을 지시했던 것이다.

캐넌은 미국 입장에서 보면 1898년 당시의 미서전쟁과 마찬가지로 6·25전쟁은 일부 우수한 전략가들의 작품이라고 생각했다. 6·25전쟁 관련 모든 결심은 군의 지도자들이 애치슨에게 강요한 형태가 아니고 애치슨이 독자적으로 고민하여 내린 것이라고 말한 바 있다.

1950년 1월 12일의 내셔널프레스클럽 연설 또한 애치슨이 혼자서 고민하며 작성한 것이었다. 애치슨은 1949년 12월 마지막 2주 동안 발전시켜 NSC-48/1과 NSC-48/2에 공식화시킨 미국의 대중(對中) 제안 가운데 주요 부분들을 언급했다. 이처럼 애치슨은 당시 미국인이 아니고 마오쩌둥과 스탈린을 상대로 연설했다. 애치슨은 본인의 연설을 "주요 연설"로 지칭하는 등 그 전례가 없는 연설이라면서도 약간의 노트만을 사용하며 즉흥적으로 연설할 것이라고 말했다. 그러나 이는 사실이 아니었다. 애치슨은 이 연설 작성에 상당한 노력을 기울였다. 애치슨은 본인의 1월 12일 연설을 어느 누구의 도움도 받지 않으면서 거의 10일 동안 작성했다.

6·25전쟁 참전 결심에 투입한 노력 이상으로 이것의 작성에 노력을 기울였다.[112] 애치슨은 즉흥적인 연설이 될 것이란 주장 덕분에 본인의 연설을 듣고 있던 많은 기자들에게 연설문을 배포해 주지 않아도 되었다.

당시의 연설을 통해 애치슨은 미국의 아태지역 방어선 내부에 있는 일본과 같은 국가를 미국이 방어해 줄 것임을 분명히 했다. 이 같은 방어선 밖에 있는 한국 및 대만과 같은 국가는 공격을 받는 경우 먼저 당사국이 방어를 위해 노력함과 동시에 유엔안전보장이사회의 제재를 요청해야 할 것이란 것이었다. 당시 애치슨은 대만과 비교하여 한국 방어를 보다 중요하게 생각할 수밖에 없었다. 왜냐하면 북한이 소련의 대행자로 생각되었던 반면 공산중국을 소련과 분리시켜 생각할 수도 있었기 때문이었다. 또한 대만을 중국의 일부로 생각할 수 있었기 때문이었다.

한편 애치슨은 대만의 장제스가 중국대륙 복원을, 한국의 이승만이 남북통일을, 염원하고 있었던 반면 이처럼 해줄 의향이 없었다. 브루스 커밍스는 이 같은 이유로 미국이 이들 국가를 자국의 아태지역 방어선에 포함시킬 수 없었다고 말했다. 포함시키는 경우 이들 지도자가 호전적으로 변할 가능성이 있었기 때문이었다고 말했다. 이것이 아니고 한국과 대만을 미국의 아태지역 방어선에 포함시켰더라면 이들 국가를, 특히 한국을 공산세력 봉쇄를 염두에 둔 미국의 세계전략에 이용할 수 없었을 것이다. 이 같은 이유로 애치슨은 대만과 한국을 미국의 아태지역 방어선에서 제외시킨 것이었을 것이다. 한편 1947년 초순 미국이 38선을 '봉쇄의 선'으로 결정했는데 이는 이미 당시 미국이 한반도를 자국의 방어선에 포함시켰다는 의미였다. 이처럼 비밀리에 한반도를 자국의 방어선에 포함시킨 반면 공

---

112. Bruce Cumings(1983), "Introduction; The Course of Korean-American Relations, 1943-1953," in *Child of Conflict* edited by Bruce Cumings, p. 46.

개적으로 제외시켰던 것은 북한군의 남침을 유도하여 반격하기 위함이었을 것이다.

중소동맹을 체결하지 않는 경우 대만을 마오쩌둥에게 넘겨주고, 건설적인 미중관계를 추구할 것이란 내용의 애치슨 연설과 뉴욕타임스지 및 워싱턴포스트지를 보며 스탈린이 놀라지 않을 수 없었을 것이다. 왜냐하면, 소련 입장에서 보면 중국의 대만 점령 이후의 미중관계 정상화를 통해 미국과 중국이 자국을 봉쇄하는 최악의 상황을 가정하지 않을 수 없었기 때문이다. 결국 애치슨 연설을 보며 스탈린은 먼저 중국과 동맹을 체결해야 할 것으로 생각했을 것이다. 그 다음으로 마오쩌둥이 대만을 점령하기 이전에 북한군을 남침시킴으로써 한반도에서 미국과 중국이 격돌하게 만들 필요가 있다고 생각하지 않을 수 없었을 것이다. 이 같은 방식으로 미국과 중국이 외교관계를 정상화하지 못하게 할 필요가 있다고 생각했을 것이다. 마오쩌둥이 대만을 점령하는 경우 한반도에서 전쟁이 벌어지더라도 중국이 이 같은 전쟁을 미국과 협상을 통해 해결할 가능성이 있었기 때문이다. 여기서 보듯이 애치슨 연설로 인해 스탈린이 김일성의 남침 요구를 수용해 준 것이다.

애치슨 연설과 관련하여 많은 한국인들이 북한군의 남침을 유도했다고 주장했다. 예를 들면, 이승만 대통령 당시의 상공부장관 임영신(任永信) 박사는 애치슨 연설이 "공산주의자들이 침략할 경우에 그들이 과연 어느 정도의 화력을 가지고 얼마나 대담하게 공격할 것인가를 떠보기 위하여 계획된 시험"이라고 주장했다. 윤치영(尹致暎)은 애치슨 연설과 관련하여 "… 1949년에 마오쩌둥의 팔로군이 이미 중원대륙을 석권하고 장제스를 대만으로 몰아낸 이 마당에 한반도까지 공산세력의 수중에 들어가도록 방치하

겠다는 폭탄선언이었다."고 주장했다.[113]

마테 리지웨이(Matthew B. Ridgway) 장군은 "미국이 한반도를 방어할 의도가 없었음을 분명히 밝히자마자 적이 곧바로 남침했다."[114]고 말했다.

애치슨 연설이 북한에 남침해도 좋다는 신호를 보내준 것과 다름이 없다고 생각한 전문가가 다수 있었다. 예를 들면, 클라우데 버스(Claude A. Buss)는 애치슨 연설이 공산주의자들의 침략을 "초대한 것과 다름이 없다."라고 말했다.[115] 로버트 도노번(Robert J. Donovan)은 김일성이 애치슨 연설이 있기 이전에 남침계획을 발전시켰지만 "애치슨 연설로 김일성, 스탈린 및 마오쩌둥이 남침 성공을 보다 확신하게 만들었다."[116]고 말했다. 본인이 애치슨 연설 전문을 읽은 이후 김일성에게 전달해 주었다고 주장하는 북한 출신 어느 언론인은 연설문을 보고 김일성이 매우 고무되었다고 말했다.[117]

이미 살펴본 바처럼 미국과 한국의 학자들은 대체적으로 애치슨 연설이 북한군의 남침을 유도하기 위한 성격이란 관점을 표명했다. 이들 관점 가운데 이 책에서 필자가 주장하는 바와 거의 유사한 관점을 브루스 커밍스가 표명했다. 커밍스는 "당시의 연설에서 애치슨이 추구한 궁극적인 목표는 공산주의자들을 기만함으로써 이들이 일본에서 동남아시아를 거쳐 중동 지역으로 연결되는 거대한 초승달 모양의 미국의 방어체계를 정당화시

---

113. 박명림, 『한국전쟁의 발발과 기원(Ⅱ): 기원과 원인』(서울: 나남출판사, 1996), p. 554.

114. Matthew B. Ridgway(1967), *The Korean War* (Garden City, NY: Doubleday, 1967), p. 12.

115. Claude A. Buss, *The United States and the Republic of Korea: Background for Policy* (Stanford, CA: Stanford University Press, 1982), pp. 62, 259-61.

116. Robert J. Donovan, *Tumultuous Years: The Presidency of Harry S. Truman, 1949-1953* (New York: W.W. Norton, 1982), p. 136.

117. John Merrill, *Korea: The Peninsular Origins of the War* (Newark, DE: University of Delaware Press, 1989), p. 167.

켜주는 형태의 나름의 조치를 취하게 하는 것이었다."고 말했다. 미식축구와 비유하여 커밍스는 "애치슨은 본인을 상대편 공격수가 아측 골문 근처로 오거나, 공을 동료 선수에게 패스해주거나 아측 방어진영의 태클을 피하고자 노력하는 세 가지 대안 가운데 어느 대안을 택할 것인지를 잘 알고 있는 수비 전담 라인베커에 비유했다. 애치슨은 아측의 방어진영을 적절히 구축함으로써 상대편 공격수가 여러 대안 가운데 특정 대안을 선택하지 않을 수 없게 만들 수 있을 것으로 생각했다. 이 같은 방어진영 구축을 통해 적의 의사결정을 제한시키는 일종의 파워를 갖게 되는 것으로 생각했다."라고 말했다.[118]

미국 입장에서 보면 당시 마오쩌둥과 스탈린은 상대편 공격수에 비유될 수 있었다. 중소동맹 체결 여부, 마오쩌둥의 대만 침공, 김일성을 통한 스탈린의 남침 모두는 미국이란 방자가 예상할 수 있던 공자의 선택이었다. 공자인 중국과 소련이 이들 대안 가운데 특정 대안을 선택한 경우에서의 미국의 대응을 적절히 보여줌으로써 미국이 스탈린과 마오쩌둥으로 하여금 특정 대안인 6·25전쟁을 선택하게 만들 수 있었다는 의미일 것이다.

애치슨 연설에 관한 브루스 커밍스의 평가는 중국과 소련을 봉쇄하기 위한 미군 재무장이 가능해지도록 애치슨이 북한군의 남침을 유도했다는 것이었다. 이는 여기서 필자가 주장하는 바이다. 애치슨 연설의 의미에 관한 이 같은 필자의 관점은 이 책에서의 필자의 일관된 주장, 다시 말해 1943년부터 1954년까지의 미국의 한반도정책이 한반도에 대한 영향력을 확보하는 성격이란 필자의 주장과 일관성이 있다. 애치슨의 연설에 대한 다양한 해석 가운데 어느 해석이 정확한지는 1943년부터 1954년까지의

---

118. Bruce Cumings(1983), "Introduction; The Course of Korean-American Relations, 1943–1953," in *Child of Conflict* edited by Bruce Cumings, pp. 47–8.

미국의 한반도정책이란 커다란 맥락에서 살펴볼 때 보다 분명해진다. 특히 이 같은 미국의 한반도정책이 추구하는 목표 측면에서 일관성이 있다고 가정하는 경우 그러할 것이다.

미 상원외교위원장 코널리의 발언

1950년 5월 미국의 저명 시사주간지 '유에스뉴스 앤드 월드리포트(U.S. News & World Report)'는 "미국 내부에서 전쟁이 필연적이란 인식이 팽배해 있는데 이 같은 인식이 전쟁 원인에 해당하는 근본적인 사건으로 인해…당사국들이 자신들의 의도와 무관하게 전쟁으로 휘말려 들어갈 것이란 우려에 주로 기인하는 것 아닌지" 질문했다. 그러나 미 상원외교위원장 코널리는 문제를 이처럼 바라보지 않았다. 코널리는 일부 사람들이 진정 전쟁 원인에 해당하는 근본적인 사건을 찾고 있다고 생각하고 있는 듯 보였다. 코널리는 다음과 같이 답변했다. "다수의 조그만 사건들이 벌어지면서 전쟁을 하지 않을 수 없게 만드는 주요 사건이 벌어질 것으로 생각하는 사람들이 많이 있습니다. 많은 사람들이 다음과 같이 말하고 있습니다. 어느 순간 미국은 전쟁을 해야 하는 입장입니다. 지금 이 순간 전쟁을 하지 않을 이유는 무엇인가요?"

이 같은 상황에서 1950년 5월 3일 상기 시사주간지 기자는 코널리에게 "미국이 한국을 포기할 것이란 제안이 있는데 미국이 이 같은 제안을 진지하게 고려할 것으로 보입니까?"라고 질문했다. 그러자 코널리는 다음과 같이 답변했다. "우리의 희망과 무관하게 한국을 포기하게 될 가능성이 없지 않다는 점에서 미국이 한국 포기 문제를 진지하게 고려할 것으로 생각됩니다." 코널리는 마음만 먹으면 소련이 제대로 준비되어 있을 당시에 대만을 유린할 가능성이 있는 것과 마찬가지로, 한국을 간단히 유린할 수 있을 것이라고 생각했다.

코널리는 "한국이 미 방어 전략에서 필수적인 부분인가?"란 기자의 두 번째 질문에 다음과 같이 답변했다. "전혀 그렇지 않습니다. 한국과 같은 모든 국가가 전략적으로 어느 정도 중요한 의미가 있습니다. 그러나 나는 한국이 미국 입장에서 매우 중요하다고 생각하지 않습니다. 이미 혹자가 일본, 오키나와 및 필리핀이 서태평양지역의 미국의 방어선에서 절대적으로 필요한 부분이라고 증언한 바 있습니다. 물론 이 지역에서 이 같은 방어선 부근에 있는 또 다른 영토가 미국에 많은 도움이 될 것입니다. 그러나 한국이 전적으로 필수적인 부분은 아닙니다."[119]

한국이 미국의 극동지역 방어선에서 핵심적인 부분이 아니란 코널리의 발언은 당시로부터 몇 개월 전 미국이 전략적으로 내린 결심이었다. 1949년 당시 맥아더 또한 이처럼 말할 정도로 미국에서는 이미 잘 알려진 사실이었다. 미국이 한국을 방어해 주지 않을 것이란 이 같은 전략적인 결심을 확인한 이승만의 미국인 보좌관 올리버는 『한반도에서 전쟁이 벌어진 이유(Why War Came In Korea)』란 제목의 저서에서 다음과 같이 말했다. 공산군이 남침한 이유에 "미국의 권위 있는 인사가 미국이 한국을 방어하지 않을 것임을 언급했다."[120]는 사실이 있다.

이승만이 북한군의 남침을 진정 우려했다면 한국을 자국의 극동지역 방어선에 포함시키지 않을 것이란 미국의 결심을 바꾸는 것이 중요했을 것이다. 진정 한국이 직면하고 있던 위험을 널리 알리기 위한 노력이 언론매체를 통해 시작되었다. 1950년 5월 7일자 닛본 타임스의 서울발 뉴스특

---

119. "World Policy and Bipartisanship," *U.S. News & World Report*, May 5, 1950, p. 12.; "Memorandum by the Assistant Secretary of State for Far Eastern Affairs (Rusk) to the Under Secretary of State (Webb), May 2 1950," in *FRUS*, 1950, Korea, Vol. 7, pp. 64-6.

120. Robert T. Oliver(1950), *Why War Came in Korea* (New York: Fordham University Press, 1950), pp. 7-8.

보는 다음과 같이 전하고 있었다. "용감한 한국인들이 곧바로 북진할 태세이지만 이 같은 북진은 없을 것으로 보인다. 러시아의 지원을 받는 북한군이 언제 남침할 것인지가 주요 질문일 것이다. 이 질문에 어느 누구도 답변하지 않고 있다." 이곳의 뉴스특보는 다음과 같이 지속되었다. "이 같은 상황으로 인해 세계가 한반도에 관심을 집중시켰다. 유엔이 한반도 문제를 놓고 씨름했다. 정치가들은 공산화의 물결에 휩싸여 있는 아시아지역에서 한국을 공산세력에 넘겨주면 안 된다고 주장했다. 또 다른 사람들은 한반도 공산화는 시간문제라고 말했다. 상황이 그러한데 미국인들의 세금을 축내면서 한국정부의 운명을 연장시킬 필요는 있는가?"[121] 그런데 이는 상원의원 코널리와 무심한 미 민주당 의원들의 발언을 지칭한 것으로 보였다.

1950년 1월 말경 미 의회는 한국지원 법안을 부결시켰다. 이는 1930년 이후 미국이 대외지원 법안을 부결시킨 최초의 경우였다고 한다. 당시 코널리는 미 의회가 한국경제를 지원하기 위한 법안을 통과시켜 주어야 할 것이라고 발언한 바 있다.[122] 이처럼 한반도 안보에 관심을 표명했다. 이 같은 발언과 비교하면 미국이 한국을 포기할 수도 있을 것이란 코널리의 상기 발언은 본인의 기존 입장을 180도 바꾼 놀라운 성격이었다. 1950년 1월 코널리는 다음과 같이 말한 바 있다. "한국은 여타 아시아지역 국가들을 공산세력의 마수(魔手)에서 벗어나게 해줄 일종의 민주주의 시험장이다." 코널리는 이처럼 발언한 지 3개월이 지난 시점, 한국을 공산주의의 마수에 빠지지 않게 해야 한다는 입장에서 한국을 공산주의자들에게 넘겨주어야 할 것이라고 말하는 등 본인의 입장을 180도 바꾼 것이다. 당시 코

---

121. I. F. Stone(1952), *The Hidden History of the Korean War*, p. 13.

122. 스탈린이 김일성의 남침 지원을 약속한 것은 1950년 1월 30일이었다. 이 시점을 기준으로 미국의 한반도정책이 급변한 것이다.

널리는 한국은 전략적으로 별로 중요한 국가가 아니며, 미 방어 전략의 일부도 아니라고 말했다. 더욱이 코널리가 트루먼 대통령의 측근이란 점에서 코널리의 이 발언은 매우 불길한 조짐이었다.

코널리의 발언과 관련하여 5월 3일 애치슨이 기자 회견했다. 당시 회견에서 애치슨은 "한국을 독립국가로 만들기 위한 미 국무성의 노력, 소련으로 인해 한반도 통일이 불가능해진 방식, 유엔위원회 아래 미국이 여타 국가들과 남한정부를 수립하는 과정에서 노력한 사실, 미국이 과거에도 그러했지만 지금도 한국을 경제 및 군사적으로 상당히 많이 도와주고 있다는 사실"을 언급했다. 애치슨은 코널리가 방금 본인이 말한 것과 상이한 관점을 견지하고 있는 것으로 생각되지 않는다는 발언과 함께 기자회견을 마쳤다. 이승만은 애치슨의 발언에 환호했다. 애치슨의 발언이 코널리가 끼친 해악 가운데 일부를 치유해 준 것으로 생각했다. 한편 5월 6일 한국 신문들이 코널리와 애치슨의 발언을 보도했다. 특히 경향신문은 미국 입장에서 소련과의 투쟁을 보여주는 대표적인 사례가 한반도라며 코널리의 발언이 미국인은 물론이고 미 국무성의 관점을 대변하지 않는다고 말했다. 애치슨이 언급한 미국의 아태지역 방어선에 위치한 일본, 오키나와, 필리핀 또한 한반도가 공산화되면 방어가 불가능해진다고 주장했다.[123]

개인적으로 이승만은 코널리의 발언을 생각하면 울화가 치밀어 부들부들 떨었다고 한다. 그 후 며칠 뒤 이승만은 주한미국 대리대사 에버렛 드럼라이트(Everett Drumright)와의 대화 도중 코널리의 발언과 관련하여 매우 언짢은 표정을 지었다. 그러면서 이승만은 이들 발언이 "북한 공산주의자들에게 남침하여 한국을 접수하라는 의미의 공개적인 초대장과 다름이 없

---

123. "The Chargé in Korea (Drumright) to the Secretary of State, May 5 1950," in *FRUS*, 1950, Korea, Vol. 7, pp. 67-8.

다.…"라고 말했다. 이처럼 냉소적인 어조를 놓고 보면, 이승만은 코널리의 발언이 "이미 많은 해악을 끼쳤다고, 코널리가 미 국무성과 긴밀한 관계가 있는 인물이란 점에서 그의 발언이 미국의 정책과 쉽게 분리해 생각할 수 없을 것이다."라고 생각하고 있었음이 분명했다. 북한군이 남침하는 경우 미국이 한국을 지원해 줄 것인지와 관련한 이승만의 신념이 코널리의 발언, 이승만의 한국공군 지원 요청에 대한 미국의 미온적인 반응, 미국이 원래 약속과 달리 군수 물자와 장비를 제대로 지원해 주지 않고 있다는 사실과 더불어 한국이 미국의 아태지역 방어선에서 제외된다는 애치슨의 발언으로 크게 약화되었음이 분명했다.[124]

당시 애치슨과 코널리는 한국이 침략을 받는 경우 미국이 전혀 조치를 취하지 않을 것처럼 발언했다. 그런데 이는 전혀 사실이 아니었다. 1943년 이후 미국은 한반도에 대한 영향력 확보를 대단히 중요하게 생각했다. 당시의 이들의 발언은 미국의 세계전략, 공산세력 봉쇄란 세계전략 구현에 필요한 재원 마련 측면에서 한반도를 교묘히 이용하기 위한 성격이었던 것이다.

1943년부터 오늘에 이르기까지 미국은 한반도를 자국의 세계전략 측면에서 바라보았다. 브루스 커밍스가 지적하고 있듯이 1943년부터 미 국무성은 한반도 정치발전을 동아시아 지역에서의 미국의 안보와 연계하여 생각했다.[125] 당시 이들의 발언 또한 한반도 문제를 미국의 세계전략에 이용하기 위한 성격이었던 것이다.

---

124. Richard C. Thornton/권영근, 권율 번역(2020), 『강대국 국제정치와 한반도: 트루먼, 스탈린, 마오쩌둥 그리고 6·25전쟁의 기원』, pp. 221-2.; "Memorandum of Conversation, by the Charge in Korea (Drumright), May 9 1950," in *FRUS*, 1950, Korea, Vol. 7 p. 77.

125. Lloyd Gardner(1983), "Commentary," in *Child of Conflict* edited by Bruce Cumings, p. 58.

3. 한국군 전력약화 추구

1949년 6월 30일 미국은 주한미군 전투 병력을 모두 철수시켰다. 당시의 철수는 1949년 3월 23일 작성된 NSC-8/2란 문서에 입각했다. 그런데 이 문서에서는 미국이 북한군의 무력침공을 격퇴하고 치안을 유지할 수 있을 정도의 군사력과 경찰력을 한국에 구축하여 유지할 것을 촉구하고 있었다.[126] 이 문서에 따르면 미국은 북한이 한국과 비교하여 막강해지는 경우 남북한 전력균형 유지를 위해 대한(對韓) 지원을 늘리지 않을 수 없는 입장이었다.

NSC-8/2 문서가 작성된 1949년 봄, 북한군은 소규모 경전차 연대로 4개 보병 사단을 보완해 주는 수준이었다. 당시 북한군은 남침 능력이 거의 없었다. 순수 방어 전력이었다. 1949년 중반, 북한군은 46,000명에서 56,000명에 달하던 국경경비조직 보다 규모가 작았다. 그러나 미 정보당국은 1949년 3월 17일 소련과 체결한 군사지원조약에 따라 북한군이 곧바로 4개 보병사단에서 6개 보병사단으로 증편될 것이며, 단일의 기갑 연대에서 3개 기갑 부대로 전력이 보강될 것으로 예상했다. 또한 소련이 2차 세계대전 당시 사용한 유형의 전투기, 폭격기 및 정찰기 150대 정도를 북한에 제공해 줄 것으로 예상했다. 따라서 이 판단서에 따르면 1949년 중반 102,350명 규모의 북한군은 2개 사단과 3개 기갑부대가 추가되면서 132,000명 규모의 군으로 성장할 것으로 예상되었다.[127]

---

126. NSC-8/2 문서를 보고자 하는 경우 다음을 참조하시오. "Report by the National Security Council to the President, March 22 1949," in *FRUS*, 1949, The Far East And AustralAsia, Vol. 7, pp. 969-78.

127. "Memorandum by the Department of the Army to the Department of State, June 27 1949," in *FRUS*, 1949, The Far East And AustralAsia, Vol. 7, Part 2, pp. 1047-9.; "Implications of a Possible Full-Scale Invasion from North Korea Subsequent to Withdrawal of U.S. Troops from Korea," June 10, 1949, Memorandum by the Chief of Staff, U.S. Army, JCS 1776/2 (National Security Archive, George Washington

NSC-8/2의 정신과 1949년 중반 이후의 북한군의 전력증강을 고려하여 미국은 주한미군이 철수한 1949년 중반 이후 한국군 전력을 대거 증강시켜주었어야만 했을 것이다. 그런데 미국은 그처럼 하지 않았다. 이는 1949년 중반 이후 부상한 롤백정책 때문이었다. 롤백정책의 전조는 1949년 6월 27일과 1949년 9월 미 육군이 작성한 북한군 남침에 대비한 계획이었다. 한편 1949년 말경 미국은 NSC-48/2 문서를 작성했는데 여기에는 아태지역에서 미국이 봉쇄정책과 더불어 롤백정책을 추진할 것이란 내용이 담겨져 있었다. 특히 여기서는 더 이상 소련의 영향력이 확대되지 않도록 롤백정책을 강조하고 있었다. 그런데 롤백이 가능해지려면 아시아지역 상황을 교묘히 이용할 필요가 있었다. 아시아인들로 하여금 아시아인을 공격하게 할 필요가 있었다.

　NSC-48/2와 마찬가지로 1950년 4월에 작성된 NSC-68에는 유라시아대륙 주변부에서의 공산세력의 봉쇄와 더불어 롤백을 강조하고 있었다. NSC-48/2가 아태지역을 대상으로 한 것이었다면 NSC-68은 유라시아대륙 전체를 가정한 것이었다. 이 같은 정책을 구현하고자 하는 경우 공산세력의 침략이 필요했으며, 미국이 당시 가정하고 있던 침략 가운데 북한군의 남침이 있었다. 이 같은 이유로 미국은 1949년 중반부터 6·25전쟁이 벌어지기 이전의 기간 북한군이 고속으로 전력을 증강하고 있었음에도 불구하고 한국군의 전력증강을 억제했던 것이다. 당시의 미국의 한반도정책을 조지워싱턴대학 교수 쏜턴은 "쏜살같이 달려와 잡아먹을 태세가 되어 있다고 미국의 지도자들이 생각했던 호랑이를 덫 안으로 유인하기 위해 염소 1마리를 밧줄로 묶어놓은 것과 동일한 성격이었다."[128]라고 표현

　　University), p. 14.

128. Richard C. Thornton/권영근, 권율 번역(2020), 『강대국 국제정치와 한반도: 트루먼, 스탈린, 마오쩌둥 그리고 6·25전쟁의 기원』, p. 194.

했다. 여기서 호랑이는 소련을 염소는 한국을 의미할 것이다.

당시 미국은 한반도에서의 제한전을 통해 범세계적으로 중국과 소련을 봉쇄할 수 있을 정도의 미군 재무장을 추구했다. 이 같은 재무장이 가능해지려면 한반도에서 공산세력과 미국이 장기간 동안 치열하게 싸울 필요가 있었다. 이처럼 한반도에서 미군과 공산세력이 장기간 동안 치열하게 싸우려면 한국군이 북한군의 남침을 조기에 저지하면 곤란했다. 이처럼 한국군이 북한군의 남침을 제대로 저지하지 못하게 하려면 북한군의 전력증강을 지속적으로 부인하는 한편 한국군의 전력증강을 의도적으로 저지할 필요가 있었다. 북한군의 전력증강과 남침 가능성을 부인하는 한편 남침하는 경우 한국군이 곧바로 이 같은 남침을 저지할 수 있을 것처럼 말할 필요가 있었던 것이다.

미국의 한국군 전력 약화 조장

1949년 당시 맥아더는 한국육군이 치안 유지 수준의 전력을 유지하기를 원했다. 맥아더는 한국군이 더 이상 막강해지면 안 된다고 생각했다. 맥아더는 공군과 해군은 치안 유지 역할 측면에서 필요 없다고 생각했다. 공군과 해군 전력을 제공해 주어도 북한 공군과 해군을 격파할 수 없을 것으로 생각했다. 맥아더는 한국육군이 북한군의 남침을 저지할 수 없을 정도의 전력을 유지해야 한다고 생각했다. 한국육군이 북한 입장에서 위협적이지 않게 해야 할 것으로 생각했다. 그럼에도 불구하고 1949년 6월 미 육군본부 작전국장 찰스 볼테(Charles L. Bolte) 소장은 주한미군 철수를 정당화하기 위해 한국군이 북한군과 비교하여 무장이 우수하다고 선언했다.[129]

한편 1949년 10월의 중국대륙 공산화로 미국 입장에서 소련을 포함한

---

129. James F. Schnabel(1992), *The Korean War Vol. III* (Kindle Location 809, 816).

공산세력에 대한 대응이 보다 시급해졌다. 결과적으로 미국은 지구상 도처에서 자유진영 국가들의 능력 함양과 결집을 위해 적극 노력했다.[130] 한반도가 주요 공산국가인 중국 및 소련과 국경을 접하고 있다는 점에서 미국 입장에서 보다 중요해졌다. 그런데 미국의 한반도정책은 여타 자유진영 국가에 대한 정책과 정반대였다. 예를 들면, 1949년 10월 한국 국방부는 189대의 M25 전차를 미국에 요청했다. 당시 주한미군군사고문단단장 로버츠의 업무대행 윌리엄 롸이트(William H. Sterling Wright) 대령은 미 육군참모총장 콜린스에게 이 같은 요구를 수용하지 말라고 조언했다. 그는 한반도 지형이 험난하고 도로가 열악하며 교량이 부실하기 때문에 전차를 이용한 작전이 제한된다고 말했다.[131]

1949년 말경까지만 해도 북한군과 비교한 한국군의 전력은 미약한 수준이었지만 참담한 수준은 아니었다.

1950년 초반 한국군 전력이 상당히 문제가 많다는 사실은 트루먼 행정부의 순회 대사 필립 제섭(Philip Jessup)의 1950년 1월의 한국 방문을 통해 확인되었다. 당시 이승만은 항공기, 전차 및 함정 지원을 요청했다. 한국군 장교들은 북한군 전력의 우수성을 지적했다. 제섭은 대전차포가 오직 6문, 대전차 지뢰가 전무하다는 사실에 주목했다. 한국군 야전장교들은 "북한이 다수의 우수한 경전차를 보유하고 있다는 점에서 보다 많은 대전차포의 필요성을 강조했다." 제섭 대사 또한 "북한군의 대포가 한국군과 비교하여 중형이며 적어도 1천 야드 이상 사거리가 길다"라는 사실에 주목했다. 이외에도 로버츠 장군은 한국군에 대공(對空) 무기가 절대적으로 필요하다며 "5대에서 10대의 폭격기들이 전혀 저항 받지 않으면서 남한

130. Richard C. Thornton/권영근, 권율 번역(2020), 『강대국 국제정치와 한반도: 트루먼, 스탈린, 마오쩌둥 그리고 6·25전쟁의 기원』, pp. 166-77, 193.

131. James F. Schnabel(1992), *The Korean War Vol. III* (Kindle Location 838).

상공으로 날아와 서울을 공습함에 따른 일대 공황으로 한국사회가 마비될 가능성이 있다."라고 말했다.[132]

　제섭이 한국을 방문한 이후부터 6·25전쟁이 벌어지기 이전까지의 6개월 동안 북한군과 한국군의 전력 격차가 보다 신속히 벌어졌다. 무초 대사와 주한미군군사고문단 단장 로버츠는 이 같은 한국군의 결함을 시정하기 위해 노력했지만 전혀 소용이 없었다. 추가 장비와 핵심 장비 지원을 요청했지만 미국은 이들 요청을 모두 무시했다. 예를 들면, 1950년 초순 무초 대사와 로버츠는 1950회계연도 상호방위지원계획(MDAP) 명목으로 한국에 할당된 1천 2십 3만$과 더불어 9백 8십만$의 추가 지원을 요청했다. 로버츠는 "공용화기(公用火器), 대포 및 통신 장비를 구비한 포병 전력, 제한된 수준의 공병장비"를 한국군에 제공해 줌으로써 NSC-8/2에서 언급하고 있던 부분과 한국군의 실제 상황 간의 간극을 메우고자 노력했다. 로버츠는 또한 소련이 북한에 제공해준 고성능 전투기인 야크-3에 대항한다는 차원에서 40대의 F-51 전투기를 한국군에 제공해 줄 것을 미국 정부에 강력히 권고했다.[133]

　애치슨은 무초에게 보낸 답신에서 무초와 로버츠의 추가 군사지원 간청을 완벽히 무시했다. 한국군 전력 약화 차원에서 국방예산 삭감을 추구했다. 그 일환으로 애치슨은 한국의 인플레 해결 방안에 초점을 맞추었다. 애치슨은 한국의 인플레 통제 차원에서 한국군 예산 삭감을 권유했다. 북한군 전력이 신속히 증강되고 있던 상황에서의 국방예산 삭감은 1949년에 미국이 정립한 NSC-8/2의 정신과도 배치되는 것이었다. 당시 애치슨

---

132. "Memorandum by the Ambassador at Large, Philip C. Jessup, January 14 1950," in *FRUS*, 1950, Korea, Vol. 7, p. 5.

133. Quoted in Richard C. Thornton/권영근, 권율 번역(2020), 『강대국 국제정치와 한반도: 트루먼, 스탈린, 마오쩌둥 그리고 6·25전쟁의 기원』, pp. 204-216.

은 가능한 한 한국군이 능력을 구비하지 못하도록 노력하고 있었다. 이 같은 애치슨의 노력으로 한국은 국방비를 대거 삭감하지 않을 수 없었다.[134]

이처럼 애치슨이 한국군 전력 강화가 아니고 약화를 원하고 있었음을 보여주는 또 다른 사례에 한국공군 전력증강을 위한 한국정부의 요청에 대한 미국의 반응이 있었다. 1950년 3월 6일 이승만은 점차 증대되고 있던 북한군 공중 위협에 대항한다는 차원에서 주일미군이 도태시키고 있던 F-51 전투기를 한국으로 이관해 주었으면 한다는 서신을 무초에게 보냈다. 1950년 3월 16일 무초는 일본에서 도태되는 전투기를 한국공군에 제공해 줄 수 있도록 요청하는 전문을 애치슨에게 보냈다.[135] 애치슨은 재차 무초의 전문을 무시했다. 당시 애치슨은 한국정부를 보다 더 압박했다. 애치슨은 "자국의 인플레 문제를 효과적으로 다루기 위한 한국정부의 능력 또는 의지 결함으로 인해 초래된 주요…문제"뿐만 아니라 이승만 정부가 "보다 더 반민주적인 성향을 보이고 있다"라는 사실을 지적했다.[136]

1950년 당시 미국이 한국군 전력을 의도적으로 약화시키고자 노력했음을 보여주는 대표적인 사례는 한국에 할당되어 있던 1950회계연도 상호방위지원계획(MDAP) 예산에 관한 것이었다. 예산 규모는 1천 2십 3만$이었다. 여기서 놀라운 부분은 주한미국 대사와 주한미군군사고문단의 요청에도 불구하고 추가 지원이 없었다는 사실뿐만 아니라 이 같은 지원을 한국에 전달해 주기 위한 일정과 관련이 있었다. 이처럼 매우 부족한 지원 또한 1951회계연도부터 한국에 제공해 줄 예정이었던 것이다. 당시 예산

---

134. "The Charge in Korea (Drumright) to the Secretary of State, February 10 1950," in *FRUS*, 1950, Korea, Vol. 7, p. 26.

135. "The Ambassador in Korea (Muccio) to the Secretary of State, March 16 1950," in *FRUS*, 1950, Korea, Vol. 7, p. 35.

136. "The Secretary of State to the Embassy in Korea, March 23 1950," in *FRUS*, 1950, Korea, Vol. 7, pp. 35-6.

에서 가장 문제가 되었던 부분은 1950회계연도에 오직 108$의 군사지원만이 한국에 전달될 것이란 사실이었다. 이 예산 가운데 2/3는 1951회계연도에, 1/3은 1952회계연도에 전달될 것이었다.[137]

한편 무초는 1950년 3월 18부터 5월 17일까지 미국을 방문하여 대한(對韓) 군사지원을 요청하기 위해 노력했지만 전혀 소용이 없었다. 미국은 국무성, 국방성, 백악관이 서로 책임을 전가하는 방식으로 이 같은 무초의 간청을 간과했다.[138] 공식 기록을 보면 1950년 5월부터 전쟁이 발발한 1950년 6월 25일까지 애치슨 장관의 일방적인 메시지만이 한국에 전달되었다. 이 기간 동안 한국의 방어 능력을 강화해 달라는 주한미국 대사관의 반복적인 요청에 전혀 답변하지 않았다.

더욱이 1949년 7월 1일 주한미군군사고문단은 유사시 한반도에서 미국인을 모두 철수시키기 위한 크룰러 작전(Operation Cruller) 계획을 수립했다. 모든 미 전투부대가 철수한 1949년 6월 30일 이후 한반도에는 500명의 주한미군군사고문단과 700명 정도의 전문 요원 그리고 그 가족이 상주하고 있었다. 이 계획은 미국의 민간인과 외교관만을 철수시키기 위한 성격이 아니었다. 한국육군에 파견되어 있던 미 군사고문단 또한 철수시키기 위한 계획이었다. 작전기획, 통신, 병참, 화력지원 조정 관련 전문성을 구비하고 있던 미 군사고문단이 북한군이 남침해오는 경우 곧바로 한반도를

---

137. "The Charge in Korea (Drumright) to the Secretary of State, April 20 1950," in *FRUS*, 1950, Korea, Vol. 7, pp. 46–7.

138. "Memorandum by Mr. W. G. Hackler of the Bureau of Far Eastern Affairs, April 27 1950," in *FRUS*, 1950, Korea, Vol. 7, pp. 48–9.; "Memorandum of Conversation, by the Officer in Charge of Korean Affairs (Bond), May 10 1950," in *FRUS*, 1950, Korea, Vol. 7, pp. 79–81.; "Memorandum by the Acting Director of the Mutual Defense Assistance Program (Ohly) to the Assistant Secretary of State for Far Eastern Affairs (Rusk), May 10 1950," in *FRUS*, 1950, Korea, Vol. 7, pp. 82–3.

떠날 예정이었다.[139]

이 같은 방식으로 당시 애치슨은 한국군이 북한군의 남침에 보다 더 취약해지게 만들고자 노력했다. 한국군이 북한군의 남침을 제대로 저지하지 못하게 하기 위해 노력했던 것이다.

결과적으로 1950년 6월 25일 당시 한국군이 북한군과 비교하여 상당히 열세해졌다는 사실은 애치슨이 무초에게 보낸 1950년 6월 13일 자 전문과 무초가 애치슨에게 보낸 6월 14일 자 답신을 보면 보다 분명해진다. 6월 13일 애치슨은 무초에게 다음과 같이 말했다. "5월 4일의 주한미국 대사관 보고에 따르면 한국육군이 북한육군과 비교하여 우수하고 보다 잘 무장되어 있다고 한다. 최근 주한미군군사고문단이 보내준 약식 보고서는 물론이고 워싱턴의 정보에 따르면 상당히 우수한 공군과 포병 전력으로 인해 북한군이 한국군과 비교하여 우수하며 한국군을 겨냥하여 성공적인 작전이 가능한 것으로 나와 있다."[140]

6월 14일 무초는 애치슨에게 다음과 같이 답변했다. "한국육군이 오늘날 북한육군과 비교하여 우수하고 보다 잘 무장되어 있다는 5월 4일 자 보고는 훈련, 리더십, 장병들의 사기, 소화기(小火器), 특히 M-1 소총 측면에서의 우수함을 지칭하기 위한 것이었다. 북한군의 공군력은 독보적이다.…공군, 전차 그리고 중형 대포, 특히 공군으로 인해 북한군은 지상군의 상대적인 열세에도 불구하고 한국군과 비교하여 압도적인 우위를 보이고 있다.…전혀 지장 받지 않으면서 서울을 폭격할 수 있는 북한공군의 능력, 남한과 비교하여 사정거리가 긴 대포, 한국군은 전혀 없는 반면 북한

---

139. Quoted in Allan R. Millett(2005), *The War for Korea, 1945-1950* (Kindle Location 5895, 5903).

140. "The Secretary of State to the Embassy in Korea, June 13, 1950," in *FRUS*, 1950, Korea, Vol. 7, p. 104.

군이 전차를 보유하고 있다는 사실이 한국정부와 한국국민에게 미칠 심리적 영향은 상당한 수준이다."[141]

북한군 전력증강 간과

소련군이 북한지역에서 철수할 당시인 1948년 12월 소련과 북한군 참모들은 상당 규모의 북한군 전력증강 계획을 수립했다. 스탈린은 이 같은 전력증강에 필요한 예산 지원을 약속했다. 이 계획이 완료되는 1950년 북한군은 10만 병력과 더불어 150대의 지상 공격용 항공기인 YAK-9와 IL-10 전투기를 보유하게 될 예정이었다. 2차 세계대전 당시 명성을 떨쳤던 T-34 전차로 무장한 1개 전차여단을 구비할 예정이었다. 85밀리 포를 장착하고 있던 고속의 이 전차는 M-26 퍼싱 전차를 제외하면 미국이 보유하고 있던 모든 전차의 갑판을 관통할 수 있는 수준이었다. 모든 북한군 보병 사단에는 24문의 76밀리 포, 12문의 122밀리 포, 12문의 76밀리 자주포로 무장하고 있는 4개 포병대대가 배치될 예정이었다. 1950년 당시 북한군의 모든 사단이 48문의 포를 구비하고 있었던 반면 한국군 사단은 15문의 단거리 105밀리 곡사포를 보유하고 있었다. 한국육군의 8개 사단 가운데 포병대대를 유지하고 있던 사단은 3개 사단뿐이었다.[142]

당시 소련의 계획에는 병력증원 계획이 포함되어 있지 않았다. 이 같은 이유로 1949년 1월 김일성은 국공내전에서 싸우고 있던 북한군의 귀환을 위해 노력했다. 그 일환으로 최용건(崔庸健)을 중국에 파견했다. 1949년 5월 김일성은 북한군 최고위급 정치장교인 김일을 베이징에 보내어 마오쩌

---

141. "The Ambassador in Korea (Muccio) to the Secretary of State, June 14 1950," in *FRUS*, 1950, Korea, Vol. 7, p. 106-7.

142. Quoted in Allan R. Millett(2005), *The War for Korea, 1945-1950* (Kindle Location 4763, 4771).

둥을 포함한 중국의 고위급 인사와 회동하게 했다. 결과적으로 1949년 7월 북한인들로 구성되어 있던 중국 인민해방군 166사단이 귀환하여 북한군 6사단이 되었으며, 8월에는 인민해방군 167사단이 북한군 5사단으로 전환했다. 1949년 말경까지 북한군은 대일전쟁 참전 경험이 있던 만주의 조선족을 중심으로 또 다른 사단을 편성했다.[143]

북한군의 전력증강은 스탈린이 김일성의 남침 허용을 암시한 1950년 1월 30일 이후 급속히 이루어졌다. 당시 김일성은 7개 사단 규모의 북한군을 남침에 대비하여 10개 사단으로 증편할 수 있기를 원했다. 1950년 2월 4일 김일성은 추가적으로 3개 보병사단을 구비할 수 있도록 소련이 북한에 차관을 제공해 줄 수 있는지 확인하기 위해 소련주재 북한대사 스티코프와 회동했다. 김일성은 또한 소련이 1951년에 사용하게 해준 차관을 1950년의 남침 목적으로 사용할 수 있을 것인지 알고 싶어 했다. 1950년 2월 7일 스탈린은 곧바로 김일성의 요청을 승인해 주었다.[144]

1950년 2월 늦은 시점, 스탈린은 경험이 많을 뿐만 아니라 계급이 높은 장교로 구성된 군사고문단을 알렉산드르 바실리에프(Alexandre Vasiliev) 중장의 인솔 아래 평양에 보내어 북한군의 남침 준비를 감독하게 했다. 또한 1950년 봄부터 소련은 북한에 많은 군수물자를 신속히 보내주었다. "소련은 전차, 야포, 소화기(小火器), 탄약, 의료물자 및 유류를 북한에 대거 제공해 주었다."[145]

스탈린과 김일성의 1950년 4월 회동 이후, 소련은 보다 많은 무기를 북한에 보내주었다. 김일성이 북한으로 귀국한 직후 많은 무기가 청진항에

---

143. Quoted in Ibid., (Kindle Location 4779, 4787, 4795).

144. Quoted in Richard C. Thornton/권영근, 권율 번역(2020), 『강대국 국제정치와 한반도: 트루먼, 스탈린, 마오쩌둥 그리고 6·25전쟁의 기원』, p. 130.

145. Quoted in Ibid, pp. 134, 140.

도착하기 시작했다. 이들 무기는 청진항에 도착한 즉시 38선 부근의 북한 군에 분배되었다.[146]

소련은 남침 직전 얼마 기간 동안 북한에 상당히 많은 물자를 제공해 주었다. '북한정권의 현재 능력(Current Capabilities of the Northern Korean Regime)'이란 제목의 1950년 6월 19일 자 보고서에서 미 중앙정보국은 북한군 병력이 "적어도 3개 보병 사단과 1개 독립 여단"[147]으로 구성되어 있다고 평가했다. 그런데 당시 북한군은 이미 7개 사단을 보유하고 있었으며, 1950년 6월 말경에는 10개 사단을 보유할 예정이었다.

게르가이 곤차로프(Gergei N. Goncharov), 존 루이스(John W. Lewis), 수애 리타이(Xue Litai)는 남침이 시작된 1950년 6월 25일 북한군이 10개 보병사단, 258대의 전차, 1,600문의 대포와 박격포, 178대의 항공기를 보유하고 있었다고 말했다.[148] 소련은 전쟁 발발 이전 1달 반 동안 북한군 항공기를 2배 이상, 보병 사단을 3배 이상, 전차를 4배 이상, 대포와 박격포 능력을 상당히 증강시켜 주었다.

북한군 위협 가운데 가장 우려스런 부분은 T-34 전차였다. 1950년 5월 10일 신성모(申性模) 국방부장관은 173대의 전차와 195대의 항공기를 식별했다. 신성모는 북한군이 609문의 대포, 1,162문의 박격포(82밀리 및 120밀리), 32척의 초계정, 다수의 소형 무기를 보유하고 있다고 말했다.[149] 그 후 몇 주 뒤인 "5월 늦은 시점" 북한에서 내려온 첩자는 신성모가 발표한 내용과 거의 동일한 내용의 북한군 전력증강에 관한 정보를 극동군사령부

---

146. Ibid., pp. 140-1.

147. "Memorandum by the Central Intelligence Agency, 19 June 1950," in *FRUS*, 1950, Korea, Vol. 7 pp. 120-2.

148. Sergei N. Goncharov, John W. Lewis, Litai Xue, *Uncertain Partners*, 147.

149. "The Chargé in Korea (Drumright) to the Secretary of State, May 11 1950," in *FRUS*, 1950, Korea, Vol. 7, p. 84.

정보부서에 제공해 주었다.

주한미국 대리대사 드럼라이트는 신성모의 발표에 관해 논평하면서 신성모가 제시한 수치가 과장되어 있다고 생각했다. 그는 북한위협에 코웃음을 쳤으며, 신성모가 발표한 내용의 의미를 대거 평가 절하했다.[150]

그 후 이틀 뒤인 1950년 5월 12일, 이승만 대통령이 기자 회견했다. 이승만은 "북한군이 38선 부근으로 집결하고 있다"라고 말하면서 "한국이 할 수 있는 것이 아무 것도 없다. 한국은 이 문제를 유엔과 미국을 통해 해결할 것이다"라고 말했다.

미국은 한국의 간절한 지원 요청에 전혀 반응하지 않았다. 1950년 5월 14일 뉴욕타임스지는 북한군의 남침이 임박했다는 신성모 장관의 기자회견 내용을 30단어 정도로 간략히 보도하는 등 그 내용을 가능한 한 은폐하고자 노력했다. 미국은 이승만의 기자회견 내용을 전혀 보도하지 않았다.[151]

당시 이승만, 이청천 등 대부분의 남한 지도자들과 마찬가지로 북한 지도자들은 남북통일을 추구하고 있었다. 이 같은 점에서 많은 한국인들은 미군이 철수하는 경우 한반도전쟁은 필연적이라고 생각했다. 특히 6·25전쟁 당시의 북한군 인민무력부장 최용건은 이미 1947년 6월 다음과 같이 적화통일을 언급했는데, 미국은 이 같은 사실을 잘 알고 있었다.

한반도가 곧바로 우리의 수중(手中)으로 들어올 것이다. 현재 만주에서 국민당 군대와 싸우고 있는 마오쩌둥 부대 가운데 북한군이 없는 부대는 없다. 만주에서 장제스 군대에 대항한 싸움이 종료되는 경우 이들 북한군은 일류 전투원으

---

150. Ibid.

151. "South Koreans Warned," *New York Times*, May 11, 1950, p. 14.

제4장. 전쟁인가 평화인가?　　**361**

로 탈바꿈할 것이다. 미군과 러시아군이 한반도에서 철수하는 경우 우리가 곧 바로 한반도를 해방시킬 수 있을 것이다.[152]

　한국-미국 정보공동체가 수집한 북한 관련 정보를 보면 한반도 상황은 보다 악화되고 있었다. 가장 중요한 사실은 38선 부근의 모든 소련군을 대체한 북한군이 점차 호전성을 더해갔다는 사실이었다. 1949년 말경 최용건은 평양정치군관학교 학생들을 대상으로 한 연설에서 남한 내부의 봉기로 이승만 정권이 약화되자마자 남한을 해방시킬 것이라고 말했다.[153]

　제971 방첩단(CIC) 분견대에 따르면 북한은 재래식 전력을 이용한 침략과 민중 봉기를 결합하는 형태의 전쟁을 구상하고 있었다. 북한은 전쟁에 인민을 동원하기 위한 다양한 계획을 수립했다. 예를 들면, 18세부터 35세에 달하는 젊은이들을 징집대상에 포함시켰으며, 정치범들을 탄광으로 투입했다. 추가로 3개 사단 병력을 38선 부근 지역으로 전개했다. 당시 제971 방첩단 분견대는 다음과 같은 5개 조건이 충족되는 경우 북한군이 남침할 것이란 계획을 입수했다. (1) 주한미군이 철수한 후 미국의 군사적 간섭이 불가능해 보인다. (2) 중국군이 국공내전에서 승리하여 북한을 보다 많이 지원해 줄 여력이 있다. (3) 소련이 소련군의 북한지역 철수 이후 보다 많은 무기를 지원해 준다. (4) 이승만 정권이 극도의 혼란 상태에 빠진다. (5) 미국이 한반도에 더 이상 관심을 보이지 않는다. 북한군의 전쟁 계획은 38선을 돌파한 1개 군이 개성-문산을 통해 북서쪽으로부터 그리고 또 다른 1개 군이 춘천과 수원을 통해 남쪽에서부터 서울을 포위하는 것이었다. 제주도, 전라도의 빨치산들이 목포, 군산 및 대전을 점령하고,

---

152. Quoted in Bruce Cummings, "Introduction; The Course of Korean-American Relations, 1943-1953," in *Child of Conflict* edited by Bruce Cumings, p. 28.

153. Quoted in Allan R. Millett(2005), *The War for Korea, 1945-1950* (Kindle Location 4583).

태백산의 또 다른 빨치산들이 대구를 점령할 계획이었다. 이들 빨치산이 그 후 부산을 점령할 계획이었다. 당시 북한지역 도처에서는 군사시설을 건설하기 위한 대규모 공사가 진행되고 있었다.[154]

이처럼 북한군이 전쟁 준비에 혈안이 되어 있던 당시 미국은 이 같은 북한군 위협을 간과한 반면 한국군의 전력증강 요구를 지속적으로 거부했다. 그런데 이는 북한군의 남침을 한국군이 조기에 저지하지 못하게 하기 위함이었다. 그러면서 미국은 북한군이 T-34 전차를 필두로 고속으로 진격하여 부산을 점령할 가능성에 대비했다.

4. 북한군 남침격퇴 준비

1950년 4월 이후 북한군은 남침 준비를 보다 가속화했다. 미국은 이 같은 북한군의 움직임을 인간정보, 신호정보 등 다양한 정보를 통해 잘 알고 있었다. 당시 미국의 극동군사령부, 주한미군군사고문단, 공군 및 육군이 한반도에서 별도의 정보 조직을 운용하고 있었다.[155] 미국은 1950년 4월 이후 소련이 북한에 방대한 전쟁 물자를 제공해 주고 있음을 이들 조직을 통해 확인했다. 미국은 소련의 방대한 대북 지원 노력, T-34 전차 제공을 포함한 방대한 지원 노력을 확인했다.

당시 소련은 주로 해상 운송수단을 통해 북한에 물자를 제공해 주었다. 블라디보스토크에서 청진항, 나진항 및 원산항으로 연결되는 해로를 주로 이용했다. 미국은 이 같은 소련의 노력을 거의 완벽히 파악하고 있었다. 예를 들면, 미 해군은 1946년 이후 블라디보스토크 지역을 해저에서 지속적으로

---

154. Ibid., (Kindle Location 4648, 4656).

155. Harden Blaine(2017), *King of Spies: The Dark Reign of America's Spymaster in Korea* (pp. 52-3). Pan Macmillan. Kindle Edition.; Allan R. Millett(2005), *The War for Korea, 1945-1950* (Kindle Location 5258).

관찰하고 있었는데, 특히 소련의 해상 이동 상황을 관찰하고 있었다.[156]

이 같은 사실을 통해서 뿐만 아니라 북한주재 소련대사 스티코프가 소련에 보고한 1950년 6월 16일 자 북한군 남침계획과 같은 한반도전쟁과 관련하여 주고받은 통신의 감청을 통해 미국은 한반도전쟁이 임박했음을 분명히 알 수 있었을 것이다.[157]

T-34 전차의 출현은 북한군이 미군의 참전 이전에 남한정복 차원에서 전격전(電擊戰)을 감행할 가능성을 암시했다. 당시 북한군은 한국군과 비교하여 전력이 상당히 우세했다. 그런데 T-34 전차로 북한이 남한을 고속으로 정복할 수 있게 된 것이었다.

이처럼 북한군이 T-34 전차를 보유하게 됨에 따라 미국이 전략적으로 곤란해졌다. NSC-68이란 미군 재무장을 염두에 둔 계획에서는 미국인을 포함한 자유진영 국가의 국민들에게 공산세력의 위협과 관련하여 상당한 충격을 주어야 할 것이라고 말하고 있었다. 한국군이 북한군의 남침을 38선 부근에서 조기에 쉽게 저지하면 안 되었다. 미국이 이승만의 간절한 요청에도 불구하고 막강한 공군과 육군을 유지하고 있던 북한군에 대항하여 한국군을 제대로 무장시켜 주지 않았던 것은 이 같은 이유 때문이었다. 대전차 지뢰 등 북한군의 고속남침을 저지하기 위한 무기를 한국군에 제공해 주지 않았던 것도 동일한 이유 때문이었다. 미국 입장에서 보면 북

---

156. Quoted in Richard C. Thornton/권영근, 권율 번역(2020), 『강대국 국제정치와 한반도: 트루먼, 스탈린, 마오쩌둥 그리고 6·25전쟁의 기원』, p. 237.

157. Quoted in Wada Haruki(2014), *The Korean War* (Kindle Location 2292).; 북한군은 6월 16일 북한주재 소련대사 스티코프가 모스크바에 보고한 북한군 남침계획 대로 6월 25일 남침했다. 북한주재 소련대사관과 모스크바가 주고받는 통신을 주한 미 공군 또한 감청했다. Blaine. Harden(2017), *King of Spies: The Dark Reign of America's Spymaster in Korea* (p. 59). Kindle Edition.; 2차 세계대전 당시 연합국의 일본과 독일의 통신망 감청이 전쟁에 엄청난 의미가 있었음은 잘 알려진 사실이다. 냉전 당시 미국은 2차 세계대전 당시 이상으로 적성국의 통신망을 상당히 많이 감청했다. Stephen. Budiansky(2016), *Code Warriors*. (Kindle Location 271). Knopf Doubleday Publishing Group. Kindle Edition.

한 공산군의 남침으로 자유진영이 위기에 처할 수 있음을 극적으로 보여 줄 필요가 있었던 것이다. 여기서의 문제는 유엔군이 한반도에 교두보를 설치할 수 없을 정도로 북한군이 T-34 전차를 필두로 고속으로 남진하여 남한 정복을 기정사실화할 가능성이었다.

이 같은 이유로 미국은 북한군의 고속남침 가능성에 대비해야만 하였다. 북한군이 고속으로 남침해 오는 경우 적진 후방 깊숙한 지역으로 대규모 미군을 투입하기 위한 준비를 해야만 하였다. 따라서 미국은 소련이 북한에 T-34 전차를 포함한 전쟁 물자를 대거 지원해 주기 시작한 1950년 4월 이후 북한군의 고속남침을 저지하기 위한 노력을 은밀히 전개했다.

미 육군과 공군은 1945년 9월 8일 이후 3년의 기간 동안 한국에서 군정 장관으로 일했던 하지 중장을 중심으로 일기와 무관하게 하루 24시간 지속적으로 공지(空地) 합동연습을 시작했다. 6만 병력과 600대의 항공기가 동원된 '벌떼 작전(Operation Swarmer)'란 명칭의 합동 전쟁연습은 중무장한 다수 사단을 적의 후방 지역에 침투시키기 위한 성격이었다. 특히 전차 주도 공격을 저지하기 위한 것이었다.[158] 당시 뉴욕타임스지 기자 발드윈은 워싱턴 주 루이스(Fort Lewis) 기지에 28,000명 규모의 미 보병 2사단이 유사시 "즉각 반응할 준비"가 되어 있다고 말했다.[159] 그런데 보병 2사단은 낙동강 방어선을 지키기 위해 1950년 8월 1일 미 해병 1사단과 함께 부산에 전개되었다.

미 공군은 대규모 군사력의 원거리 공수(空輸) 능력 신장을 위해 노력했

---

158. Quoted in Richard C. Thornton/권영근, 권율 번역(2020), 『강대국 국제정치와 한반도: 트루먼, 스탈린, 마오쩌둥 그리고 6·25전쟁의 기원』, p. 238.; Austin Stevens, "War Games Uphold 'Shooting Airlift," *New York Times*, May 3, 1950, p. 9.

159. Quoted in Richard C. Thornton/권영근, 권율 번역(2020), 『강대국 국제정치와 한반도: 트루먼, 스탈린, 마오쩌둥 그리고 6·25전쟁의 기원』, p. 239.; Hanson Baldwin, "Pacific Northwest High in Army Plan," *New York Times*, May 22, 1950, p. 7.

다. 소위 말해 전시 신속히 확대 가능한 전략공수 전력으로 변신하기 위해 노력하고 있었다. 거의 300대의 항공기, 주로 DC-4 수송기를 운용하고 있던 미 공군은 필요한 시점에 작전을 수행할 수 있는 공중 근무자의 규모를 두 배로 늘리고자 노력했다. 이 같은 새로운 프로그램을 통해 미 국방의 공수 능력을 상당히 신장시키고자 노력했다.[160] 미 해군 또한 나름의 준비를 하고 있었다. 1950년 3월 미 7함대가 영국 해군과 연합훈련을 실시했다. 이 같은 훈련으로 영국 해군과 미 해군은 6·25전쟁이 벌어지자 신속하고도 효과적으로 상호 협조할 수 있었다.[161]

1950년 6월 미 해병대 또한 고강도의 상륙작전 연습을 시작했다. 트루먼은 버지니아 주 콴티코(Quantico)의 해병기지를 방문하여 지상 전력과 헬리콥터 및 제트 전투기와 같은 공중 전력이 긴밀히 상호 공조하는 가운데 진행된 지상군에 대한 근접항공지원이란 새로운 방식의 침공 장면을 직접 참관했다.[162]

보다 놀라운 사실은 미군이 한반도에서 철수한 1949년 6월 30일 전후부터 미국이 한반도전쟁에 대비했다는 사실이다. 1949년 6월 27일 미국은 북한군이 남침하는 경우 미군이 유엔군의 일환으로 참전하여 경찰활동 차원의 임무를 수행할 것이란 특급비밀 계획을 수립했다. 이는 미 합참의장 브레들리의 지시에 따른 것이었다. 또한 미국은 공산세력의 롤백을 염

---

160. Quoted in Richard C. Thornton/권영근, 권율 번역(2020), 『강대국 국제정치와 한반도: 트루먼, 스탈린, 마오쩌둥 그리고 6·25전쟁의 기원』, p. 240.; Austin Stevens, "U.S. Orders Transport Service to Train Fliers for Global Airlift," *New York Times*, May 12, 1950, p. 10.

161. Quoted in Richard C. Thornton/권영근, 권율 번역(2020), 『강대국 국제정치와 한반도: 트루먼, 스탈린, 마오쩌둥 그리고 6·25전쟁의 기원』, pp. 240-1.; Malcolm W. Cagle and Frank A. Manson, *The Sea War in Korea* (Annapolis: U.S. Naval Institute, 1957), p. 36.

162. Richard C. Thornton/권영근, 권율 번역(2020), 『강대국 국제정치와 한반도: 트루먼, 스탈린, 마오쩌둥 그리고 6·25전쟁의 기원』, p. 241.; John Norris, "Truman Sees 'Invasion' by Helicopter," The *Washington Post*, June 16, 1950, p. 1.

두에 둔 NSC-48이란 문서를 작성할 당시인 1949년 9월 북한군의 남침에 대비한 SL-17이란 명칭의 한반도전쟁계획을 작성했다. 여기서는 유엔군의 일환으로 참전한 미군이 낙동강까지 후퇴한 후 인천상륙작전을 통해 반격할 것이며, 북한지역 2곳에서의 상륙을 통해 북진할 것으로 가정했다.[163] 미 국방성은 미 중앙정보국이 북한군 남침 준비에 관한 상세 문서를 작성하여 배포한 직후인 1950년 6월 19일 SL-17을 승인한 후 모든 관련 부서에 배포했다.[164] 이는 미국이 공산세력의 롤백 차원에서 적어도 1949년 6월 이후 한반도전쟁에 대비했음을 암시하는 것이었다.

이외에도 1950년 6월 20일부터 6·25전쟁이 벌어지기 직전까지 미 국무장관 특별보좌관 덜러스, 미 국방부장관 루이스 존슨(Louis Johnson), 미 합참의장 브레들리, 극동군사령관 맥아더란 미 국방의 실세들이 도쿄에서 비밀 회담했다. 6·25전쟁 발발 1주일 전에 한국을 방문한 덜러스는 맥아더와 장시간 대화한 직후인 6월 22일 "미국이 아태지역은 물론이고 세계 평화를 보장해 줄 '적극적인 조치(Positive Action)'"를 강구할 것이라고 AP 통신 기자에게 말했다.[165] 덜러스가 말한 '적극적인 조치'는 공산세력의 롤백을 의미했다.[166] 그런데 롤백은 공산세력의 남침을 전제로 한 개념이었다. 덜러스는 브레들리 및 존슨과 본인의 결론으로 어느 정도 '적극적인 조치'가 있을 것이라고 말했지만 그 내용을 구체적으로 말하지 않았다. 그런데 덜러스가 그처럼 말한 지 3일 만에 6·25전쟁이 벌어진 것이다.

---

163. Clay Blair(1987), *Forgotten War: America in Korea, 1950-1953* (New York: Times Books, 1987), p. 87.

164. Bruce Cumings(2005), *Korea's Place in the Sun: A Modern History* (Updated Edition) (p. 259). W. W. Norton & Company. Kindle Edition.

165. I. F. Stone(1952), *The Hidden History of the Korean War*, p. 27.

166. Bruce Cumings(1983), "Introduction; The Course of Korean-American Relations, 1943-1953," in *Child of Conflict* edited by Bruce Cumings, p. 38.

런던타임스 보도에 따르면 존슨, 브레들리, 덜러스, 맥아더가 도쿄에서 회담한 1950년 6월 22일부터 며칠의 기간은 그 이전의 3년 동안과 비교하여 국제사회에서 긴장이 보다 고조되던 시점이었다. 당시 이들은 소련과의 전쟁 가능성에 특히 관심을 기울였다.[167] 그런데 6·25전쟁 도중 미국이 가장 관심을 기울인 부분은 소련의 참전 가능성이었다. 소련이 참전하는 경우 6·25전쟁이 세계대전으로 비화될 가능성이 있었기 때문이었다. 이 경우 미군을 한반도에서 철수시킴과 동시에 세계대전을 준비해야 할 것이었다.

이처럼 도쿄에서 미국의 수뇌부들이 비밀 회담한 1950년 6월 22일부터 며칠 동안 영연방국가 국방 수뇌들이 아태지역 안보와 관련한 비밀회담을 오스트레일리아에서 개최하고 있었다. 이 회담에서 이들은 중국 남부 지역에서의 점증하는 공산세력의 위협의 관점에서 태평양 지역 안보를 특히 강조했다. 이 회담의 진행 상황을 미국의 연락 장교가 모니터했다.[168]

한반도전쟁에 유엔군의 일환으로 미군을 참전시킬 것이란 1949년 6월 27일의 비밀계획, 북한군의 남침을 가정한 SL−17이란 1949년 9월의 한반도전쟁 계획, 전쟁 발발 6일 전의 이 계획의 배포, 1950년 5월 이후의 한반도전쟁에 대비한 전쟁연습, 1950년 6월 20일 이후 도쿄에서 있었던 미 국방부장관, 합참의장, 극동군사령관, 국무장관 보좌관의 비밀회담, 이 시점에 오스트레일리아에서 개최된 영연방국가 국방 수뇌들의 비밀회담을 6·25전쟁과 무관한 우연의 산물로 간주할 수도 있을 것이다. 이들 일련의 사건이 우연이라면 이는 확률적으로 가능성이 매우 희박한 성격의 우연일 것이다.

---

167. I. F. Stone(1952), *The Hidden History of the Korean War*, pp. 37−8, 40.

168. Ibid., p. 38.

5. 남한의 도발이 없는 가운데 북한군이 남침했다는 알리바이 조성

한반도에서의 롤백정책 이행 가능성을 진지하게 검토한 1949년 중순 이후 미국은 이승만에게 남한의 도발이 없는 가운데 북한군이 남침했음을 지구상 모든 사람이 확신할 수 있도록 모종의 조치를 취해야 할 것이라고 말했다. 이 같은 방식으로 남침을 당하는 경우 미군이 참전할 것이지만 남한이 도발한 상태에서 북한군이 남침하는 경우 지원하지 않을 것이라고 반복해 말했다. 이 요구는 미군의 한반도전쟁 참전이 유엔군의 일환으로 이루어질 것이란 1949년 6월 27일의 극비문서에 입각한 것이었다. 미군이 유엔군의 일환으로 한반도전쟁에 참전하고자 하는 경우 남한이 먼저 도발하면 결코 안 되었기 때문이었을 것이다.

애치슨이 1950년 1월 12일 연설에서 제안한 바를 마오쩌둥이 거절한 1950년 1월 18일 이후 미국은 조용히 한반도전쟁을 준비했다. 한반도에서 전쟁이 벌어지는 경우 이것이 한국군의 도발이 없는 가운데 북한군이 남침한 것임을 모두가 인지할 수 있도록 나름의 조치를 취했다. 특히 1950년 5월 이후 이처럼 했다. 예비역 육군대장 이형근이 『군번1번의 외길인생』이란 제목의 책에서 거론한 10대 불가사의가 대표적인 경우일 것이다. 이들 가운데 일부, 예를 들면 6·25전쟁 초전에서의 한국군의 축차 공격과 한강철교 조기 폭파, 한강철교 폭파를 현장 지휘했던 최창식 대령 조기 사형 집행은 미군과 연계시키기가 곤란한 측면이 있다. 그러나 6월 25일 직전의 한국육군 고급지휘관들의 인사조치, 전후방 부대 교체, 북한군 남침 징후 간과, 6월 24일의 비상해제, 6월 24일 고급 지휘관들의 댄스파티, 전 장병 1/3 이상 외출과 같은 부분은 6·25전쟁이 남한의 도발이 없는 가운데 북한이 남침했음을 입증하기 위한 알리바이 성격으로 보인다. 이승만을 포함한 남한의 지휘부와 주한미군군사고문단이 북침 의향이 있었더라면 그처럼 할 수 없었을 것이기 때문이다.

이 같은 사실과 더불어 6월 9일부터 24일까지 국제연합한국위원회 요원들이 한국군 전선 상황을 시찰한 후 24일 보고서를 올렸는데 주요 내용은 한국군은 북침이 전혀 불가능한 구조라는 것이었다. 이는 한반도에서 전쟁이 벌어지는 경우 100% 남침일 수밖에 없음을 재확인하기 위한 조치였을 것이다.

이처럼 나름의 조치를 취했다는 사실로 인해 전쟁이 벌어진 지 24시간이 지나지 않은 시점, 주한미국 대사 무초의 보고서가 미국에 도착하자마자, 한국에 있던 여타 국가 대사들이 전쟁 상황을 전혀 감지하지 못하고 있던 당시 미국은 남한의 도발이 없는 가운데 북한군이 남침했다고 주장할 수 있었을 것이다. 곧바로 유엔사무총장에게 북한군의 남침을 비난하는 형태의 유엔안전보장이사회 소집을 요구할 수 있었을 것이다.[169]

한국군의 도발이 없는 가운데 북한군이 남침하도록 상황 조성 요구

당시 미국이 이승만에게 남한의 도발이 없는 가운데 북한군이 남침하도록 상황을 조성하라고 요구했음을 보여주는 몇몇 증거가 있다. 1950년 6월 17일부터 21일까지 미 국무성 자문위원 덜러스가 한국을 방문하여 38선을 방문했다. 6월 19일 한국국회에서 연설했으며, 이승만을 만났다. 덜러스는 한국이 북한의 침략을 받는 상황을 조성하라고 다음과 같이 이승만에게 말했다.

…남한이 북한 공산세력을 공격할 준비가 되어 있는 경우 유엔을 통해 미국이 도움을 줄 것이라고 말했다. 그러나 덜러스는 세계인들이 한국이 먼저 공격받았다고 확신할 수 있는 상황을 조성할 필요가 있다고 이승만에게 조언했다. 이

---

169. 이 책의 5장 3절 1항인 "미국의 6·25전쟁 참전 과정" 참조.

처럼 확신할 수 있도록 나름의 조치를 계획할 필요가 있다고 제언했다.[170]

먼저 한국군이 공격받는 상황을 조성할 필요가 있다고 말한 사람이 덜러스만은 아니었다. 1949년 9월 이승만은 미국의 주요 인사들에게 북침의 필요성을 설득해 달라는 내용의 편지를 올리버에게 보냈다. 1949년 10월의 답신에서 올리버는 다음과 같이 말했다.

그러나 지금 이 순간 트루먼 대통령 또는 미국의 고위급 인사들에게 38선 너머 공격을 제안하는 경우 분명히 말하지만 심각한 문제가 초래될 수 있습니다.…북침 모습을 보이지 않고자 하는 경우 지속적으로 뒤로 물러설 필요가 있습니다. 한반도전쟁과 관련하여 러시아에 책임을 전가할 수 있게 할 필요가 있습니다.…남한의 북한정복과 관련하여 군사적으로 미국의 지원을 받기 위한 방안은 세계인들이 한반도전쟁이 북한군의 남침에 의한 것으로 생각할 수 있도록 은밀한 방식으로 남침을 부추기는 것입니다.…그러나 저는 상황이 180도 바뀌어 미국이 소련을 롤백할 순간이 멀지 않았다고 생각합니다.[171]

앞의 글에서 올리버는 당시 미국 내부에서 거론되고 있던 롤백정책을 언급하고 있었다. 그런데 올리버는 미국에 의한 공산세력 롤백이 가능해지려면 한국군이 도발하지 않는 가운데 북한군의 남침이 필수적이라고 말하고 있었다.

---

170. Channing Liem, *The Korean War: An Unanswered Question* (Albany, New York: Committee for a New Korea Policy, 1992)**;** Channing Liem은 평양 숭실학교를 졸업했다. 프린스턴대학 정치학 박사를 받았다. 이승만 정권에서 외무장관을, 1960-1961년 당시 유엔주재 한국대사를 역임했다.

171. Robert T. Oliver(1978), *Syngman Rhee and American Involvement in Korea, 1942-1960*, pp. 257-8.

이승만은 남한에 단독정부가 수립된 이후 당연히 북진통일을 추구해야 하는데 미국이 38선 월경을 막고 있다며 다음과 같이 말했다.

지구상 대부분 민주주의 국가로부터 인정을 받은 정부가 한반도에 출현한 이후 우리는 한국이 자국과 자국의 국경을 방어할 수 있어야 한다고 생각했습니다. 왜 한국은 북진하여 남북을 통일하면 안 되는 것인가요?…자국 영토를 원상회복하고 유지한 후 한반도 전체를 관할권으로 만드는 것은 한국정부의 과업입니다. 그 과정에서 타국의 영토를 침범하지 않는 한 이는 국가 내부의 문제입니다.…그런데 미국은 한국이 38선을 월경하면 안 된다고 말합니다. 공산주의자들이 38선을 월경하는 경우 우리가 38선 너머로 이들을 추격하면 안 된다고 말합니다. 적의 침입에 저항하지 않으면서 어떻게 우리가 우리의 생명과 가옥을 지킬 수 있겠습니까? 허용해주는 경우 우리는 38선 너머로 진격하여 소요 분자들을 응징한 후 즉각 질서와 평화를 유지할 수 있을 것입니다.[172]

1949년 2월 17일 이승만은 미국이 한국에 방어 능력을 제공해 주지 않는다며 다음과 같이 말했다.

우리는 자신을 방어할 수 있는 무기를 제공해 달라고 정식 채널을 통해 반복해 요청했습니다. 그러나 미국은 거의 무기를 제공해 주지 않았습니다.…38선 이북의 적은 장사정 무기로 우리를 공격할 수 있습니다. 이 같은 무기가 없는 우리는 적의 자비(慈悲)에 의존해야 하는 입장입니다. 미국은 상황을 악화시킬 가능성이 있다며 한국군을 38선 부근에 주둔하지 못하게 하고 있습니다.[173]

---

172. Ibid., p. 222.
173. Ibid., p. 223.

이승만의 고문이던 로버트 올리버는 주한미군이 모두 철수한 1949년 6월 30일 이후 한반도에 잔류하게 될 500명의 주한미군군사고문단을 한국군을 훈련시킬 목적이 아니고 한국군의 전력증강을 억제하기 위한 성격이라며 다음과 같이 말했다.

> 1949년 7월 1일 설치되는 주한미군군사고문단(KMAG)은 한국군을 훈련시킬 목적으로 통상 알려져 있습니다. 그러나 이는 실제로는 북한을 침공하지 못하도록 한국군을 무장해제시키기 위한 것입니다. 따라서 이곳의 주요 기능은 한국군이 북한을 놀라게 할 정도의 군사력을 구비하지 못하게 하는 것입니다.[174]

당시 주한미군군사고문단은 한국군이 38선을 월경하지 못하도록, 도발하지 않도록, 공세적 기동이 가능할 정도로 무장, 훈련 또는 배치되지 않도록 한국군을 철저히 통제했다. 주한미군군사고문단 단장 로버츠 준장은 한국군이 옹진반도, 군사분계선 주변의 산악지역, 북한의 사격에 노출된 지역과 같은 민감한 지역에서 철수해야 할 것이라고 이승만 대통령에게 지속적으로 말했다.[175]

지금까지 논의에서 보았듯이 주한미군 전투 병력이 모두 철수한 1949년 6월 30일부터 6·25전쟁이 벌어지기 이전까지 미국은 한국군이 북침이 불가능해지도록 만들었을 뿐만 아니라 북한군으로부터 먼저 남침을 받아야 할 것이라고 이승만을 포함한 한국의 주요 인사들에게 지속적으로 말했던 것이다.

예비역 육군대장 이형근이 『군번1번의 외길 인생』이란 제목의 책에서

---

174. Ibid., p. 249.

175. Ibid., p. 255.

주장한 6·25전쟁 10대 불가사의는 이 같은 관점에서 바라볼 필요가 있을 것이다.

6·25전쟁 관련 10대 불가사의 초래

이형근은 이들 10가지 사건이 간첩들의 소행인 듯 보인다고 생각했다. 연세대학교 교수 박명림도 동일하게 생각했다. 박명림은 『한국전쟁의 발발과 기원』이란 제목의 1996년 저서에서 10대 불가사의를 자행한 주요 인물이 신성모 국방부장관과 채병덕(蔡秉德) 육군참모총장이라고 생각했다. 6·25전쟁에 참전했던 예비역 육군 장교들에 따르면 이들이 간첩과 내통했다는 것이다.[176]

과연 그럴까? 여기서 필자가 말하고자 하는 바의 요지는 미군이 한반도에 진주한 1945년 9월 8일 이후 한반도에서 벌어진 주요 사건들이 미국과 관련이 있는 것처럼 이들 사건 또한 미국의 작품이라는 것이다. 이 같은 주장은 6·25전쟁 발발 직전까지도 실제적으로는 이승만이 아니고 미군이 한국군을 작전 통제하고 있었다는 사실과 관련이 있다. 당시 한국 국방과 육군 지휘부의 분열은 심각한 수준이었다. 고급 장군들조차 이승만보다는 미국에 보다 충성하고 있다는 의혹을 받았다.[177] 예를 들면, 1953년 미국은 육군참모총장 백선엽을 미국의 이승만 제거에 적극 동참하고자 할 정도로 친미적인 인물로 생각했다.[178] 이처럼 한국군의 고급 장군들

---

176. 박명림, 『한국전쟁의 발발과 기원(Ⅱ): 기원과 원인』, p. 578.

177. Samuel F. Wells(2020), *Fearing the Worst* (Woodrow Wilson Center Series) (Kindle Location 2069), 2020, Columbia University Press, Kindle Edition.

178. "The Commander in Chief, United Nations Command (Clark) to the Chief of Staff, United States Army (Collins), April 26, 1953," in *FRUS*, Korea, 1952–1954, Vol. 15, p. 942.; "Memorandum of the Substance of Discussion at a Department of State – Joint Chiefs of Staff Meeting, July 3, 1953," in *FRUS*, Korea, 1952–1954, Vol. 15, p. 1318.

이 이승만 대통령이 아니고 미국에 보다 충성했던 것은 미국이 한국군을 작전 통제하고 있었다는 사실 이외에도 이승만이 미군의 의견을 수용하여 인사를 했기 때문이었다. 이들 한국군 장교 입장에서 보면 미군이 본인들의 생사여탈권뿐만 아니라 승진 등 모든 것을 움켜쥐고 있었던 것이다.

대부분 한국인들은 의아하게 생각하겠지만 1946년의 대구 10·1사건 진압, 1948년 제주도 4·3사건 진압, 1948년 10월의 여수 및 순천 10·19 사건 진압, 6·25전쟁 당시 보도연맹 소속 인사 처형의 이면에 미국이 있었다고 미국인들이 저술한 저서들에서는 주장하고 있다. 이들은 이들 사건이 이승만 대통령, 특무대장 김창룡이 아니고 미국과 관련이 있다고 많은 증거를 제시하며 주장하고 있다. 오늘날 이는 부인할 수 없는 사실이다. 왜 미국이 그처럼 했을까?란 부분이 의문일 것이다.

여기서 필자는 이형근 장군이 지적한 10대 불가사의가 왜 미국의 작품인가? 미국의 작품이라면 왜 미국은 이처럼 했는가?란 부분에 관해 언급할 것이다. 10대 불가사의와 이것에 관한 필자의 해석은 다음과 같다.

첫째는 군 수뇌부의 일선부대 남침징후 보고 묵살 내지 무시에 관한 것이다. 일선부대의 남침징후 보고를 묵살한 것은 한국군 수뇌부가 아니고 미국이었다. 특히 워싱턴과 극동군사령부가 이처럼 묵살했다.[179] 다시 말해, 트루먼 대통령과 맥아더가 묵살한 것이다. 한반도에 배치되어 있던 미 공군, 해군, 미 중앙정보국, 그리고 한국군 정보 당국은 북한군의 남침 가능성을 지속적으로 강조했다. 예를 들면, 1950년 5월 10일 신성모 국방부 장관은 외신기자들과 기자회견을 했다. 당시 신성모는 북한군 전력 현황을 거론했을 뿐만 아니라 북한군이 38선 부근으로 집결하고 있다고 말했다. 신성모는 기자회견에서 "북한군 부대가 38선을 겨냥하여 대거 이동하

---

179. Blaine Harden(2017), *King of Spies* (pp. 52–3). Kindle Edition.

제4장. 전쟁인가 평화인가?   **375**

고 있다. 북한군의 남침이 임박했다"고 말했다.[180] 그 후 이틀 뒤인 1950년 5월 12일, 이승만 대통령이 기자 회견했다. 당시 이승만은 신성모 국방부장관의 기자회견을 거론했다. 이승만은 "북한군이 38선 부근으로 집결하고 있다"라고 말하면서 "한국이 할 수 있는 것이 아무 것도 없다. 한국은 이 문제를 유엔과 미국을 통해 해결할 것이다"라고 말했다. 이승만은 무기를 제공해 주는 경우 "한국이 북침할 것"이라는 "부질없는 걱정"을 하는 "미국의 친구들"을 비난했다.

둘째는 6·25전쟁 발발 2주 전에 단행된 각급 주요 지휘관의 대규모 인사이동에 관한 것이다. 이들 인사이동 또한 미국의 작품이었다. 당시 500명 정도의 주한미군군사고문단이 한국군의 상부 제대를 주도했다. 이들은 게릴라 진압에서 병사 훈련, 행정, 예산, 다혈질인 한국군 장군들 규제 등 모든 분야에 걸쳐 상당한 영향력을 행사했다.[181] 당시 군 인사에 관해 주요 영향력을 행사한 사람은 이승만이 아니고 주한미군군사고문단이었다. 예를 들면, 이승만은 임영신 박사의 추천에 따라 김석원을 육군참모총장에 임명하고자 했다. 주한미군군사고문단장 로버츠 준장의 반대로 그처럼 할 수 없었다.[182] 1948년 하우스만은 김백일 대령을 여수/순천 해방을 위한 작전을 수행하고 있던 5여단을 지휘하게 하자고 이승만에게 말했다. 이승만은 한국군 장교들이 무능하거나 불충하는 경우 하우스만이 대신 지휘할 것이라고 약속하는 경우 김백일을 여단장으로 임명할 것이라고

180. Richard C. Thornton/권영근, 권율 번역(2020), 『강대국 국제정치와 한반도: 트루먼, 스탈린, 마오쩌둥 그리고 6·25전쟁의 기원』, p. 165.; "South Koreans Warned," *New York Times*, May 11, 1950, 14.

181. Bruce Cumings(1990), *The Origin of The Korean War, Vol. Ⅱ: The Roaring of the Cataract(1947-1950) The Roaring of the Cataract(1947-1950)* (Princeton, New Jersey: Princeton University Press, 1990), p. 473.

182. Ibid., p. 492.

말했다.[183] 1949년 이승만은 주한미군군사고문단장 로버츠 장군과 하우스만의 의견을 수용하여 한국육군의 지휘체계를 바꾸었으며, 지휘부를 교체했다.[184] 1950년 6월 10일의 한국군 전방 및 후방 지휘관들의 교체는 이승만의 지시에 따른 것이었다.[185] 그런데 이승만은 주한미군군사고문단의 의견을 인사에 반영했다. 영국의 자료 출처에 따르면 1950년 봄 주한미군군사고문단은 38선 부근 지휘관 가운데 호전적인 인물들을 비교적 온화한 인물들로 교체하고자 노력했다.[186] 결국 당시 전후방 주요 지휘관 인사는 주한미군군사고문단의 작품이었다.

이외에도 6월 13일부터 20일까지 단행된 전후방 부대의 대대적인 교대, 6월 11일부터 발령되어 있던 비상경계령의 6월 24일 0시 해제는 작전 통제와 관련이 있는 문제다. 따라서 이들은 주한미군군사고문단의 승인이 요구되는 성격이었다. 비상경계령 해제와 동시에 전 장병의 1/3에게 외출, 외박 또는 휴가를 허용한 사실 또한 마찬가지다. 외출, 외박 및 휴가는 작전 통제의 문제는 아니지만 이처럼 대규모 휴가와 외출 외박은 작전 수행에 지대한 영향을 미칠 수 있다는 점에서 작전통제권을 행사하고 있던 주한미군군사고문단과의 사전 조율이 없이는 불가능한 일이었다. 6월 24일 저녁에 개최된 육군 장교클럽에서의 고급장교 댄스파티 또한 마찬가지였다. 이 행사에 주한미군군사고문단 요원들이 참석했음을 주목할 필요가 있다.

이들 6가지 사실은 분명히 말해 주한미군 군사고문단의 승인 또는 묵인이 없는 상태에서는 불가능한 일이었다.

그러나 서울 북방 지역에서의 축차적 병력투입으로 불필요하게 많은 인

---

183. Allan R. Millett(2005), *The War for Korea, 1945-1950* (Kindle Location 4202).

184. Ibid., (Kindle Location 5181).

185. 이형근, 『군번1번의 외길인생』(중앙일보사, 1993), p. 47.

186. Bruce Cumings(2005), *Korea's Place in the Sun* (p. 257), Kindle Edition.

명을 희생시킨 일, 6월 25일부터 27일까지의 국군 후퇴를 반격 또는 북진 중으로 허위 보도한 일, 한강교를 조기 폭파한 일, 한강교를 폭파한 공병 감 최창식 대령을 조기에 처형한 일은 주한미군군사고문단과 직접 연계시 키기 곤란한 부분일 것이다.

분명히 말하지만 이형근 장군이 지적한 6·25전쟁 10대 불가사의 가운 데 앞의 6가지 사례는 육군참모총장 또는 국방부장관 이상의 문제다. 당 시 500명의 주한미군군사고문단 요원들이 한국군 주요 부대에 배치되어 있었는데, 한국군은 이들 군사고문단의 지시에 따라 움직였다. 이들의 요 구를 거역할 수 있는 입장이 아니었다. 특히 6·25전쟁이 발발할 당시 미 군 대위 하우스만은 이승만 대통령과 채병덕 육군참모총장의 군사고문이 었다. 이승만 대통령은 "하우스만의 이야기에 입각하여 한국군 장교 개개 인을 평가했다."[187] 이 정도로 이승만은 하우스만을 신뢰했다.

6·25전쟁 발발 직전 한국육군의 터무니없는 인사 조치, 앞에서 언급한 10대 불가사의 가운데 적어도 인사 문제는 이승만 대통령의 지시에 의한 것이었는데 이승만에게 이처럼 건의할 수 있던 유일한 인물은 하우스만이 었다. 채병덕이 이형근에게 말했듯이 본인은 이승만의 지시에 따라 이처 럼 터무니없는 인사 조치를 한 것이었다.

그러면 하우스만은 어떻게 그처럼 할 수 있었을까? 하우스만 개인 판단 에 의한 것일까? 결코 그렇지 않을 것이다. 하우스만이 그처럼 할 수 있었 던 주요 이유는 미국의 한반도정책과 관련이 있었을 것이다. 하우스만은 미국의 한반도정책을 단순 이행하는 사람이었다. 그러면 당시 미국의 한 반도정책은 무엇이었을까? 또 다른 의문은 왜 얼핏 보아도 터무니없는 하

---

187. Donald N. Clark, *Living Dangerously in Korea: The Western Experience 1900-1950* (Norwalk, CT: EastBridge, 2003), pp. 339-40.

우스만의 건의를 이승만 대통령은 수용했을까?

앞에서 언급한 6가지 불가사의는 한국군의 북한군 남침 대비 태세를 보다 약화시키는 형태였다. 전쟁 발발 이전 거의 보름 동안 이처럼 이승만은 이해할 수 없는 행동을 한 것이다. 이승만이 이처럼 행동한 것은 무슨 이유 때문일까?

당시 미국은 미국인들에게 경각심을 준다는 차원에서 전쟁을 필요로 했으며, 특히 중국과 싸울 가능성이 있는 한반도에서 전쟁을 필요로 했다. 미군이 유엔군 형태로 한반도전쟁에 참전하고자 하는 경우 이 전쟁이 남한의 도발이 없는 가운데 북한군의 남침이라고 세계인들이 확신할 필요가 있었다.

1949년 말경부터 미국은 이승만에게 한반도에서 분쟁이 벌어지는 경우 이 분쟁이 세계인들이 남한의 도발이 없는 가운데 북한의 남침으로 초래되었다고 확신할 수 있을 정도로 상황을 조성하라고 말했다. 한국이 남침을 받는 경우 미군이 유엔군의 일환으로 참전할 것이라고 말했던 것이다. 이 같은 미국의 제언을 이승만이 수용했을 것이다.

그러면 왜 이승만은 이 같은 미국의 요구를 수용했을까? 수용하지 않는 경우 죽을 수밖에 없는 상황이었기 때문이었을 것이다. 1950년 5월 30일 한국은 국회의원 선거를 했다. 원래 이승만은 선거를 9월 이후로 미룰 생각이었다. 이처럼 언론에 보도했다. 그러자 미 국무장관 애치슨은 5월 30일에 예정대로 선거하지 않으면 대한(對韓) 원조를 중지할 것이라고 말했다. 선거 결과는 이승만 세력의 완패였다. 이승만을 좋아하지 않는 세력들이 대거 국회에 입성한 것이다. 그런데 이들은 평화적인 남북통일을 지지했다.[188] 또한 당시의 대통령 선거는 국회의원을 통한 간선제였다. 결과적

---

188. I. F. Stone(1962), *The Hidden History of the Korean War*, pp. 17-9.

으로 이승만은 조만간 대통령 직에서 물러나야 할 상황이었다. 한편 이승만은 1950년 5월부터 북한군 전력이 대거 증강되고 있다는 사실을 잘 알고 있었다. 가만히 있으면 북한 중심의 평화통일 또는 북한군의 남침에 의한 적화통일 가능성이 농후했다. 이는 이승만 입장에서 죽음이었다. 따라서 이승만 입장에서 보면 미국의 한반도 개입이 절실히 요구되었다. 결론적으로 말하면 이승만은 북한군이 남침한 것으로 100% 믿을 수 있는 일련의 조치를 강구하라는 미국의 요구에 순순히 응하지 않을 수 없었던 것이다. 이형근 장군이 말하는 10대 불가사의 가운데 적어도 6가지는 이 같은 상황에서 벌어진 것으로 볼 수 있다.

6·25전쟁 직전의 국제연합한국위원회 전선 실상 조사

1950년 6월 9일부터 전쟁이 벌어지기 몇 시간 전인 1950년 6월 24일까지 국제연합한국위원회는 38선 부근 실상을 파악한 후 그 결과를 작성하여 6월 29일 유엔안전보장이사회에 전송했다. 그런데 여기서 주목해야 할 부분은 당시 한국군이 북침할 가능성이 거의 없다는 것이었다.

이 보고서는 "한국에 관한 미 국무성백서(State Department's White Paper on Korea)"란 책자에 포함되어 있었다. 이 보고서의 다음과 같은 제목이 의미심장했다. "38선 부근에서의 군사 분쟁 관련 상황 발전을 파악할 목적으로 6월 9일부터 6월 24일까지 이곳 지역을 야전 실사한 후 돌아온 유엔관찰단이 6월 24일 작성하여 국제연합한국위원회에 보고한 보고서를 참조 목적으로 제출한다." 이들이 몇 시간만 더 38선 부근에 있었더라면 전투 시작 장면을 목격할 수도 있었을 것이다. 북한군의 남침이 이들이 38선을 떠난 다음날 이른 아침에 시작되었기 때문이다.

보고서에는 다음과 같이 기술되어 있었다. "한국군 야전을 관찰한 후 받은 주요 느낌은 한국군이 거의 전적으로 방어적 목적으로 조직되어 있다는 사실이다. 한국군이 북한군을 겨냥한 공세작전을 전개할 수 있는 상황이 아니란 사실이다." 계속해서 보고서는 다음과 같이 기술했다. "전반적으로 한국군 지휘관은 방어에 혈안이 되어 있었다. 북한군이 사전 준비된 한국군 진지를 공격하는 경우 한국군 지휘관은 퇴각만을 지시할 수 있었다." 이 보고서는 한국군 부대가 북측을 겨냥한 정찰 활동을 하고 있음을 보여주는 증거가 전혀 없으며, "공세작전 준비를 암시하는 사단 본부 또는 연대 본부 차원에서의 과도한 들뜬 분위기도 찾아볼 수 없었다."고 말했다. 보고서는 한국군이 항공 지원, 기갑 및 중포병 능력이 없었다는 점에서 "북침 목적의 어떠한 조치도…취할 수 없는 실정이다"고 말하고 있었다. 보고서가 전쟁 전날 상황에 관해 작성한 것이란 점에서 보면 이 보고서는 남한의 도발이 없는 가운데 북한군이 남침했음을 입증해 주는 매우 놀라운 자료였다. 그런데 1950년 5월 중순 이후 이승만은 한국군에게 방어적 태세를 유지하며, 공격을 받는 경우 퇴각하라고 지시했다. 당시 유엔 관찰단이 확인한 것은 이 같은 사실이었다.[189]

6·25전쟁이 벌어지기 이전 남한과 북한은 38선 부근에서 치열하게 싸웠다. 이들 싸움 가운데 남한이 초래한 경우도 적지 않았다. 예를 들면 1949년 5월 한국군은 6개 보병 중대와 몇몇 대대를 동원하여 북한을 공격한 결과 400명의 북한군을 살해한 반면 한국군은 22명이 전사했다.[190]

1949년 말경부터 미국은 한반도에서 이 같은 상황이 벌어지면 안 될 것이라고 생각했다. 남한의 도발이 없는 가운데 북한군이 남침해야 한다고 생각했다. 1951년 미 국무성 차관보 존 히커슨(John D. Hickerson)이 미 상원예결위원회 증언에서 밝힌 바처럼 북한군의 남침이 있기 전부터 미국

189. Martin Hart-Landsberg, *Korea: Division, Reunification, and U.S. Foreign Policy*, p. 118.
190. Bruce Cumings(2005), *Korea's Place in the Sun* (p. 248), Kindle Edition.

은 북한군의 남침을 가정하여 유엔의 기치 아래 미군을 한반도로 투입하기 위한 승인을 유엔으로부터 받기 위한 계획을 작성했다. 이처럼 유엔군의 일환으로 미군이 한반도전쟁에 투입되려면 남한의 도발이 없는 가운데 북한군이 도발하게 함이 대단히 중요했던 것이다.[191] 1949년 5월 당시처럼 북한군이 아니고 한국군이 먼저 도발하는 경우 유엔헌장에 따라 유엔은 북한이 아니고 남한을 침략자로 비난해야만 했을 것이다. 그 후의 유엔의 모든 간섭은 남한의 추가 도발로부터 북한을 방어하기 위한 성격이었을 것이다.

당시 남한과 북한 가운데 어느 측이 먼저 도발했는지를 객관적으로 입증해 줄 사람은 없었다. 그러나 1949년 말경부터 취한 일련의 조치로 인해 미국은 자신 있게 남한의 도발이 없는 가운데 북한이 남침했다고 주장할 수 있었던 것이다.

북한군의 남침에 대항하여 미국이 결의안을 유엔에 제출했다. 당시 유엔이 확실한 증거에 입각하여 이 결의안을 수용한 것이 아니었음을 가장 먼저 지적한 사람은 미국의 저명 언론인 스톤(I. F. Stone)이었다. 스톤의 설명처럼 유엔 기록을 보면 유엔사무총장 트리그브 리(Trygve Lie)는 북한군의 남침에 관한 소식을 미국의 유엔 부대표인 어니스트 그로스(Earnest A. Gross)의 전화로 알았다. 당시 그로스는 주한 미국대사 무초가 보냈다는 메시지를 리에게 읽어주었다. 그 내용은 "북한군이 6월 25일 이른 아침 몇몇 지점에서 남침했다."는 것이었다. 그로스는 "이 같은 상황에서의 공격은 평화파괴 행위 그리고 침략 행위와 다름이 없다."고 말했다. 그러면서 그로스는 즉각 유엔안전보장이사회 소집을 촉구했다.

그러나 그로스가 전화로 유엔사무총장에게 전달해 준 내용과 무초가 미

---

191. 남한의 도발로 인해 전쟁이 벌어졌다면 유엔은 한국이 아니고 북한을 지원해주어야 했을 것이다.

국에 보낸 한반도 상황에 관한 전문 비교를 통해 스톤은 당시 그 차이를 발견했다. 그로스는 무초가 보낸 171단어 길이의 전문을 미 국무성이 38 단어 길이로 각색한 내용을 유엔사무총장에게 읽어주었던 것이다. 당시 미국에 보낸 전문에서 무초는 북한군 남침에 관한 한국군 보고의 사실 여부를 주한미군군사고문단이 부분적으로만 확인했다고 말했다. 무초의 전문을 각색한 미 국무성의 글에서는 "주한미국 대사는 북한군이 6월 25일 이른 아침 몇몇 지역에서 남한 영토를 침범했다는 사실을 미 국무성에 통보했다."고 단정적으로 말했다. 더욱이 무초가 미국에 보낸 전문의 완본을 미국은 1달 이상 기간 동안 유엔안전보장이사회가 보지 못하게 했다. 여기서 스톤의 진실 규명 노력이 주는 함의는 당시 미국이 충분하지 못한 증거를 갖고 북한군 남침을 주장했다는 것이었다.

당시 미국이 이처럼 단정적으로 주장할 수 있었으며, 미국의 주장처럼 남한의 도발이 없는 가운데 북한군이 남침했던 것은 적어도 1949년 말경부터 미국이 남한의 도발을 원천적으로 차단하기 위해 다양한 조치를 취했기 때문이었을 것이다. 이들 조치 가운데 6월 25일 이전 얼마 기간 동안의 한국군 주요 간부들의 인사 조치와 같은 부분이 있었던 것이다.

제3절. 결론

소련이 해체된 1991년 12월 직후 덩샤오핑(鄧小平)은 이제 미국이 중국의 주요 적국이 되었다고 말했다. 그러자 미국은 1980년대 말경부터 추구했던 아태지역에서의 미군 철수 문제를 재검토했다. 미군의 아태지역 지속 주둔을 결심했다. 그런데 1990년대 초반부터 적어도 2000년대 중반까지 미국의 기업인들은 미중 무역을 통해 중국을 국제사회에 통합시켜야 한다고 주장했다. 여기서 보듯이 당시 미국은 중국을 국제사회로 통합시키기 위해 노력하면서도 중국이 이 같은 미국의 통합 노력에 부응하지 않는 경우 한미동맹, 미일동맹과 같은 아태지역의 동맹체제를 기반으로 중국과 대적해야 할 것으로 생각했다. 이 같은 '포용 그러나 대비(Engage but Hedge)' 전략은 냉전 종식 이후 미국의 일관된 대중국 전략이었다.[192]

미국은 중국대륙 공산화가 거의 확실해진 1949년 초순부터 중소동맹 체결이 확실해진 1950년 1월 18일까지도 중국을 겨냥하여 이 같은 '포용 그러나 대비' 전략을 적용했다. 이 기간 동안 미국은 공산중국을 소련과 분리시키기 위한 쐐기전략과 이 같은 전략이 실패하여 공산중국과 소련이 동맹을 체결하는 경우 공산중국과 소련을 동시에 군사적으로 봉쇄하기 위한 전략을 병행적으로 추진했다. 후자를 가능하게 해주는 부분이 한반도 전쟁을 통한 미군 재무장과 동맹체제 구축이었다.

1949년 8월 5일 트루먼 정부가 발행한 중국백서와 1950년 1월 12일의 애치슨 연설이 공산중국을 소련과 분리시키기 위한 성격의 것이었다면 1949년 6월 30일의 주한미군 철수, 6월 27일의 북한군 남침에 대비한 유엔군의 일환으로의 미군 참전계획 작성, 1949년 9월의 북한군이 남침하는 경우에 대비한 전쟁수행 계획 작성, 공산세력의 침략을 롤백시켜야 할 것이란 내용의 NSC-48 작성은 공산중국과 소련을 동시에 군사적으로 봉쇄하기 위한 성격의 것이었다.

1949년 12월 16일 마오쩌둥이 소련을 방문하자 미국은 NSC-48/1과 NSC-48/2란 문서를 작성했는데 이들 문서는 공산중국과 소련을 분리시

---

192. Graham Allison(2018), *Destined for War: Can America and China Escape Thucydides's Trap?* (p. 219). Mariner Books, Kindle Edition.

키기 위한 방안과 이 같은 쐐기전략이 실패하는 경우 이들 공산세력을 롤 백한 후 봉쇄하기 위한 방안을 모두 포함하고 있었다.

이들 문서에 입각하여 1950년 1월 12일 애치슨은 마오쩌둥에게 중소동 맹을 체결하지 않으면 대만을 점령하게 해줄 뿐만 아니라 중국을 경제적 으로 부흥시켜 줄 것이란 내용의 연설을 했다. 이 같은 애치슨의 연설에도 불구하고 마오쩌둥은 먼저 중소동맹 체결을 통해 소련으로부터 항공기와 함정을 지원받아 대만을 점령한 후 미국을 포함한 지구상 모든 국가와 외 교관계를 수립할 것이라고 말했다. 이 같은 마오쩌둥의 발언을 미국은 물 론이고 소련 또한 수용할 수 없었다. 소련은 대만 점령 이후 미중 외교관 계 정상화를 통해 미국과 중국이 자국을 봉쇄할 가능성을 우려한 반면, 미 국은 미중 외교관계 정상화를 통해 첨단 과학기술로 무장한 중국이 소련 과 함께 미국에 대항할 가능성을 우려했다.

마오쩌둥의 중소동맹 체결 결심과 동시에 미국은 중국과 소련 모두를 봉쇄하기 위한 재원 마련 측면에서 미국과 중국이 장기간 동안 치열하게 싸워야 할 것으로 결심했다. 마찬가지로 소련은 미중관계 정상화를 차단 하고 중국을 대미 견제 목적으로 자국에 예속시키기 위해 중국과 미국이 격돌하게 해야 할 것으로 생각했다. 이처럼 미국과 중국이 격돌할 수 있는 지역은 한반도였다. 이 같은 격돌을 가능하게 하기 위해 스탈린은 김일성 의 남침을 지원했으며, 미국은 이 같은 김일성의 남침을 이용하여 미군 재 무장에 필요한 재원을 마련하기 위한 준비를 시작한 것이다.

스탈린이 김일성의 남침을 허용해 줄 것이란 내용의 전문을 보낸 1950 년 1월 30일로부터 48시간이 지나지 않은 시점, 트루먼은 미 국방비 4배 증액을 염두에 둔 NSC-68 문서의 작성을 지시했다. 그러면서 미국은 북 한군의 전쟁 준비를 간과하는 한편 한국군의 전력증강을 억제했다. 북한 군이 남침하는 경우 한국을 포기할 것처럼 미 상원외교위원장 코널리와 같은 주요 인사들이 발언했다. 이는 북한군의 남침을 유도하고, 이 같은 남침을 한국군이 저지할 수 없게 하기 위함이었다. 이 같은 적에 대항하여 유엔군의 일환으로 미군이 참전하여 인천상륙작전과 진남포 및 원산에서의 상륙작전을 통해 북진할 예정이었다.

유엔군의 일환으로 미군이 참전할 수 있게 하기 위해 미국은 전쟁 발발 얼마의 기간 동안 한반도에서 전쟁이 벌어지면 100% 남한의 도발이 없는 가운데 북한군의 남침일 수밖에 없도록 다수의 조치를 취했다. 이형근 대장이 본인의 자서전에서 말한 6·25전쟁 10대 불가사의 가운데 적어도 6가지는 이 같은 성격이었다. 이 같은 미국과 소련의 노력으로 1950년 6월 25일 북한군이 남침하면서 6·25전쟁이 벌어진 것이다. 5장에서 보듯이 미국 입장에서 6·25전쟁은 중국군과 한반도에서 장기간 동안 치열하게 싸우기 위한 성격의 것이었다. 실제로 미국은 한반도에서 가능한 한 장기간 동안 중국군과 치열하게 싸우고자 노력했다. 적어도 이처럼 싸우는 듯 보이게 만들고자 노력했다. 이 같은 사실을 5장에서 확인해 볼 것이다.

제5장

6·25전쟁

"미국의 한반도 분단으로 엄청나고도 장기간 동안 지속되는 결과가 초래되었다. 분단으로 인해 6·25전쟁이 벌어진 것이다."[1]

"2차 세계대전 말경 자국의 '전략적 이익'을 고려하여 한반도 분단을 제안한 것은 미국이었다. 분단으로 인해 한반도 통일을 염두에 둔 분쟁이 필연적으로 초래되었으며, 전쟁이 벌어진 것이다."[2]

프로이센의 유명한 군사전략가 클라우제비츠(Carl Von. Clasuewith)에 따르면 전쟁은 정치적 목표를 달성하기 위한 것이다. 전승(戰勝)은 적군을 얼마나 많이 살상했는지가 아니고 정치적 목표를 달성했는지 여부에 의해 결

---

1. Tim Beal, "Korea and Imperialism" at https://link.springer.com/referenceworkentry/10.1007/978-3-319-91206-6_92-1(Accessed: 2021. 4. 20)

2. Michael Pembroke(2020), *Korea Where the America Century Began* (p. 12). Hardie Grant Books. Kindle Edition.

정된다.[3]

대표적인 사례는 1960년대 당시의 베트남전쟁이다. 베트남전쟁에서 북부베트남 지도자 호지명(胡志明)이 추구한 정치적 목표는 적화통일이었던 반면 미국이 추구한 정치적 목표는 이 같은 적화통일 방지였다. 당시 미군은 거의 모든 전투에서 상대적으로 많은 적군을 살상했지만 베트남전쟁에서 패배했다. 호지명이 베트남의 적화통일에 성공했던 반면 미국이 베트남의 적화통일을 저지하지 못했기 때문이다.

또 다른 사례에 6·25전쟁이 있다. 6·25전쟁 당시 미국이 추구한 정치적 목표는 가능한 한 장기간 동안 중국군과 유엔군이 한반도에서 치열하게 싸우게 함으로써 미군 재무장과 더불어 지구상 주요 지역 국가들과 동맹을 체결하는 것이었다. 이 같은 방식으로 미군을 이들 국가에 주둔시키는 것이었다. 3년에 걸친 6·25전쟁을 통해 한반도가 초토화되었다. 300만 명 이상의 남한과 북한 주민이 사망했다. 38선 부근에서 정전협정을 체결했다. 미국은 오늘날의 화폐가치로 따지면 4,000억$의 전비(戰費)를 사용했다. 3만여 명의 미군이 전사했다. 한국과 북한 입장에서 보면 6·25전쟁은 실패작이다. 얻은 것이 없는 반면 엄청난 피해를 입었기 때문이다. 반면에 미국 입장에서 보면 대단히 성공적이었다. 130억$ 규모의 미 국방비를 500억$ 수준으로 증액할 수 있었으며, 유럽, 한국, 일본, 대만, 필리핀, 오스트레일리아, 뉴질랜드와 동맹을 체결하는 방식으로 이들 국가에 미군을 장기 주둔할 수 있었기 때문이다. 결과적으로 소련과의 냉전에서 승리할 수 있었기 때문이다. 많은 사람들이 6·25전쟁에서 미국이 좋은 성과를 얻지 못했다고 말했다. 그러나 미국 입장에서 보면 6·25전쟁은 엄청

---

3. Donald M. Snow and Dennis M. Drew/권영근 번역(2003), 『미국은 왜? 전쟁을 하는가: 전쟁과 정치의 관계』(연경문화사, 2003), pp. 23-8.

나게 승리한 전쟁이었다. 전쟁에서 추구한 목표를 거의 완벽히 달성했기 때문이다.

전쟁은 정치적 목표를 겨냥하여 수행된다. 정치적 목표에서 군사적 목표가 도출되며, 군사적 목표를 달성하기 위해 전략과 전역계획(戰役計劃)을 수립하는 것이다. 이처럼 수립한 전역계획에 입각하여 지휘관들이 군사력을 운용하게 된다. 결국 야전의 육군, 해군 및 공군 병사들은 정치적 목표를 겨냥하여 전투를 수행하게 된다.

6·25전쟁은 근대시대 최초의 제한전이었다. 2차 세계대전 당시 맥아더는 태평양에서 일본의 무조건항복을 겨냥하여 가능한 모든 무기를 동원하여 전쟁을 수행했다. 전쟁 관련 결심을 거의 독자적으로 했다. 그러나 트루먼은 6·25전쟁을 한반도로 국한시켰을 뿐만 아니라 전쟁 무기를 제한시켰다. 전쟁목표를 제한시켰다. 예를 들면, 핵무기를 사용하지 못하게 했다. 트루먼은 맥아더의 전쟁 수행을 미 합참을 통해 철저히 통제했다. 예를 들면, 맥아더는 만주폭격을 통해 6·25전쟁을 중국대륙으로 확대시키고자 했던 반면 트루먼은 이 같은 맥아더의 노력을 철저히 통제했다. 1951년 4월 12일 트루먼이 맥아더를 해임시킨 주요 이유는 미국이 38선 부근에서 유엔군과 중국군을 격돌시키고자 노력하고 있던 상황에서 맥아더가 아직도 6·25전쟁을 중국대륙으로까지 확대시키고자 끊임없이 노력했기 때문이었다.

한편 전쟁은 맥아더와 같은 야전군사령관이 아니고 트루먼과 같은 통수권자가 수행하는 것이다. 전쟁은 정치, 경제, 외교, 군사, 정보 등 국력의 제반 수단을 동원하여 수행하게 된다. 맥아더와 같은 야전군사령관은 주로 군사적 수단을 이용하여 야전에서 전쟁(Warfare)을 수행하는 반면 트루먼과 같은 국가통수권자는 정치, 경제, 군사, 정보 등 국력의 모든 수단을 동원하여 전쟁(War)을 수행하게 된다. 맥아더와 같은 야전군사령관이 수행하는 전쟁은 트루먼과 같은 국가통수권자가 수행하는 전쟁 가운데 일부에 해당한다.

두부모 자르듯이 분명하게 구분되는 것은 아니지만 통상 전쟁의 수준 (Level of War)은 전략적 수준(Strategic Level of War), 작전적 수준(Operational Level of War), 전술적 수준(Tactical Level of War)로 구분된다.[4] 6·25전쟁 측면에서 보면 전쟁의 전략적 수준은 트루먼 대통령을 중심으로 한 미 국가안전보장회의를 지칭하는 반면 전쟁의 작전적 수준은 유엔군사령부, 유엔군사령부 예하 지상, 해상 및 공군 구성군사령부를 지칭한다. 전쟁의 전술적 수준은 8군 예하 군단사령부 이하, 공군의 비행단 이하, 해군의 함대사령부 이하 조직을 의미한다.

전쟁의 전략적 수준인 국가안전보장회의에서는 전쟁 수행 여부, 전쟁에서 추구해야 할 정치적 목표, 전쟁에 투입할 전력의 규모, 전쟁 종결 조건과 같은 것을 결정한다. 전쟁의 작전적 수준인 유엔군사령부와 구성군사령부에서는 전쟁의 전략적 수준에서 허용해 준 자원을 갖고 전쟁에서 추구해야 할 목표를 달성할 목적의 전역계획(戰役計劃)을 수립하게 된다. 전역계획은 육군, 해군 및 공군이란 국가의 모든 군사력의 행동이 전쟁에서 추구해야 할 목표를 겨냥하게 만들기 위한 성격이다. 육군의 군단, 사단, 연대, 대대, 중대, 소대, 소대원, 공군의 비행단, 전대, 대대, 조종사, 정비사, 통신사 등, 해군의 함대 등 모든 군의 조직이 전쟁 기간 내내 무엇을 하게 되는데 전역계획은 이들이 하는 무엇이란 부분이 전쟁에서 추구하는 목표를 겨냥하게 만들기 위한 성격이다. 전쟁의 전술적 수준에서는 전쟁의 작전적 수준에서 수립한 전역계획의 일부에 해당하는 일을 수행하게 된다. 특정 군단, 사단, 비행단, 함대 등 개개 조직은 자신에게 부여된 과업을 수행하게 된다. 물론 전역계획의 일부에 해당하는 이들 과업을 수행

---

4. Smith & Krupnick/권영근 번역, 『군사이론과 실재』(청주: 공군사관학교, 2004), p. 195.

하는 과정에서도 계획수립이 필요할 것이다.[5]

6·25전쟁에서 미국이 추구한 정치적 목표가 가능한 한 장기간 동안 중국군과 유엔군이 한반도에서 치열하게 싸우는 것이라고 하는 경우 이 같은 목표를 정하는 것은 트루먼 대통령을 포함한 미 국가안전보장회의다. 중국군과 유엔군이 한반도에서 치열하게 싸우게 하려면 트루먼은 중국군의 참전을 유도해야 할 것이다. 맥아더는 이처럼 참전한 중국군과 유엔군이 치열하게 싸우고 있다는 인상을 미국인과 우방국 국민들에게 심어줄 필요가 있을 것이다. 가능하면 참혹한 방식으로 전쟁을 수행해야 할 것이지만, 진정 중국군과 치열하게 싸우지 않는 경우에도 치열하게 싸우고 있는 듯한 인상을 전파할 필요가 있을 것이다. 트루먼은 맥아더의 전쟁계획이 미국인과 우방국 국민들에게 6·25전쟁의 참혹성을 입증해 줄 수 있는 형태가 되도록 노력해야만 했다.

통상 6·25전쟁과 관련하여 '정보 실패' 운운한다. 미국이 북한군의 남침과 중국군의 참전을 사전 예견하지 못했다고 말한다. 이는 사실이 아니며, 6·25전쟁에서 추구한 목표, 다시 말해 유엔군과 중국군이 장기간 동안 치열하게 한반도에서 싸워야 한다는 목표로 인해 북한군의 남침과 중국군의 참전 사실을 알면서도 모르는 척 했다는 것이 정확한 표현일 것이다.

유엔군은 평양철수 당시 평양을 불바다로 만들었는데 이는 6·25전쟁에서 추구한 목표 때문이었다. 마찬가지로 유엔군은 원산항, 청진항, 성진항을 하루 24시간 41일 동안 지속적으로 폭격했는데 이것 또한 6·25전쟁이 참혹한 방식으로 진행될 필요가 있었기 때문이었다. 유엔군의 1.4후퇴 당시 중국군 전력은 상당한 수준이 아니었다. 그럼에도 불구하고 유엔사는

---

5. 권영근, "합동교리와 관련된 논쟁" 『합동군사연구』 제14호, 국방대학교 합동참모대학, 2004, pp. 137-40.

세계인들에게 공산세력의 위협을 입증해 보이기 위해 유엔군이 엄청난 중국군의 압력에 못 이겨 서울에서 재차 철수하지 않을 수 없었다고 선전할 필요가 있었다. 이 같은 유엔사의 노력에 이승만이 분개했다. 6·25전쟁의 대명사로 알려져 있는 장진호 전투에서 미 해병대가 처참한 모습을 연출했던 것 또한 6·25전쟁에서 미국이 추구한 정치적 목표와 관련이 있었다.

이 장(章)에서는 트루먼 그리고 맥아더와 같은 유엔군사령관이 가능한 한 장기간 동안 치열하게 중국군과 싸운다는 정치적 목표를 겨냥하여 어떻게 6·25전쟁을 수행했는지를 살펴볼 것이다. 6·25전쟁에 관한 대부분의 서적과 달리 여기서는 미 8군사령관, 사단장, 연대장과 같은 전술 또는 작전지휘관 수준에서가 아니고, 트루먼 대통령, 6·25전쟁을 기획한 애치슨 미 국무장관, 야전에서 전쟁을 직접 지휘한 유엔군사령관 차원에서 6·25전쟁을 살펴볼 것이다. 특히 유엔군의 38선 북진 이후를 집중적으로 살펴볼 것이다.

제1절. 정치적 목표와 전쟁 수행

프로이센의 유명한 군사전략가 클라우제비츠가 말한 바처럼 전쟁은 정치적 목표를 달성하기 위한 것이다. "전쟁목표를, 이 같은 전쟁목표 달성을 위한 전쟁 수행 방식을, 분명하게 인지하지 않은 상태에서 어느 누구도 전쟁을 시작하지 않으며, 제정신인 어느 누구도 전쟁을 시작하면 안 된다"[6]고 클라우제비츠는 말했다. 그런데 6·25전쟁에서 미국이 추구한 정

---

6. Carl von Clausewitz, *On War*, ed. and trans. Michael Howard and Peter Paret (Princeton,

치 및 군사적 목표의 규명은 결코 쉬운 일이 아니다. 미국이 정치적 목표를 지속적으로 바꾸었기 때문이다. 6·25전쟁에 참전할 당시 미국은 38선 복원을 전쟁목표라고 말했다. 미국은 유엔군의 인천상륙작전 이후 목표를 남북통일로 바꾸었다. 중국군의 2차공세가 시작된 1950년 11월 말경 미국은 재차 38선 복원으로 입장을 바꾸었다. 이들이 6·25전쟁에서 미국이 추구한 목표였을까? 아니면 트루먼을 포함한 미국의 여러 지도자들이 비공식적으로 언급한 바처럼 6·25전쟁에서 미국이 추구한 이면의 목표는 가능한 한 장기간 동안 한반도에서 중국군과 치열하게 싸움으로써 미군 재무장과 더불어 지구상 도처에 미국의 동맹체제를 구축하는 것이었을까?

여기서는 6·25전쟁에서 미국이 표방한 정치적 목표가 실제 전쟁 수행과 배치됨을 보일 것이다. 미군의 전쟁 수행이 가능한 한 장기간 동안 중국군과 한반도에서 치열하게 싸우기 위한 성격임을 보일 것이다. 다시 말해, 트루먼이 추구한 정치적 목표가 장기간 동안 중국군과 격돌하는 것임을 보일 것이다.

1. 유엔군의 정치적 목표 변화

6·25전쟁에서 미국이 추구한 정치적 목표는 전세(戰勢)와 더불어 지속적으로 변했다.

이미 잘 알려진 바처럼 6·25전쟁에서 미국이 처음 추구한 정치적 목표는 북한군의 남침을 격퇴한 후 전쟁 이전 상태로 복원하는 것이었다.[7] 1950년 9월 15일의 인천상륙작전으로 전세가 급격히 호전되자 트루먼은

NJ: Princeton University Press, 1976), p. 579.

7. J. Lawton Collins(1969), *War in Peace Time: The History and Lessons of Korea* (Boston: Houghton Mifflin, 1969), pp. 32 – 5,

갑자기 북한군의 남침을 격퇴하기 위한 "경찰 행위" 차원에서 유엔군이 임무를 수행한다는 기존 입장을 포기한 후 보다 강력하고 응징적인 목표를 추구했다. 다시 말해, 북한이란 공산국가 제거를 통해 남북을 통일시킬 것이라고 말했다. 이 같은 목표를 겨냥하여 맥아더가 유엔군을 한만국경을 겨냥하여 진격시켰다.[8]

당시 맥아더가 추구한 군사적 목표는 북한군을 섬멸하는 것이었다. 북한의 저항 수단과 저항 의지를 완벽히 제거하는 것이었다. 이처럼 맥아더가 북한정권의 생존을 위협하는 군사적 목표를 추구하자 마오쩌둥은 참전을 결심하지 않을 수 없었다. 한반도와 중국을 순망치한의 관계로 생각하고 있던 마오쩌둥 입장에서 보면 북한이란 완충지대가 사라지는 경우 소련과 연결되는 주요 산업 및 통신 기반구조를 구비하고 있던 전략적으로 중요한 만주란 지역이 외부에 노출되면서 중국이 안보적으로 위협을 받을 수 있을 것이기 때문이었다.[9] 1950년 10월 16일경의 중국군의 참전으로 전쟁의 성격이 급변했다. 중국군이 유엔군에 상당한 피해를 입힌 1950년 11월 말경 미국은 한반도에서 추구해야 할 정치적 목표를 재차 전쟁 이전 상태로의 복귀로 하기로 결심했다. 38선 부근에서 정전협상을 통해 전쟁을 종료시키기로 한 것이다.[10] 그러면서 미 합참은 맥아더에게 "유엔군의

---

8. Bryan R. Gibby(2021), *Korean Showdown: National Policy and Military Strategy in a Limited War, 1951–1952* (p. 10). University of Alabama Press. Kindle Edition.

9. Dennis Bloodworth(1966), *The Chinese Looking Glass* (New York: Farrar, Straus and Giroux, 1966), p. 51.

10. "맥아더가 중국군의 2차 공세에 관해 보고한 1950년 11월 28일.…트루먼은 미 국가안전보장회의 요원들과 회동했다.…당시 애치슨은 맥아더가 본인의 임무를 분명히 이해하게 할 필요가 있다고 결심했다. 맥아더의 임무는 북한지역 모두를 점령하는 것이 아니다.…맥아더는 6·25전쟁을 종료시켜야 한다. 여기서 중요한 것은 특정 전선(戰線)에서 공산군과 지속적으로 싸우는 것이다." 한편 1950년 12월 1일의 미 국방성 회동에서 "미 국무장관 애치슨은 정전(停戰)을 선언한 후 38선 부근에서 전선을 유지하면 미국 입장에서 다행스러운 일 아닌가?라고 미국의 육군, 해군 및 공군 참모총장에게 질문했다. 이들이 애치슨의 이 같은 관점에 동의했다.…" James Chace(2008), *Acheson:*

안전과 일본 방위란 기본 임무를 준수하는 가운데 적군에게 가능한 한 최대한 피해를 입힐 것"[11]을 명령했다. 38선 부근에서 전쟁을 종료시킬 것이란 사실과 미 합참이 본인에게 내린 명령에 입각하여 1950년 12월 초순 맥아더는 유엔군을 38선 부근으로 고속 남진시켰다.[12] 그러면서 공산군을 겨냥하여 엄청난 포탄을 퍼부었다. 12월 15일경 유엔군이 38선 부근으로 돌아왔다.[13]

12월 31일 중국군이 중부전선의 한국군 부대를 공격했다. 이 같은 공격으로 1951년 1월 2일 한국군 1사단이 서울을 포기했으며, 유엔사의 명령에 따라 한강 이남의 제방에 방어진지를 구축했다. 곧바로 유엔사는 한강 이남에서 중국군을 저지하라는 명령을 취하하고는 남진을 명령했다. 결과적으로 유엔군이 평택 부근까지 남하했다.[14]

1951년 1월 맥아더는 중국군이 대단한 수준이 아님에도 불구하고 유엔군을 한반도에서 철수시킬 수밖에 없다고 주장하고 철수 후 중국과의 전쟁을 구상했다. 유엔군사령관에서 해임된 이후의 청문회에서 맥아더는 본인의 상기 구상을 미 합참이 지원했다고 강력히 주장했다. 그러면서 맥아더는 1951년 1월 12일 미 합참이 마샬 국방부장관에게 보낸 비망록을 그 근거로 제시했다. 맥아더의 이 같은 주장을 반박하면서 마샬과 각 군 참모

The Secretary Of State Who Created The American World (pp. 304–6). Simon & Schuster. Kindle Edition.

11. "The Joint Chiefs of Staff to the Commander in Chief, Far East (MacArthur), January 9 1951," in *FRUS*, 1951, Korea and China, Vol. 7, Part 1, p. 42.

12. 맥아더는 8군사령관 월턴 워커(Walton H. Walker), 10군단장 에드워드 알몬드(Edward Almond)와 도쿄에서 회의한 11월 28일 유엔군의 남진을 결심했다. Joseph C. Coulden(1982), *Korea: The Untold Story of the War* (New York: Times Books, 1982), p. 386.

13. Paik Sun-yup(1992), *From Pusan to Panmunjon* (Washington, D.C.: Brassey's, 1992), p. 112.

14. Ibid., pp. 115, 117.

총장들은 미 합참이 상기 비망록을 작성할 당시 주한미군이 부산 해변으로 밀려나거나 한반도에서 모두 철수해야만 할 가능성이 있었다고 주장했다. 그러나 이들은 비밀 증언에서 맥아더의 입장과 유사한 입장을 표명했다.[15]

한편 1951년 1월 12일 비망록에서는 유엔군의 전투력 보존을 가장 중요하게 생각하면서 한반도 상황을 안정시킬 것을 촉구했다. 그처럼 할 수 없는 경우 일본으로 철수한 후 중국과의 전쟁을 준비하라고 촉구하고 있었다.[16]

그런데 1951년 1월 초순 미 육군참모총장 콜린스와의 대화에서 8군사령관 리지웨이 대장은 유엔군의 한반도 철수가 불필요하다고 말했다. 그는 유엔군이 적어도 3개월 동안 한반도에 체류할 수 있을 것이라고 말했다. 미 합참의 지시에 따라 1951년 1월 15일 리지웨이는 38선을 겨냥한 최초의 반격을 시작했다.[17] 이 같은 리지웨이의 노력으로 1951년 3월 27일 유엔군이 38선 부근에 정착했다. 당시 리지웨이는 주요 지휘관을 소집한 후 캔사스 선에 관해 상세하게 말했다. 캔사스 선은 임진강에서 동해안에 이르는 38선 이북 대략 6마일에서 12마일 선이었다.[18] 1951년 5월 17일 미국은 6·25전쟁을 38선 부근에서 정전협상을 통해 종료한다는 다음과 같은 내용의 NSC-48/5란 문서를 작성했다. 여기서는 미국이 "궁

---

15. Rosemary Foot(1985), *The Wrong War: American Policy and the Dimension of the Korean Conflict, 1950-1953* (New York: Cornell University Press, 1985), p. 141.

16. "Memorandum by the Joint Chiefs of Staff to the Secretary of Defense (Marshall)," in "Memorandum by the Executive Secretary of the National Security Council (LayLay) to the National Security Council, January 12 1951," in *FRUS*, 1951, Korea and China, Vol. 7, Part 1, p. 71.

17. Paik Sun-yup(1992), *From Pusan to Panmunjon*, p. 122.

18. Ibid., pp. 135-6.

극적으로 한반도 문제를 군사적 수단이 아닌 정치적 수단을 통해 해결해야 할 것이다."[19]라고 말했다. 1951년 5월 말경 미 합참은 유엔군사령관 리지웨어 대장에게 NSC-48/5에서 언급하고 있는 내용을 구현하기 위한 다음과 같은 별도 지시를 내렸다. "적절한 정전 조건 아래…6·25전쟁을 종결지을 수 있도록 나름의 유리한 여건을 조성한다."[20] 이 같은 지시를 보며 미 육군참모총장 콜린스 대장은 "극동군사령관이 유엔군사령관 임무를 수행한 이후 처음으로 본인의 책임과 권한을 분명히 알게 되었다."[21]라고 표현했다.

미 합참이 리지웨이에게 하달한 상기 문서에서는 리지웨이가 가용 군사적 수단을 갖고 추구할 수 있는 정책을 언급하고 있었다. 그런데 이 지시에서 리지웨이에게 전달해 준 전략 목표는 전승(戰勝)을 점령한 영토 내지는 살상한 적군의 숫자를 기준으로 판단했던 미군 지도자들 입장에서 쉽게 달성할 수 있는 성격이 아니었다. 당시 이 지시에서는 대한민국 영토를 수호하고, 한반도전쟁이 확산 또는 확전되지 않도록 하며, 미군과 연합군의 인명 피해를 최대한 줄일 것을 요구하고 있었던 것이다. 미 합참이 내린 이 같은 임무로 인해 리지웨이는 8군의 공격을 가능하면 제한시켜야만 했으며, 공산군의 추가 저항을 억제한다는 차원에서 고강도의 항공작전에 의존해야만 했다. 한편 미국이 추구한 정책 목표 달성을 위한 주요 수단은 가능한 한 공산군에 양보하지 않으면서 미국과 유엔의 명예를 유지해 주

19. "Report to the National Security Council by the Executive Secretary (Lay), May 17, 1951," in *FRUS*, 1951, Asia and the Pacific, Vol. 6, Part 1, pp. 34-62.; "Memorandum Containing the Sections Dealing With Korea From NSC 48/5, May 17 1951," in *FRUS*, 1951, Korea and China, Vol. 7, Part 1, pp. 439-42.

20. James F. Schnabel(1992), *The Korean War Vol. III: Policy and Direction, the First Year* (Kindle Location 9590), (US Army Green Book), Kindle Edition.

21. J. Lawton Collins(1969), *War in Peace Time*, p. 302.

는 형태의 협상이 되었다.

　정전협상을 중지시키지 않으면서 미국의 공중 및 지상 지휘관들이 공산군을 강압하기 위해 자신의 전문성을 발휘할 당시 앞의 두 가지 임무가 변함없이 유지되었다.

　이 같은 이유로 군사적 승리를 겨냥한 계획 또는 8군사령관 밴플리트 장군이 1951년 5월 28일 구상한 평양-원산 부근에 유엔군의 방어선을 설정하기 위한 계획 모두는 채택될 수 없었다. 이들 계획이 6·25전쟁에서 미군의 개입을 제한해야 하며, 전선을 평양-원산이란 1백마일 이북 지역으로 이동시킨 상태에서 공산군과 지속적으로 싸우는 방식으로 부질없이 인명을 희생시키지 말라는 트루먼의 정책과 배치되었기 때문이다.[22] 한편 1951년 7월 10일부터 미국은 협상을 통한 한반도 문제 해결을 추구했다. 그런데 1952년 2월 이후 미국은 정전(停戰)과 동시에 포로를 무조건 송환해야 한다는 제네바협약을 위배해 가며 포로들의 강제송환이 아닌 자발적인 송환을 주장했다. 이 같은 송환 방침을 공산주의자들이 수용하게 해야 한다는 것이 새로운 정치적 목표가 된 것이다. 결과적으로 정전이 적어도 18개월 정도 지연되었다. 자발적인 포로송환 원칙을 공산 측이 수용하게 하기 위해 항공력을 이용하여 대거 폭격하는 등의 방식으로 전쟁을 수행한 결과 상당한 인명이 희생되었다.[23]

　6·25전쟁 참전 결심, 38선 북진결심, 6·25전쟁을 군사적 승리가 아니고 38선 부근에서 정전협상을 통해 종료할 것이란 결심, 포로의 자유송환을 추구할 것이란 결심 모두는 전적으로 트루먼이 내린 것이었다. 이 같은 트루먼의 정치적 결심으로 인해 군사적 목표가 결정되었으며, 이 같은 군

22. Rutherford M.. Poats(1954), *Decision in Korea* (Kindle Location 2668). Burtyrki Books. Kindle Edition.

23. Bryan R. Gibby(2021), *Korean Showdown* (p. 7), Kindle Edition.

사적 목표를 겨냥하여 유엔군이 작전을 수행했던 것이다.

이미 살펴본 바처럼 트루먼은 6·25전쟁에서 추구해야 할 정치적 목표를 38선 원상회복, 남북통일, 38선 원상회복, 포로의 자유송환으로 지속적으로 바꾸었다. 역사적으로 미국이 수행한 전쟁 가운데 이처럼 정치적 목표를 지속적으로 바꾼 경우는 없었다. 이는 이들 목표가 진정한 의미에서 정치적 목표가 아니고 명목상의 목표일 가능성을 암시하는 것이다. 이들 목표가 당시 미국이 추구한 진정한 목표였다면 트루먼은 제정신인 사람으로 볼 수 없을 것이다. 왜냐하면, 클라우제비츠가 말한 바처럼 전쟁지도자는 전쟁에 돌입하기 이전에 전쟁에서 추구해야 할 정치적 목표, 이같은 목표를 달성하기 위한 전쟁 수행 방식을 분명히 인지하고 있어야 하기 때문이다.

문제는 이처럼 전쟁의 논리에서 벗어나는 형태로 수행되었다는 6·25전쟁을 통해 미국이 냉전 승리의 초석을 마련할 수 있었다는 사실이다. 오늘날 미국의 안보 전문가들은 미국이 세계적인 패권국가로 부상할 수 있게 해준 전쟁은 6·25전쟁이라고 말한다.[24] 더욱이 1953년의 프린스턴 대학 세미나에서 애치슨의 동료가 "6·25전쟁이 미국을 구해주었습니다. 미국에 크게 기여했습니다."라고 말하자 애치슨은 "그렇게 말할 수 있습니다."라고 답변했다. 당시 미국은 공산주의 위협에 대항한다는 차원에서 국방비를 400% 증액해야 하는 등 여러 문제를 안고 있었는데 이 같은 미국의 문제를 6·25전쟁이 해결해 주었다는 것이다.[25]

---

24. "첫째, 6·25전쟁이 냉전의 방향을 조성해주었다. …둘째, 6·25전쟁이 일어나지 않았더라면, 어떠한 사건도 6·25전쟁으로 인해 초래된 효과를 이룰 수 없었을 것이다. …셋째, 6·25전쟁이 벌어지지 않았더라면 세계역사가 매우 달라졌을 것이다." Robert Jervis(1980), "The Impact of the Korean War on the Cold War," *Journal of Conflict Resolution*, Vol. 24 No 4, December 1980, pp. 563-4.

25. James Carroll(2007), *House of War: The Pentagon and the Disastrous Rise of American Power*

이 책에서 필자는 6·25전쟁에서 미국이 추구한 정치적 목표가 38선 원상회복, 남북통일이 아니었다고 주장한다. 이들은 이승만의 목표는 될 수 있지만 미국의 목표일 수 없다고 주장한다. 당시 미국이 추구한 목표는 이 책의 4장 1절 3항에서 말한 바처럼 한반도에서 미군과 중국군이 가능한 한 장기간 동안 치열하게 싸우는 것이었다고 주장한다. 다음에서는 이 같은 정치적 목표 측면에서 미국의 6·25전쟁 수행을 재차 해석해 보자.

2. 유엔군의 실제 정치적 목표와 6·25전쟁 수행에 관한 재해석

필자는 6·25전쟁에서 미국이 추구한 목표가 한반도에서 가능한 한 장기간 동안 중국군과 격돌하는 것이며 이 같은 방식으로 미군을 재무장하고 동맹체제를 구축하는 것이라고 말했다. 이 같은 목표 측면에서 6·25전쟁 수행을 해석해 보는 경우 지금까지 이해되지 않던 부분들이 보다 분명해진다.

예를 들면, 오늘날까지도 많은 사람들이 6·25전쟁에서 미국의 '정보 실패' 운운한다. 미국이 북한군의 남침과 중국군의 참전을 사전에 알지 못했다는 것이다. 이것이 사실일까? 이 책의 5장 2절에서 살펴보겠지만 이는 전혀 사실이 아니었다. 당시 미국은 북한군의 남침을 사전에 정확히 알고 있었다. 남침 직전 며칠 동안 미국의 주요 인사들의 행태를 보면 미국이 남침 일자는 물론이고 남침 시점 또한 정확히 알고 있었음이 분명하다. 중국군의 참전 또한 정확히 알고 있었다. 그럼에도 불구하고 모른 척했다. 미국은 왜 그처럼 모른 척했을까? 이는 미군 재무장이란 주요 목표 달성 측면에서 한반도에서 중국군과 미군이 장기간 동안 격렬히 싸울 필

(Kinlde Location 4014). (New York: Mariner Books, 2007). Kindle Edition 그리고 Bruce Cumings(2010), *The Korean War: A History* (Kindle Location 3048). (New York: Modern Library, 2011), Kindle Edition.

요가 있었기 때문이었을 것이다. 1949년 9월에 작성한 한반도전쟁 계획 SL-17에 따르면 유엔군의 일환으로 미군이 참전할 필요가 있었기 때문이었을 것이다.

당시 미국이 남침 억제를 위해 소련을 겨냥하여 사전에 경고했더라면 북한군이 남침할 수 없었을 것이다.[26] 당시 미국은 북한군의 남침 준비를 모른 척하는 한편 한국을 포기할 듯한 제스처를 취했는데 이는 북한군의 남침을 유도하기 위함이었다. 미군이 한반도에서 중국군과 격돌하려면 먼저 북한군의 남침이 필수적이기 때문이었다. 중국군의 참전을 모른 척했던 것도 동일한 이유로, 한반도에서 중국군과 미군이 격돌할 필요가 있었기 때문이었을 것이다. 그 후 북한군의 남침과 중국군의 참전에 관해 잘 알고 있었으면서 모른 척했다고 말할 수도 없었을 것이다. 이 같은 이유로 미국은 북한군의 남침과 중국군의 참전을 전혀 모른 상태에서 당했다고 주장했을 것이다.

한편 1950년 6월 미국은 한반도에서 추구해야 할 정치적 목표가 38선 원상회복이라고 말했다. 이것이 진정 목표였다면 트루먼은 유엔군을 낙동강까지 후퇴시키는 것이 아니고 맥아더의 건의를 수용하여 한강에서 북한군의 남침을 저지하고자 노력했어야만 했을 것이다. 그런데 트루먼은 한강 방어 차원에서 미 지상군을 투입해야 할 것이란 1950년 6월 29일 당시의 맥아더의 요청을 수용하지 않았다. 이는 남침한 북한군을 쉽게 저지하면 안 되었기 때문이었을 것이다. 이처럼 저지해서는 미국인과 자유진영 국가 국민들이 공산세력의 위험을 절감할 수 없을 것이기 때문이다. 미군

---

26. Alexander L. George and Richard Smoke(1974), *Deterrence in American Foreign Policy.; Theory and Practice* (New York: Columbia University Press, 1974), p. 60.; 알렉산더 조지와 리처드 스모크는 1950년 6월 25일의 북한군의 남침을 미국이 억제를 시도하지 않은 사례 가운데 하나로 생각했다. Ibid., pp. 140-72.

을 포함한 유엔군이 1949년 9월에 작성한 한반도전쟁 계획 SL-17에 입각하여 낙동강까지 후퇴했던 것은 이 같은 이유 때문이었을 것이다. 인천상륙작전을 통해 극적인 상황을 연출했던 것도 동일한 이유 때문이었을 것이다. 인천에 상륙한 10군단과 낙동강방어선을 돌파한 미 8군은 낙강동 방어선에서 북쪽 지역으로 줄행랑치고 있던 북한군을 포위하여 섬멸할 수도 있었을 것이다. 그러나 맥아더는 그처럼 하지 않았다. 북한군이 북한지역으로 도망칠 수 있게 퇴로를 열어주었다. 미군이 중국군과 격돌하고자 하는 경우 38선 북진이 필수적이기 때문이었을 것이다. 북한군을 남한지역에서 모두 섬멸하는 경우 미군의 38선 북진 명분이 약화되기 때문이었을 것이다.

유엔군이 북한군의 위세에 눌려 고전하고 있던 1950년 7월 중순부터 미국은 38선 북진 명분을 만들었다. 결과적으로 1950년 10월 7일 유엔이 유엔군의 38선 북진을 허용해 주는 결의안을 통과시켰다. 전쟁 발발과 동시에 미국이 남북통일을 표방했더라면 미국을 제외한 15개 참전국 내부에서 공감대를 형성할 수 없었을 것이다. 당시 유럽 국가들이 한반도전쟁에 참전했던 것은 한국을 도와주기 위함이 아니었다. 미국의 한반도전쟁 노력 지원을 통해 미국으로 하여금 유럽 안보에 보다 많은 관심을 표명하게 만들기 위함이었다.[27] 이 같은 측면에서 보면 유엔군의 38선 북진은 한반도전쟁이 중국대륙으로 비화되면서 유럽 국가들이 한반도전쟁에 참전한 이유, 다시 말해 미국이 유럽 안보에 보다 많은 관심을 표명하게 만들어야 할 것이란 사실을 무색하게 만들 수 있는 성격이었던 것이다.

한편 미국인과 자유진영 국가 국민들에게 공산세력의 위험을 각인시키

---

27. Henry Kissinger(2001), *Does America Need a Foreign Policy?: Toward a New Diplomacy for the 21st Century*, (Kindle Location 1600), Simon & Schuster, Kindle Edition.

기 위해 6·25전쟁을 유엔군이 힘겹게 수행하고 있는 듯한 모습을 연출하면서 트루먼이 고민했던 사항이 있었다. 유엔군이 낙동강방어선에서 북한군과 힘겹게 싸우고 있던 당시, 인천상륙작전이 진행되던 1950년 9월 15일 당시, 중국군이 참전하는 경우 유엔군이 일대 낭패에 처했을 것이란 사실이었다. 결과적으로 이 시점, 트루먼은 중국군의 참전을 억제하기 위해 노력해야만 했다. 그러나 트루먼은 유엔군이 인천에 상륙한 이후부터는 중국군의 참전을 종용하기 위해 나름의 노력을 전개해야만 했다. 인천상륙작전이 성공한 직후 트루먼은 중국군이 참전하지 않을 수 없도록 상황을 조성해갔다.[28]

6·25전쟁이 진정 가능한 한 장기간 동안 유엔군과 중국군이 한반도에서 격돌하게 만들기 위한 성격임은 중국군이 참전한 1950년 10월 16일경부터 전쟁이 종료된 1953년 7월 27일까지의 유엔사의 전쟁 수행 방식을 통해 보다 잘 알 수 있을 것이다.

미국은 마오쩌둥이 중국군의 참전 사실을 김일성에게 공식 통보해 준 1950년 10월 8일[29] 다음 날인 10월 9일 맥아더에게 한반도 도처에서 중국군과 싸울 것을 촉구하는 전문을 보냈다. 영국 및 프랑스와 같은 참전국 대표와 NSC-81/1란 문서를 작성한 9월 초순 미국은 한국군만이 압록강까지 진격할 것이며, 여타 유엔군은 압록강 이남 40마일 경계선을 넘지 않을 것이라고 약속한 반면, 10월 9일 전문에서 모든 유엔군이 압록강까지 진격하게 하라고 맥아더에게 지시했다. 이는 미군을 포함한 여타 유엔군이 압록강까지 진격해야만 자국 안보 차원에서 중국군이 6·25전쟁에 참전할 가능성이 높아지기 때문이었을 것이다. 마찬가지로 중국군이 한만

---

28. Richard C. Thornton/권영근, 권율 번역(2020), 『강대국 국제정치와 한반도: 트루먼, 스탈린, 마오쩌둥 그리고 6·25전쟁의 기원』, (서울: 한국국방연구원, 2020), pp. 436-43.

29. Quoted in Ibid., p. 473.

국경을 넘어 한반도로 들어온 경우에도 미군이 압록강 부근까지 진격해야만 유엔군과 중국군이 격돌할 가능성이 높아지기 때문이었을 것이다.

1950년 11월 7일 유엔에 제출한 보고서에서 맥아더는 중국군이 10월 16일과 20일 2회에 걸쳐 한반도로 진입했다고 말했다. 이처럼 중국군의 진입 사실을 알고 있었음에도 불구하고 유엔사는 1950년 10월 24일 유엔군의 압록강 진격을 명령했다. 그 후 중국군의 참전 증거가 지속적으로 늘어났음에도 불구하고 맥아더는 11월 4일까지도 중국군의 참전을 부인했다. 11월 4일 갑자기 맥아더는 중국군의 대거 참전을 인정했다. 11월 6일까지의 유엔군과 중국군의 싸움은 유엔군의 의도적인 노력의 산물이었다. 중국군이 가능한 한 유엔군과의 접전을 피했던 것이다. 그런데 11월 7일 이 같은 중국군이 갑자기 자취를 감추었다.

맥아더와 트루먼이 웨이크 섬에서 회동한 10월 15일부터 맥아더가 중국군의 대거 참전을 언급한 11월 4일까지 중국군의 존재를 부인했던 주요 이유는 중국군의 참전을 시인하는 경우 여타 유엔참전국들이 6·25전쟁의 확전을 우려하여 전쟁 자제를 촉구했을 가능성이 있었기 때문이었을 것이다. 중국군과 유엔군이 일대 격돌한 후 중국군의 참전을 기정사실화해야 했으므로 이는 바람직하지 못했다.

11월 7일 중국군이 자취를 감추자, 유엔사는 700여 대의 B-29 폭격기와 다수의 전투기를 동원하여 신의주를 90% 이상 파괴했다. 중국군이 전투를 포기한 채 자취를 감춘 이후 평화협상 분위기가 조성될 가능성을 우려한 결과였을 것이다. 11월 15일 중국 대표단이 대만 문제와 한반도 문제를 협의하기 위해 유엔본부를 방문할 것임을 확인한 유엔사는 11월 15일을 기점으로 유엔군의 2차 압록강 진격을 구상했다. 그런데 중국군의 유엔본부 방문이 11월 24일로 연기되자 유엔사는 2차 압록강 진격 일정을 재차 11월 24일로 변경했다. 이유는 한반도 평화 대화를 저지하기 위함이었을 것이다. 유엔군이 압록강을 겨냥하여 진격할 당시 중국군이 평화 대화를 거론할 수 없을 것이기 때문이었다.

유엔군의 2차 압록강 진격이 시작되기 며칠 전부터 유엔사는 11월 24일 이 같은 진격을 감행할 것임을 언론을 통해 공개했으며, 장진호 부근 지역이 중국군의 공격에 매우 취약한 상태임을 공개적으로 언급했다. 그런데 이는 중국군의 반격을 유도하기 위함이었을 것이다. 유엔군의 만주 지역 진입 가능성을 우려한 중국군이 유엔군의 진격에 대항하여 반격한 11월 27일 이후 얼마 지나지 않은 12월 15일 미국은 국가 비상사태와 경제 동원령을 발동한 상태에서 미 국방비 대거증액을 선언했다. 그런데 이는 미국이 1차 세계대전과 2차 세계대전에 참전할 당시 취한 조치와 동일한 성격이었다. 한편 12월 2일 이후 맥아더는 유엔군을 38선 이남으로 퇴각하게 만들었다. 12월 1일 애치슨 국무장관, 마샬 국방부장관, 각 군 참모총장들은 38선 부근에서 공산군과 정전협정을 체결하기로 결심했다. 당시 미국이 38선 부근으로의 남진을 구상했던 것은 38선 부근에서 전선을 정체시킨 상태에서 치열한 방식으로 장기간 동안 싸우고 있는 듯 보이는 모습을 연출하기 위함이었을 것이다. 실제로 1951년 7월부터 정전협정이 체결된 1953년 7월에 이르는 2년의 기간 동안 유엔군과 공산군은 포로송환과 같은 간단한 문제만을 놓고 대립했다. 그러면서 양측이 상당한 인명 피해를 초래하게 한 것이다.

유엔군이 중국군의 추격이 거의 없는 가운데 고속으로 38선 부근으로 남하할 당시 유엔사는 중국군의 인해전술 운운했다. 그런데 이는 공산세력의 위협이 상당한 수준임을 미국인과 자유진영 국가 국민들에게 각인시키기 위함이었을 것이다. 38선에서 전선을 정체시킨 1951년 3월 27일 이후 유엔군과 중국군이 38선 부근에서 보다 많은 출혈을 초래하기 위해 노력했음은 잘 알려진 사실이다. 특히 1952년 2월 트루먼은 포로송환 관련

제네바협정을 간과한 채 강제송환이 아니고 자유송환을 주장함으로써 전쟁 기간을 18개월 정도 연장시켰으며, 자유송환이란 개념을 수용하도록 공산 측을 맹렬히 공격했다. 이는 6·25전쟁에서 미국이 추구한 목표가 가능한 한 장기간 동안 공산 측과 치열하게 싸우는 성격임을 보다 분명히 보여준 사례였다.

이 같은 치밀한 계획과 각본에 입각한 전쟁 수행을 통해, 3년의 기간 동안 중국군과 치열하게 싸우는 방식으로 미국은 6·25전쟁에서 추구한 목표를 완벽히 달성할 수 있었다.

오늘날 미국의 한반도 전문가 가운데에는 6·25전쟁을 통해 미국이 냉전 승리의 초석을 마련할 수 있었다는 사실에 이의를 제기하는 사람은 없어 보인다. 이들 가운데에는 우연히 벌어진 6·25전쟁으로 미국이 이 같은 놀라운 결과를 얻을 수 있었다고 주장하는 사람이 있는가 하면 치밀한 계획을 통해 이 같은 결과를 얻을 수 있었다고 주장하는 사람도 없지 않다. 그런데 6·25전쟁에 관한 비밀이 해제된 오늘날 입장에서 보면, 1943년부터 1954년까지의 미국의 한반도정책의 일관성 측면에서 보면, 후자가 보다 타당성이 있어 보인다.

제2절. 북한군 기습 남침인가? 중국군 기습적인 참전인가?

6·25전쟁 관련 주요 쟁점에 '정보 실패' 논란이 있다. 오늘날 거의 모든 6·25전쟁 전문가들이 1950년 6월 25일의 북한군 남침과 1950년 10월 중순의 중국군 참전을 트루먼이 전혀 모르고 있던 상태에서 기습적으로 당했다고 주장한다. 예를 들면, 미 국무장관으로서 한반도 상황을 1949년

1월부터 1952년 말경까지 관리했던 애치슨은 6·25전쟁이 벌어진 직후의 미 상원 증언에서 6·25전쟁과 관련하여 '정보 실패'가 있었다고 말했다.[30]

그러나 6·25전쟁 당시 전술정보 측면에서 일부 실패가 있었을지 모르지만 북한군 남침 또는 중국군 참전에 관한 정보와 같은 전략정보 측면에서 트루먼 행정부의 '정보 실패'는 없었다. 트루먼이 미 국방비 400% 증액을 위해, 맥아더가 마오쩌둥으로부터 중국대륙을 빼앗아 장제스(蔣介石)에게 되돌려주기 위해, 한반도에서 미국과 중국의 격돌을 염원한 결과 북한군 남침과 중국군 참전 관련 정보를 의도적으로 간과했던 것이다.

1. 북한군 남침 징후 관련 주요 인사 증언과 주요 기관 보고

북한군 남침 징후에 관한 충분한 정보가 있었음은 다음과 같이 입증해 보일 수 있을 것이다.

6·25전쟁 발발 당시 미 중앙정보국장 로스코 힐렌쾌터(Roscoe Hillenkoetter)와 같은 권위 있는 인사들이 '정보 실패'를 부인했다. 6·25전쟁 당시 미국이 중국과 소련의 주요 결심을 인지한 상태에서, 이들 결심에 대처하는 쪽으로 움직였음을 보여주는 증거가 다수 있다. 여기서는 이들 증거를 제시할 것이다. 이는 미국이 이들 국가의 정보를 대거 수집했음을 의미한다. 미국의 정보 능력과 한반도의 중요성을 고려해 볼 때, 북한군 남침 관련 정보를 획득하지 않았을 가능성은 거의 없을 것이다.

결국 미국은 충분히 많은 정보가 있었음에도 불구하고 북한군 남침과 중국군 참전 관련 정보를 의도적으로 간과했던 것이다. 힐렌쾌터의 미 상원 청문회 증언과 더불어 6·25전쟁 관련 백악관 1차 및 2차 회의에 참석했던 미 국무성차관보 히커슨의 미 상원 증언, 코즈모폴리턴(Cosmopolitan)

---

30. Ibid., p. 264.

잡지에 기고한 맥아더의 유엔사 정보참모 찰스 윌러비(Charles A. Willoughby) 소장의 글은 미국이 북한군의 6월 25일 남침을 사전에 잘 알고 있었음을 보여주고 있다.

첫째, 미 중앙정보국(CIA) 국장 힐렌쾨터는 북한군의 남침이 있은 다음 날 미 상원에서 증언했다. 힐렌쾨터가 상원 증언을 한 이유는 미 국무장관 애치슨이 북한군 남침 관련 정보가 전혀 없었다며, 상원에서 '정보 실패'를 주장했기 때문이었다. 애치슨의 '정보 실패' 주장에 미 상원세출위원회가 힐렌쾨터를 소환했고, 그는 38선 부근 북한 주민 이주 현황, 전차를 포함한 주요 전력의 38선 부근 집결 현황 등 북한군 남침 징후를 보여주는 6월 19일 자 정보보고서를 포함한 많은 자료를 갖고 설명했다. 그러자 상원세출위원장은 이들 정보를 트루먼 행정부의 고위급 인사들에게 제공해 주지 않은 이유가 무엇인지? 질문했다. 힐렌쾨터는 트루먼 등 미 행정부 주요 인사들에게 관련 정보를 모두 배포했으며, 이들이 해당 정보를 수령했음을 보여주는 확인서를 제시했다. 그러자 힐렌쾨터의 상원 증언에 참석했던 미 공화당과 민주당 의원 모두 미 중앙정보국의 훌륭한 임무 수행을 격찬했다.[31]

둘째, 맥아더 후임 유엔군사령관 리지웨이는 "…38선 이북 지역에서 대규모 부대가 이동했다. 38선 부근 모든 북한 주민이 38선 이북 2킬로미터 너머 지역으로 이주했다. 원산에서 철원으로 가는 모든 민간화물 노선이 전적으로 군용화물 운송 목적으로 사용되고 있다. 무장한 군인들과 방대한 규모의 탄약과 장비가 38선 부근으로 이동하고 있다.…"란 내용의 6월 19일 자 정보보고서를 읽은 사람 가운데 북한군의 남침 임박 사실을 부인

---

31. Ibid., pp. 264-6.

할 수 있는 사람이 어디 있겠는가?라고 반문했다.[32]

1950년 4월 중순 미 공군 특수수사실(OSI)은 소련이 북한군에 남침을 명령했음이 분명하다고 극동공군에 말했다. 1950년 5월 미 육군본부 정보참모부장은 "북한군의 38선을 겨냥한 점진적인 이동은 이들이 남침을 준비하고 있음을 보여주는 징후일 수 있다"라고 말했다. 5월 23일의 또 다른 요약보고에서 정보참모부장은 "한반도에서 항시 분쟁이 벌어질 수 있다."라고 말했다. 특히 워싱턴의 고위급 인사들은 38선 부근에서의 적의 공세 임박을 미 중앙정보국이 생산한 6월 19일 자 정보를 통해 분명히 알 수 있었다. 당일 극동군사령부 정보참모부장 윌러비는 "소련의 보좌관들이 지금이 정치적 수단을 이용하여 남한정부를 전복시키기 위한 적시로 생각하고 있음이 분명하다"라고 결론지었다.[33]

셋째, 6·25전쟁 관련 1950년 6월 25일과 27일의 1차 및 2차 백악관회의에 참석했던 미 국무성차관보 히커슨은 미 국무성이 6·25전쟁 발발을 사전에 예견하여 대비했다고 미 상원에서 1951년 6월 5일 증언했다. 당시 미 국무성은 기습적으로 남침을 당한 것처럼 행동했지만 북한군이 남침하는 경우 유엔에 제출할 결의안 초안을 이미 작성해 놓고 있었다. 당일 히커슨은 상원의원들의 집요한 질문에 굴복하여 이 같은 사실을 미 상원 예결위원회의 정기 청문회에서 토로하지 않을 수 없었다. 히커슨은 전혀 사전 경고 없이 북한군의 남침이 시작되었다고 천명하는 방식으로 청문회를 시작했다. 그런데 청문회가 종료될 당시 그는 북한군 남침에 관한 경보를 사전 수신하여 그 대처 방안을 놓고 내부 논의했으며, 이 같은 논의를 통해 유엔에 제출할 결의안 초안을 작성했음을 실토했다. 미 국무성은 이

---

32. Matthew B. Ridgway(1967), *The Korean War* (Garden City, NY: Doubleday, 1967), pp. 13-4.

33. James F. Schnabel(1992), *The Korean War Vol. III* (Kindle Location 1535).

같은 6·25전쟁 관련 사전 준비를 자신의 예견 능력을 보여주는 사례로 인용할 법 한데 이 같은 준비 사실을 외부에 알리고자 하지 않았다. 이는 북한군의 남침과 관련하여 미 국무성이 무언가 은폐하고자 하는 부분이 많이 있음을 암시해 주는 부분이었다. 미 국무성 요원들이 6·25전쟁에 관한 사전 경보를 받았으며, 전쟁 발발에 대비하여 사전에 계획을 수립했다는 사실을 일반 미국인들에게 알리고자 하지 않았던 것은 무슨 이유 때문일까?[34] 한편 1950년 6월 25일 미 국무성은 유엔사무총장에게 6·25전쟁 발발에 관한 정보를 제공해 주었는데 이 정보는 한반도에서 무초 대사가 보낸 최초 보고서 내용과 달랐다. 당시는 한국에 있던 어느 국가의 대사도 남침 또는 북침 여부에 관해 모르고 있었는데, 미 국무성이 유엔사무총장에게 제출한 문서에서는 북한군의 남침을 단언하고 있었다.[35] 이는 당시 미 국무성이 북한군의 남침을 사전에 예상하고 있었음을 보여주는 부분이었다.

넷째, 유엔사 정보참모 미 육군소장 윌러비는 맥아더가 본인의 해임 관련 청문회에서 북한군의 남침에 관해 전혀 모르고 있었다고 말하는 방식으로 미 상원위원회를 기만했다는 사실을 1951년 12월 무심코 실토했다. 1951년 5월 맥아더는 6·25전쟁이 벌어질 당시 한반도가 본인의 책임지역이 아니었으며, 북한군의 남침 이전 한반도 상황에 관해 거의 관심을 기울이지 않았다고 상원청문회에서 다음과 같이 말했다.

상의의원 모스(Morse): 38선 이북 지역에서 진행되고 있던 상황에 관한 정보 문제와 관련하여 말하면, 이 같은 정보를 획득하여 관련 조직에 제공해 주어야

---

34. I. F. Stone(1952), *The Hidden History of the Korean War*, 1950 – 1951, pp. 53, 56.

35. Ibid., p. 46.

할 책임은 어디에 있나요?

맥아더: 이는 남한정부로 생각됩니다.

상원의원 모스: 남한정부가 미국의 국가방위 측면에서 중요한 의미가 있는 정보를 발견한 경우 이 같은 정보를 극동군사령부에 제공해줄 책임이 있나요?

맥아더: 남한정부가 이 같은 책임이 있다고 생각됩니다. 한반도는 저의 책임지역이 아닙니다. 저의 책임지역 인근 지역입니다. 저의 경우 이 같은 정보에 많은 관심이 있었을 것입니다.

맥아더는 6·25전쟁 이전에 극동군사령부 정보 부서가 한반도 상황을 매우 긴밀하게 관찰하고 있었으며, 정보를 수집하여 보고하는 조직을 남한지역에 운용하고 있었다는 사실을 상원의원들에게 말하지 않았다. 이 청문회 이후 6개월이 지난 1951년 12월의 코즈모폴리턴이란 잡지에 기고한 글에서 윌러비는 맥아더가 "한반도에서의 정보 수집 또는 관찰과 관련하여 책임이 없었지만, 극동군사령부가 한반도의 전반적인 상황에 무심할 수 없었다. 결과적으로 은밀한 방식으로 한반도에 정보 수집 및 분석 조직을 운용하고 있었다."고 말했다. 여기서 수집한 정보를 "워싱턴으로 전달했으며, 북한군의 남침이 있기 3개월 전인 1950년 3월에는 북한군의 전쟁 준비 상황을 정확히 파악했다."고 말했다. 극동군사령부 정보 부서는 당시 파악한 북한군 남침 준비 현황 관련 정보 보고서를 워싱턴에 보내면서 "1950년 봄 또는 여름에 한반도에서 전쟁이 없을 것으로 보인다."고 말하는 등 자신이 워싱턴에 보낸 경보의 의미를 축소시키고자 노력했다. 그런데 맥아더의 상원 증언 1달 후인 1951년 6월 미 국무장관 애치슨(Dean Acheson)은 상원청문회에서 북한군의 남침과 관련하여 미국의 '정보 실패'는 없었다고 말하면서 1950년 6월 25일 이전에 받아본 북한군 의도에 관한 정보 사례로 극동군사령부가 워싱턴에 보낸 상기 정보 보고서를 인용했다. 극동군사령부가 워싱턴에 보낸 1950년 3월 10일 자 정보보고서에서는 "인민군이 1950년 6월에 남침할 것으로 예상된다."고 말하고 있었다. 그런데 당시 극동군사령관은 맥아더였다.

1950년 7월 25일 유엔에 보낸 보고서에서 맥아더는 "한국군의 성격과 배치를 놓고 볼 때 이 같은 기습 공격을 예견할 수 없었다."고 말했다. 그런데 그 후 18개월 뒤 코즈모폴리턴에 기고한 글에서 윌러비는 "한국육군 모두가 몇 주 동안 경계 태세로 38선 부근에 배치되어 있었다."라고 말했다. 여기서 윌러비는 맥아더가 거짓 증언했음을 암시했다.[36]

다섯째, 상원청문회에서 미 국무성차관보 히커슨은 6·25전쟁 당일 30명의 국무성 직원이 출근하여 유엔주재 소련대표 말리크의 유엔안전보장이사회 회의 참석에 대비하고 있었다고 말했다. 이는 미국이 북한군의 6월 25일 남침을 사전에 잘 알고 있었음을 암시해 주는 부분이었다. 상원의원 퍼거슨(Ferguson)은 이처럼 대비한 이유에 관해 히커슨에게 질문했다.

상원의원 퍼거슨: 이 같은 일로 30여 명의 국무성 직원을 동원한 이유가 무엇인가요?

히커슨: 이 일이 얼마나 복잡한 성격인지를 의원님은 잘 모르시고 계신 듯 보입니다. 여기서의 주요 문제는 말리크가 유엔안전보장이사회에 참석할 가능성입니다. 우리는 말리크가 유엔안전보장이회에 참석하여 미국이 제출한 결의안에 거부권을 행사할 가능성을 우려했습니다.

상원의원 퍼거슨: 말리크가 유엔안전보장이사회에 참석하는 경우 귀하는 무엇을 할 예정이었는가요? 귀하도 알고 있듯이 말리크가 유엔결의안에 거부권

---

36. Ibid., pp. 57-60.

을 행사할 것인데요?

히커슨: 말리크가 거부권을 행사하는 경우 우리는 유엔총회 특별 회의 개최를 유엔사무총장에게 요청할 예정이었습니다. 30여 명의 국무성 요원들이 말리크가 거부권을 행사하는 경우에 대비한 계획을 수립하고 있었으며, 유엔총회에 제출할 문서의 초안을 작성하고 있었습니다.[37]

여섯째, 1947년 트루먼 대통령은 미 정보 조직을 대폭 강화했다. 미 중앙정보국과 국가안보국(NSA)를 창설했다. 냉전 당시 미국은 모스크바와 해외주재 소련 대사관이 주고받는 전문을 포함한 소련의 거의 모든 통신망을 철저히 감시했다. 이 같은 감청을 통해 소련의 능력과 의도를 파악했다.[38] 당시 김일성과 스탈린의 대화를 북한주재 소련대사 스티코프가 전문을 통해 중재했으며, 이 같은 외교망을 미국이 집중 감청했다는 점에서 보면 북한군의 남침 관련 사항을 모르고 있었을 가능성은 거의 없을 것이다.

일곱째, 맥아더는 중국군의 한반도 진입 사실을 이미 잘 알고 있었음에도 불구하고 중국군의 참전 사실을 지속적으로 부인했다. 예를 들면, 1950년 10월 26일 한국군 6사단 2연대는 온정리 부근에서 중국군에 포위되었다고 무선을 통해 보고했다. 10월 28일 미 8군 대변인은 중국군 참전을 터무니없는 소리라고 일축했다.[39] 그런데 유엔사가 유엔에 보낸 1950년 11월 6일 보고서에서는 중국군이 10월 16일과 20일에 한만국경을 도강했다고 보고하고 있었다.[40] 여기서 보듯이 유엔사는 중국군 참전에 관한

---

37. Ibid., pp. 65-6.

38. Stephen. Budiansky(2016), *Code Warriors* (Kindle Location 271). Knopf Doubleday Publishing Group. Kindle Edition.

39. I. F. Stone(1952), *The Hidden History of the Korean War*, p. 156.

40. Ibid., pp. 156-7.

정보 측면에서 실패하지 않았던 것이다. 중국군 참전 관련 정보 실패 주장 또한 거짓인 것이다.

여덟째, 맥아더의 전기 작가 존 군터(John Gunther)는 북한군의 남침 준비에 관해 미국이 모르고 있었을 수 없었음을 맥아더 전기(傳記)에서 다음과 같이 기술했다. "1950년 6월 25일, 북한은 3개 경찰 여단의 지원을 받는 4개 사단 이상의 전력으로 남침했다. 7만 명 정도가 남침에 동원되었으며 4개 지역에서 대략 70대의 전차가 동시에 남침했다.…이들 모두가 의미하는 바를 어느 군인에게 물어보아도 답변은 동일할 것이다. 이처럼 방대한 군사력을 무장 및 집결시킨 후 거의 완벽히 동시 통합된 형태로 광범위한 전선(戰線)에서 사전 계획된 방식으로 정해진 시점에 남침하게 하고자 하는 경우 적어도 1개월 이상의 사전 준비 기간이 필요할 것이다.…그러나 도쿄의 극동군사령부는 물론이고 한국에 있던 한국인과 미국인들은 완벽히 기습적으로 남침을 당했다.…이는 일본군의 진주만 공격 당시와 비교하여 훨씬 수치스런 일이었다. 미국이 눈을 감고 있었으며, 두 발과 두 손을 동여매고 있었던 것이다."[41]

아홉째, 6·25전쟁이 벌어지기 며칠 전인 1950년 6월 17일부터 20일까지 미 국무장관 보좌관 덜러스가 한국을 방문했다. 곧바로 일본에서 덜러스는 맥아더, 존슨 국방부장관, 브레들리 합참의장과 회의했다. 6월 21일 이후 덜러스는 조만간 미국이 극동지역에서 평화를 지키기 위한 '적극적인 조치(Positive action)'을 취할 것이라고 예견했다. 당시 덜러스가 말한 '적극적인 조치'는 롤백정책을 의미했다.[42] 그런데 롤백정책은 공산세력의 침략을 전제로 했다. 북한군의 남침을 전제로 한 것이었다. 덜러스는 '적극

---

41. Ibid., p. 3.
42. Ibid., p. 38.

적인 조치'란 "국제사회의 평화, 안전 및 정의를 지키기 위한 것이다. 여기서 말하는 국제사회에는 소위 말하는 서구세계뿐만 아니라 극동지역이 포함된다."고 말했다. 기자들이 추가 질문하자 덜러스는 브레들리 합참의장, 존슨 국방부장관과 본인이 함께 내린 결론으로 인해 "일종의 '적극적인 조치'가 있을 것이지만, 이것에 관해 예견할 수 없다."고 말했다. 그런데 덜러스의 발언이 있은 지 3일 이후 벌어진 6·25전쟁으로 인해 미군이 유엔군의 일환으로 참전하여 롤백정책을 추진했다. 결과적으로 미국이 국방비 대거 증액과 동맹체제 구축을 통해 공산세력에 대항한 냉전에서 승리할 수 있었다. '적극적인 조치'를 언급했을 당시 덜러스는 북한군의 남침뿐만 아니라 미 국방비의 400% 증액을 가정하고 있던 NSC-68 문서의 내용을 이미 알고 있었다. 한국을 방문하기 이전 덜러스는 NSC-68이란 문서를 보았던 것이다.[43]

2. 중국과 소련의 주요 의사결정에 대한 미국의 반응

1949년과 1950년 당시 미국의 한반도 관련 주요 의사결정을 보면, 미국이 소련과 중국의 주요 결심을 잘 알고 있었음이 분명하다. 이는 북한군의 남침과 중국군의 참전이 기습적인 성격이 아니었음을 암시해 주는 또 다른 사실이다. 그 증거는 다음과 같다.

첫째, 미중관계 정상화를 허용해 주는 듯 보였던 전문, 모스크바의 마오쩌둥이 베이징의 류사오치(劉少奇)에게 보낸 1949년 12월 19일 자 전문이 발송된 지 4일 뒤인 12월 23일 애치슨은 미중관계 측면에서 매우 귀중한 제안을 담고 있던 NSC-48/1란 문서를 작성했으며, 이것을 12월 30일 NSC-48/2로 발전시켰다. 또한 1949년 12월 23일 미국은 해외주재

---

43. Ibid..

모든 미 대사관에 대만을 포기할 것이란 내용의 공문을 보냈다. 마찬가지로 1950년 1월 5일 트루먼이, 1월 12일 애치슨이 미중관계를 정상화하는 경우 중국의 대만 점령을 허용해 줄 것임을 암시하는 연설을 했다. 그런데 애치슨 연설은 중국이 미국과 우호적인 관계를 유지하는 경우 대만을 중국에 넘겨줄 것인 반면 그렇지 않은 경우 한반도에서 전쟁을 유도할 것이란 의미의 것이었다. 이 같은 점에서 보면 애치슨 연설은 미중관계 정상화 관련 마오쩌둥의 12월 19일 자 전문에 대한 반응 차원이었음이 분명했다.

둘째, 1950년 1월 30일 스탈린은 북한군의 남침을 허용해 줄 것이란 내용의 전문을 김일성에게 보냈다. 이 전문이 발송된 지 48시간이 지나지 않아 트루먼이 공산세력 봉쇄 차원에서 미 국방비 400% 증액을 요구하고 있던 NSC-68이란 정책문서의 작성을 지시했으며, 이 문서가 6·25전쟁을 통해 구현되었다.[44]

셋째, 마오쩌둥이 김일성에게 중국군 참전 관련 전문을 보낸 1950년 10월 8일 이전 트루먼은 중국군 참전과 관련하여 별다른 입장을 보이지 않았다. 그런데 중국군 참전이 결정된 다음날인 10월 9일 트루먼은 그 장소와 무관하게 한반도에서 유엔군과 중국군이 교전할 것을 맥아더에게 지시했다.[45]

넷째, 1949년 9월 미국은 북한군의 남침에 대비한 전쟁 계획, 낙동강까지 후퇴한 후 인천상륙작전을 통해 반격하며, 원산과 같은 북한지역의 2곳에서의 상륙을 통해 북진한다는 내용의 한반도전쟁 계획인 SL-17을 작성했다. 그런데 당시 미국은 NSC-48을 통해 공산세력의 롤백을 구상하

---

44. Richard C. Thornton/권영근, 권율 번역(2020), 『강대국 국제정치와 한반도: 트루먼, 스탈린, 마오쩌둥 그리고 6·25전쟁의 기원』, pp. 535-6.

45. "The Joint Chiefs of Staff to the Commander in Chief, Far East (MacArthur), October 9 1950," in *FRUS*, 1950, Korea, Vol. 7, p. 915.

고 있었다. 한편 1950년 6월 19일 미국은 SL-17을 승인한 후 관련 부서에 배포했다. 맥아더의 극동군사령부가 50부를 수령했다. 이 부분과 관련하여 시카고대학의 브루스 커밍스 교수는 다음과 같이 말하고 있다. "우리는 아직도 1950년 6월 19일 미 국방성이 북한군의 남침을 가정하고 있었으며, 부산교두보로 신속히 후퇴한 후 낙동강방어선 구축과 인천상륙작전을 가정하고 있던 SL-17이란 한반도 전쟁계획을 승인하여 관련 기관에 배포한 이유를 모르고 있다."[46] 그런데 이는 1950년 6월 18일 김일성이 북한군 야전군사령부에 남침준비 명령을 하달했기 때문일 것이다.[47] 또는 1950년 6월 19일 북한군 남침 준비에 관한 미 중앙정보국의 상세 보고서가 발간되었기 때문일 것이다.[48] 또는 1950년 6월 16일 북한주재 소련대사 스티코프가 북한군의 실제 남침계획을 소련에 보고했기 때문일 것이다.[49] 당시 미국은 이들 사항을 감청을 통해 파악하고 있었을 것이다.

다섯째, 6월 18일부터 6월 22일까지 미 국방부장관 존슨, 합참의장 브레들리, 국무성 특별보좌관 덜러스, 극동군사령관 맥아더가 일본에서 비밀회의를 한 것도 기이했다. 당시 이들은 소련과의 전쟁 가능성을 심각히 논의했다.[50] 6월 23일 저녁에는 장기간 동안 비상사태를 유지하던 한국군의 비상이 해제되었으며, 6월 25일에는 많은 장병이 휴가를 떠났다. 6월 24일 늦은 시점까지 한국군 고위급 장교와 주한미군군사고문단 요원들이 유흥을 즐겼다. 이들 사건 이외에 1950년 6월 9일부터 몇몇 유엔 관찰관

46. Bruce Cumings(2005), *Korea's Place in the Sun* (p. 259). Kindle Edition.

47. Joseph C. Coulden(1982), *Korea: The Untold Story of the War*, p. 41.

48. Richard C. Thornton/권영근, 권율 번역(2020), 『강대국 국제정치와 한반도: 트루먼, 스탈린, 마오쩌둥 그리고 6·25전쟁의 기원』, p. 140.

49. Quoted in Wada Haruki(2014), *The Korean War* (Asia/Pacific/Perspectives) (Kindle Location 2287, 2295). Rowman & Littlefield Publishers. Kindle Edition.

50. I. F. Stone(1952), *The Hidden History of the Korean War*, pp. 39-40.

이 38선 부근에 전개되어 38선 동향을 살폈다. 그런데 이들이 전쟁이 벌어지기 몇 시간 전인 6월 24일 전선에서 철수한 후 보고서를 작성하여 6월 29일 유엔에 보낸 것이다. 이 보고서의 다음과 같은 제목이 의미심장했다. "38선 부근에서의 군사 분쟁 관련 상황 발전을 파악할 목적으로 6월 9일부터 6월 24일까지 이곳 지역을 야전 실사한 후 돌아온 유엔관찰단이 6월 24일 작성하여 국제연합한국위원회에 제출한 보고서를 참조 목적으로 제출한다."[51]

이들 사건은 1950년 6월 16일 북한주재 소련대사 스티코프가 6월 25일 이른 새벽에 북한군이 남침할 것이란 다음과 같은 내용의 전문을 모스크바로 보냈다는 사실과 관련이 있을 것이다. "북한군의 남침은 6월 25일 이른 새벽에 시작된다. 북한군은 먼저 옹진반도에서 공격을 시작한 후 한반도 서해안을 따라 주요 공격을 감행할 것이다. 서울과 한강을 점령할 것이다. 동시에 동부지역의 북한군이 춘천과 강릉을 해방시킬 것이다. 적의 주력을 서울 부근에서 포위하여 격파할 것이다. 작전의 마지막 단계에서 적군의 잔여 세력들을 격파할 것이다. 도시와 항구 점령을 통해 남한의 나머지 지역을 해방시킬 것이다."[52]

3. 미국의 정보 능력과 한반도의 중요성

트루먼은 당시 미국의 정보능력이 미미한 수준이었으며, 한반도가 주요 정보 수집대상 지역이 아니어서 북한군 남침을 감지하지 못했다고 주장했다. 그런데 이는 사실이 아니었다. 이미 1장에서 살펴본 바처럼 미국은 1943년 이후 한반도를 미국과 소련의 패권경쟁 측면에서 대단히 중요한

---

51. Ibid., pp. 9-10.

52. Quoted in Wada Haruki(2014), *The Korean War* (Kindle Location 2287, 2295), Kindle Edition

지역으로 간주했다. 오늘날에도 미국은 한미동맹을 중국을 겨냥한 미국의 아태지역 동맹체제에서 '함정의 닻'에 해당할 정도로 중요한 성격으로 간주하고 있다. 함정의 닻이 고정되어 있지 않으면 함정이 전후좌우로 흔들리는 것과 마찬가지로 한미동맹이 공고하지 않으면 아태지역의 미국의 동맹체제가 흔들린다고 생각하고 있는 것이다. 이 같은 이유로 많은 미국의 안보 전문가들은 한반도를 동아시아의 중심(Pivot)으로 표현한 바 있다.[53]

당시 미국의 정보 능력이 미미한 수준이었다는 주장도 타당성이 없다. 미국이 2차 세계대전에 참전하여 40만 명 미만의 상대적으로 적은 희생자를 내면서 지구상 패권국으로 부상할 수 있었던 것은 우수한 정보력 때문이었다. 미국이 미드웨이 해전, 노르망디 상륙작전 등 주요 작전에서 승리할 수 있었던 주요 요인도 우수한 정보 능력 덕분이었다.[54]

2차 세계대전 당시 미국과 영국은 독일과 일본의 외교 통신망뿐만 아니라 군 통신망을 감청했다. 이 같은 노력으로 미 합참의장 마샬은 유럽 전쟁에서 추축국의 전략적 의도와 군사력 배치에 관한 정보를 매일 받아볼 수 있었다. 그런데 이들 정보 가운데 67%가 정확했다. 이는 군 역사상 정보 측면에서 가장 놀라운 성과였다. 일본군의 외교통신망을 감청할 목적의 장비 개발을 위해 미국은 매우 미미한 수준의 경비를 투입했다. 그런데 이 같은 투입을 통해 미국은 군 역사상 가장 놀라운 결과를 얻은 것이다. 이들 통신망 감청을 통해 연합국이 얻은 이득과 관련하여 영국의 처칠 수상은 수십 개 사단 이상의 가치가 있었다고 말했다. 태평양전쟁을 주도했던 미 해군제독 체스터 니미츠(Chester Nimitz)는 통신망 감청이 당시 태평양

---

53. 예를 들면, onathan D. Pollack (Editor), *Korea: The East Asian Pivot*(Newport, Rhode Island: Naval War College Press, 2006)에서 Pivot(중심)이란 단어 주목

54. Lee(2015), *Marching Orders: The Untold Story of How the American Breaking of the Japanese Secret Codes Led to the Defeat of Nazi Germany and Japan* (Kindle Location 41 & 54), (New York: Open Road Media, 2015), Kindle Edition.

에서 일본군과 싸우고 있던 태평양함대 전체 전력과 동일한 의미가 있었다고 말했다. 2차 세계대전 기간 내내 미 육군참모차장이었던 토머스 핸디(Thomas Handy)는 통신망 감청을 통해 유럽에서의 2차 세계대전을 1년을 단축시킬 수 있었다고 말했다.[55]

이 같은 사실에 입각하여 전후에도 미국과 영국은 신호정보 분야에서의 공조 지속을 약속하며 비밀정보 공동체인 '파이브 아이즈(Five Eyes)'[56]를 창설한 것이다. 이처럼 미국과 영국의 공조 지속을 지시한지 얼마 지나지 않은 시점인 1946년 1월 22일 트루먼은 국무장관, 육군장관, 해군장관으로 구성되는 국가정보국(National Intelligence Authority)을 창설했으며, 중앙정보국장(Director of Central Intelligence)이란 직책을 만들었다. 1947년 7월 26일 국가안보법(National Security Act)을 통해 트루먼은 국가안전보장회의(National Security Council)를 만들었는데 이는 군사, 외교 및 자원의 문제를 연구하여 지속적으로 평가하기 위한 성격이었다. 이 국가안보법을 통해 트루먼은 또한 국가안보 이익을 고려하여 미국의 여러 정부 부처와 기관의 정보 활동을 상호 조정 및 통제할 목적으로 미 중앙정보국(CIA)을 창설했다. 미 중앙정보국은 주요 국가 가운데 공공연하게 의회의 법을 통해 창설된 최초의 해외정보 담당 부서였다. 마찬가지로 신호정보를 담당할 목적으로 트루먼은 국가안전보장국(NSA)을 창설했다.[57] 결과적으로 적(敵)은 미국의 활동을 전혀 감지하지 못하는 반면 미국은 적의 일거수일투족을 살펴볼 수 있게 되었던 것이다.[58]

---

55. Ibid.,

56. 미국, 영국, 캐나다, 호주, 뉴질랜드 등 영어권 5개국이 참여하는 비밀 정보 공동체.

57. Andrew, Christopher. *The Secret World* (pp. 676-7). Penguin Books Ltd. Kindle Edition.

58. Richard C. Thornton/권영근, 권율 번역(2020), 『강대국 국제정치와 한반도: 트루먼, 스탈린, 마오쩌둥 그리고 6·25전쟁의 기원』, p. 160.

또한 6·25전쟁 직전 미 육군, 공군, 중앙정보국, 극동군사령부가 한반도에서 독자적으로 정보를 수집 및 생산하여 관련 부서에 배포할 정도로 한반도는 미국 입장에서 대단히 중요한 지역이었다. 예를 들면, 1949년 6월 미 중앙정보국을 대변하던 제이 반더풀(Jay Vanderpool) 대령은 극동군사령부 정보참모 윌러비 소장 주도 아래 한국연락사무소(KLO)를 설치했다. 반더풀은 주한미군군사고문단의 미 공군장교 니콜스가 운영하던 특별수사실(OSI)과 공조하여 북한에 첩자들을 투입했다. 이 같은 방식으로 북한군 장교들을 전향시켰으며, 북한군 통신망을 감청하여 그 결과를 해독했다. 한국연락사무소는 한국에서 신호정보를 감청했을 뿐만 아니라 극동군사령부 소속 미 해군의 함대무선부대(Fleet Radio Unit)와 공조했다. 그런데 함대무선부대는 중국과 러시아의 무선 통신망을 감청했다.[59] 당시 한반도는 미국이 상대적으로 많은 외교관, 500명의 군사고문단과 700명의 전문가를 유지하고 있던 지역이었다.[60]

더욱이 남한과 북한은 동일 언어를 사용하는 동일 민족이었다. 산악 지역이 많은 한반도 지형 특성상 남한과 북한은 상대방 지역으로의 첩자 침투가 매우 용이했다. 6·25전쟁 당시 북한은 38선 부근의 여러 지역에서 동시 통합된 형태로 남침을 시작했는데 이는 적어도 1개월 이상 사전 준비가 필요한 형태였다. 따라서 북한군 남침 동향 정보는 쉽게 획득 가능했다. 북한군이 1950년 6월에 남침할 것으로 보인다는 1950년 3월 10일

---

59. Allan R. Millett(2005), *The War for Korea, 1945-1950* (Modern War Studies) (Kindle Location 5259). University Press of Kansas. Kindle Edition.

60. "미국의 내부 문서에 따르면 한국은 터키 및 그리스와 마찬가지로 공산세력 봉쇄를 위한 주요 국가였다. 이 같은 이유로 한반도에 군사고문단을 배치했으며, 마샬플랜에 입각한 원조가 제공되었다. 이외에도 주한미국 대사관은 미국의 해외 대사관 가운데 가장 방대한 규모의 대사관이었다." Bruce Cumings(2010), *The Korean War: A History* (Modern Library Chronicles Series Book 33) (Kindle Location 1726). Random House Publishing Group. Kindle Edition.

의 정보보고서를 포함하여 북한군 동향에 관한 상당히 많은 정보가 미 행정부의 주요 부서에 배포되었다. 1950년 5월 10일 신성모 국방부장관은 북한군의 전력에 관해 외국 기자들을 상대로 회견했는데 신성모가 발표한 자료는 결과적으로 보면 매우 정확했다. 이처럼 미국과 비교하여 정보 능력이 열악했던 한국군조차도 북한군 전력증강 현황을 정확히 파악하고 있었다.

이 같은 이유로 당시 미국은 북한군 남침 준비에 관한 정보를 매우 정확히 파악하고 있었음을 알 수 있다. 아무튼 6·25전쟁이 벌어지자 트루먼 행정부는 더 이상 미국의 정보 능력 부족을, 또는 한반도가 중요한 지역이 아니란 주장을 전개할 수 없는 입장이었다. 전쟁이 벌어지자 한반도는 물론이고 한반도 주변 지역의 정보를 매우 성공적으로 획득했기 때문이다. 그런데 트루먼 행정부는 북한군 남침에 관해 말했던 것과 동일한 주장을 중국군 참전과 관련하여 전개했다. 북한군 남침과 관련하여 "항상 가능한 상태이지만 1950년에는 가능성이 없다."고 주장했는데, 중국군 참전과 관련해서 또한 "항상 가능한 상태이지만 1950년에는 가능성이 없다"고 주장했던 것이다.

미 정보당국이 능력은 있었지만 중국군의 참전을 예견할 수 없었다는 주장 또한 타당성이 없다. 왜냐하면 상당한 규모의 중국군이 한만국경 부근에 전개되어 있었으며, 베이징과 이들 중국군 간에 점차 교신이 늘어나고 있었다는 사실뿐만 아니라 이들 교신 내용을 미국이 감청하고 있었다는 사실은 중국이 6·25전쟁 참전을 준비하고 있었음을 분명히 보여주는 부분이었기 때문이다.[61]

---

61. Richard C. Thornton/권영근, 권율 번역(2020), 『강대국 국제정치와 한반도: 트루먼, 스탈린, 마오쩌둥 그리고 6·25전쟁의 기원』, pp. 487-8.

4. 의도적인 간과?

미 공군 중령 니콜스는 1950년 6월 초순 북한군 남침 예정 일자를 좁혀주는 주요 보고서를 작성했다. 그는 6월 25일부터 28일 사이에 북한군이 남침할 것이라고 보고했다. 그런데 니콜스는 도쿄의 맥아더와 워싱턴이 이들 보고서를 믿지 않았다고 말했다.[62]

여기서 보듯이 당시 미국의 지도자들은 북한군의 남침을 사전 경보해줄 수 있는 다수의 구체적이고도 전술적이면서 야전에서 확인한 사항들을 북한군 남침 이전 일정 기간 동안 간과했다. 마찬가지로 미국의 언론은 이들 사항을 거의 보도하지 않았다. 반면에 중국의 대만 침공에 관해서는 엄청날 정도의 비문과 평문 수준의 경보가 있었다. 이는 당시 가장 의문스런 부분이었다.[63] 예를 들면, 역사학자 요셉 쿨덴(Joseph C. Coulden)이 주목한 바처럼 "1950년 3월 1일부터 6월 25일까지의 미 중앙정보국의 일일보고에는 한국 관련 내용이 전혀 포함되어 있지 않았다."[64]

또한 1950년 4월 20일 북한군의 비약적인 전력증강을 거론하며 한국군 전력증강의 필요성을 애치슨에게 강조했던 주한미국 대리대사 드럼라이트는 신성모의 북한군 남침 임박 관련 5월 10일자 기자회견을 폄하했다. 미국으로부터 보다 많은 원조를 받기 위한 터무니없는 것으로 치부했다. 혹자는 미 국방비 400% 증액을 위한 NSC-68 문서가 트루먼의 결재를 받은 1950년 4월 15일 이후 주한미국 대사관이 미국으로부터 모종의 지시를 받은 것으로 생각했다.

---

62. Blaine Harden(2017), *King of Spies: The Dark Reign of America's Spymaster in Korea* (p. 59). Pan Macmillan. Kindle Edition.

63. Richard C. Thornton/권영근, 권율 번역(2020), 『강대국 국제정치와 한반도: 트루먼, 스탈린, 마오쩌둥 그리고 6·25전쟁의 기원』, p. 161.

64. Joseph C. Goulden(1982), *Korea: The Untold Story of the War*, p. 39.

한편 미국은 중국군 참전 징후 또한 간과했다. 유엔군의 1차 압록강 진격이 진행되던 1950년 10월 24일 이전에 중국군이 한반도에 진입하고 있음이 다방면에서 목격되었다. 1950년 10월 26일 한국군은 중국군과의 접전을 보고했다. 그런데 유엔사는 이것을 터무니없는 주장으로 치부했다.

5. 왜 '정보 실패'를 주장했을까? 정보는 정치의 연장(延長)?

그러면 트루먼과 애치슨은 물론이고 맥아더는 왜 북한군 남침과 중국군 참전 징후를 간과했을까? '정보 실패'를 주장했을까? 그 답변은 프로이센의 유명한 군사전략가 클라우제비츠의 말처럼 전쟁은 정치의 연장이며, 정보, 군사 등 국력의 모든 수단을 동원하여 수행한다는 사실에 기반을 두고 있어 보인다. 다시 말해, 정보는 정치적 목표를 겨냥하여 운용되기 때문이다. 예를 들면, 커밍스는 한반도에서 생산한 북한군 남침 동향 정보를 워싱턴과 극동군사령부가 간과했다고 말했다. 그런데 이는 6·25전쟁을 통해 미국이 추구하던 정치적 목표로 인해 트루먼과 애치슨은 물론이고 맥아더가 북한군의 남침을 염원했기 때문이었을 것이다. 미국은 북한군이 남침하는 경우 유엔군 형태로 참전해 낙동강까지 후퇴한 후 인천상륙작전을 통해 반격할 것이란 내용의 전쟁계획인 SL-17을 1949년 9월 작성했으며, 이 계획을 전쟁 발발 1주일 전인 1950년 6월 19일 모든 관련 부서에 배포했다. 이는 미국이 북한군의 남침을 사전에 알고 있었으며 염원했음을 보여주는 주요 증거일 것이다.

맥아더는 6·25전쟁을 중국대륙으로 확전시킴으로써 마오쩌둥으로부터 중국대륙을 빼앗아 장제스에게 넘겨주어야 한다고 생각했던 차이나 로비세력이었던 반면 트루먼은 6·25전쟁을 통해 미 국방비의 4배 증액을 추구하고 있었던 것이다. 이들이 북한군의 남침 관련 정보를 지속적으로 간과했던 것은 6·25전쟁 발발을 염원했기 때문이었을 것이다. 결과적으로 이들이 북한군 남침 징후를 의도적으로 간과했을 것이다.

마찬가지로 미국이 중국군 참전 관련 정보를 간과했던 주요 이유는 중국군과 유엔군이 한반도에서 격돌하기도 전에 중국군의 한반도 진입 사실을 인정하는 경우 유엔참전국들의 이의 제기로 격돌이 불가능해질 가능성이 있었기 때문이었을 것이다. 격돌한 이후에는 격돌 자체를 기정사실로 만들 수 있었으므로 반드시 인정해선 안 되었던 것이다.

이렇게 대처한 후에 당시 충분한 정보가 있었다고 말하는 경우 후속 질문에 대한 답변이 곤란해진다는 점에서 '정보 실패'를 주장했을 것이다.

이미 1980년대 미국은 2차 세계대전 당시 연합국이 독일과 일본의 정보를 감청했다는 사실은 물론이고 감청 자료를 외부에 공개했다. 그런데 6·25전쟁이 종료된 지 70년이 다가오고 있는 오늘날에도 미국은 당시 감청했다는 사실은 물론이고 감청 결과를 공개하지 않고 있다. 오늘날에도 미국의 많은 전문가들이 6·25전쟁에서의 '정보 실패' 운운하고 있는 듯 보인다. 이는 2차 세계대전이 종료된 반면 6·25전쟁이 오늘날까지도 지속되고 있기 때문일 것이다. 패권경쟁 측면에서 오늘날에도 한반도가 대단히 중요한 지역이란 사실과 관련이 있을 것이다. 미국이 관련 정보가 충분한 상태에서 북한군 남침과 중국군 참전을 유도했다거나 적어도 묵인했다고 말하면 한국인들의 반응은 어떠했을까? 또 지금은 어떠할까?

제3절. 북한군 남침, 유엔군 참전, 압록강 진격

이미 언급한 바처럼 6·25전쟁에서 미국이 추구한 정치적 목표는 유엔군의 일환으로 참전한 후 가능한 한 장기간 동안 한반도에서 중국군과 치열하게 싸움으로써 미 국방비 400% 증액을 통해 미군을 재무장하고, 지구상 주요 국가들과 동맹을 체결하는 것이었다. 미국 입장에서 6·25전쟁을 처음부터 끝까지 주도했던 애치슨 미 국무장관과 트루먼 대통령의 고민은 6·25전쟁에서 미국이 추구하는 목표가 이 같은 성격이라고 말할 수 없었다는 사실이었다. 이처럼 말했더라면 이승만을 포함한 한국인들이 미국의 6·25전쟁 수행을 결코 지원하지 않았을 것이다. 유엔참전국들 또한 마찬가지였을 것이다. 미 의회를 포함한 많은 미국의 정치가들이 지원하지 않았을 것이다.

이 같은 이유로 트루먼은 미군의 6·25전쟁 참전을 북한 공산군의 기습 남침에 대항한 자유민주주의 국가들의 투쟁으로 포장했던 것이다. 전쟁 이전 상태로의 국경선 회복, 남북통일과 같은 방식으로 전쟁목표를 미화시켰던 것이다.

38선 복원 또는 남북통일이 당시 미국이 추구하는 목표가 아니었음은 1950년 12월 1일의 애치슨의 다음과 같은 발언을 통해서도 확인 가능하다. "6·25전쟁에서 미국이 추구하는 목표가 남북통일이 아니란 사실을 맥아더에게 분명히 말해줄 필요가 있다.…"

6·25전쟁에서 미국이 추구한 목표가 가능한 한 장기간 동안 중국군과 한반도에서 싸우는 것이었음을 가장 분명히 보여주는 부분은 중국군의 참전을 유도하기 위한 유엔군의 북진 노력, 중국군과의 접전 이후부터 정전협정이 체결된 1953년 7월 27일까지의 유엔사의 전쟁 수행 방식일 것이다. 그런데 6·25전쟁에 관한 대부분 책에서는 이 부분을 간과하는 경향이 있다. 먼저 여기서는 북한군의 남침부터 인천상륙작전에 이르는 기간을 개략적으로 살펴보자.

1. 미국의 6·25전쟁 참전 과정

유엔군의 6·25전쟁 참전은 미국의 사전 결정을 유엔이 추인하는 형태로 진행되었다. 미국은 워싱턴 시간으로 6월 24일 오후 9시 26분에 도착한 무초의 전문, 한반도 상황에 관한 불확실한 정보를 담고 있던 전문에 입각하여 남한의 도발이 없는 가운데 북한군이 남침했다고 결론지었다. 이 같은 결론에 입각하여 6·25전쟁 관련 1차 백악관 회의와 유엔안전보장이사회를 개최했다. 한반도 상황이 악화되고 있다는 무초의 또 다른 전문에 입각하여 미국은 2차 백악관 회의와 유엔안전보장이사회를 개최했다. 유엔안전보장이사회는 매번 미국의 사전 결정을 추인해 주는 형국이었다.

한반도 상황에 관한 무초의 보고와 미국의 초기 대응

북한군의 남침에 관해 미국이 공식적으로 알게 된 것은 한반도 상황에 관한 주한미국대사 무초의 전문(電文)이 미 국무성에 도착한 1950년 6월 24일 오후 9시 26분(워싱턴 시간)이었다. 전문은 다음과 같았다. "주한미군군사고문단 야전요원들의 보고를 통해 부분적으로 확인한 한국육군 보고에 따르면…북한군이 오늘 아침 몇몇 지점에서 대한민국 영토를 침범했다.…공격의 성격과 공격 수행 방식 측면에서 보면 이것이 대한민국을 겨냥한 전면 남침으로 보인다."[65] 무초는 38선 이남 몇몇 지역에서 북한군 포병, 보병, 기갑 및 상륙 전력이 한국을 공격했다고 말했다. 한국군이 전면 퇴각하고 있는 듯 보인다고 말했다.

이 전문을 수신한 미 국무성 극동문제 담당 공보요원 브레들리 코너스

---

65. Department of State, *The Record on Korean Unification, 1943-1960*, Far Eastern Series 101 (Washington, D.C., 1960), p. 86.

(W. Bradley Connors)는 곧바로 미 극동문제 담당 국무성차관보 러스크에게 연락했다. 6월 24일 오후 10시 30분경 러스크는 국무성으로 들어가 미 육군 장관 페이스를 만났다. 10시 45분경에는 유엔 담당 국무성차관보 히커슨이 여기에 동참했다. 이들은 곧바로 애치슨 국무장관에게 연락하여 무초의 전문을 읽어주었다. 애치슨은 명일 유엔안전보장이사회를 긴급 소집할 수 있도록 유엔사무총장에게 사전 통보해 주라고 히커슨에게 지시했다. 이외에도 애치슨은 육군, 해군 및 공군참모총장, 각 군 장관에게 북한군의 남침 사실을 통보해 주라고 지시했다. 워싱턴 시간으로 6월 24일 밤 11시 20분 애치슨이 트루먼에게 북한군의 남침 사실을 보고했다. 트루먼과 애치슨은 유엔안전보장이사회 긴급 소집 필요성에 관해 논의했다. 애치슨은 유엔안전보장이사회 긴급 회동을 준비해 놓았으며, 여기서 북한군의 남침을 비난하는 성명을 확보할 수 있을 것이라고 트루먼에게 말했다. 6월 24일 밤 11시 30분 국무성 차관 제임스 웨브(James E. Webb), 국무성 부차관 프리맨 매튜스(H. Freeman Matthews), 대리대사 제섭, 히커슨, 러스크를 포함한 30여 명의 미 국무성 인사가 한반도 상황 대응 방안을 놓고 논의하기 시작했다. 이들은 유엔안전보장이사회에 제출할 결의안은 물론이고 북한군의 남침에 대응하기 위한 방안을 놓고 6월 25일 새벽까지 논의했다. 한편 6월 24일 밤 11시 30분 직후 히커슨은 유엔사무총장 리에게 전화하여 무초가 보낸 전문에 관해 말해주었다. 히커슨과 통화한 직후 리는 국제연합 한국위원회에 한반도 상황에 관한 완벽한 정보를 요청했다.[66]

워싱턴 시간으로 6월 25일 새벽 2시 애치슨은 재차 트루먼에게 전화하여 한반도 상황이 위급하다고 말했다. 애치슨은 유엔안전보장이사회에

---

66. Glenn D. Paige(1959), *The Korean Decision: June 24-30, 1950* (Ph.d Thesis, Northwestern University, 1959), pp. 42-53.; James Chace(2008), *Acheson: The Secretary Of State Who Created The American World* (pp. 281-2), Kindle Edition.

서 나름의 조치를 취할 준비가 되어 있다고 말하면서, 유엔안전보장이사회 소집과 관련한 대통령의 결심을 받고자 한다고 말했다. 그러자 트루먼은 각 군 장관 및 참모총장들과 회동하여 미국 대통령이 고려해야 할 방안을 강구하라고 애치슨에게 지시했다. 그러면서 유엔안전보장이사회 긴급 회동을 지시했다. 이 같은 트루먼의 지시에 따라 6월 25일 새벽 2시 30분 애치슨은 유엔주재 미국 부대표 그로스에게 전화하여 유엔안전보장이사회 긴급 회동을 요청하라고 지시했다. 6월 25일 새벽 3시 그로스는 유엔 사무총장 리에게 전화하여 유엔안전보장이사회 소집을 정식 요청했다.[67]

한반도전쟁 관련 미 국무성–국방성 회동

워싱턴 시간으로 6월 25일 오전 11시 30분(한국시간으로 6월 26일 새벽 0시 30분) 미 국무성에서 애치슨이 주관한 국무성과 국방성 회동이 시작되었다. 당시 회동에 애치슨 국무장관, 국무성 차관 웨브를 포함한 미 국무성의 주요 인사들이 대거 참석했다. 미 국방성 인사로는 육군참모총장 콜린스 대장과 1명의 육군 준장이 참석했다. 당시 회동에 참석한 요원들의 면면을 통해 알 수 있듯이 미국의 6·25전쟁 수행은 미 국무성이 주도하고, 국방성이 보조하는 형태였다. 회동 당시 이들은 일부 미 국방성 요원들에게 자문을 구했다. 그러나 당시 한국군에 대한 미국의 지원 방안을 제시한 측은 미 국무성이었다. 트루먼이 미 국무성이 제시한 방안을 최종 승인해 준 것이다. 이들 방안에는 다음과 같은 사항이 포함되어 있었다.

첫째, 미 공군과 해군은 미국인들이 안전하게 철수할 수 있도록 서울, 김포공항 그리고 인천항 부근에 보호가 가능한 지대를 설치한다.

둘째, 주한미국 대사관이 권고하는 모든 장비를 맥아더 사령부가 한국

---

67. Glenn D. Paige(1959), *The Korean Decision*, pp. 54–6.

에 제공해 주게 한다.

셋째, 한국군이 전투 능력을 유지하고 있는 한 주한미군군사고문단이 한국군과 함께 있게 한다.

넷째, 맥아더가 모든 주한미군을 작전통제하게 한다.

다섯째, 유엔안전보장이사회가 한반도에서의 집단행위를 결정하는 경우 가능하다면 38선 복원을 포함하여 한반도 전투상황 안정화 차원에서 미 7함대와 극동군사령부 예하 미군(육군, 해군 및 공군)을 운용할 권한을 맥아더에게 부여해 주어야 한다.[68]

이처럼 미 국무성 및 국방성 요원들이 한반도 문제에 대처하기 위한 방안을 놓고 논의하고 있을 당시 도쿄의 극동군사령부는 주한미군군사고문단의 요청에 입각하여 10일 분량의 탄약을 적재한 항공기를 한국으로 이미 보낸 상태였다.[69]

6·25전쟁 관련 1차 유엔안전보장이사회

한편 워싱턴 시간으로 6월 25일 오후 2시 유엔안전보장이사회가 개최되었다. 여기서 그로스는 한반도 상황을 "대한민국에 대한 북한군의 무력 침략"으로 묘사하는 결의안을 제출했다. 그로스가 제출한 결의안에서는 이들 북한군의 퇴각은 물론이고 이처럼 퇴각시킬 수 있도록 유엔회원국들의 협조를 촉구하고 있었다. 그로스는 유엔이 대한민국 건국을 지원했다는 점에서 북한군의 공격이 유엔에 대한 공격과 다름이 없다고 주장했다. 미국은 한국에서 진행되고 있는 상황과 관련하여 유엔이 책임이 있다는

---

68. Joseph C. Coulden(1982), *Korea: The Untold Story of the War*, pp. 55-6.

69. Glenn D. Paige(1959), *The Korean Decision*, p. 67.

사실을 그로스가 유엔에 제기한 결의안에서 상당히 강조했다.[70]

이 같은 측면에서 보면 1947년 당시 미국이 남한 단독정부 수립 측면에서 유엔감시 하의 선거를 유엔에 요청했으며, 소련이 이 같은 유엔의 한반도 문제 개입에 반대했다는 사실을 상기할 필요가 있을 것이다. 당시 이 부분과 관련한 소련의 반대 가운데 가장 중요한 부분은 유엔이 2차 세계대전 이후 벌어진 문제, 예를 들면 한반도, 독일 및 일본의 문제에 개입할 권한이 없다는 것이었다. 이 같은 이유를 거론하며 미국은 유엔이 독일 및 일본 문제에 개입하지 못하게 한 바 있었다. 소련이 한반도 문제와 관련하여 반대한 또 다른 사례는 국가적 차원의 선거 절차에 관한 입장을 표명할 기회를 조선인들에게 먼저 제공해주지 않은 채 한반도 선거를 감독하기 위한 국제연합한국임시위원단을 설치하기로 한 유엔의 결심과 관련이 있었다.

북한과 남한 가운데 누가 먼저 도발했는지에 관한 분명한 증거가 없으며, 유엔이 특정 국가의 문제에 개입하면 안 된다는 소련의 반대를 간과한 채 유엔사무총장 리는 미국이 제시한 결의안을 승인해 주기 위해 상당히 노력했다. 리는 몇몇 국가를 상대로 로비를 했으며, 한국 대표가 유엔안전보장이사회에서 연설할 수 있게 했다. 이 결의안은 9:1로 통과되었다. 당시 유일하게 반대했던 사람은 유고 대표였다. 유고 대표는 종전, 모든 군사력의 철수 그리고 남북한 대표의 회동을 촉구하는 또 다른 결의안을 유엔에 제출했다. 당시 미국이 제출한 결의안에 거부권을 행사할 수 있던 소련 대표가 회동에 불참했다. 소련 대표 말리크는 유엔안전보장이사회가 대만을 대신하여 중국을 인정해 주지 않음에 항의한다는 표시로 1950년

---

70. Martin Hart-Landsberg(1998), *Korea: Division, Reunification, and U.S. Foreign Policy* (New York: Monthly Review Press, 1998), pp. 113-4.

1월 이후 유엔안전보장이사회 회동에 참석하지 않았다.[71]

당시 구체적인 증거가 없음에도 불구하고 유엔사무총장 리가 남한의 도발이 없는 가운데 북한군이 남침했다고 단정한 근거는 1950년 6월 9일부터 24일까지 38선 부근 한국군 부대를 시찰한 국제연합한국위원회 소속 2명의 오스트레일리아 관찰단, 다시 말해, 피치(F. S. B. Peach)와 란킨(R. J. Rankin)이 보고한 보고서 때문이었다. 당시의 보고서에서 이들은 전선의 한국군이 전적으로 방어적 목적으로 편성되어 있으며, 북한군에 대항하여 대규모 공격을 감행할 여건이 전혀 아니라고 말했다. 이들은 1950년 6월 24일 이 보고서를 국제연합한국위원회에 제출했다. 1950년 6월 25일 한반도에서 벌어진 군사행위가 전적으로 북한의 책임이라고 국제연합한국위원회가 결심하게 한 주요 근거는 바로 이 보고서였다. 한편 6월 25일 오후 5시 이들 관찰단은 북한군이 당일 아침 38선 전 지역에서 기습 공격을 시작했다고 보고했다. 6월 26일 오전 9시 20분 김일성은 남한이 해주 부근에서 북한을 공격하자 북한이 반격에 나섰다고 주장했다. 국제연합한국위원회는 피치와 란킨의 보고서에 입각하여 이 같은 김일성의 주장을 만장일치로 거부했다. 그러면서 대한민국이 공세작전을 수행했을 가능성이 전혀 없다고 단정적으로 말했다.[72]

한편 6·25전쟁 관련 1차 백악관 회의가 시작되기 직전인 워싱턴 시간으로 6월 25일 오후 7시 30분부터 미 합참이 맥아더와 텔레타이프를 이용하여 회의했다. 당시 미 합참은 워싱턴 시간으로 6월 25일 오전 11시 30분에 시작된 회의에서 국무성과 국방성이 수립한 잠정 계획을 맥아더에게 알려주었다. 그런데 당시 맥아더는 무초 대사의 요청에 따라 이들 계획

---

71. Ibid., p. 114.

72. Quoted in Ibid., pp. 114-5.

가운데 일부를 이미 이행하고 있었다. 당시 미 합참 요원들은 전선 상황 안정을 위해, 가능하다면 38선 복원을 위해 미 지상군과 해군을 한반도로 급파할 준비를 하라고 맥아더에게 사전 통보해 주었다.[73]

6·25전쟁 관련 1차 백악관 회의

워싱턴 시간으로 1950년 6월 25일 저녁 7시 45분 6·25전쟁 관련 1차 백악관회의가 개최되었다. 회의가 시작되기 전 미 국무성 차관 웨브는 당일 오전 11시 30분부터 애치슨 국무장관 주제로 개최한 회의에서 합의한 내용을 트루먼에게 보고했다. 웨브는 북한군 전차가 서울을 겨냥하여 고속으로 진격하고 있다며, 항공력을 이용하여 가능한 한 많은 전차를 제거해야 한다고 말했다. 또한 미국인을 한반도에서 철수시켜야 한다고, 한국군을 긴급히 지원해 주어야 한다고 말했다. 7함대를 대만해협으로 급파하여 중국이 대만을 공격하지 못하게 해야 한다고 말했다. 마지막으로 한국군이 북한군의 진격을 저지하고, 몰아낼 수 있도록 미 지상군을 한반도로 파견해야 할 것이라고 말했다.[74] 지상군 파병 문제는 아직 유엔에서 한반도 문제를 논의하고 있다는 점에서 민감한 성격이었다. 1자 백악관회의 이후 트루먼은 애치슨이 권고했으며, 맥아더가 이미 무초 대사의 요청에 따라 이행하고 있던 조치들을 승인해 주었다. 여기에는 맥아더가 한국에 무기와 장비를 제공해 주게 하는 것과 중국의 대만 침공을 저지하기 위해 7함대를 대만해협으로 급파하는 것이 포함되어 있었다.[75]

여기서 보듯이 당시 무초는 한반도에서 전투가 벌어졌지만, 남한의 도

73. James F. Schnabel(1992), *The Korean War Vol. III* (Kindle Location 1589, 1596, 1603, 1610).; Joseph C. Coulden(1982), *Korea: The Untold Story of the War*, p. 56.

74. Quoted in Peter Lowe(1994), *The Origins of the Korean War*, p. 161.

75. Ibid., pp. 161-2.

발이 없는 가운데 북한군이 남침했다는 한국육군의 주장을 아직 확인하지 못했다고 미국에 보고했다. 그런데 이 같은 무초의 보고에 입각하여 미 국무성의 주요 인사들이 워싱턴 시간으로 6월 24일 오후 11시 30분부터 6월 25일 새벽까지 한반도 문제 대응 방안을 강구했으며, 6월 25일 유엔안전보장이사회에 제출할 결의안을 작성한 것이다. 또한 애치슨은 유엔주재 미국 부대표 그로스에게 북한군의 남침 사실을 유엔사무총장 리에게 알려주라고 지시했던 것이다. 그로스는 리에게 다음과 같이 말했다. "주한미국 대사는 6월 25일 이른 아침 북한군이 몇몇 장소에서 대한민국을 침략했다는 사실을 미 국무성에 알려왔다."[76] 분명히 말하지만, 본인의 전문에서 무초는 북한군의 남침을 그처럼 단정적으로 말하지 않았다.

6·25전쟁 관련 2차 백악관 회의

미국 시간으로 6월 26일 아침 이후 무초가 미국에 보낸 전문들로 인해 6·25전쟁 관련 2차 백악관 회의가 26일 저녁 개최되었다. 6월 26일 오전 9시 31분, 워싱턴이 수신한 전문에서 무초는 한반도 상황이 놀라울 정도로 악화되고 있다고 말했다. 오후 5시 직후 무초는 "서울 부근에서의 북한군의 수적인 우세"에 관해 보고했다. 오후 7시 직전 무초는 "전투가 오늘 오후 종료될 것이다"라는 신성모 국무총리 직무대리의 발언을 전문으로 보냈다. 그러면서 무초는 "이승만과 한국의 내각이 일본에 '망명 정부'"를 구성할 수 있는지 여부를 국무총리 직무대리가 타진해 왔다고 말했다. 애치슨은 망명 정부를 구성하기 위해 이승만이 일본으로 도피해도 좋은가란 질문을 무초로부터 받은 즉시 나름의 조치를 취했다. 이승만이 한국을 떠나 일본으로 도피하는 경우 한반도전쟁을 통해 미국이 추구하는 것이 물

---

76. Quoted in I. F. Stone(1952), *The Hidden History of the Korean War*, p. 46.

거품이 될 가능성이 있었다. 따라서 애치슨은 저녁 7시 29분 트루먼에게 전화를 걸어 "한반도 상황이 너무나 좋지 않다며 또 다른 회동이 필요하다"라고 말했다. 트루먼은 전날 밤 백악관에 모였던 인사들을 거론하며 애치슨에게 "이들 모두에게 금일 저녁 9시까지 여기에 모이게 하라."고 곧바로 지시했다.[77]

2차 백악관회의에서 한반도 군사상황을 고려한 후 트루먼은 한반도와 관련하여 강구해야 할 군사적 조치에 관해 애치슨에게 질문했다. 그러자 애치슨은 26일 오후 본인이 준비한 다음과 같은 사항을 권고했다.

첫째, 미 해군과 공군에 한국군을 가능한 한 최대한 지원해 주라고 지시해야 한다. 이 같은 지원은 38선 이남 지역으로 국한되어야 한다. 둘째, 미 7함대로 하여금 마오쩌둥이 대만을 공격하지 못하게 하고, 장제스 국민당 정부가 중국 대륙을 겨냥한 작전을 하지 못하게 해야 한다. 셋째, 필리핀의 미군을 강화하고, 필리핀 정부를 군사적으로 지원해 주어야 한다. 넷째, 인도차이나 반도에 대한 미국의 군사지원을 가속화해야 한다. 그 후의 2차 백악관 회의는 애치슨이 권고한 사항들을 중심으로 진행되었다. 회의가 종료될 당시 트루먼은 애치슨이 권고한 사항들을 별 다른 수성 없이 승인해 주었다.[78]

이들 사항을 결심하면서 트루먼과 그의 보좌관들은 다음과 같은 것을 추구했다. 첫째, 우방국 대한민국을 구원해 주며, 북한군의 남침 이전 상태로 한반도 상황을 복원한다. 둘째, 분쟁을 한반도로 국한시킨다. 셋째, 마오쩌둥 중국이 대만을 점령하지 못하게 한다. 넷째, 일본에서 미국의 이익이 위협받지 않게 한다. 다섯째, 동아시아 및 동남아시아의 정치—군사

---

77. Richard C. Thornton/권영근, 권율 번역(2020), 『강대국 국제정치와 한반도: 트루먼, 스탈린, 마오쩌둥 그리고 6·25전쟁의 기원』, pp. 268, 270.

78. Glenn D. Paige(1959), *The Korean Decision*, pp. 133, 135, 153.

적 안정에 기여한다. 여섯째, 유엔체제와 유엔의 집단안보체제를 보존한
다. 일곱째, 유럽은 물론이고 지구상 도처에서 미국의 명성을 지킨다. 여
덟째, 공산세력의 침략에 굴복하지 않음으로써 3차 세계대전을 방지한
다.[79] 여기서 보듯이 미국은 6·25전쟁을 당시 미국이 직면하고 있던 다양
한 문제 해결 차원에서 생각하고 있었으며, 38선 부근에서 종전을 구상하
고 있었다. 6·25전쟁을 한반도로 국한시킬 예정이었다.

6월 26일 오후 10시경 트루먼은 애치슨이 권고한 사항을 수용했다. 오
후 11시경 트루먼은 이들 사항을 맥아더에게 전달해 주라고 말했다. 그러
면서 트루먼은 다음과 같이 말했다. "지난 5년 동안 내가 한 모든 조치는
오늘 내려야만 했던 결심을 피하기 위한 성격이었다."[80] 그런데 이는 당시
이전의 5년 동안 트루먼이 미군을 재무장하지 않으면서 공산세력의 위협
에 대처하고자 노력한 반면, 이제 6·25전쟁을 통해 미군 재무장을 추구하
지 않을 수 없을 것임을 의미할 것이다.

6·25전쟁 관련 2차 유엔안전보장이사회

워싱턴 시간으로 6월 27일 오전 11시 30분 트루먼이 미 의회지도자들
과 회동했다. 당시 트루먼은 6·25전쟁 관련 2차 백악관 회의에서 결심한
사항, 다시 말해 미 해군과 공군이 한국군을 엄호 및 지원해 주기로 결심
했다는 사실을 포함한 4개 사항을 언급했다. 미 의회 회동은 6월 27일 정
오 직후 종료되었다. 그 후 몇 분 뒤 트루먼이 미 의회에서 발표한 원고가
언론에 공개되었다.[81]

---

79. Ibid., p. 153.

80. Ibid., p. 155.

81. Ibid., pp. 162, 165, 167.

6월 27일 오후 3시 유엔안전보장이사회는 "유엔회원국들은 북한군의 무력공격 격퇴에, 그리고 이 지역에서 국제사회의 평화와 안전 복원에, 필요한 형태의 지원을 대한민국에 제공해 줄 것"[82]이란 문구의 두 번째 결의안을 고려하기 위해 재차 회동했다. 그 이전인 6월 26일 유엔안전보장이사회는 유엔 관리들의 야전 보고서에 주로 입각하고 있던 한반도 문제에 관한 국제연합한국위원회의 다음과 같은 내용의 성명서를 수신했다. "첫째, 작전 진행 측면에서 보면, 북한정권은 한국에 대항하여 제대로 계획되었으며, 상호 공조적인 전면 남침을 감행하고 있다. 둘째, 한국군은 38선전 지역에서 전적으로 방어적 태세를 견지하고 있다. 셋째, 정보 출처에 입각해보면 북한군의 남침이 임박했다고 생각할 이유가 전혀 없었다. 이 같은 측면에서 보면, 한국군은 전적으로 기습적으로 공격을 받았다."[83] 유엔안전보장이사회는 두 번째 결의안을 통과시키면서 유엔회원국들로 하여금 한반도전쟁에 참전할 수 있는 여지를 남겨놓았다.

미국의 선(先) 조치 유엔안전보장이사회의 후(後) 추인

트루먼 행정부는 미국의 한반도전쟁 참전 결심이 유엔결의안에 입각한 것이었다고 주장했다. 그러나 이미 살펴본 바처럼 이는 사실이 아니었다. 이 결의안이 통과되기 몇 시간 전인 6월 27일 정오경 트루먼이 다음과 같은 내용의 성명서, 주로 애치슨이 작성한 성명서를 발표했기 때문이다. "북한군의 남침은 공산주의자들이 독립국가 정복 목적으로 전복 활동에 호소하는 단계를 넘어서 무력 침공과 전쟁에 호소할 것임을 분명히 보

---

82. Dean Acheson(1969), *Present at the Creation: My Years in the State Department* (New York: Norton, 1969), pp. 408-9.

83. Quoted in I. F. Stone(1952), *The Hidden History of the Korean War*, p. 50.

여주는 부분입니다."[84] 그러면서 트루먼은 "미국의 항공력과 해상 전력에 한국군을 엄호 및 지원"할 것을 명령했다. 또한 마오쩌둥 중국의 공격으로부터 대만을 방어할 것을 미 7함대에 명령했다. 여기서는 또한 필리핀의 미군에 대한 추가 지원과 필리핀 정부에 대한 보다 많은 군사 원조를 선언했다. 마찬가지로 인도차이나반도의 프랑스 및 관련국의 군대에 군사 지원 제공을 가속화하고, 이들 군사력과 긴밀한 실무관계를 조성하기 위한 군사사절단 파견을 언급했다. 당시 트루먼과 애치슨은 공산세력의 위협에 대항하여 미군 재무장을 촉구하고 있던 NSC-68에, 1950년 4월 15일 모습을 드러낸 NSC-68에, 입각하여 북한군의 남침을 곧바로 이용하고 있었던 것이다.

한반도 문제를 놓고 유엔안전보장이사회가 회동하기도 전에 트루먼이 한반도 상황에 미군을 투입하기 위한 조치를 취함에 따라 당시 미국의 경제 및 군사 지원에 대거 의존하고 있던 대부분 유엔회원국들은 미국이 유엔에 제기한 결의안을 통과시키는 것 이외에 별다른 도리가 없었던 것이다.

한반도전쟁에 대한 미국의 조치

한국 시간으로 6월 29일 미국은 해상 및 공중 자산으로 한국군을 지원해 주라고 극동군사령부에 지시했다. 육군은 핵심 통신 및 지원 부서 요원들을 한반도에서 운용하라고 지시했다. 중국이 대만을, 대만이 중국을 공격하지 못하게 하라고 지시했다. 7함대를 작전 통제하라고 지시했다. 북한지역에서의 항공작전은 반드시 필요한 경우에나 가능하며, 이들 작전은

---

84. 이미 1980년 당시에도 북한군의 남침에 관한 트루먼의 이 같은 주장을 사실이라고 생각하는 사람이 거의 없었다. Lloyd Gardner(1983), "Commentary," in *Child of Conflict: The Korean-American Relationship 1943-1953* (Seattle: University of Washington Press, 1983) edited by Bruce Cumings. p. 57.

비행장, 병참기지, 전차, 여타 군사적 표적에 초점을 맞추라고 지시했다. 한만국경과 한소국경 부근에서 항공작전을 수행하지 않도록 각별히 유의하라고 지시했다. 한국군에 대한 무기와 보급물자 제공을 지시했다.[85]

유엔이 한반도전쟁에 관한 두 번째 결의안을 통과시킨 지 3일이 지난 6월 30일(워싱턴 시간) 트루먼은 미군의 투입 규모를 상향했다. 그러면서 트루먼은 북한지역의 특정 표적에 대한 폭격과 한반도의 모든 해안에 대한 해상 봉쇄를 명령했다. 또한 지상군 투입을 결심했다. 7월 7일 유엔은 "모든 유엔회원국이 군사력을 포함한 여타 지원을 제공해 주고…이 같은 군사력과 지원을 유엔사가 활용할 수 있도록" 권고하는 또 다른 결의안을 통과시켰다. 이 결의안에서는 또한 "이 같은 군사력을 운용하기 위한 지휘관 지정"[86]을 촉구했다. 당시 유엔은 모든 유엔회원국의 군사력을 미국이 통제할 수 있게 했다. 그러면서 유엔은 이 같은 미국에 어떠한 책임도 요구하지 않았다. 달리 말하면 유엔은 유엔기를 사용할 수 있는 통합사령부(Unified Command)[87]를 통해 미국이 유엔군을 지휘할 수 있게 했지만, 이 사령부는 유엔의 지시를 전혀 받지 않았다. 트루먼은 극동군사령관 더글러스 맥아더(Douglas MacArthur)를 유엔군사령관으로 임명했다. 미국 이외에 영국을 포함한 15개국이 병력을 제공해 주었다. 그러나 미국이 대부분 병력을 제공했으며, 대부분 전쟁 비용을 지불했다. 여기서 보듯이 유엔군의 한반도전쟁 참전은 유엔기로 포장한 미군의 참전과 다름이 없었다.

지금까지 논의를 통해 확인한 사항이지만, 미국의 6·25전쟁 참전은 애

---

85. Peter Lowe(1994), *The Origins of the Korean War*, p. 163.

86. Department of State, *The Record on Korean Unification*, pp. 100–1.

87. 이는 전구(戰區: Theater)의 모든 전력을 단일지휘관이 지휘하고, 전구의 공중, 지상 및 해상 전력을 공군구성군사령관, 지상구성군사령관, 해상구성군사령관이란 단일의 공중, 지상 및 해상 지휘관이 지휘하는 구조를 의미한다. 예를 들면, 한미연합사령부는 통합사령부다. 2차 세계대전 당시 독일군이 가장 먼저 선을 보인 이 지휘구조를 오늘날 지구상 거의 대부분 국가가 적용하고 있다.

치슨 미 국무장관이 결정한 것이었다. 이 같은 결정을 트루먼이 지원해 주었던 것이다. 그런데 애치슨은 유엔, 미 국방성 또는 미 의회의 승인이 있기 이전에 이처럼 결정했다.[88]

당시 트루먼 행정부는 한반도전쟁 간섭과 관련하여 국제사회의 지원을 받을 수 있었는데 이는 주로 남한의 도발이 없는 가운데 북한이 제대로 준비된 남침을 감행했다는 사실을 세계인들에게 확신시킬 수 있었기 때문이었다. 그러나 미국이 워싱턴 시간으로 6월 24일 저녁 9시 26분에 수신한 무초의 전문에서 보듯이 당시 전쟁 상황에 관해 어느 누구도 확실히 알지 못했다. 이처럼 불확실한 정보에 입각하여 미국은 곧바로 유엔의 한국 지원을 요청했다.

당시 미국이 이처럼 유엔의 한국 지원을 요청할 수 있었던 것은 한반도에서 전쟁이 벌어지는 경우 이 전쟁이 남한의 도발이 없는 가운데 북한군의 남침일 수밖에 없도록 한반도 상황을 사전에 조성해 놓았기 때문이었을 것이다. 이미 언급한 바처럼 이형근 대장이 본인의 자서전에서 거론한 10대 미스터리는 이 같은 성격의 것이었다.

2. 트루먼은 왜 한강 방어가 아니고 낙동강 방어를 고집했을까?

북한군의 남침을 한강에서 방어해야 할 것인가 아니면 낙동강에서 방어해야 할 것인가? 라는 트루먼의 결심은 미 지상군 투입과 관련이 있었다. 한강에서 방어하고자 하는 경우 북한군이 한강을 도강하기 이전에 한강 이남 지역에 미 지상군을 투입할 필요가 있었다. 트루먼은 북한군이 한강을 도강하기 시작한 이후에나 맥아더가 미 지상군을 한반도전쟁에서 자신

---

88. Bruce Cumings(2005), *Korea's Place in the Sun* (p. 264). Kindle Edition.

의 의도에 부합하는 방식으로 사용할 수 있게 했다.[89] 이는 트루먼이 한강에서 북한군의 남진을 저지할 의향이 없었음을 의미할 것이다.

또한 트루먼은 한강을 도강한 북한군을 낙동강 이전의 어느 선에서도 저지하고자 하지 않았다. 북한군이 낙동강에 도달하는 순간까지 남진 속도를 늦추기 위한 작전을 수행했을 뿐이다. 낙동강방어선에 도달하자 8군사령관 월턴 워커(Walton H. Walker) 중장은 더 이상 물러설 곳이 없다며 결사항전을 외쳤다.[90] 낙동강방어를 외친 것이다.

트루먼이 낙동강 방어를 결심한 이유

이미 살펴본 바처럼 미국은 워싱턴 시간으로 6월 25일 오전 11시 30분부터 애치슨 국무장관 주재의 국무성-국방성 논의에서 유엔이 집단행위를 허용해 주는 경우 맥아더가 극동군사령부 휘하 미군을 한반도에 투입할 수 있게 해야 할 것이라고 결심했다. 다시 말해, 해군 및 공군과 더불어 지상군 투입을 결심했다. 이처럼 6·25전쟁이 벌어진 지 하루가 지나지 않은 시점, 미국은 향후 어느 순간 미 지상군을 한반도전쟁에 투입해야 할 것이라고 결심했다.

트루먼은 본인의 선택에 따라 미 지상군 투입 시점을 결정할 수 있는 입장이었다. 미 지상군 투입 시점은 여타 유엔회원국들의 의사와 무관했다. 예를 들면, 한국시간으로 1950년 6월 28일 미국은 미 공군과 해군의 한반도 작전을 허용해 주었다. 그러면서 트루먼은 워싱턴 시간으로 6월 27일 15시에 개최된 유엔안전보장이사회 결의안에 입각하여 이처럼 한반도전쟁에 해군과 공군을 투입하는 것이라고 말했다. 그런데 트루먼은 워싱

---

89. Richard C. Thornton/권영근, 권율 번역(2020), 『강대국 국제정치와 한반도: 트루먼, 스탈린, 마오쩌둥 그리고 6·25전쟁의 기원』, pp. 306-8.

90. Ibid., p. 353.

턴 시간으로 6월 26일 오후 11시경에 종료된 2차 백악관 회의에서 이미 미 공군과 해군의 한반도전쟁 투입을 결정했으며, 6월 27일 정오 직후 이 같은 사실을 언론에 공개했다. 유엔회원국들의 한반도전쟁 참전을 결정하기 위한 유엔안전보장이사회를 개최하기 3시간 전에 이미 미국이 해군과 공군의 투입 결심을 공개하자 여타 유엔회원국들은 미국의 결심을 따르지 않을 수 없는 상황이었다. 당시 트루먼이 해군과 공군뿐만 아니라 지상군을 투입할 것이라고 선언했어도 전혀 문제될 것이 없었다.

여기서 보듯이 미국은 유엔안전보장이사회에서 유엔결의안의 통과 여부와 무관하게 한반도전쟁 참전 여부와 참전 범주를 결정할 수 있는 입장이었다. 미국이 유엔안전보장이사회 결정을 준수하고자 했다고 가정하는 경우에도 유엔안전보장이사회가 개최되었던 워싱턴 시간으로 6월 27일 15시 이후 얼마 지난 순간에는 미 지상군을 항시 한반도에 투입할 수 있는 상황이었다.

한편 한국 시간으로 6월 29일 오후 10시경 맥아더가 미 지상군을 한강 방어 작전에 사용할 수 있게 해달라고 요청하자 트루먼은 이 같은 맥아더의 요청을 거절했다. 한국 시간으로 6월 30일 트루먼은 1개 연대전투단을 한강 방어 목적이 아니고 진해와 부산 부근의 비행장 등 기지 방어 목적으로 투입할 수 있게 했다. 트루먼은 북한군이 한강을 도강하기 시작한 워싱턴 시간으로 6월 30일 오전 9시 30분 이후에나 맥아더가 미 지상군을 한반도 작전에서 다양한 목적으로 운용할 수 있게 했다.

유엔이 북한군의 남침을 무력으로 저지할 것을 촉구한 워싱턴 시간으로 6월 27일 15시 이후 미 지상군을 한강 방어선에 투입했더라면 북한군의 남진을 한강에서 저지할 수 있었을 것이다.

여기서의 첫 번째 의문은 38선 복원을 주장한 트루먼이 왜 한강에서 북한군의 남진을 저지하고자 한 맥아더의 노력을 지원하지 않았을까? 란 부분이다. 두 번째 의문은 낙동강 이전의 특정 선에서 북한군을 저지하고자 하지 않았는가? 란 부분이다.

이들 모두는 한반도전쟁을 통해 트루먼이 추구한 목표 때문이었다. 이 같은 목표 달성을 겨냥한 1949년 9월에 작성한 SL-17이란 전쟁 계획 때문이었다. 이 전쟁 계획에 따르면 유엔군의 일환으로 참전한 미군은 낙동강까지 후퇴할 예정이었다. 낙동강방어선에서 북한군과 힘겹게 싸우는 한편 병참선이 길게 늘어진 북한군 후방 지역에서, 다시 말해 인천에서 상륙을 통해 반격할 예정이었다. 그 후 진남포 및 원산과 같은 북한지역의 2개 항구에서의 상륙작전과 더불어 38선을 통해 유엔군이 북진할 예정이었다. 그 후 한반도전쟁에 참전한 중국군과 특정 전선에서 장기간 동안 치열하게 싸울 예정이었다. 이 같은 방식으로 공산세력의 위협을 자유진영 국가 국민들이 절감하게 함으로써 미군 재무장과 더불어 유라시아대륙 주요 지역 국가들과 동맹을 체결할 예정이었다. 6·25전쟁에 관한 트루먼과 미 국무장관 애치슨의 구상은 이와 같았다.

한편 트루먼 입장에서 보면 미 지상군의 조기 투입을 통해 북한군의 남진을 쉽게 저지하는 경우 한반도전쟁을 통해 공산세력의 위협을 미국인과 자유진영 국가 국민들이 절감하게 만들지 못할 가능성이 있었다. 한강 방어가 아니고 유엔군을 낙동강까지 후퇴시킴으로써 한반도가 공산화될 것만 같은 상황을 연출하는 것이 공산세력의 위협을 절감하게 만들 것이란 트루먼의 목표 측면에서 도움이 되었던 것이다.

한강 방어를 원한 맥아더

맥아더가 북한군의 남진을 한강에서 저지해야 할 것으로 생각했음은 6·25전쟁 관련 2차 백악관 회의가 종료된 워싱턴 시간으로 6월 26일 오후 11시 30분경, 다시 말해 한국 시간으로 1950년 6월 27일 12시 30분경에 분명해졌다. 당시 미 육군 장관 페이스와 미 국무성 차관 웨브가 미 공군과 해군의 참전에 관한 트루먼의 결심을 알려주기 위해 맥아더와 통화했다. 이들로부터 공군과 해군 항공기들이 38선 이남 지역의 모든 북한군 표적을 자유롭게 타격할 수 있을 것이란 소식을 전해들은 맥아더는 미 지상군 파병을 포함하여 미국이 조만간 한국을 지원해 줄 것이란 사실을 한국인들에게 즉각 발표해 줄 수 있게 해달라고 요청했다.[91]

트루먼의 입장을 대변하고 있던 웨브가 맥아더의 요청을 수용하지 않았다. 맥아더는 본인의 임무를 완수하고자 하는 경우 한국육군의 전투수행 의지를 고양시키기 위한 모든 수단을 곧바로 강구해야 한다며 미국이 조만간 한국을 지원해 줄 것임을 한국인들에게 즉각 알려주어야 한다고 주장했다.[92]

웨브와 맥아더의 대화는 한반도에서의 군사력 운용에 관한 트루먼과 맥아더의 관점의 차이를 보여주었다. 맥아더가 한국육군의 전투수행 의지 강화 차원에서 한강에서 북한군의 남침을 저지하고자 했던 반면 트루먼은 한강에서의 저지를 전혀 원치 않고 있었던 것이다.

웨브와 맥아더가 타협안을 만들었다. 이는 미군의 한반도전쟁 참전이 임박했다는 사실을 한국어로 발표할 수 있지만 영어로는 어떠한 사실도 발표하면 안 된다는 것이었다. 따라서 한국시간으로 6월 27일 오후 5시부터 한국 방송국에서는 다음의 내용을 10분 간격으로 몇 시간 동안 발표했다.[93]

---

91. Ibid., p. 278.

92. Ibid.,

93. Ibid., p. 279.; 그런데 6월 27일 오후 5시(한국 시간)는 유엔이 한반도에 대한 집단행위를 허용하는 결의안을 채택한 6월 27일 오후 3시(워싱턴 시간) 이전이었다.

1950년 6월 27일 오후 4시, 맥아더사령부는 곧바로 서울에 전투지휘소를 설치할 것이라고 공식 통보해 주었다. 명일 아침부터 미 공군기들이 한반도전쟁에 직접 참전할 것이다. 점차 미 지상군 부대가 참전할 것이다. 한국군은 현 위치를 필사적으로 고수할 것이다. 모든 시민은 조용히 생업에 전념하며, 공산도당들의 분쇄를 위해 노력할 것을 촉구한다.[94]

한편 전쟁이 벌어지자 한국군에 배속되어 있던 주한미군군사고문단 요원들은 전쟁 이전의 계획에 따라 한국군 부대에서 철수했다. 한국시간으로 6월 27일 오전 주한미군군사고문단 단장 대리 라이트 대령은 한국 육군본부 요원들과 함께 시흥으로의 이동을 시작했다. 이들이 시흥으로 가기 위해 한강을 도강할 당시 도쿄의 맥아더가 라이트에게 한반도에 있는 모든 미군을 지휘하라는 지시와 함께 존 처치(John H. Church) 소장을 단장으로 하는 몇몇 요원들이 한반도 상황을 파악하기 위해 한국으로 갈 것이란 사실을 무선으로 알려주었다. 시흥에 도착한 라이트는 "이전 장소로 복귀하라. 조만간 중대 결심이 있을 것이다."란 내용의 맥아더의 메시지를 받았다. 이들 메시지를 보면서 라이트 대령은 채병덕 육군참모총장을 설득하여 육군본부를 6월 27일 저녁 서울로 환원시켰다.[95]

라이트를 포함한 주한미군군사고문단은 미국이 한반도전쟁에 참전할 것이며, "미 지상군 전투부대가 한반도전쟁에 투입되기 이전까지 한강 이북에서 북한군을 봉쇄하기 위해 할 수 있는 것 모두를 다해야 할 것이다"라는 말을 들었다. 한국군 지휘부는 "주일(駐日) 미 지상군의 한반도 전개에 필요한 시간을 확보해 준다는 차원에서 한국군이 적어도 3일 동안 한강

94. Glenn D. Paige(1959), *The Korean Decision*, p. 160.

95. Roy E. Appleman(1992), *South To The Naktong, North To The Yalu*, Centre of Military History (Kindle Location 1182), Kindle Edition.

방어선을 고수할 수 있기를 미국이 기대한다는 말을 들었다."[96]

6월 27일 용산의 육군본부로 복귀한 채병덕, 하우스만 대위를 포함한 몇몇 군사고문단은 서울 북방에서 북한군의 남침 저지 가능성을 타진하기 위해 창경원(昌慶苑)[97] 부근으로 갔다. 그곳에 북한군 전차가 들어와 있음을 확인한 이들은 한강 이북 지역에서의 북한군 저지가 불가능함을 파악했다. 이들이 한강을 도강한 직후 한강교가 폭파되었다. 당시는 6월 28일 새벽 2시 15분경이었다.[98]

한편 맥아더가 한반도 전장 상황을 파악하기 위해 파견한 처치 소장 중심의 요원들이 6월 27일 19시 한국에 도착했다. 이들은 한반도 상황 파악과 더불어 한국군 장교와 병사들에게 전투수행 의지를 고양시키라는 임무를 부여받았다. 6월 28일 수원에서 채병덕 육군참모총장을 만난 처치는 미군과 한국군이 연합사령부를 창설하자고 제안했다. 이 같은 제안에 채병덕이 동의했다. 어떠한 일이 있어도 북한군을 한강에서 방어해야 할 것이란 맥아더의 지시에 입각하여 처치는 북한군이 서울에 진입하지 못하도록 서울과 수원 부근에서 한국군 낙오병을 모으자고 채병덕에게 제안했다. 6월 28일 채병덕은 1,000명의 장교와 8,000명의 병사를 집결시켰다. 이들을 중심으로 부대를 편성했다. 그 후 이들을 한강 이남의 방어 진지에 투입했다. 그날 오후 처치는 한강 이남 방어선에서 어느 정도 북한군을 방어할 수 있을 것으로 생각했다. 그러나 처치는 38선을 복원하고자 하는 경우 미 지상군을 투입해야 할 것으로 생각했다. 처치는 한반도 상황에 관

---

96. Paik Sun-yup(1992), *From Pusan to Panmunjon*, p. 18.

97. 일제강점기에 일제가 창경궁을 훼손하여 만든 유원지. 1983~1986년에 거쳐 철거되고, 동물원 기능은 과천 서울대공원으로 이전되었다.

98. Young Kim (1999. 11. 5) "James Hausman: The Ugly American in Korea?," at https://groups.google.com/g/alt.politics.Korea/c/qSAV-XWAqCY)(Accessed: 2021. 3. 19)

한 단편 보고와 더불어 미 지상군 투입 필요성에 관한 본인의 의견을 맥아
더에게 보고했다.[99]

한강 방어를 위한 맥아더의 또 다른 노력

한편 한국시간으로 6월 29일 오전 6시 10분 맥아더는 한반도 상황을 파
악하기 위해 도쿄의 하네다(羽田) 공항을 이륙하여 오전 10시 30분 수원비
행장에 도착했다. 전선 상황을 30분 정도 관찰한 맥아더는 한강방어선에
서의 방어가 가능하지만, 북한군의 진격을 저지하고자 하는 경우 미 지상
군 부대를 즉각 투입할 필요가 있다고 평가했다. 맥아더는 "도쿄로 귀환하
는 즉시 미군 사단의 즉각 파병을 트루먼 대통령에게 권고할 것이다. 그러
나 트루먼 대통령이 나의 권고를 수용할지 잘 모르겠다."라고 말했다.[100]

도쿄로 귀환한 즉시 맥아더는 한강 부근의 한국군 진지(陣地)들을 보강해
주기 위해 1개 연대 전투단을 곧바로 투입할 필요가 있다는 권고안을 미
국에 보냈다. 이 전력을 2개 사단 규모로 확대시킬 필요가 있다고 말했다.
이 같은 맥아더의 권고안과 관련하여 한국 시간으로 6월 30일 오전 9시경
트루먼으로부터 다음과 같은 내용의 전문이 왔다. "미 육군은 부산—진해
를 연결하는 지역에서 항구와 비행장을 수호할 목적으로 자군의 전투 및
전투지원 전력을 운용할 권한이 있다. 이 경우를 제외하면 육군은 필수적
인 통신 및 지원 전력만을 운용해야 한다." 달리 말하면, 맥아더는 북한군
의 남침에 대항하여 한강 지역을 방어할 목적으로 2개 지상군 전투 사단
의 대거 파병을 권고한 반면 트루먼은 이 같은 맥아더의 요구를 거부했다.
트루먼은 한강 이남 2백마일 이상 떨어져 있던 부산 지역을 통제할 수 있

99. James F. Schnabel(1992), *The Korean War Vol. III* (Kindle Location 1692, 1701, 1707).

100. Richard C. Thornton/권영근, 권율 번역(2020), 『강대국 국제정치와 한반도: 트루먼, 스탈린, 마
  오쩌둥 그리고 6·25전쟁의 기원』, pp. 291, 293.

도록 제한적인 수준의 "전투 및 전투지원 전력"을 운용하라고 맥아더에게 명령한 것이다.[101]

맥아더는 한강 방어 목적으로 최대 2개 사단 병력을 전개할 필요가 있다는 본인의 요청에 트루먼이 진해와 부산 부근의 기지 보강 목적의 연대전투단 파병을 허용해 준 JCS 84681 지령을 수신한 지 3시간 30분 이후인 도쿄 시간으로 6월 30일 오후 12시 50분 C-56942란 문서를 발송했다. 이것이 워싱턴 시간으로 6월 30일 새벽 1시 31분에 워싱턴에 도착했다.[102] 그 후 맥아더와 미 국방성의 전화회의(No. 3444)는 워싱턴 시간으로 새벽 3시 40분에 시작되어 1시간 30분 이상 지속되었다. 당시 맥아더가 한강 방어를 지속적으로 고집한 반면 미 육군참모총장 콜린스가 처음부터 이 같은 맥아더를 설득하고자 노력했음이 분명했다. 전화회의 도중 북한군이 한강 방어선을 돌파함으로써 한강 방어가 불가능해졌다는 보고가 들어왔다. 그러자 맥아더는 더 이상 한강 방어를 고집하지 않았다.

유엔군의 낙동강방어선 구축

워싱턴 시간으로 6월 30일 아침 7시 30분 트루먼은 새로운 한반도 상황에 관해 논의하기 위해 애치슨을 호출했다. 트루먼과 애치슨은 다음과 같은 두 가지 사안에 관해 논의하기 위해 존슨 국방부장관 그리고 각 군 참모총장과 회동하기로 결심했다. 2개 사단을 한반도에 전개할 수 있게 해달라는 맥아더의 요청과 국민당 군대 33,000명을 한반도에 투입할 의향이 있다는 장제스의 제안이 바로 그것이었다. 워싱턴 시간으로 6월 30일 오전 9시 30분 각 군 참모총장과 합참의장이 이들 두 대안 가운데 하나를

---

101. Ibid., p. 300.

102. "The Commander in Chief, Far East (MacArthur) to the Secretary of State, June 30 1950," in *FRUS*, 1950, Korea, Vol. 7, pp. 248-50.

선택하기 위해 회동했다. 각 군 참모총장과 각 군 장관들이 마침내 미 지상군 전투부대의 한반도 투입에 동의했다. 그러면서 "맥아더가…한반도에 투입되는 미 지상군에 대해 전권을 행사할 수 있게 해주었다." 이제 미국이 한반도전쟁에 전면 개입하게 된 것이다.[103]

한편 미국이 한강을 도강한 북한군을 낙동강 이북의 특정 선에서 저지하고자 노력하지 않았음은 낙동강 방어선에 도착하기 이전까지의 미군의 작전을 통해 잘 알 수 있을 것이다. 북한군은 그 구성원이 국공내전에서 또는 독소전쟁에서 싸운 다수의 베테랑들로 구성되어 있었다고 가정하는 경우에도 전쟁 발발 직후 항공력이 무력화되었다는 점에서 한강 도강 당시 전력이 상당히 약해져 있었다. 반면에 미군은 지구상 최강의 공군과 해군, 특히 항공력을 보유하고 있었다. 이 같은 미국의 지상군 전투 병력이 한반도로 들어온 1950년 7월 1일 이후 북한군에 밀려 낙동강까지 후퇴할 수밖에 없었다고 어느 누구도 말할 수 없을 것이다. 소위 말해, 유엔군이 낙동강 방어선까지 후퇴했던 것은 미군 재무장이란 미국이 한반도전쟁에서 추구한 목표를 달성하기 위한 전쟁계획인 SL-17 때문이었던 것이다.

6·25전쟁이 발발하기 이전 미국은 북한군이 소련제 T-34 전차를 필두로 부산을 전광석화처럼 공격할 것으로 가정했다. 따라서 미 스미스 부대가 오산 부근에서 북한군과 대적한 7월 5일 이전 맥아더는 인천에서의 상륙작전계획인 '블루하츠 작전(Operation Bluehearts)'[104]을 계획했다. 맥아더는 7월 22일 이전에 북한군이 부산교두보 지역에 도달할 것으로 가정하여 7월 22일에 인천상륙작전을 감행하기로 결심한 것이다.

---

103. Quoted in Richard C. Thornton/권영근, 권율 번역(2020), 『강대국 국제정치와 한반도: 트루먼, 스탈린, 마오쩌둥 그리고 6·25전쟁의 기원』, pp. 306-8.

104. Roy E. Appleman(1992). *South To The Naktong, North To The Yalu*, (Kindle Location 10400). Kindle Edition.

그런데 북한군이 예상과 달리 저속으로 남진했다. 7월 1일 북한군이 한강 도강을 시작했으며, 트루먼이 미 지상군 투입을 결심했음에도 불구하고 1개 대대 규모의 스미스 부대가 북한군과 교전한 것은 7월 5일 오산 부근의 죽미령에서였다. 이는 한강 도강 이후 4일 동안 북한군이 서서히 남진했음을, 이 같은 북한군을 미국이 조기에 저지할 의향이 없었음을 의미했다. 결과적으로 맥아더는 북한군이 낙동강방어선 부근까지 내려온 이후에나 인천상륙작전을 감행하기 위해 블루하츠 작전을 취하했다.

7월 8일 6사단, 4사단 및 3사단으로 구성되어 있던 북한군 주공이 천안(天安)을 점령했으며, 그 후 북한군 6사단이 예산(禮山)에 집결한 후 서해안을 따라 남하했다. 7월 22일경 북한군 6사단은 한반도 서쪽 최남단 지역으로 이동해 간 반면 3사단과 4사단이 대전으로 이동해 갔다. 당시 미국은 1950년 4월과 5월에 훈련한 바처럼 대형 수송기를 이용하여 미 육군과 해병대를 한반도에 투입하는 방식으로 북한군을 대전 부근에서 저지할 수도 있었을 것이다. 그러나 당시 미국은 북한군을 저지할 수 있을 정도의 전력을 대전 지역에 투입하지 않았다. 맥아더는 북한군의 남진을 서서히 지연시키는 경우 9월경 이들이 부산교두보 부근에 도착할 것으로 생각했다. 따라서 맥아더는 7월 23일 "결정적인"[105] 의미가 있는 "주요 상륙작전"을 9월 중순 감행할 계획이라고 미 합참에 통보했던 것이다. 워싱턴에 보낸 전문에서 맥아더는 다음과 같이 말했다.[106]

유엔군은 9월 중순 적의 전선 후방 지역에 2개 사단 규모의 군단을 상륙시키

---

105. "CINCFE 58473 to DA (for JCS)," July 23, 1950, Quoted in James F. Schnabel(1992), *The Korean War Vol. III* (Kindle Location 3378).

106. Richard C. Thornton/권영근, 권율 번역(2020), 『강대국 국제정치와 한반도: 트루먼, 스탈린, 마오쩌둥 그리고 6·25전쟁의 기원』, pp. 324-5, 329-30.

기 위한 작전을 계획하고 있다. 이 작전의 목적은 낙동강방어선의 8군의 반격과 결합하여 상륙 전력이 북한군을 포위한 후 격파하는 것이다. 전선 너머 적 후방 지역에서의 아군의 조기 상륙과 이들 상륙 전력에 의한 강력한 반격을 통해 적의 주요 병참선을 차단한 후 결정적이고도 치명적인 타격을 적에게 입힐 수 있을 것으로 확신한다.[107]

한편 한반도로 증원전력이 몰려오고 있었다. 7월 10일부터 미 25사단이 한반도로 전개되기 시작했으며 7월 15일경에는 25사단 예하 3개 연대, 다시 말해 24, 27 및 35연대가 추가되면서 낙동강방어선의 유엔군 병력이 13,000명이나 늘어났다. 7월 18일에는 미 제1기갑사단이 또한 도착하면서 낙동강방어선에 10,000명이 추가될 예정이었다. 그런데 이들은 전시 편제 이하의 병력을 유지하고 있었으며 중무기가 매우 미흡한 상태였다. 7월 말경에는 중무장한 또 다른 대규모 증원전력이 낙동강방어선에 투입될 예정이었다. 이들 증원전력이 도착하면 일단 위기는 면할 수 있었다.[108]

그 와중에서 7월 13일 미 공군참모총장 반덴버그와 육군참모총장 콜린스는 낙동강방어선 구축 문제를 상의하기 위해 8군사령관 워커 중장과 극동군사령관 맥아더를 만나러 도쿄를 방문했다. 이들 참모총장과의 협의 이후 워커는 부산 외곽 대략 50마일 떨어진 지역을 중심으로 하는 방어선을 구상했다.[109]

---

107. Douglas MacArthur(1964), *Reminiscences* (New York: McGraw-Hill, 1964), p. 346.

108. Richard C. Thornton/권영근, 권율 번역(2020), 『강대국 국제정치와 한반도: 트루먼, 스탈린, 마오쩌둥 그리고 6·25전쟁의 기원』, p. 330.

109. Uzal W. Ent, *Fighting on the Brink: Defense of the Pusan Perimeter* (Paducah, Ky.: Turner Publishing, 1996), p. 59.

워커는 이들과의 논의에 입각해 볼 때, "예측 불가능한 상황이 벌어지지 않는 한 한반도 남부 지역에 상당한 규모의 교두보를 유지할 수 있을 것이다."[110]라고 생각했다. 따라서 워커는 7월 둘째 주말경 부산에 교두보를 구축할 수 있을 것이라고 결론지었다. 워커는 본인의 상기 구상을 그 후 1주일 이후에나 미국에 통보해 주었다. 맥아더는 미 지상군이 한반도에 투입된 지 3주가 지나지 않았으며 전쟁이 발발한 지 불과 24일이 되던 날인 7월 19일 향후 처절한 전투가 예상되지만 "미국이 한반도 남부 지역에 강력한 근거지를 마련하여 유지할 수 있을 것이다"라고 트루먼에게 보고했다.[111]

8월 1일경에는 전선의 유엔군이 92,000명(미군 47,000명)이었던 반면 북한군은 70,000명 수준이었다. 그럼에도 유엔군은 지속적으로 후퇴했다. 이처럼 후퇴하면서 맥아더는 북한군이 유엔군과 비교하여 2배 또는 3배 숫자가 될 것이라고 말하는 등 미군장교들에게 이 같은 사실을 숨겼다. 8월 첫째 주에 미 1해병이 작전을 시작하면서 북한군의 진격을 멈추게 할 수 있었다.[112]

한강 방어/낙동강 방어 논란 회고

지금까지 논의에서 보듯이 트루먼은 낙동강교두보까지 유엔군을 후퇴시킬 것이란 SL-17 계획에 입각하여 맥아더의 지속적인 요구에도 불구하고 미 지상군을 한강 방어선에 투입하지 않았다. 북한군이 한강을 도강

---

110. John Toland, *In Mortal Combat: Korea, 1950-1953* (New York: William Morrow, 1991), p. 93.

111. Richard C. Thornton/권영근, 권율 번역(2020), 『강대국 국제정치와 한반도: 트루먼, 스탈린, 마오쩌둥 그리고 6·25전쟁의 기원』, p. 332.

112. Bruce Cumings(2005), *Korea's Place in the Sun* (p. 268). Kindle Edition.

한 직후 미 지상군의 한반도 투입을 결심했지만 북한군의 남진 속도를 고려한 대응 방안을 마련해 놓고 있었다. 북한군이 고속으로 남진하는 경우 1950년 4월과 5월에 훈련한 바처럼 대형 수송기로 미군을 한반도 전장으로 신속히 투입함과 동시에 항공력으로 적진 깊숙한 지역을 강타할 구상이었다. 북한군 주력이 천안과 대전에서 세력을 분리시키는 방식으로 저속으로 진격해 오자 북한군이 낙동강방어선에 도착할 것으로 예상되던 시점을 고려하여, 미군의 한반도 전개 속도를 고려하여 9월 15일 인천상륙작전을 감행할 것이라고 7월 23일 미 합참에 보고했다.

그런데 이는 북한군이 낙동강방어선에 도착한 이후 유엔군이 인천상륙을 통해 반격하는 방식으로 한반도전쟁의 충격 효과를 극대화하기 위함이었다. 물론 이 같은 충격 효과 극대화는 공산세력의 위협을 자유진영 국가 국민들이 절감하게 하기 위함이었다. 미군 재무장과 유라시아대륙 주변에 동맹체제를 구축하기 위함이었다.

3. 유엔군과 중국군의 격돌을 염두에 둔 트루먼의 준비

6·25전쟁이 벌어진 지 1개월도 지나지 않은 1950년 7월 중순부터 미국은 유엔군을 38선 너머로, 그리고 압록강을 겨냥하여 진격시키기 위한 계획을 수립하기 시작했다. 이들 계획은 유엔군의 압록강 진격에 중국군이 반격하게 함으로써 한반도 이남 특정 전선에서 유엔군과 중국군을 격돌하게 만들기 위한 성격이었다. 특정 전선에서의 장기간에 걸친 격렬한 전투를 통해 정전협정을 체결하기 위한 성격이었다. 이 같은 방식으로 미군 재무장과 동맹체제 구축을 위한 것이었다. 이들 계획은 이 같은 목표를 겨냥하여 점차 정밀해져 갔다.

1950년 8월 30일 미 국무성은 수용 불가능할 정도로 심각한 문제가 초래될 것으로 예상되지 않는 한 유엔군을 38선 너머로 북진시킨 후 도처에서 북한군을 롤백시키기 위한 작전을 수행해야 할 것이란 내용의 비망록을 작성했다. 여기서는 남북통일을 유엔군의 목표로 선정했다. 그러나 소련이 북한지역을 포기하지 않기 위해 온갖 노력을 경주할 것으로 생각했다. 소련과 중국의 참전 억제 차원에서 한만국경과 한소국경 지역에서 유엔군의 행동을 자제시켜야 할 것으로 생각했다. 특히 38선 이북 지역에서의 진격을 미군이 아닌 여타 유엔군이 선도하게 해야 할 것으로 생각했다. 중국군 또는 소련군이 참전하는 경우 미국은 공산군과 세계대전에 돌입하면 안 될 것이었다.[113]

미국 대표와 영국 및 프랑스 대표의 회동 이후인 9월 1일 NSC-81 문서가 출현했다. 여기서는 유엔군의 작전을 한만국경 또는 한소국경 이남 특정 선(線)까지로 국한시켜야 하며, 한만국경 또는 한소국경 이남 특정 선 인근에서는 한국군만 작전을 할 수 있게 했다. 여기서는 소련이 한반도 전체를 포기할 것이란 거의 가능성이 없는 경우에나 38선 이북 지역에서의 유엔군의 지상 작전을 허용해 주었다. 작전의 주도권을 맥아더가 행사할 수 있게 했다.[114]

9월 11일 미국은 NSC-81/1 문서를 승인했다. 여기서는 유엔군의 작전이 한반도 도처에서 가능해지게 했으며, 한소국경 또는 한만국경 이남 특정 선에서부터 이들 국경에 이르는 지역에서는 한국군이 작전을 수행하는 것이 원칙이지만 모든 유엔군이 이곳 지역에서 또한 작전을 수행할 수 있는 여지를 어느 정도 남겨놓았다. 여기서는 소련이 한반도 전체를 포기할 것이란 거의 가능성이 없는 경우에나 38선 이북 지역에서의 유엔군의 지

---

113. "Draft Memorandum Prepared in the Department of State for National Security Council Staff Consideration Only, August 30 1950," in *FRUS*, 1950, Korea, Vol. 7, pp. 660-6.

114. "Memorandum by the Executive Secretary of the National Security Council (Lay), September 01 1950," in *FRUS*, 1950, Korea, Vol. 7, pp. 685-90.

상 작전을 허용해 주었다. 38선 이북 지역에서의 작전의 주도권을 맥아더에서 트루먼으로 이전시켰다.[115]

유엔군이 서울을 수복한 1950년 9월 27일(미국 시간) 미 합참은 맥아더에게 유엔군의 38선 북진 관련 지령을 하달했다. 맥아더가 받은 명령의 핵심은 소련이 군사력을 전개하면 곤란하지만 중국이 북한지역에 주요 부대를 전개하지 않는 한 유엔군이 북한지역에서 군사작전을 수행할 수 있다는 것이었다. 유엔군은 중국 또는 소련 영토를 겨냥하여 공중 및 해상 조치를 취할 수 없었다. 한국군만이 한만국경과 한소국경 이남 특정 선에서부터 이들 국경에 이르는 지역에서 작전을 수행할 수 있었다.[116] 그런데 트루먼이 유엔군의 38선 북진에 관한 상기 지령을 승인한 것은 9월 11일이었다. 미 합참이 중국군이 참전하는 경우 유엔군이 강구해야 할 방책은 물론이고 38선 이북 지역에서의 유엔군의 작전을 망라하고 있던 미 국가안전보장회의 결심 사항의 요약본을 맥아더에게 전달해 준 것은 9월 15일이었다.[117] 여기서 보듯이 맥아더는 9월 27일 지령과 관련하여 38선 이북 지역에서의 유엔군의 작전에 관한 계획을 준비할 충분한 시간이 있었다. 9월 28일 맥아더는 평양을 점령할 목적으로 8군을 서해안 회랑을 따라 북진시킬 것인 반면 10군단을 8군의 진격 속도를 고려하여 10월 20일경 원산에 상륙시킬 것이란 내용의 북진계획을 미 합참에 보고했다. 9월 29일 트루먼이 이 계획을 승인해 주었다.[118]

---

115. "Report by the National Security Council to the President, September 9 1950," in *FRUS*, 1950, Korea, Vol. 7, pp. 712-21.

116. "The Acting Secretary of State to the United States Mission at the United Nations, September 26 1950," in *FRUS*, 1950, Korea, Vol. 7 pp 781-2; 페이지 792-3를 또한 참조.

117. J. Lawton Collins(1969), *War in Peace Time*, p. 146.

118. "The Secretary of Defense (Marshall) to the Commander in Chief, Far East (MacArthur), September 29 1950," in *FRUS*, 1950, Korea, Vol. 7, p. 826.

10월 7일에는 유엔이 유엔군의 38선 북진을 허용해 주는 결의안을 통과시켰다. 10월 8일에는 이들 일련의 지시에 입각하여 8군이 평양 점령을 위해 북진을, 그리고 10군단이 원산 상륙을 준비하고 있었다.

이 같은 유엔군의 작전은 10월 8일 마오쩌둥이 스탈린과 김일성에게 보낸 중국군 참전 구상으로 급변했다. 당시 마오쩌둥은 중국군이 한반도전쟁에 참전할 것이며, 참전한 중국군이 청천강 이북 지역에서 방어태세를 견지할 것이라고 말했다. 유엔군의 공격이 있는 경우에나 반격할 것이라고 말했다.

그러자 10월 9일 트루먼은 맥아더에게 또 다른 지령을 내렸다. 여기에는 주어진 병력과 무기로 한반도 도처에서 중국군과 싸워서 어느 정도 승산이 있는 한 싸워야 할 것이란 사실과 트루먼의 허락이 있는 경우 유엔군의 만주폭격도 가능하다는 내용이 포함되어 있었다.[119] 여기서는 아직도 한만국경 및 한소국경 이남 특정 선(線)에서부터 이들 국경에 이르는 지역에서 한국군만이 작전을 수행할 수 있는 것으로 가정했다.

미 합참이 맥아더에게 새로운 명령을 내린 10월 9일 미 국무성은 트루먼과 맥아더의 웨이크 섬 회동을 준비했다.[120] 맥아더는 10월 15일의 웨이크 섬 회동에서 트루먼이 유엔군의 만주폭격을 허용해 준 것처럼 암시했다.[121] 또한 한반도 모든 지역에서 미군을 포함한 모든 유엔군이 작전을

---

119. "The Joint Chiefs of Staff to the Commander in Chief, Far East (MacArthur), October 9 1950," in *FRUS*, 1950, Korea, Vol. 7, p. 915.

120. "Memorandum by the Ambassador at Large (Jessup) to the Secretary of State, October 9 1950," in *FRUS*, 1950, Korea, Vol. 7, p. 916.

121. 웨이크 섬에서의 트루먼과의 비밀회동 이후 있었던 공동 회견에서 맥아더는 트루먼이 만주 폭격을 허용해주었음을 암시했다. Richard C. Thornton/권영근, 권율 번역(2020), 『강대국 국제정치와 한반도: 트루먼, 스탈린, 마오쩌둥 그리고 6·25전쟁의 기원』, pp. 502-3.

수행할 수 있게 해준 것처럼 암시했다.[122] 한편 트루먼은 맥아더에게 유엔
군의 압록강 진격을 종용했다. 그런데 유엔군의 압록강 진격에 중국군이
반격하자 맥아더는 만주폭격을 요구한 반면 트루먼이 이 같은 폭격을 거
부했다.

이들 일련의 과정을 통해 트루먼은 6·25전쟁을 한반도로 국한시켰으
며, 유엔군이 주어진 자원으로 중국군과 한반도에서 격돌하게 만들었던
것이다. 중국군이 유엔군의 압록강 진격에 대항하자 만주폭격과 병력증원
을 허용해 주지 않음으로써 유엔군 입장에서 일대 재앙이 초래될 수 있게
한 것이다. 결과적으로 유엔군이 평택 부근까지 후퇴한 후 38선 부근에서
장기간 동안 중국군과 싸운 후 정전협정을 체결하게 만든 것이다. 이 같은
방식으로 미군 재무장과 동맹체제 구축을 완료할 수 있었던 것이다.

그러면 지금까지 논의한 사항을 보다 구체적으로 살펴보자.

미 행정부 자체 토론 결과: 남북통일 목적으로의 유엔군의 북진 종용

1950년 7월 중순부터 미국은 유엔군과 중국군의 격돌을 고려하여 다수
의 국가안전보장회의(NSC) 문서를 작성했다. 트루먼은 미 국무성, 국방성,
중앙정보국, 영국과 프랑스를 포함한 우방국 등 많은 한반도전쟁 주체들
로 하여금 유엔군의 38선 북진 문제를 논의하게 했다. 이들은 다양한 관
점을 제시했다. 그러나 결국 트루먼은 본인이 의도하는 바대로 결론을 도
출했다. 미군 재무장 차원에서 중국군과 유엔군이 한반도에서 격렬히 싸
우게 해야 한다는 목표를 겨냥하여 문서를 작성했으며, 이들 문서에 입각
하여 남북통일 운운하며 맥아더에게 유엔군의 38선 너머 북진을, 압록강
진격을 종용한 것이다.

---

122. Ibid., p. 509.

1950년 8월 17일 유엔주재 미국대사 워렌 어스틴(Warren Austin)은 미국이 6·25전쟁 발발 이전 상태로의 단순한 복귀가 아니고 "자유롭고 통일되어 있으며 독립적으로 존재하는 한반도를 추구한다"라고 천명했다. 어스틴은 미국이 유엔의 비호 아래 한반도 통일을 추구할 것이라고 말했다. 이같은 어스틴의 발언으로 영국과 인도에서 뿐만 아니라 미 국방성과 국무성에서 미국이 6·25전쟁에서 추구해야 할 목표에 관한 열띤 논쟁이 벌어졌다.

어스틴의 발언은 1950년 7월 중순부터 시작된 트루먼 행정부 내부의 논의의 산물이었다. 당시 트루먼 행정부는 6·25전쟁에서 미국이 추구해야 할 목표에 관해 진지하게 논의했다. 당시의 관점은 미국이 가능한 한 조속히 동북아지역에서의 미군 개입을 종료시켜야 한다는 극좌적인 주장에서 확전 가능성과 무관하게 한반도 통일을 위해 군사력을 운용해야 할 것이란 극우적인 주장에 이르기까지 다양했다. 이들 양극단 간에 다양한 관점이 있었다.

트루먼 행정부 좌파적인 인물의 중심에 미 국무성 정책기획실(Policy Planning Staff) 실장을 역임한 조지 캐넌이 있었다. 캐넌은 미국이 가능한 한 조속히, 최상의 조건에서 한반도 개입을 종료시켜야 한다고 말했다. 캐넌은 6·25전쟁에서 미국이 추구해야 할 목표는 전쟁 이전 상태로의 복귀가 되어야 한다고 생각했다. 캐넌은 유엔군이 38선 이북 지역으로 진격하는 경우 소련 또는 중국이 한반도전쟁에 참전할 가능성이 있다고 생각했다. 결과적으로 한반도전쟁이 확전될 것으로 생각했던 것이다.[123] 캐넌과 마찬가지로 영국과 인도 지도자들은 한반도를 6·25전쟁 이전 상태로 되돌려

---

123. "Draft Memorandum Prepared by the Policy Planning Staff, July 22 1950," in *FRUS*, 1950, Korea, Vol. 7, pp. 449-54.

야 한다고 주장했다. 남북통일이란 자국 입장에서 유쾌하지 못한 전망을 차단시키고자 노력했다.

마오쩌둥은 미국의 6·25전쟁 목표를 보면 미국이 38선에서 분쟁을 멈추지 않을 것이며, 한반도 상황을 전쟁 이전 상태로 되돌리는 수준에서 만족해하지 않을 것으로 생각했다. 어스틴의 유엔 연설은 미국이 김일성 정권의 격파에, 친미성향의 통일한국 정부 수립에 주력하고 있음을 보여주었다. 이는 중국이 전반적으로 수용할 수 없는 결과였다.

한편 7월 13일 이승만은 38선이 공식적으로 결정된 분단선이 아니라고 말하면서 완벽한 남북통일을 추구했다.[124]

덜러스는 "유엔은 처음부터 공정성과 정당성 차원에서 한반도 통일을 주장했다. 재차 남침하지 못하게 하려면 북한을 엄벌해야 한다."라고 말했다. 7월 15일 동북아문제실(Office of Northeast Asian Affairs) 실장 존 엘리슨(John Allison)은 "완벽한 한반도 통일에서 미흡한 수준의 통일"에 반대했다. 엘리슨은 "미국 정부가 38선 북진을 추구하지 않을 것이라거나 전쟁 이전 상태로 되돌아갈 것이란 의미의 발언을 하면 안 된다."[125]라고 결론지었다.

덜러스-엘리슨의 이 같은 입장에 대항하여 미 국무성 정책기획실은 2개의 비망록을 발간했다. 이들은 "유엔군이란 다국적군을…한반도의 완벽한 독립과 통일을 위해 사용"하는 것에 반대했다.[126]

7월 27일 미국은 소련이 북한군의 패배를 저지하기 위해 세계대전도 불

---

124. "The President of the Republic of Korea (Rhee) to President Truman, July 19 1950," in *FRUS*, 1950, Korea, Vol. 7, pp. 428-9.

125. "Memorandum by the Director of the Office of Northeast Asian Affairs (Allison) to the Assistant Secretary of State for Far Eastern Affairs (Rusk), July 15, 1950," in *FRUS*, 1950, Korea, Vol. 7, pp. 393-5.

126. "Draft Memorandum Prepared by the Policy Planning Staff, July 22 1950," in *FRUS*, 1950, Korea, Vol. 7, pp. 450-4.; "Draft Memorandum Prepared by the Policy Planning Staff, July 25 1950," in *FRUS*, 1950, Korea, Vol. 7, pp. 470-3.

사할 가능성이 있다는 논거에 입각하여 NSC-76 문서를 작성했다.

1950년 8월 7일 미 국방성은 6·25전쟁에서 미국이 추구해야 할 목표에 관한 입장을 밝혔다. 미 국방성은 진정 유엔사는 "한반도 전 지역을 점령하고자 노력해야 하며, 38선 이북과 이남 도처에서 북한군을 격파해야 한다."라고 생각했다. 미 국방성은 중국이 참전하는 경우 NSC-73에 입각하여 가능한 한 장기간 동안 중국군과 싸울 예정이었다. 그러나 소련이 참전하는 경우 NSC-76에 입각하여 세계대전을 수행할 예정이었다.[127]

미 국무성 동북아문제실 실장 엘리슨은 1950년 8월 12일 분석에서 유엔군사령관이 한반도 전체를 점령하여 평정해야 한다는 국방성의 관점을 대거 반영했다. 엘리슨은 미국이 "북한군의 남침을 격퇴하고 한국의 영토를 보존하기 위한…노력을 지속해야 한다.…필요하다면 38선 이남과 이북 지역에서 이 같은 군사적 조치를 취해야 한다."라고 주장했다.[128]

한편 미 중앙정보국은 최악의 상황을 가정한 분석을 제시했다. 미 중앙정보국은 "…미국의 남북통일 노력으로 소련이 미국과 서유럽 우방국들을 이간시킬 수 있을 것이다."라고 생각했다. 엘리슨은 소련이 "세계대전을 초래할 가능성이 있는" 조치를 취할 것으로 생각하지 않았다. 엘리슨은 "한반도 독립과 통일이 한국인들의 열망, 미국의 목표, 유엔이 표방한 목표와 부합된다."[129]라고 생각했다.

1950년 8월 23일, 미 국무장관 애치슨은 영국 및 프랑스 대표와 예정되

---

127. "Draft Memorandum Prepared in the Department of Defense for National Security Council Staff Consideration Only, August 7 1950," in *FRUS*, 1950, Korea, Vol. 7, pp. 528-534.

128. "Draft Memorandum by the Director of the Office of Northeast Asian Affairs (Allison), August 12 1950," in *FRUS*, 1950, Korea, Vol. 7, pp. 567-572.

129. "Draft Memorandum by Messrs. John M. Allison and John K. Emmerson of the Office of Northeast Asian Affairs, August 21 1950," in *FRUS*, 1950, Korea, Vol. 7, pp. 617-23.

어 있던 회동을 준비하며 6·25전쟁에서 미국이 추구해야 할 목표를 단일 안으로 만들고자 노력했다. 당시 애치슨이 추구한 단일안은 엘리슨과 국방성의 방안과 동일했다.

미 국무성은 중국군이 참전하는 경우 북한군과 싸우듯이 작전을 지속할 예정이었다. 소련군이 대거 참전하는 경우 미국은 세계대전 계획을 시행할 예정이었다. 소련군이 공개적으로 선포하지 않은 상태에서 또는 6·25 전쟁 참전 의도를 노골적으로 밝히지 않은 가운데 참전하는 경우 소련군을 북한군과 동일하게 취급할 예정이었다. 미국은 소련이 북한지역을 재차 점령할 것이란 의도를 선포하는 경우 한반도 문제를 유엔안전보장이사회에 상정할 예정이었다.[130]

8월 30일 미 국무성은 중국군 또는 소련군이 대거 참전하지 않는 경우 유엔군이 38선에서 진격을 멈추면 안 될 것이란 의미의 다음과 같은 비망록을 국가안전보장회의에 제출했다. "한반도에서의 미국의 정치적 목표는 유엔의 비호 아래, 소련과의 세계대전을 초래하지 않으면서, 통일되어 있으며 독립된 한국을 설립한다는 유엔의 명령을 이행하는 것이다." 따라서 "…38선 이북 지역으로 진입해 들어가야 할 필요성도 없지 않을 것이다. 이처럼 진입해 들어간 결과…수용 불가능할 정도로 심각한 문제가 초래될 것으로 생각되지 않는 한 38선에서의 진격 중지는 정치 또는 군사적 측면에서 타당성이 없을 것이다." 유엔군은 "한만국경 또는 한소국경 인근 지역에서의 모든 지상 활동, 전투 또는 점령 활동을…자제해야 할 것이다." 그럼에도 불구하고 유엔군사령관은 "북한군 분쇄에 필요하다고 생각되는 경우 38선 이북 지역에서 또한 북한군에 대항한 롤백 작전을 지속해야 할

---

130. "Draft Memorandum Prepared in the Department of State for National Security Council Staff Consideration Only, August 23, 1950," in *FRUS*, 1950, Korea, Vol. 7, pp. 635-9.

것이다."[131]

우방국들과의 타협의 산물: NSC-81

6·25전쟁에서 미국이 추구해야 할 목표는 미 국무성 대표와 영국 및 프랑스 대표의 대화로 크게 바뀌었다. 결과적으로 9월 1일 NSC-81이란 정책문서가 출현했다. 여기서는 "북한지역에 대한 통제력을 상실할 가능성에도 불구하고 소련이 6·25전쟁에서 방관자적인 입장을 취할 경우에만… 이처럼 그 가능성이 거의 없는 우발상황에서만" 38선 이북 지역에서의 유엔군의 지상 작전을 지원할 준비가 되어 있었다. 여기서는 38선 이북 지역에서 취할 가능성이 있는 모든 조치와 관련하여 대다수 유엔회원국들의 지지 획득의 중요성을 강조했다. NSC-81은 38선 이북 지역에서의 작전을 꺼려했던 영국과 프랑스의 관점을 대거 반영하고 있었다.

NSC-81에서는 "유엔군의 작전을 한만국경 또는 한소국경 이남 특정선 너머로 확대되지 않도록 한다."라고 가정했다. "한만국경 또는 한소국경 이남 특정 선의 인근에서는 한국군만 작전을 수행할 수 있다."라고 명시했다. 여기서는 작전의 주도권을 맥아더가 행사할 수 있게 했다. 예를 들면, "소련군 또는 중국군과 충돌할 가능성이 상당하다는 증거가 없는 경우" 유엔군사령관은 "38선 이북 지역에서 작전을 지속하기 이전에 새로운 지령을 요청해야 한다."라고 말하고 있었다.

트루먼의 유엔군 38선 북진계획 기본 문서: NSC-81/1

9월 11일 미국은 NSC-81/1란 문서를 공식 승인했다.[132] NSC-81/1

---

131. "Draft Memorandum Prepared in the Department of State for National Security Council Staff Consideration Only, August 30 1950," in *FRUS*, 1950, Korea, Vol. 7, pp. 660-6.

132. NSC-81와 관련해서는 다음을 참조 "Memorandum by the Executive Secretary of the

에서는 유엔군이 추구해야 할 주요 군사목표를 북한군 격파로 정했다. NSC-81/1에서는 맥아더의 모든 조치를 대통령이 직접 통제하거나 대통령의 지시를 받아 각 군 참모총장이 통제하게 했다. 유엔군이 한반도 전 지역에서 싸울 수 있게 했다. 중국군이 참전하는 경우 한반도전쟁이 중국 대륙으로 확전되지 않도록 했다. NSC-81과 비교하면 NSC-81/1은 트루먼의 철저한 통제 아래 유엔군을 한반도에서 중국군과 격돌하게 만든다는 측면에서 진일보한 성격이었다.

NSC-81과 NSC-81/1에서는 한반도와 관련하여 미국과 미국의 우방국이 공산진영과의 세계대전(전면전)을 수행할 의사가 없다고 주장했다. 이들 문서의 다섯 번째 절(節)에서는 "한반도에서 세계대전을 초래할 가능성이 상당히 높은 조치를 강구하는 것은…미국의 국익에 부합되지 않으며, 유엔의 우방국들 또한 그처럼 생각할 것이다."라고 표현하고 있다. 한편 여기서는 우방국의 이익을 상당히 많이 고려할 예정이었다. "미국이 판단해 볼 때 세계대전을 초래할 가능성이 크지 않아 보이는 경우에서조차 유엔의 대다수 회원국들이 지원하지 않는 조치를 한반도에서 취하는 것은 미국의 국익에 부합하지 않을 것이다."라고 표현했다. 이 같은 방식으로 이들 문서에서는 한반도전쟁이 중국 대륙 또는 소련으로 쉽게 확전되지 못하게 했다.

NSC-81에서는 중국과 소련이 한반도와 관련하여 세계대전을 수행할 의사가 없을 것으로 생각한 반면 NSC-81/1에서는 이들 국가가 한반도에서 세계대전을 추구할 가능성이 없지 않다고 생각했다. 예를 들면, NSC-81의 여덟 번째 절에서는 "중국과 소련이 세계대전을 수행할 준비가 되어

National Security Council (Lay), September 1 1950," in *FRUS*, 1950, Korea, Vol. 7, pp. 685-93; NSC-81/1와 관련해서는 다음을 참조 "Report by the National Security Council to the President, September 9 1950," in *FRUS*, 1950, Korea, Vol. 7, pp. 712-22.

있지 않다는 점에서 한반도 이남 지역에서 주요 부대를 공공연하게 운용할 가능성이 없어 보인다."고 표현했다. 그러나 NSC-81/1에서는 "중국과 소련이 한반도 이남 지역에서 주요 부대를 공공연하게 운용할 가능성도 없지 않다. 이 같은 운용 결심은 이들 국가가 세계대전을 수행할 준비가 되어 있는지 여부에 좌우될 것이다."라고 표현했다.

마찬가지로 NSC-81에서는 "소련이 북한군이 격파되는 현상을 막기 위해…중국의 참전을 종용할 가능성도 없지 않다."고 표현했다. 그런데 NSC-81/1에서는 "그처럼 하면 세계대전 가능성이 높아질 것임에도 불구하고 소련이 북한군이 격파되는 현상을 방지하기…위해 중국의 참전을 종용할 가능성도 없지 않다."고 표현했다. 다시 말해, NSC-81/1에서는 중국군의 한반도전쟁 참전 자체가 소련이 미국과 세계대전을 수행할 의사가 어느 정도 있음을 보여준다고 암시했다. 당시 미국을 포함한 유엔 참전국들은 세계대전 가능성을 우려했다. 이 같은 점에서 이는 중국군이 참전하는 경우에서의 유엔군의 반응, 예를 들면 유엔군의 2차 압록강 진격에 대항한 중국군의 반격 이후의 유엔군의 고속 남진과 38선 부근에서의 정전협정 체결을 암시한 것이었다.

NSC-81과 비교하여 NSC-81/1에서는 전쟁 수행과 관련하여 트루먼이 맥아더를 보다 많이 통제하게 했다.

예를 들면, NSC-81의 15번째 절에서는 "유엔군은 38선 이북 지역으로 북한군을 몰아내거나 이들 북한군을 격파할 목적에서 38선 이북 지역에서 작전을 수행할 법적인 권한이 있다. 유엔군사령관은 38선 이북 지역에서…군사작전을 수행해도 좋다는 허락을 받을 것으로 예상된다."라고 표현하고 있었다. 그러나 이 같은 작전은 "소련 또는 중국이 북한지역에 군사력을 대거 투입하지 않거나, 이 같은 군사력의 투입 의향을 선언하지 않거나, 이 같은 군사력을 이용하여 유엔군의 작전에 대항할 것이라고 위협하지 않은 경우에만" 수행될 수 있었다.

NSC-81/1에서는 이 같은 작전조차 트루먼이 보다 많이 통제하게 했다. 이 같은 군사작전의 경우 "소련과의 세계대전 가능성이 있으며, 우방국의 이익이 직접 영향 받을 수 있을 것이란 점에서 그 계획을 시행하기 이전에 유엔군사령관은 트루먼 대통령의 승인을 받아야만 한다."라는 문구를 추가함으로써 트루먼이 보다 많이 맥아더를 통제할 수 있게 만들었다.

NSC-81과 비교하여 NSC-81/1에서는 유엔군이 압록강 이남의 모든 북한지역에서 보다 자유롭게 작전을 할 수 있게 했다.

NSC-81에서는 "유엔군의 작전이 한만국경 또는 한소국경 이남 특정 선 너머로 확대되지 않도록 해야 한다."라고 가정했다. NSC-81/1에서는 그 표현이 "유엔군의 작전은 한만국경 또는 한소국경 너머로 확대되지 않도록 해야 한다."로 바뀌었다. NSC-81 표현은 한만국경 또는 한소국경에 못 미치는 특정 선에서 유엔군이 진격을 멈춰야 한다는 의미로 해석될 수 있었다. NSC-81/1 표현에서는 한만국경 및 한소국경 이전의 모든 지역에서 작전을 수행할 수 있지만 국경 너머 지역에서의 작전은 허용하지 않고 있었다. 미국은 유엔군의 압록강 진격을 염두에 둔 상태에서 이처럼 바꾸었을 것이다.

NSC-81에서는 "한만국경 또는 한소국경 이남 특정 선 인근에서는 한국군만 작전을 수행할 수 있다."라고 명시하고 있었다. 반면에 NSC-81/1에서는 "한소국경 또는 한만국경 이남 특정 선에서부터 이들 국경에 이르는 지역에서 사용될 수 있는 모든 유엔군 지상군에는 어떠한 비한국군 부대도 포함하지 않는 것이 미국의 정책이다."라고 표현했다. 물론 이 같은 정책은 바뀔 수 있었다. 이는 참전한 중국군이 한만국경 부근에 완충지대를 설치한 후 방어태세를 견지하고자 했다는 점에서 유엔군과 중국군이 격돌하게 하려면 유엔군의 압록강 진격에 미군의 참여가 필수적이란 사실을 일부 반영한 결과일 것이다. 미군이 한반도 전 지역에서 작전할 수 있는 여지를 남겨놓은 것이었다.

NSC-81은 물론이고 NSC-81/1에 따르면 맥아더는 소련군 또는 중국군이 대거 참전한 증거가 있는 경우 38선 이북 지역에서 작전을 수행할 수 없었다. 따라서 유엔군이 북한지역에서의 작전을 결정한 후, 미국의 정보 당국은 북한지역으로 들어온 중국군 또는 소련군의 존재를 부인하거나 축소시킬 수밖에 없었던 것이다.

NSC-81과 비교하면 NSC-81/1은 트루먼의 철저한 통제 아래 모든 유엔군을 압록강 이남 지역 도처에서 보다 자유롭게 작전을 수행하게 한다는 측면에서 진일보한 성격이었다. 유엔군사령관 입장에서 보면 아직도 한만국경 및 한소국경 이남 특정 선에서부터 이들 국경에 이르는 지역에서 미군을 포함한 모든 유엔군의 운용을 명확하게 해주지 않고 있다는 사실과 만주지역 폭격 허용 여부를 분명히 해주지 않았다는 사실이 불만일 것이다.

트루먼의 9월 27일 지령

유엔군이 서울을 수복한 날인 1950년 9월 27일(미국 시간) 미 합참은 맥아더에게 38선 북진 관련 지령을 하달했다. 여기서는 유엔군의 군사적 목표를 북한군 격멸로 정했다. 맥아더는 이 같은 목표 달성 측면에서 38선 이북 지역에서의 상륙작전과 공정작전을 포함한 군사작전을 수행할 수 있었다. 물론 이 시점에 북한지역에 중국 또는 소련의 대규모 전력이 진입해 있지 않거나 진입 의도를 선포하지 않았거나 이들이 북한지역에서의 유엔군의 군사적전에 대항할 것이라고 위협하지 않은 경우에나 이처럼 군사작전을 수행할 수 있었다. 어떠한 경우에도 유엔군은 한만국경과 한소국경을 월경할 수 없었다. 한국인으로 구성된 지상군만이 한소국경 또는 한만국경 이남 특정 선에서 시작하여 이들 국경에 이르는 지역에서 작전을 수행할 수 있었다. 더욱이 만주 또는 시베리아 지역에 대한 유엔군의 공중 및 해상 작전을 철저히 배제시키고 있었다. 여기서는 이 같은 방식으로 유엔군의 작전을 한반도로 철저히 국한시켰다.

맥아더는 주요 소련군 부대가 38선 이남 또는 이북 지역에서 공공연하게 또는 은밀하게 작전을 수행하는 경우 방어적 태세를 견지하면서 상황을 워싱턴에 보고해야만 하였다. 중국군이 38선 이남 지역에서 은밀하게 또는 공공연히 대규모 부대를 운용하는 경우 휘하 전력이 어느 정도 저항 가능성이 있다고 생각되는 한 작전을 지속해야만 하였다. 소규모의 소련 또는 중국군이 38선 이남 지역에서 은밀히 작전을 수행하는 경우 유엔군은 작전을 지속해야만 하였다. 맥아더는 38선 이북 지역에서의 장차작전을 염두에 둔 계획을 수립하여 미 합참에 보내어 승인을 받아야만 했다.

세계대전 발발 저지 차원에서 소련군이 6·25전쟁에 대거 참전하지 않을 것임을 고려해보면 맥아더가 9월 27일 받은 지령의 핵심은 중국군이 북한지역에 주요 부대를 전개하지 않는 한 유엔군이 북한지역에서 작전을 지속할 수 있다는 것이었다. 한반도 전장에서 본인의 군사력에 대항한 '주요' 부대가 어느 정도 수준의 부대를 의미하는지를 결정하는 것은 맥아더의 몫이었다. 간략히 말해 중국군과의 격돌을 염원했던 맥아더 입장에서 보면 본인이 직면하게 될 적군의 존재를 부인하거나 적군의 규모를 축소시켜야 할 이유가 있었을 뿐만 아니라 이 같은 기회를 부여받았던 것이다.[133]

---

133. 맥아더는 6·25전쟁을 중국 대륙으로까지 확전시킴으로써 마오쩌둥을 몰아내고 장제스를 중국대륙으로 복권시켜야 한다고 생각하고 있었다. 따라서 유엔군과 중국군이 먼저 압록강 부근에서 격돌해야 한다고 생각했다. 결과적으로 맥아더는 압록강 이남 지역에 있던 중국군 규모를 지속적으로 축소 보도하지 않을 수 없는 입장이었던 것이다.

유엔군사령관인 맥아더 입장에서 보면 9월 27일 지령은 유엔군이 만주지역을 폭격할 수 없게 했다는 사실과 한만국경 및 한소국경 이남 특정 선에서부터 이들 국경에 이르는 지역에서 한국군만 운용할 수 있게 했다는 사실이 불만스러울 수 있었다. 북한지역에 중국군이 대거 진입한 경우 작전을 수행할 수 없었다는 것도 나름의 한계였다.

유엔군과 중국군의 격돌 여건 조성: 10월 9일 지령

마오쩌둥이 김일성에게 중국군의 6·25전쟁 참전 사실을 통보해 준 10월 8일 다음 날인 10월 9일 트루먼은 맥아더에게 또 다른 지령을 보냈다. 여기에는 한반도에서 주어진 자원을 갖고 승리의 가능성이 어느 정도 있는 한 중국군과 무조건 싸워야 할 것이란 사실과 중국 대륙 폭격은 트루먼의 허락이 있어야만 한다는 내용이 포함되어 있었다. 맥아더는 다음과 같은 정책을 준수해야만 하였다.

> 지금 이 순간부터 중국군이 사전 선언 없이 공공연히 또는 은밀한 방식으로 한반도에서 군사력을 대거 운용하는 경우 귀하는 그 장소와 무관하게 이들 중국군에 대항한 작전을 지속해야 할 것이다. 휘하 군사력의 조치를 통해 승리할 가능성이 어느 정도 있다고 판단되는 한 그처럼 해야 할 것이다. 중국 영토의 표적들을 겨냥하여 군사적 조치를 강구하고자 하는 경우 그 형태와 무관하게 사전에 워싱턴의 승인을 받아야 할 것이다.[134]

10월 9일 자 지령으로 맥아더는 참전한 중국군의 규모와 무관하게 한반

---

134. "The Joint Chiefs of Staff to the Commander in Chief, Far East (MacArthur), October 9 1950," in *FRUS*, 1950, Korea, Vol. 7, p. 915.

도 도처에서 중국군과 싸워야만 하였다. 중국군이 참전하는 경우 맥아더는 트루먼의 승인이 없이는 만주 지역의 중국군 전진 기지와 보급 중심지를 타격할 수 없었다. 중국군 주요 전력과 교전할 당시 맥아더가 증원전력을 받을 수 없었다. NSC-81/1 그리고 9월 27일 지령과 비교하면 10월 9일자 지령에서는 중국군의 규모와 무관하게 유엔군이 북한지역에서 작전을 수행할 수 있게 해주었으며, 만주폭격 가능성을 열어 놓았다.

한반도 전 지역에서 중국군과 싸워야만 했던 맥아더 입장에서 불만스런 부분에 트루먼의 승인이 없이는 만주지역의 병참기지를 자유롭게 타격할 수 없다는 사실이 있었다. 본인이 직접 지휘 가능한 기존 전력만을 갖고 중국군과 교전해야만 하였다. 한만국경 또는 한소국경 이남 특정 선에서 시작하여 이들 국경에 이르는 지역에서는 아직도 한국군만이 작전을 수행할 수 있었다.

이 같은 유엔군 운용에 관한 제약은 10월 15일의 웨이크 섬 회동에서 보다 더 해제된다. 다시 말해, 트루먼은 한만국경 또는 한소국경 이남 특정 선에서 시작하여 이들 국경에 이르는 지역에서 미군을 포함한 모든 유엔군을 맥아더가 운용할 수 있게 해주었다. 또한 중국군이 대거 참전하는 경우 만주폭격을 허용해줄 수 있을 것임을 맥아더에게 암시했다. 이 같은 사실은 웨이크 섬 회동을 다루는 다음 항에서 확인 가능할 것이다.

4. 유엔군의 38선 북진, '원산 책략' 그리고 웨이크 섬 회동

이미 잘 알려진 바처럼 트루먼은 유엔군의 일환으로 미군을 참전시킨 1950년 6월 말경 38선 원상회복을 주장했다. 그런데 트루먼은 미군이 참전한 지 얼마 지나지 않은 1950년 7월 중순부터 유엔군을 38선 너머로 북진시키기 위한 논리를 정립하기 시작했다.

트루먼의 미국은 어떠한 명분으로 유엔군을 38선 너머로 북진시키고자 한 것일까? 그 명분은 38선이 국가와 국가 간의 국경선이 아니고 국가 내부에 일시적으로 그어놓은 '가상의 선'이란 논리와 이 지역에서의 평화와 안전을 복원해야 한다는 6월 27일 자 유엔결의안이었다. 그런데 38선이 '가상의 선'이기 때문에 유엔군이 자유롭게 그 너머로 북진할 수 있다면 북한군의 38선 너머 남진 또한 크게 문제시될 수 있는 성격이 아닐 것이다. 소위 말해, 북한군의 남침에 대항하여 유엔군이 참전할 명분이 없었을 것이다. 유엔군의 38선 북진과 관련하여 중국은 이처럼 생각했다.[135]

그러면 트루먼은 왜 유엔군을 38선 너머로 북진시킨 것일까? 이는 지금까지 지속적으로 언급한 바처럼 중국군을 한반도의 특정 전선으로 유인함으로서 이곳 전선에서 중국군과 장기간 동안 치열하게 싸우기 위함이었다. 이 같은 방식으로 미군 재무장을 추진하기 위함이었다. 이 같은 사실은 유엔군의 1차 및 2차 압록강 진격에 관해 논의할 당시 보다 분명해질 것이다.

당시 마오쩌둥은 유엔군이 38선을 넘는 경우 중국군이 참전하지 않을 수 없을 것이라고 지속적으로 말했다. 한반도를 통해 임진왜란, 정유재란, 청일전쟁, 러일전쟁이 벌어졌다는 점에서 보면 중국은 유엔군의 38선 북진을 자국 안보를 위협할 가능성이 있는 주요 사건으로 간주하지 않을 수 없었을 것이다. 당시 중국은 미군의 38선 북진을 중국대륙을 침략하기 위한 성격으로 생각했다. 중국본토를 마오쩌둥으로부터 빼앗아 장제스에게 되돌려주기 위한 성격으로 생각했다.[136]

이 같은 이유로 마오쩌둥은 유엔군의 38선 북진 가능성과 관련하여 지

---

135. "The Ambassador in India (Henderson) to the Secretary of State, October 4 1950," in *FRUS*, 1950, Korea, Vol. 7, p. 870-1.

136. "The Ambassador in the Soviet Union (Kirk) to the Secretary of State, September 29 1950," in *FRUS*, 1950, Korea, Vol. 7, p. 822.

속적으로 경고한 것이며, 이 같은 경고에도 불구하고 트루먼이 유엔군을 38선 너머로 북진시킨 것이다. 트루먼은 유엔군의 38선 북진을 허용해 주는 유엔결의안이 채택된 10월 7일 이전인 9월 27일 맥아더에게 유엔군의 38선 북진을 명령했으며, 10월 1일 한국군을 38선 너머로 진격시킴으로써 유엔군의 38선 북진을 기정사실로 만들었다. 이는 미국 입장에서 유엔군의 38선 북진이 필수적인 성격이기 때문이었을 것이다.

북진 과정에서 맥아더는 낙동강방어선을 돌파한 후 북상하고 있던 8군과 인천에 상륙한 10군단을 통합하여 단일지휘관이 지휘하게 하지 않았다. 그런데 이는 지상전, 해전 및 공중전 모두를 각각 단일의 지상, 해상 및 공중지휘관이 지휘 통제하게 해야 한다는 전쟁원칙과 위배되었다. 또한 인천에 상륙한 10군단을 평양으로 진격시킨 것이 아니고 낙동강방어선에서 북상하고 있던 8군으로 하여금 이처럼 하게 했다. 10군단은 10월 20일 원산에 상륙시킬 예정이었다. 이처럼 북진 과정에서의 기이한 군사력 운용은 8군이 평양으로 진격할 당시 중국군의 참전 가능성을 염두에 둔 것이었다. 맥아더의 '원산 책략'은 이 같은 성격이었다. 한편 맥아더는 낙동강방어선에서 줄행랑치고 있던 북한군을 인천에 상륙한 10군단과 낙동강방어선에서 북상하고 있던 8군이 모루와 망치 개념에 입각하여 포위한 후 섬멸하게 하지도 않았다. 그런데 이는 북한군 섬멸 차원에서 유엔군을 38선 너머로 북진시킬 필요가 있다는 명분을 조성하기 위한 것이었다.

유엔군의 38선 북진에 관한 중국의 경고

한반도전쟁 참전에 관한 중국의 경고는 2개 기간으로 구분하여 생각해 볼 수 있다. 첫 번째 기간은 북한군의 남침에 대항하여 미국이 참전을 결심한 1950년 6월 말경부터 중국군이 참전하기 시작한 1950년 10월 중순까지다. 당시의 중국의 경고는 두 가지 모습을 보였다. 첫 번째 모습은 북한 공산정권의 완벽한 패배를 허용할 의사가 없다는 중국의 고급 관리들의 빈번하고도 구체적인 발언이었다. 이들 발언에서는 중국이 한반도전쟁에서 유엔군의 북진에 군사적으로 대응할 것임을 암시했지만 이들 대응의 성격을 명시하지 않았다. 북한정권이 처한 물리적 위험의 정도에 비례하여 이들 위협적인 어투가 보다 강해졌다.

첫 번째 기간에서의 두 번째 모습은 인민해방군 주요 부대의 만주 지역 전개였다. 이 전개는 중국군이 한반도전쟁에 개입할 것이란 발언을 보완해 주는 성격이었다. 중국은 이 같은 부대 전개를 공식 발표하지 않았다. 그러나 중국은 미 정보당국이 이것을 파악할 것으로 가정했을 것이다. 진정 중국 당국은 이 같은 정보를 미국이 접하기를 희망했을 것이다. 왜냐하면 자신들이 공개적으로 언급한 위협의 신빙성을 이 같은 전개가 어느 정도 보완해 줄 것이기 때문이다.

중국의 한반도전쟁 참전 가능성과 관련한 최초 신호는 1950년 8월 20일 중국 외무장관 저우언라이(周恩來)에 의한 것이었다. 당시 저우언라이는 "중국인민은 한반도 문제 해결에 관해 고민하지 않을 수 없다."[137]란 내용의 전문을 유엔에 보냈다. 9월 22일 중국외무성 대변인은 중국군이 조선인으로 편성된 1개 사단을 6·25전쟁 발발 직전에 북한으로 보냈다는 9월 18일 자 맥아더의 주장을 공식 확인해 주었다.[138] 이 같은 도발적인 시인과 더불어 외무성 대변인은 다음과 같이 첨언했다. "중국인민은…항상 북조선인민의 입장을 지지할 것이다."[139] 9월 25일 인민해방군 총참모장 니

---

137. Allen S. Whiting(1960), *China Crosses the Yalu: The Decision to Enter the Korean War* (New York: Macmillan, 1960), pp. 79, 84, 86.

138. "Memorandum of Conversations, by the Director of the Office of United Nations Political and Security Affairs (Bancroft), September 23 1950," in *FRUS*, 1950, Korea, Vol. 7, p. 762.

139. Allen S. Whiting(1960), *China Crosses the Yalu*, pp. 93, 105.

에룽전(聶榮臻)은 주중인도 대사 파니카르에게 중국은 "미군이 한만국경으로 접근해 오도록 수수방관하고 있지 않을 것입니다.…미국이 중국에 핵무기를 투하할 수도 있을 것입니다.…그 후 미국이 할 수 있는 것이 무엇인가요? 몇 백만의 인민을 죽일 수 있을 것입니다.…희생이 없이는 국가의 독립을 보존할 수 없습니다."[140]라고 비공식적으로 언급했다. 이는 유엔군의 38선 북진을 경고하는 거의 최후통첩장과 다름이 없었다. 비공식적이고도 사적인 방식으로 의사를 전달했다는 사실은 이것이 단순한 국제사회를 겨냥한 선전선동이 아니고 보다 진지한 목적의 것이었음을 암시해 주었다.

이 같은 비공식적인 발언을 무시하자 9월 30일 저우언라이는 "제국주의자들이 중국의 이웃 국가를 무자비하게 침공하는 현상을 중국 인민들이 수수방관하지 않을 것이다."[141]라고 말했다. "…북한군이 한만국경 부근으로 떠밀려오는 경우 중국의 정책은 중국 내부까지 적이 들어오기를 기다리는 것이 아니고 중국 밖에서 적과 싸우는 것이다."[142]라고 말했다. 10월 3일 저우언라이는 한국군이 아닌 미군을 포함한 여타 유엔군이 38선 너머로 북진해 오는 경우 중국이 참전할 것임을 주중인도 대사 파니카르에게 사적이지만 공식적이고도 가장 구체적인 형태로 언급했다. 이 같은 방식으로 이전의 발언을 강화시켰다. 파니카르는 이 같은 최후통첩장을 인도정부에 곧바로 보고했으며 인도정부는 미국정부와 유엔사무총장에게 전달해 주었

---

140. H. W. Brands(2016), *The General vs. the President* (p. 193). Knopf Doubleday Publishing Group. Kindle Edition.

141. Roy E. Appleman(1992). *South To The Naktong, North To The Yalu*, (Kindle Location 12828). Kindle Edition.

142. "Memorandum by the Director of the Office of Chinese Affairs (Clubb) to the Assistant Secretary of State for Far Eastern Affairs (Rusk), September 30 1950," in *FRUS*, 1950, Korea, Vol. 7, pp. 829-30.

다. 맥아더 또한 곧바로 그 내용을 통보받았다.[143] 10월 10일 베이징방송은 저우언라이의 발언과 유사한 내용을 발표했다.[144] 다양한 비밀 정보출처로부터 경보가 들어오고 있던 당시 특히 주목할 만한 정보가 있었다. 북한군에 생포되었다가 10월 초순 탈출한 어느 미군장교가 북한에서 3명의 소련군 장교들에게 9월 22일 심문을 받았다. 그는 이들 가운데 어느 장교가 미군이 38선을 넘으면 새로운 공산군이 전쟁에 참전하게 될 것이라고 말했다는 사실을 맥아더 휘하 정보참모에게 말해주었다.[145] 이 기간 동안 소련의 선전, 공식 발언, 외교적 행태는 중국과 보조를 맞추었다.

미국은 이 같은 중국과 러시아의 경고를 단순한 선전책동으로 치부했는데 이는 의도적이었다. 38선 북진의 열풍에 휩싸였던 맥아더도, 유엔도 이들의 경고를 의도적으로 간과했다. 10월 7일에는 맥아더와 유엔 모두 돌아올 수 없는 강을 넘었다. 맥아더는 유엔군이 38선이란 지리적인 선을 넘게 한 반면 유엔사무총장은 "한반도 전역에 걸쳐 안정 상태를 보장하기 위한 온갖 수단을 강구해야 한다."[146]란 내용의 결의안을 통과시키는 방식으로 정치적인 선을 넘었던 것이다.

오늘날 이 같은 중국의 경고를 미국이 불행히도 간과했다는 관점이 일반적인 듯 보이나, 필자는 이것이 아니고 중국군의 참전 경고를 미국이 학수고대했다고 본다. 이 같은 필자의 관점은 유엔군의 38선 북진을 허용해

---

143. "The Chargé in the United Kingdom (Holmes) to the Secretary of State, October 3 1950," in *FRUS*, 1950, Korea, Vol. 7, p. 839.; "Memorandum by the Deputy Assistant Secretary of State for Far Eastern Affairs (Merchant) to the Assistant Secretary of State for Far Eastern Affairs (Rusk), October 3 1950," in *FRUS*, 1950, Korea, Vol. 7, p. 848.

144. Roy E. Appleman(1992). *South To The Naktong, North To The Yalu*, (Kindle Location 15790). Kindle Edition.

145. Ibid., (Kindle Location 15786, 15795). Kindle Edition.

146. Department of State, *The Record on Korean Unification*, p. 106.

주는 유엔결의안이 통과된 10월 7일의 다음 날인 10월 8일 마오쩌둥이 김일성에게 중국군의 참전 결심을 통보해 주었으며, 그 다음 날인 10월 9일 미 합참이 한반도 도처에서 중국군과 지속적으로 싸우라는 비밀 명령을 맥아더에게 하달했다는 사실[147]에서도 확인할 수 있을 것이다. 유엔군의 38선 북진에 대항하여 중국이 한반도전쟁 참전을 결심하자 트루먼은 곧바로 이 같은 중국군과 싸우라고 맥아더에게 지시했던 것이다. 그런데 이는 한반도전쟁을 통해 추구한 목표 측면에서 유엔군과 중국군의 싸움이 미국에 절실히 요구되었기 때문이었을 것이다.

두 번째 기간은 중국군의 실제 참전 시점이었다. 중국군은 1950년 10월 16일경 압록강을 통해 한반도로 진입했다. 첫 번째 기간 동안 중국은 공개적으로 참전을 경고했으며, 참전 준비 사실을 숨기지 않았다. 반면에 두 번째 기간 동안 중국은 참전을 경고하지 않았으며, 은밀한 방식으로 부대를 전개시켰다. 달리 말하면, 중국은 참전을 결심하자 기습보장 차원에서 은밀한 방식으로 참전했던 것이다.[148] 중국 입장에서 보면, 압록강은 전쟁과 평화를 구분하는 선이었을 뿐 아니라 기만과 진실을 구분해 주는 선이었던 것이다.

중국군은 압록강을 은밀히 도강했다. 한반도에 진입한 후 중국군은 미군의 공중 정찰에 노출되지 않도록 상당히 조심했다. 중국군은 대낮에는 완벽히 위장한 상태에서 산속 깊숙한 곳에 숨어 있었던 반면 야밤에만 이동했다. 유엔사 정보부서는 이 같은 중국군의 대규모 이동에 관한 정보를 포로와 민간인으로부터 많이 얻었다.[149] 당시 유엔군사령부는 만주를 폭격

---

147. "The Joint Chiefs of Staff to the Commander in Chief, Far East (MacArthur), October 9 1950," in *FRUS*, 1950, Korea, Vol. 7, p. 915.

148. Allen S. Whiting(1960), *China Crosses the Yalu*, pp. 116–7.

149. Roy E. Appleman(1992), *South To The Naktong, North To The Yalu*, (Kindle Location 16041,

할 수 없었지만 만주 부근을 공중 정찰할 수는 있었다. 유엔군이 이 같은 공중정찰을 통해 중국군의 압록강 도강을 인지하지 못했는지는 의문이다. 당시 유엔사가 공중을 장악하고 있었으며, 유엔군의 정찰기가 빈번히 정찰활동을 했다는 점에서 보면 공중정찰을 통해 중국군의 도강 현황을 감지하지 못했을 가능성은 희박해 보인다.

놀라운 진군 속도와 물자 운송체계로 인해 중국군 보병은 한반도로 신속히 전개하여 방대한 군사력을 유지할 수 있었다. 예를 들면, 어느 인민해방군 부대는 만주의 단동(安東)에서 한반도 전투 지역에 이르는 286마일 거리를 불과 19일 만에 주파했다. 이곳 소속 3개 사단 가운데 1개 사단은 18일 동안 매일 18마일 속도로 이동했다. 이 같은 이동 속도로 인해 1950년 10월과 11월 중국은 30만 명의 병력을 한반도에 주둔시킬 수 있었다.[150] 그런데 맥아더는 중국군이 이 기간 동안 기껏 5만에서 6만의 병력을 이동 및 유지할 수 있다고 생각했다.[151]

중국군은 전격적이고도 방대한 규모로 그러나 은밀한 방식으로 참전했다. 최초 참전에서 정전협정 체결에 이르는 순간까지 중국은 6·25전쟁에 참전한 중국인들이 정규 인민해방군이 아니고 단순한 지원병이라는 공상소설을 유지하고자 노력했다. 이들 개개인이 한반도에 들어와 의용군을 조직했다고 주장했다. 이들 중국군은 증거 왜곡이 가능하도록 신분증을 소지하지 않았다. 그러나 일부 요원들의 경우 자신의 옷 안쪽에 이름과 부대명을 잉크로 표기한 경우도 없지 않았다.

16048). Kindle Edition.

150. Ibid., (Kindle Location 16030, 16038, 16046,). Kindle Edition.

151. Ibid., (Kindle Location 15813).

유엔군의 38선 북진

오늘날 우리는 6·25전쟁이 벌어진 지 얼마 지나지 않은 1950년 7월 중순부터 트루먼 행정부가 유엔군의 38선 북진 논리를 만들기 위해 여념이 없었음을 잘 알고 있다. 이 같은 논리에 입각하여 미 합참이 맥아더에게 유엔군의 38선 북진 명령을 하달한 것이 1950년 9월 27일이었음을 잘 알고 있다. 그런데 유엔이 유엔군의 38선 북진을 허용해 주는 결의안을 통과시킨 것은 10월 7일이었다. 여기서 보듯이 유엔군의 38선 북진을 허용해 준 유엔결의안 또한 트루먼의 사전 결심을 추인해 주는 형태였던 것이다. 당시 미국은 자국이 추구한 목표를 정해놓고 이 같은 목표 달성을 위해 유엔본부 등 동원할 수 있는 것 모두를 동원했다. 세계 GDP의 절반 정도를 생산하는 국가였다는 점에서 미국은 자국이 원하는 것 모두를 달성할 수 있는 입장이었다. 이 같은 사실은 유엔군이 38선 너머로 북진하는 과정에서 트루먼, 맥아더, 유엔본부, 기자들 간에 있었던 다음과 같은 일련의 스토리를 통해서도 확인 가능해진다.

1950년 9월 21일 기자 회견에서 기자들은 미군이 38선에 도달하는 경우 이들 미군을 38선 너머로 북진시킬 것인지를 결심했는지 트루먼에게 질문했다. 그러자 "트루먼은 본인이 아직 결심하지 않았다."라고 답변했다. 트루먼은 "결국 미군이 유엔군의 일환으로 북한군과 싸우고 있기 때문에 38선 북진 여부는 유엔이 결심해야 할 사항이다."라고 답변했다. 트루먼은 "유엔의 모든 결심을 따를 것이다."라고 답변했다.[152]

9월 28일에도 언론이 동일한 질문을 하자 트루먼은 "유엔군이 38선을 월경할 것인지 여부에 관해 공개적으로 답변해 줄 수 없다."라고 말했다.

---

152. "[Document 526] Editorial Note, 1950," in *FRUS*, 1950, Korea, Vol. 7, pp. 747-8.; I. F. Stone(1952), *The Hidden History of the Korean War,* p. 108.

당시 트루먼은 '공개적'으로 답변해 줄 수 없다고 말했는데, 이는 트루먼이 이미 유엔군의 38선 북진 여부에 관해 개인적으로는 잘 알고 있음을 암시했다. 한편 미 국무성 대변인은 1950년 6월 27일의 유엔안전보장이사회 결의안이 "이미 38선 너머 공산군을 추격할 권한"을 맥아더에게 부여해 주는 형태였다고 주장했다. 트루먼은 "6월 27일의 유엔결의안이 매우 포괄적인 성격이다."라고 답변했다.[153]

그러자 기자는 이것이 유엔군사령관으로서 맥아더가 38선을 월경할 권한이 있음을 의미하는지 트루먼에게 질문했다. 트루먼은 "맥아더가 트루먼 자신과 미 합참의 명령을 받는 입장이며, 맥아더가 이들 명령을 따를 것"이라고 답변했다. 기자가 "이들 명령"이 38선 북진을 의미하는지 질문했다. 그러자 트루먼은 "이 질문에 답변할 수 없다."라고 말했다. 이 순간 기자는 "유엔군이 38선을 월경하는 문제는 유엔이 결심할 사항이라고 트루먼 본인이 말한 바 있다."라고 말했다. "이 같은 사실과 맥아더가 트루먼 본인의 명령에 따라 움직이는 사람이란 트루먼의 발언이 배치되는 것 아닌가?" 질문했다. 그러자 트루먼은 "유엔이 먼저 유엔군의 38선 북진 여부를 결심해야 할 것이며, 유엔이 이 같은 결심을 트루먼 본인을 통해 새로운 지시 형태로 전파하게 될 것이다."라고 답변했다.[154]

이 같은 상황에서 10월 1일 맥아더는 트루먼의 승인 아래 북한군의 무조건항복을 촉구하는 선언문을 발표했다.[155] 트루먼이 이미 맥아더에게 38선 북진을 허용해 주었음은 맥아더가 북한군의 무조건항복을 촉구하는

---

153. I. F. Stone(1952), *The Hidden History of the Korean War*, pp. 108-9.

154. Ibid., p. 109.

155. "[Document 582] Editorial Note, Undated 1950," in *FRUS*, 1950, Korea, Vol. 7, p. 832.; 10월 9일에도 맥아더는 북한군 최고사령관에게 무조건항복을 요구했다. "[Document 646] Editorial Note, Undated 1950," in *FRUS*, 1950, Korea, Vol. 7, pp. 913-4.

선언문을 발표했다는 사실에서 유추해 볼 수 있었다. 무조건항복 요구에는 북한군이 무기를 내려놓은 채 투항하지 않는 경우 유엔군이 38선을 월경하여 무력을 사용할 권리가 있음이 암시되어 있었기 때문이다. 유엔군사령관인 맥아더가 무조건항복을 촉구한 상태에서 유엔이 북한과 평화를 협상하는 한편 유엔군에게 38선에서 진격을 멈추라고 명령함은 매우 우스꽝스런 모습이기 때문이다.

당시 북한군이 38선 너머로 줄행랑쳤다는 점에서 보면 유엔군의 38선 북진 여부는 군사적 문제가 아니고 정치적 문제였다. 이 순간 유엔은 6·25전쟁 직후 자신이 추구했던 목표, 38선 복원이란 목표를 달성했다는 점에서 북한과 평화회담을 개최할 수 있었을 것이다. 또는 북한군 응징 차원에서 유엔군의 북진을 결심할 수도 있었을 것이다. 이는 전적으로 정치적 성격의 것이었다. 야전군사령관인 맥아더는 이 같은 정치적 결심을 준수해야 하는 입장인 것이다. 유엔군의 38선 월경을 금지시킨 상태에서 평화협정을 추진하는 것이 현명한 것인지 아니면 북한군 응징 차원에서 유엔군을 38선 너머로 북진시키는 것이 현명한 것인지는 여기서 중요한 문제가 아니다. 중요한 것은 유엔이 유엔군의 38선 북진 명령을 유엔군사령관인 맥아더에게 내릴 수 있었는지 아니면 트루먼이 유엔군의 38선 북진 명령을 맥아더에게 내린 후 유엔이 이 명령을 추인해 주었는지 여부일 것이다.

이 질문에 대한 답변은 10월 1일 트루먼이 맥아더에게 다음과 같은 무조건항복을 북한군에 요구하게 했다는 사실과 관련이 있었다. 당시 맥아더는 "유엔군사령관인 나는 북한군 지휘관, 귀하의 지휘를 받는 북한군에게 한반도 어디에 있는지와 무관하게 무기를 내려놓고 내가 지시하는 군사적 감독 아래 적대행위를 종료할 것을 촉구한다."라는 선언문을 발표했다.

한편 7월 14일 한국경찰 총수 김태선은 6·25전쟁 발발 이후 1,200명 이상의 공산주의자 내지는 공산주의자로 의혹을 받는 사람을 처형했다고 말했다. 김태선은 이들 처형당한 사람이 '안보적으로 상당한 위협' 대상이었다고 말했다. 이 같은 김태선의 발표를 보며 북한인들은 항복하면 본인들이 처형당할 가능성이 있다고 생각했을 것이다. 결국 맥아더의 무조건항복 요구에도 불구하고 북한군은 항복할 수 없었으며, 유엔군이 북한군의 항복을 받을 목적으로 38선 너머로 북진하지 않을 수 없었던 것이다.[156]

당시 유엔은 북한정권과의 협상을 제안할 수도 있었을 것이다. 구체적인 조건에서 항복을 요구할 수도 있었을 것이다. 러시아와 중국이 참관하는 가운데 한반도 차원의 선거를 약속할 수도 있었을 것이다. 패배한 북한 공산주의자들의 안전을 보장해 주는 조건으로 한반도 차원의 신탁통치를 실시할 수도 있었을 것이다. 다양한 방안을 강구할 수 있었을 것이다. 그러나 맥아더의 무조건항복 요구로 이들 모든 가능성을 고려할 수 없게 된 것이다. 유엔군의 38선 북진이 필수적인 현상이 된 것이다. 그런데 9월 26일 소련은 미국에 양국 정상 수준에서의 평화회담을 요구했다. 그러자 미 국무성은 한반도를 포함한 지구상 도처에서 평화를 얻고자 하는 경우 말이 아니고 행동을 보여야 한다고 말했다.[157]

이처럼 트루먼의 명령으로 유엔군이 38선 너머로 북진하지 않을 수 없는 상황임을 감지한 9월 28일 유엔본부에서는 유엔군의 38선 북진을 암묵적으로 허용해 주는 결의안을 준비하지 않을 수 없었다. 9월 29일 유엔 외교관들이 "별 다른 지시가 없는 한…맥아더는 북한군의 항복조건에 관해 결심할 권한이 있다.…38선 월경 여부를 결심한 권한이 있다."라고 말

---

156. I. F. Stone(1952), *The Hidden History of the Korean War*, p. 111.

157. "Draft Memorandum by Mr. Robert G. Hooker of the Policy Planning Staff, September 26 1950," in *FRUS*, 1950, Korea, Vol. 7, p. 784.

했던 것은 이 같은 이유 때문이었을 것이다. 당시 유엔본부는 트루먼이 맥아더에게 무조건항복 명령을 승인해 주었음을 이미 알고 있었던 것이다.[158] 북한군의 무조건항복에 관한 문장을 미 국무성이 작성하여 9월 23일 맥아더에게 전달[159]해 주었으며, 9월 28일 맥아더가 일부 수정안을 합참에 보냈기 때문이다.[160]

9월 15일 인천에 상륙한 유엔군은 서둘러 진격하여 9월 28일 서울을 수복했다. 그 과정에서 많은 인명이 희생되었을 뿐만 아니라 건물이 파괴되었다. 서울을 외곽에서 봉쇄하는 전략을 추구했더라면 피해를 크게 줄일 수 있었을 것이다. 당시 유엔군이 그처럼 고속으로 서울을 점령하고자 했던 것이 유엔이 한반도 문제 해결을 위한 외교적인 노력을 전개하지 못하게 하기 위함이었다는 관점도 없지 않다. 북한군의 무조건항복이란 트루먼 행정부가 고안해 낸 방안을 유엔참전국들이 수용하지 않을 수 없게 하기 위함이었다는 것이다. 서울 점령에 나섰던 미 육군과 해병대 장교 가운데 이처럼 암시한 사람이 없지 않았다. 어느 미군 중령은 "우리는 가능한 한 신속히 서울로 개선장군처럼 진입하라는 지시를 받았다. 그 과정에서 많은 미군과 한국인이 희생된 것이다."라고 말했다.[161]

한편 맥아더는 38선 북진을 한국군이 주도하게 만들었다. 한국군의 38선 북진을 통해 유엔이 유엔군의 북진을 기정사실로 수용하게 했다. 1950년 9월 30일 토요일 이선근(李瑄根) 대령은 한국군 3사단이 38선 부근에 있

---

158. I. F. Stone(1952), *The Hidden History of the Korean War*, p. 113.

159. "Memorandum of Conversations, by the Director of the Office of United Nations Political and Security Affairs (Bancroft), September 23 1950," in *FRUS*, 1950, Korea, Vol. 7, p. 762.

160. "The Commander in Chief, Far East (MacArthur) to the Joint Chiefs of Staff, September 28 1950," in *FRUS*, 1950, Korea, Vol. 7, p. 796.

161. I. F. Stone(1952), *The Hidden History of the Korean War*, pp. 113-4.

다고 말했다. 그러면서 "본인이 38선을 월경하지 말라는 지시를 받았으며, 유엔의 명령이 없는 한 38선을 월경하지 않을 것이다."라고 말했다. 10월 1일 오전 11시 45분 한국군 3사단이 38선을 월경하기 시작했다. 그런데 3사단의 38선 월경은 "유엔군사령부의 명령에 따른 것이었다." 9월 30일 오후 늦은 시점, 미 8군은 "소형 정찰기에 탑승한 미군 소령이 북진 명령문을 3사단 지역에 투하하게 했다." 당시 한국군 3사단에서 미 육군 연락장교로 일했던 딕 에머리치(Dick Emmerich) 대령은 38선을 넘은 3사단이 38선 이남 지역으로 퇴각하지 않을 것임을 확인해 주었다. 그는 "우리는 퇴각하지 않을 것이다."라고 말했다.[162]

당시 맥아더는 "한국군이 38선을 넘었다는 사실을 세계가 모두 알고 있었으며, 이 같은 한국군을 미군장교들이 동행했음에도 불구하고," 이 같은 사실을 모른 척했다. 당시 유엔사는 공식적으로는 침묵을 지켰지만 "미군 전함과 항공기들이 한국군의 38선 북진을 지원해 주게 했다." 당시 미 10군단장 에드워드 알몬드(Edward M. Almond) 소장은 한국군의 38선 월경을 알고 있다는 사실을 공식적으로 부인했다. 그러나 기자가 답변을 강요하자 알몬드는 "한반도가 이들 한국인의 영토가 아닌가요?"라고 말했다. 당시 한국군의 38선 북진은 미 육군의 명령에 따른 것이었다. 이들의 진격은 미 공군 및 해군의 활동과 조화를 이루며 이루어졌다. 유엔이 유엔군의 38선 북진을 허용해 주는 성격의 결의안을 통과시키기 4일 전인 10월 3일 한국군은 38선 너머 50마일 이상 북진했다. 맥아더가 이 같은 한국군을 지원해 주었다. 동해안을 따라 3사단과 함께 북진하던 뉴욕타임스지 특파원은 10월 5일 다음과 같은 기사를 전송했다. "오늘까지 피곤에 찌들

---

162. Ibid., pp. 128-9.; "Memorandum of Conversations, by the Assistant Secretary of State for Far Eastern Affairs (Rusk), October 4 1950," in *FRUS*, 1950, Korea, Vol. 7, p. 862.

어 있는 한국군 병사들 입장에서 보면 북진 자체는 유람과 다름이 없다.…
왜냐하면 10일 이상의 기간 동안 적의 주요 저항이 없었기 때문이다." 당
시 이들은 38선 이북 70마일 지역에 있었다.[163]

10월 1일 정오 맥아더는 북한군에게 무조건항복을 요구했다. 그런데 당
시로부터 15분 전인 11시 45분 3사단이 38선을 월경했다. 한국군의 38선
너머 진격과 맥아더의 무조건항복 선언으로 유엔의 운신의 폭이 좁아졌
다. 유엔이 한반도 문제를 놓고 협상할 수 없게 된 것이다. 협상을 거론하
는 경우 유엔군사령관인 맥아더의 무조건항복 선언을 부인해야만 했기 때
문이다. 이처럼 부인하는 경우 워싱턴과 정면충돌하지 않을 수 없었기 때
문이다. 왜냐하면, 맥아더의 무조건항복 선언이 트루먼의 승인을 받은 것
이기 때문이었다. 당시 한국군은 맥아더가 무조건항복을 요구하는 선언문
을 발표하기 15분 전에 38선을 월경했는데 이는 북한군의 항복이 의미가
없음을 암시하는 성격이었다. 이는 6·25전쟁을 38선 너머 지역으로까지
확전시키는 성격이었던 것이다.

10월 7일 유엔에서 미국의 유엔대표는 "이 지역에서 북한군의 남침을
격퇴하고 국제 평화와 안전을 복원하고자 할 당시 필요한 지원을 한국에
제공해 줄 것"을 촉구한 6월 27일의 유엔안전보장이사회 결의안에 유엔
군의 38선 북진 허용이 암시되어 있다고 주장했다. 인도 대표가 유엔군의
38선 북진에 강력히 반대했다. 그럼에도 10월 7일 유엔군의 38선 북진을
허용해 주는 결의안이 유엔안전보장이사회를 통과했다.

9월 27일 트루먼은 유엔군의 38선 북진을 맥아더에게 지시했다. 트루
먼은 유엔군의 38선 북진을 허용해 주는 유엔결의안이 통과되기 이전인
10월 1일 북한군의 무조건항복을 요구하는 선언문을 맥아더에게 발표하

---

163. I. F. Stone(1952), *The Hidden History of the Korean War*, p. 129.

게 했다. 한편 맥아더는 유엔의 38선 북진 지시가 있기도 전에 한국군에게 38선 북진을 명령했다. 결과적으로 6월 27일의 유엔결의안이 트루먼의 사전 결정을 추인해 주는 성격이었던 것과 마찬가지로 10월 7일의 유엔결의안 또한 트루먼의 유엔군 38선 북진 결심을 추인해 주는 성격일 수밖에 없었던 것이다.

맥아더의 '원산 책략' 그 배경과 변화

맥아더는 1950년 9월 15일 인천에 상륙한 알몬드 소장 중심의 10군단과 낙동강방어선을 뚫고 북진을 시작한 워커 중장 중심의 8군을 통합하여 워커가 지휘하게 하지 않았다. 이 같은 사실과 관련하여 그 후 논쟁이 벌어졌다. 이것이 지상, 해상 및 공중에서의 지상전, 해전 및 공중전을 각각 단일 지휘관이 지휘 통제하게 해야 한다는 전쟁원칙에 어긋난다는 것이었다.

당시 맥아더는 인천에 상륙한 10군단으로 하여금 재차 원산 상륙을 준비하게 한 반면, 낙동강방어선을 뚫고 북상하고 있던 8군을 낭림산맥 서쪽 지역에서 평양 점령을 위해 38선 너머로 북진하게 했다. 그 후 맥아더는 낭림산맥을 경계로 서부지역에서의 지상작전은 8군사령관 워커 중장이, 동부지역에서의 지상작전은 10군단장 알몬드 소장이 지휘 통제하게 했다.[164] 일각에서는 결과적으로 중국군이 8군 작전지역과 10군단 작전지역 사이의 장진호(長津湖) 부근으로 비집고 들어와 미 해병 1사단을 포위 공격할 수 있었다고 주장했다. 6·25전쟁이 종료된 후 유엔사의 몇몇 고위급 장교들은 인천상륙작전 이후 8군사령관 워커 중장을 중심으로 한반도 지

---

164. Joseph C. Coulden(1982), *Korea: The Untold Story of the War*, p. 254.

상전 지휘구조를 단일화했어야만 했다고 말한 바 있다.[165]

이 부분은 다음과 같은 맥아더의 두 차례 구상 측면에서 설명할 필요가 있다. 첫째, 워싱턴 시간으로 9월 27일 유엔군의 38선 북진을 명령받은 맥아더는 38선 이북 지역에서의 유엔군의 작전계획을 9월 28일 미 합참에 보고하여 9월 29일 트루먼의 승인을 받았다. 여기서는 평양을 점령하기 위한 서해안 회랑을 따른 8군의 공격과 10군단의 원산상륙을 촉구하고 있었다. 8군의 평양 진격 속도에 맞추어 10군단을 원산에 상륙시킴으로써 평양으로 진격해 가는 8군을 중국군이 공격하는 경우 이 같은 중국군을 측면에서 공격하게 할 구상이었다.[166] 소위 말해, 이것을 우리는 '원산 책략(策略)'으로 지칭한다. 둘째, 10월 17일 맥아더는 계획을 변경했다. 10월 20일경 원산에 상륙시킬 예정이던 10군단 예하 미 7사단을 10월 27일 원산 이북 105마일 떨어진 이원(利原)이란 항구에 상륙시켜 압록강 부근 혜산진(惠山鎭)으로 진격시켰으며, 10군단에 배속되어 있던 한국군 3사단과 수도사단은 동해안을 따라 청진항과 한소국경을 겨냥하여 이동시켰다. 미 해병 1사단은 원산 앞바다의 기뢰가 완벽히 제거된 10월 28일 원산에 상륙시켜 함흥을 거쳐 장진호를 겨냥하여 북서쪽으로 이동시켰다.

일반적으로 알려진 바와 달리 맥아더의 첫 번째 결심은 유엔군의 북진이 의미가 있도록 북한군을 38선 이북 지역으로 퇴각하게 해주는 한편, 8군이 낭림산맥 서쪽 지역에서 북진할 당시 중국군의 참전에 대비하기 위한 것이었다.[167] 맥아더의 두 번째 결심은 10월 중순부터 압록강을 도강한 중국군이 청천강 이북 지역에서 유엔군의 더 이상 북진을 저지해야 할 것

---

165. Ibid.,

166. James F. Schnabel(1992), *The Korean War Vol. III*. (Kindle Location 4383).

167. Richard C. Thornton/권영근, 권율 번역(2020), 『강대국 국제정치와 한반도: 트루먼, 스탈린, 마오쩌둥 그리고 6·25전쟁의 기원』, p. 454.

이란 마오쩌둥의 결심과 관련이 있었다. 중국군은 유엔군의 공격이 없는 한 더 이상 남진하지 않기로 결심했다.[168] 이 같은 중국군과 유엔군이 한 반도에서 격렬히 싸우게 하려면 유엔군이 청천강 너머 지역으로 진격함으로써 적의 반격을 유도할 필요가 있었다. 그 과정에서 틈새를 보일 필요가 있었던 것이다. 중국군이 참전하여 청천강 이북 지역에 포진하고 있던 10월 20일 이후 맥아더가 8군과 10군단을 중심으로 지휘를 양분하여 북진시켰던 것은 이 같은 이유 때문이었을 것이다. 이 같은 사실은 유엔군의 압록강 진격 당시 유엔사가 장진호 지역이 빈틈이라고 지속적이고도 공개적으로 언급했다는 사실에서 잘 알 수 있을 것이다.[169]

맥아더가 38선 이북 지역에서의 유엔군의 작전에 관한 지시를 받은 시점은 인천에 상륙한 유엔군이 서울 탈환을 위해 노력하고 있던 1950년 9월 27일이었다. 그러나 맥아더는 그 요약본을 이미 9월 15일 받아보았으며, 트루먼이 유엔군의 38선 북진을 결심한 시점은 6·25전쟁이 벌어진 지 얼마 지나지 않은 1950년 7월 중순이었다. 트루먼이 맥아더에게 북진지령을 뒤늦게 하달했던 것은 인천상륙작전 직후의 공산진영의 반응을 타진할 필요가 있었기 때문이었다. 유엔군의 인천상륙작전 당시 트루먼은 김일성이 북한지역의 예비전력을 인천 지역으로 대거 투입할 가능성을 우려했다. 그런데 당시 김일성은 이 같은 예비전력을 충분히 유지하고 있지 않았다. 한편 인천상륙작전 직후 중국군이 참전했더라면 유엔군이 부산과 인천 지역으로 양분되어 있었으며 인천 지역의 유엔군이 대규모 공격에 취약한 상태에 있었다는 점에서 보면 이 같은 참전이 결정적인 의미가 있었을 것이다. 특히 낙동강방어선 부근의 북한군이 미 8군의 낙동강방어선

168. Ibid., p. 481.

169. I. F. Stone(1952), *The Hidden History of the Korean War*, pp. 190, 211.

돌파 저지와 더불어 8군과 10군단의 연결을 저지할 수 있는 경우 그러했을 것이다.

김일성이 인천 지역에 예비전력을 대거 투입하지 않았을 뿐만 아니라 중국군이 유엔군의 인천상륙작전 직후 참전하지 않자 미국의 기획가들은 유엔군이 38선을 넘어 북진할 시점에서의 중국군의 참전 가능성에 대비하기 시작했다. 이는 유엔군 입장에서 중국군의 참전을 우려해야 할 필요가 있던 마지막 순간이었다. 그 후부터 유엔군은 한반도에서의 장기간 동안의 격전을 위해 중국군과의 대결을 추구해야 하는 입장이었던 것이다. 유엔군이 38선을 넘은 이후에서의 중국군의 참전에 대비하기 위한 계획이 소위 말하는 '원산 책략'의 이면에 숨어 있던 동기였던 것이다. 맥아더가 8군과 별도로 10군단을 10월 20일경에 원산에 상륙시키고자 했던 것은 이 같은 이유 때문이었던 것이다.

유엔군이 38선 너머로 북진할 당시에서의 중국군의 참전에 대한 대비는 북한군 격멸과 비교하여 훨씬 중요한 의미가 있었다. 이는 당시 미국이 추구한 전쟁목표가 38선 원상회복이 아니고 한반도에서 가능한 한 장기간 동안 중국군과 치열하게 싸우는 것이었기 때문이었다. 미국이 추구한 목표가 38선 원상회복이었다면 낙동강방어선에서 북쪽으로 줄행랑치고 있던 북한군을 함정에 빠뜨려 격멸한 후 38선 부근에서 공산 측과 평화협상을 추진했어야만 했을 것이다. 서울 부근의 10군단과 한반도 남쪽 지역에서 서울을 겨냥하여 북진하고 있던 8군이 퇴각하고 있던 북한군을 포위하여 섬멸해야만 했을 것이다.

이미 살펴본 바처럼 6·25전쟁 기간 내내 미국이 추구한 전쟁목표는 한반도에서 중국군과 가능한 한 장기간 동안 치열하게 싸우는 것이었다. 이 같은 싸움을 통해 공산세력에 대항하기 위한 동맹체제를 구축하고 미군을 재무장하는 것이었다. 이처럼 중국군과 싸우고자 하는 경우 중국군의 한반도전쟁 참전이 요구되었으며, 중국군을 참전시키고자 하는 경우 유엔군의 38선 북진이, 특히 압록강을 겨냥한 진격이 필수적이었다. 유엔군이 38선 너머로 북진하고자 하는 경우 그 명분이 필요했다. 38선 이남 지역에서 북한군을 격멸하는 경우 유엔군이 38선 너머로 북진할 명분이 사라지는 것이다. 당시 맥아더가 북한군이 38선 너머로 퇴각할 수 있게 했던 것은 이 같은 이유 때문이었다.

이 같은 이유로 맥아더는 지리멸렬한 상태에서 북쪽으로 줄행랑치고 있던 북한군을 낙동강방어선에서 북진하고 있던 미 8군 예하 부대들이 체포 또는 격멸을 위해 추격하게 하지 않았다. 이들 8군이 적군을 비켜가며 서울에 있던 10군단과의 연결을 위해 기갑 전력을 필두로 북쪽 방향으로 고속 질주[170]했던 것은 이 같은 이유 때문이었다.

일반적으로 사람들은 서울 부근의 10군단과 워커 장군의 8군이 유엔군의 인천상륙작전 이후 통합될 것으로 생각했다. 워커의 지휘 아래 10군단이 줄행랑치고 있던 북한군의 길목을 차단할 수 있도록 거의 즉각 평양을 겨냥하여 진격할 것으로 생각했다. 이들이 평양과 진남포항을 점령한 후 원산을 겨냥한 작전을 지원할 수 있을 것이었다. 한편 미 1기갑사단, 미 24사단, 한국군 1사단, 영국군 27여단으로 구성되어 있던 1군단이 서울에서 원산으로 질주할 수 있을 것이었다. 1군단은 원산에서 한국군 3사단 및 수도사단과 연결하고, 원산항을 통제한 후 평양을 겨냥한 작전을 지원할 수 있을 것이었다.

원산을 점령한 1군단 예하 부대들은 서쪽 방향으로 질주하여 평양에서 동쪽 방향으로 이동하던 미 10군단과 연결함으로써 북한군의 모든 잔여

---

170. Clay Blair(1987), *Forgotten War: America in Korea, 1950-1953* (New York: Times Books, 1987), pp. 280-1.

퇴각로를 차단할 수 있을 것이었다. 이처럼 한 후 북으로 50마일 정도 진격하여 정주(定州), 군우리(軍隅里), 영원(寧遠), 함흥(咸興), 흥남(興南)을 연결하는 선에 도달할 수 있을 것이었다. 이처럼 하는 경우 청천강 어귀의 신안주(新安州)와 함흥이란 2개 항구를 추가 확보할 수 있을 것이었다. 진남포, 신안주, 원산, 함흥이란 4개의 전진 항구로 인해 필요한 경우 모든 북한군 잔여 세력들을 제거할 목적으로 북한지역에서 지속적으로 작전을 수행할 수 있을 것이었다.[171]

그러나 이들 계획은 중국군이 6·25전쟁에 참전하지 않을 것으로 가정하는 경우에만 타당성이 있었다. 미 10군단이 평양으로 진격하고 있거나 1군단이 원산으로 이동하고 있을 당시 중국군이 참전하는 경우 미군은 전진(前進) 보급기지가 없다는 점에서 신속한 전력증강이 거의 가능하지 않은 상태에서 심각한 난관에 봉착할 수 있었다.

'원산 책략' 이행 차원에서 맥아더는 8군을 10군단이 있던 도로를 따라 북으로 진격시켜 평양을 공격하게 할 것인 반면 10군단은 원산 상륙작전을 위해 해상으로 이동시킬 예정이었다. 당시 맥아더가 추구한 목표가 퇴각하고 있던 북한군 잔여 전력을 포위하여 격멸하는 것이었다면 맥아더의 '원산 책략'은 문제가 많았다. 많은 북한군이 이 같은 맥아더의 책략으로 북으로 도주할 수 있었기 때문이다. 그런데 당시 맥아더는 물론이고 트루먼은 미국이 추구하는 바가 북한군을 포위하여 격파하는 것 이상의 것이란 사실을 잘 알고 있었다.[172] 중국군과 가능한 한 장기간 동안 한반도에서 싸워야 할 것임을 잘 알고 있었던 것이다.

---

171. Richard C. Thornton/권영근, 권율 번역(2020), 『강대국 국제정치와 한반도: 트루먼, 스탈린, 마오쩌둥 그리고 6·25전쟁의 기원』, p. 455

172. "미 합참은 맥아더의 전략에 의문을 제기하지 않았다" J. Lawton Collins(1969), *War in Peace Time*, pp. 160-1.

트루먼은 맥아더가 '원산 책략' 계획을 미 합참에 전송한 지 하루가 지나지 않은 시점에 승인해 주었다. 당시의 승인에는 "38선 이북 지역으로 진격하는 과정에서 전술적으로도, 전략적으로도 전혀 위축될 필요가 없다"라고 촉구하는 마샬 국방부장관의 메시지가 첨부되어 있었다. "전략적으로…위축될 필요가 없다"라는 표현은 중국군이 6·25전쟁에 참전하는 경우 트루먼 행정부가 맥아더를 지원할 것임을 은밀히 보장해 주는 성격일 수 있었다. 곧바로 맥아더는 "나는 이것을 적군이 항복하지 않는 경우…한반도 전 지역으로 군사작전을 확대시켜도 무방하다는 의미로 해석할 것이다."[173]라는 내용의 전문을 워싱턴에 보냈다.

맥아더의 '원산 책략'은 마오쩌둥을 6·25전쟁이란 함정으로 유인하기 위한 시도였다. 또한 충분한 규모의 북한군 잔당들이 북으로 줄행랑치게 함으로써 이들을 격파하기 위한 북한지역에서의 군사작전을 정당화시키기 위한 성격이었다. 유엔군이 북한지역으로 진입해 들어갈 당시 중국군의 참전 가능성에 대비하기 위한 성격이었다.[174]

트루먼과 맥아더의 웨이크 섬 회동

10월 17일 맥아더는 기존 '원산 책략'에 입각한 유엔군의 북진계획을 대폭 수정했다. 그런데 이는 10월 15일에 있었던 트루먼과 맥아더의 웨이크 섬 회동의 결과였다. 맥아더에 따르면 웨이크 섬 회동에서 트루먼이 미군

---

173. James F. Schnabel(1992), *The Korean War Vol. III.* (Kindle Location 4299, 4306).

174. 몇 년 뒤 맥아더는 10군단을 해상을 이용하여 원산에 상륙시키고자 했던 계획의 본질을 암묵적으로 인정했다. 그러나 그처럼 암시하면서 중국을 거론하지는 않았다. "해상을 통한 미 10군단의 전개는 아직도 남한지역에서 북한지역으로 도주하고 있던 적군에 대항한 측면이동(側面移動, Flanking Movement) 성격의 것이었다. 유엔군의 평양 공격이 적에 의한 장기간 지속되는 포위를 초래하는 경우 이 같은 적에게 압력을 가하기 위한 포위공격 성격이었다."다음을 참조하시오. Malcolm W. Cagle and Frank A. Manson, *The Sea War in Korea* (Annapolis: U.S. Naval Institute, 1957), p. 114.

을 포함한 모든 유엔군을 맥아더가 한반도 모든 지역에서 운용할 수 있게 해주었다. 이미 언급한 바처럼 맥아더는 중국군이 대거 참전하는 경우 트루먼이 유엔군의 만주폭격을 허용해 줄 것이라고 암시했다.[175]

6·25전쟁을 연구하는 학자들은 6·25전쟁이 놀라움의 연속이라고 말한다. 이들 놀라운 사건에 1950년 10월 15일의 맥아더와 트루먼의 웨이크 섬 회동이 있다. 물론 이 회동은 트루먼이 제안한 것이다.

트루먼은 맥아더를 만난 지 너무나 오래 되었기 때문에 그리고 중국의 참전에 관한 야전군사령관의 견해를 듣고 싶어 회동했다고 말했다. 그러나 이는 사실이 아니었다. 그 바쁜 미국 대통령이 야전군사령관인 맥아더를 개인적으로 만나고 싶어 만나게 되었다는 주장은 논리적으로 타당성이 떨어진다. 중국의 참전 여부에 관한 정보는 미 중앙정보국이 보다 많이 정확히 파악하고 있었다.

나중에 웨이크 섬 회동은 맥아더를 해임시키기 위한 빌미로 작용했다. 트루먼이 1950년에는 중국의 참전이 없을 것이란 맥아더의 이야기를 듣고 유엔군을 압록강으로 진격시켰다고 주장한 것이다. 맥아더 때문에 유엔군을 압록강으로 진격시켰으며, 결과적으로 중국군의 대거 반격으로 일대 재앙이 초래되었다는 것이다. 그런데 이는 사실이 아니었다. 웨이크 섬 회동에서 유엔군의 압록강과 두만강 진격을 주장한 사람은 맥아더가 아니고 트루먼이었다.

그러면 트루먼은 왜 10월 11일 갑자기 10월 15일에 맥아더와 회동할

---

175. 이것을 보여주는 또 다른 증거는 1950년 11월 7일 맥아더가 극동군공군사령관 스트라테마이어에게 압록강 교량 폭파를 명령했으며, 11월 20일 트루먼이 맥아더가 본인의 명령을 위반한 경우가 전혀 없었다고 말했다는 사실이다. 압록강 교량을 공중에서 폭파하는 과정에서는 중국 대륙으로 폭탄이 떨어질 가능성이 있었다. 이는 맥아더가 만주지역에 대한 폭격을 사전에 승인받지 않았더라면 압록강 교량 폭파를 지시할 수 없었을 것이란 의미다. 다시 말해, 웨이크 섬에서 트루먼이 중국군이 대거 참전하는 경우 맥아더에게 만주지역을 폭격하게 해주었을 것이란 의미다.

것이라고 발표한 것일까? 회동 이후 맥아더가 시무룩해 했던 반면 트루먼은 엄청난 성과가 있었다고 말했다고 한다. 당시 무슨 일이 있었을까?

웨이크 섬에서 트루먼은 10월 12일 자 미 중앙정보국 보고서[176]를 보여주며 1950년에는 중국군의 대거 참전 가능성이 없다고 주장했다. 그러면서 신속히 유엔군을 압록강으로 진격시켜 한반도 통일을 기정사실로 만들것을 요구했다.[177] 중국군의 대거 참전 가능성이 없다는 트루먼의 논리에 따르면 8군이 평양을 점령할 당시 중국군의 대거 참전 가능성을 고려하여 작성한 '원산 책략'에 입각한 유엔군의 기존 북진계획이 의미를 상실한 것이다. 10월 17일 맥아더가 유엔군의 기존 북진계획을 대폭 수정했던 것은 이 같은 이유 때문이었다.

그러면 왜 트루먼은 갑자기 10월 15일 웨이크 섬 회동을 요청했으며, 맥아더에게 이처럼 유엔군의 북진계획 수정을 촉구한 것일까? 이는 중국군의 참전과 관련하여 10월 8일 마오쩌둥이 김일성과 스탈린에게 말한 부분과 관련이 있을 것이다. 10월 8일 마오쩌둥은 중국군의 참전 결심을 이들에게 통보해 주었다. 그러면서 마오쩌둥은 참전한 중국군이 처음에 전적으로 방어적 태세를 견지할 것이라고 말했다. 마오쩌둥은 압록강 이남의 북한지역에 소규모 완충지대를 유지하기 위해 노력할 것이라고 말했다. 마오쩌둥은 미군이 한만국경을 겨냥하여 평양 이북 지역으로 진격해 올 당시에나 미군과 교전할 생각이라고 말했다.[178] 한편 10월 14일 마오쩌둥은 "우리는 중국군이 완벽히 무장한 상태에서 제대로 훈련받았으며,

176. "Memorandum by the Central Intelligence Agency, 12 October 1950," in *FRUS*, 1950, Korea, Vol. 7, p. 936.

177. Richard C. Thornton/권영근, 권율 번역(2020), 『강대국 국제정치와 한반도: 트루먼, 스탈린, 마오쩌둥 그리고 6·25전쟁의 기원』, p. xxix.

178. Ibid., p. 484.

적군과 비교하여 공중 및 지상에서 압도적인 우위를 달성한 이후에나 평양, 원산, 여타 지역을 공격할 것이다. 이는 중국군이 향후 6개월 동안 공세작전을 전개하지 않을 것임을 의미한다."라고 말했다. 그러면서 중국군이 10월 19일 한반도 진입을 시작할 것이라고 말했다.[179] 이 같은 마오쩌둥의 중국군 운용 구상으로 '원산 책략'이 의미가 없어진 것이다.

이 같은 이유로 10월 9일 미 합참은 한반도 도처에서 유엔군과 중국군의 교전을 요구하는 극비문서를 맥아더에게 보냈으며, 바로 그 날 미 국무성이 맥아더와 트루먼의 웨이크 섬 회동을 준비한 것이다.[180] 중국군 운용에 관한 마오쩌둥의 구상으로 미군을 포함한 유엔군이 청천강 너머로 북진하지 않으면 미군과 중국군이 격돌할 수 없게 된 것이다. 트루먼이 맥아더와 웨이크 섬 회동을 구상했던 것은 유엔군과 중국군의 격돌 측면에서 미군을 포함한 유엔군의 압록강 진격이 필수적이기 때문이었을 것이다. 중국은 여타 유엔군의 압록강 진격이 아니고 미군의 압록강 진격에나 반응할 것이기 때문이었다. 이미 살펴본 바처럼 중국이 미군의 중국 대륙 침공을 진정 우려하고 있었기 때문이었다. 미군 재무장 측면에서 유엔군과 중국군의 격돌이 필요했던 트루먼 입장에서 보면 맥아더에게 미군을 포함한 유엔군의 압록강 진격을 요구해야만 했다. 그러나 이 같은 요구가 압록강 이남 일정 선에서부터 압록강에 이르는 지역에서는 한국군만 작전을 수행하게 할 것이란 트루먼과 여타 유엔참전국들 간의 약속과 배치된다는 점에서 트루먼은 이들 요구를 문서가 아니고 구두로 전달할 필요가 있었을 것이다.

한편 맥아더 또한 이미 청천강 이북 지역에 중국군이 들어와 있음을 잘

---

179. Ibid., p. 481.

180. "Memorandum by the Ambassador at Large (Jessup) to the Secretary of State, October 9 1950," in *FRUS*, 1950, Korea, Vol. 7, p. 916.

알고 있었다. 이 같은 상태에서 유엔군의 압록강 진격에 대항하여 중국군이 대거 반격하는 경우 맥아더에게 만주폭격을 약속해 줄 필요가 있었을 것이다. 이는 맥아더가 중국군과의 싸움에서 유엔군의 만주폭격 필요성을 지속적으로 언급했다는 점에서 대단히 중요한 부분이었다. 이 같은 약속은 문서로 남길 수 없었다. 이것이 한반도전쟁을 확전시키는 성격이란 측면에서 보면 유엔참전국들과의 약속을 어기는 성격이었기 때문이다. 한편 문서를 통한 약속은 구속력이 있지만 구두 약속은 없었던 일로 나중에 부인할 수 있었다. 트루먼이 맥아더와의 단독 회담을 구상했던 것은 구두 약속을 통해 유엔군의 압록강 진격을 종용하기 위함이었을 것이다. 미군을 포함한 모든 유엔군의 압록강 진격과 관련하여 문제가 벌어지는 경우 맥아더에게 그 책임을 전가하기 위함이었을 것이다. 그런데 실제 트루먼과 애치슨은 이처럼 당시의 진격과 관련하여 맥아더에게 책임을 전가했다. 중국과 소련 지역에 대한 해상 및 공중 작전을 금지하고 있던 9월 27일 자 지령과 달리 트루먼의 승인이 있는 경우 유엔군이 만주지역을 폭격할 수도 있을 것이라고 10월 9일 지령에 표현한 것은 웨이크 섬에서의 구두 약속을 염두에 둔 것일 것이다.

한편 트루먼은 본인의 이 같은 유엔군 북진계획 수정 요구가 마오쩌둥이 김일성 및 스탈린과 주고받은 10월 8일 자 통신을 감청한 결과라고 말할 수 없었을 것이다. 왜냐하면 1970년대까지만 해도 미국이 적국의 통신망을 감청했다는 사실조차 비밀로 간주했기 때문이다. 이 같은 이유로 미 중앙정보국으로 하여금 당시 상황과 부합하지 않을 수 있는 정보보고서, 1950년에는 중국군의 대거 참전 가능성이 없을 것이란 정보보고서를 10월 12일 작성하게 했을 것이다. 이처럼 의도적인 보고서를 제시하며 맥아더에게 유엔군을 압록강을 겨냥하여 진격시키라고 설득하고자 노력했을 것이다.

웨이크 섬 회동 이후인 10월 17일 맥아더는 10월 20일 원산에 상륙하기로 예정되어 있던 10군단 예하 미 7사단과 1해병 그리고 10군단에 배속되어 있던 한국군 3사단과 수도사단을 8군과 독립적으로 낭림산맥 북동쪽 방향으로 진격하라는 내용의 명령을 하달했다. 이는 8군과 10군단 사이의 간극으로 중국군의 반격을 유도하기 위함이었을 것이다. 이 같은 중국군의 반격 이후 유엔군을 평택 부근까지 남진시킨 후 38선 부근에서 중국군과 장기간 동안 치열하게 싸우는 방식으로 미군을 재무장하고 동맹체제를 구축하기 위함이었을 것이다. 이 같은 사실은 유엔군의 1차 및 2차 압록강 진격을 다루는 다음 글들에서 확인할 수 있을 것이다.

5. 유엔군의 1차 압록강 진격

1950년 10월 24일 맥아더는 한국군을 포함한 모든 유엔군의 압록강 진격을 명령했다. 이 같은 맥아더의 명령에 미 합참이 압록강 인근 지역에서는 한국군만이 작전을 수행할 수 있다는 1950년 9월 27일 자 지령에 위배된다고 말하며 이의를 제기하자 다음날 맥아더는 본인의 상기 결심이 한국군이 북한 지역에서의 상황을 처리할 수 없다는 점에서 군사적 필요성에 기인하며 "38선 이북 지역에서…전략 및 전술적으로 전혀 지장 받지 않으며 행동하라"고 촉구한 9월 29일 자 마샬 국방부장관의 서신과 일관성이 있다고 말했다.[181] 또한 맥아더는 "이 문제는 트루먼 대통령과 본인의 웨이크 섬 회동에서 모두 해결된 부분이다."[182]라고 말했다. 이 같은 유엔군의 진격은 다음과 같은 상황에서 진행되었다.

첫째, 당연한 사실이지만 이 진격은 트루먼의 승인을 받은 것이었다. 맥

---

181. "[Document 706] Editorial Note, 1950," in *FRUS*, 1950, Korea, Vol. 7, pp. 995–6.

182. Harry S. Truman(1956), *Memoirs, Vol. 2, Years of Trial and Hope* (New York: Doubleday, 1956), p. 372.

아더가 유엔군사령관 직책에서 해임된 이후 유엔군의 38선 북진, 1차 압록강 진격과 2차 압록강 진격이 맥아더의 일방적인 결정이었다는 논란이 제기되었다. 예를 들면, 다윗 헐버스탐(David Halberstam)의 『가장 추운 겨울 (The Coldest Winter)』이란 제목의 책에 따르면 애치슨은 "맥아더가 이들 악몽을 연출할 당시 우리는 전신(全身)이 마비된 토끼처럼 아무 것도 할 수 없었다."라고 본인의 자서전에서 말했다.[183] 그런데 6·25전쟁에 관한 비밀자료가 해제되면서 유엔군의 38선 북진, 1차 및 2차 압록강 진격 등 6·25전쟁에서 있었던 모든 주요 사건이 애치슨과 트루먼의 작품임이 밝혀진 것이다.

유엔군의 2차 압록강 진격이 진행되고 있던 1950년 11월 30일의 기자회견에서 기자들이 맥아더가 한반도에서 대통령의 권한을 월권한 경우가 있었는지 트루먼에게 질문했다. 그러자 트루먼은 맥아더가 그처럼 한 경우가 전혀 없었다고 말했다. '유에스 뉴스 앤드 월드 리포트(U.S. News and World Report)' 편집자들은 맥아더가 본인의 작전에 관해 워싱턴에 알려주었는지 질문했다. 맥아더는 "주요 작전의 경우 수행하기 이전에 워싱턴에 보고하여 승인을 받는다."고 답변했다.[184]

둘째, 이 진격은 맥아더와 워싱턴 모두 중국군이 한반도전쟁에 참전했음을 알고 있는 상태에서 진행되었다. 예를 들면, 맥아더는 1950년 11월 6일 유엔안전보장이사회에 보낸 특별 보고서에서 10월 16일과 20일 중국군이 한만국경을 월경했다고 다음과 같이 말했다. 10월 16일 "대략 2,500명으로 구성된 중국군 42군단 124사단 370연대"가 압록강을 도강하여,

183. Halberstam, David(2008). *The Coldest Winter: America and the Korean War* (p. 44). Hachette Books. Kindle Edition.

184. I. F. Stone(1952), *The Hidden History of the Korean War*, p. 199.; "[Document 909] Editorial Note, 1950," in FRUS, 1950, Korea, Vol. 7, p. 1,261.

"장진호와 부전호 지역으로 이동해갔다." 10월 20일 "5,000명 규모의 중국군 46부대"가 압록강을 도강하여 수풍댐 남쪽 지역으로 전개했다.[185] 여기서 보듯이 맥아더는 유엔군의 1차 압록강 진격을 명령할 당시 중국군의 참전 사실을 잘 알고 있었다. 워싱턴 또한 10월 16일 중국군이 한반도전쟁에 참전했다는 사실을 잘 알고 있었다.[186] 그런데 유엔군 정보 장교들에 따르면 이들은 10월 13일과 14일부터 압록강을 도강하기 시작했다.

이들은 낮에는 동굴과 숲속에서 생활하는 한편 야밤에만 이동했다. 이들은 압록강 이남 50마일 떨어진 산악의 남쪽 기슭에 진지를 구축했다. 그런데 이곳은 중국군 최고사령부가 유엔군의 더 이상 북진을 저지해야 할 곳으로 결정한 지역임에 틀림이 없었다. 이들은 이곳에서 유엔군의 압록강 진격 상황을 위에서 내려다볼 수 있었다. 당시 미군 정보장교들은 거의 10만에 달하는 중국군이 이곳으로 진입했음을 발견했다. 맥아더 정보참모 윌러비의 주장과 달리 이들은 모두 순수 중국군이었다.[187]

셋째, 유엔군의 1차 압록강 진격은 중국군과 싸우기 위한 성격이었다. 중국은 압록강-두만강 이남 지역에 완충지대를 설정할 예정이었다. 유엔군의 공격이 없는 한 이곳 지역을 고수할 예정이었다.[188] 10월 14일 마오쩌둥은 중국군이 "평원선 철도 이북 지역과 덕천(德川)-영원(寧遠) 도로의 이남 지역 사이에 2개 내지 3개의 방어선"을 설정할 것이라고 말했다. 마오쩌둥은 "적군이 이들 방어선을 공격해오는 경우 차단하여 격멸할 것이다"

---

185. I. F. Stone(1952), *The Hidden History of the Korean War*, pp. 154-7.

186. "Memorandum by Mr. William McAfee of the Office of Chinese Affairs to the Director of the Office of Chinese Affairs (Clubb), October 31 1950," in *FRUS*, 1950, Korea, Vol. 7, p. 1019.

187. Joseph C. Coulden(1982), *Korea: The Untold Story of the War*, p. 295.

188. Richard C. Thornton/권영근, 권율 번역(2020), 『강대국 국제정치와 한반도: 트루먼, 스탈린, 마오쩌둥 그리고 6·25전쟁의 기원』, pp. 481-2.

라고 말했다. 그러나 "적이 평양 또는 원산에 머무르면서 이들 방어선을 공격해 오지 않는 경우 중국군이 향후 6개월 동안 평양 또는 원산을 공격하지 않을 것이다."[189]라고 말했다. 여기서 보듯이 당시의 유엔군의 압록강 진격은 방어를 고집하던 중국군과 싸움을 하기 위한 성격이었다.

넷째, 맥아더는 중국군이 대거 참전하기 이전까지 중국군의 존재를 부인할 필요가 있었다. 왜냐하면 중국군의 존재를 인정하는 경우 유엔참전국들과의 논의의 산물인 NSC-81/1에 언급되어 있듯이 유엔군이 더 이상 북한지역에서 작전을 할 수 없었기 때문이다. 반면에 미 합참이 10월 9일 맥아더에게 내린 지령에서는 가능한 한 중국군과 싸울 것을 요구했기 때문이다. 결과적으로 맥아더는 가능한 한 중국군의 참전 사실을 부인하거나 그 규모를 축소하여 발표해야만 했던 것이다. 중국군이 대거 참전한 상태에서 참전 자체를 기정사실로 만들고자 했던 것이다.

다섯째, 트루먼과 맥아더 모두 중국군과 유엔군의 압록강 진격을 염원했다. 트루먼은 한반도에서 중국군과 격돌함으로써 미군 재무장을 추진하기 위해, 맥아더는 한반도전쟁을 만주 지역으로 확전시킴으로써 중국대륙을 장제스에게 되돌려주어야 한다는 생각에서 그러했다.[190]

중국군의 반격을 받자 8군사령관 워커는 휘하 군사력에 진격 중지를 명령했다. 그러나 맥아더와 그의 참모들은 중국군의 간섭을 지속적으로 간과했다. 백선엽은 중국군이 미군을 아직 직접 공격하지 않았다는 점에서 미국이 지속적으로 중국군의 참전을 믿지 않는 것으로 생각했다.[191] 1950년 10월 중순부터 11월 초순까지 대략 30만 명의 중국군이 북한지역으로

---

189. Quoted in Ibid., p. 481,; "Mao Zedong to Zhou Enlai, 14 October 1950," in "Mao's Dispatch of Chinese Troops to Korea," *Chinese Historians* (Spring 1992), pp. 73-4.

190. 이 부분은 추후 지속적으로 확인 가능할 것이다.

191. Paik Sun-yup(1992), *From Pusan to Panmunjon*, pp. 87, 91.

은밀히 들어왔다. 미 8군이 청천강 이북 지역으로, 미 10군단이 압록강을 겨냥하여 진격하고 있을 당시 마오쩌둥은 65,000명에 달하는 재무장 및 재편성된 북한군과 더불어 상당한 규모의 중국군 전력을 한반도에 유지하고 있었다.[192]

유엔군의 1차 압록강 진격은 소위 말하는 중국군이 준비해놓은 강력한 덫 안으로 자진해서 들어가는 형국이었다.

유엔군의 1차 압록강 진격과 중국군의 반격

맥아더는 중국군이 한반도전쟁에 참전한 상태에서 덕천 이북 지역에 완충지대를 설정할 예정이며, 유엔군의 공격이 없는 한 적어도 6개월 동안 전선을 고수할 것임을 확인했다. 따라서 맥아더는 8군이 평양 부근으로 진격해 들어갈 당시 중국군이 8군을 공격하지 못하도록 10군단을 원산에 상륙시킨다는 내용의 '원산 책략'이 의미가 없음을 인지했던 것이다.

한편 트루먼과 맥아더는 본인들이 한반도전쟁에서 추구한 목표 측면에서 중국군과 교전할 필요가 있었다. 유엔군의 공격이 있기 이전에 중국군이 공격하지 않을 것이란 점에서 유엔군이 먼저 공격할 필요가 있었다. 제대로 계획 및 준비된 형태로 공격하는 경우 중국군이 의미 있는 형태로 반격할 수 없을 것이란 점에서 유엔군은 공격 측면에서 허점을 보일 필요가 있었을 것이다. 맥아더는 원산에 상륙시킬 예정이던 미 10군단을 두만강을 겨냥하여 북진시키는 한편 워커 장군 휘하 8군에게 낭림산맥 서쪽 지역에서 평양을 점령한 후 압록강을 겨냥하여 질주하라고 촉구했다.[193] 그런

---

192. Richard C. Thornton/권영근, 권율 번역(2020), 『강대국 국제정치와 한반도: 트루먼, 스탈린, 마오쩌둥 그리고 6·25전쟁의 기원』, p. 507.

193. Roy E. Appleman(1992), *South To The Naktong, North To The Yalu*, (Kindle Location 13969, 13977), Kindle Edition.; J. Lawton Collins(1969), *War in Peace Time*, 165–68.

데 이는 지휘권을 지속적으로 분리시킨 상태에서 8군과 10군단을 압록강으로 진격하게 함으로써 중국군의 반격을 유도하기 위함이었을 것이다.

웨이크 섬 회동을 마치고 도쿄로 귀환한 직후인 10월 17일 맥아더는 작전명령 4호를 하달했다. 여기서는 서해안의 선천(宣川)에서 장진호 서쪽의 평원, 풍산 그리고 동해안의 성진에 걸쳐 전개되어 있던 유엔군에게 새로운 목표를 부여해 주고 있었다. 10월 10일에는 한국군 3사단이 원산항을, 10월 20일에는 미 8군이 평양을 점령했다.[194] 그런데 10월 20일 10군단 요원들은 아직도 함정에 탑승해 있었다. 맥아더는 10군단 예하 미 7사단을 원산 이북 105마일 떨어진 이원(利原)에 10월 27일경 상륙시켜 압록강 부근 혜산진(惠山鎭)으로 이동시킬 예정이었다. 10군단에 배속되어 있던 한국군 3사단과 수도사단은 동해안을 따라 청진항과 한소국경을 겨냥하여 이동시킬 예정이었다. 미 해병 1사단은 기뢰가 완벽히 제거된 10월 28일 원산에 상륙시킬 예정이었다. 이곳에서 이들은 함흥으로 이동해 간 후 함흥에서 장진호를 겨냥하여 북서쪽으로 이동할 예정이었다.

이처럼 중국군과의 싸움을 추구했던 미국과 달리 소련과 중국은 6·25 전쟁 종료를 원하고 있는 듯 보였다. 10월 21일 발드윈은 원산에서 다음과 같이 보도했다. "러시아인들이 자국인들의 손실을 줄이기 위해 한반도에서 철수하고 있음을 보여주는 증거가 점차 늘어나고 있다. 블라디보스토크에서 한반도로 연결되는 해안도로에 더 이상 차량이 다니지 않고 있음이 분명해 보인다. 원산을 포함한 도처에 포진해 있던 러시아 고문관과 기술자들이 철수가 불가능한 물자를 파괴하거나 은닉한 후 한소국경 너머로 도망쳤다."[195]

---

194. Lindesay Parrott, "Allies in Wonsan, Fight in Streets: Foe's Resistance Rises on Wide Front," *New York Times*, October 10, 1950, 1.

195. I. F. Stone(1952), *The Hidden History of the Korean War*, p. 152.

중국 또한 북한군의 패배를 인정하는 한편 자국의 주요 관심을 대만에 집중시킬 준비가 되어 있는 듯 보였다. 10월 24일 베이징방송에 따르면 중국수상 저우언라이(周恩來)는 대만 문제와 관련하여 유엔안전보장이사회에 참석할 중국 대표단을 받아달라고 유엔사무총장 리에게 요청했다. 도쿄의 UP 통신에 따르면 "이는 저우언라이 입장에서 본인의 기존 입장을 180도 바꾼 것과 다름이 없었다." 왜냐하면 당시로부터 1주 전의 베이징방송에 따르면 저우언라이가 이 같은 논의에 참석해달라는 유엔의 초청을 거절했기 때문이다. 저우언라이의 이 같은 발언으로 극동지역에 평화가 도래할 가능성이 엿보였다.[196]

저우언라이가 평화의 제스처를 보인 10월 24일 맥아더는 압록강을 겨냥하여 고속 질주하라는 명령을 내렸다. 그런데 이는 중국의 평화정착 노력을 저지하기 위함이었을 것이다. 미군 재무장 측면에서 보면 한반도 평화정착이 바람직하지 않았기 때문이었을 것이다. 당시 맥아더는 "한만국경 이남 지역에서의 유엔군 지상군의 운용에 관한 모든 제한사항을 해제했다. 맥아더는 모든 8군 전력을 동원하여 한만국경 최북단 지역으로 질주하라고 지휘관들에게 지시했다."[197] 당시는 유엔군이 압록강 이남의 특정 전선에서 진격을 멈춘 후 이곳에서부터 압록강에 이르는 지역에 일종의 완충지대를 설정할 것이란 주장이 반복적으로 보도되고 있었다. 유엔사는 이 같은 보도를 공식 부인하는 성명서를 발표했다. 유엔사 대변인은 본인이 유엔군의 임무가 "한반도 전 지역을 평정하는 것"이란 사실을 "언급할 권한을 부여받았다."라고 천명했다.[198]

---

196. Ibid. pp. 152-3.

197. Roy E. Appleman(1992). *South To The Naktong, North To The Yalu*, (Kindle Location 13977). Kindle Edition.

198. I. F. Stone(1952), *The Hidden History of the Korean War*, p. 155.

10월 24일 저녁, 미 1군단(미 24사단, 영국군 27여단, 한국군 1사단)과 한국군 2군단(한국군 6사단, 7사단 및 8사단)으로 편성되어 있던 8군이 청천강을 도강하여 운산(雲山), 태천(泰川), 온정리(溫井里)를 공격하기 위해 준비하고 있었다. 이들은 청천강 너머 능선들로 연결되는 계곡에 위치해 있었다. 10월 26일 한국군 6사단 2연대의 무선메시지에 따르면 2연대는 온정리 부근에서 중국군 3개 대대에 포위되었다. 중국군은 온정리 부근에서 한국군 6사단 2연대 3대대를 포위했다. 이들은 2연대에 심각한 피해를 입혔으며, 온정리의 6사단조차 공격했다. 이들 한국군 부대가 "공포의 와중에서 붕괴되었다."[199] 온정리에서의 한국군의 패배로 초산(楚山)까지 올라갔던 7연대 또한 이들 중국군의 함정에 빠져든 것이다.[200] 완벽히 고립된 7연대 병력 3,552명 가운데 875명만이 포위망을 뚫고 탈출할 수 있었다.

중국군의 참전 사실을 부인한 유엔사

당시 유엔사는 중국군의 참전 사실을 적극 부인했는데 이는 매우 기이한 일이었다. 왜냐하면 유엔군이 인천에 상륙한 9월 15일부터 맥아더와 트루먼이 웨이크 섬에서 회동한 10월 15일까지 유엔사가 6·25전쟁이 한반도로 국한될 수 없다며, 중국군 또는 소련군의 참전 가능성을 보여주는 증거를 집중 조명하며 강조했기 때문이다. 그런데 맥아더와 트루먼의 웨이크 섬 회동 이후의 3주의 기간 동안에는 전혀 그렇지 않았다. 유엔사는 이 같은 간섭을 보여주는 증거의 의미를 격하시키거나 비하했다.[201]

중국군이 한국군을 공격한 직후 한국군 지휘관이 중국군과의 교전상황

---

199. J. Lawton Collins(1969), *War in Peace Time*, p. 183.

200. Matthew B. Ridgway(1967), *The Korean War*, p. 51.

201. I. F. Stone(1952), *The Hidden History of the Korean War*, p. 152.

을 미 1군단사령부에 보고했다. 한국군 사단들과 행동을 함께 했던 주한 미군군사고문단 요원들 또한 중국군 참전 사실을 보고했다. 1군단사령부, 8군사령부, 유엔군사령부는 중국군 참전 보고를 터무니없는 주장이라고 일축했다. 미군 정보장교들은 한국군 장교들이 중국군과 중국어를 구사하는 북한군을 구분할 능력이 없다고 주장했다. 미군 정보장교들은 한국군 장교들이 적의 복병(伏兵)에 걸려들어 수모를 당한 것을 변명하기 위해 중국군 참전이란 거의 가능성 없는 사실을 강조하고 있다고 말했다.[202]

10월 27일 밤 중국군이 재조직을 시도하고 있던 이들 한국군을 맹렬히 공격했다. 한국군 7사단과 8사단의 일부와 6사단이 포위되었다. 부대의 북쪽 지역이 아니고 남쪽 지역에서 보다 치열한 전투가 벌어졌다. 한국군 1사단 소속 부대들이 운산으로 밀려났는데 이미 이곳에서 중국군이 강력한 태세를 견지하고 있었다. 이들 한국군 4개 사단이 청천강을 겨냥하여 남진을 시작했다.[203]

10월 28일 미 8군 대변인은 한국군의 중국군 참전 보고를 "터무니없다."고 말했다. 미 8군 대변인은 "중국군 참전 관련 한국군 6사단 2연대 보고를 조사해 보니 이 보고가 2명의 포로의 증언에 입각한 것이있다. 그런데 이들은 각기 6가지 상이한 증언을 했다. 결과적으로 12가지 증언을 했다. 이는 결과적으로 이들의 증언이 전혀 소용이 없다는 의미였다."라고 말했다.[204]

10월 29일경에는 6사단, 7사단 및 8사단으로 구성되어 있던 한국군 2군단이 지리멸렬한 상태에서 청천강 이남으로 밀려났다. 당일 유엔사는 4

202. Rutherford M. Poats(1954), *Decision in Korea* (Kindle Location 1265).

203. Ibid., (Kindle Location 1271, 1286, 1294).

204. I. F. Stone(1952), *The Hidden History of the Korean War*, p. 156.

만에 달하는 중국군이 압록강 주변을 방어하기 위해 한만국경을 도강했다는 한국군의 보고를 계속 일축했다. 유엔사는 중국군 참전을 열심히 부인하고 있었는데 이는 그 전례가 없는 일이었다. 도쿄의 전문은 다음과 같이 보도했다. "한반도의 8군 장교들은…유엔군은 아직도 북한군하고만 접촉하고 있다고 말했다. 8군 대변인은 지난주 운산 부근에서 생포한 중국군으로 알려진 일부 포로들이 중국군 참전에 관해 몇몇 상충되는 증언을 했다고 주장했다. 대변인은 이 같은 점에서 보면 많은 중국군이 압록강을 도강했을 가능성은 없다고 말했다."[205]

10월 29일 베이징방송은 유엔군의 압록강 진격이 만주지역을 위협한다고 주장하면서 "미 제국주의에 대항하여" 북한 인민들을 지원해 줄 것을 중국인들에게 촉구했다. 그러나 10월 30일에도 유엔사는 "1주 전과 비교하여 어느 정도 숫자가 늘어난 소련제 장갑차와 보다 강력해진 저항"은 북한군이 "최후 저항" 차원에서 잔여 무기를 결집시켰음을 의미하며, "중국군의 거대한 증원전력이 있음"을 의미하지 않는다고 주장했다. 10월 30일경 전선의 유엔군은 중국군의 상당한 존재를 감지하고 있었던 반면 유엔사는 이 같은 사실을 부인했다. 이들 간의 인식의 격차가 상당한 수준이었다.[206] 불과 몇 주 전까지만 해도 미 육군은 중국군의 참전을 입증하고자 열심히 노력했다. 그런데 이제 이들 육군 장교들이 이 같은 사실을 그처럼 열심히 부인하고 있었는데 이는 그 전례가 없는 일이었다.

이 같은 상황에서 10월 30일 주한미국대사관 1등서기관 드럼라이트는 다음과 같은 내용의 전문을 애치슨 국무장관에게 보냈다. "…8군 정보장

---

205. Roy E. Appleman(1992), *South To The Naktong, North To The Yalu* (Kindle Location 14,132).; "The Chargé in Korea (Drumright) to the Secretary of State, October 29 1950," in *FRUS*, 1950, Korea, Vol. 7, p. 1,014.

206. I. F. Stone(1952), *The Hidden History of the Korean War*, p. 161.

교들은 이제 중국군 2개 연대가 8군의 북쪽과 북서쪽 지역에서 작전을 수행하고 있을 가능성이 있다고 말했다.…지난 3일 동안 온정리와 희천(熙川)에서 작전을 수행하던 한국군이 적의 강력한 저항에 직면했다.…이들 중국군이 유엔군의 압록강 진격을 저지하고 있을 가능성이 있다."[207] 여기서 보듯이 10월 30일 유엔사는 중국군의 참전 사실을 잘 알고 있었다. 그럼에도 불구하고 참전 사실을 공개적으로 부인했던 것이다.

당시 중국군 참전을 가장 열심히 부인한 사람은 맥아더의 정보참모 윌러비 소장이었다. 윌러비는 중국군이 6·25전쟁에 참전할 의향이 있었다면 단일의 강력한 공세로 부산교두보에서 유엔군을 바다로 수장시킬 수 있었던 1950년 여름에 참전했을 것이라고 주장했다. 강력한 공중 및 해상 전력의 지원을 받으며 승승장구하는 8군이 전면 공세를 전개한 시점에 중국군이 참전했다는 것은 윌러비 입장에서 보면 논리적으로 타당성이 없었다.[208]

마침내 10월 31일 유엔사는 중국군이 한반도에서 유엔군과 싸우고 있다는 사실을 인정했다. 낭림산맥 동쪽 지역에서 한국군 3사단이 18명의 중국군을 생포한 것이다. 이들은 중국군 124사단 소속이었다. 포로 심문에 따르면 5,000명 정도의 중국군이 10월 16일경 압록강을 도강한 듯 보였다.[209] 당일 도쿄의 10군단 대변인은 중국군 병사들이 "낭림산맥 동쪽 지역에서 부전호(赴戰湖)를 향해 이동하고 있던" 한국군 수도사단 부대의 통

---

207. "The Chargé in Korea (Drumright) to the Secretary of State, October 30 1950," in *FRUS*, 1950, Korea, Vol. 7, p. 1,015.

208. Clay Blair(1987), *Forgotten War*, p. 375.; Rutherford M. Poats(1954), *Decision in Korea* (Kindle Location 1,326).

209. "Memorandum by Mr. William McAfee of the Office of Chinese Affairs to the Director of the Office of Chinese Affairs (Clubb), October 31, 1950," in *FRUS*, 1950, Korea, Vol. 7, p. 1,019.

신선을 차단했다고 말했다. 그는 이들 중국군이 "적어도 1개 연대 규모이며, 아마도 1개 사단 규모일 수 있다."고 말했다. 이 같은 최초의 불확실한 시인은 "며칠 동안 한국군 지휘관들이 압록강 부근에 포진하고 있다고 알려진 중국군 40군단 소속 부대들과 한국군이 대적하고 있다고 반복적으로 주장한" 이후 나온 것이었다. 그는 "6·25전쟁이 거의 종료되었다는 희망적인 기대는 오늘 저녁 더 이상 의미를 상실했다."라고 결론지었다.[210]

10월 31일 홍콩의 미국 총영사 윌킨슨(Wilkinson)은 4개 군단 규모의 중국군이 북한군 복장으로 한반도 지역에 들어와 있다고 애치슨 국무장관에게 보고했다.[211]

이 같은 상황에서 11월 1일 미 중앙정보국은 북한군이 새롭게 무장했으며, 현재 유엔군이 중국군과 대적하고 있음이 분명하다고 말했다. 중앙정보국은 야전의 평가에 따르면 15,000명에서 20,000명 규모의 중국군이 북한지역에서 작전을 수행하고 있다고 말했다. 정황을 놓고 볼 때, 전면전으로 확전될 가능성에도 불구하고 중국이 북한군을 지원해 주기로 결심했음이 분명하다고 말했다. 유엔군이 한반도전쟁 참전 목표를 분명히 밝혔음에도 불구하고 중국이 유엔군의 만주침공을 진정 우려하고 있음이 분명하다고 말했다.[212]

11월 1일 미 국무성은 중국군의 참전이 분명하다고 생각했다. 한반도전쟁 참전을 독려하는 중국 선전매체 모습 등을 놓고 볼 때 이들 중국군의 참전이 결코 소규모일 수 없을 것으로 판단했다. 이 같은 참전이 소련의

210. I. F. Stone(1952), *The Hidden History of the Korean War*, pp. 161-2.

211. "The Consul General at Hong Kong (Wilkinson) to the Secretary of State, October 31 1950," In *FRUS*, 1950, Korea, Vol. 7, p. 1,020.

212. "Memorandum by the Director of the Central Intelligence Agency (Smith) to the President, 1 November 1950," in *FRUS*, 1950, Korea, Vol. 7, pp. 1,025-6.

상호 협조와 이해가 없는 가운데 이루어졌을 가능성이 거의 없다고 생각했다.[213]

그러나 맥아더는 아직도 중국군 참전 사실을 인정할 의향이 없어 보였다. 11월 1일의 군사브리핑에 입각한 도쿄의 전투 보고에 따르면 "공산군들은 러시아제 무기와 중국군 병력의 도움을 받아 유엔군과 싸우고 있었다. 결과적으로 유엔군이 눈 덮인 산악지역에서 많은 희생을 치르며 힘겹게 싸우지 않을 수 없었다." 그러나 유엔사 대변인은 "6·25전쟁 기간 내내" 북한이 "중국군에서 훈련받은 병사들"을 만주 지역으로부터 받았다는 사실과 "유엔사 정보부서가 6·25전쟁에 중국군이 참전하고 있는지 여부를 솔직히 말해 잘 모른다는 사실은 모두가 잘 알고 있는 사항이다."라고 주장했다. 한만국경 지역에서의 치열한 전투가 도처로 확산된 11월 1일 공중에 공산군 제트기들이 처음으로 모습을 보인 반면 지상발사대에서 신형의 중형 로켓이 선을 보였다.[214]

11월 1일 유엔사는 중국군의 참전 정도에 관한 평가는 야전의 지휘관들이 내려야 할 것이라고 주장했다. 유엔사는 중국군 참전 문제에 관해 침묵을 지키고 있었던 반면 당시로부터 이틀 전 미 10군단사령부의 뉴욕타임스지 특파원이 발송했지만 이틀 뒤늦게 11월 1일 뉴욕타임스지에 발간된 기사에서는 다음과 같이 보도했다. "방대한 규모의 중국군이 유엔군에 대항하여 한반도에서 싸우고 있음이 처음으로 공식 확인되었다."[215]

그 와중에서 11월 3일 10군단 대변인은 미 해병대가 "장진호를 겨냥한"

---

213. "Memorandum by the Director of the Office of Chinese Affairs (Clubb) to the Assistant Secretary of State for Far Eastern Affairs (Rusk), November 1 1950," in *FRUS*, 1950, Korea, Vol. 7, p. 1,023.

214. I. F. Stone(1952), *The Hidden History of the Korean War*, pp. 162-3.

215. Ibid., p. 163.

총공격을 시작했다고 말했다. 중국군의 한반도전쟁 참전을 공식적으로 가장 먼저 확인해 준 곳은 10군단사령부였다. "장진호를 겨냥한" 일대 공격을 시작하기 바로 전날 10군단장 알몬드 소장은 유엔군 작전에 어떠한 제한도 없다고 말하면서 "전투를 통해 한만국경까지 진격할 것이다."고 말했다.[216]

10월 16일 중국군이 한만국경을 월경하여 장진호 부근으로 이동했음을 가장 먼저 언급한 사람은 10군단장 알몬드 장군이었다. 장진호 지역에 중국군이 포진해 있음을 잘 알고 있던 상태에서 11월 3일 알몬드는 장진호를 겨냥한 총공격을 명령했다. 이는 중국군과의 싸움을 의도적으로 유도하기 위한 성격으로 볼 수밖에 없었다.[217]

이처럼 한반도 이북 지역에서 전투가 보다 격렬해지고 있었지만 유엔사는 아직도 중국군의 참전을 인정하지 않았다. 당시 유엔사가 제공해 주는 통계 수치 가운데 북한군 규모에 관한 11월 4일 자 수치만큼 기이한 경우는 없었다. 당시로부터 6일 전인 10월 30일 도쿄의 유엔사 대변인은 46만 명의 북한군이 전사, 부상 및 체포되었으며 불과 37,000명이 남아 있다고 말했다. 11월 4일 유엔사 대변인은 북한군이 "지금 이 순간 적어도 12개 사단과 5개 독립 여단을 유지하고 있다."고 말했다. 아직도 유엔사는 "북한군"만을 언급하고 있었다. 유엔사는 주요 전투가 낭림산맥 서쪽지역에서 진행되고 있으며, 유엔군의 입지가 "불편한 상태"임을 인정했다. 그러나 상황이 "매우 위중하다"는 사실을 부인했다. 유엔사 대변인은 "미군과 한국군이 전략적 공세를 전개하고 있는 가운데 적군이 전술적인 반격

---

216. Ibid., p. 164.

217. Ibid., pp. 164-5.

을 하고 있다."고 주장했다. 맥아더가 중국군의 참전을 인정하지 않기 위해 북한군의 병력수를 신속히 늘리고 있는 듯 보였다.[218]

당시 유엔사가 중국군 참전을 지속적으로 부인했던 것은 중국군의 대규모 참전을 인정하는 경우 유엔참전국들과의 합의의 산물인 NSC-81/1에 입각하여 북한지역에서의 작전을 중지해야 했기 때문이었을 것이다. 반면에 10월 9일 미 합참이 내린 비밀 지령에 따라 맥아더가 한반도전쟁에 참전한 중국군 규모와 무관하게 도처에서 싸워야만 했기 때문이었을 것이다. 맥아더는 중국군의 참전을 더 이상 부인할 수 없는 순간에 참전을 기정사실로 만들고자 했을 것이다.

유엔사의 중국군 대거 참전 발표와 확전 가능성에 경악한 우방국

1950년 10월 29일 이후 중국 언론매체에서는 한반도전쟁과 미국의 호전성에 관한 글이 급증했다. 예를 들면, 10월 29일과 31일 인민일보는 미국이 세계 정복 차원에서 북한을 침공했으며 뒤이어 만주 침공이 분명하다고 주장했다. 그러면서 중국이 자국 영토 방어 차원에서 북한을 지원해야 할 것이라고 주장했다. 여기서는 미 지상군의 취약성과 장기 게릴라전을 통한 섬멸 전략을 강조했다. 미국의 침략을 봉쇄하기 위해 주요 역할을 수행하고 있는 북조선인민을 온갖 방식으로 지원해야 할 것이라고 주장했다. 미국이 장제스에게 되돌려주기 위해 중국 대륙을 침공할 가능성도, 중국군의 대규모 참전이 임박했을 가능성도 없지 않다고 생각했다.[219]

11월 4일 맥아더는 중국군의 참전 실상에 관한 권위 있는 평가가 아직 불가능하다며, 대규모 참전 가능성이 없어 보인다고 미 합참에 보고했다.

---

218. Ibid., pp. 165-6.

219. "The Consul General at Hong Kong (Wilkinson) to the Secretary of State, November 3 1950," in *FRUS*, 1950, Korea, Vol. 7, pp. 1,034-5.

성급한 판단 자제를 권유했으며, 보다 많은 자료를 축적해야 만이 최종 판단을 내릴 수 있을 것이라고 말했다.[220]

11월 4일 미 국무성은 중국군의 참전은 유엔군이 38선을 월경하면 참전할 것이란 이전의 중국의 경고 측면에서 바라볼 필요가 있다고 주장했다. 미 국무성은 중국군 참전이 우발적인 것이 아니고 사전에 면밀히 준비된 성격이라고 말했다. 중국군이 유엔군의 목표, 강점과 능력에 관해 매우 잘 알고 있다고 말했다. 결과적으로 이들이 참전을 통해 얻을 수 있는 목표를 염두에 둔 상태에서 계획을 수립할 수 있는 입장이라고 말했다. 이들의 참전 동기는 한만국경 부근에 완충지대 설치, 38선 복원, 한반도에서의 유엔군 강제 철수일 수 있다고 생각했다.[221]

한편 11월 4일 중국은 미 제국주의자들의 조치로 중국 안보가 위협받고 있다고 말했다. 중국은 자국의 경고를 무시한 채 유엔군이 38선을 월경했으며, 대규모 유엔군이 압록강과 두만강을 겨냥하여 진격함으로써 중국 북동부 지역의 안보를 위협했다고 주장했다. 중국은 북한과 중국의 관계를 그 이전 어느 때보다 상세히 언급하면서 유엔군의 압록강 진격을 위중하게 바라보고 있음을 다음과 같이 천명했다.

> 예전의 일본제국주의자들의 경우와 마찬가지로 미국의 한반도 침략이 추구하는 주요 목표는 한반도가 아니고 중국이다. 역사는 한반도의 몰락과 중국의 관계를 분명히 보여주고 있다. 중국과 한반도는 순망치한(脣亡齒寒)의 관계다. 미국에 대항한 조선인민의 투쟁에 대한 중국인민의 지원은 단순한 도덕적 수준의

---

220. "[Document 742] Editorial Note, 1950," in *FRUS*, 1950, Korea, Vol. 7, p. 1,036.

221. "Memorandum by the Director of the Office of Chinese Affairs (Clubb) to the Assistant Secretary of State for Far Eastern Affairs (Rusk), November 4 1950," in *FRUS*, 1950, Korea, Vol. 7, pp. 1,038-9.

것이 아니다. 이는 또한 모든 중국인민의 직접적인 이익과 관련이 있다. 이 지원은 중국의 자위권 행사 차원에서 필수적인 것이다. 우리는 이웃 국가, 자신 그리고 조국을 지키기 위해 조선인민을 지원해야 한다.[222]

중국인민이 외세의 침략에 굴복할 수 없으며, 이웃 국가가 침략당하는 현상을 묵인할 수 없을 것이란 저우언라이의 상기 발언과 함께 중국은 한반도 분쟁을 협상을 통해 해결할 수 있기를 원한다고 반복해 말했다. 그러나 미국의 정책으로 중국은 더 이상 대안이 없다며 다음과 같이 말했다.

따라서…평화를 진정 원하는 경우 상대방의 잔혹한 행위를 저지하고 침략을 멈추게 하기 위한 적극적인 조치를 강구해야 한다는 사실을 우리는 인지하지 않을 수 없다. 미 제국주의자들에게 교훈을 주고, 한반도와 여타 지역의 자유와 독립의 문제를 인민의 의지에 따라 공정한 방식으로 해결하기 위한 유일한 방안은 저항뿐이다.[223]

그 와중에서 11월 4일 맥아더는 만주지역에 즉각 가용한 30만 명의 중국군, "만주 또는 중국 북부지역에 있는" 또 다른 30만의 중국군을 갑자기 거론했다. 맥아더는 일종의 성역(聖域)을 수차례 강조했는데, "적의 경우 이 같은 성역에 쉽게 접근할 수 있지만 이곳은 현재의 미군 작전 영역에서 벗어나 있었다." 이 같은 성역으로부터 예비전력과 보급물자를 지원받는 "이처럼 싱싱하고도 새로운 군사력이…유엔군과 대적하고 있었다." 성역

---

222. Quoted in Peter Lowe(1994), *The Origins of the Korean War*, p. 197.

223. Ibid.,

을 지칭할 당시 맥아더는 "…만주에 집결되어 있는 중국군 예비전력이 유엔군의 공격으로부터 자유롭지 않을 가능성이 있다"고 암시했다. 당일 유엔본부에서 미국은 "6·25전쟁 참전과 관련하여 중국을 침략자로 비난할 가능성"을 고려하고 있다고 말했다. 영국 외무성이 중국군의 참전 규모와 관련하여 경악했다.[224]

11월 5일 유엔사 정보참모부장 미 육군소장 윌러비는 압록강 교량을 통해 북한지역으로 대거 넘어온 중국군이 "이제 대규모 반격작전을 감행할 능력이 있다."[225]라고 보고했다. 다음날 8군사령관 워커는 "조직화된 중국군 전력이란 새로운 요인에 대응할 목적으로" 공세작전 계획을 수립하고 있다고 천명했다. 워커는 이 같은 새로운 위협에 대처하고자 하는 경우 8군 보급라인을 획기적으로 개선할 필요가 있다고 생각했다. 당시 "전선 부대들이 오직 하루 분량의 탄약을 보유하고 있었기 때문이다."[226] 워커는 평양 이북 지역에서의 8군의 진격이 "거의 전적으로 공중 보급에 의존하고 있는데 이는 상당히 위험한 일이다. 가용 보급물자는 적의 경미한 저항에 대항하여 기본적인 전투작전만 지속할 수 있는 수준이다"라고 설명했다.[227]

11월 5일 애치슨 국무장관은 유엔에 중국군의 참전을 보여주는 구체적인 증거를 제출했다. 이들 자료를 보면 10월 16일 2,500명 규모의 중국군 370연대가, 10월 20일 5,000명 규모의 56부대가 압록강을 도강했다. 10월 30일 124사단 예하 3개 연대, 11월 2일 54부대, 11월 3일 56부대가

224. I. F. Stone(1952), *The Hidden History of the Korean War*, p. 168.

225. James F. Schnabel(1992), *The Korean War Vol. III* (Kindle Location 5650).

226. J. Lawton Collins(1969), *War in Peace Time*, p. 197.

227. Douglas MacArthur(1964), *Reminiscences*, p. 365.

한반도에서 식별되었다.[228]

11월 5일 맥아더는 극동공군사령관 조지 스트라테마이어(George E. Stratemeyer)에게 신의주와 중국의 단동을 연결하는 교량을 차단하라고 명령했다. 서울 시간으로 11월 6일 오후 1시에 폭격하라고 명령했다. 워싱턴이 이 같은 사실을 알게 된 것은 스트라테마이어가 미 공군에 보낸 보고서를 통해서였다. 이처럼 폭격하는 경우 단동을 포함한 만주지역에 폭탄이 떨어질 가능성이 상당히 높았다. 그런데 미국은 만주지역 폭격은 영국과 사전 협의 없이 하지 않을 것이라고 약속한 바 있었다. 이처럼 폭격하는 경우 소련이 1950년 2월 14일 발효된 중소조약에 입각하여 참전할 가능성이 있었다. 워싱턴은 분명한 이유를 알기 이전까지 폭격을 중지시켜야 할 것이라고 생각했다. 도쿄시간으로 11월 6일 오전 11시 40분 미 합참은 전반적인 폭격 임무를 연기하라는 명령문을 맥아더에게 하달했다. 맥아더에게 내린 명령에 따르면 유엔군은 한만국경 이남 5마일 내부 지역을 폭격할 수 없었다.[229]

한편 11월 6일 아침 맥아더는 그 유명한 특별성명을 통해 중국군이 "만주의 성역"에서 한반도전쟁에 개입하는 방식으로 "국제사회에서 역사상 그 유례가 없을 정도의 가장 도발적이고도 무법적인 조치 가운데 하나"를 감행했다고 비난했다.[230]

---

228. "The Secretary of State to the United States Mission at the United Nations, November 5 1950," in *FRUS*, 1950, Korea, Vol. 7, pp. 1,046-7.

229. "Memorandum of Conversations, by the Secretary of State, November 6 1950," in *FRUS*, 1950, Korea, Vol. 7, pp. 1,055-6.; "The Joint Chiefs of Staff to the Commander in Chief, Far East (MacArthur), 6 November 1950," in *FRUS*, 1950, Korea, Vol. 7, p. 1,057.

230. "The Secretary of State to the Embassy in the United Kingdom, November 6 1950," in *FRUS*, 1950, Korea, Vol. 7, p. 1,053.; Rutherford M. Poats(1954), *Decision in Korea* (Kindle Location 1294, 1302).

중국군에 대한 공중폭격을 재차 주장한 맥아더

11월 6일 맥아더는 이 같은 트루먼의 공격명령 지연 조치와 관련하여 강력히 반발했다. "방대한 규모의 중국군 병력과 물자가 압록강의 모든 교량을 통해 만주에서 한반도로 물밀듯이 들어오고 있다. 이들이 '유엔군의 완벽한 파괴'를 위협하고 있다." 일단 압록강을 도강하는 경우 "압록강과 아군 전선 간의 거리가 너무나 가까워 이들 중국군은 아군의 항공후방차단 작전을 심각히 우려하지 않으면서 아군에 대항하여 전개될 수 있는 실정이다." 맥아더는 "이 같은 중국군의 증원 노력을 중지시키기 위한 유일한 방안이 북한지역의 모든 시설을 최대한 파괴하는 것과 더불어 한반도와 만주를 연결하는 모든 압록강 교량을 파괴하는 것이다"라고 생각했다. 맥아더는 시간이 촉박하다며 공격명령을 지연시키라는 대통령의 결심을 "즉각 재고"해 달라고 요청했다.[231]

11월 6일 늦은 시점, 트루먼은 "신의주 지역 표적과 압록강 교량의 한반도 부분을 포함한 전선 지역에 대한 폭격을 진행할 수 있게" 해주었다. 그러나 "만주 지역의 중국 영토와 영공을 침범하지 않도록…각별히 유의하라"[232]고 맥아더에게 지시했다.

한편 맥아더는 트루먼의 공중공격 승인에 대한 답변으로 11월 7일 또 다른 2통의 메시지를 미 합참에 보냈다. 이들 메시지에서 맥아더는 미 합참의 10월 9일 자 지령의 갱신을 요구하고 있었다. 다시 말해, 유엔군의 만주폭격과 병력충원을 요구하고 있었다.

---

231. Harry S. Truman(1956), *Memoirs*, p. 375.

232. "The Joint Chiefs of Staff to the Commander in Chief, Far East (MacArthur), 6 November 1950—11:57 p. m," in *FRUS*, 1950, Korea, Vol. 7, pp. 1,075–6.; 압록강 철교의 한국 부분 폭격은 중국 영토를 월경하지 않고는 거의 불가능한 일이었다. 결과적으로 12개에 달하던 압록강 철교 가운데 4개만 차단했던 것이다. Harry S. Truman(1956), *Memoirs*, 376.

첫 번째 메시지인 C-68411에서 맥아더는 중국군이 참전하는 경우 한반도 밖의 적의 공격 거점들을 공격할 수 있게 해주는 문서인 NSC-73의 이행을 거부하고 있다는 사실과 관련하여 간접적이나마 트루먼에게 의문을 제기하고 있었다. 맥아더는 다음과 같이 말했다. "적의 항공기들이 압록강 서쪽 만주지역에서 이륙하여 북한지역으로 날아오고 있습니다.…압록강에서부터 주요 접촉선까지의 거리가 너무나 짧아 타격하고 도망치는 전술을 구사하는 적에 제대로 대응할 수 없는 실정입니다. 아측 작전에 가해진 제약으로 인해 만주지역이 적의 항공기 입장에서 완벽한 성역(聖域)이 되고 있습니다. 이처럼 비정상적인 상황이 아측 공군과 지상군 부대의 사기와 전투효율에 미치는 피해는 지대합니다.…서둘러 보완책을 마련하지 않으면 이 요인이 결정적인 영향을 미칠 수 있습니다. 이처럼 새롭고도 위협적인 상황에 대처하기 위한 지시를 요청합니다."[233]

두 번째 메시지인 C-68465에서 맥아더는 유엔군의 전력증강 필요성을 암시했다. 맥아더는 "이처럼 중국군의 전력증강이 지속되는 경우 유엔군의 진격 재개가 불가능해지며, 유엔군이 퇴각하지 않을 수 없는 그러한 상황이 도래할 수 있다.…"[234]라고 말했다.

문제는 맥아더가 중국군의 대거 간섭을 열심히 주장하기 시작한 11월 7일 중국군이 갑자기 자취를 감추었다는 사실이다. 11월 9일 주한미국 대사관 1등서기관 드럼라이트는 이 같은 사실을 미 국무성에 다음과 같이

---

233. "Memorandum by the Assistant Secretary of State for Far Eastern Affairs (Rusk) to the Secretary of State, November 7 1950," in *FRUS*, 1950, Korea, Vol. 7, p. 1,076.; Harry S. Truman(1956), *Memoirs*, p. 377. 유엔군 항공기가 어찌할 수 없어서 한만국경을 긴급히 월경(越境)하여 중국군의 항공기를 추격하는 경우에 관해 질문을 받는 경우 연합국 정부들은 모두가 답변을 거부했다.

234. "The Commander in Chief, Far East (MacArthur) to the Joint Chiefs of Staff, November 7 1950," in *FRUS*, 1950, Korea, Vol. 7, pp. 1,076-7.

보고했다. "8군 지역의 경우를 보면 유엔군 지상군은 지난 이틀 동안 중국
군과 접촉하지 못했다.…유엔군 항공기들이 한만국경 이남 지역으로 이동
하는 중국군 차량들을 맹타했다. 작일 적어도 4회에 걸친 맹폭으로 신의
주가 거의 모두 파괴되었다.…지난 며칠 동안 중국군이 인적 및 물적으로
심각한 피해를 입었음이 분명하다.…지난 이틀 동안의 중국군의 방어적
태세는 이들이 전면 간섭을 염두에 둔 계획을 수정했을 가능성을 암시해
주고 있다."[235]

지금까지 논의에서 살펴보았듯이 맥아더는 중국군이 한반도전쟁에 참
전했다는 사실을 잘 알고 있는 상태에서 유엔군을 압록강을 겨냥하여 진
격시켰다. 이 같은 진격에 중국군이 저항했다. 11월 4일까지도 맥아더는
중국군의 참전 사실을 부인했다. 11월 4일 맥아더가 갑자기 중국군의 대
거 참전을 주장하면서 11월 5일부터 유엔군의 만주폭격과 전력증강을 요
구한 것이다. 이 같은 상태에서 중국군이 11월 7일 갑자기 자취를 감춘 것
이다.

6. 유엔군의 2차 압록강 진격

유엔군의 1차 압록강 진격이 실패로 끝나자 미 합참은 압록강 진격을
통해 북한군을 섬멸해야 한다는 맥아더에게 부여된 임무의 변경 필요성
을 제기했다.[236] 그러자 1950년 11월 9일 미 합참에 보낸 전문에서 맥아
더는 이 같은 임무 변경에 강력히 반발했다. 맥아더는 유엔 공군을 이용하
는 경우 더 이상의 중국군의 한반도 진입을 저지할 수 있을 것이라고 말했

---

235. "The Chargé in Korea (Drumright) to the Secretary of State, November 9, 1950," in
    FRUS, 1950, Korea, Vol. 7, p. 1,116.

236. "The Joint Chiefs of Staff to the Commander in Chief, Far East, November 8, 1950," in
    FRUS, 1950, Korea, p. 1,098.

다. 맥아더는 북한군 격멸을 위한 작전을 11월 15일 시작할 것이라고 말했다.[237] 그런데 11월 15일은 대만 문제와 한반도 문제를 논의하기 위해 중국 대표단이 유엔본부를 방문하기로 예정되어 있던 날이었다. 그 와중에서 11월 11일 중국 대표단의 유엔본부 방문 일정이 11월 24일로 변경되었으며 그 사실을 유엔본부의 미국대표 어스틴이 애치슨 국무장관에게 보고했다.[238] 그 후 유엔군의 2차 압록강 진격 일자가 11월 15일에서 11월 24일로 바뀌었다. 학자들은 6·25전쟁과 관련해서 많은 놀라운 사실이 있다고 말한다. 그런데 이것 또한 놀라운 사실일 것이다. 이외에도 맥아더는 유엔군의 2차 압록강 진격 일정과 진격 방식을 외부에 공개했는데 이것 또한 그 전례가 없는 일이었다.

이 같은 유엔군의 2차 압록강 진격 어떠한 성격이었을까? 대부분 한국인들이 알고 있듯이 남북통일 목적의 것이었을까?

유엔군 2차 압록강 진격의 성격과 목적

1950년 11월 24일의 유엔군의 2차 압록강 진격은 다음과 같은 상황에서 시작되었다.

첫째, 미국은 청천강 이북 산악지역에 방대한 규모의 중국군이 강력한 방어진지를 구축하고 있음을 잘 알고 있는 상태에서 북진을 추구했다.

11월 18일 주한미국대사관 1등서기관 드럼라이트는 애치슨에게 보낸

---

237. "나는 이 같은 목적으로 11월 15일 한만국경과 한소국경으로 질주하여 모든 북한 지역을 점령하기 위한 공격을 시작할 계획입니다. 여기서 못 미치는 계획은 그 형태와 무관하게 유엔군의 사기를 완벽히 저하시킬 것입니다. …" "The Commander in Chief, Far East (MacArthur) to the Joint Chiefs of Staff, November 9 1950," in *FRUS*, 1950, Korea, Vol. 7, p. 1,108-9.

238. "중국대표가 유엔본부에 도착하는 시점은 11월 24일입니다." "The United States Representative at the United Nations (Austin) to the Secretary of State, November 11 1950," in *FRUS*, 1950, Korea, Vol. 7, pp. 1,133-4.

전문에서 다음과 같이 말했다. "8군 정보에 따르면, 중국군 부대가 태천(泰川), 운산(雲山)을 거쳐 덕천(德川) 지역에 집중 포진해 있으며, 희천(熙川)에 예비전력이 모여 있는 듯 보인다. 중국군 부대는 북서쪽 방향으로의 유엔군의 진격을 내려다볼 수 있는 곳에서 철저히 방어태세를 견지하고 있다. 한국군 부대를 겨냥한 중국군의 저항은 일반적으로 보다 격렬할 것이다."[239] 11월 19일 드럼라이트는 중국군의 태세에 관해 애치슨에게 다음과 같이 보고했다. "접수한 다수 보고에 따르면 중국군은 정주 북부 해안에서 태천으로 태천에서 운산으로, 운산 동북부 지역에서 희천 동쪽에 이르는 선에 방어진지를 구축하고 있다."[240]

　둘째, 한국인들의 일반적인 인식과 달리 유엔군의 2차 압록강 진격은 남북통일 목적의 것이 아니었다. 중국군과 교전하기 위한 성격이었다.

　미 합참이 2차 압록강 진격을 통해 추구해야 할 목표와 관련하여 맥아더에게 내린 11월 24일자 명령을 보면 이것이 남북통일 목적의 것이 아님을 분명히 알 수 있을 것이다. 11월 24일 맥아더에게 내린 명령에서 미 합참은 한만국경과 한소국경을 겨냥한 유엔군의 진격으로 유엔군과 중국군이 대거 충돌하는 경우 전면전이 초래될 가능성을 여타 유엔회원국들이 우려하고 있다고 말했다. 이처럼 전면전이 초래되는 경우 유엔 내부에서 미국이 고립될 수 있으며, 군사위기가 고조될 수 있다고 말했다. 미 합참은 중국이 유엔군의 만주 진입 가능성을 우려하고 있다는 사실을 고려하여 유엔군 진지(陣地)와 압록강 사이에 완충지대를 설정할 필요성을 강조했다. 다시 말해, 유엔군이 압록강 부근까지 진격한 후 압록강 어귀에서 시

---

239. "The Chargé in Korea (Drumright) to the Secretary of State, November 18 1950," in *FRUS*, 1950, Korea, Vol. 7, p. 1,184.

240. "The Chargé in Korea (Drumright) to the Secretary of State, November 19 1950," in *FRUS*, 1950, Korea, Vol. 7, p. 1,191.

작하여 당시 17보병연대가 점령하고 있던 위치로 연결되는 지역을 위에서 내려다볼 수 있는 압록강 이남 산악지역에 유엔군을 위치시키라고 지시했다.[241]

그러자 맥아더는 미 합참의 상기 지시에 문제가 있다며 11월 25일 자 전문에서 다음과 같이 주장했다.

> 압록강 인근 지역을 내려다볼 수 있는 압록강 이남 산악 지역에 진지를 구축하라는 지시를 받았는데 이는 거의 불가능한 일입니다.…더욱이 유엔군은 남북통일과 평화복원 측면에서 필수적이라며 한만국경 이남 지역에서 적군을 완벽히 섬멸할 것이라고 공공연히 그리고 빈번히 말했습니다. 미국이 이 같은 목표를 달성하기 위한 군사작전을 포기하는 경우 가장 심각한 결과가 초래될 것입니다. 미 합참이 지시한 작전을 보며 한국인들은 자국의 주권과 영토의 일체성 측면에서 그리고 유엔군 참전 의도 측면에서 유엔이 한국을 배신했다고 생각할 것입니다. 중국인은 물론이고 모든 아시아인들이 공산주의자들의 침략에 유엔이 유화적인 태도를 견지했다는 사실을 나약함의 표시로 간주할 것입니다.[242]

여기서 보듯이 당시 유엔군의 2차 압록강 진격은 남북통일 목적의 것이 아니었다.

셋째, 당시 미국은 2차 압록강 진격에 대항하여 중국군이 전면전(세계대

---

241. "The Chief of Staff, United States Army (Collins), to the Commander in Chief, United Nations Command (MacArthur), 24 November 1950," in *FRUS*, 1950, Korea, Vol. 7, p. 1,223.

242. "The Commander in Chief, United Nations Command (MacArthur) to the Joint Chiefs of Staff, 25 November 1950," in *FRUS*, 1950, Korea, Vol. 7, p. 1,232.

전)도 불사할 정도로 강력히 반격해 올 것임을 잘 알고 있었다.

11월 9일 미 국가안전보장회의는 "소련 자료를 보면 소련이 한반도 상황을 전면전도 불사할 정도로 중요한 성격으로 생각하고 있다."[243]라고 판단했다. 11월 17일 미 국무성 비망록 또한 이처럼 생각했다. "요약해 말하면, 중국 공산주의자들이 전개한 군사적 노력의 규모, 중국 본토에서의 이들의 방어 준비, 이들의 격렬한 선전선동 노력 측면에서 보면 중국이 '주요 사건'을 준비하고 있다는 결론을 내리지 않을 수 없을 것이다."[244]

11월 18일 미 국무성도, 11월 24일 미 중앙정보국도 동일하게 생각했다. 6·25전쟁을 주도하고 있던 애치슨 휘하 미 국무성은 물론이고 미 중앙정보국은 전반적으로 만주와 중국의 군사준비 상태를 보면 중국이 장기간 진행될 '주요 작전'을 계획하고 있으며, 중국에 대한, 특히 만주 지역에 대한 미국의 광범위한 공중공격을 예상하고 있는 듯 보인다고 판단했다. 중국의 선전매체들이 전쟁 열기를 고조시키기 위해 노력하고 있으며, 미국의 위협에 제대로 대처하고 위협을 격파한다는 차원에서 한반도전쟁에 대한 중국인들의 지원을 촉구하고 있다고 판단했다. 이외에도 소련 선전매체가 중소조약에 입각한 소련의 한반도전쟁 관련 책임을 거론하고 있는 등의 정황을 놓고 볼 때, 중국과 소련이 다음과 같이 대응할 것으로 판단했다. 첫째, 중국군의 전쟁 준비가 전반적으로 완료되기 이전까지, 협상 또는 협박을 통해 유엔군을 한반도에서 몰아낼 수 있기까지, 중국군과 북한군이 한반도 북부지역에서 유엔군을 지속적으로 저지한다. 둘째, 이 같

---

243. "Memorandum by the Director of the Central Intelligence Agency (Smith) to the National Security Council, 9 November 1950," in *FRUS*, 1950, Korea, Vol. 7, p. 1,121-2.

244. "Memorandum by the Director of the Office of Chinese Affairs (Clubb) to the Assistant Secretary of State for Far Eastern Affairs (Rusk), November 17, 1950," in *FRUS*, 1950, Korea, Vol. 7, p. 1,170.

은 전술이 실패하는 경우 중국의 참전 규모를 대거 상향시킨다. 셋째, 장비, 항공기 등의 형태로 중국군에 대한 소련의 지원을 늘린다. 소련의 전면전 전개 가능성이 상당한 수준으로 보인다.[245]

넷째, 이는 중국군을 특정 전선으로 유인하기 위한 성격이었다. 이 같은 사실은 맥아더와 워커를 둘러싼 1950년 11월 24일의 전선 상황을 통해 확인 가능해진다. 2차 압록강 진격 당일인 11월 24일 맥아더는 8군사령부 본부가 있던 청천강 부근의 신안주를 방문했다. 당시 맥아더는 8군 소속 병사들에게 크리스마스 이전에 본국으로 귀환할 수 있을 것이라고 말했다. 맥아더의 항공기가 일본을 겨냥하여 신안주를 벗어나자 8군사령관 워커는 "허튼수작(Bullshit)"한다며 맥아더를 비난했다. 워커의 부관 마이크 린치(Mike Lynch)는 워커가 아무리 기분이 언짢은 일이 있어도 이처럼 불경스런 표현을 한 경우가 없음을 잘 알고 있었다. 워커는 유엔군의 2차 압록강 진격의 선봉 부대장인 24사단 21보병연대장 리처드 스티븐(Richard W. Stephens)에게 다음과 같은 메시지를 보내라고 처치 소장에게 지시했다. "중국군의 음식 냄새를 맡는 순간, 곧바로 부대를 퇴각시키시오."[246] 왜 워커는 이처럼 말했을까? 워커가 유엔군의 2차 압록강 진격의 성격을 잘 알고 있었기 때문일 것이다. 유엔군의 진격에 대항하여 중국군이 강력히 반격할 것이며, 반격하는 경우 유엔군이 일대 후퇴할 예정임을 잘 알고 있었기 때문일 것이다.

미 합참이 맥아더에게 내린 11월 24일 자 명령에서 보듯이 유엔군은

245. "Memorandum by the Acting Special Assistant to the Secretary of State for Intelligence (Howe) to the Ambassador at Large (Jessup), November 18 1950," in *FRUS*, 1950, Korea, Vol. 7, pp. 1,188-90.; "Memorandum by the Central Intelligence Agency, 24 November, 1950," in *FRUS*, 1950, Korea, Vol. 7, pp. 1,120-2.

246. Joseph C. Coulden(1982), *Korea: The Untold Story of the War*, p. 327.

압록강까지 진격한 후 특정 전선으로 후퇴할 예정이었다. 이처럼 특정 전선으로 후퇴할 것이라면 압록강까지 특별히 진격할 이유가 없었다. 이는 중국군에게 접전을 강요한 후 중국군을 평양-원산 선으로 또는 그 이남의 전선으로 유인하기 위한 성격일 수밖에 없었다. 이 같은 사실에 입각하여 이미 미 합참이 8군사령관 워커에게 중국군이 반격해 오는 경우 유엔군을 곧바로 후퇴시키라고 명령했음에 틀림이 없을 것이다. 이 같은 상황에서 맥아더가 병사들에게 크리스마스 이전에 본국으로 귀환시켜줄 것이라고 말하자 워커는 '허튼수작' 부린다며 맥아더를 비난했을 것이다. 그러면서 21보병 연대장에게 중국군을 확인함과 동시에 후퇴할 것을 명령했을 것이다.

다섯째, 이는 중국군의 반격을 이용하여 미군을 재무장하기 위한 성격이었다. 1950년 11월 7일과 11월 17일 자 미 국무성 산하 정책기획실이 작성한 보고서, 그리고 '한반도에서의 중국군 참전과 관련한 미국의 방책'이란 제목의 11월 20일 자 미 국무성 보고서는 이 같은 사실을 분명히 보여주었다.

11월 7일 정책기획실의 존 데이비스(John P. Davies)는 미국이 6·25전쟁을 한반도로 국한시키는 한편 이 전쟁을 공산세력과의 세계대전을 준비하기 위한 계기로 삼아야 할 것이란 내용의 보고서를 작성했다. 1947년 1월 미 국무장관으로 취임한 마샬이 설립한 정책기획실은 보다 거시적인 시각에서 미국의 안보정책을 구상하기 위한 기구였다. 1950년 1월 초순까지 조지 캐넌이 실장으로 있었으며, 그 후 폴 니체(Paul Nitche)가 실장으로 부임했다. 이처럼 이곳의 실장이 캐넌에서 니체로 바뀌었던 것은 정치 및 경제와 같은 비군사적 수단을 이용하여 소련을 포함한 공산세력을 봉쇄해야 할 것이란 캐넌의 논리를 애치슨 국무장관이 탐탁지 않게 생각했기 때문이었다. 스탈린이 북한군의 남침을 허용해줄 것이라고 암시한 1950년 1

월 30일 직후 니체는 미국이 소련과 중국을 포함한 공산세력을 군사적으로 봉쇄해야 할 것이란 내용의 NSC-68이란 문서를 작성했다.

데이비스는 한반도전쟁을 이용하여 NSC-68에서 미국이 추구하는 바를 달성해야 할 것이라고 주장했다. 그런데 이는 6·25전쟁을 통해 애치슨을 포함한 미국의 전략가들이 추구하던 바로 그 부분이었다. 6·25전쟁 발발 시점에서부터 1차 압록강 진격까지는 물론이고 정전협정 체결과 한미상호방위조약 체결, 1954년의 제네바회담에 이르는 미국의 6·25전쟁 수행은 여기서 데이비스가 주장한 바대로 진행될 예정이었다.

데이비스는 중국군의 6·25전쟁 참전이 소련의 종용에 따른 것으로 판단했다. 중국군의 6·25전쟁 참전이 세계대전 가능성까지 염두에 둔 것으로 생각했다. 당시 중국은 자국의 참전으로 미국이 만주를 포함한 중국대륙을 공격할 가능성을 거론하고 있었는데 데이비스는 이것을 중국과 소련이 미국과 세계대전도 불사할 것이란 의미로 해석했다. 따라서 데이비스는 최악의 경우 6·25전쟁이 세계대전으로까지 비화될 수 있을 것이라고 판단했다. 물론 최상의 경우 한반도 내부로 국한될 수도 있었다. 이 같은 측면에서 보면 향후 어느 순간 미국은 공산세력과 세계대전을 수행해야 할 가능성도 없지 않았다. 따라서 데이비스는 미국이 6·25전쟁을 계기로 공산세력과의 세계대전을 수행하기 위한 체계를 구축해야 할 것이라고 생각했다. 미국이 6·25전쟁을 제한전 형태로 수행함과 동시에 미군 재무장을 추진해야 할 것이라고 주장했다. 이들 두 가지 목표를 염두에 둔 상태에서 6·25전쟁을 수행해야 할 것이라고 주장했다. 데이비스는 이처럼 한반도전쟁을 이용하고자 하는 경우 이 전쟁을 한반도로 국한시켜야 할 것이라고 주장했다. 미국이 중국대륙을 공격하는 경우 1950년 2월에 체결된 중소조약으로 인해 소련이 이 전쟁에 자동 개입할 것이기 때문이라는 것이었다. 세계대전 수행 준비 차원에서 NSC-68에서 요구하는 수준의 방대한 규모의 미군 재무장과 더불어 나토(북대서양조약기구)와 일본 재무장을 서둘러야 할 것이라고 주장했다.[247]

한편 11월 17일 정책기획실의 존 댐(John P. Dames)은 중국군이 6·25전쟁에 참전한 상황에서 미국이 취해야 할 방책에 관한 보고서를 작성했다. 댐은 네 가지 시나리오를 구상했다. 댐은 소련과 중국이 적어도 압록강 부근에 완충지대를 설치하기 위해 노력할 가능성이 있음을 보여주는 증거가 상당하다고 판단했다. 유엔군에 대항하여 중국과 소련이 이처럼 할 능력이 상당한 수준이라고 판단했다. 이 같은 상황에서 대안을 강구할 필요가 있다고 판단했다.

첫째, 유엔군 전력을 증강시켜 중국군을 한반도에서 몰아낼 수 있었다. 여타 유엔군이 이 같은 작전에 동참하지 않을 것이란 점에서 미군이 독자적으로 예비전력을 투입해야만 했다. 댐은 이처럼 투입할 수 있는 미군 예비전력이 많지 않을 뿐만 아니라 예비전력 투입 효과를 확신할 수 없으며, 이처럼 예비전력을 투입하는 경우 중국군이 보다 많은 전력을 투입할 가능성도 없지 않다고 판단했다.

둘째, 한반도에서 유엔군을 철수시킬 수 있었다. 댐은 이처럼 하는 경우 미국의 명성이 심각한 타격을 입게 되며 지구상 도처에서 악영향을 받을 수 있다고 판단했다. 반면에 중국과 소련의 위상이 높아지면서 미군이 재무장하는 경우에도 상황을 반전시키지 못할 가능성이 있다고 판단했다.

셋째, 전쟁을 중국 대륙으로 확전시킬 수 있었다. 댐은 이처럼 하는 경우 중국이 한반도전쟁에 노골적으로 참전하게 될 것이며, 소련공군이 유엔군의 공군에 대항할 가능성이 있다고 생각했다. 결과적으로 6·25전쟁

---

247. "Draft Memorandum by Mr. John P. Davies of the Policy Planning Staff, November 7 1950," in *FRUS*, 1950, Korea, Vol. 7, pp. 1,082–5.

이 세계대전으로 비화될 가능성이 있다고 판단했다.

넷째, NSC-81에서 명시하고 있는 바처럼 북한군 격멸 차원에서 유엔군을 압록강까지 북진시키고자 노력하지만, 도중에 중국군과 소련군의 저항에 직면하는 경우 평양–원산 선으로 유엔군을 후퇴시킨 후 평양–원산 이북 지역을 공산 측이 통제하게 만들 수 있었다. 이 같은 상황에서 한국군 전력증강을 추구할 수 있었다. 댐은 마지막 방책을 추천했다. 그 와중에서 세계대전 가능성이 증대될 것임을 고려하여 다음과 같이 할 필요가 있다고 주장했다.

1. 국가 비상사태 선포를 통해 NSC-68에서 구상하고 있는 바처럼 미군 재무장을 추진한다.

2. 북대서양조약기구를 신속히 강화한다.

3. 경제 및 군사적으로 일본을 강화하고 한국 및 일본과 미국 간의 병참선을 확보한다.[248]

한편 11월 20일의 미 국무성 보고서에서는 중국의 한반도전쟁 참전 의도가 압록강 이남 지역에서의 완충지대 설치 필요성과 유엔군의 중국대륙 침공 우려 때문이라고 말하면서, 중국군의 참전 자체는 공산세력이 자유진영과 전면전도 불사할 의향이 있음을 보여준다고 평가했다. 이 같은 측면에서 유엔군과 미국의 조치는 이 같은 소련의 의도를 좌절시키는 성격이 되어야 할 것이라고 주장했다. 유엔군이 한만국경 이남 지역에서 군사적으로 승리를 거두고 그 와중에서 유엔과 한국인들의 지원을 유지하는 것이 미국의 정책 측면에서 도움이 될 것이라고 판단했다. 따라서 중국군에 대항하기 위한 미국의 방책은 (1) 한반도의 완벽한 통일, (2) 압록강 이

---

248. "Memorandum by Mr. John P. Dames of the Policy Planning Staff, November 17 1950," in *FRUS*, 1950, Korea, Vol. 7, pp. 1,178–82.

남 지역에 완충지대 설치, (3) 평양-원산 선으로 철수하며, 상황이 여의치 않은 경우 그 이남 지역으로까지 철수하는 성격이 될 수 있다고 판단했다. 여기서는 첫 번째 방책의 경우 많은 문제가 있다며, 두 번째 및 세 번째 방책을 추천했다. 이들 방책을 추진하는 경우에도 유엔군이 먼저 압록강까지 진격해야 할 것이라고 주장했다. 그 후 특정 전선에서 유엔군이 공산 측과 정전을 협상해야 할 것이라고 주장했다.[249] 그런데 11월 24일 맥아더에게 하달된 명령은 두 번째 방책이었다. 두 번째 방책 이행과 관련하여 중국군이 강력히 저항해 오자 그 후 미국은 세 번째 방책으로 전환했다.

이들 사실 이외에도 유엔군의 2차 압록강 진격과 관련하여 몇몇 주목해야 할 사실이 있다. 예를 들면, 맥아더는 유엔군의 압록강 진격 일자를 1차 압록강 진격 일자와 마찬가지로 중국 대표단의 유엔본부 방문 일자에 맞추었다. 처음에 맥아더는 중국 대표단의 유엔본부 방문일인 11월 15일 유엔군을 압록강으로 진격시킬 것이라고 말했다. 트루먼은 중국 대표단의 유엔본부 방문일자가 11월 15일에서 11월 24일로 바뀌자 재차 압록강 진격 일자를 11월 15일에서 11월 24일로 바꾸었다. 한편 맥아더는 유엔군의 2차 압록강 진격 시점을 공공연히 사전 공개했는데 이는 놀라운 사실이었다. 11월 27일 중국군이 반격하자 11월 28일 맥아더가 유엔군의 남진을 결심했으며, 12월 1일 트루먼이 38선 부근에서의 장기간 싸움 이후 정전협정을 체결하기로 결심했는데 이것 또한 놀라운 부분이었다. 12월 15일 미국이 비상사태 선포와 경제동원령 발동을 통해 미군 재무장에 필요한 주요 조치를 취한 것도 놀라운 부분이었다.

결론적으로 말하면 미국은 유엔군의 2차 압록강 진격에 중국군이 강력

---

249. "Memorandum by the Ambassador at Large (Jessup) to the Secretary of State, November 20 1950," in *FRUS*, 1950, Korea, Vol. 7, pp. 1,193–5.

히 반격해 올 것을 잘 알고 있던 상태에서 진격을 추진했다. 미국이 유엔군을 압록강으로 진격시켰던 것은 중국의 이 같은 진의(眞意)를 확인하기 위함이었다. 미국은 중국군이 반격해 오는 경우 유엔군을 한반도의 특정 전선으로 후퇴시켜야 할 것으로 판단했다. 특정 전선에서 중국군과 싸우는 한편 미군 재무장을 추진해야 할 것으로 판단했다.

중국대표의 유엔본부 방문시점에 시작된 유엔군의 2차 압록강 진격

이미 언급한 바처럼 미국의 6·25전쟁 수행은 미군 재무장과 동맹체제 구축을 통해 미국을 세계적인 패권국으로 부상시킨다는 커다란 구상 아래 진행될 예정이었다. 이것을 보여주는 대표적인 사례에 유엔군의 2차 압록강 진격 시점이 있다.

이 진격은 중국 대표단이 한반도 문제와 대만 문제를 협의하기 위해 유엔을 방문하는 시점에 맞추어 진행되었다. 중국 대표단이 대만 문제와 한반도 문제를 협의하기 위해 11월 15일 유엔본부를 방문할 것임을 11월 6일 확인한 유엔사[250]는 11월 9일 11월 15일을 기점으로 하는 유엔군의 2차 압록강 진격을 천명했다. 그 후 유엔사는 2차 압록강 진격 시점을 11월 15일 시작할 것이라고 공공연히 거론한 것이다. 따라서 중국정부는 중국 대표단이 유엔본부에 도착하게 될 11월 15일 유엔군의 2차 압록강 진격이 시작될 것임을 잘 알고 있었다.[251] 이 같은 상황에서 11월 11일 중국대표단의 유엔본부 방문이 11월 24일로 연기되었음을 확인한 유엔사는 11

---

250. "그는 중국 대표가 11월 15일 유엔본부에 도착할 것임을 상기시켰다.…소련대표는 중국대표가 유엔본부에 도착하기까지 회동을 연기할 가능성이 있다." "The United States Representative at the United Nations (Austin) to the Secretary of State, November 6, 1950," in *FRUS, 1950, Korea*. Vol. 7, p. 1,075.

251. I. F. Stone(1952), *The Hidden History of the Korean War*, p. 186.

월 14일 2차 압록강 진격 일정을 연기했다.[252] 11월 24일 미 합참은 맥아더에게 2차 압록강 진격을 명령했다.[253]

유엔군의 2차 압록강 진격 일자로 처음에 11월 15일을, 나중에 11월 24일을 선정한 것이 우연일 가능성도 배제할 수 없을 것이다. 그러나 이 같은 우연이 두 번 반복되었는데, 이는 확률적으로 매우 희박할 것이다.

유엔사는 중국 대표단의 유엔본부 방문 일정에 맞추어 11월 15일로 예정되어 있던 유엔군의 압록강 진격을 11월 24일로 연기시킨 배경을 악천후(惡天候) 때문이라고 말했다. 그런데 악천후는 당시의 진격 연기와 관련이 없었다. 미 공군 성명을 보면 당시 한반도에서 공군 전투기들이 예외적일 정도로 활발히 작전을 수행했다. 11월 15일부터 11월 24일까지의 10일 동안 악천후 징후는 전혀 없었다. 11일 16일에도 어느 정도 구름이 끼었지만 516대의 항공기가 지상을 이륙하여, "140대 이상의 항공기"가 함상을 이륙하여, 임무를 수행했다.[254]

중국 대표단이 유엔에 도착한 11월 24일 유엔군의 2차 압록강 진격이 시작되었다는 점에서 당일 신문들이 자연스럽게 6·25전쟁 기사를 1면에 게재했다. 당시 중국 대표단의 유엔본부 방문이 평화대화의 시작이 되기를 희망한 사람도 있었지만 평화대화 시작 가능성을 우려한 사람도 없지 않았다. 이들이 유엔본부에 도착한 시점에 유엔군이 압록강 진격을 시작하는 경우 한반도 평화정착 측면에서 부정적인 분위기가 조성될 수 있었

---

252. "11월 14일 월요일 텔레타이프를 이용한 회동에서 도쿄의 정보장교들은 11월 15일 예정되어 있던 유엔군의 2차 압록강진격이 연기되었다고 말했다." "Memorandum of Conversation, by the Political Adviser in Japan (Sebald), November 14, 1950," in *FRUS*, 1950, Korea, Vol. 7, p. 1,149.

253. "The Chief of Staff, United States Army (Collins), to the Commander in Chief, United Nations Command (MacArthur), 24 November 1950," in *FRUS*, 1950, Korea, Vol. 7, p. 1,223.

254. I. F. Stone(1952), *The Hidden History of the Korean War*, pp. 185-6.

다. 유엔군의 총공세가 진행될 당시 중국이 체면을 손상시키지 않으면서 평화를 논하기가 쉽지 않았기 때문이다.[255]

유엔군의 2차 압록강 진격을 이처럼 중국 대표단의 유엔본부 도착 시점에 시작하는 경우 미국 입장에서 상당한 이득이 있었다. 유엔군의 2차 압록강 진격이 성공을 거두는 경우 중국은 패배 상태에서 무언가 간청해야 하는 입장으로 내몰릴 수 있었다. 반면에 중국군이 유엔군의 압록강 진격을 무력화시킨 경우 군사적으로 수모를 당한 상태에서 트루먼 행정부가 평화의 제스처를 취하기가 쉽지 않았을 것이다.

중국은 한반도 문제 해결을 대만 복원 문제 그리고 중국의 유엔가입 문제와 연계시켜 유엔에서 해결하고자 노력할 것으로 예상되었다. 이 경우 미국은 중국에 일정 부분 양보해 주는 가운데 한반도 문제를 조기에 해결하지 않을 수 없었다. 그런데 12월 4일부터 8일까지 진행된 영국과 미국의 6·25전쟁 관련 정상회담에 관한 논의(5장 4절 2항)에서 알게 되겠지만 미국은 중국의 대만 복원 문제 또는 유엔가입 문제와 관련하여 결코 양보할 수 없는 입장이었다. 이처럼 양보해 줄 수 없다는 사실과 미군 재무장 측면에서 6·25전쟁을 가능한 한 장기간 동안 치열하게 진행하고자 했던 미국 입장에서 보면 한반도 문제의 조기 해결은 결코 수용할 수 없는 일이었다. 미국이 중국 대표단이 유엔본부에 도착하는 날 유엔군의 2차 압록강 진격을 시작한 것은 이 같은 이유 때문이었을 것이다.

중국군이 설치한 덫에 자진해 들어간 유엔군: 장진호 전투

유엔군의 2차 압록강 진격이 중국군의 반격 유도를 통해 세계인들을 경악시키고, 미군 재무장을 용이하게 하기 위한 것임을 보여주는 또 다른 사

---

255. Ibid., p. 185.

례에 그 유명한 장진호 전투가 있다. 장진호 전투는 11월 24일의 유엔군의 압록강과 두만강 진격 측면에서 기이한 부분이었다.

장진호 전투가 벌어지기 이전 유엔사는 한반도에 상당한 규모의 중국군이 포진해 있는 것을 잘 알고 있었다. 예를 들면, 11월 18일 유엔사는 중국이 유엔군의 면전에 10만 명의 병력을 집결시켰을 뿐만 아니라 유엔군 후방 지역에 40,000명의 게릴라를 재조직했다고 판단했다. 11월 19일 도쿄의 유엔사는 다음과 같이 보도했다. "만주 지역에 대략 25만 명의 중국군이 집결되어 있다는 사실과 마오쩌둥이 이들 병력을 한반도로 투입하는 경우 벌어질 상황이 일대 위협이다."[256]

당시 유엔사의 행동을 보면 유엔군은 자군을 뒤집어씌우기 위한 덫을 준비하라고 중국군에 지시하고 있는 듯 보였다. 뿐만 아니라 덫의 스프링이 가장 잘 튀어 오르게 하는 방식을 알려주고 있는 듯 보였다. 11월 20일 자 군사 브리핑[257]을 통해 유엔사는 낭림산맥 서부지역의 8군과 동부지역의 10군단 사이에 상당한 간극이 벌어져 있다는 사실을 친절하게 공표했다. 또한 유엔군 전선 너머에 있던 4만에 달하는 공산 게릴라들이 8군지역과 10군단 지역 사이의 이 지역을 관통해 들어올 가능성이 있을 것이란 관점을 표명했다. 유엔사 브리핑에 입각한 11월 20일 자 뉴욕타임스지 급보는 놀라울 정도로 통찰력이 있었다. 급보에서는 다음과 같이 말했다. "다양한 설명에 따르면 유엔군 배후의 4만에 달하는 공산 게릴라들이 낭림산맥 동쪽의 10군단과 서쪽의 8군 사이의 거의 접촉이 없는 한반도 중부지역에서 북쪽 지역으로 돌파해 나아갈 것이다." 이 같은 방식으로 유엔사는 "공산 무리"들이 조만간 몰려들 그 유명한 간극, 미 8군과 10군단의

---

256. Ibid., 189-90.

257. 브리핑은 특파원들이 본인의 책임 아래 사용할 수 있는 구두 자료에 다름이 없는 반면 성명은 공식 기록으로 남는다.

간극인 개마고원 지역을 지적했던 것이다.[258]

11월 22일 유엔사는 다음과 같이 브리핑했다. "중국군이 낭림산맥 서쪽 지역에서 공격을 중지한 이후인 지난 3주 동안 5만 명 이상의 중국군이 한반도로 진입했을 가능성이 있다." 이는 당시를 기준으로 한반도에 11만 명 정도의 중국군이 있음을 의미하는 것이라고 유엔사 대변인은 설명했다. 이는 당시 한반도에 있던 유엔군의 숫자와 거의 비슷한 규모였다. "크리스마스 시점까지 유엔군을 본국으로 귀환시키기 위한 공세"를 시작할 것이란 뉴스와 함께 11월 24일 유엔사는 적군의 병력이 "유엔군과 거의 동일한 규모"라고 설명했다. 따라서 맥아더는 다음과 같은 상황에서 11월 24일 유엔군의 2차 압록강 진격을 감행한 것이다. (1) 대등한 숫자의 적군에 대항하여, (2) 낭림산맥 서쪽 지역의 미 8군과 동쪽 지역의 미 10군단 사이의 간극을 공격할 준비가 되어 있던 4만 명의 게릴라가 배후에 있는 상태에서, (3) 50만 명 정도의 중국군이 만주 지역에서 한만국경을 도강하기 위해 준비하고 있는 상태에서….[259]

11월 20일 자 상기 브리핑 이후 4일이 지난 11월 24일 유엔군은 2차 압록강 진격을 추진했다. 그럼에도 불구하고 맥아더는 이처럼 공개적으로 알린 간극을 메우기 위한 조치를 전혀 취하지 않았다. 이것이 아니고 적의 저항이 없는 가운데 8군이 서해안을 따라, 10군단이 동해안을 따라 진격하고 있던 11월 26일 유엔사는 재차 8군과 10군단 사이의 취약 지역을 거론했다. 유엔사 브리핑에 입각한 뉴욕타임스지에 따르면 유엔사는 낭림산맥의 서부지역과 동부지역에서 모든 것이 순조롭게 진행된 반면 적군이 이들 서부지역과 동부지역의 중간에 해당하는 지역에서 반격했다고 말했

---

258. Ibid., p. 190.

259. Ibid., pp. 190-1.

다. 또한 6·25전쟁이 종료되기 이전 거대한 전투가 반드시 필요하다면서 이 같은 전투가 장진호 부근 산악지역에서 벌어질 가능성이 있다고 암시했다. 여기서는 또한 이곳 중앙지역에서 대규모 적군이 저항한 것은 아니지만 이들의 저항이 가장 강력했다고 말했다. 또한 방대한 규모의 적군이 이곳 지역에서 저항해오지 않았다는 점에서 8군과 10군단 사이의 쐐기 모양의 50마일 깊숙이 들어가 있는 이곳 지역에서 적이 도대체 무엇을 하고 있는지 의문이라고 말했다. 그런데 이는 적군의 대규모 반격을 유도하는 성격일 수 있었다.[260]

유엔사는 이처럼 취약한 지역에서의 적군의 일대 공격 가능성을 담담한 심정으로 바라보고 있는 듯 보였다. 뉴욕타임스지는 계속해서 다음과 같이 말했다. "점증하고 있는 장진호 부근에서의 적의 저항이 상기 의문에 대한 답변일 수도 있지만 아닐 수도 있을 것이다. 극동군사령부 대변인은 '우리가 강력한 적의 저항에 직면할 것으로 예상할 수 있는데 아직 이 같은 적의 저항은 없다.'"라고 말했다. 적의 저항이 예상되는 취약부위를 우리는 통상 언론매체를 통해 온갖 도처로 알리는 것이 아니고 보다 강력한 방어 수단으로 보강하게 된다. 그런데 당시 유엔사는 이처럼 자신의 취약부위를 공공연하게 외부에 알렸던 것이다. 그 와중에서 중국군의 저항이 시작되자 유엔사는 최악의 상황이 벌어졌다고 말하며 퇴각을 시작했다. 유엔군의 1차 압록강 진격 당시 중국군이 갑자기 유엔군과 접촉을 끊기 직전인 11월 6일에도 맥아더는 이처럼 가정하며 퇴각할 의향이 있었다. 11월 6일 당시 본인이 원했던 반면 제대로 이행할 수 없던 퇴각을 맥아더가 유엔군의 2차 압록강 진격 당시 재개할 의향이 있어 보였다.[261]

260. Ibid., pp. 190, 211.

261. Ibid., p. 212.

장진호 전투에서 보듯이 유엔군의 2차 압록강 진격은 중국군이 조성한 덫에 의도적으로 들어가기 위한 성격이었다. 유엔군의 1차 압록강 진격 당시인 11월 7일의 중국군의 퇴각은 두 가지 방식으로 해석할 수 있었다. 당시의 퇴각이 한반도에서의 철수를 의미했다면 이들이 평화롭게 철수하게 하는 경우 유엔군의 승리가 보장되었을 것일 뿐만 아니라 유엔군의 안전이 위협받지 않았을 것이다. 당시의 철수가 유엔군을 덫에 빠지게 하기 위한 거짓된 성격의 것이었다면 이 같은 덫에 빠지지 않기 위한 최상의 방안은 덫에서 멀리 떨어져 있는 것일 것이다.[262] 유엔군의 2차 압록강 진격은 중국군이 조성한 덫에 자진해서 들어가는 형국이었던 것이다.

유엔군의 2차 압록강 진격, 중국군의 반격, 그리고 미국의 반응

역사적으로 장군이 휘하 병사들이 자진해 들어가고 있다고 본인이 주장하는 바로 그 덫을 그처럼 완벽히 조명해 준 경우는 없었다. 자군이 이 같은 덫 안으로 들어가기 이전에 적에게 덫을 제대로 준비하라고 그처럼 분명히 조언해 준 경우도 없었다. 유엔군의 2차 압록강 진격은 이 같은 측면이 있었다. 11월 24일의 런던타임스지에 게재된 11월 22일의 워싱턴의 급보에서는 다음과 같이 말하고 있었다. "낭림산맥 서쪽 지역에서 미군 3개 사단, 한국군 4개 사단, 영국군 1개 여단이 한국군이 이전에 도달한 바 있던 압록강 부근까지 진격하기 위한, 소위 말하는 최종 진격하기 위한, 준비가 되어 있다." 뉴욕타임스지의 워싱턴 특파원은 당시 유엔사는 유엔군의 2차 압록강 진격 사실을 이처럼 사전에 공개적으로 거론했는데 "이는 분명히 말하지만 전쟁 수행 측면에서 기이한 모습이었다."라고 말했다.[263]

---

262. Ibid., p. 189.

263. Ibid., p. 191.

한편 주한미국 대사 무초에 따르면 11월 24일은 물론이고 11월 25일에도 유엔군의 2차 압록강 진격에 대한 공산군의 저항은 경미한 수준이었다. 낭림산맥 서쪽 지역의 경우를 보면 "11월 24일 오전 8군이 10마일 북진할 당시까지 미미한 저항만 있었다. 유엔군이 중국군과 접전했다는 보고도 중국군을 생포했다는 보고도 거의 없었다. 25일 아침 태천 지역에서 한국군 1사단을 겨냥한 반격을 제외하면 적의 저항은 거의 없었다." 낭림산맥 동쪽 지역의 경우를 보면 "미 7사단이 혜산진 남서쪽의 한만국경 부근에서 적의 잔여세력을 추적하고 있었다. 이들은 만주지역에서 포탄이 날아왔다고 보고했다."[264]

11월 26일 유엔사는 다음과 같은 성명을 발표했다. "정주–박천 지역에서 적군이 갑자기 자취를 감추었다." 11월 26일 유엔군은 낭림산맥 서쪽과 동쪽 지역 모두에서 적군과 조우하지 않은 채 북진했다. 그런데 11월 27일 저녁 유엔사는 적의 강력한 반격으로 유엔군의 공세가 난관에 봉착했다고 말했다. 11월 28일 유엔사는 8군의 우측과 중앙을 겨냥한 중국군의 엄청난 공격으로 전선이 뒤로 밀렸다고 천명했다. 11월 28일 늦은 시점, 미국은 중국이 공개적이고도 노골적인 침략을 자행했다고 유엔에서 비난했다.[265]

11월 28일 미 합참에 보낸 전문에서 맥아더는 "한반도 분쟁을 소규모 중국군과 북한군으로 구성되는 적군에 대항한 분쟁으로 국한시킬 수 있을 것이란 희망은 이제 완벽히 포기할 수밖에 없다."라면서 "유엔군이 전혀 새로운 전쟁에 직면했다"라고 말했다. 맥아더는 "적의 병력이 20만 명 수준이다."라고 말하면서 "중국군이 11월 7일 이후 유엔군과 접촉을 차단했

264. "The Ambassador in Korea (Muccio) to the Secretary of State, November 25 1950," in *FRUS*, 1950, Korea, Vol. 7, pp. 1,233-4.

265. I. F. Stone(1952), *The Hidden History of the Korean War*, pp. 208, 210.

던 것은 춘계공세에 대비하여 막강한 전력을 구축하기 위함이었다."라고 주장했다. 맥아더는 "적의 궁극적인 목표는 한반도에서 모든 유엔군을 완벽히 섬멸하는 것이다.…유엔사는 능력의 범주 안에서 할 수 있는 것 모두를 해왔지만 이제 능력과 통제를 벗어나는 상황에 직면해 있다"라고 말했다. 그러면서 맥아더는 "가까운 미래에 유엔사의 전략적 계획은 공세에서 방어로 전환하는 것이다."라고 말했다.[266] 다시 말해, 맥아더는 유엔군을 퇴각시켜야 할 것이라고 말했다.

11월 28일 맥아더는 8군사령관 워커와 10군단장 알몬드를 도쿄로 소환하여 회의했다. 회의 결과는 유엔군의 측방이 중국군에 의해 공격당하지 않도록 필요한 수준까지 유엔군을 퇴각시켜야 한다는 것이었다.[267] 미 국무성은 이 지역에서의 평화와 안전을 복원한 후 가능한 한 신속히 유엔군을 철수시킬 것이란 유엔의 최초 목표가 중국군의 참전으로 어려워졌다고 말했다. 전면전을 감수하지 않고는 목표를 달성할 수 없게 되었다고 판단했다. 이 같은 최초 목표를 달성할 수 없을 것이란 점에서 유엔군을 신안주-흥남(평양-원산)으로 연결되는 선으로 후퇴시킬 필요가 있다고 생각했다. 이 선을 고수할 수 없는 경우 상황에 따라 지속적으로 38선까지 후퇴시켜야 할 것이라고 판단했다.[268] 주한미국 대사 무초는 "중국군 중심의 적군이 28일 8군에 대항하여 지속적으로 상당한 압력을 가했다. 적의 주공이 8군의 중앙 부위와 우측 부위를 공격함에 따라 한국군 2군단이 붕괴

266. "The Commander in Chief, Far East (MacArthur) to the Joint Chiefs of Staff, 28 November 1950," in *FRUS*, 1950, Korea, Vol. 7, pp. 1,237-8.

267. Joseph C. Coulden(1982), *Korea: The Untold Story of the War*, p. 386.

268. "Memorandum by the Acting Officer in Charge of Korean Affairs (Emmons) to the Deputy Director of the Office of Northeast Asian Affairs (Johnson), November 28 1950," in *FRUS*, 1950, Korea, Vol. 7, pp. 1,239-40.

되면서 심각한 문제가 초래되었다."라고 말했다.[269] 애치슨은 유엔군의 압록강 진격에 대항한 중국군의 1차 및 2차 공세를 보며 중국이 유엔군의 공세에 단순 반응하는 형국일 가능성이 있다는 기존의 모든 의혹을 해소시킬 수 있었을 뿐만 아니라 중국군이 북한지역에서 유엔군을 섬멸할 의도가 있음을 확인할 수 있었다고 말했다. 그러면서 애치슨은 "한국군 2개 사단이 심각한 피해를 입었지만 나머지 유엔군은 비교적 좋은 상태다."라고 말하면서 "유엔사의 현재 목표는 평양-원산 선을 따라 전선을 구축하는 것이다."라고 말했다.[270]

11월 29일 미 합참은 28일 맥아더가 제안한 유엔군의 퇴각 요청을 수락했다.[271] 도쿄의 미 8군 대변인은 유엔군의 퇴각을 밝혔다.[272] 맥아더는 지리적 거리, 병력 부족, 낭림산맥의 존재로 낭림산맥 동쪽의 10군단과 서쪽의 8군을 평양-원산 선을 중심으로 상호 연결하여 전선을 형성해야 한다는 일각에서 제기하고 있는 구상이 실제적으로는 불가능한 성격이라고 말했다.[273]

11월 30일 맥아더는 중국군이 지속적으로 전력을 구축하고 있으며, 유엔군의 완벽한 섬멸과 한반도 점령을 추구하고 있다는 점에서 유엔군이 지속적으로 퇴각해야 할 것이 분명하다고 말했다.[274] 무초는 8군과 중국군

269. "The Ambassador in Korea (Muccio) to the Secretary of State, November 29 1950," in *FRUS*, 1950, Korea, Vol. 7, p. 1,251.

270. "The Secretary of State to the Embassy in the United Kingdom, November 28 1950," in *FRUS*, 1950, Korea, Vol. 7, p. 1,250.

271. "The Joint Chiefs of Staff to the Commander in Chief, Far East (MacArthur), 29 November 1950," in *FRUS*, 1950, Korea, Vol. 7, p. 1,253.

272. I. F. Stone(1952), *The Hidden History of the Korean War*, pp. 210-1.

273. "The Commander in Chief, United Nations Command (MacArthur) to the Joint Chiefs of Staff, 30 November 1950," in *FRUS*, 1950, Korea, Vol. 7, p. 1259.

274. "The Commander in Chief, United Nations Command (MacArthur) to the Joint Chiefs of

의 접촉이 두절되면서 8군의 서쪽 측방에서 전투가 거의 없다고 말했다. 그러나 적군이 8군의 중앙 부위와 우측 부위를 지속적으로 강력히 압박함에 따라 이들 8군이 전선 회복을 위해 노력하는 형국이라고 말했다. 30일 아침 이 같은 적군의 압박이 완화되었다고 말했다.[275]

12월 3일 맥아더는 유엔군을 서울지역으로 철수시켜야 할 것이라고 주장했다. 8군 상황이 점차 심각해지고 있다고 말했다. 평양지역을 고수할 수 없으며, 적이 압박해오는 경우 서울 부근으로 철수하지 않을 수 없을 것이란 워커 장군의 판단에 개인적으로 공감한다고 말했다. 맥아더는 상당한 수준의 지상군을 곧바로 추가 제공해주지 않는 경우 유엔군이 지속적으로 퇴각하지 않을 수 없으며, 퇴각할 때마다 유엔군 전력이 약화될 것이라고 말했다. 또는 부산교두보로까지 퇴각해야 할 것이라고 말했다. 부산교두보에서는 비교적 장기간 동안 저항이 가능하지만 여기서는 방어적 조치 이상의 것을 추구할 수 없을 것이라고 말했다.[276] 12월 3일 이후 유엔군은 38선을 겨냥하여 고속으로 남진했다. 결과적으로 유엔군이 12월 15일경 38선 부근에 정착하게 된 것이다.

Staff, 30 November 1950," in *FRUS*, 1950, Korea, Vol. 7, p. 1260.

275. "The Ambassador in Korea (Muccio) to the Secretary of State, November 30 1950" in *FRUS*, 1950, Korea, Vol. 7, p. 1,261.

276. "The Commander in Chief, United Nations Command (MacArthur) to the Joint Chiefs of Staff, 3 December 1950," in *FRUS*, 1950, Korea, Vol. 7, pp. 1,320-1.

제4절. 트루먼, 맥아더, 애틀리의 동상이몽

6·25전쟁에서의 유엔군의 주요 행위자는 트루먼, 맥아더, 영국수상 애틀리였다. 캐나다, 오스트레일리아, 뉴질랜드, 남아프리카공화국과 같은 유엔참전국이자 영연방국가들의 좌장이던 애틀리가 6·25전쟁 수행 과정에서 적지 않은 영향력을 행사했다.

이미 언급한 바처럼 트루먼과 애치슨은 유엔군과 중국군이 한반도에서 가능한 한 장기간 동안 치열하게 싸우게 하는 방식으로 미군을 재무장시키고 동맹체제를 구축해야 할 것으로 생각했다. 맥아더는 이 전쟁을 중국대륙으로까지 확전시킴으로써 마오쩌둥의 중국을 장제스에게 되돌려주어야 할 것으로 생각했다. 애틀리는 6·25전쟁을 가능한 한 조속히 종료시킨 후 유럽안보를 강화할 수 있기를 염원했다.

이들의 관점 차이를 노정시킨 사건은 유엔군의 2차 압록강 진격이었다. 트루먼은 미국에 대항하여 중국과 소련이 세계대전도 불사할 가능성이 있음을 확인하기 위해, 맥아더는 압록강 진격 과정에서 필연적인 중국군의 반격을 계기로 한반도 전쟁을 만주지역으로 확산시키기 위해 압록강 진격을 추구했다.

중국군의 반격 이후 트루먼은 유엔군을 38선 부근으로 퇴각시켜 이곳에서 중국군과 장기간 동안 싸우게 한 후 정전협정을 체결해야 할 것으로 생각했다. 맥아더는 트루먼이 만주폭격을 통한 6·25전쟁의 확전에 반대하자 유엔군을 한반도에서 철수시킨 후 공군과 해군 중심으로 중국대륙을 공격해야 할 것으로 생각했다.

유엔군의 압록강 진격에 대항한 중국군의 반격과 유엔군의 퇴각, 트루먼의 핵무기 사용 가능성 발언에 경악한 애틀리가 미국을 방문하여 12월 4일부터 8일까지 6차례에 걸쳐 트루먼과 6·25전쟁 수행 방식에 관해 회담했다. 이들 회담을 통해 트루먼과 애틀리는 6·25전쟁을 한반도로 제한시키고, 사용 가능한 무기를 제한하는 제한전으로 수행할 것이란 사실에 동의했다. 6·25전쟁을 계기로 공산세력에 대항하기 위한 체제를 구축하기로 합의했다. 미국을 포함한 우방국 재무장과 동맹체제 구축에 합의했다.

이 같은 미영 정상의 합의에도 불구하고 맥아더는 유엔군을 한반도에서 철수시키고자 노력했다. 이 같은 맥아더의 노력에 영국이 제동을 걸었다. 결과적으로 유엔군이 1951년 1월 중순부터 북상하여 3월 27일에는 38선 부근에 도착했다. 그럼에도 불구하고 맥아더가 지속적으로 한반도전쟁의 확전을 추구하자 1951년 4월 12일 트루먼이 맥아더를 해임시켰다. 1951년 6월 중순경에는 유엔군이 현재의 휴전선 부근인 캔사스-와이오밍 선에 보다 가까워졌다.

중국군의 반격 이후 유엔군을 남진시키면서 트루먼이 추구한 목표는 유엔군의 전투력을 최대한 보존하면서 공산군에 최대한 피해를 입히는 것이었다. 이 같은 방식으로 공산군에 정전협상을 강요하는 것이었다.

1. 중국군의 반격에 대항한 트루먼의 선택

유엔군의 2차 압록강 진격에 대항한 중국군의 반격과 관련하여 트루먼 행정부가 선택할 수 있던 세 가지 방책이 있었다. 첫째는 6·25전쟁을 중국대륙으로까지 확전시키는 것이었다. 둘째는 특정 전선(戰線)에서 공산세력과 정전협정 체결을 추구하면서 장기간 동안 치열하게 싸우는 것이었다. 셋째는 한반도에서 유엔군을 철수시킨 후 항공력과 해상 전력으로 중국과 전쟁을 하는 것이었다. 이들 가운데 어떠한 방책을 선택해야 할 것인지는 한반도의 군사적 상황 측면에서 뿐만 아니라 미국의 세계전략, 특정 방책 선택이 미국의 국내정치에 미치는 효과 측면에서 결정해야 할 것이었다. 트루먼과 애치슨이 38선 부근에서의 정전협정 체결 방안을 선호한 반면 맥아더는 6·25전쟁을 중국대륙으로까지 확전시키는 방안을 선호했다.[277] 트루먼이 6·25전쟁 확전에 반대하자 맥아더는 유엔군을 한반도에서 철수시킨 후 중국과 전면전을 수행해야 할 것으로 생각했다.

1950년 12월 3일 미 육군참모총장 콜린스는 6·25전쟁에 관해 주요 결심을 내리기 이전에 한반도 상황을 파악할 필요가 있다는 마샬의 지시에 따라 도쿄의 유엔사를 방문했다. 그런데 당시 맥아더는 유엔군을 고속으로 남진시키고 있었다. 맥아더는 미국이 중국대륙으로의 확전과 패배의 굴욕 가운데 양자택일해야 할 것이라고 콜린스에게 주장했다. 맥아더는 6·25전쟁에서 장제스의 국민당 군대 운용, 만주폭격, 해상 봉쇄와 핵무기 사용을 고려하지 않으면 유엔군이 한반도에서 특정 전선을 고수할 능력이 없다고 주장했다.[278] 그러나 트루먼은 중국과의 전면전을 초래할 가능성이 있는 확전을 꺼려했다. 당시 트루먼은 중국의 배후에 소련이 있다고 생각했다. 트루먼은 소련의 지원 약속이 없는 상태에서 중국이 유엔군의 압록강 진격에 대항하여 반격했다고 생각하지 않았다. 미국이 만주를 폭격하거나 한반도에서 국민당 군대를 운용하는 경우 중국군이 확전을 추구할 것이라고 생각했다. 아직 유엔군에 대항하여 운용되고 있지 않았지만 중국 공군이 6·25전쟁에 투입되는 경우 유엔군이 한반도에서 철수해야 할 가능성도 없지 않았다. 유엔군을 겨냥한 소련 공군과 해군의 은밀한 운용 또는 공개적인 운용 또한 배제할 수 없었다. 이 같은 상황에서 핵무기를 사용하면 세계대전이 벌어질 가능성도 없지 않았다.[279]

---

277. Quoted in Callum A. Macdonald(1986), *Korea: The War Before Vietnam* (New York: Free Press, 1986), p. 69.; William Manchester(2008), *American Caesar, Douglas MacArthur 1889-1964* (Boston: Back Bay Books, 2008), pp. 616-7.; Sydney D. Bailey(1992), *The Korean Armistice* (New York: St Martin's Press, 1992), pp. 43-4.

278. Quoted in Callum Macdonald(1986), *Korea: The War Before Vietnam*, p. 69.

279. "Memorandum by the Central Intelligence Agency, December 2 1950," in *FRUS*, 1950,

세계대전이 벌어지지 않는 경우에서조차 중국과 미국이 전면전을 벌이는 경우 미국이 동북아지역에서 발목이 잡히면서 유럽 국가들이 소련의 위협에 노출될 수 있었다. 미국이 중국이란 2류 국가와 전쟁을 하는 동안 소련이 유럽에서 나토를 약화시킬 가능성이 있었다. 애치슨의 표현처럼 미국과 중국의 전쟁은 소련 입장에서 매우 바람직한 현상이었다. 미국은 중국과 전면전을 수행하는 경우 상당한 출혈을 감수해야만 하였다.[280]

그러나 미국은 중국과의 확전 방지를 확신할 수 없었다. 중국이 6·25전쟁에서 확전을 추구하는 경우 중국과의 전면전, 아마도 소련과의 전면전을 피할 수 없었다. 중국이 유엔군을 겨냥하여 상당한 규모의 항공력을 투입하는 경우 미국은 핵무기를 사용하지 않을 수 없는 입장이었다. 미국은 6·25전쟁 발발 초기부터 핵무기 사용 가능성을 검토했다. 그러나 정치 및 군사적 요인으로 인해 핵무기 사용이 쉽지 않은 상황이었다. 핵무기는 유엔군이 일대 재앙에 직면한 경우에나 최후 수단으로 사용할 예정이었다. 미국은 일대 재앙의 의미를 엄청난 적군의 면전에서의 던커크와 같은 상황으로 정의했다.[281]

유엔군의 핵무기 사용 문제는 중국의 6·25전쟁 참전이 분명해진 1950년 11월 초순 재차 부상했다. 1950년 11월 20일 미 육군참모총장 콜린스는 중국군이 대거 참전하는 경우 유엔군이 한만국경을 고수하거나 한만국경으로 진격하는 과정에서 핵무기로 한반도, 만주 및 중국의 표적을 타격하는 문제를 연구하라고 지시했다. 1951년 1월 28일 미 합참은 소련이 참전한 상황에서의 핵무기 운용에 관한 특급비밀 연구를 지시했다. 그런데

Korea, Vol. 7, pp. 1,308–10.

280. "Memorandum of Conversation, by the Ambassador at Large (Jessup), December 3 1950," in *FRUS*, 1950, Korea, Vol. 7, pp. 1,323–34.

281. Quoted in Callum Macdonald(1986), *Korea: The War Before Vietnam*, p. 71.

이는 "소련의 참전을 억제하고, 유엔군이 한반도에서 철수해야 할 당시 원활히 철수할 수 있게 하기 위함이었다." 1950년 11월 30일 트루먼은 기자회견에서 핵무기 사용 운운했다.[282] 그런데 이는 미국이 핵무기 사용을 진지하게 고려하고 있음을 암시하는 성격이었다. 당시 트루먼은 더 이상 6·25전쟁에 깊숙이 개입하는 경우 그 결과와 관련하여 책임질 것을 소련에 경고하고 있었을 가능성이 있다.

트루먼은 소련과 중국이 더 이상 도발하지 않는 경우 6·25전쟁을 제한전 형태로 수행하고자 했다. 그러면서 트루먼은 확전을 추구했던 맥아더와 대립했으며, 이 같은 대립의 결과 1951년 4월 12일 맥아더를 해임시킨 것이다.[283]

중국과의 전면전을 피하기 위한 방안에 한반도의 특정 전선에서 유엔군이 공산군과 소모전을 펼치는 방안이 있었다. 중국군이 참전한 직후 미국은 38선에서 전쟁을 종료시킬 의사가 있었다. 1950년 11월 28일 애치슨은 다음과 같이 말했다. "우리의 가장 큰 목표는 특정 지역을 점령한 후 전투를 종료하는 것이다. 한반도의 일부 지역을 대한민국에 넘겨준 후 가능한 한 조속히 철수하여 미국의 세력을, 특히 유럽에서 미국의 세력을 구축하는 것이다." 그 후 애치슨은 38선 부근에서 정전협정을 체결할 가능성을 거론했다.[284] 그런데 대한민국을 제외한 모든 국가가 38선 부근에서의 정전협정 체결을 선호했다.

그러나 맥아더가 선호한 확전과 마찬가지로 이 방책 또한 나름의 문제가 없지 않았다. 맥아더는 유엔군의 전력을 보강해 주지 않으면 중국군에

---

282. "[Document 909] Editorial Note, 1950," in *FRUS*, 1950, Korea, Vol. 7, p. 1,261.

283. Dean G. Acheson, *Present at the Creation*, pp. 471–2, 526–8.

284. "Memorandum of Conversation, by the Ambassador at Large (Jessup), December 1 1950," in *FRUS* 1950, Korea, Vol. 7, pp. 1,276–81.

대항하여 특정 전선을 고수할 수 없을 것이라고 주장했다. 결과적으로 유엔군이 한반도에서 철수할 수밖에 없을 것이라고 주장했다. 흥남 지역에서 10군단을 철수시킨 이후에서조차 맥아더는 유엔군이 특정 전선을 잠시 동안만 고수할 수 있을 것이라고 주장했다.[285] 결과적으로 미국이 특정 전선을 중심으로 공산세력과 협상을 추진하는 경우 힘의 우위가 아니고 힘의 열세 상태에서 협상할 수밖에 없을 것이라고 주장했다. 그런데 이는 NSC-68에서 가정하고 있던 사항에 위배되었다. NSC-68에서는 미국이 힘의 우위 상태에서 공산세력과 협상해야 한다고 주장하고 있었다. 미국이 6·25전쟁 종전을 제안하는 경우 중국은 자국의 유엔가입, 대만 점령 허용, 일본과 관련국들의 평화협정 체결 과정에서의 발언권 보장을 요구할 가능성이 있었다. 이 같은 요구를 수용함은 극동지역에서의 미국의 완패와 다름이 없었으며, 아시아지역에서 서구세력의 완벽한 몰락이 예상되었다. 예를 들면, 일본이 미국의 안보 공약을 신뢰하지 않을 것이었다. 이는 소련이 중국을 통해 아태지역에서 자국의 지분을 챙기는 형국이었다. 소련이 극동지역에서 벌어진 게임에서 상당한 이득을 챙기는 형국이었다.[286]

당시 미국이 선택할 수 있던 세 번째 대안은 한반도에서 유엔군을 철수시키는 것이었다. 미 국방성 일각에서는 이 대안을 선호하는 사람들이 없지 않았다. 미 군부는 한반도가 공산세력과 싸우기에 좋은 장소라고 생각하지 않았다. 이미 1950년 12월 3일 미 해군참모총장 포레스트 서먼(Forrest Sherman)과 공군참모총장 아서 반덴버그(Arthur Vandenberg)는 중국에

---

285. "The Commander in Chief, United Nations Command (MacArthur) to the Joint Chiefs of Staff, 3 December 1950," in *FRUS*, 1950, Korea, Vol. 7, pp. 1,320-2.

286. "Memorandum of Conversation, by the Ambassador at Large (Jessup), December 3 1950," in *FRUS*, 1950, Korea, Vol. 7, pp. 1,325-34.

최후통첩장을 보내어 유엔군에 대한 공격을 중지하든지 공격을 지속하는 경우 그 결과를 감수하든지 양자택일하게 해야 할 것이라고 말했다. 이들은 중국이 지속적으로 비협조적인 경우 유엔군을 한반도에서 철수시킨 후 항공력과 해상전력을 이용하여 중국과 전쟁을 수행해야 할 것이라고 주장했다. 그러나 트루먼은 맥아더가 주장한 확전과 마찬가지로 이 방책을 수용할 수 없었다. 이 방책을 수용하는 경우 정전협상 가능성이 물거품처럼 사라지고, 미국이 남한을 포기해야만 하였다. 트루먼과 그의 보좌관들은 정전협정 체결 가능성을 높이고 미국의 명예 보존 차원에서 가능한 한 한반도에서 유엔군을 철수시키지 않기로 결심했다.[287]

미국이 상기 방책 가운데 특정 전선에서 중국군과 장기간 동안 싸우는 방책을 선택하게 만든 주요 요인은 미군 재무장이었다. 핵전쟁에 못 미치는 수준에서 중국군과 한반도에서 장기간 동안 치열하게 싸움으로써 미국인과 자유진영 국가 국민들에게 공산세력의 위험을 절감케 해야 한다는 6·25전쟁 참전 목적으로 인해 미국은 38선으로 퇴각하여 이곳에서 중국군과 대결하기로 결심한 것이다.

유엔군의 압록강 진격에 대한 중국군의 반격으로 자유진영이 심각한 상황에 직면했다고 말하면서 1950년 12월 15일 트루먼은 국가 비상사태를 선포했으며, 경제 동원령을 발동했다.[288] 이 같은 방식으로 미군 재무장의 초석을 마련했다. 아울러 12월 16일 아이젠하워를 나토군사령관으로 임명했으며, 일본과의 평화협정을 서둘러 추진했다.

이 같은 미군 재무장 노력이 지속적으로 탄력을 받으려면 미국은 중국군과 한반도에서 장기간 동안 치열하게 싸워야만 하였다. 미국인과 자유

---

287. Quoted in Callum Macdonald(1986), *Korea: The War Before Vietnam*, p. 73.

288. "[Document 1052] Editorial Note, 1950," in *FRUS*, 1950, Korea, Vol. 7, p. 1,548.

진영 국가 국민들이 유엔군과 중국군이 치열하게 싸우고 있다고 인식하게 만들어야만 하였다. 1950년 12월 1일부터 전쟁이 종료된 1953년 7월 27일까지 유엔사는 과도할 정도로 많은 살상과 파괴를 초래하는 방식으로 전쟁을 수행했다. 적어도 한반도에서 치열하게 전쟁이 진행되고 있음을 언론을 통해 보도했다. 그런데 이는 6·25전쟁에서 미국이 추구한 미군 재무장이란 요인 때문이었다.

트루먼의 지시로 남진을 시작한 1950년 12월 초순부터 평택으로 후퇴했다가 38선 부근에 재차 정착한 1951년 3월 27일까지의 유엔군의 행태에서는 여기서 언급한 부분들이 목격된다. 특히 트루먼이 6·25전쟁이 중국대륙으로 확전되지 않기를 원하고 있음을 인지한 맥아더는 한반도에서 유엔군을 모두 철수시킨 후 항공력과 해상전력을 이용하여 중국과 전쟁을 수행할 수 있도록 나름의 노력을 전개했다. 이 같은 맥아더의 노력은 유엔군사령관 직책에서 해임된 순간까지 지속되었다.

2. 6·25전쟁 수행방식에 관한 미국과 영국의 의견조율

트루먼이 한반도전쟁에서 핵무기 사용 가능성을 언급했을 뿐만 아니라 중국군의 반격으로 한반도전쟁이 확전될 조짐을 보이자 1950년 11월 30일 영국의 클래멘트 애틀리(Clement Richard Attlee) 수상이 미국을 방문하여 한반도 문제를 포함한 여타 문제를 놓고 트루먼과 논의할 것이라고 말했다. 애틀리는 12월 4일부터 8일까지 트루먼과 회동할 것이라고 말했다.

당시 영국을 포함한 서유럽국가들은 매우 불편한 순간에, 전략적으로 가장 어려운 상황에서 미국이 자국을 한반도전쟁에 참전시켰다고 생각했다. 유럽 안보가 위태로운 상황에서 유럽 국가들이 한반도전쟁에 발이 묶여 있는 형국이라고 생각했다.

12월 4일부터 8일까지 애틀리 영국수상 일행과 미국의 주요 인사들이

6차례 회동했다. 당시 영국은 한반도전쟁을 정전협상을 통해 해결해야 할 것이라고 생각했다. 영국은 정전협상의 성공을 위해 미국이 중국에 일정 부분 양보해 주어야 할 것이라고 생각했다. 예를 들면, 중국을 유엔에 가입시켜 주어야 할 것이라고 생각했다. 반면에 미국은 38선 부근에서 정전협정을 체결할 것이란 사실을 제외하면 어느 것도 양보해 줄 수 없다고 주장했다. 당시 미국은 유라시아대륙 주변부의 주요 지역, 다시 말해 유럽, 중동 및 동북아지역에서 미국이 아닌 또 다른 패권국가가 출현하면 결코 안 될 것이란 미국의 전통적인 안보전략에 입각하여 대화했다. 예를 들면, 애치슨은 한반도 정전협정 체결 조건으로 대만을 중국에 넘겨주는 경우 일본을 포함한 아태지역 국가들이 미국이 아니고 공산국가들과 우호적인 관계를 맺고자 노력할 것이라고 생각했다. 결과적으로 소련이 아태지역에서 패권국가로 부상할 가능성이 있을 것임을 암시했다.

1950년 12월 4일 트루먼과 애틀리를 포함한 미국과 영국의 주요 인사들의 첫 번째 회동이 있었다. 회의는 1시간 35분 동안 지속되었다. 이 회의는 미국 입장에서의 6·25전쟁의 의미를 비교적 잘 보여주고 있다. 오늘날 서방 안보전문가들은 6·25전쟁을 통해 미국이 세계적인 패권국으로 부상했다고 말한다. 이들 전문가 가운데에는 우연히 벌어진 6·25전쟁으로 이처럼 미국이 패권국이 되었다고 생각하는 사람이 대다수로 보인다. 그러나 지금까지 이 책에서 지속적으로 보인 바처럼 미국이 이처럼 지구적 차원의 패권국이 될 수 있었던 것은 트루먼과 애치슨 같은 사람들의 주도면밀한 노력 때문이었다. 트루먼과 애틀리의 1차 회담은 이 같은 사실을 비교적 잘 보여주고 있다.

먼저 브레들리 합참의장이 발언했다. 브레들리는 유엔군이 서울-인천 지역으로 질서정연하게 퇴각할 것이라고 말했다. 애틀리는 영국이 한반도 전쟁의 확전 방지를 열망한다고 말했다. 애틀리는 특정 전선에서 공산 측과 정전을 협상할 수 있기를 희망했다. 그 과정에서 공산 측에 일부 양보해 줄 수 있을 것으로 생각했다. 애틀리는 유럽안보를 약화시킬 수 있는 조치는 그 형태와 무관하게 취하면 안 될 것이라고 말했다. 애치슨은 정전협정 체결 과정에서 중국의 요구를 수용하면 안 된다고 말했다. 이처럼 양보해 주면 공산 측이 점차 공세적이 될 것이라고 말했다. 예를 들면, 중국의 한반도전쟁 참전에 대한 보상으로 대만을 점령하게 해주는 경우 일본과 필리핀이 공산 측의 눈치를 보게 되면서 미국이 이들 국가를 우방국으로 유지하지 못하게 될 가능성이 있다고 말했다. 애치슨은 지금 이 순간 공산 측과 협상을 시작해도 안 되며 한반도전쟁을 종료시켜도 안 된다고 말했다. 가능한 한 장기간 동안 한반도에서 공산 측과 치열하게 싸우고 공산 측을 응징해야 할 것이라고 말했다. 중국을 최대한 압박하고 대만을 돌려주지 않는 방식으로 서방세계의 파워를 최대한 유지해야 할 것이라고 말했다. 트루먼은 정전협상 여건이 조성되기 이전까지 유엔군이 서울-인천 지역을 지속적으로 고수할 수 있기를 희망했다. 트루먼은 정전협상 과정에서 유엔군의 안전이 위협받거나 중국의 유엔가입, 대만 양보와 같은 조건을 놓고 공산 측과 논의하면 결코 안 될 것이라고 말했다. 트루먼은 한반도에서 미군이 결코 자발적으로 철수하지 않을 것이라고 말했다. 중국이 38선 이남 지역으로 대거 군사력을 투입하는 경우 유엔은 중국을 즉각 침략자로 매도해야 할 것이며, 정치 및 경제적 수단을 동원하여 중국을 압박해야 할 것이라고 말했다. 마지막으로 트루먼은 미국과 영국이 아태지역 비공산권 국가들을 강화하기 위한 조치와 관련하여 즉각 상의해야 할 것임을 강조했다. 이들 조치에는 일본과의 평화협정 체결, 일본의 경제 및 군사력 강화, 자유진영의 산업생산력 최대한 동원, 일본의 국제기구 가입이 포함되어 있었다. 트루먼은 영국이 일본과 관련된 이들 문제에 관해 부정적인 입장이지만 새로운 위기상황이 도래했다는 사실을 고려하여 기

존 입장을 포기해야 할 것이라고 말했다.[289]

12월 5일 애치슨을 포함한 미 국무성의 주요 인사들이 회동했다. 먼저 애치슨은 트루먼과 애틀리의 1차 회동을 다음과 같이 요약했다. "애틀리는 중국과 협상할 수밖에 없으며, 협상 과정에서 중국의 유엔가입, 대만 복원 등과 관련하여 중국에 양보해 줄 수밖에 없다고 말했다. 트루먼은 결코 이처럼 양보해 줄 수 없다고 말했다." 애치슨은 극동지역에서 공산 측에 유화적인 태세를 견지해야 할 것이라고 미국에 촉구하는 그러한 유럽의 우방국들과 유럽에서 협조할 수 없을 것이라고 말했다. 애치슨은 당시 회담에서의 미국의 제안을 다음과 같이 정리했다. (1) 한반도에서 가능한 한 최대한 중국군과 치열하게 싸운다. (2) 혹자가 정전을 제안하는 경우 정전을 수용할 것이지만 정전협상 과정에서 어떠한 부분도 양보하지 않을 것이다. (3) 정전 수용과 무관하게 그 후 중국이 전투를 재개하는 경우 재차 싸울 것이다. 최상의 방식으로 싸워야 할 것이다. 한반도에서 결코 철수하지 않을 것이다. (4) 한반도에서 강제 철수당하는 경우 경제봉쇄 또는 가능한 모든 조치를 동원하여 중국을 괴롭힐 것이다. 애치슨은 미국이 이처럼 제안하자 영국이 미국의 입장이 이것이 아니라고 반박했다고 말했다. 애치슨은 미국의 입장이 한반도에서 유엔군을 철수시킨 후 중국을 다양한 방식으로 괴롭히는 것으로 영국이 생각하고 있었다고 말했다. 애치슨은 이처럼 하면 홍콩에서의 자국의 입지가 약화될 것으로 영국이 생각했다고 말했다.[290] 애치슨은 중국이 정전협상을 수용하면 전투를 중지할 것이지만 중국에 보상해 주지 않을 것임을 영국에 제안할 수 있을 것이라

---

289. "United States Delegation Minutes of the First Meeting of President Truman and Prime Minister Attlee, December 4 1950," in *FRUS*, 1950, Korea, Vol. 7, pp. 1,362–72.

290. "Memorandum of Conversation, by the Director of the Executive Secretariat (McWilliams), December 5 1950," in *FRUS*, 1950, Korea, Vol. 7, pp. 1,383–5.

고 암시했다.

12월 7일 미 국무성의 주요 인사들과 영국 국무장관이 회동했다. 이들은 한반도전쟁 정전협상 방안에 관해 논의했다. 이들은 중국 및 소련과 같은 공산국가들이 한반도를 공산화하고자 노력할 것이라며, 한반도 문제를 해결할 당시 항상 이 같은 사실을 염두에 두어야 할 것이라고 말했다. 한반도를 통일시키면 통일한반도가 분단된 남한지역과 비교하여 공산국가가 될 가능성이 훨씬 크다고 말했다. 다시 말해, 전후 한반도를 통일시키면 안 될 것이라는 것이었다. 따라서 38선 부근에서 남한과 북한으로 재차 분단시킨 후 남한지역의 역량을 강화해야 할 것이라고 말했다.[291]

12월 7일 트루먼과 애틀리를 포함한 미국과 영국의 주요 인사들의 5차 회담이 있었다. 여기서도 중국과 정전을 협상하는 과정에서 미국이 일부 사항을 양보해 주어야 할 것이란 영국의 입장에 미국이 대항했다. 브레들리는 군사적 관점에서 보면 향후 전투 가능성이 상존함에도 불구하고 전투가 벌어지기도 전에 미국의 입지를 약화시키는 조치를 취하면 매우 위험할 것이라고 말했다. 대만이 이와 같다며, 브레들리는 대만이 평시 전략적으로 중요한 의미가 없지만 적국의 수중으로 들어가면 심각한 문제가 초래된다고 생각하는 미국의 군사전문가들이 없지 않다고 말했다. 트루먼은 얄타회담에서 미국이 대만을 중국에 되돌려줄 것이라고 생각했는데 당시 중국은 미국의 적국이 아니었다고 말했다. 이제 중국이 미국 입장에서 적국이기 때문에 대만을 되돌려줄 수 없다고 말했다. 트루먼은 미국과 영국의 공동전선 구축의 중요성을 강조했다. 한반도전쟁 정전협상 과정에서 제기될 수 있는 문제들, 예를 들면 중국의 유엔가입, 대만 복원 문제 등과

---

291. "Memorandum of Conversation, by the Ambassador at Large (Jessup), December 7 1950," in *FRUS*, 1950, Korea, Vol. 7, pp. 1,439-42.

관련하여 영국과 미국의 공동전선 구축의 중요성을 강조했다. 이들 문제에 관한 양국의 입장이 정리되는 순간까지 논의를 지속해야 할 것이라고 말했다. 주미영국대사 올리버 프랑크(Oliver Frank)는 아태지역에 구축되어 있는 도련선(島鏈線)의 전략적 의미에 관해 양국이 공감했다고 말했다. 프랑크는 대만의 군사적 의미에 관한 미국의 설명에 영국 측이 감동받았을 것임에 틀림이 없을 것이라고 말했다. 아직 양국이 합의하지 않은 문제가 남아 있었다. 이는 중국의 유엔가입 문제였다. 영국은 중국을 유엔에 가입시켜주어도 별다른 문제가 없을 것으로 생각했다. 왜냐하면 중국이 한반도전쟁에 참전하기 이전부터 국제사회가 중국의 유엔가입 문제를 논의했기 때문이다. 트루먼은 중국의 유엔가입이 미국 입장에서 대단히 중요한 문제라고 말했다. 프랑크는 정전협상 과정에서 중국에 보상해 주면 안 된다는 사실에 영국과 미국이 동의한 것으로 생각된다고 말했다. 프랑크는 불과 몇 달 전까지만 해도 영국과 미국이 중국에 제공해 줄 의향이 있었던 그러한 부분을 상황 변화로 제공해 줄 수 없게 되었다고 말했다. 애치슨은 영국과 미국이 국제사회에서 연합전선을 펼치는 경우 한반도전쟁의 정전협정 체결 가능성이 높아질 것이라고 말했다.[292]

한편 트루먼과 애틀리는 한반도전쟁에서의 미국의 핵무기 사용과 관련하여 논의했다. 트루먼은 영국과 상의하지 않는 가운데 핵무기를 사용하지 않을 것이라고 말했다.[293]

12월 8일 트루먼과 애틀리의 6차 회담이 있었다. 당시 회담에서 주목해야 할 부분에 한반도 전선 상황에 관한 콜린스 육군참모총장의 평가가 있

292. "United States Delegation Minutes of the Fifth Meeting of President Truman and Prime Minister Attlee, December 7 1950," in *FRUS*, 1950, Korea, Vol. 7, pp. 1,455–61.

293. "Memorandum for the Record by the Ambassador at Large (Jessup), December 7 1950," in *FRUS*, 1950, Korea, Vol. 7, p. 1,463.

었다. 방금 한반도를 방문한 후 귀국한 콜린스는 8군이 서울 북방 지역으로 퇴각하고 있다고 말했다. 8군이 질서정연하게 부산 지역으로 퇴각할 수 있을 것이라고 말했다. 유엔군 가운데 한국군만이 일부 공산군, 북한군과 교전하고 있다고 말했다. 10군단의 경우 압록강 부근까지 올라갔던 미 7사단이 장진호 이남 지역의 2개 대대를 제외하면 함흥 지역으로 돌아왔다고 말했다. 야전 지휘관들은 유엔군이 서울 이남 지역의 어느 선에서 전선을 형성할 수 있을 것으로 생각하고 있다고 말했다. 유엔군의 상황이 결코 심각하지 않으며, 10군단과 8군의 지휘권을 단일화시킨 상태에서 부산 교두보 지역을 무기한 고수할 수 있을 것이라고 말했다.[294]

1950년 12월 11일 한반도 문제와 관련한 미 국가안전보장회의 회동이 있었다. 애치슨은 트루먼-애틀리 회동에서 정전협상 문제가 거론되었으며, 일부 아시아 지역 국가들이 정전협상을 통한 한반도 문제 해결을 원하고 있다고 말했다. 이 같은 측면에서 정전협상 관련 기본 지침 정립의 중요성을 강조했다. 러스크는 정전협정을 체결하기 이전에 전투를 중지하면 적군이 유엔군의 공중공격을 받지 않는 가운데 전선에서 지속적으로 전투력을 복원시킬 가능성이 있다고 말했다. 정전협상이 파기되어 전투가 재개되는 경우 그동안 구축한 전력이 유엔군 입장에서 상당한 문제를 초래할 수 있을 것이라고 말했다. 또한 38선 이북 지역의 천연의 경계선을 따라 군사분계선을 설정할 필요가 있다고 말했다. 애치슨은 다음과 같은 정전협상 지침 수용을 트루먼에게 건의했다.

첫째, "유엔군의 안전보장을 고려하여 모든 정전사항에 양측이 합의하는 순간까지 전투를 지속해야 한다." 둘째, "…군사적으로 유엔군을 불리

---

294. "United States Delegation Minutes of the Sixth Meeting of President Truman and Prime Minister Attlee, December 8 1950," in *FRUS*, 1950, Korea, Vol. 7, pp. 1,469~70.

하게 만들거나 정치적 양보를 초래하는 성격의 정전은 결코 수용할 수 없다."[295] 첫 번째 지침으로 인해 정전협상이 시작된 1951년 7월 10일 미국이 선(先) 협상, 후(後) 정전을 주장한 것이다. 유엔사 측과 공산 측 간에 모든 이견을 해소한 이후에나 정전협정을 체결할 것이며, 이견이 해소되기 이전에는 전투를 지속할 것이라고 주장했던 것이다. 두 번째 지침으로 인해 미국이 협상 아젠다를 군사적 문제로 국한시켰으며, 군사분계선을 기존의 38선이 아니고 현재의 휴전선 위치인 캔사스-와이오밍선을 고집하게 된 것이었다.

12월 12일 유엔총회는 한반도 문제의 평화적인 해결을 위한 결의안을 제출했다. 내심 원치 않았지만 미국은 이 결의안을 지지할 것이라고 말했다. 그 내용은 다음과 같았다. "…우리는 한반도 분쟁이 여타 지역으로 확전되지 않기를 그리고 한반도 분쟁 종결을 위한 조치를 즉각 취할 수 있기를 염원한다. 그 후 유엔의 목적과 원칙에 따라 기존 문제를 평화적으로 해결하기 위한 추가 단계를 취할 수 있기를 염원한다."[296] 12월 13일 유엔총회는 이 결의안을 51:5, 기권 1로 가결시켰다.[297]

12월 15일 트루먼은 라디오와 TV를 통해 연설했다. 트루먼은 국가비상사태를 선포하고 미군을 재무장할 것이라고 말했다. "트루먼은 12월 16일을 기준으로 국가비상사태를 선포할 것이라고 선언했다. 트루먼은 공산 측이 원하는 경우 미국이 협상할 의향이 있다고 말했다. 그러나 소련이 초래한 엄청난 위기의 면전에서 미국이 침략에 굴복하지도 유화정책을 추구하지도 않을 것이라고 말했다. 트루먼은 군수물자 생산을 대폭 늘리며, 미

---

295. "[Document 1028] Memorandum by the Assistant Secretary of State for Far Eastern Affairs (Rusk), undated, 1950," in *FRUS*, 1950, Korea, Vol. 7, pp. 1,519-20.

296. "[Document 1033] Editorial Note, 1950," in *FRUS*, 1950, Korea, Vol. 7, p. 1,524.

297. "[Document 1044] Editorial Note, 1950," in *FRUS*, 1950, Korea, Vol. 7, p. 1,540.

군을 증원하고, 임금과 가격을 통제하기 위한 계획을 선언했다."12월 16일 트루먼 행정부의 전쟁 동원 노력을 지시 및 조정하기 위해 국방동원실이 설립되었다.[298]

당시의 회동에서 미국과 영국은 6·25전쟁을 협상을 통해 해결하기로 합의했다. 정전협상 과정에서 중국에 아무 것도 양보해 주지 않기로 합의했다. 자유진영 국가들의 재무장과 동맹체제 구축 필요성에 공감했다.[299] 트루먼과 애틀리의 6차례에 걸친 회담은 6·25전쟁이 미국 입장에서 어떠한 성격의 것인지를 분명히 보여주었다. 공산세력 봉쇄 차원에서 미군을 포함한 자유진영을 재무장하고, 동맹체제를 구축하기 위한 것임을 분명히 보여주었다. 당시의 회동을 통해 미국과 영국은 6·25전쟁에서의 공동전선을 공고히 다질 수 있었다. 그런데 영국이 6·25전쟁에 참전한 호주, 뉴질랜드, 캐나다와 같은 영연방국가의 수장이었다는 점에서 이 같은 공동전선 구축이 대단히 중요한 의미가 있었다.

3. 트루먼과 애틀리의 맥아더 확전 노력 저지

유엔군의 2차 압록강 진격에 대항한 중국군의 반격으로 유엔군이 남진할 당시에도 맥아더는 한반도전쟁을 중국대륙으로 확전시키고자 끊임없이 노력했다. 맥아더는 중국해안 봉쇄, 만주폭격과 장제스 군대의 한반도전쟁 운용을 허용해 주지 않으면 유엔군을 한반도에서 철수시킬 수밖에 없을 것이라고 지속적으로 말했다. 그런데 이는 한반도전쟁을 중국대륙으로 확전시키기 위한 노력과 다름이 없었다. 유엔군사령관 직책에서 해임

---

298. "[Document 1052] Editorial Note, 1950," in *FRUS*, 1950, Korea, Vol. 7, p. 1,548.

299. "Communiqué Issued at the Conclusion of the Truman–Attlee Discussions" in "United States Delegation Minutes of the Sixth Meeting of President Truman and Prime Minister Attlee, December 8 1950," in *FRUS*, 1950, Korea, Vol. 7, pp. 1,476-9.

된 1951년 4월 12일까지 맥아더는 이처럼 주장했다.

이미 살펴본 바처럼 트루먼은 한반도에서 결코 유엔군을 철수시키면 안될 것이라고, 한반도전쟁을 중국 대륙으로 확전시키면 안 된다고 생각했다. 한반도의 특정 전선에서, 38선 부근에서 정전협정을 체결하고자 했다. 정전 과정에서 중국에 아무런 보상도 해주지 않을 생각이었다. 전선에서 중국군과 가능하면 장기간 동안 치열하게 싸우면서 미군을 재무장하고 동맹체제를 구축할 구상이었다. 트루먼은 애틀리와의 회담에서 이처럼 합의한 바 있었다. 트루먼 입장에서 보면 본인이 추구하는 바를 달성하고자 하는 경우 맥아더의 끊임없는 확전 노력을 저지할 필요가 있었다.

유엔군은 38선 부근으로의 남진을 시작한 1950년 11월 말경 이후 중국군과 더 이상 접촉하지 않았다. 유엔군의 2차 압록강 진격에 대항한 중국군의 반격으로 8군의 우익에 해당하던 한국군 2군단이 붕괴되었으며 군우리에서 미 2사단이 중국군으로부터 심각한 피해를 입었다. 그러자 1950년 11월 30일 이후 유엔군은 평양-원산 이북 지역에서 중국군의 남진을 저지하기 위해 후퇴를 시작했다. 그 와중에서 1950년 12월 3일 유엔군은 맥아더의 명령에 따라 38선 부근으로의 남진을 시작했다.[300]

12월 15일경에는 유엔군이 38선 부근에 정착했다. 유엔군은 중국군이 뒤쫓아 오지 않음에도 불구하고 일방적으로 남진한 것이다. 이 같은 사실은 12월 18일 무초가 미 국무장관에게 보낸 다음과 같은 전문을 통해 확인 가능해진다. 무초는 다음과 같이 말했다. "8군은 아직도 중국군 가운데 의미 있는 수준의 병력이 평양 이남 지역으로 내려왔음을 보여주는 분명한 증거를 갖고 있지 않다. 미확인 보도에 따르면 소규모 중국군이 사리원 부근에 있을 수 있다고 한다. 동해안 지역의 경우를 보면 38선 이북 30

---

300. Paik Sun-yup(1992), *From Pusan to Panmunjon*, pp. 107-8.

마일 지점으로 초계병을 보냈는데 중국군도 북한군도 발견할 수 없었다고 한다. 그러나 춘천 부근에서 북한군이 전력을 구축하고 있는 듯 보인다. 이곳 지역에서 생포한 북한군은 본인들의 임무가 중국군이 도착하기 이전에 38선 부근을 사수하는 것이라고 말했다.…지금까지 평양 이남 지역에서는 무시할 만한 수준의 차량 이동이 있었다."[301]

그럼에도 불구하고 12월 19일 마샬을 포함한 미 국방성의 주요 인사들이 유엔군의 한반도 철수 문제를 논의하기 위해 회동했다. 논의의 발단은 일본 방어 차원에서 4개 사단 규모의 전력을 증원해 달라는 맥아더의 전문이었다. 브레들리 합참의장과 마샬 국방부장관은 상당한 규모의 적군이 38선 이남 지역으로 진격할 의도가 있음을 보여주는 분명한 증거가 있기 이전에는 유엔군을 한반도에서 철수시키면 안 될 것이라고 말했다. 마샬은 유엔군의 2차 압록강 진격에 대항한 중국군의 초기 반응 과정을 제외하면 유엔군이 더 이상 중국군과 교전하지 않았다고 말했다. 마샬은 이같은 상태에서 38선 부근까지 철수했다는 사실과 관련하여 상당한 비난이 제기되고 있다고 말했다.[302]

12월 21일까지도 유엔군은 중국군과 접촉하지 않았다. 12월 21일 미국무성에 보낸 전문에서 무초는 다음과 같이 표현했다. "지난 3일 동안 8군 지역의 유엔군은 중국군과 전혀 접촉하지 않았다. 그러나 서울 북방 지역에서 춘천 동쪽 지역에 이르는 38선 부근 지역에서 북한군과 경미한 접촉이 있었다. 지난 3일 동안의 가장 두드러진 상황 변화는 평양 동남쪽 지역과 곡산 남쪽 지역에서 중국군들이 의정부와 춘천 회랑 반대편의 38선

---

301. "The Ambassador in Korea (Muccio) to the Secretary of State, December 18 1950," in *FRUS*, 1950, Korea, Vol. 7, p. 1,566.

302. "Memorandum of Conversation, by the Assistant Secretary of State for Far Eastern Affairs (Rusk), December 19 1950," in *FRUS*, 1950, Korea, Vol. 7, pp. 1,571-3.

을 겨냥하여 이동하고 있다는 징후다. 이들 정보는 확인된 것은 아니지만 중국군 1개 내지 2개 군단이 38선 부근으로 전개될 가능성이 있음을 보여준다."[303]

당시 유엔군의 퇴각을 엄호하던 영국군 29연대 요원들은 유엔군의 일방적인 퇴각에 불만을 토로했다. 12월 13일 도쿄의 런던데일리매일 특파원이 그 내용을 다음과 같이 보도했다. "부여받은 엄호 임무에도 불구하고 29연대 후미 요원들은 울화가 치밀어 총을 이곳저곳으로 난사해야 하는 입장이었다. 이들 가운데 어느 누구도 아직 중국군을 발견하지 못한 것이다." 혹자는 "도대체 유엔군이 이처럼 서둘러 퇴각하는 것은 무슨 이유 때문인가?"라고 질문했다. 12월 18일 런던타임스의 군사 특파원은 다음과 같이 주목했다. "중국군은 8군 후미 지역으로 접근하기 위한 노력을 전혀 전개하지 않았다. 8군 측방 지역을 압박하지도 않았다. 이들이 8군의 퇴각로를 차단하고자 노력하고 있음을 보여주는 증거도 없었다." 당시는 중국군이 8군을 뒤쫓아 오고 있음을 보여주는 증거가 전혀 없었다.[304]

12월 21일 뉴욕타임스지 기자 린지 페럿(Lindesay Parrott)은 12월 1일부터 12월 20일까지 유엔군과 공산군의 교전은 유엔군 초계병과 소규모 북한군의 경우가 유일했다고 보도했다. 그는 다음과 같이 말했다. "12월 1일 이후 지난 3주 동안, 유엔군과 중국군이 거의 접촉하지 않았다.…한반도 중부지역의 경우 중국군과 유엔군이 전혀 없는 상당한 규모의 무인지대(無人地帶)가 조성되었다."[305]

12월 21일의 특별 성명에서 유엔사는 다음과 같은 매우 특이한 사실을

---

303. "The Ambassador in Korea (Muccio) to the Secretary of State, December 21 1950," in *FRUS*, 1950, Korea, Vol. 7, p. 1,585.

304. I. F. Stone(1952), *The Hidden History of the Korean War*, pp. 214-5.

305. Ibid., pp. 209-10.

거론했다. "신안주(新安州) 전투 이후의 유엔군의 퇴각은 전투 손실 때문도 패배를 인정했기 때문도 아니었다. 유엔군의 퇴각은 중국군과 유엔군 전력 간의 분명한 격차 때문에 초래된 것이었다." 그런데 신안주에서의 유엔군과 중국군의 전투는 11월 30일에 있었다. 3주 동안 유엔군은 적군의 압박이 아니고 유엔군이 감히 전투할 수 없을 정도로 적군이 막강하다고 가정하여 퇴각하고 있었던 것이다. 12월 23일 8군사령관 워커가 교통사고로 사망하면서 리지웨이 중장이 그 후임이 되었다.[306]

12월 21일 미 국무성은 6·25전쟁과 관련하여 미국이 택해야 할 방책을 결정했다. 38선 부근에서 정전협정 체결을 추구할 것이지만 중국이 정전협정 체결에 동의하지 않는 상태에서 38선 이남 지역으로 공세를 지속하는 경우 중국을 침략자로 매도하기 위한 유엔결의안을 통과시킬 예정이었다.[307]

12월 26일 트루먼 대통령 그리고 애치슨 및 마샬과 같은 미 국무성과 국방성의 주요 인사들이 회동했다. 애치슨은 특정 전선에서 전쟁을 종료시키기 위한 방안을 강구해야 할 것이라고 말했다. 러스크는 중국이 정전협정을 수용하지 않을 수 없게 만들어야 할 것이라고 말했다. 수용하지 않는 경우 중국 입장에서 그 대가가 너무나 혹독할 것이란 점에서 정전협정 수용이 중국의 이익에 부합하게 만들 필요가 있다고 말했다. 러스크는 자유진영 국가 국민들이 위기를 인식할 수 있도록 한반도전쟁을 어느 정도 장기간 동안 지속시킬 필요가 있다고 말했다.[308]

---

306. Ibid., p. 215.

307. "Memorandum by the Assistant Secretary of State for Far Eastern Affairs (Rusk)" in "Memorandum by the Assistant Secretary of State for Far Eastern Affairs (Rusk) to the Secretary of State, December 21 1950," in *FRUS*, 1950, Korea, Vol. 7, pp. 1,589–90.

308. "Memorandum of Conversation, by Mr. Lucius D. Battle, Special Assistant to the Secretary of State, December 27 1950," in *FRUS*, 1950, Korea, Vol. 7, pp. 1,601–4.

12월 29일 미 합참은 12월 8일의 합참 지시에 명시되어 있는 바처럼 가능한 한 최대한 한반도에서 중국군을 저지해야 할 것이라고 맥아더에게 말했다. 미 합참은 적이 유엔군을 철수시키고자 노력하는 경우 엄청난 피해를 입을 가능성이 있음을 보임으로써 그처럼 하지 못하게 해야 할 것이라고 말했다. 합참은 유엔군의 안전을 최우선적으로 고려하는 가운데 한반도에서 적에게 가능한 한 최대한 피해를 입히라고 말했다. 어찌할 수 없는 경우에나 유엔군을 일본으로 철수시키라고 말했다.[309]

12월 30일 답신에서 맥아더는 중국이 한반도전쟁에서 온갖 노력을 경주하고 있다며 유엔군이 다음과 같은 조치를 취해야 할 것이라고 주장했다. (1) 중국 해안 봉쇄, (2) 함포와 항공력으로 중국의 전쟁 산업능력 폭격, (3) 한반도에서 전투를 지속하고자 하는 경우 유엔군 전력 보강 차원에서 장제스의 국민당 군대 참전 허용, (4) 대만의 포대를 이용하여 중국 본토의 취약부위 공격. 맥아더는 이들 조치를 취하지 않는 경우 유엔군을 부산교두보로 지속적으로 퇴각시킨 후 한반도에서 철수시킬 수밖에 없을 것이라고 말했다.[310]

12월 30일 성명에서 애치슨은 유엔군이 한반도에서 결코 철수하지 않을 것이며, 중국의 침략에 유화정책으로 답변하지 않을 것이라고 말했다.[311]

이처럼 트루먼을 포함한 워싱턴의 주요 인사들이 유엔군의 한반도 철수

---

309. "12월 7일 극동군사령부는 필요하다면 부산 지역으로 계속해서 퇴각하라는 지시를 내렸다. 가능한 한 포위당하지 않으면서 8군이 서울 지역을 고수할 것을 지시했다. 흥남에서 퇴각하는 10군단과 8군이 궁극적으로 통합할 것을 지시했다. 12월 8일 미 합참이 이 계획을 승인했다." "The Joint Chiefs of Staff to the Commander in Chief, Far East (MacArthur), December 29 1950," in *FRUS*, 1950, Korea, Vol. 7, pp. 1,625-6.

310. "The Commander in Chief, Far East (MacArthur) to the Department of the Army, December 30 1950," in *FRUS*, 1950, Korea, Vol. 7, pp. 1,631-3.

311. "[Document 1103] Editorial Note, 1950," in *FRUS*, 1950, Korea, Vol. 7, p. 1,634.

에 반대하고 있었음에도 불구하고 맥아더는 유엔군의 서울 철수는 물론이고 한반도 철수를 구상하고 있었다. 이들 맥아더의 철수 준비는 "서울에서 미군 부대와 함께("With United States Troops in Seoul)"란 제목의 리처드 존스턴(Richard J. H. Johnstone)의 1950년 12월 30일 자 글을 통해 확인 가능하다. 존스턴에 따르면 8군 장교들은 한반도 전 지역 포기를 신중히 고려하고 있는 듯 보였다.[312]

맥아더, 러스크, 다수의 미 공화당 의원을 포함한 막강한 차이나로비 세력들이 6·25전쟁을 세계대전으로 비화시키고자 노력했다는 점에서 이 전쟁이 3차 세계대전으로 비화될 가능성도 없지 않았다.[313] 장제스와 그의 추종세력들은 3차 세계대전이 벌어져야만 자신들에게 희망이 있다고 생각했다. 이들은 6·25전쟁 발발 직후부터 이 전쟁을 지속적으로 3차 세계대전과 연계시켰다.[314] 3차 세계대전이 벌어지는 경우 유엔군을 더 이상 한반도에 유지할 수 없었다. 왜냐하면 이들이 한반도에서 만주의 중국군과 시베리아의 소련군 사이에 갇혀있는 형국일 것이기 때문이다. 당시 유엔군 내부에서는 3차 세계대전 가능성을 진지하게 논의하고 있었다. 존스턴이 발신한 "새로운 전쟁이 시작되면 유엔군의 한반도 철수 가능성이 있다.(Korea Exit Is Seen If New War Comes.)"란 제목의 기사는 이처럼 말하고 있었

---

312. I. F. Stone(1952), *The Hidden History of the Korean War*, p. 226.

313. "1950년 초반 장제스는 1950년 8월 또는 9월에 마오저둥이 대만을 침공할 것으로 생각했다. 미국이 자신을 구해주거나 3차 세계대전이 벌어지지 않으면 장제스의 미래는 암담해 보였다. 장제스 입장에서 보면 한반도전쟁 조장이 자신에게 도움이 될 수 있었을 것이다. 이 경우 미국의 정책이 변하면서 대만이 도움을 받을 수 있을 것이기 때문이다. 1950년 6월 25일 직전에 벌어졌던 일련의 사건에 장제스가 개입했음을 보여주는 구체적인 증거는 없다. 그러나 한반도전쟁 조장이 장제스에게 도움이 되었을 것이라고 말할 수 있을 것이다." Peter Lowe(1994), *The Origins of the Korean War*, pp. 151-2. 장제스는 6·25전쟁이 3차 세계대전으로 비화될 것으로 예상했다. Ibid., p. 178.

314. Ibid., p. 102.

다. 한반도에서조차 진정 전투가 거의 없는 상황에서 유엔사가 세계대전을 계획하고 있었다.[315]

1951년 1월 1일 도쿄의 유엔사는 공산군의 공세를 선언했다. 1월 4일 이른 아침 유엔군이 서울을 포기했다. 당시 유엔사 브리핑에서는 엄청난 열세 아래서의 유엔군의 참혹한 전투를 묘사했다. 예를 들면, 유엔군의 1월 1일 브리핑은 다음과 같았다. "125만 병력의 공산군들이 돌파 지점에 지속적으로 사단 전력을 투입하고 있다." 1월 4일 브리핑은 다음과 같았다. "공산군의 공격은 수적인 우위를 이용하여 유엔군을 지속적으로 망치로 내려치는 것과 다름이 없다." 유엔군의 서울 퇴각 엄호를 위해 한강의 마지막 교량을 폭파한 직후 8군사령관 리지웨이는 다음과 같이 말했다. "이번 퇴각이 무엇보다도 미국인들에게 경각심을 불러일으켜야 할 것이다."[316] 리지웨이의 발언에서 보듯이 유엔군의 1·4후퇴는 미국인들에게 공산세력의 위협을 각인시킴으로써 미군 재무장에 기여하기 위한 성격이었다.

유엔군의 1·4 후퇴로 재차 워싱턴의 분위기가 고조되었다. 미 의회는 모든 유엔군의 한반도 철수를 촉구하고 있었다. 마샬 국방부장관은 유엔군이 "어느 측면에서 보면 거의 상상을 초월할 정도의 열세"에 있다고 말했다. 그러나 그 이전의 공세와 마찬가지로 당시의 공세는 곧바로 수그러들었다. 1월 13일 미 8군은 다음과 같은 내용의 공동성명을 발표했다. "유엔군은 낭림산맥 서쪽 지역에서 8일 동안 초계 활동만 했다." 유엔군의 1·4후퇴가 "전략적인 후퇴"였음이 재차 분명해졌다.[317]

---

315. I. F. Stone(1952), *The Hidden History of the Korean War*, pp. 227-8.

316. Ibid., p. 232.

317. Ibid., p. 233.

이처럼 맥아더가 유엔군의 한반도 철수를 추구하고 있는 듯 보이자 영국이 반응했다. 영국정부는 트루먼에게 다음과 같은 편지를 보냈다. "트루먼 대통령님!…나와 나의 동료들은… 6·25전쟁을 한반도로 국한시킬 것이라고 가정했습니다. 이는 1950년 12월 워싱턴에서 우리가 합의한 부분입니다.…우리의 정보에 따르면 유엔사는 한반도에서 계속 싸우는 것이 아니고 철수를 준비하고 있는 듯 보입니다. 이 같은 측면에서 미국정부의 의도에 관한 권위 있는 의견을 요청하지 않을 수 없습니다.…"[318]

1월 9일 애치슨 국무장관은 애틀리 수상의 질문과 관련하여 다음과 같이 답변했다. "…영국과 미국이 합의한 내용 가운데 바뀐 것이 전혀 없습니다. 세력 열세로 어찌할 수 없는 순간까지 한반도에서 공산군에 대항하여 지속적으로 싸울 것입니다.…"[319]

애틀리가 트루먼에게 보낸 편지의 결과일 것이지만 1월 9일 미 합참은 기존 전력 범주 안에서 중국군과 한반도에서 지속적으로 싸워야 할 것이란 의미의 전문을 맥아더에게 보냈다. "한반도전쟁에 관한 미국의 정책 변화 또는 여타 요인으로 인해 유엔군 전력을 증강시킬 가능성은 거의 없다.…유엔군의 안전과 일본 방어란 기본 임무를 최우선적으로 고려하는 가운데 퇴각 당시에도 한반도에서 적에게 가능한 한 최대한 피해를 입혀야 한다. 유엔군의 인명과 자원 손실을 피하기 위해 철수가 필수적이라고 판단되는 경우 한반도에서 일본으로 유엔군을 철수시킬 수 있을 것이다."[320]

318. "The British Prime Minister (Attlee) to President Truman" in "The Secretary of State to the President, January 8, 1951," in FRUS, 1951, Korea and China, Vol. 7, pp. 37-8.

319. "The Secretary of State to the Embassy in the United Kingdom, January 9 1951," in FRUS, 1951, Korea and China, Vol. 7, p. 39.

320. "The Joint Chiefs of Staff to the Commander in Chief, Far East (MacArthur), January 9 1951," in FRUS, 1951, Korea and China, Vol. 7, p. 42.

1월 10일 맥아더는 유엔사가 한반도 전선 고수와 일본 방어에 필요한 전력을 구비하고 있지 않다며, 본인이 1950년 12월 30일 제안한 방안을 수용하지 않으면 한반도에서 유엔군을 철수시킬 수밖에 없을 것이라고 다음과 같이 미 육군에 보고했다. "증원 전력이 없거나, 장제스 군대 운용을 지속적으로 제한하거나, 중국대륙의 잠재 군사역량을 공격하게 해주지 않는 상태에서 한만국경 부근으로 중국군이 집중되는 경우 한반도에서의 유엔군의 군사적 입지는 더 이상 지탱이 불가능해질 것입니다. 이들 상황에서…유엔사는 전술적으로 철수가 가능한 기간에 가능한 한 신속히 한반도에서 철수해야 할 것입니다.…"[321]

이처럼 맥아더가 지속적으로 유엔군의 한반도 철수를 주장하자 영국정부가 이 같은 맥아더의 주장을 반전시키기 위한 노력을 시작했다. 직접 상황에 개입한 것이다. 1월 11일 런던데일리매일의 워싱턴 특파원은 다음과 같이 보도했다. "최근의 유엔군의 고속 퇴각으로 지난달 애틀리 수상과 트루먼 대통령의 합의, 다시 말해 한반도에서 전투 지속을 위한 모든 노력을 경주해야 할 것이란 합의가 변경된 듯 보인다는 우려를 영국 관리들이 하게 된 것이다.…"[322]

주미 영국대사 프랑크는 이 같은 의문을 미국 정부에 제기하라는 지시를 받았다. 1월 11일 프랑크는 미군과 유엔군이 "한반도에서 지속적으로 싸울 것이며, 한반도에 전선을 설정하기 위해 온갖 노력을 다할 것이다."라는 확약을 미국정부로부터 받았다. 영국정부의 이의 제기가 상당한 의미가 있었다. 왜냐하면 그 후 3일 뒤 콜린스 육군참모총장과 반덴버그 공

321. "The Commander in Chief, United Nations Command (MacArthur) to the Department of the Army, January 10 1951," in *FRUS*, 1951, Korea and China, Vol. 7, pp. 55-6.

322. I. F. Stone(1952), *The Hidden History of the Korean War*, p. 244.

군참모총장이 맥아더와의 회동을 위해 도쿄로 떠났기 때문이다.[323]

이 회동 이후 두 가지 변화가 있었다. 하나는 1월 15일의 8군사령부 기자회견에서 콜린스가 "분명히 말하지만, 유엔군이 한반도에서 철수하지 않을 것이며, 공산군과 싸울 것이다."고 천명했다는 사실이다. 그 후 유엔군의 퇴각이 중지되었다. 콜린스의 기자회견 이후 있었던 또 다른 사건은 1월 15일 밤 극동공군 폭격기사령부 사령관 에밋 오도넬(Emmett O'Donnell) 소장의 해임이었다. 그런데 오도넬은 핵무기로 중국대륙을 공격해야 한다고 주장하던 인물이었다. 오도넬은 전략폭격기사령부는 "핵무기를 적의 심장부로 운반할 목적의 것이었다."라고 말했다. 그러면서 오도넬은 중국 본토를 겨냥하여 핵무기를 사용했어야만 했을 것이라고 말했다.[324] 오도넬의 해임은 맥아더의 한반도전쟁 확전 노력을 저지하는 의미가 있었다.

콜린스가 트루먼을 대신하여 맥아더에게 전달한 명령에 입각하여 유엔군이 일대 후퇴에서 일대 북진으로 입장을 180도 선회한 바로 그 날 런던 데일리매일 특파원은 다음과 같이 질문했다. "오늘 유엔군은 한반도 어디에 중국군이 있는가? 란 질문에 대한 답변을 찾기 위해 북진했다. 유엔군은 싸움 한번 제대로 하지 않으면서 오산으로 재차 진입했다. 유엔군 부대가 김량장(金良場)에 도달했다. 유엔군 부대가 서울—오산으로 연결되는 도로의 서쪽 지역에서 진격하고 있다." 중국군이 신기루처럼 자취를 감춘 것이다.[325]

한편 1월 13일 트루먼은 맥아더에게 다음과 같은 메시지를 보냈다. "워싱턴이 한반도 상황에 지대한 관심이 있다는 사실을 알기 바랍니다. 미국

323. Ibid., pp. 244-5.

324. Ibid., p. 245.

325. Ibid., pp. 246-7.

의 미래와 자유진영의 생존 측면에서 가장 중요한 의미가 있는 한반도 문제에 관한 올바른 결심을 강구하고자 노력하고 있음을 알기 바랍니다. 한반도에서의 공산군에 대항한 지속적인 저항이 미국과 국제사회의 기본 목표란 사실을 이해하기 바랍니다.…"[326]

1월 19일 미 국무성은 애치슨, 트루먼 등 주요 인사들의 회동 결과를 비망록으로 작성했다. 주요 내용은 콜린스 육군참모총장의 한국 방문에 관한 것이었다. "콜린스는 한국군을 제외하면 유엔군의 사기가 상당히 양호하다고 보고했다.…적군의 위치와 저항 정도를 파악하기 위해 초계전력을 보냈는데 수원과 원주의 교차로 지역에 도달할 당시까지 적의 저항이 전혀 없었다고 말했다.…8군사령관 리지웨이는 향후 3개월 동안 유엔군이 한반도에서 철수할 필요가 없다고 생각했다.…"[327]

1951년 1월 4일의 유엔군의 서울 철수가 능력 부족이 아니고 의도적인 것이었음을 백선엽은 다음과 같이 표현했다. "평택 부근에 방어선을 구축한 유엔군은 두 가지 방안을 모색했다. 재차 후퇴해야 할 가능성과 반격 가능성이 바로 그것이었다. 당시 중국군이 지속적으로 진격했더라면 유엔군이 후퇴를 지속했을 가능성이 높았다. 그 이유는 평택 부근 전선에서 유엔군이 중국군의 진격을 저지할 능력이 없었기 때문이 아니고 전선 고수를 위해 인명을 희생시킬 의지가 없었기 때문이었다.…"[328]

그런데 백선엽에 따르면 당시 중국군은 공격 능력이 거의 없었다. "중국군은 매우 지쳐 있었다. 심각할 정도의 피곤과 굶주림에 허덕이고 있었다.

---

326. "The Joint Chiefs of Staff to the Commander in Chief, Far East (MacArthur), January 13 1951," in *FRUS*, 1951, Korea and China, Vol. 7, pp. 77–9.

327. "Memorandum by Lucius D. Battle, Special Assistant to the Secretary of State, January 19 1951," in *FRUS*, 1951, Korea and China, Vol. 7, pp. 102–3.

328. Paik Sun-yup(1992), *From Pusan to Panmunjon*, p. 121.

동상(凍傷)과 질병에 시달리고 있었다. 면으로 만든 중국군 병사의 옷이 습기에 축축해졌다. 장티푸스가 만연했다.…중국군은 3일 동안 전투하고 3일 동안 휴식을 취했다. 중국군은 전투 기간에는 식사를 했지만 전투를 하지 않는 3일 동안에는 전혀 식사를 못했다."[329]

지금까지 논의에서 보았듯이 한반도전쟁을 통해 미군 재무장을 추구했던 트루먼은 중국군의 2차 공세 이후 유엔군을 38선 부근에 정착시킨 후, 그곳에서 유엔군과 중국군이 싸우기를 원했다. 트루먼의 명령에 따라 맥아더는 유엔군을 38선 부근에 정착시켰다. 그러나 맥아더는 가능하면 유엔군을 한반도에서 철수시킨 후 공군과 해군을 이용하여 중국과 전쟁을 해야 할 것으로 생각했다. 압록강 부근에서 평택에 이르는 맥아더의 유엔군 퇴각은 유엔군의 한반도 철수를 겨냥한 것이었다. 그 후 중국대륙을 해군과 공군으로 공격해야 할 것이란 맥아더의 구상에 따른 것이었다. 그런데 이 구상은 맥아더와 같은 야전군사령관의 몫이 아니었다. 1951년 4월 12일 트루먼이 맥아더를 해임시킨 것은 이 같은 이유 때문이었다.

4. 유엔군의 캔사스-와이오밍선 정착

전쟁은 또 다른 수단을 이용한 정치의 연장(延長)이란 클라우제비츠의 금언을 가장 잘 보여주는 사례는 6·25전쟁이다. 특히 2년에 걸친 정전협상은 대표적인 경우다.

유엔군이 38선에 정착한 1951년 3월 27일 이후 리지웨이는 캔사스-와이오밍 선을 집중적으로 거론했다. 이곳이 남한의 북침뿐만 아니라 북한의 남침 저지 측면에서 비교적 좋은 위치라고 판단한 결과였다. 1951년 6월 이곳을 점령한 유엔군은 정전협정이 체결된 1953년 7월까지 2년의 기

---

329. Ibid..

간 동안 이곳에서 공산군과 치열하게 싸울 예정이었다. 이 같은 방식으로 공산세력의 위협을 자유진영 국가 국민들에게 각인시킬 예정이었다. 이 같은 이유로 트루먼의 지시에 따라 1951년 1월 중순부터 유엔군은 캔사스-와이오밍 선을 겨냥하여 북진했다.

이처럼 유엔군이 북진할 당시 소련과 중국 그리고 여타 유엔참전국들이 전반적으로 평화를 갈망하고 있었던 반면 미국은 평화 도래를 우려했다. 이는 미군 재무장이란 한반도에서 미국이 추구한 전쟁목표 때문이었을 것이다.

공산국가 평화 갈망, 미국 평화 우려

이미 살펴본 바처럼 중국군의 2차 공세와 3차 공세에 대항하여 유엔군이 평택 부근까지 내려갔던 것은 중국군이 유엔군과 비교하여 막강했기 때문이 아니었다. 한반도에서 유엔군을 철수시키기 위함이었다. 유엔군은 막강한 해군과 공군 전력을 보유하고 있었다. 상대적으로 막강한 지상 전력을 보유하고 있었다. 공산군은 지상 전력 또한 매우 미흡한 수준이었다.

당시 공산군이 얼마나 형편없는 수준이었는지는 1951년 2월 20일 자 도쿄의 급보를 보면 잘 알 수 있을 것이다. 이 급보에 따르면 북진 도중 유엔군 부대가 "공산군들이 버린 무기를 다수 확보했는데 여기에는 8인치 길이의 칼날을 장착하고 있던 6피트 길이의 죽창이 포함되어 있었다." 계속해서 급보는 다음과 같이 판단했다. "중국군 가운데 20% 정도는 죽창을 제외하면 어떠한 무기도 소지하고 있지 않았다." 바로 전날의 기자회견에서 리지웨이 대장은 이들 죽창을 특파원들에게 보여주며 다음과 같이 말했다. "예수님이 탄생한 지 1951년이 되는 시점, 이들은 5천 년 전 유형의 조잡한 죽창으로 유엔군을 공격하고 있다." 방대한 군수산업을 운영하고 있던 소련은 물론이고 500만 명의 병력을 유지하고 있던 중국은 한반도에서 싸우고 있던 공산군을 보다 좋은 무기로 무장시켜 주었을 수도 있었을 것이다. 그런데 이들은 급조된 형태의 죽창으로 공산군 병사들을 무장시켰다.[330] 이들은 공산군을 제대로 무장시키고자 하지 않았으며, 1950년 12월 초순부터는 유엔군을 겨냥하여 주요 전투를 주도하지도 않았다. 이는 이들이 평화를 열망하고 있음을 단정적으로 보여준 것이었다.

이 같은 사실을 반영한 것이지만 애치슨에게 보낸 1951년 2월 12일 자 전문에서 무초 대사는 중국군 전력이 상당히 미약하다며 다음과 같이 말했다. "…징후를 놓고 보면 모든 중국군과 북한군이 결정적으로 패배할 순간이 멀지 않아 보입니다. 유엔군 지도자들은 현재의 유엔군 능력이면 한강 이남으로 몰려오는 중국군 규모와 무관하게 이들을 섬멸할 수 있을 것으로 생각하고 있습니다. 중국군이 더 이상 증원되지 않으면 유엔군은 곧바로 콧노래 부르면서 전투를 하게 될 것입니다.…우리가 먼저 38선 부근에서 정전협정 체결을 제안하지 않기를 강력히 촉구합니다. 현재 중국군은 매우 불안정한 상태에 있습니다. 분명히 말하지만 이들이 한반도 문제의 평화적인 해결을 먼저 간청하게 만드는 것이 바람직할 것입니다."[331]

더욱이 공산군은 유엔군을 거의 공격하지 않았다. 결과적으로 공산군의 3차 공세(1951년 1월 1일부터 8일까지) 이후 전선이 소강상태를 보였다. 트루먼이 맥아더에게 더 이상의 퇴각을 중지하라고 명령한 1951년 1월 중순부터 맥아더의 목표는 적을 찾아 이들 적과 전투하는 것이었다. 적어도 적과 치열하게 전투하고 있는 듯 보일 필요가 있었다. 예를 들면, 1951년 1월 12일 영연방국가들이 중국 및 소련과의 직접 대화를 촉구하자 미 국무성 대변인은 "우리는 공산군들이 전투를 중지하기 이전에는 이들 대화에 참석

---

330. I. F. Stone(1952), *The Hidden History of the Korean War*, pp. 261-2.

331. "The Ambassador in Korea (Muccio) to the Secretary of State, February 12 1951," in *FRUS*, 1951, Korea and China, Vol. 7, pp. 167-8.

하지 않을 것입니다."라고 말했다. 그런데 다음 날 8군 공동성명에서는 서부전선의 경우 지난 8일 동안 초계 활동만 있었다고 말했다. 1월 20일 맥아더는 어느 누구도 유엔군을 바다에 수장시킬 수 없을 것이라고 말했다. 그러나 당시의 유엔군 공동성명을 보면 "적과의 접촉이 전혀 없거나 거의 없었다." 5공군 소속 전투기와 폭격기들은 "타격이 필요한 의미 있는 표적이 거의 없다."며 불만을 토로했다. 전투지역 상공을 260차례 비행하여 불과 40명 정도의 적군을 사살했는데 이는 6회 비행할 때마다 1명의 적군을 살상했음을 의미했다.[332]

한반도 문제를 평화적으로 해결하자는 1951년 1월 11일 자 유엔의 제안에 중국과 소련이 1월 17일 거부 의사를 표명[333]하자 1월 23일 미 상원은 중국을 침략자로 매도할 것을 유엔에 촉구하는 결의안을 만장일치로 통과시켰다. 그러나 당시 유엔군은 한반도 북부지역으로 깊숙이 진격했지만 유엔군이 지나간 곳에는 인적이 거의 없었다. 1월 25일 유엔군 부대가 원주를 지나 38선 이남 불과 33마일 떨어진 횡성으로 들어갔다. 도중에 유엔군은 "중대 이하 규모 적군과의 두 차례 전투" 이상을 보고할 수 없었다.[334]

미국이 중국을 침략자로 매도해야 할 것이라고 유엔에 촉구하고 있던 당시 도쿄의 유엔사는 주요 전투가 진행되고 있는 듯 보이는 모습을 연출하고자 적극 노력했다. 유엔군 초계 전력이 서울에서 불과 14마일 떨어져

---

332. I. F. Stone(1952), *The Hidden History of the Korean War*, pp. 249-50.

333. "중국은 한반도 문제의 평화적인 해결을 위해 관련 국가들 간의 협상을 통해 한반도에서의 적대행위를 신속히 종료해야 할 것이라고 항상 주장했으며 아직도 주장하고 있다. 그 조건은 다음과 같다. 한반도에서 모든 외국군을 철수시킨다. 한반도 문제를 조선인들이 스스로 해결하게 한다. 미군을 대만에서 철수시켜야 한다. 중국이 유엔에서 적절한 위상을 점유해야 한다. 이 같은 원칙을 내가 1950년 12월 22일에도 언급한 바 있다. …" "[Document 69] Editorial Note, 1951," in *FRUS*, 1951, Korea and China, Vol. 7, pp. 91-2.

334. I. F. Stone(1952), *The Hidden History of the Korean War*, pp. 250-1.

있던 1월 28일, 적의 저항이 강력해지고 있으며, 주요 대결이 임박해졌다는 소문이 무성했다. 1월 29일에는 "대략 1,000명의 적군"이 야밤에 모습을 보였다. "엄청날 정도의 적군의 집결(Massing of Foe)"을 언론매체가 보도했다. 1월 30일 유엔군이 "중국군과 북한군 방어 전력의 선봉대와 접촉하고 있는 듯 보였다." 다음 날 유엔의 정치 및 안보 위원회는 44 : 7로 중국을 침략자로 매도했으며, 대중국 제재를 연구하기 시작했다. 유엔총회가 중국을 침략자로 매도할 것인지 문제를 놓고 표결하기로 되어 있던 2월 1일 전투가 격렬해졌다. 일반적으로 전선에서는 "적의 저항"을 "장기적이며 산발적"으로 묘사했다. 반면에 어느 지역에서는 "2개 연대 규모의 적군"의 공격이 보고되었다. 그런데 이는 여러 날 동안 실제 있었던 적군의 집결 가운데 가장 규모가 큰 경우였다. 유엔총회는 이처럼 점증하는 증거를 기반으로 중국을 침략자로 매도하는 결의안을 통과시킬 수 있었다.[335]

그 와중에서 유엔군은 적진을 겨냥하여 초토화정책을 추진했다. 예를 들면, 1월 15일 런던타임스 특파원은 "원주 지역의 유엔군 부대, 초토화정책을 추구하고 있던 유엔군 부대가 22개 마을을 전소시켰으며, 3백 채의 초가집을 불태웠다."고 보도했다.[336]

이 같은 폭격으로 1951년 1월에는 한반도에 폭격해야 할 표적이 거의 남아 있지 않았다. 도쿄 시간으로 1951년 1월 31일 오후 5시 발행된 5공군 작전요약에 따르면 "452폭격비행단 소속 B-26경폭격기 요원들은 흥남 지역에 폭격해야 할 표적이 거의 없다고 보고했다." 켄사스 주 출신의 클라크 왓선(Clark V. Watson) 상사에 따르면 "공중 폭격이 필요한 표적을 거의 찾을 수 없었다." 동일한 공동성명에서 유엔사는 흥남 지역을 공

---

335. Ibid., pp. 251-2.

336. Ibid., p. 256.

격한 경폭격기 항법사가 다음과 같이 보고했다고 밝혔다. "경폭격기가 투하한 네이팜탄 가운데 하나가 가스 또는 유류 저장고에 명중했음에 틀림이 없었다. 이 네이팜탄으로 인해 오렌지색 화염과 검은 연기가 형성되었다."[337]

폭격 당시 유엔군이 비전투원을 전혀 배려하지 않았음은 일부 공산군들을 마을에서 내쫓기 위해 네이팜탄으로 마을 사람들을 질식시켰다는 사실을 통해 잘 알 수 있었다. 뉴욕타임스지의 전선 특파원 조지 바르넷(George Barrett)은 2월 초순의 급보에서 이 같은 마을에 관한 잊을 수 없는 참상을 묘사했다. 그는 안양(安養) 북쪽 마을을 점령한 기갑부대와 함께 행동했다. 그는 "근대시대 전쟁의 총체성을 보여주는 섬뜩한 장면"을 발견했다.[338]

…3일 또는 4일 전 네이팜탄이 이 마을에 명중했다. 마을의 어느 누구도 이들 죽은 자를 땅에 묻지 않았다. 왜냐하면 이들 시체를 묻어줄 사람이 없었기 때문이다. 이 특파원은 어느 늙은 부인을 만났다. 그녀는 유일한 생존자로 보였다. 그녀는 가족 4명의 시체가 누워있던 검게 탄 들판을 천으로 덮고 있었다. 마을과 들판의 시신 모두가 사망 당시의 모습을 유지하고 있었다. 이들은 네이팜탄이 작열할 당시의 모습을 그대로 유지하고 있었다. 자전거에 올라타고자 했던 어느 성인 남자, 고아원 놀이터에서 놀고 있던 50여 명의 소년과 소녀를 포함하여 이 조그만 마을에서 네이팜탄에 불타죽은 사람이 2백 명 정도 되었을 것이다.

한편 2월 중순 맥아더는 38선 이북 90마일 떨어진 원산에 한국해병이

337. Ibid., p. 257.

338. Ibid., pp. 257-8.

유엔 해상 전력의 보호 아래 교두보를 설치하게 했다. 미 해군제독 알렌 스미스(Allen E. Smith)는 유엔군 해상 기동부대가 당시 원산을 41일 동안 "주야간 구분 없이 폭격했다.…이는 역사상 특정 도시를 공중 또는 해상에서 가장 오랜 기간 동안 지속적으로 폭격한 경우였다.…당시의 폭격에 미국, 영국, 오스트레일리아, 한국 전함들이 참여했다."고 말했다. 그는 아직도 폭격이 진행되고 있다고 말했다. 그는 폭격을 받고 있던 35,000명 원산 시민들의 삶을 다음과 같이 묘사했다. "…원산 어디에서도 하루 24시간 시체와 함께 생활하지 않을 수 없는 실정이다." 스미스는 해군의 함포 사격으로 이곳의 인구가 급격히 줄어들었다고 말했다. 유엔군이 원산 주변의 성진과 청진 또한 동일한 방식으로 지속적으로 폭격했다고 말했다.[339]

이 같은 폭격을 정당화시키기 위해 유엔군은 중국군이 엄청난 공격을 감행하고 있다고 주장했다. 맥아더는 중국군과 치열한 전투가 진행되고 있음을 미국인과 자유진영 국가 국민들에게 알리기 위해 중국군의 전사자 수치를 대거 부풀렸다.

1951년 2월 4일 자 뉴욕타임스지의 전쟁 요약 기사에서는 "유엔군 초계병들이 중국군 주력을 3주 동안 찾아 나섰다. 지난주 유엔군이 15마일에 달하는 무인지대를 통과한 후 마침내 적군을 발견했다. 중국군은 서쪽으로는 서울 바로 이남의 한강 남쪽 지역에서부터 중부지역의 산악지역에 이르는 40마일 전선에 걸쳐 참호를 파고 있었다." 유엔군 초계 부대들이 서울 관문까지 무인지대가 펼쳐져 있음을 발견한 것이다. 그 후 6일 뒤 서울의 산업지대를 점령할 당시를 묘사하는 전선 급보에 관한 뉴욕타임스지의 머리기사는 다음과 같았다. "영등포의 정적(靜寂)이 이곳을 점령한 유엔군을 놀라게 했다(Yongdungpo Quiet Disturbs Captors)" 유엔군은 "인적이 없는 거

---

339. Ibid., p. 264.

리를 통해…폭격을 받은 공장과 가옥들을 통해, 적의 저항이 전혀 없는 가운데 진격했다." 뉴욕타임스지는 유엔군이 서울로 진입할 당시 "적과 교전이 전혀 없었다."고 보도했다.[340]

유엔군의 적군 발견이 매우 어려운 일이었던 반면 유엔군이 살해한 적군의 숫자가 놀라울 정도로 많았다. 2월 10일의 8군사령부 보도에 따르면 "이번 주 유엔군의 공격으로 1개 사단의 적군이 거의 매일 와해되었다. 적군의 사단은 일반적으로 6,000명으로 구성되어 있는 것으로 추정되었다." 유엔군과 적군이 거의 접촉하지 않는 가운데 어떻게 그처럼 많은 적군을 유엔군이 살해할 수 있었을까? 유엔사가 적군을 가장 많이 살해했다고 발표한 경우는 1951년 2월 4일이었다. 당시 유엔사는 유엔군이 6,635명의 공산군을 살상했다고 말했다. 그런데 유엔군이 그처럼 많은 적군을 살상했다고 발표한 그날의 유엔사의 공동성명에서는 어느 지역에서 "약간의 저항"이, 또 다른 지역에서 "경미한 저항"이 있는 가운데 유엔군이 어느 정도 진격했다고 말하고 있었다. 여기서는 전선을 따라 적이 6군데에서 공격해 왔다고 말했다. 이들 가운데 두 곳에서는 불특정 규모의 적군이, 또 다른 두 곳에서는 각각 2개 중대 규모의 적군이, 한 곳에서는 1개 중대 규모의 적군이, 나머지 한곳에서는 2개 분대 규모의 적군이 공격해왔다고 말했다. 공동성명에서는 유엔군이 이들 적군을 섬멸했다고 주장하지 않았다. 여기서는 이들을 격퇴 또는 봉쇄했다고 보도했다. 이 같은 상황에서 유엔군이 어떻게 그처럼 많은 적군을 살상할 수 있었는지 의문이었다.[341]

유엔군의 폭격의 결과이지만 중국군은 유엔군의 일대 진격을 저지할 수 없었다. 후속 작전을 통해 유엔군은 새롭게 점령한 지역을 고수하고자 노

---

340. Ibid., p. 253.

341. Ibid., pp. 253-4.

력하던 중국군에 상당한 인명 피해를 입혔다.[342] 1951년 1월 22일부터 3월 31일까지 미군 사상자는 매일 평균 전사자, 부상자 및 실종자 도합 100명 미만이었던 반면 북한군과 중국군은 1,000명 이상으로 급증했다.

2월 13일 브레들리 합참의장은 공산군의 실상을 다음과 같이 말했다. "일부 밀고댕기는 현상이 없지 않을 것이지만 일반적으로 한반도에서의 군사작전이 이제 안정 단계로 접어들었다. 지형을 고려해보면 38선 월경을 통해 군사적으로 얻을 수 있는 이점은 거의 없을 것이다…"[343] 이제 유엔군이 38선 월경 문제를 놓고 고민하는 시점이 된 것이다.

2월 14일 기자회견에서 애치슨은 38선 월경에 관한 미국의 정책을 질문 받았지만 답변하지 않았다. 애치슨은 유엔군의 군사작전에 악영향을 미치거나 적군의 승리에 기여할 수 있는 질문에 답변하지 않을 것이라고 말했다. 다음날 트루먼은 38선 월경은 군사적 문제라고 말했다. 38선 월경은 극동군사령관이 결심해야 할 전략의 문제라고 첨언했다.[344]

캔사스–와이오밍 선을 겨냥한 북진

1951년 1월 중순부터 유엔군의 전선(戰線)이 지속적으로 북상했다.

2월 7일 애치슨 국무장관은 무초 대사에게 미국이 38선 부근에서 정전 협상을 추구할 것이란 내용의 다음과 같은 전문을 보냈다. "…정치적으로 는 미국이 남북통일을 추구하고 있는 것처럼 행동할 것이지만 38선 이남

---

342. Matthew B. Ridgway(1967), *The Korean War*, pp. 106–23.

343. "Memorandum for the Record of a Department of State–Joint Chiefs of Staff Meeting, February 13 1951," in *FRUS*, 1951, Korea and China, Vol. 7, p. 177.

344. "Memorandum of Conversation, by the Assistant Secretary of State for Far Eastern Affairs (Rusk), February 15 1951," in *FRUS*, 1951, Korea and China, Vol. 7, p. 178.

지역에서 한국정부의 권위를 복원하여 유지할 것이다.…"[345]

2월 11일 미 국무성은 한반도에 관한 방책을 개관하면서 38선 부근에서의 정전협정 체결이 미국과 유엔의 이익에 가장 잘 부합한다고 판단했다. 38선 부근에서 정전협정을 체결하는 경우 38선을 중심으로 군사분계선이 영구 동결될 것임을 인정해야 할 것이라고 주장했다. 공산 측이 38선 부근에서 정전에 동의하지 않는 경우 유엔군은 아측의 피해를 최소화하면서 적을 최대한 응징해야 할 것이라고 주장했다.[346]

2월 13일 미 국무성은 공산 측에 정전협정을 강요하기 위한 방안을 작성하여 브레들리 합참의장에게 보냈다. 그 내용은 적이 정전협정을 수용하지 않는 경우 공중 및 해상 전력을 이용하여 적군과 적군의 군사적 표적을 최대한 공격하여 응징해야 한다는 것이었다.[347]

2월 23일 애치슨 국무장관은 유엔군이 38선 부근에서 정전협정을 체결해야 하는 이유에 관해 다음과 같이 말했다. "한반도에서 유엔군의 주요 군사목표는 공산군의 침략을 격퇴하고 이 지역에서 평화와 안전을 복원하는 것이다.…유엔도 미국도 한반도 통일에 필요한 모든 군사력을 동원해야 할 책임이 없다.…북한지역에서 대규모 작전을 수행하고자 하는 경우 상당한 규모의 전력증강이 요구된다.…유엔참전국들을 포함한 거의 모든 유엔회원국들이 유엔군의 38선 너머 진격에 극구 반대한다."[348]

---

345. "The Secretary of State to the Embassy in Korea, February 7 1951," in *FRUS*, 1951, Korea and China, Vol. 7, pp. 159–60.

346. "Memorandum by the Assistant Secretary of State for Far Eastern Affairs (Rusk), February 11 1951," in *FRUS*, 1951, Korea and China, Vol. 7, pp. 166–7.

347. "The 38th Parallel" in "Memorandum by the Deputy Under Secretary of State (Matthews) to the Chairman of the Joint Chiefs of Staff (Bradley), February 13 1951," in *FRUS*, 1951, Korea and China, Vol. 7, p. 173.

348. "Draft Memorandum for the President" in "The Secretary of State to the Secretary of Defense (Marshall), February 23 1951," in *FRUS*, 1951, Korea and China, Vol. 7, pp.

2월 24일 무초는 군사분계선의 위치에 관한 관점을 피력했다. "지금 이 순간 우리가 생각할 수 있는 최상의 방안은 서울과 평양 사이의 방어적으로 가장 바람직한 지형으로 이동하는 것이다.…38선을 군사분계선으로 결정하는 경우 한국인들의 반발을 통제할 수 없을 것이다."[349]

3월 중순경에는 중국군의 전반적인 공세력이 그 범주와 기간 측면에서 제한적임이 분명해졌다. 당시 리지웨이는 8군이 서울을 재점령하고 38선을 넘을 수 있을 것으로 확신했다.[350] 1951년 3월의 리퍼(Ripper) 작전을 통해 유엔군은 서울, 춘천을 관통하여 38선 부근으로 올라갔다.[351] 이처럼 유엔군이 북상하자 중국군은 상당히 불리한 위치에서 유엔군을 공격하든지 아니면 격파되든지 양자택일하지 않을 수 없는 상황이었다. 8군은 많은 인명을 손실하지 않으면서 서울을 재점령했으며, 그 과정에서 많은 공산군을 살해했다.

이처럼 1951년 겨울과 봄의 유엔군의 반격이 좋은 성과를 거두자 38선의 군사적 의미에 관한 논쟁이 시작되었다. 3월 27일 애치슨은 38선 월경 문제가 군사적 결심이 아니고 정치적 결심의 문제란 점을 언급했다. 3월 28일 트루먼 대통령은 이 같은 사실을 수차례 언급했다.[352] 이는 공산군과 비교한 유엔군의 우위 정도와 무관하게 38선 월경을 미국의 국익 측면에서 결정할 것이란 의미였다.

3월 27일 미 합참은 정치적으로 대부분 문제를 해결할 수 있을 정도로

190-2.

349. "The Ambassador in Korea (Muccio) to the Officer in Charge of Korean Affairs (Emmons), February 24 1951," in *FRUS*, 1951, Korea and China, Vol. 7, p. 196.

350. Dean Acheson(1969), *Present at the Creation*, p. 512.

351. Billy C. Mossman, *Ebb and Flow* (p. 632). (Washington, DC: US Government Printing Office, 1990). Kindle Edition.

352. "[Document 191] Editorial Note, 1951," in *FRUS*, 1951, Korea and China, Vol. 7, p. 277.

한반도 군사상황이 바람직한 수준이라고 생각했다.[353] 그런데 이는 공산 측과의 정전협상을 미국이 주도할 수 있을 것이란 의미였다. 힘의 열세가 아니고 우위 상태에서 공산 측에 정전 조건을 강요할 수 있을 것이란 의미였다.

백선엽에 따르면 1951년 3월 27일 리지웨이는 38선이 군사적으로 의미가 없다고 말하면서 캔사스 선에 관해 상세히 설명했다. 그런데 이 선은 38선을 기준으로 6마일에서 12마일 정도 이북에 위치해 있었다. 물론 한반도 최좌측 지역의 경우 캔사스 선은 38선 이남 지역에 위치해 있었다. 리지웨이는 식별 가능하고 방어 가능한 선을 중심으로 유엔군이 진지를 구축하기를 원했다. 리지웨이는 아군이 진격할 수 있는 최북단선으로서 그리고 예상되는 중국군의 공세에도 불구하고 지속적으로 굳건히 지킬 수 있는 전선으로서 캔사스 선을 생각했다. 캔사스 선은 아측의 북진과 공산군의 남진을 비교적 어렵게 만들 수 있는 선이었다. 군사적 측면에서 유엔군의 주요 목표는 이 선을 방어하면서 이 선의 이남 지역을 굳건히 지키는 것이었다.[354]

캔사스 선을 점령한 유엔군의 다음 단계는 한반도 중부지역에서 와이오밍 선으로 진격하는 것이었다. 그런데 이 선으로 접근하고자 하는 경우 평강, 철원, 김화로 둘러싸여 있는 '철의 삼각지대'로 진입할 필요가 있었다. '철의 삼각지대' 지역을 유엔군이 통제하게 만들거나 적어도 공산군이 통제하지 못하게 만드는 것이 유엔군 입장에서 군사적으로 중요한 의미가

---

353. "Memorandum by the Joint Chiefs of Staff to the Secretary of Defense (Marshall) 27 March 1951," in "The Acting Secretary of Defense (Lovett) to the Secretary of State, March 31 1951," in *FRUS*, 1951, Korea and China, Vol. 7, p. 286.

354. Bryan R. Gibby(2021), *Korean Showdown* (p. 27). Kindle Edition.

있었다.[355]

4월 10일 유엔군이 캔사스선을 겨냥하여 지속적으로 진격했다. 서부지역의 경우 유엔군 선두 부대들이 이 선을 넘은 반면 동부지역의 경우 이 선으로부터 8마일에서 10마일 이남 지역에 있었다. 유엔군은 화천호수를 점령하기 위해 부대를 파견했다. 이들 부대가 화천호수 지역에서 대략 2마일 떨어진 곳까지 점령했다. 모든 군단 지역에서 유엔군이 38선을 월경했다.[356]

트루먼이 맥아더를 해임시킨 것은 그 무렵이었다. 4월 5일 미 하원의원 요셉 마틴(Joseph W. Martin)이 3월 20일 맥아더로부터 수신한 편지를 미 의회에서 읽었다. 편지에서 맥아더는 장제스의 국민당 군대를 운용하지 않았다는 사실 등 한반도전쟁 확전 측면에서 본인이 제안한 부분을 수용하지 않았다며 트루먼 행정부를 비난했다. 그 후 며칠 동안 트루먼은 맥아더 해임 문제를 놓고 본인의 외교 및 군사 보좌관들과 논의했다. 4월 9일 브레들리 합참의장은 순수 군사적 이유로 맥아더를 해임시켜야 한다는 것이 각 군 참모총장들의 견해라고 말했다. 이 같은 합참의 판단에 애치슨, 해리먼, 마샬이 동의했다.[357]

1951년 4월 12일 트루먼은 맥아더를 해임시킨 후 리지웨이를 유엔군 사령관에 임명했다. 트루먼은 본인의 맥아더 해임이 6·25전쟁을 제한전으로 수행할 것이란 미국의 정책과 배치되는 방식으로 맥아더가 행동했기 때문이라고 말했다.[358] 리지웨이의 후임으로 밴플리트가 8군사령관으로

355. Paik Sun-yup(1992), *From Pusan to Panmunjon*, pp. 136-8.

356. "Memorandum of Conversation, by Robert E. Barbour of the Bureau of Far Eastern Affairs, April 10 1951," in *FRUS*, 1951, Korea and China, Vol. 7, p. 327.

357. "[Document 206] Editorial Note, 1951," in *FRUS*, 1951, Korea and China, Vol. 7, p. 300.

358. "[Document 229] Editorial Note, 1951," in *FRUS*, 1951, Korea and China, Vol. 7, p. 337.

부임했다. 유엔군사령관으로 보임된 직후 리지웨이는 8군사령관 밴플리트에게 캔사스-와이오밍 선 이상으로 진격하고자 하는 경우 본인의 승인을 받아야 한다고 말했다.[359]

4월 17일 브레들리 합참의장은 한반도전쟁을 나토 전력 구축 그리고 세계적 차원에서의 공산세력 봉쇄를 염두에 둔 미국의 노력과 연계시켰다. 4월 18일 애치슨 국무장관은 미국이 한반도에서 철수하지 않을 것이며 한반도전쟁을 확전시키지도 않을 것이라고 말했다. 애치슨은 브레들리 합참의장이 4월 17일 발언한 내용 가운데 많은 부분을 강조했다. 예를 들면, 애치슨은 미국의 한반도전쟁 수행을 나토 전력 구축 노력 그리고 범세계적 차원에서의 공산세력 봉쇄 노력과 연계시켰다.[360] 미국 입장에서 보면, 6·25전쟁은 공산세력에 대항하기 위한 미군 재무장과 동맹체제 구축 성격이었던 것이다.

1951년 4월 19일 맥아더가 미 의회에서 한반도전쟁에 관한 본인의 관점을 밝혔다. 맥아더는 한반도전쟁에서 군사적으로 승리하고자 하는 경우 중국을 경제적으로, 그리고 중국해안을 군사적으로 봉쇄해야 하며, 중국해안과 만주지역에 대한 공중정찰을 허용해 주어야 할 것이라고 주장했다. 또한 유엔군과 대만의 공동의 적인 마오쩌둥의 중국을 겨냥한 작전에 기여할 수 있도록 장제스의 국민당 군대를 미국이 한반도전쟁에서 군수 지원해 주어야 할 것이라고 주장했다.[361] 마오쩌둥의 중국을 유엔군과 대만의 공동의 적으로 표현하고 있다는 사실에서 알 수 있듯이, 맥아더가 한

---

359. Government, U.S. History of the Joint Chiefs of Staff - Vol. III: The Joint Chiefs of Staff and National Policy 1951 - 1953, Korean War Part Two - Syngman Rhee, UN Command, Diplomatic Deadlock (p. 14). Progressive Management. Kindle Edition.

360. "[Document 248] Editorial Note, 1951," in *FRUS*, 1951, Korea and China, Vol. 7, p. 368.

361. "[Document 247] Editorial Note, 1951," in *FRUS*, 1951, Korea and China, Vol. 7, p. 367.

반도전쟁에서의 장제스의 국민당 군대 운용을 지속적으로 주장했던 것은 6·25전쟁을 중국대륙으로 확전시킴으로써 마오쩌둥의 중국을 장제스에게 되돌려주어야 할 것이란 본인의 인식 때문이었다.

4월 21일 무초가 애치슨에게 보낸 전문을 보면 중국군의 상황은 매우 열악했다. 중국군 포로들은 중국군의 전력 손실이 상당한 수준이며, 병사들이 엄청난 고통을 받고 있다고 말했다. 또한 이들은 중국군의 장비부족을 언급했다.[362]

8군이 와이오밍 선으로 진격하기 이전 펑더화이(彭德□)의 인민해방군이 4월 22일 5차 공세를 전개했다. 당시의 중국군 공세로 한국군 6사단이 붕괴되었다. 그러나 이 같은 사실을 제외하면 유엔군의 반격으로 중국군의 진격이 무뎌졌으며, 중국군이 상당한 피해를 입었다. 결과적으로 펑더화이는 서울 점령과 유엔군 격멸이란 목표 가운데 어느 것도 달성하지 못한 채 5차 공세를 중지했다.[363] 4월 24일 저녁 6시를 기점으로 중국군은 대략 25,000명이 살상된 반면 유엔군의 살상 피해는 한국군 부대를 제외하면 874명에 불과했다.[364]

5월 1일 미 합참은 유엔군의 임무와 지상작전 경계선에 관한 지시를 리지웨이에게 내렸다. 유엔군사령관의 군사적 목표는 한반도에서 북한군과 중국군을 격멸하는 것이었다. 미 합참은 캔사스-와이오밍선 너머로 유엔군을 진격시키고자 하는 경우 승인을 받으라고 말했다.[365] 여기서 보듯이

362. "The Ambassador in Korea (Muccio) to the Secretary of State, April 21 1951," in *FRUS*, 1951, Korea and China, Vol. 7, p. 375.

363. Quoted in Bryan R. Gibby(2021), *Korean Showdown* (p. 28). Kindle Edition.

364. "Memorandum of Conversation, by Robert E. Barbour of the Bureau of Far Eastern Affairs, April 24 1951," in *FRUS*, 1951, Korea and China, Vol. 7, pp. 378-9.

365. "The Joint Chiefs of Staff to the Commander in Chief, Far East (Ridgway), May 1 1951," in *FRUS*, 1951, Korea and China, Vol. 7, p. 395.

미국은 캔사스-와이오밍선을 경계로 하여 공산군과 치열하게 싸울 예정이었다.

5월 17일 미국은 NSC-48/5를 작성했다. 한반도전쟁에서 미국은 중국의 유엔가입과 대만 점령 또는 미소관계 측면에서 미국의 입지를 약화시키지 않는 형태의 정치적 타결을 추구할 예정이었다. 이처럼 타결하지 않으면 또 다른 대안이 없을 것임을 각인시킨다는 차원에서 유엔군 전력을 최대한 보존하는 가운데 공산 측에 최대한 피해를 입힌다는 기존 방책을 지속할 예정이었다. 그러나 남북통일은 추구하지 않을 예정이었다.[366]

1951년 5월 17일 중국군 4개 군단과 북한군 2개 군단이 화천 호수 남쪽의 산악지대를 관통했다. 그 후 이들이 한국군 사단들을 연속으로 공격했다. 여기서 유엔군전선에 구멍이 생겼다. 밴플리트는 이곳 지역으로 발사 가능한 모든 포탄을 퍼부었다. 미 2사단장 클라크 러프너(Clark L. Ruffner)는 수를 셀 수 없을 정도로 많은 중국군을 죽이고 있다고 말했다. 미군의 폭격으로 중국군의 근간이 와해되었다. 중국군이 한반도전쟁에 참전한 1950년 10월 이후 유엔군이 그처럼 많은 중국군 포로를 생포한 경우는 없었다.[367] 당시 동부전선의 산악지대를 관통한 중국군에 의해 유엔군이 우회당한 것이 아니고 유엔군이 이들을 족집게처럼 공격하여 간단히 분쇄한 것이다.

중국군의 전열이 흐트러졌음을 감지한 밴플리트는 5월 20일 반격을 명령했다. 이 같은 유엔군의 반격에 대항할 수 없음을 감지한 펑더화이는 8군 전선 깊숙이 침투했던 중국군에게 퇴각을 명령했다. 중국군의 손실은 놀라웠다. 중국군은 많은 인명뿐만 아니라 고가의 장비와 보급물자를 손

---

366. "Memorandum Containing the Sections Dealing With Korea From NSC-48/5, May 17 1951," in *FRUS*, 1951, Korea and China, Vol. 7, p. 438-9.

367. Rutherford M. Poats(1954), *Decision in Korea* (Kindle Location 3603).

실했는데 이들 물자는 단기간에 복구 불가능한 성격이었다. 당시 유엔군은 2만여 명의 중국군을 생포했다. 이는 중국군이 한반도에서 입은 최악의 인명 손실이었다.[368] 펑더화이 휘하 중국군은 미군의 방어 능력으로 인해 탈진했으며, 결과적으로 주도권과 전략적 추동력을 상실했다.

그 후 1주가 지나지 않아 1군단 휘하 부대들이 '철의 삼각지대'를 겨냥하여 30마일을 진격했다. 곧바로 밴플리트는 8군의 모든 부대에게 와이오밍 선으로 진격하라고 명령했다. 이는 화천호수를 포함한 귀중한 지형을 점령하기 위함일 뿐만 아니라 제대로 준비된 방어진지에서 성역(聖域)을 찾기 이전에 펑더화이 군대를 섬멸하기 위함이었다.[369] 포로 심문 결과에 따르면 당시 중국군은 인명 피해가 상당한 수준이었으며, 사기가 극도로 저하되어 있었다. 또한 보급물자가 고갈된 상태였다. 유엔군의 화력과 제공권(制空權) 장악으로 중국군이 절망 상태에서 격파되었던 것이다. 혹자는 당시 중국군이 입은 피해를 '대규모 학살'에 비유했다.

캔사스–와이오밍 선 너머로의 진격 금지

5월 28일 밴플리트는 한반도 동부지역의 중국군과 북한군을 격파한 후 '철의 삼각지대'의 중국군의 주요 병참기지를 포위할 수 있도록 캔사스선 너머로의 대담한 진격과 더불어 동해안에서의 상륙을 허용해 달라고 리지웨이에게 촉구했다. 중국은 인력이 엄청났지만 한반도에서 지속적으로 버티고자 하는 경우 '대포 밥'과 다름없는 신병이 아니고 베테랑이 필요했다. 밴플리트는 유엔군이 펑더화이와 김일성의 잔여 전력을 섬멸하고, 평양–원산 너머 지역으로까지 전선을 북상시킬 수 있을 것으로 확신했다. 당시

---

368. Quoted in Bryan R. Gibby(2021), *Korean Showdown* (p. 30). Kindle Edition.; 중국군의 5차 공세 이전 유엔군은 불과 3천 명 정도의 중국군 포로를 갖고 있었다.

369. Ibid.,

밴플리트의 사고는 철저히 군사적 성격의 것이었다. 그러나 밴플리트가 평양–원산 너머 전선을 강조했다는 사실이 리지웨이와 미 합참을 필요 이상으로 자극했을 가능성이 있었다. 이들은 이처럼 하는 경우 보급 및 지원 기지로부터 너무나 멀리 떨어져 있던 유엔군을 중국군이 공격해온 1950년 11월의 상황이 재현될 가능성이 있다고 생각했다. 밴플리트는 중국군 사단을 대거 격파하는 경우 중국이 협상을 요청하지 않을 수 없을 것이라고 확신했다. 이 같은 이유로 밴플리트는 리지웨이에게 "적의 잠재력 격파는 어떠한 목표보다 우선합니다."라고 말했다.[370]

그런데 유엔군사령관에 취임한 직후 리지웨이는 캔사스 선 너머 지역에서의 작전은 본인의 허락이 없이는 불가능함을 다음과 같이 지시한 바 있었다. 8군의 임무는 "대한민국을 겨냥한 침략을 격퇴하고…주요 부대의 전력을 완벽하게 유지하며, 적의 인명과 물자를 최대한 손상시키는 가운데 주도권을 유지하는 것이다. 캔사스 선 너머 지역에서의 작전은 나의 승인이 없이는 안 된다."[371]

리지웨이는 유엔군이 정치적 목표를 겨냥하여 군사작전을 수행하게 해야 할 것이라고 결심했다. 1951년 5월 30일 미 합참에 보낸 다음과 같은 전문은 이 같은 사실을 보여주고 있다. "적은 심각한 피해를 입었습니다. 지난 며칠 동안 중국군 전력이 신속히 약화되었습니다.…8군 전력은 최상이며 사기도 최상입니다.…퇴각하는 적에게 최대한 피해를 입혔습니다. 따라서 저는 한반도 군사상황이 향후 60일 동안 미국의 외교적 협상을 최상의 방식으로 지원해주는 성격이라고 생각합니다."[372]

---

370. Quoted in Ibid..

371. Quoted in Ibid., p. 31.

372. James F. Schnabel(1992), *The Korean War Vol, III*. (Kindle Location 9322, 9332, 9338).

5월 31일 미 합참은 화천호수를 관통하는 선 너머로 유엔군을 진격시키고자 하는 경우 사전에 미 합참의 승인을 받아야 한다고 리지웨이에게 지시했다.[373]

1951년 6월 2일 유엔군은 38선 너머로 진격하여 4월의 중국군 5차 공세 당시 잃은 진지를 재점령했다. 그러나 미 합참은 당시 8군이 확보한 군사적 상황만을 유지하라고 리지웨이에게 지시했다. 중국군 전력을 더 이상 약화시키는 경우 협상을 통한 한반도 문제 해결 가능성이 높아지는 것이 아니고 낮아질 수 있기 때문이었다. 달리 말하면, 미 합참은 리지웨이에게 다음과 같이 말하고 있었다. "충분합니다. 중국군의 반격을 유도할 가능성이 있는 어떠한 조치도 취하지 마세요." 미 합참은 또한 캔사스-와이오밍 선 너머로 진격하기 이전에 합참의 승인을 받아야 할 것이라고 경고했다.[374]

이제 8군은 더 이상 북진할 수 없었다. 6월 중순경 8군은 중국군과 북한군 전력이 보강되면서 더 이상의 이득을 취하고자 하는 경우 상당한 인명손실을 감수해야만 하였다. 1951년 4월과 5월의 공세 이후 심각한 타격을 입었음에도 불구하고 공산군은 재차 중심을 잡았으며 전투태세를 정비했다. 더 이상 결정적인 추격은 가능하지 않았다. 당시 밴플리트가 캔사스-와이오밍 선을 고수하고자 한 것과 마찬가지로 중국군은 '철의 삼각지대'를 놓고 싸울 예정이었다. 전쟁이 종료된 1953년 7월까지의 근 2년 동안 공산군과 유엔군의 지상전은 자신들의 주저항선 사이에 있는 영토를 통제하기 위한 성격이었다.

---

373. "The Joint Chiefs of Staff to the Commander in Chief, Far East (Ridgway), May 31 1951," in *FRUS*, 1951, Korea and China, Vol. 7, p. 490.

374. Quoted in Bryan R. Gibby(2021), *Korean Showdown* (pp. 32-3). Kindle Edition.

제5절. 정전협상

이미 1950년 12월 1일 애치슨을 포함한 미국의 고위급 인사들은 38선 부근에서 정전협정을 체결하기로 결심했다. 1951년 5월 31일 미 합참은 유엔군사령부의 임무가 정전협정 체결에 유리한 조건을 조성하도록 적에게 가능한 한 최대한 피해를 입히는 것이라고 리지웨이에게 말했다.[375]

정전협상은 1951년 7월 10일 시작되었다. 당시 북한은 며칠 이내에 정전협정을 체결할 수 있을 것으로 예상했다. 그런데 협상이 2년 동안 지속되었다. 정전협상이 시작된 1951년 7월 10일부터 정전협정이 체결된 1953년 7월 27일까지 2년의 기간 동안 양측은 38선 부근에서 '피의 능선' 전투, '단장의 능선' 전투, 펀치볼 전투, 고양대 전투, 백마고지 전투, 저격능선 전투, 금성 전투 등 수많은 고지쟁탈전을 벌였다. 주요 고지를 놓고 하루에도 수차례 주인이 뒤바뀌는 혈전(血戰)을 거듭하면서 엄청난 인명과 자원의 손실을 초래했다. 전쟁이 그처럼 지속되었던 것은 주로 미국 때문이었다. 미국이 모든 현안 문제, 특히 군사분계선 위치와 포로송환 문제가 해결되기 이전에는 전투 중지를 거부했기 때문이었다.[376] 이들 문제를 놓고 협상할 당시 전투가 치열하게 진행되었던 것은 한반도에서, 특히 특정 전선에서 미군과 중국군이 장기간 동안 격돌해야 할 것이란 전쟁 이전에 미국이 추구한 전략목표 때문이었다. 이 같은 격렬한 전투를 통해 미군을 재무장하고, 지구상 도처에 동맹체제를 구축해야 할 것이란 이유 때문이었다.

결과적으로 유엔군과 공산군은 2개의 전쟁을 동시에 수행해야만 하였다. 공중, 지상 및 해상에서의 전쟁과 정전 협상장에서의 전쟁이 바로 그

---

375. "The Joint Chiefs of Staff to the Commander in Chief, Far East (Ridgway), May 31 1951," in *FRUS*, 1951, Korea and China, Vol. 7, p. 489.

376. Martin Hart-Landsberg(1998), *Korea: Division, Reunification, and U.S. Foreign Policy*, p. 130.

것이었다. 그런데 정전 협상장에서의 양측의 입지와 야전에서의 전투작전이 상호 영향을 미쳤다는 점에서 보면 이들 2개의 전쟁은 상호 연계되어 있었다.[377] 결과적으로 양측은 민간인에게는 물론이고 야전에서 싸우고 있던 병사들에게조차 생소해 보였던 다양한 사안을 놓고 상대방에게 양보를 강요하면서 엄청난 자원(폭탄, 인명 등)을 기꺼이 소모하고자 했다.

이처럼 치열한 전투가 지속되면서 사상자가 속출했다. 그러나 6·25전쟁 발발 직후부터 1951년 중반까지 목격되었던 대규모 부대 이동은 더 이상 없었다. 이 순간부터 38선 부근에서는 1차 세계대전 당시 유럽의 서부전선(西部戰線)에서와 같은 형태의 정체현상이 목격되었다. 북한군이 남침하기 이전의 남한과 북한의 경계선인 38선 부근에서 양측은 주로 방어적 성격의 전략을 운용했으며, 강력한 종심방어 진지를 산악지역에 구축했다. 유엔사와 공산군 최고사령부는 신속한 승리를 쟁취하기 위한 보병 중심의 대규모 공세적 기동이 불가능하다고 판단하여 포사격을 선호했다.

유엔군은 적의 전투 능력과 의지를 저하시키기 위해 공중폭격을 선호했다. 당시 유엔군이 전쟁과 정전협상에 영향을 주기 위해 사용한 주요 수단은 항공력이었다. 미국은 공산 측의 전쟁 수행 의지 약화를 추구하며 대규모 공중폭격을 감행했다. 예를 들면, 미군은 정전협정이 발효된 1953년 7월 27일 오후 10시 몇 분 전까지 공중과 해상에서 원산을 861일 동안 지속적으로 폭격했다.[378]

1. 정전협상 시작 전야(前夜): 트루먼 정전협상 우려

맥아더를 해임시킨 1951년 4월 12일 트루먼은 6·25전쟁의 정전조건을

---

377. Yafeng Xia, *Negotiating with the Enemy* (Bloomington: Indiana University Press, 2006), p. 43.

378. Martin Hart-Landsberg(1998), *Korea: Division, Reunification, and U.S. Foreign Policy*, p. 131.

설명하기 위한 연설을 했다. 트루먼이 제안한 정전조건은 군사적 협상만을 염두에 둔 것이었다. 트루먼은 다음과 같은 3개 조건에 입각하여 6·25 전쟁의 정전을 협상할 준비가 되어 있다고 말했다. "(1) 전투 중지, (2) 전투 재발 방지 대책 마련, (3) 침략 종결."[379] 이처럼 제안했지만 트루먼은 이들 조건에 입각해서조차 공산진영과 정전을 협상할 의향이 없었다. 한편 소련의 제안으로 1951년 6월 23일 미국과 소련은 한반도 문제 해결을 위한 협상을 시작했다. 말리크의 제안에서는 중국의 유엔가입 허용, 외국군의 한반도 철수, 중국으로의 대만 이양이란 중국과 북한이 그처럼 강조했던 정치적 조건들을 배제시키고 있었다.[380] 말리크는 순수 군사적 정전을 제안했다. 말리크의 정전 조건은 트루먼이 제안한 조건과 동일했다. 진정 원하는 바가 한반도 평화였다면 미국은 6·25전쟁 발발 1주년이 되는 날부터 효력을 발휘하는 정전(停戰)에 합의하는 한편 정전과 관련된 구체적인 사항은 추후 협상할 수 있었을 것이다. 그런데 선(先) 정전, 후(後) 협상 원칙은 1951년 1월 미국과 유엔이 제안했지만 중국이 거부한 것이었다.[381]

그러나 미국이 말리크의 정전협상 제안을 수용하는 경우 세계적으로 긴장이 완화될 것인데, 당시 긴장 조성과 유지는 트루먼의 대외정책에서 가장 중요한 목표였다. 한반도에 평화가 도래하는 경우 미국은 대만을 중국에 넘겨주지 않을 수 없었다. 중국의 유엔가입을 저지할 수 없었다. 일본

---

379. Harry S. Truman, "Radio Report to the American People on Korea and on U.S. Policy in the Far East," April 12. 1951. https://www.presidency.ucsb.edu/documents/radio-report-the- american-people-Korea-and-us-policy-the-far-east(Accessed: 2021. 3. 20).

380. "[Document 355] Editorial Note, June 23 1951," in *FRUS*, 1951, Korean and China, Vol. 7. Part 1, p. 547.

381. "[Document 69] Editorial Note, 1951," in *FRUS*, 1951, Korean and China, Vol. 7. Part 1. pp. 91-2.

재무장과 일본에 미군 기지를 유지하게 해주는 형태의 일본과의 평화협정을 수용하라고 관련국들에게 강요하기가 쉽지 않았을 것이다. 또한 미 본토와 해외에서의 미국의 재무장 템포를 지속적으로 고조시키기가 쉽지 않았을 것이다.

미국은 동맹국들이 점차 6·25전쟁 종결을 열망하고 있었으며, 소련이 트루먼이 제안한 조건에 따라 전쟁을 종료시킬 준비가 되어 있었다는 점에서 정전협상을 피할 수 없는 입장이었다. 그러나 미국 관리들은 정전협상이 시작되기도 전에 미국인들이 말리크의 정전협상 제안을 불신하게 하고, '평화의 위험'을 강조하는 작업에 착수했다. 말리크의 정전협상 제안에 대한 미국의 반응은 냉소적이었다. 미 국무성은 말리크의 제안이 "선전선동(宣傳煽動) 이상의 것이라면 6·25전쟁을 종료시키기 위한 적절한 방안이 있을 것이다."고 말했다. 애치슨은 "소련인들이 한편으로는 평화를 외치면서 또 다른 한편으로는 전쟁을 계획하고 있다."고 말했다. 1951년 6월 25일 연설에서 트루먼은 말리크의 제안에 의혹의 눈초리를 보였다. 다음날 애치슨은 말리크의 제안은 이란 또는 미얀마에서의 자국의 기도(企圖)를 은폐하기 위한 위장전술일 수 있다고 말했다. AP 통신은 도쿄에서 다음과 같이 보도했다. "미 국무성은 소련의 정전협상 제안이 미 동맹국들을 기만하기 위한 술책에 불과하다고 생각하고 있다." 미 국무성 비망록에서는 "말리크의 정전협상 제안을 미국의 적(敵)을 군사적으로 유리한 입지에 올려놓기 위한…일종의 술책"으로 "매도"하고 있었다.[382]

미국이 말리크의 정전협상 제안에 부정적인 반응을 보인 주요 이유는 이것이 긴장완화를 통해 미군 재무장을 어렵게 만들 가능성이 있었기 때문이었다. 미 상원과 하원은 말리크의 정전협상 제안에 초당적으로 경고

---

382. I. F. Stone(1952), *The Hidden History of the Korean War*, p. 280.

했다. 토머스 듀이(Tomas E. Dewey)는 다음과 같이 말했다. "소련인들이 평화운동을 전개할 때마다 놀라지 않을 수 없다.…스탈린이 미소를 지을 때 각별히 유의해야 한다." 로버트 테프트(Robert A. Taft)는 한반도 정전협상이 "중국 침략자"를 인정하기 위한 성격으로 보인다고 경고했다. 트루먼 행정부의 모든 동원(動員) 분야 관리들이 한반도에 평화가 도래하는 경우 미국의 동원 노력이 대거 약화될 가능성이 있음을 경고하는 연설 또는 발언을 했다. 해군참모총장 서먼, 합참의장 브레들리, 국방 동원국장 찰스 윌슨(Charles E. Wilson), 소련주재 미국대사를 역임한 해리먼, 아이젠하워 대장 모두 마샬의 다음 발언에 공감했다. "6·25전쟁이 종료된 후 미국의 긴장이 풀릴 가능성을… 저는 우려합니다." 1951년 7월 4일 연설에서 트루먼은 다음과 같이 경고했다. "6·25전쟁이 종료되는 경우에서조차 우리는 장기간 동안 세계적인 긴장과 국제사회의 상당한 위험에 직면하게 될 것입니다." 맥아더는 1950년 7월 11일의 뉴욕데일리뉴스와의 인터뷰에서 다음과 같이 말했다. "한반도 정전 이후 군사력을 감축하는 경우 미국은 덫에 걸린 생쥐와 같은 신세가 될 것입니다."[383]

미국의 지도자들은 말리크의 평화협상 제안을 미군 재무장을 어렵게 하기 위한 간계로 간주했다. 워싱턴포스트지는 "공산주의자들의 배신의 위험(Peril of Communist Treachery)"이란 제목의 사설에서 다음과 같이 말했다. "소련의 정전협상 열망은 분명히 말하지만 북한군의 남침으로 가능해진 미군 재무장 노력을 약화시켜야 할 것이란 신념에 기인할 것이다." 이 사설에서는 계속해서 다음과 같이 말했다. "예상되는 한반도전쟁 관련 정전협상으로 인해 진정한 평화가 도래하는 것이 아니고 인명 절감을 제외하면 모든 측면에서 보다 어려워질 새로운 유형의 투쟁이 전개될 것이다."

---

383. Ibid., p. 281.

그런데 당시로부터 몇 주 전 트루먼 자신은 6·25전쟁에서의 인명 손실이 미미한 수준이라고 암시했다. 1951년 6월 13일 트루먼은 저질 언론매체들이 6·25전쟁에서의 미군 살상을 과장하고 있다고 말했다. 트루먼은 1950년 1년 동안 미국의 고속도로에서 1,035,000명이 살상된 반면 6·25전쟁에서 "살상된 미군이 8만 명 미만"이라고 말했다.[384]

6·25전쟁을 통해 추구한 목표, 미군 재무장이란 목표 측면에서 보면 트루먼은 가능한 한 장기간 동안 정전협상을 진행하면서 북한 전 지역에서, 38선 부근에서 중국군과 치열하게 싸울 필요가 있었다.

2. 정전협상: 1951년 7월 10일부터 10월 25일까지

정전협상은 1951년 7월 10일 개성에서 시작되었다. 개성은 중립국 지역이었지만 공산군이 점령한 영토로 둘러싸여 있었다. 공산 측은 이 같은 사실을 적극 이용했다. 예를 들면, 공산 측은 정전협상장을 왕래하는 유엔사 대표들이 위압감을 느끼도록 개성으로 가는 길목에 다수의 검문소를 설치했다. 또한 공산 측은 다양한 수단을 이용하여 심리적 이점을 누리고자 노력했다. 예를 들면, 공산 측은 유엔사 측 대표 터너 조이(C. Turner Joy) 제독에게 북측 대표 남일(南日)의 의자와 비교하여 낮은 의자를 제공해 주었다. 이 같은 방식으로 조이의 신장이 두드러져 보이지 않게 했다. 유엔사 측 대표의 좌석을 협상장의 남쪽 끝에 배치했는데, 이는 통상 동아시아 지역에서 패자(敗者)들이 이 같은 좌석을 배당받는다는 사실을 고려한 것이었다.

정전협상이 시작된 1951년 7월 10일, 미국은 정전에 관한 모든 문제들을 놓고 최종 합의한 이후에나 적대행위를 중지해야 할 것이라고 주장했

---

384. Ibid., pp. 281-2.

다. 그런데 이미 주목한 바처럼 이는 1951년 1월의 상황과 매우 달랐다. 당시는 선(先) 종전 후(後) 협상을 제안한 국가가 미국이었던 반면 이 제안에 반대한 국가가 중국이었다. 7월 10일 조이 제독은 리지웨이 대장이 서명한 공식 성명서를 통해 다음과 같이 말했다. "공산군과 유엔군의 적대행위는 정전 조항에 관해 당사국이 합의하는 순간까지 지속될 것이다. 승인받은 정전위원회가 가동되는 순간까지 지속될 것이다." 이 같은 유엔사의 주장에 공산 측이 동의했다. 그런데 이는 1951년 1월 당시 6·25전쟁을 중국군이 주도했던 반면 1951년 7월 10일 당시 유엔군이 주도했음을 의미했다.[385]

정전협상 아젠다: 군사적 문제로 국한

당시 아젠다와 관련된 주요 논란은 한반도에서의 모든 외국군 철수 문제와 군사분계선으로서의 38선이란 문제를 구체적으로 논의해야 할 것이란 공산 측 주장으로 인해 초래되었다. 38선 문제는 공산 측이 38선을 특별히 군사분계선으로 언급하지 않기로 동의한 7월 16일 해결되었다. 그러나 이것이 공산 측이 군사분계선이 38선이 되어야 할 것이란 입장을 포기한 것은 아니었다. 이는 이 문제를 아젠다에 포함시키지 않을 것이란 의미였다.[386]

결과적으로 보면 외국군 철수 문제는 쉽게 해결할 수 있는 성격이 아니었다. 저우언라이는 외국군 철수를 한반도 평화협정 체결 조건의 하나로 인식했다. 그러나 미국은 강력한 북한군과 만주에 방대한 중국군이 있는 상태에서 유엔군을 한반도에서 철수시키면 안 된다고 생각했다. 7월 16일

385. Ibid., p. 284.

386. Government, U.S. *History of the Joint Chiefs of Staff - Vol. III: The Joint Chiefs of Staff and National Policy 1951 - 1953* (p. 15). Kindle Edition.

트루먼은 유엔군이 조만간 한반도에서 철수할 것이란 인상을 풍기면 안 될 것이라고 말했다. 미 합참은 외국군 철수 문제는 정부 수준에서 논의되어야 할 사항이라고 말했다. 개성의 협상가들은 군사문제만을 다뤄야 한다는 것이었다. 미 국무성 관리들은 한반도 문제를 정치적으로 해결할 수 없을 것으로 예상했다. 따라서 향후 오랜 기간 동안 정부 수준에서조차 외국군 철수 문제를 해결할 수 없을 것으로 생각했다. 미국은 한반도에 항구적인 평화가 정착되기 이전까지 유엔군을 주둔시켜야 한다고 주장했다.[387]

애치슨 국무장관은 한반도에 진정한 평화가 도래하기 이전에는 유엔군이 한반도에서 철수하지 않을 것임을 언론매체를 통해 강력히 주장했다. 마샬 국방부장관 또한 애치슨과 유사하게 말했다. 그는 만족스런 평화가 정착된 이후 한반도에서 외국군이 자연히 철수하게 될 것임을 강조했다. 미국의 기본 입장은 유엔군이 장기간 동안 한반도에 주둔해야 한다는 것이었다.[388]

미 합참은 리지웨이에게 보낸 7월 19일 전문에서 유엔군이 한반도에서 장기간 동안 철수하지 않을 것이라며 다음과 같이 말했다. "우리는 유엔군을 한반도에서 장기간 동안 철수시킬 수 없습니다. 미래에도 철수를 약속할 수 없습니다. 공산 측이 유엔군 철수 문제를 정전협상 아젠다로 고집하는 경우 이 문제로 인해 정전협상이 더 이상 진행되지 못할 수도 있습니다.…"[389] 애치슨 또한 영국 외무장관에게 보낸 1951년 7월 19일 전문에서 유엔군이 한반도에 장기간 동안 체류할 것임을 다음과 같이 암시했다. "…지금 이 순간 한국인들은 두 가지 문제가 있습니다. 이들 가운데 하나

---

387. Ibid.

388. Ibid., p. 17.

389. "The Joint Chiefs of Staff to the Commander in Chief, United Nations Command (Ridgway), 19 July 1951," in *FRUS*, 1951, Korea and China, Vol. 7, Part 1, p. 704.

는 전후 유엔군이 철수함으로써 한반도 모든 지역이 공산화될 가능성을 정부 관리들이 그리고 일반 대중이 심각히 우려하고 있다는 사실입니다. 한국이 겪은 고난을 고려해 보면 이 같은 한국인들의 우려는 당연하며, 우리가 해결하고자 노력하고 있는 부분으로 생각됩니다. 한국인들은 전후에도 유엔참전국들이 군사, 경제 및 정치적으로 자국을 지속적으로 지원해 줄 것이란 타당성 있는 언질을 받을 자격이 있다고 생각합니다.…"[390]

여기서 보듯이 미국은 전후 미군의 한반도 장기 주둔을 구상하고 있었다. 이 같은 측면에서 보면 이승만 대통령의 노력으로 미국이 한미상호방위조약을 체결하게 되었다는 일각의 주장은 타당성이 없어 보인다. 이처럼 말한다고 풍전등화와 같은 상황에서 한미상호방위조약 체결을 통해 국가를 구하고자 했던 이승만 대통령의 정신을 폄하하는 것은 결코 아니다. 이 같은 이승만 대통령의 숭고한 정신은 그 결과와 무관하게 높이 평가해야 할 것이다. 그러나 한미상호방위조약 체결은 한반도에 대한 영향력을 확보해야 한다는 1943년 이후의 미국의 한반도정책의 산물로 볼 수 있을 것이다. 한반도에 항구적인 평화가 도래하기 이전까지 미군을 주둔시켜야 할 것이란 논리 측면에서 보면 한반도 평화협정 체결은 곤란했을 것이다. 1954년의 제네바회담이 아무런 성과 없이 종결되었던 것은 물론이고 오늘날에도 미국이 남북한 평화협정 체결에 반대하는 이유 또한 한반도에 대한 영향력을 확보하여 유지해야 한다는 미국의 한반도정책 때문일 것이다.

한편 외국군 철수 문제로 인한 정전협상 중지는 바람직하지 않았다. 7월 20일 리지웨이는 공산 측이 외국군 철수 요구를 철회하지 않으면 유엔사가 정전협상을 중지할 수밖에 없을 것이라는 내용의 지시문을 유엔사

---

390. "The Secretary of State to the British Secretary of State for Foreign Affairs (Morrison), 19 July 1951," in *FRUS*, 1951, Korea and China, Vol. 7, Part 1, p. 699.

측 정전협상 대표 조이 제독에게 보낼 것이라고 합참에 보고했다. 당시 리지웨이는 공산 측이 이 문제로 정전협상을 파기하지 않을 것으로 확신했다. 미 국무성 차관보 러스크는 이 같은 리지웨이의 제안으로 정전협상이 파기될 수도 있을 것이라고 말했다. 7월 21일 미 합참은 리지웨이에게 보낸 메시지에서 다음과 같이 말했다. "정전협상이 파기되는 경우 파기 책임이 전적으로 공산 측에 있는 것처럼 상황을 조성함이 중요하다." 외국군 철수에 관한 유엔사와 공산 측의 주장이 매우 대조적이었다는 점에서 정전협상이 파기될 가능성도 없지 않았다. 7월 25일 공산 측 대표는 외국군 철수 문제를 정전협정 체결 이후 정부 수준에서 논의할 것이란 전제 아래 아젠다로 고집하지 않을 의향이 있다고 말했다.[391]

상당한 숙고 후 양측은 다음과 같은 4개 아젠다에 합의했다. 첫째, 적정 위치에 군사분계선을 설정한 후 군사분계선을 중심으로 공산 측과 유엔사 측 사이에 완충지대 설치. 둘째, 전투를 중지하고 정전을 감독하기 위한 구체적인 절차. 셋째, 포로송환 절차. 넷째, 공산 측과 유엔사 측에 권고할 사항.[392]

군사분계선: 38선인가 캔사스–와이오밍 선인가?

정전협상은 군사분계선의 위치 선정 문제로 곧바로 난항에 처했다. 공산 측은 38선을 군사분계선으로 해야 할 것이라고 주장한 반면 유엔사 측은 당시 양측이 접촉하고 있던 선을 중심으로 어느 정도 북쪽의 선을 군사분계선으로 해야 할 것이라고 주장했다. 유엔사 측 대표들은 유엔사가 누리고 있던 공중에서의 우위를 정전 이후 상실할 것을 고려하여 이처럼 해

---

391. Government, *U.S. History of the Joint Chiefs of Staff - Vol. III: The Joint Chiefs of Staff and National Policy 1951 - 1953* (pp. 15–6), Kindle Edition.

392. Ibid., p. 16.

야 할 것이라고 주장했다. 이미 1951년 3월 15일 맥아더는 그 주변에 "천연의 방어적 장애물이 없다."라는 이유를 거론하며 38선이 군사분계선으로서 적합하지 않다고 주장했다.[393] 1951년 8월 1일 애치슨은 "38선은 군사적으로 방어가 쉽지 않다는 점에서 군사분계선으로 수용할 수 없다."[394]라고 말했다.

한편 정전협상이 시작된 7월 10일 미 합참은 방어가 가능한 군사분계선을 확보할 수 있도록 8군이 나름의 작전을 감행해도 좋다는 내용의 트루먼의 승인을 유엔군사령관 리지웨이에게 전해 주었다. 리지웨이와 밴플리트는 캔사스-와이오밍 선이 방어적 측면에서 최상의 선이라고 생각했다. 따라서 최소한의 아군 피해로 적의 전선을 북쪽으로 밀어 올리는 것이 중요한 의미가 있었다. 8월 1일 밴플리트는 캔사스 선이 중국군의 5차 및 6차 공세와 유사한 어떠한 공세도 격퇴할 수 있을 정도로 난공불락의 선이라고 생각했다. 그는 또한 1951년 6월 확보한 캔사스 선을 유엔군이 공고하게 만들었으며, 와이오밍 선이 실제적으로 유엔군의 주저항선이 되었다고 보고했다. 따라서 캔사스 선을 보호하기 위해 했던 것과 동일한 방식으로 와이오밍 선을 지키기 위해 전초기지에 해당하는 지형을 점령하여 공고히 할 필요가 있었다. 그 순간부터 밴플리트의 공세작전은 적군을 살상하고, 캔사스-와이오밍 선에 공산군이 접근하지 못하게 하는 형태의 요충지를 점령하여 유지하는 것으로 국한되었다. 그런데 이는 매우 어려울 뿐만 아니라 피비린내 나는 전투가 요구되는 성격이었다. 한편 공산군은 가능한 한 최대한 38선 부근으로 복귀하기 위해 노력했다. 유엔사가 이 같은 공산 측의 요구를 거부하기 위해 군사적 수단을 동원했다면 공산 측 또

393. "[Document 164] Editorial Note, 1951," in *FRUS*, 1951, Korean and China, Vol. 7, Part 1, pp. 234-5.

394. I. F. Stone(1952), *The Hidden History of the Korean War*, p. 287.

한 자신의 요구를 유엔사 측에 강요하기 위해 군사적 수단에 의존할 필요가 있었다.[395]

　군사분계선 위치 선정 문제와 관련한 정전협상이 난항을 거듭한 1951년 7월 24일부터 8월 4일의 기간 유엔사 협상가들은 캔사스-와이오밍 선을 염두에 둔 상태에서 공산 측과 협상을 시작했다. 이 같은 이유로 처음에 유엔사는 군사분계선이 당시 유엔군이 점령하고 있던 선에서 어느 정도 북쪽 지역의 선이란 사실을 다음과 같이 암시했다. "공중과 해상에서 유엔군은 압록강과 두만강까지 통제하고 있다.···현재의 지상의 전선과 한만국경 부근의 공중 및 해상 전선 사이의 어느 선에서 공산군과 유엔군의 군사적 상황이 안정을 유지하고 있다. 다시 말해, 군사력이 균형을 유지하고 있다. 따라서 우리가 합의해야 할 군사분계선은 압록강 부근의 공중 및 해상 전선과 지상 전선 사이의 어느 곳에 있게 된다."[396] 유엔군이 캔사스-와이오밍 선을 거의 대부분 점령한 8월 6일 리지웨이 장군은 유엔사가 말하는 방어 가능한 군사분계선은 "사실상은 현재 유엔군이 전반적으로 유지하고 있는 선이다."라고 미국의 언론매체에 말했다.[397]

　그러나 양측이 군사분계선의 위치에 관해 진지하게 논의하기 이전에 정전대화가 중지되었다. 1951년 8월 5일 유엔사 측은 무장한 공산 측 부대의 중립국 지역 진입을 확인한 후 정전협상을 일방적으로 중지시켰다. 8월 6일 공산 측은 공산군들이 실수로 중립국 지역으로 진입했다고 말했다. 그러면서 이처럼 사소한 문제로 정전협상을 중지하지 말라고 리지웨이에게 호소했다. 리지웨이는 이것이 결코 사소한 문제가 아니라고 말했

395. Bryan R. Gibby(2021), *Korean Showdown* (p. 33). Kindle Edition.

396. I. F. Stone(1952), *The Hidden History of the Korean War*, pp. 288-9.

397. Ibid., pp. 289-90.

다. 8월 9일 공산 측은 정전 관련 중립국 협약을 철저히 준수할 것을 약속했다. 그러자 8월 10일 대화가 재개되었다. 이처럼 공산 측은 정전협상이 중지되지 않도록 상당히 노력했다.

그럼에도 불구하고 공산 측은 군사분계선의 위치에 관해 양보하려 하지 않았다. 8월 13일 남일은 "38선은 모든 정전협정에서 기본 조건이다." 라고 주장했다. 한편 공산 측과 미 측 모두 양보하기 시작했음을 보여주는 증거가 있었다. 8월 12일 유엔사는 다음과 같이 천명했다. "양측이 수용 가능한 영역이 발견된 듯 보인다." 8월 14일 리지웨이는 다음과 같이 천명했다. "현재의 전선…이 대략 총성이 멈추어야 할 군사분계선이다. 이 선을 유엔군이 군사적으로 방어 가능하다." 8월 14일 남일은 공산 측의 경우 아직도 38선을 군사분계선으로 원하지만 "필요하고 합리적인 경우 지형과 상호 방어진지에 입각하여 군사분계선을 조정할 수 있다."고 말했다. 8월 15일 베이징방송은 남일이 "지형과 상호 방어진지에 입각하여" 군사분계선을 조정할 의향이 있다고 말했다. 8월 18일 AP 통신은 다음과 같이 문산에서 보도했다. "금요일과 토요일 이틀 연속 유엔 및 공산 측 실무자들이 화기애애한 분위기에서 회동했다. 그런데 이는 정전협상 관련 난제를 놓고 양측 대표들이 씨름할 당시는 볼 수 없던 모습이다.…" 8월 18일 늦은 시점, 워싱턴은 "양측이 38선 부근에서 보다 잘 자신을 방어할 수 있다고 생각되는 선의 위치를 찾고자 노력하고 있는 듯 보인다.…"라고 말했다. 8월 18일 니뿐타임즈는 "공산 측이 양보했다.(Reds Seen Yielding)"란 기사를, 8월 19일에는 "합의 시점이 가까워졌다.(Accord Seen Nearer)"란 제목의 기사를 게재했다. 리지웨이의 공보실은 공산 측이 진지하게 임하는 경우 "정전협정이 조만간 체결될 수 있다."고 말했다.[398]

---

398. Ibid., pp. 292-3.

정전협상의 조기타결을 거부한 미국

한반도에서 조만간 평화가 정착될 것으로 보였던 8월 19일 아침, 가공할 수준의 포병 지원을 받는 가운데 유엔군이 공중과 지상에서 정전협상 시작 이후 가장 격렬한 공격을 감행했다. 그 유명한 '피의 능선' 전투를 시작한 것이다. 전투를 통해 유엔군은 이곳 능선을 점령했다. 그러나 그 과정에서 2,700명의 유엔군과 15,000명 정도의 공산군 사상자가 발생했다. 사람들은 당시의 전투를 '피의 능선' 전투로 지칭했다. 이는 당시 피아 모두 출혈이 매우 심각한 수준이었음을 감안한 것이었다. 설상가상으로 공산군은 1,500미터 이북 지역의 제대로 방어되어 있던 고지로 단순 후퇴했다. 그러자 유엔군 병사들은 이곳을 '단장의 능선'으로 지칭했다.

이처럼 유엔군 지상군이 '피의 능선' 전투를 시작한 8월 19일 유엔군 공군은 공산군의 병참선과 보급선을 차단하기 위한 '숨통압박 작전(Operation Strangle)'이란 명칭의 항공작전을 수행했다. 이 같은 공중폭격으로 대부분 북한 주민이 도시를 이탈하여 깊은 산속과 움막에서 생활해야만 했다. 예를 들면, 전쟁 이전 50만 명에 달하던 평양 인구가 5만 명으로 급감했다. 이 같은 폭격으로 중국군 또한 상당히 많이 희생되었다. 어느 중국군 병사는 128명에 달하던 동료 부대원 가운데 심각한 부상을 입지 않은 또는 사망하지 않은 유일한 사람이 바로 자신이라고 말했다. 이 같은 폭격으로 북한지역이 초토화되었다.[399]

또한 8월 19일 석양 무렵 일부 무장군인들이 개성 중립국 지역의 공산 측 헌병 분대를 공격하여 그 지휘관을 살해했다. 이들 가운데 1명이 부상을 입었다.[400] 8월 19일 8군사령부는 공산 측 헌병 분대를 공격한 것이 한

399. Jon Halliday(1988), *Korea, The Unknown War* (New York: Pantheon Books, 1988), p. 172.

400. I. F. Stone(1952), *The Hidden History of the Korean War*, p. 293.

국군이었다고 주장했다. 그런데 이는 거짓이었다. 당시의 공격을 주도한 것은 미군이었다. 정전협상이 성공할 것으로 보이자 미군이 공산군을 공격했으며, 이 같은 공격을 은폐했던 것이다. 미군이 공산군을 공격했다는 사실은 사건 발생 18일이 지나서야 밝혀졌다. 그동안 일련의 사건이 벌어지면서 8월 23일 공산 측이 정전협상을 중지시킨 것이다. 8월 20일 공산 측은 자군 정전협상 팀이 지프차를 타고 협상 장으로 가고 있던 8월 19일 어느 순간 미 공군기의 사격을 받았다고 주장했다. 공산 측은 또한 8월 22일 유엔군 항공기가 개성을 공격했다고 주장했다. 공산 측이 8월 23일 정전대화를 중지하자 리지웨이는 이들 모두를 공산 측의 조작이라고 비난했다. 당시 공산 측은 정전대화를 전면 중지할 의도가 없었다. 이는 8월 23일 밤의 베이징방송을 통해 확인된다. 당시 베이징방송은 공산 측이 당일 회동만을 중지시킬 의도였으며, 정전협상 전체를 중지시킬 의사가 아니었다고 성급히 말했다. 다음 날 공산 측은 자군 대표단을 살해한 모의와 관련하여 리지웨이에게 유엔군을 비난하는 메시지를 보냈다. 그러면서 이들은 정전협상의 신속한 재개를 원한다는 메시지를 보냈다. 그러나 그 시점에는 정전협상 재개가 거의 불가능했다. 미군은 물론이고 워싱턴의 관료들이 정전협상 중지를 즐기고 있음을 보여주는 신호가 다수 목격되었던 것이다.[401]

정전협상이 중지된 지 3일이 지난 시점, 뉴욕타임스지는 정전협상 중지를 다음과 같이 기분 좋게 표현했다. "분명한 것이 하나 있다. 한반도의 중립국 지역에서 벌어진 소란으로 공산 측이 정전협정을 적시에 체결할 수 없게 되었다는 사실이다. 결과적으로 일본과의 평화협정 체결을 위한 샌프란시스코 회담이 시작되는 9월 4일까지 한반도에서 정전협정 체결 가

401. Ibid., pp. 293-6, 304-6.

능성이 희박해졌음이 분명하다. 미국의 많은 관리들은 러시아가 샌프란시스코 회담 이전에 한반도 정전협정이 체결될 수 있기를 염원하고 있다고 생각한다.…"[402]

패권이익을 목적으로 정전협상을 이용한 미국

뉴욕타임스지의 상기 기사는 일본과의 평화협정 체결과 6·25전쟁의 관계를 단정적으로 보여주었다. 당시 일본과 태평양전쟁 당사국들이 평화협정을 체결할 수 있게 해준 유일한 요인은 6·25전쟁이었다. 중국, 러시아, 인도를 포함하여 당시 일본과의 평화협정 체결에 반대하는 국가가 많이 있었다. 일본으로부터 약탈당한 경험이 있던 모든 아태지역 국가들은 일본의 보상을 거의 배제시키고 있던 이 협정에 분개했다. 이들은 일본 재무장을 허용해 주고 있는 평화협정 조항과 관련하여 경악했다. 영국은 이들의 이의 제기 가운데 많은 부분에 공감했다. 영국은 일본의 경제중흥이 자국 경제에 미칠 영향을 우려했다. 영국은 일본이 중국 시장에 접근하지 못하게 하는 한편 영국령 아프리카와 동남아 시장으로 수출하게 하기 위한 미국의 모든 조치를 우려했다. 당시 미국은 6·25전쟁이 종료되어 극동지역에서 평화가 정착되는 현상을 우려했다. 왜냐하면 이 경우 중국을 일본과의 평화협정 체결 대상에서 쉽게 배제할 수 없을 것이기 때문이다. 마찬가지로 미 우방국들에게 일본 재무장을 수용하라고 요구하기가 쉽지 않을 것이기 때문이었다.[403]

미국이 일본 재무장을 추진한 이유는 자국의 군사적 부담을 경감하기 위함이었다. 마찬가지로 일본 산업에 대한 규제를 모두 해제하고 일본이

---

402. Ibid., p. 300.

403. Ibid., pp. 300-1.

주변국들에게 전쟁 보상비를 지불하지 않게 했던 이유는 미국의 경제적 부담을 덜기 위함이었다. 그 대가로 일본은 자국 영토에 미군을 주둔하게 해주는 형태의 협정을 수용했다. 6·25전쟁이 지속되는 한, 중국이 이 전쟁에 참전하고 있는 한, 미국은 관련 강대국들 간의 평화회담이 불가능하다고 주장할 수 있었다. 6·25전쟁이 지속되는 한 미국은 전쟁수행을 위해 그리고 일본을 외세의 침략으로부터 지키기 위해 일본에 미군 기지를 유지해야 한다고 주장할 수 있었다. 미국은 샌프란시스코 회담이 종료되기 이전에 한반도에서 정전을 체결할 여력이 없었다. 일본과의 평화협정이 일본과 미국에서 완벽히 발효되기 이전에는 한반도 정전을 추진할 여력이 없었다. 한반도 평화가 미일관계를 약화시킬 가능성이 있었던 것이다.[404]

정전협정이 곧바로 체결되면서 한반도에 평화가 도래할 것으로 보였던 1951년 8월 19일 미국이 공중과 지상에서 그리고 정전협상장에서 공산측을 대거 공격하기 시작했던 것은 이 같은 이유 때문이었다. 이 같은 미국의 노력으로 8월 23일 정전협상이 중지된 것이다.

정전협상이 중지된 8월 23일부터 10월 25일까지의 기간 유엔군은 거의 일방적으로 공산군을 공격했다. 당시의 유엔군의 공격은 공산군 전력을 약화시켜야 한다는 사실 이외에 캔사스-와이오밍 선 주변의 감제고지(瞰制高地)를 점령할 필요가 있다는 사실, 전선의 소강상태에 따른 유엔군 장병들의 긴장완화를 막아야 한다는 사실 때문이었다.

1951년 9월 12일 8군사령관 밴플리트는 적군의 전력 약화 필요성을 다음과 같이 말했다. "나는 유엔군의 군사력이 증진되어야만이 한반도에 평화가 도래할 수 있다고 생각한다. 이제 적군이 심각한 타격을 받고 있다. 우리는 겨울이 지나 봄이 오기 이전에 적군에게 보다 많은 피해를 입힐 것

---

404. Ibid., p. 302.

이다. 그러면 적군은 평화를 갈망하게 될 것이다. 적군이 반격할 것인지 아니면 겨울 내내 잠잠히 있을 것인지와 무관하게 평화를 보다 많이 갈망할 것이다." 10월 1일 밴플리트는 감제고지 점령의 필요성과 관련하여 다음과 같이 말했다. "우리는 외견상으로는 중요해 보이지 않는 고지를 점령하는 과정에서 그처럼 많은 인명을 희생했다.…주변의 감제고지를 적이 통제하지 못하게 하기 위해 이들 고지 점령이 군사적으로 필수적이었다." 방금 한반도에서 돌아온 발드윈은 밴플리트의 설명은 "선전선동 냄새가 매우 많이 나는 반면 사실과 거의 부합하지 않는다."라고 말했다. 발드윈은 "한반도는 이탈리아와 마찬가지로 고지가 도처에 널려있다. 특정 감제고지를 점령하면 주변에 또 다른 감제고지가 있다. 고지 점령 과정은 끝이 없다."라고 말했다.[405]

밴플리트는 미군의 긴장완화를 저지해야 할 필요성과 관련하여 다음과 같이 말했다. "전선이 정체현상을 보임에 따른 유엔군의 긴장완화란 무서운 현상을 방지하기 위해 8군이 공세작전을 펼쳐야만 했다.…나는 8군 병사들이 긴장이 이완되어 무기력해지는 현상을 방관할 수 없었다.…이들 고지 점령 노력이 공산 침략자들의 세력 약화에 기여하는 한편, 유엔군이 군의 본업에 충실하게 만들고 있다.…새로운 교훈을 습득하고 점차 전투 관련 전문성을 터득하게 해주고 있다." 밴플리트 자신은 다음과 같이 말했다. "미군 입장에서 보면 미 8군이 점차 전투학교가 되고 있습니다." 6·25전쟁 또한 미군 입장에서 전투학교의 의미가 있었다. 밴플리트는 한반도로 오는 "미군 신병들이 한반도에서의 전투 경험을 통해 점차 숙련도를 높여간다."라는 사실을 고려하여 고지쟁탈전을 중지할 의향이 없어 보였다. 한반도전쟁에서의 전투는 미국 입장에서 군사훈련의 의미가 있었던

---

405. Ibid., p. 308.

것이다.[406]

　미국 관리들은 공산군의 침략을 격퇴하기 위해 한반도에서 미국인들이 피를 흘려야 한다고 말하고 있었다. 더 이상 유엔군의 작전이 남북통일을 위한 성격이 아니었다. 미국이 한반도란 불행한 지역을 실시간 야전훈련 목적으로 이용하고 있었다. 밴플리트 장군은 6·25전쟁에서 희생된 군인들을 물이 흘러나오는 제방(堤防)의 구멍에 손가락을 집어넣어 제방의 붕괴를 막았던 "네덜란드의 영웅적인 소년의 이야기"와 비유했다.[407] 그런데 이는 매우 적절한 비유였다. 이미 살펴본 바처럼 6·25전쟁은 지구상 도처에서의 소련의 세력팽창 저지를 위한 미군 재무장과 동맹체제 구축의 의미가 있었다. 이 같은 미군 재무장과 동맹체제 구축 측면에서 보면 6·25전쟁에서의 미군의 희생이 필수적이었다. 이들 미군은 소위 말해 소련의 세력팽창 저지란 미국이 추구하는 거대한 목표를 위해 자신을 희생시키고 있었던 것이다.

　1951년 9월 13일부터 10월 13일까지 유엔사가 주도한 '단장의 능선' 전투는 이 같은 성격이었다. 이 전투로 3,700명의 유엔군과 25,000명의 공산군이 희생되었다.[408] '단장의 능선' 전투 당시 미국은 핵무기로 북한을 공격할 것이라고 위협하기조차 했다.[409] 당시 미국은 B-29 폭격기로 북한지역에 핵무기를 투하하는 연습조차 했다. 미국의 공식 보도에 따르면 정전협상이 시작된 7월 10일부터 9월 말경까지의 기간 거의 10,000명의 미

---

406. Ibid., pp. 308-9.

407. Ibid., p. 309.

408. Hermes, Walter(1992), *Truce Tent and Fighting Front: The United States Army in the Korean War* (Kindle Location 2005). Kindle Edition.

409. Martin Hart-Landsberg(1998), *Korea: Division, Reunification, and U.S. Foreign Policy*, p. 130.

했는데 이는 미국 입장에서 수년 동안 전쟁을 지속할 수 있게 해줄 정도로 포괄적인 의미가 있는 발언이었다. 11월 14일 유엔사는 "공산 측은 군사 분계선에 관해 동의했다는 점에서 즉각 정전을 제안했다. 공산 측은 완벽한 정전에 서명한 이후에나 적대행위가 종료될 것이란 기존 합의를 공개적으로 부인하고 있다."라고 말했다.[413]

다음의 11월 12일 자 뉴욕타임스지에서 보듯이 전선의 미군 병사들은 미국이 의도적으로 정전협정 체결을 거부하는 것으로 생각했다. "…점차 많은 미군 병사들이 정전협정과 관련하여 공산 측이 중요한 양보를 한 반면 유엔사가 지속적으로 보다 많이 요구하고 있는 것으로 생각하고 있다.…최근의 상황 발전을 보며 일부 병사들이 자신의 지휘관이 무언가 알 수 없는 이유로 정전협정을 방해하고 있다고 생각하고 있다."[414]

이 같은 상황에서 11월 14일 미 8군 법무감 제임스 한리(James M. Hanley) 대령은 공산군이 한반도에서 5,500명의 미군을 살해했다고 말했다. 11월 16일에는 그 수치를 6,270명으로 늘렸다. 그러면서 한리는 "북한군이 미군 포로를 잔혹하게 학살했다는 사실을 폭로한 이유는 전선의 미군 병사들이 본인들이 싸우고 있는 대상에 관해 알고 있어야 한다고 생각했기 때문이다."고 말했다. 11월 17일 이후 미군방송에서는 "이 같은 잔혹한 이야기를… 주기적으로 방송했다." 당시 유엔사는 정전대화 지연에 관한 병사들의 불만을 공산군에 대한 증오심 주입을 통해 잠재우고자 했다. 11월 16일 AP 통신은 "어느 미군장교가 한반도에서 공산주의자들이 수천 명의 미군 포로를 학살했다고 발표했다. 결과적으로 이 장교는 정전협상을 지

---

413. Ibid., p. 323.

414. Ibid., pp. 323-4.

연시켜야 할 이유가 분명해진 것으로 생각했다."라고 보도했다.[415]

아무튼 군사분계선의 위치에 관해 합의하고 개성 문제를 놓고 실랑이를 벌인 이후 유엔사 측과 공산 측은 정전협정 체결 후 군사력을 증강할 수 없을 것임에 합의했다. 그러나 병력을 교체하고 무장을 증진시킬 수는 있었다. 이들은 또한 정전협정 관리 차원에서 양측 대표로 구성되는 군사정전위원회 구성에 합의했다. 그러나 군사정전위원회의 구체적인 성격과 관련하여 양측이 이견을 보였다. 공산 측은 군사정전위원회가 비무장지대에서만 임무를 수행해야 할 것이라고 주장한 반면 유엔사 측은 한반도 전 지역에서 정전협정 위반 사실을 조사할 수 있어야 할 것이라고 주장했다. 더욱이 비행장 재건 문제를 놓고 공산 측과 유엔사 측이 상당한 갈등을 보였다. 북측 대표 남일은 폐허가 된 북한지역 재건 차원에서 비행장 재건이 필요하다고 강조한 반면 유엔사 측 대표 조이 제독은 이처럼 하는 경우 공산군이 또 다른 남침을 감행할 당시 유리한 입장에 놓이게 된다고 주장했다.[416]

1952년 2월에도 이들 논란의 주제와 관련하여 나름의 진전이 있었다. 공산 측과 유엔사 측은 군사정전위원회가 비무장지대만을 감독하는 반면 한반도 전 지역을 조사하기 위해 스웨덴, 스위스, 체코, 폴란드 대표로 구성되는 중립국감시위원회의 설치에 동의했다. 이외에도 유엔사 측 대표는 북한지역 비행장 재건에 관한 요구를 취하했다. 이처럼 양보하면서 유엔 참전국들은 정전협정을 체결한 후 일종의 경고 성명을 발표하기로 합의했다. 이 성명은 공산 측이 정전협정 합의사항을 위반하는 경우 정전협정에 서명한 국가들이 공산 측의 침략을 종결시키기 위해 가능한 모든 조치를 취할 것이라고 위협하는 성격의 것이었다. 여기에는 한반도 너머 지역으

---

415. Ibid., p. 324.

416. Robert Barnes(2014). *The US, the UN and the Korean War* (Library of Modern American History) (p. 128). Bloomsbury Publishing. Kindle Edition.

로의 분쟁 확산이 포함되어 있었다. 미국 정부는 이처럼 하면 비행장 재건을 통해 북한이 또 다른 분쟁을 초래할 수 없을 것으로 생각했다. 한편 양측은 정전협정 체결 이후 3개월 이내에 외국군 철수문제를 해결하고, 한반도 문제의 정치적 타결 방안을 강구하기 위한 정치회담을 개최할 것임을 모든 관련국들에 권고하기로 합의했다.[417]

정전협상과 야전에서의 전투는 상호보완적인 관계

1952년 초반에는 지상과 공중 모두에서 거의 변화가 없는 정체현상이 초래되었다. 예를 들면, 정전협상이 시작된 1951년 7월 10일부터 1952년 1월 6일까지의 6개월 동안 유엔군이 영토적으로 이룬 진전은 동부전선의 경우 15마일에 불과했다. 서부전선과 중부전선의 경우 진전이 보다 없었다. 6개월 동안 한반도 전선에 거의 변화가 없었으며, 38선 부근에서 전선이 유지되고 있었다.[418]

그런데 이 기간 동안 인명피해는 상당한 수준이었다. 정전대화가 시작될 당시 미군의 전투 손실은 75,000명을 약간 상회하는 수준이었다. 6개월 동안 매달 평균 4,666명이 손상되면서 1952년 1월 6일 미군의 전투 손실이 103,000명을 상회했다. 유엔사는 동일 기간 동안 적군의 손상이 1,191,000명에서 1,518,000명으로 늘어났다고 주장했다. 그런데 이는 매달 54,500명의 공산군이 전투로 손실되었음을 의미했다. 미국은 6·25 전쟁을 '경찰 활동' 차원에서 참전할 것이라고 말했는데 이 같은 활동에서 그처럼 많은 인명이 손실된 것이다.[419]

---

417. Ibid..

418. I. F. Stone(1952), *The Hidden History of the Korean War*, p. 335.

419. Ibid., pp. 335-6.

이 기간 동안 유엔군의 병력이 상당히 많이 늘어났다. 6·25전쟁 초반에는 유엔군이 공산군과 비교하여 수적으로 열세했다. 그런데 1951년 2월경, 공산군은 전투전력과 지원전력 모두 합하여 35만 명 미만의 병력을 유지했던 반면 유엔사는 275,000명의 전투전력을 유지했다. 1951년 말경 유엔군은 805,000명의 전투전력과 지원전력을 유지하고 있었다. 한반도 전선을 돌아본 1951년 10월 3일 브레들리 합참의장은 다음과 같이 말했는데 이는 이 같은 이유 때문이었을 것이다. "분명히 말하지만, 우리는 어느 누구도 유엔군을 유린하지 못하게 할 정도의 병력을 한반도에 유지하고 있다."[420]

이 기간 동안 유엔사 측과 공산 측이 아젠다 선정 문제를 놓고 실랑이를 벌였다. 그 와중에서 치열한 전투가 벌어지면서 많은 인명이 희생되었다. 전투에서의 우위 확보를 위해 미국이 유엔군의 병력을 대거 보강했다. 소위 말해, 미국이 정전협상장에서 자신의 의지를 공산 측에 강요하기 위해 군사적 우위를 추구한 것이다. 미국 입장에서 보면, 정전협상과 야전에서의 전투가 긴밀한 관계가 있었던 것이다.

4. 정전협상: 1952년 2월부터 1953년 7월까지

1951년 말경에 접어들면서 아직도 해결되지 않는 3가지 문제가 남아 있었다. 중립국감시위원회 구성, 정전협정 체결 이후의 공산 측 비행장 건설 및 복구 문제, 포로송환 문제가 바로 그것이었다. 특히 문제가 되었던 부분은 포로송환 문제였다.

트루먼은 포로송환 문제를 공산주의 이념에 대항한 민주주의 이념의 우위를 입증하기 위한 수단으로 이용했다. 이 같은 방식으로 6·25전쟁 기간

---

420. Ibid., pp. 336-7.

을 18개월 연장시킴으로써 미국의 패권체제를 보다 확고히 구축할 수 있었다.

이미 1950년 8월 미국은 포로송환 문제를 선전선동 목적으로 이용할 수 있을 것으로 생각했다.[421] 트루먼은 모든 포로를 정전과 동시에 무조건 송환해야 한다는 1949년의 제네바협약을 거부했다. 포로 자신이 원하는 국가로 포로를 송환해 주어야 할 것이라고 주장했다. 이처럼 주장하면서 트루먼은 인권을 강조했다. 트루먼은 이 같은 방식으로 6·25전쟁에서 미국이 추구해야 할 정치적 목표를 재차 확대했다. 트루먼은 유엔군이 자발적인 포로송환이란 미국의 의지를 공산 측에 강요해야 할 것이라고 주장했다. 당시 트루먼 행정부는 포로의 자발적인 송환이 합법적인 전쟁목표란 사실을 놓고 미국인들을 설득하기 위해 적극 노력했다.[422]

자유의사에 입각하여 포로를 송환해야 할 것이란 트루먼의 결심이 6·25전쟁에 상당한 영향을 미쳤다. 왜냐하면, 트루먼의 이 결심으로 6·25전쟁 기간이 18개월 연장되었기 때문이다. 자유의사에 입각한 포로송환은 정전협상을 와해시키기 위한 빌미와 다름이 없었다.[423]

포로송환: 민주주의와 공산주의 이념의 대결 수단

포로송환을 위한 최초 회동은 1951년 12월 11일에 있었다. 당시 공산 측은 "정전협정에 서명한 후 양측 포로를 모두 석방해야 한다."고 제안했다. 유엔사 측은 포로 명부를 즉각 교환할 것과 적십자사 대표들이 양측

421. Sydney D. Bailey(1992), *The Korean Armistice*, p. 87.

422. Steven. Casey(2008), *Selling the Korean War* (p. 286). Oxford University Press. Kindle Edition.

423. Quoted in Sydney D. Bailey(1992), *The Korean Armistice*, p. 111.

포로수용소를 방문할 수 있게 해야 할 것이라고 말했다.[424]

당시 유엔군은 수만 명에 달하는 북한군 포로와 중국군 포로를 유지하고 있었다. 트루먼은 송환 즉시 처형될 것으로 보이는 수천 명의 공산군 포로를 강제 송환하는 것이 현명한 처사인지와 관련하여 의문을 제기했다.[425]

유엔사 측의 공산군 포로가 공산 측의 유엔군 포로와 비교하여 상당히 많다는 사실이 문제였다. 포로송환 문제를 놓고 양측이 협상하던 당시 유엔사가 유지하고 있던 포로는 북한군과 중국군 포로를 포함하여 169,000명 이상이었다. 유엔사가 유지하고 있던 북한군 포로에는 한국군 병사와 한국의 민간인 가운데 북한군으로 강제 편입되었다가 포로가 된 사람이 다수 있었다. 엄밀한 의미에서 이들은 포로로 간주할 수 없었다. 그러나 유엔사는 양측이 포로 명부를 작성할 당시까지 이들을 포로로 억류하고 있었다. 이외에도 여기에는 국공내전 당시 장제스의 국민당 군대 병사였지만 국민당 군대가 마오쩌둥의 공산당 군대에 패배하면서 중국군에 편입된 병사가 다수 있었다. 이들 가운데 대만으로 송환을 원하는 사람이 있었다. 이들의 처리 방안이 문제였다.[426]

미국이 공산 측 포로의 강제송환을 문제시했던 것은 인도적인 이유 때문만은 아니었다. 군사적으로도 문제가 있었다. 미국은 공산 포로의 강제 송환을 통해 북한군 전력을 전쟁 이전 상태와 비교하여 상당한 수준으로

---

424. "The Commander in Chief, Far East (Ridgway) to the Advance Headquarters, United Nations Command, Korea, 11 December 1951," in *FRUS*, 1951, Korea and China, Vol. 7, pp. 1,305-6.

425. "Memorandum by the Acting Secretary of State, October 29, 1951," in *FRUS*, 1951, Korea and China, Vol. 7, p. 1,073.

426. Quoted in Bryan R. Gibby(2021), *Korean Showdown* (p. 150), Kindle Edition.; Burton I. Kaufman, *The Korean War: Challenges in Crisis, Credibility, and Command* (New York: Alfred A. Knopf, 1986), p. 237.

증강시켜 줄 의향이 없었다. 특히 항구적인 정전(停戰)을 보장해줄 분명한 메커니즘이 있지 않아 보였다는 점에서 그러했다. 아무튼 1951년 12월 19일 미 합참이 리지웨이에게 내린 다음과 같은 지시에서 보듯이 당시 미국의 입장은 자유의사에 입각한 포로송환이었다. "포로의 강제송환을 요구하는 모든 관점은 발표 이전에 워싱턴의 승인을 받아야 한다."[427]

당시 트루먼은 포로의 강제송환은 공산 측이 또 다른 측면에서 상당히 양보해 주는 경우에나 가능한 일이라며 자유의사에 입각한 포로송환을 강력히 주장했다.[428] '또 다른 측면에서 상당히 양보해 주는 경우에나'란 표현이 암시하는 바처럼 트루먼이 포로의 강제송환에 반대했던 것은 인도적인 이유 때문이 아니었다. 포로의 자유송환을 주장한 결과 전쟁이 18개월 연장되면서 이 기간 동안 150만 명 이상의 남한과 북한 사람이 사망했다는 사실을 고려해 보면 인권은 부질없는 명분과 다름이 없었다. 유엔사 측 정전협상 대표 조이 제독이 나중에 기술한 바처럼 "공산 측 군인 가운데 상당히 많은 숫자가 공산국가로의 귀환을 거부하는 경우 공산주의자들의 전복 활동이 상당한 타격을 입을 것으로 생각되었다.…"[429] 이 같은 조이의 발언이 암시해 주듯이 포로의 자유송환은 지구적 차원에서의 공산세력과의 싸움에서 미국이 우위를 점유하기 위한 수단이었다. 이처럼 포로송환 문제를 미국이 자국의 패권경쟁에 이용하고자 하면서 한반도에서 추가적으로 150만 명 이상의 조선인이 희생된 것이다.

포로 명단이 교환된 1951년 12월 18일 문제가 심각해졌다. 당시까지

---

427. "The Joint Chiefs of Staff to the Commander in Chief, Far East (Ridgway), 19 December 1951," in *FRUS*, 1951, Korea and China, Vol. 7, p. 1,380.

428. Quoted in Bryan R. Gibby(2021), *Korean Showdown* (p. 150). Kindle Edition.; Kaufman, Korean War, pp. 237-8.

429. Martin Hart-Landsberg(1998), *Korea: Division, Reunification, and U.S. Foreign Policy*, p. 131.

북한 선전매체는 유엔군과 한국군 포로 65,000명을 자신들이 유지하고 있다고 선전해 왔다. 그런데 이들 명단을 제출할 시점이 되자 북한은 한국군 포로 7,142명, 미군 포로 3,198명, 여타 국가 군대 포로 1,219명을 포함하여 11,559명의 명단을 제출했다. 이들 수치는 유엔사가 제출한 132,727명의 공산 측 포로 명단과 대조되었다. 당시 유엔군이 최초 언급한 포로 수치와 비교하여 37,000명이 부족한 수치를 제시했던 것은 확인해 보니 이들 37,000명이 실제 전투원이 아니었기 때문이었다.[430] 양측이 제시한 포로의 수치가 정확한 것이라면 공산 측이 억류하고 있던 유엔군과 한국군 포로 가운데 80% 이상이 사망했거나 사라진 것이었다. 반면에 중국은 실종된 것으로 알려진 25,600명의 중국군 가운데 21,700명의 명단만을 건네받았다는 사실과 관련하여 실망을 토로했다.[431]

포로송환 문제와 관련한 미국의 딜레마를 초래한 주요 부분은 1949년의 제네바협정이었다. 여기서는 모든 전쟁포로를 신속히 강제 송환할 것을 촉구하고 있었다. 제네바협정에서 이처럼 명시했던 주요 이유는 2차 세계대전 종전 직후 소련이 강제로 억류하고 있던 수천 명의 독일 및 일본군 포로를 송환하기 위함이었다. 송환을 거부하는 포로들 또한 강제로 송환해야 한다는 것이었다. 당시 독일이 억류하고 있던 많은 소련군 포로들이 송환을 거부했는데 연합국은 이들을 소련으로 강제 송환했다. 더욱이 미국은 북한 및 남한과 마찬가지로 제네바협정 준수를 약속한 바 있었다.

유엔사 측 정전협상 대표 조이 제독은 자유의사에 입각한 자발적인 포로송환을 공산 측이 수용하도록 다양한 논거와 시각을 제시했다. 그러자 북한 측 대표 이상조(李尙朝)는 유엔사의 제안을 "야만적이고도 부끄러운 작

---

430. C. Turner Joy, *How Communists Negotiate* (New York: Macmillan, 1955), pp. 148–9.

431. Quoted in Bryan R. Gibby(2021), *Korean Showdown* (p. 151), Kindle Edition.

태”라고 주장했다. 공산 측 대표들은 제네바협정 118조를 거론하면서 유엔사 측 제안을 “터무니없으며, 비합리적이고, 부질없는 성격”이라고 말했다. 특히 중국은 포로의 자유의사에 따라 포로송환 여부를 결정한다는 발상에 민감한 반응을 보였다.[432]

공산 측은 제네바협정 7조와 118조 문구를 보면 포로의 사적인 열망과 무관하게 모든 포로를 강제 송환하는 것 이외에 또 다른 해석이 가능하지 않다고 주장했다. 공산 측은 모든 포로의 완벽한 교환이 아닌 형태의 방안 고집은 정전 과정에 “극복할 수 없는 장애물”을 놓는 것과 다름이 없다고 주장했다.[433]

트루먼은 본국으로 송환되는 경우 생사가 불확실해질 가능성이 있는 포로를 송환해 주지 않는 것이 미국의 도덕적 책무라고 말했다. 북한군이 남침한 1950년 여름 한국군에서 북한군으로 편입되었다가 포로가 된 남한 병사와 관련하여 특히 그러했다. 한편 포로송환과 관련하여 도덕적인 원칙을 고수하는 경우 일반적으로 공산세력의 팽창 억제 측면에서, 아시아 지역에서의 전복 또는 노골적인 분쟁 행위 억제를 염두에 둔 서전선동 및 심리적 측면에서 상당한 효과가 있었다. 나중에 트루먼은 “학살되거나 노예로 전락할 가능성이 있는 포로들을 공산 측에 넘겨주는 방식으로 정전을 추구하지 않을 것이다.”라고 말했다.[434] 어떠한 포로도 공산국가로 강제송환하지 않을 것이란 트루먼의 결심이 6·25전쟁에서의 정전협상 당시

432. Quoted in Bryan R. Gibby(2021), *Korean Showdown* (p. 153). Kindle Edition.; Allen E. Goodman, ed., *Negotiating While Fighting*: The Diary of Admiral C. *Turner Joy at the Korean Armistice Conference* (Stanford, CA: Hoover Institution Press, 1978), pp. 175–7.

433. Rutherford M. Poats(1954), *Decision in Korea*, (Kindle Location 2972, 2984).

434. Truman, *Years of Trial and Hope*, pp. 460–61.

미국의 가장 중요한 정책이었다.[435]

1952년 1월 조이는 이 문제를 판문점에서 제기했다. 조이는 유엔군이 억류하고 있던 132,000명의 전쟁포로 가운데 5,000명 정도의 북한군 포로와 11,500명 정도의 중국군 포로, 그리고 37,000명의 민간인 가운데 30,000명 정도[436]가 강제 송환되는 경우 처형될 가능성을 우려하며 송환에 격렬히 반대하고 있다고 말했다. 이 같은 유엔사 측 주장에 대항하여 남일은 전쟁포로에 관한 제네바협정을 거론했다. 남일은 이 협정에 따르면 정전협정 체결 후 예외 없이 모든 포로를 송환해야 한다고 주장했다. 그러면서 모든 포로의 교환을 요구했다.[437]

1952년 2월 트루먼은 6·25전쟁이 무기한 연장되는 한이 있더라도 자유의사에 입각한 포로송환을 고수하기로 결심했다. 당시 애치슨은 공산포로의 강제송환이 인권에 관한 미국의 원칙 측면에서 혐오스런 현상이라고 주장하는 내용의 비망록을 작성했다.[438]

자유의사에 입각한 포로송환은 제네바협정에 위배될 뿐만 아니라 전쟁 기간을 부질없이 연장시키면서 불특정 다수의 또 다른 살상을 초래할 것이 분명했다. 그러나 트루먼은 공산 측에 더 이상 양보하고자 하지 않았다. 트루먼은 '도덕의 십자가'를 강조했다. 6·25전쟁에서 유엔군은 군사적 승리를 추구하지 않을 것이었다. 그러나 트루먼은 이유야 어떠하든 남침과 관련하여 공산주의자들이 군사 및 정치적으로 대가를 지불해야 할

---

435. "Memorandum by the Secretary of State to the President, February 8, 1952," in *FRUS*, 1952–1954, Korea, Vol. 15, pp. 44–5.

436. 이들은 한국의 민간인 가운데 북한군에 강제 편입된 사람이었다.

437. "[Document 79] Editorial Note, 1952," in *FRUS*, 1952–1954, Korea, Vol. 15, Part 1, p. 135.

438. "Draft Memorandum by the Secretary of State and the Secretary of Defense for the President, February 4 1952," in *FRUS*, 1952–1954, Korea, Vol. 15, Part 1, p. 35.

것이라고 생각했다.

아무튼 조이 제독은 개인적으로 동의하지는 않았지만 자유의사에 입각한 포로송환을 추구하라는 상부 지시를 이행하지 않을 수 없었다. 자유의사에 입각한 포로송환이란 미측 제안에 충격을 받은 중국은 "모든 포로의 동시" 송환이 아닌 어떠한 송환계획에도 즉각 반대했다.[439] 마오쩌둥은 공산 측 입장을 강조하는 정교한 문구를 하달했다. 그러나 마오쩌둥은 소위 말하는 민간인 억류자의 경우 본인이 원하는 국가를 선택하여 송환하게 했다. 공산 측의 이 같은 양보로 1952년 3월 5일 40,000명 정도의 포로가 송환될 수 있었다.[440] 그 후 3주 이후인 3월 27일, 공산 측은 유엔군이 억류하고 있던 포로 가운데 게릴라, 민간인 가운데 강제로 공산군으로 편입된 사람, 한국군 가운데 북한군에 편입된 사람의 경우 본인이 원하는 국가를 선택할 수 있게 해주었다. 협상은 긴장된 가운데 진행되었다. 양측은 자신들만이 양보하고 있다고 주장하면서 의미 있는 양보를 하지 않고 있다며 상대방을 비난했다.

어느 측면에서 보면 이는 일보 진전이었다. 그러나 조이 제독을 포함한 미국의 협상팀은 다음과 같은 어려운 사실을 공산 측에 설득해야만 했다. "유엔사는 강제송환에 격렬히 반대하는 유엔사 휘하 공산군 포로들을 강제로 송환해 달라는 공산 측 요구를 수용할 수 없다. 이것이 유엔사가 기필코 지키고자 하는 입장임을 귀측이 신속히 인지하는 정도에 비례하여 포로송환 문제와 관련하여 우리가 보다 신속히 타협할 수 있을 것이다."[441]

군사적으로 상당한 압박을 받지 않는 한 공산 측은 유엔사 측의 요구를

---

439. Quoted in Bryan R. Gibby(2021), *Korean Showdown* (p. 155), Kindle Edition.

440. Quoted in Ibid.,; Goodman, *Negotiating While Fighting*, pp. 291-2.

441. Goodman, *Negotiating While Fighting*, p. 331.

수용할 이유가 없었다. 이들은 자유의사에 입각한 포로송환의 합법성을 부인할 수 있는 다수의 논리가 있었다. 몇 주 동안의 실랑이 끝에 공산 측은 포로들의 자유의사를 타진하기 위한 작업에 동의했다. 그러면서도 공산 측은 송환을 원하는 모든 포로가 가족과 결합하여 행복한 삶을 누리게 해줄 것이란 편지를 포로들에게 건네주었다. 이제 유엔사는 넘을 수 없는 강을 넘었다. 당시 유엔사는 "포로의 자유의사 타진 작업에 양측이 동의했다는 점에서 자유의사에 입각한 포로송환 원칙을 고수해야 한다. 유엔군이 억류하고 있는 포로 가운데 자신을 반공(反共) 포로로 생각하는 포로를 송환하지 않는 것이 명예로운 일이다."[442]라고 생각했다. 이 같은 유엔사의 입장으로 6·25전쟁이 예상 외로 상당히 길어졌던 것이다.

자유의사에 입각한 포로송환이 미국의 기본 정책이었지만, 유엔군이 억류하고 있던 공산군 포로 가운데 얼마나 많은 포로가 송환을 거부할 것인지는 어느 누구도 알 수 없었다. 당시 중국은 유엔사 휘하 공산군 포로 가운데 10% 정도의 송환 거부는 수용해야 하는 것으로 체념하고 있는 듯 보였다. 마침내 유엔사는 송환을 원하는 대략 70,000명의 공산군 포로, 다시 말해, 5,100명의 중국군, 53,900명의 북한군, 11,000명의 한국군 명단을 준비했다.[443] 4월 25일 유엔사가 판문점에서 이들 수치를 제시하자 공산 측이 경악했다. 당시 공산 측은 12,000명의 포로, 다시 말해 한국군 7,700명, 여타 유엔군과 미군 4,400명을 송환할 준비가 되어 있었다. 유엔사가 송환 대상으로 생각하고 있던 132,000명의 공산군 포로 가운데 62,000명이 누락되어 있었는데 이는 선전선동 측면에서 공산 측에 심각한, 결코 수용할 수 없는 일대 타격이었다. 평균적으로 4명의 중국군 포로 가운데 3명

442. Sheila Miyoshi Jager(2013), *Brothers at War: The Unending Conflict in Korea* (p. 206). Profile. Kindle Edition.

443. Burton I. Kaufman, *The Korean War: Challenges in Crisis, Credibility, and Command*, p. 246.

이 송환을 격렬히 거부했다는 사실은 마오쩌둥 중국의 합법성을 정면 부인하는 것이었다.[444]

중국 측 정전협상 요원 쯔청원(柴成文)은 자유의사에 입각한 포로송환을 포로를 억류하고, 전쟁을 장기간 연장하기 위한 술책이라며 유엔사를 맹렬히 비난했다. 여기서 한 걸음 더 나아가 남일은 조이 제독을 포함한 유엔사 측 요원들을 "추가 협상의 기본"을 파기했다고 비난했다. 상당한 실랑이 끝에 리지웨이 대장은 공산 측 비행장 건설과 관련하여 양보하는 한편, 소련을 중립국감시위원회에서 배제하고, 자유의사에 입각한 포로송환이란 내용을 담은 제안서를 준비하라는 지시를 받았다. 4월 28일 유엔사는 이 같은 최종안을 제출했다. 그러나 쯔청원은 다음과 같이 반복해 말했다. "공정하고 합리적인 포로 협상을 원한다면 귀측이 제시한 포로 숫자를 근본적으로 재고하기 바랍니다. 재차 말하지만 이 수치로는 더 이상 논의가 불가능합니다.…"[445]

1952년 5월 2일 공산 측은 모든 포로의 동시 송환을 고집했다. 타협의 여지가 없었다. 공산 측의 추가 비방과 선전에 조이 제독은 다음과 같이 답변했다. "더 이상 할 말이 없습니다. 우리의 입장은 분명합니다. 건설적인 제안이 없으면 귀측이 대화 재개를 원하는 순간까지 폐회를 제안합니다." 리지웨이 대장은 유엔사의 제안이 최종안이란 사실을 다음과 같이 강조했다. "우리의 입장은 더 이상 물러설 수 없는 성격입니다." 5월 22일 조이 제독은 정전협상의 유엔사 수장으로서의 본인의 입장을 다음과 같이 표현했다. "10개월 12일 동안의 논의 이후 더 이상 내가 할 수 있는 일이

---

444. Quoted in Bryan R. Gibby(2021), *Korean Showdown* (p. 157). Kindle Edition.

445. Goodman, *Negotiating While Fighting*, pp. 367-8.

없습니다. 협상이 필요한 부분이 더 이상 없습니다."[446]

포로송환: 자유의사는 명분 실제는 강압

미국은 자유의사에 입각한 포로송환을 집요하게 주장했지만 공산 측 포로들의 자유로운 선택을 허용하지 않았다. 당시 미국의 주요 관심은 공산 측에 선전선동 차원에서 상당한 패배를 안기는 것이었다. 특히 중국에 그처럼 하는 것이었다. 당시 포로송환 문제는 보다 거대한 차원의 선전선동 전투의 또 다른 측면일 수 있었다. 이 같은 선전선동에서 미국이 추구한 목표는 대다수 세계인들이 공산주의를 배격한다는 사실을 보이는 것이었다. 반공(反共)을 추구함을 보이는 것이었다. 이 같은 사실을 입증해 보이기 위한 주요 집단이 6·25전쟁에서의 피난민과 포로였던 것이다. 미국은 특히 중국 포로들을 의도적으로 이용했다. 이는 이들 중국군 포로가 공산세력을 겨냥한 선전선동 측면에서 보다 많은 의미가 있었기 때문이었다.[447]

결과적으로 상대적으로 방어가 용이한 특정 전선에서 대한민국의 물리적 완전성을 보장한다는 영토 및 군사적으로 정의되었던 전쟁목표가 공산주의 이념과 비교한 민주주의 이념의 우수성을 입증해 보이기 위한 성격으로 바뀌었다.[448] 미국과 중국 모두는 새로운 정치적 목표를 달성하기 위한 적정 군사적 목표를 설정하는 문제를 놓고 고민했다. 이 같은 새로운 유형의 전쟁에서 만족스런 정치적 타결을 상대방에게 강요하기 위한 적정 군사적 수단 적용이란 전략적인 문제를 놓고, 1952년 내내 고민했다.

미국은 송환을 원하는 7만 명이란 포로 수치를 공정한 과정을 통해 도

---

446. Quoted in Bryan R. Gibby(2021), *Korean Showdown* (p. 158). Kindle Edition.; Goodman, *Negotiating While Fighting*, pp. 406, 437.

447. Jon Halliday(1988), *Korea, The Unknown War*, p. 181.

448. Harry S. Truman(1956), *Memoirs*, pp. 459-64.

출한 것이라고 주장했다. 그러나 이는 사실이 아니었다. 어느 미 국무성 관리에 따르면 포로수용소에 "공포 분위기"가 조성되었다. 조이 제독은 본인의 일기(日記)에 다음과 같이 기술했다. "본국 송환을 원하는 공산 측 포로의 경우 엄청난 폭력을 당하거나 살해되었다.…대부분 포로는 공포에 질려 본인의 의사를 제대로 표현할 수 없었다."[449] 미 국무성을 위해 일했던 두 명의 통역원은 공정히 검증하는 경우 중국군 포로 가운데 90% 정도가 본국 송환을 원했을 것이라고 조이에게 말했다. 그런데 당시 미국은 이들 가운데 15% 정도가 본국 송환을 원한다고 발표했다.[450] 결과적으로 대략 22,000명의 중국군 포로가 중국으로 송환되지 못했던 것이다.

이 같은 유엔사의 공산 측 포로송환 거부 움직임에 대항하여 1952년 5월 7일 친공(親共) 포로들이 거제도 포로수용소에서 폭동을 일으켰다. 리지웨이는 이들을 사살하라고 지시했다. 리지웨이는 전선에서 200마일 떨어진 거제도로 1개 전차 대대를 급파했다. 리지웨이는 8군사령관 밴플리트에게 다음과 같이 말했다. "필요한 모든 폭력을 동원하여 폭동을 진압하시오.…나는 저항하거나 우리의 요구를 제대로 이행하지 않는 공산 포로들을 사살해야 할 것으로 결심했다.…" 밴플리트는 휘하 장교들에게 다음과 같이 말했다. "필요 이상으로 폭력을 사용하는 경우 용서할 것이지만 필요 이하로 사용하는 경우 문책할 것이다." 유엔군 병사들이 전차와 화염방사기로 수백 명의 포로를 살해했다.[451]

마크 클라크(Mark W. Clark) 대장이 리지웨이의 후임으로 유엔군사령관 직책을 이어받은 1952년 5월의 정전협상 상황은 이와 같았다.

449. Quoted in Jon Halliday(1988), *Korea, The Unknown War*, p. 178.

450. Ibid., p. 179.

451. Ibid., pp. 178-9.

1952년 7월경에는 양측이 포로송환 문제를 제외하고는 정전협정 관련 모든 측면에 동의했다. 포로송환 문제를 놓고 몇 개월 동안 실랑이를 벌이던 1952년 10월 8일 미국은 정전협상을 무기한 중지시켰다.[452] 그러자 공산 측은 정전협상 중지와 관련하여 유엔총회에서 강력히 항의했다. 공산 측은 송환을 원치 않는 공산 측 포로가 일부 있다는 유엔사 측의 주장은 믿을 수 없으며 상식에 어긋난다고 말했다.[453]

아이젠하워 대통령 취임, 스탈린 사망, 정전협상 타결

1952년 10월 8일 이후 무기한 중지되어 있던 정전협상은 1952년 11월 미국 대통령에 당선된 아이젠하워가 선거 유세 도중 6·25전쟁의 조기 종결을 공약했다는 사실과 1953년 3월 4일의 스탈린의 사망으로 급물살을 탔다.

아이젠하워 대통령과 미 국무장관 덜러스가 1953년 초순 가장 중요하게 생각했던 것은 6·25전쟁 종료 방안 강구였다. 그러나 이들은 구체적인 전략이 없었다. 1952년 12월의 한국 방문을 통해서도 아이젠하워는 그 해법을 찾지 못했다. 귀국 후 공화당 의원들의 독촉으로 아이젠하워는 맥아더와 회동했다. 맥아더는 아이젠하워에게 정치적 타결을 고려한 최후통첩장을 소련에 보낸 후 이 같은 통첩장을 거부하는 경우 핵무기 투하를 통해 압록강 주변지역을 방사능으로 오염시켜 부대와 보급 물자가 이동하지 못하게 하라고 제안했다. 아이젠하워는 맥아더의 제안을 수용하지 않았다.[454] 한편 덜러스는 유엔군을 평양-원산 선으로 진격시킬 것을 촉구했

---

452. Quoted Sydney D. Bailey(1992), *The Korean Armistice*, p. 111.

453. Ibid..

454. H. W. Brands(2016), *The General vs. the President* (p. 392), Kindle Edition.

다. 이처럼 하면 공산 측이 정전협정 체결을 수용하게 될 것이며, 한국이 정치 및 경제적으로 보다 안정적인 상태가 될 것이라고 말했다. 그러나 이 방안은 그 과정에서 많은 인명과 재정 손실 가능성을 우려한 미 국방부장관 찰스 윌슨(Charles Wilson)의 반대로 무산되었다.[455] 아이젠하워는 공산주의자들로 하여금 평화를 간청하게 만들 수 있는 또 다른 방안을 강구하라고 미 합참에 지시했다. 결과적으로 1953년 4월 유엔군과 공산군 간의 긴장을 고조시키기 위한 6개 방책을 담고 있던 NSC-147이 등장했다. 여기서는 최종적으로 중국을 겨냥한 핵무기 사용을 가정했다. 트루먼과 달리 아이젠하워는 재래식 무기와 핵무기를 구분하지 않았으며, 6·25전쟁 종료를 위해 핵무기를 사용할 의향이 있었다.[456]

1953년 5월 말경 아이젠하워는 NSC-147에 공식 서명했다. 그 후 미국은 이 같은 사실을 3개 채널을 통해 공산 측에 전달했다. 예를 들면, 인도의 뉴델리를 방문한 덜러스는 인도가 중국에 메시지를 전달할 것으로 가정하여 공산 측이 정전협정 체결을 수용하지 않으면 유엔사가 핵무기를 사용하는 등 6·25전쟁을 중국 대륙으로까지 확산시킬 가능성이 있음을 네루(Javāharlāl Nehrū) 수상에게 암시했다. 전통적인 시각에서는 이 같은 아이젠하워의 핵무기 사용 위협으로 공산주의자들이 평화를 간구하게 되었으며, 정전협정 체결을 수용하지 않을 수 없었다고 생각했다.[457] 6·25전쟁이 종료된 후 라이프지에 기고한 글에서 덜러스 국무장관은 이처럼 말

455. "Memorandum by the Secretary of State to the President, March 6 1953," in *FRUS*, 1952-1954, Korea, Vol. 15, Part 1, p. 806.; Robert Barnes(2014). *The US, the UN and the Korean War* (Library of Modern American History) (pp. 180-1). Kindle Edition.

456. "Memorandum by the Deputy Assistant Secretary of State for Far Eastern Affairs (Johnson) to the Secretary of State, April 6 1953," in *FRUS*, 1952-1954, Korea, Vol. 15, Part 1, pp. 881-2.

457. Callum Macdonald(1986), *Korea: The War Before Vietnam* (New York: Free Press, 1986), pp. 180-1, pp. 177-8.

했다. 반면에 수정주의적인 시각에서는 아이젠하워의 핵무기 사용 위협의 의미에 의문을 제기했다. 이들은 이들 위협이 기껏해야 암시적인 수준을 벗어나지 못했다고 말했다. 이들은 아이젠하워의 이 같은 위협이 있기 이전에 공산 측과 유엔사 측이 정전협정 체결에 필요한 모든 양보를 했다고 주장했다.

결국 정전협정 체결을 가속화시킨 사건은 스탈린의 사망이었다. 중국 외무상 저우언라이가 스탈린의 장례식 참석을 위해 1953년 3월 8일부터 17일까지 모스크바에 체류했다. 당시 스탈린의 후계자 게오르기 말렌코프(Georgii Malenkov)는 국제사회의 긴장완화와 평화공존을 촉구했다. 이틀 뒤 말렌코프를 포함한 소련 지도자들과 저우언라이가 한반도 문제를 놓고 논의했다. 소련 지도자들은 저우언라이에게 6·25전쟁의 조기 종결을 촉구했다. 안드레이 비신스키(Andrey Vyshinsky) 후임으로 소련 외무장관이 된 몰로토프와 저우언라이는 공산군과 유엔군 포로 가운데 환자와 부상자를 곧바로 교환하자는 당시로부터 1달 전의 유엔군사령관 클라크 대장의 제안을 수용하기로 합의했다. 3월 중순 몰로토프는 클라크의 제안에 대한 답변 차원에서 작성한 마오쩌둥과 김일성에게 보낼 서신의 초안을 소련 정부 내부에 회람시켰다.[458]

김일성에게 보낼 편지는 다음과 같았다. "소련 정부는…한반도 문제에 관한 기존 정책의 지속이 옳지 않다고 결론지었다." 공산 측은 "적의 제안을 이용하여 한반도 문제를 선도적으로 해결해 나감으로써 중국과 북한을 6·25전쟁의 수렁구덩이에서 빠져나오게 해야 한다. 그런데 이는 중국 인민과 북한 인민, 평화를 사랑하는 세계 인민 모두의 이익과 부합할 것이다." 편지에서 소련은 중국과 북한이 6·25전쟁 종결을 위한 시발점으로서

---

458. Quoted in Wada Haruki(2014), *The Korean War*, (Kindle Location 7616).

포로문제에 관한 클라크 대장의 제안에 긍정적으로 반응해야 할 것이라고 말했다. 이 같은 방식으로 정전협정을 체결해야 할 것이라고 말했다. 소련은 포로송환 문제와 관련하여 유엔사 측의 제안을 수용해야 한다고 생각했다. 소련은 귀환을 원하는 모든 포로를 즉각 귀환하는 한편 귀환을 원치 않는 포로를 중립국으로 보내어 그곳에서 공정한 방식으로 처리할 것을 중국과 북한에 촉구했다. 최종적으로 저우언라이가 이 같은 소련의 계획에 동의했다.

3월 23일 마오쩌둥은 판문점 정전회담장의 중국공산당 대표 딩구오유(丁国钰)를 통해 김일성과 펑더화이에게 다음과 같은 메시지를 전달했다. "우리는 유엔군과 공산군 포로 가운데 부상자와 환자를 곧바로 교환하자는 클라크 대장의 제안을 놓고 논의하기로 했다. 그 답변 작성에 며칠이 소요될 것이다. 당분간 이 문제를 비밀로 유지해야 한다." 당시 마오쩌둥은 포로송환 문제와 관련하여 중국이 양보하기로 최종 결심했다.[459]

그날 밤 마오쩌둥은 소련의 특사인 쿠즈네초프(A. A. Kuznetsov)와 중국 특사가 다음 날 한반도를 방문할 것임을 김일성에게 알려주었다. 포로송환 문제와 관련한 중국의 결심과 관련하여 저우언라이가 초안을 작성하고 마오쩌둥이 서명한 전문이 다음날 김일성에게 전달되었다. 여기서는 환자 또는 부상자 포로송환 문제와 관련하여 김일성과 펑더화이가 클라크에게 유사한 방식으로 답변해야 한다고 명시하고 있었다.

1953년 3월 29일 소련 특사 쿠즈네초프가 포로송환에 관한 소련의 서신을 김일성에게 전해주었다. 김일성과의 회동에 관해 소련으로 보낸 쿠즈네초프의 보고서에 따르면 "김일성은 나의 설명을 듣고는 매우 기뻐했다. 김일성은 소련의 소식이 좋은 소식일 것임을 잘 알고 있었다고 말했다. 김

---

459. Quoted in Ibid., (Kindle Location 7647).

일성은 매우 흥분했다. 김일성은 서신을 주의 깊게 읽고는 재차 만나자고 말했다."[460] 김일성은 곧바로 정전협정이 체결될 가능성과 관련하여 열광했다. 재차 회동한 그날 늦은 시점 김일성은 소련의 제안에 동의했다.

3월 29일 김일성은 한반도 문제에 관한 소련정부 제안에 전적으로 공감한다면서 이 제안이 가능한 한 조속히 이행될 수 있었으면 한다고 말했다. 김일성은 공산 측이 6·25전쟁을 선도적으로 종료시킨 후 평화를 쟁취해야 할 시점이 되었다고 말했다. 김일성은 군사작전 재개와 정전 가운데 하나를 선택해야 할 시점이라고 말했다. 김일성은 현 상황 지속이 조선민주주의인민공화국 또는 중화인민공화국의 이익과 부합하지 않는다고 말했다. 김일성은 전선과 후방 지역에서의 북한의 인명 피해가 상당한 수준이라고 말했다. 김일성은 매일 3백 명에서 4백 명의 북조선 인민이 사망한다고 말했다. 따라서 김일성은 송환 가능한 북한군 포로 숫자를 놓고 왈가불가할 때가 아니라고 말했다. 김일성은 "현 상황을 놓고 보면 소련정부의 제안이 가장 적절하다."[461]고 결론지었다. 김일성은 6·25전쟁을 보다 장기간 동안 진행하고자 하는 중국의 노력은 더 이상 적절치 않다면서, 이 같은 상황을 타개하고자 하는 소련의 노력에 감사를 표명했다.

3월 30일 베이징방송은 클라크 대장의 포로송환 제안에 대한 저우언라이의 답변을 다음과 같이 보도했다. "중화인민공화국 정부와 조선민주주의인민공화국 정부는 정전협정 체결 후 송환을 원하는 모든 유엔군 포로를 즉각 송환할 것이며, 송환을 원치 않는 포로들을 중립국으로 보내어 공정한 방식으로 처리될 수 있게 할 것이다." 그러면서도 중국은 정전협정 체결과 동시에 모든 포로를 즉각 송환해야 한다는 제네바협약에서 벗어나

---

460. Quoted in Ibid., (Kindle Location 7656, 7664).

461. Quoted in Ibid., (Kindle Location 7664).

고자 하지 않았다. 중국과 북한은 일부 공산 측 포로들이 송환을 원치 않는다는 유엔사 측의 주장을 일축했다. 그럼에도 불구하고 중국은 포로의 강제송환이 있으면 안 된다는 미국의 요구를 수용했다.

3월 31일 김일성은 포로송환에 관한 저우언라이의 제안에 기꺼이 서명했다. 다음 날 소련 외무상 몰로토프는 저우언라이와 김일성의 입장을 지지하는 성명서를 발표했다.[462]

소련, 중국 및 북한이 6·25전쟁을 종결시키기 위한 협상을 준비하고 있을 당시 미국 관리들은 아직도 핵무기 사용 문제를 놓고 지속적으로 논의했다. 3월 31일의 미 국가안전보장회의에서 아이젠하워 대통령은 6·25전쟁에서의 핵무기 사용 문제를 제기했다. 그러나 핵무기 사용을 지지하는 입장은 아니었다. "물론 아이젠하워는 핵무기로 타격할 만한 표적이 많지 않다는 사실을 인정했다. 그러나 아이젠하워는 핵무기 사용을 통해 다음과 같은 결과를 얻을 수 있다면 그 가치가 있다고 생각했다. (1) 공산군에 대항하여 상당한 승리를 쟁취할 수 있다. (2) 군사분계선을 평양—원산 선으로 이동시킬 수 있다.…이 같은 핵무기 사용이 자신이 미소 핵전쟁에서 전투장이 될 것으로 느끼고 있는 유럽의 동맹국들에 미치는 효과를 고려해야 한다."[463] 아무튼 당시 아이젠하워가 핵무기 사용 운운했던 주요 이유는 6·25전쟁을 조기에 종료하기 위함이었다. 4월 3일 자 미 중앙정보국 비망록에서는 정전협정 체결이 지연될 가능성을 다음과 같이 우려하고 있었다. "한반도에서 군사적 정체상태가 지속되는 한 공산 측이 정전협정 체결을 위해 포로 문제와 관련하여 양보하지 않을 가능성이 있다."[464]

---

462. Quoted in Ibid., (Kindle Location 7687).

463. "Memorandum of Discussion at a Special Meeting of the National Security Council on Tuesday, March 31, 1953," in *FRUS*, 1952–1954, Korea, Vol. 15, pp. 826–7.

464. "National Intelligence Estimate, 3 April 1953," in *FRUS*, 1952–1954, Korea, Vol. 15, pp.

이 같은 측면에서 보면 당시 공산 측 제안은 시기적절했다. 다음에서 보듯이 아이젠하워는 환자와 부상자 포로송환을 공산 측의 의도를 보여주는 시금석으로 생각하고 있었다. "우리는 환자와 부상자 포로송환을 소련 측의 선의를 보여주는 일종의 기준으로 간주해야 한다.…아이젠하워는 보다 포괄적인 협상을 시작하기 이전에 포로송환에 관한 전반적인 과정을 완료할 수 있기를 원했다."[465] 공산 측이 이 같은 제안을 수용하는 경우 미국은 정전협상을 재개할 예정이었다. 4월 6일 공산 측과 유엔사 측 연락장교가 회동을 시작했으며, 4월 11일 북한군 이상조 장군과 미군제독 존 다니엘(John C. Daniel)이 환자 및 부상자 포로송환에 관한 합의문에 서명했다.

포로송환: 많은 인명 손실 초래

1952년 이후 공산군은 제대로 준비된 진지를 구축하고 있었으며, 전투로 단련되어 있었다. 결과적으로 전선을 더 북쪽으로 이동시키고자 하는 유엔사의 노력에 격렬히 반응할 준비가 되어 있었다. 클라크는 당시의 전선 상황을 다음과 같이 표현했다. "항상 보다 높은 고지를 점령해야 한다는 유혹이 있었다. 적이 이 고지를 점령하고 있었다.…아측이 이 고지를 원하고 있었다.…적의 심장부를 내려다보는 그러한 고지를, 그러나 우리는 면전에 보다 높은 또 다른 고지가 항상 있었다는 점에서 점령을 추구하지 않았다. 개개 고지를 점령하는 과정에서 많은 인명이 희생되었다."[466]

8군사령관 밴플리트는 점령에 1개 대대 이상의 병력이 요구되는 이들

874-6.

465. "Memorandum by the Secretary of State, April 3 1953," in *FRUS*, 1952-1954, Korea, Vol. 15, p. 857.

466. Quoted in Bryan R. Gibby(2021), *Korean Showdown* (p. 159). Kindle Edition.; Mark W. Clark, *From the Danube to the Yalu* (New York: Harper and Brothers, 1954), pp. 79-80.

고지를 점령하게 해달라고 지속적으로 요청한 반면, 유엔군사령관 클라크 대장은 이 같은 요청을 지속적으로 제한했다. 정전협정이 체결된 1953년 7월 27일까지의 1년여 기간 동안 더 이상 전선에 변화가 없는 가운데 유엔군과 공산군이 이들 고지 점령을 위한 전투를 지속하면서 많은 인명을 희생시킨 것이다.

이미 언급한 바처럼 포로송환 문제에 관한 최초의 서광은 1953년 4월 포로 가운데 환자와 부상자의 교환을 통해 비추기 시작했다. 그러나 당시에도 지상에서 전투가 지속되었다. 1953년 5월 미국은 평양 부근의 몇몇 댐을 수차례 공습했다. 결과적으로 상당한 범람으로 들판의 곡식이 물에 잠겼으며, 평양의 모든 지역이 물바다가 되었다. 그러자 공산 측이 정전협상을 중지했으며, 미국은 재차 핵무기 사용을 언급했다. 미국은 유엔의 압력과 소련의 보복 가능성으로 핵무기를 사용하지 않았다. 마침내 1953년 6월 8일 유엔사 측과 공산 측이 포로송환에 관해 합의했다. 공산 측이 포로의 자유송환 방침을 수용한 것이다. 6월 17일에는 최종 군사분계선의 위치에 관해 합의했다. 1953년 7월 27일 정전협정이 체결된 것이다.

정전협정 체결을 저지하기 위한 노력 차원에서 이승만은 27,000명의 반공포로를 석방했다. 공산군이 이 같은 이승만의 노력에 즉각 반응했다. 6월 24일과 25일 공산군이 한국군을 강타하여 7,400명을 희생시켰다. 이들은 또한 이승만이 정전협정을 준수하게 해달라고 미국에 요구했다. 미국이 답변하지 않자, 한국군을 재차 공격하여 상당한 피해를 입혔다. 한국군을 겨냥한 중국군의 엄청난 공격으로 미군이 중국군의 공격에 노출되었다. 마침내 미국은 이승만이 정전협정을 준수하도록 나름의 조치를 강구할 것이라고 공산 측에 약속했다.

공산 측과 유엔사 측 모두 정전대화에서 순수 군사적 문제에 초점을 맞추기로 합의한 바 있다. 그러나 포로송환 단계에서의 트루먼의 주장은 전적으로 정치적인 성격이었다. 정전협상의 이 단계가 그처럼 장기간 동안 지속되었으며, 그 과정에서 많은 인명이 희생되었던 것은 이 같은 이유 때문이었다. 그 과정에서는 영토 획득 또는 인명 손실이 더 이상 별다른 의미가 없었다. 판문점에서의 협상 입지 확보가 가장 중요한 의미가 있었다. 고지 점령 또는 손실은 상대방이 느끼는 군사적 대가와 정치적 고통을 증대시켜 주는 경우에나 의미가 있었다. 이 같은 이유로 전투가 치열하게 진행되었다. 1952년의 대부분 기간 동안 정전협상을 좌우한 주요 요소는 야전에서의 치열한 전투였다. 1952년 10월의 백마고지 전투, 저격능선 전투, 삼각고지 전투는 대표적인 경우였다.

　　1951년 12월부터 1952년 8월까지 유엔군과 한국군 포병은 매달 평균 741,400발의 포탄을 발사했다. 그런데 이 기간 동안 공산군은 유엔군과 한국군의 매달 발사한 포탄수의 평균치의 절반도 되지 않은 345,000발을 발사했다. 중국군이 추계공세를 시작한 1952년 9월 유엔사는 거의 100만 발의 포탄으로 대응했다. 백마고지 전투, 삼각고지 전투, 저격능선 전투가 진행되던 1952년 10월부터 11월의 기간 유엔군은 매달 평균 1,303,900발의 포탄을 퍼부었다. 1952년 12월에는 85만 발 정도를 발사했다. 1953년 1월부터 정전협정이 체결되던 시점까지 유엔군은 매달 1백만 발 이상의 포탄을 발사했다.[467] 여기서 보듯이 정전협상이 진행되고 있던 당시 유엔군은 엄청난 포탄을 적진으로 퍼부었다.

　　6·25전쟁의 피해는 정확한 계산이 거의 불가능하다. 그러나 6·25전쟁 3년의 기간 동안 사망한 민간인과 군인의 숫자를 보면 6·25전쟁이 얼마나 참혹한 방식으로 진행되었는지를 잘 알 수 있을 것이다. 이 기간 동안 4백만 명 이상이 사망했다. 대략 200만 명 정도의 북한 민간인, 50만

---

467. Bryan R. Gibby(2021), *Korean Showdown* (pp. 66-7). Kindle Edition.

명 정도의 북한군, 1백만 명 정도의 중국군, 1백만 명 정도의 남한의 민간인, 10만 명 정도의 한국군, 95,000명 정도의 유엔군이 사망했다. 미군은 54,000명 정도 사망했다. 북한인구 가운데 20% 정도가 사망했다. 이는 2차 세계대전 당시 가장 많은 인명이 희생된 소련과 폴란드와 비교해도 매우 높은 비율이었다. 2차 세계대전 당시 일본은 2백만 명 정도의 군인과 민간인이 사망했는데 이는 일본 인구의 3% 정도였다.[468]

제6절. 결론

6·25전쟁을 연구하는 학자들이 공통적으로 말하는 사실이 있다. 이는 6·25전쟁이 놀라움의 연속이라는 것이다.

한반도를 공산군에 포기할 것만 같았던 미국이 북한군의 남침을 가정하여 전쟁 발발 직후 미군을 유엔군의 일환으로 참전시키기로 결심한 일, 한반도전쟁 계획인 SL-17을 1949년 9월에 작성한 일, 이 전쟁계획에 입각하여 전쟁을 수행한 일, 이형근 장군이 본인의 자서전인 『군번 1번의 외길인생』이란 책에서 언급한 10대 불가사의, 전쟁이 벌어지기 이전에 미 국무성이 유엔결의안을 작성한 일, 유엔군의 참전을 미국이 먼저 결정하고 유엔이 추인하게 한 일, 전쟁목표의 지속적인 변경, 기습적인 듯 보이는 북한군의 남침과 중국군 참전, 한강 방어가 아니고 낙동강 방어를 추진한 일, 인천상륙작전, 38선 북진, '원산 책략', 중국군이 청천강 부근에 포진

---

468. Bruce Cumings(1990), *The Origins of The Korean War, Vol. Ⅱ: The Roaring of the Cataract(1947-1950)* (Princeton, New Jersey: Princeton University Press, 1990), p. 770.

해 있음을 잘 알고 있던 상태에서의 유엔군의 압록강 진격, 이처럼 진격하면서 진격 사실을 공공연히 적에게 알려준 일, 장진호 부근이 취약하다는 사실을 공공연히 거론한 일, 중국군의 반격이 있자 곧바로 유엔군을 38선 부근으로까지 고속 남진시킨 일, 중국군의 미미한 공격에도 불구하고 1951년 1월 4일 서울을 포기한 일, 중국군이 38선 부근을 고수하고자 하던 당시 맥아더가 한반도 포기를 지속적으로 주장한 일, 공산군과 유엔군의 병력에 거의 차이가 없던 당시 인해전술 운운한 일, 첨단 무기로 무장하고 있던 미군이 소총도 변변히 구비하지 못한 중국군을 우려의 대상으로 간주한 일, 캔사스-와이오밍 선을 사전에 정해놓고 북진한 일, 포로의 자유송환을 주장하며 18개월 동안 전쟁을 연장시킨 일, 원산, 성진, 청진과 같은 북한의 주요 도시를 1년 이상 폭격한 일, 1951년 7월 전후 유엔군이 한반도에서 철수하지 않기로 결심한 일 등 6·25전쟁은 놀라움으로 점철되어 있다.

이들 일련의 놀라운 사건을 어떻게 설명할 수 있을까? 이들 모두는 6·25전쟁에서 미국이 추구한 목표를 분명히 이해하는 경우 전혀 놀라운 일이 아니었음을 알게 된다. 이들 놀라워 보이는 일련의 사건은 6·25전쟁에서 미국이 추구한 목표가 가능한 한 장기간 동안 미군이 한반도에서 중국군과 치열하게 싸우는 것이었음을 알게 되는 경우 지극히 당연한 현상이 된다. 이 같은 전쟁목표 측면에서 보면 모든 궁금증이 쉽게 해소된다.

이미 언급한 바처럼 미국이 1949년에 미군의 한반도전쟁 참전 계획과 수행 계획을 작성했다는 사실은 이 전쟁이 기습적으로 벌어진 것이 아니었음을 의미한다. 이는 6·25전쟁이 남한과 북한의 전쟁이 아니고 미국과 소련이란 강대국이 자국의 패권 이익을 위해 한반도에서 벌인 패권전쟁이었음을 암시해 주는 부분이다.

앞에서 언급한 모든 놀라워 보이는 사실은 한반도전쟁에서 미국이 추구한 정치적 목표 측면에서 설명이 가능해진다.

1950년 6월 25일 직전에 한국군에서 벌어진 기이한 사건, 예를 들면 전쟁 바로 전날 주한미군군사고문단 요원들과 한국군 고급 장교들의 댄스파티는 1950년 6월 25일 새벽 4시를 기점으로 벌어진 전쟁이 북한군의 남침에 의한 것일 수밖에 없음을 입증하기 위한 알리바이 성격의 것이었다. 당시 미국은 북한군의 남침 징후를 모르고 있지 않았다. 의도적으로 간과했던 것이다. 이는 미군이 유엔군의 일환으로 한반도전쟁에 참전하고자 하는 경우 북한군의 남침이 필수적이기 때문이었다. 당시 북한군의 남침 준비와 관련하여 미국이 사전에 경고했더라면 남침은 불가능했을 것이다.

남침한 북한군을 한강에서 방어하지 않았던 것은 이처럼 조기에 방어하는 경우 미군 재무장에 필요한 수준의 충격 효과를 창출할 수 없었기 때문이었을 것이다. 이 같은 이유로 1950년 8월 1일경에 유엔군이 무장과 병력 측면에서 북한군을 압도했음에도 불구하고 1949년 9월에 작성한 전쟁계획대로 낙동강방어선까지 후퇴한 것이었을 것이다. 이 같은 후퇴는 더 이상 후퇴하면 부산 앞바다에 수장될 것만 같은 긴장감을 조성하기 위함이었을 것이다.

인천에서의 극적인 상륙작전은 물론이고 고속으로 수도 서울 수복을 위해 노력했던 것 또한 미군 재무장에 필요한 충격 효과를 창출하기 위함이었을 것이다.

인천에 상륙한 10군단과 낙동강방어선을 돌파한 8군이 북한군을 포위하여 섬멸하지 않고 도망칠 수 있게 해주었던 것은 유엔군이 북진할 명분을 확보하기 위함이었을 것이다.

북진 일정을 상당히 늦추어 8군으로 하여금 낭림산맥 서쪽에서 북진하게 한 반면 10월 20일경에 10군단이 원산에 상륙하는 것으로 구상했던 주요 이유는 북한군의 퇴각을 허용해 줄 뿐만 아니라 8군에 대한 중국군의 공격에 대비하기 위함이었을 것이다.

중국군의 참전을 의도적으로 간과했으며, 축소했던 주요 이유는 1950년 8월 30일 당시 영국 및 프랑스와 합의한 바처럼 중국군이 대거 참전했음이 분명해지는 경우 유엔군이 북한지역에서의 작전을 중지해야만 했기 때문이었을 것이다. 1950년 10월 9일의 트루먼의 명령에 따라 북한 지역에서 작전을 지속하기 위해 중국군의 참전을 간과하고 축소시킬 필요가 있었을 것이다.

중국군이 청천강 이북 지역에 대거 포진해 있음을 잘 알고 있던 상태에서 유엔군이 8군과 10군단으로 지휘권을 분리시킨 상태에서 북진했던 것은 중국군의 반격을 용이하게 만들기 위함이었을 것이다. 장진호 부근이 취약하다는 사실을 공개적으로 거론했던 것도 동일한 이유 때문이었을 것이다. 이처럼 반격 유도를 통해 중국군을 한반도 특정 전선으로 유인하기 위함이었을 것이다.

중국군이 반격하자 38선 부근에서 정전협정 체결을 결심한 상태에서 유엔군을 곧바로 38선 부근으로 고속 남진시켰던 것은 이곳 지역에서 유엔군과 중국군이 장기간 동안 치열하게 싸우게 하기 위함이었을 것이다. 이같은 고속 남진 모습이 자유진영 국가 국민들에게 상당한 충격을 주었을 것이다.

2장에서 살펴본 바처럼 미국이 한반도에서 영향력을 확보하여 유지하고자 하는 경우 남북통일은 곤란했다. 한국이 과도할 정도의 영토를 차지해도 곤란했다. 이 경우 미국에 대한 한국의 의존도가 줄어들 것인데 이는 한반도에 대한 미국의 영향력 확보 측면에서 바람직하지 않았을 것이다. 38선 부근에서의 정전이 미국이 한반도에서 추구한 목표, 한반도에 대한 영향력을 확보하여 유지한다는 목표 측면에서 바람직했을 것이다.

유엔군이 38선 부근에 정착해 있던 1950년 12월 15일 이후 중국군의 미미한 공격에 반응하여 유엔군을 평택 부근까지 남하시켰던 것은 한반도 전쟁을 중국대륙으로까지 확전시키겠다는 맥아더의 구상 때문이었을 것이다. 그런데 이 같은 남하가 미군 재무장에 필요한 충격 효과 창출 측면에서 또한 의미가 없지 않았을 것이다. 중국군이 38선 이남 지역을 더 이상 공격하지 않고자 했던 1951년 1월 10일경 맥아더가 유엔군의 한반도 철수 운운했던 것 또한 동일한 성격이었을 것이다.

38선 이북 지역에 위치해 있는 캔사스-와이오밍 선으로 올라온 이후 유엔군이 정전협상 과정에서 포로의 자유송환을 주장하며 18개월 동안 치열하게 싸운 것은 6·25전쟁에서 가장 상징적인 부분이었다. 이는 이 전쟁에서 미국이 추구한 목표가 무엇인지를 분명히 보여준 사건이었다. 이 전쟁에서 미국이 가능한 한 장기간 동안 중국군과 피비린내 나는 형태로 싸울 필요가 있었음을 단정적으로 보여준 사건이었다.

정전협상이 시작된 1951년 7월 미국은 한반도에 완벽한 평화가 정착되기 이전까지 유엔군을 주둔시켜야 할 것으로 결정했다. 그런데 제네바회담에서 미국은 이처럼 한반도에 완벽한 평화가 정착되지 못하도록 노력했다. 평화협정 체결을 거부한 것이다. 결과적으로 전후 미국은 미군을 한반도에 주둔시킬 수 있게 된 것이다.

이 같은 6·25전쟁 분석을 통해 얻을 수 있는 교훈은 무엇일까?

첫째는 전쟁이 정치적 목표를 겨냥하여 수행된다는 사실이다. 우리는 지금까지 6·25전쟁에서 미국이 추구한 목표가 38선 원상회복 내지는 남북통일이라고 배웠다. 그런데 당시의 전쟁목표를 이처럼 정의하는 경우 앞에서 언급한 놀라운 사건들을 제대로 설명할 수 없을 것이다. 예를 들면, 38선 원상회복을 외친 미국이 북한군을 한강에서 방어하지 않고 낙동강에서 방어하고자 한 이유를 설명할 수 없을 것이다. 남북통일을 표방하며 북진한 유엔군이 중국군의 반격이 있던 11월 27일의 다음날인 11월

28일 남진을 결정했으며, 12월 1일 38선 부근에서 정전협정을 체결하기로 결심한 이유를 설명할 수 없을 것이다. 반면에 이 전쟁에서 미국이 추구한 목표를 가능한 한 장기간 동안 중국군과 치열하게 싸우는 것이라고 정의하는 경우 6·25전쟁에서 있었던 모든 사건들을 분명하게 설명할 수 있을 것이다.

둘째는 6·25전쟁에서 미국이 추구한 목표는 대한민국의 국익이 아니고 미국의 국익을 위한 것이었다는 사실이다. 미군 재무장 차원에서 한반도에서 미군과 중국군이 가능한 한 치열하게 장기간 동안 싸우게 할 것이란 목표는 분명히 말해 대한민국이 아니고 미국을 위한 성격이었다. 그 와중에서 3백만 명 이상의 남한과 북한 사람이 사망했으며, 국토가 초토화되었는데 이는 어떠한 논리로도 정당화될 수 없을 것이다. 결국 6·25전쟁은 미국과 소련이 자국의 패권이익을 위해 한반도를 희생시킨 전쟁이었던 것이다.

셋째, 전쟁 수행 과정에서 미국과 소련이 한반도를 자국의 국익 증진 차원에서 이용하고자 했다는 사실이다. 그런데 이는 오늘날에도 마찬가지인 듯 보인다.

이들 교훈을 통해 명심해야 할 가장 중요한 교훈은 무엇일까? 국가안보를 외세에 의존하면 결코 안 될 것이란 사실이다. 전작권을 서둘러 전환해야 한다는 사실일 것이다. 국가안보는 여당과 야당이 따로 없을 것이다. 한국인들이 국가안보 측면에서 일치단결해야 할 것으로 보인다. 국가안보를 당리당략 차원이 아니고 국익 측면에서 접근해야 할 것으로 보인다.

제6장

미국 의존적인 한미관계 시작

해방과 동시에 한반도가 남북으로 분단되면서 자원(資源) 또한 38선을 중심으로 분리되었다. 더욱이 3년에 걸친 6·25전쟁으로 국토가 초토화되면서 1953년 당시 한국은 정치, 경제, 군사 등 제반 분야에서 극도로 불안정한 상태에 있었다. 이 같은 상태에서 미국 대통령 아이젠하워가 정전협정 체결을 추구했다. 아이젠하워의 정전협정 체결 노력에 대항하여 이승만 대통령이 한미상호방위조약 체결을 요구했다. 그런데 한미상호방위조약 체결은 1943년부터 미국이 내심 열망하고 있던 부분이었다. 한미상호방위조약 체결은 가능한 한 장기간 동안 공산세력과 치열하게 6·25전쟁을 수행하며 미국이 추구한 주요 목표이기도 했다. 한반도가 전후 미국의 아태지역 동맹체제에서 함정의 닻에 해당할 정도로 중요한 지역이기 때문이었다.[1]

정전협상이 시작된 1951년 7월 10일 직후 트루먼을 포함한 미국의 지

---

1. Quoted in Mira Rapp−Hooper(2020), *Shields of the Republic*, (p. 52), Harvard University Press, Kindle Edition. : "Memorandum of Conversation, by the Assistant Secretary of State for Far Eastern Affairs (Robertson), April 24 1953," in *FRUS*, 1952–54, Vol. 15, pp. 933–5.

휘부는 완벽한 평화가 정착되는 순간까지 유엔군을 한반도에 지속적으로 주둔시켜야 할 것이라고 주장했다.[2] 이는 미국이 전후 미군의 한반도 장기 주둔을 염원하고 있음을 보여준 것이었다. 미국이 한미상호방위조약 체결을 원하고 있음을 암시한 것이었다.

그럼에도 불구하고 미국은 한국이 국가안보적으로 매우 취약한 상태에 있었다는 사실을 이용하여 한미상호방위조약 체결 조건으로 한국군에 대한 작전통제권 행사를 요구했다. 유엔군사령관이 한국안보를 책임지는 한미군 장교가 한국군을 작전 통제하게 해주어야 할 것이라고 주장했다.[3] 이같은 요구를 이승만 대통령이 수용했다. 일련의 과정을 통해 미국은 미군을 한국에 주둔시킬 수 있었으며, 한국군을 작전 통제할 수 있었다. 그런데 작전 통제권 행사는 전후 미군의 한반도 장기 주둔을 보장해 주는 주요 수단이었다.

또한 미국은 한국군을 지상군 중심, 현행작전 중심의 군으로 만들었다. 이 같은 미국의 요구와 조치에 이승만은 속수무책이었다. 결과적으로 군의 장교들이 군사적 전문성을 제대로 함양할 수 없었다는 점에서 한국은 국가적 자율성을 대거 상실하게 된 것이다. 미국이 한반도에서 한국의 국익 추구 행위에 연루되지 않으면서 한국을 자국의 국익 추구 행위에 보다 쉽게 연루시킬 수 있게 된 것이다.

미국이 한국군을 이처럼 만든 것은 한미동맹이 미국 입장에서 대단히 중요한 의미가 있기 때문이었다. 함정의 닻이 견고해야 함정이 전후좌우

2. Government, U.S. History of the Joint Chiefs of Staff – Vol. III: The Joint Chiefs of Staff and National Policy 1951–1953, Korean War Part Two – Syngman Rhee, UN Command, Diplomatic Deadlock (pp. 15, 17). Progressive Management. Kindle Edition.

3. "The Chief of Staff, United States Army (Collins) to the Commander in Chief, Far East (Clark), May 30 1953," in *FRUS*, 1952-1954, Korea, Vol. 15, pp. 1,122-3.

로 움직이지 않는 것과 마찬가지로 미국이 한미동맹을 자국의 동맹체제에서 하부구조로 변함없이 유지할 필요가 있었기 때문일 것이다.

제1절. 한미상호방위조약 체결 과정

정전협상 재개를 가로막고 있던 포로송환 문제란 장애물이 제거되자 이승만은 정전협상 재개에 격렬히 반대했다.

1953년 4월 8일 주미 한국대사 양유찬(梁裕燦)은 정전협정 체결에 관한 이승만의 5개 조건을 덜러스 국무장관에게 제시했다. (1) 한반도 통일, (2) 모든 중국군의 한반도 철수, (3) 북한군 무장해제, (4) 북한군에 대한 제3국의 무기제공 금지, (5) 한반도 전 지역에 대한 한국의 주권 상세 명시 그리고 한반도 문제 해결에 관한 국제사회 논의에서 한국의 의견 반영. 덜러스는 (5) 항과 관련하여 미국이 일반적으로 동의한다고 말했다. (1) 항의 경우 미국이 유엔에서 수년 동안 노력해온 부분이라고 말했다. 덜러스는 이들 5개 사항 모두에 관한, 특히 둘째, 셋째, 넷째 사항에 관한 이승만 대통령의 의도가 무엇인지 의문이라고 말했다. 이승만의 상기 요구는 한미상호방위조약 체결 필요성을 에둘러 표현한 것이었다. 당시 양유찬은 한미상호방위조약 체결 문제를 거론했다. 그는 한국인들이 미국과 유엔이 한국을 버릴 가능성을 우려하고 있다며, 이 같은 조약 체결이 한국인들의 우려 해소에 크게 도움이 될 것이라고 말했다. 덜러스는 미국이 한국을 버리지 않을 것이라며 한반도 문제 해결을 위한 정치회담을 통해 한국의 영토가 분명해진 이후 한미상호방위조약 체결 문제를 논의함이 바람직할 것이라고 말했다.[4] 여기서 보듯이 당시 한국정부는 한미상호방위조약체결을 염원하고 있었으며, 미국은 정전협정 체결 이후 한미상호방위조약을 체결할 의향이 있었다.

아이젠하워에게 보낸 다음 날 편지에서 이승만은 평화협정 체결 이후 중국군이 한반도에 상주하는 경우 한국은 다음과 같이 할 것이라고 말했다. "…침략적인 공산세력의 격파를 위한 우리의 결심에 동참을 원치 않는 그러한 우방국들에게 한반도에서 군대를 철수하라고 요구해야 할 것이다.…중국군을 한반도에서 몰아내기 위한 한국의 노력에 동참하고자 하는 국가는 모두 환영한다.…미국의 요청이 없는 경우 우리의 예전의 국경선인 압록강–두만강을 조금도 넘지 않을 것임을 재차 약속한다." 이승만은 미국이 정전협정을 체결하면 공산 측과의 싸움에서 패배하여 한반도가 적화통일이 되는 한이 있더라도 전쟁을 지속할 것이라고 주장했다. 이승만은 한반도가 적화통일되는 경우 자유진영의 미래가 암담해질 것이라고 말했다.[5] 여기서 이승만은 아이젠하워 행정부가 6·25전쟁 지속을 원치 않는 경우 전후 남한의 안보를 보장해 줄 한미상호방위조약을 체결해야 할 것임을 암시하고 있었다.

1953년 4월 14일 주한미국 대사 엘리스 브릭스(Ellis O. Briggs)는 한국정부가 정전협상 재개에 반대하는 이유와 관련하여 다음과 같이 미 국무성에 보고했다. "한국정부는 정전협상 반대와 무력통일에 관한 입장을 분명히 했다.…장기간 동안 한국정부는 이 같은 태도를 견지했다. 이는 한국 주도 통일에 관한 강력한 열망… 재차 공산군이 침략해 오는 경우 미국이 한국

---

4. "Memorandum of Conversation, by the Director of the Office of Northeast Asian Affairs (Young), April 8 1953," in *FRUS*, 1952–1954, Korea, Vol. 15, pp. 897–9.

5. "The President of the Republic of Korea (Rhee) to President Eisenhower, April 9 1953," in *FRUS*, 1952–1954, Korea, Vol. 15, pp. 902–3.

을 지원하지 않을 수 있을 것이란 우려 때문으로 보인다.…정전협상에 관한 이승만 정부의 태도는 가능한 한 최대한 미국이 한국의 목표를 지원하도록 협상력을 극대화하기 위한 것으로 보인다.…남한 중심의 통일에 못 미치는 형태로 이승만을 최대한 만족시키기 위한 방안은 미국정부의 한미상호방위조약 체결 동의, 한반도 통일을 미국이 평화적으로 지원할 것이란 언질, 한국의 재건 지원 그리고 정전협정 체결 이후 예정되어 있는 정치회담에 한국을 전적으로 참여시키는 일일 것이다."[6]

1953년 4월 15일 이승만은 주한미국 대사 브릭스를 통해 덜러스 국무장관과 아이젠하워에게 한미상호방위조약 체결을 다음과 같이 간청했다. "…한국인 입장에서 내가 갖는 의미는 평생 동안 독립운동을 했다는 사실입니다. 미국 정부 입장에서 나의 가치는 한국인들이 나를 신뢰하고 있다는 사실입니다. 미국정부가 한국과 상호방위조약을 체결할 수 있다면 이것이 한국인들이 지속적으로 투쟁하는 과정에서 가장 많은 도움이 될 것입니다.…미국이 상호방위조약을 체결할 수 없는 경우 일방적인 선언도 도움이 될 것입니다.…나는 미국정부가 향후 벌어지는 상황과 무관하게 한국을 잊지 않을 것이라고 선언할 수 있기를 적어도 희망합니다."[7]

1945년 4월 15일의 이승만의 상기 편지와 관련하여 아이젠하워는 다음과 같이 답변했다. "한국인들이 미국과 공동 대의를 위해 투쟁하는 과정에서 많은 고통과 희생을 감내하고 있다는 사실을 고려하여 미국이 한국을 결코 잊지 않을 것이며, 한국의 복지 및 안보와 관련하여 지속적으로 관심을 기울일 것임을 귀하는 확신할 수 있을 것입니다. 또는 이 같은 저의 발

---

6. "The Ambassador in Korea (Briggs) to the Department of State, April 14 1953," in *FRUS*, 1952–1954, Korea, Vol. 15, pp. 906–7.

7. "The Ambassador in Korea (Briggs) to the Department of State, April 15 1953," in *FRUS*, 1952–1954, Korea, Vol. 15, p. 912.

언을 한국인들에게 전해 주실 수 있을 것입니다."[8]

1953년 4월 19일 유엔사 측과 공산 측은 정전협상을 4월 26일에 재개하기로 합의했다. 그러자 이승만은 곧바로 여기에 반대했다. 4월 23일과 24일 남한지역 도처에서 시위가 벌어졌다. 이들은 통일이 없는 정전협정 체결에 필사적으로 반대할 것을 촉구했다. 임시 수도였던 부산에서는 수백 명의 국회의원들이 주도하는 수만 명의 시위대들이 부산의 산업 중심지를 폐쇄했다. 이들 가운데 일부는 미국대사관으로 진입하고자 노력했다. 이 순간 워싱턴의 한국 외교관이 미 국무성에 최후통첩장 성격의 비망록을 제시했는데 그 내용은 "…이승만 대통령과 한국인은 미국이 전후 중국군을 북한지역에 체류하게 해줄 준비가 되어 있다는 내용의 언론 보도와 관련하여 지극히 우려하고 있다.…유엔사가 정전협정 체결 후 압록강 이남 지역에 중국군의 체류를 허용해 주는 성격의 약속을 하는 경우 이승만이 유엔군사령관의 작전통제 아래 있는 한국군을 회수할 준비를 하고 있다.…필요하다면 한국의 육군, 해군 및 공군은 외국의 도움 없이 전쟁을 수행하여 자유인으로서 명예롭게 승리하거나 패배해야 할 것이다."[9]는 것이었다.

4월 26일 이승만은 중국군을 한반도에서 추방시키지 않는 경우 어떠한 정전협정에도 반대할 것이라고 재차 말하면서 혼자서라도 지속적으로 싸울 의사가 있음을 천명했다. 예를 들면, 이승만은 "중국군이 한반도에서 철수하지 않는 상태에서의 평화는 평화가 아니다. 중국군이 지금 이 순간 철수해야 할 것이다."라고 말했다. 어느 때보다도 이승만은 중국군이 철수

---

8. "The Acting Secretary of State to the Embassy in Korea, April 15 1953," in *FRUS*, 1952–1954, Korea, Vol. 15, pp. 913.

9. "Memorandum of Conversation, by the Assistant Secretary of State for Far Eastern Affairs (Robertson), April 24 1953," in *FRUS*, 1952–1954, Korea, Vol. 15, p. 935.

하지 않는 형태의 모든 정전협정에 반대 의사를 표명했다.[10]

정전협상이 재개된 4월 26일 유엔군사령관 클라크는 정전협정 체결 이후 예정되어 있던 정치회담 조항에 중국군 철수 관련 내용이 없는 경우에 이승만이 유엔군사령관의 작전 통제를 받는 한국군을 회수한다면 이 문제는 정부 수준에서 해결해야 할 것이라고 말했다. 클라크는 정치회담을 통해 통일을 이루지 못할 뿐만 아니라 모든 중국군을 철수시키지 못하는 경우 이승만이 그처럼 한다면 본인 입장에서 문제가 훨씬 쉬워질 것으로 생각했다. 반면에 정전협정 체결 직후 한국군을 회수하는 경우 유엔사가 취할 수 있는 두 가지 대안이 있다고 말했다. 클라크는 "정전협정 체결 후 일정 기간 이내에 한반도에 있는 모든 외국군을 철수시킬 것이란 조항을 합의문에 삽입하거나… 극단적인 조치를 통해… 이 같은 위기상황에 대처할 준비를 하는 것이다."라고 말했다. 1952년 5월의 부산 정치파동 당시 유엔사는 이승만을 제거하기 위한 계획을 준비한 바 있었다. 이제 클라크는 당시의 계획을 보완하여 이승만을 제거하기 위한 계획을 작성했다. 그러나 아직도 클라크는 한국군을 유엔사에서 회수할 것이란 이승만의 주장을 허풍으로 생각했다. 이승만을 직접 만나 그 의도를 파악할 것이라고 말했다.[11]

4월 27일 부산에서 클라크는 이승만과 1시간 이상 동안 단독 회동했다. 당시 클라크는 이승만이 작전통제권을 회수하여 독자적으로 행동하는 경우 유엔군의 지휘권이 양분될 뿐만 아니라 국제사회에서 모두가 웃음거리가 될 것이라는 등 벌어질 상황에 관해 이승만에게 말했다. 이승만은 중국군이 한반도에서 철수해야 할 필요성에 관한 그리고 정전협정 체결 이후

---

10. "The Ambassador in Korea (Briggs) to the Department of State, April 26 1953," in *FRUS*, 1952–1954, Korea, Vol. 15, p. 938.

11. "The Commander in Chief, United Nations Command (Clark) to the Chief of Staff, United States Army (Collins), April 26 1953," in *FRUS*, 1952–1954, Korea, Vol. 15, pp. 941–2.

예정되어 있던 정치회담을 통해 남북통일을 달성하지 못할 가능성에 관한 본인의 관점을 반복해 말했다. "…그 순간 이승만의 가장 중요한 발언이 있었다. 이는 다음과 같은 취지의 것이었다. 본인이 한국군을 유엔사의 작전통제 상태에서 해제할 의향이 없다. 이 같은 조치를 취하는 경우 이는 최후 수단일 것이며, 유엔군사령관인 클라크 대장과 완벽하고 솔직하게 논의한 이후에나 그처럼 할 것이다.…" 또한 이승만은 "…미국이 한미상호방위조약을 체결해 주거나, 정전협정이 파기되는 경우 한국을 군사적으로 지원해 줄 것임을 보여주는 미국 대통령의 발언이 있어야 할 것이다."라고 느끼고 있었다.[12]

4월 30일 클라크에게 보낸 편지에서 이승만은 중국군의 북한지역 주둔과 무관하게 한반도에 평화가 정착되는 순간까지 유엔군, 특히 미군이 주둔할 수 있기를 원했다. "내가 이기적인 측면이 없지 않을 것이다. 그러나 나는 가능하다면 유엔군, 특히 미군이 마지막까지 한반도에 체류하기를 원한다.…" 이승만은 중국군이 한반도에 체류하는 것보다는 유엔군과 중국군이 동시에 철수하는 것이 바람직할 것이라고 말했다. 이승만은 중국군과 유엔군의 동시 철수는 몇몇 사항이 보장될 경우에나 가능하다면서, 그렇지 않은 경우 한국은 물론이고 자유진영이 부정적인 영향을 받을 것이라고 말했다. 당시 이승만이 제안한 사항에는 다음과 같은 것이 포함되어 있었다. (1) 주한미군 철수 이전에 한미상호방위조약 체결, (2) 압록강 북쪽과 남쪽 지역에 완충지대를 설치한 후 이곳을 유엔이 감독, (3) 주변국과 한국의 상호불가침조약 체결, (4) 소련이 한반도를 침략하는 경우 유엔군의 즉각 한반도 복귀, (5) 미국의 한국군 전력증강, (6) 극동지역에 완

---

12. "The Commander in Chief, United Nations Command (Clark) to the Chief of Staff, United States Army (Collins), April 28 1953," in *FRUS*, 1952–1954, Korea, Vol. 15, pp. 947–50.

벽한 평화가 정착될 때까지 한반도에 대한 해상봉쇄와 방공(防空) 제공.[13]

5월 3일 미 국무성에 보낸 서신에서 주한미국 대사 브릭스는 이승만의 상호방위조약 체결 요구가 미국 입장에서 결코 혐오스런 현상이 아니라며 다음과 같이 말했다. "1950년 6월 25일 미국은 상호방위조약이 체결되어 있지 않은 상태에서도 한국을 방어해 주기 위해 왔다. 1950년 당시와 비교하면 한국은 미국 입장에서 훨씬 더 중요해졌다."[14]

5월 4일 8군사령관 맥스웰 테일러(Maxwell R. Taylor)는 이승만을 제거하기 위한 계획인 에버레디(Everready)의 초안을 작성했다. 이는 이승만의 조치로 "정전협정 체결 이전 또는 이후 한국군에 대한 미국의 작전통제권 행사가 약화되거나 상실되는 경우 정전협정과 관련된 유엔사의 입장을 지속 유지할 수 있도록 한반도에서 유엔군과 유엔군 보급물자를 보호하기 위해 미 8군이 신속히 조치하기 위한 성격이었다."[15]

5월 7일 남일은 유엔군의 계획에 대항하는 형태의 8개 조항으로 구성된 계획을 제시했다. (1) 본국 송환을 원하는 포로들을 정전협정이 체결된 지 2개월 이내에 송환, (2) 폴란드, 체코, 스웨덴, 스위스 및 인도가 지명하는 동일 숫자의 대표로 구성되는 중립국송환위원회 구성, (3) 본국 송환을 원치 않는 여타 포로들을 중립국송환위원회로 이관, (4) 중립국송환위원회는 휘하 포로들의 본국 정부 요원들이 해당 포로에게 본국 귀환 관련 우려 해소 등 최대 4개월 동안 조언해주기 위한 조치를 즉각 강구, (5) 중립국송환위원회가 인수한 포로 가운데 본국 송환을 원하는 포로 즉각 송

---

13. "The President of the Republic of Korea (Rhee) to the Commander in Chief United Nations Command (Clark), April 30 1953," in *FRUS*, 1952–1954, Korea, Vol. 15, pp. 955–6.

14. "The Ambassador in Korea (Briggs) to the Department of State, May 3 1953," in *FRUS*, 1952–1954, Korea, Vol. 15, p. 964.

15. "Paper Submitted by the Commanding General of the United States Eighth Army (Taylor), 4 May 1953," in *FRUS*, 1952–1954, Korea, Vol. 15, pp. 967–8.

환, (6) 잔여 포로들의 처리는 정치회담에서 결정, (7) 중립국송환위원회가 보호하고 있는 포로들이 사용한 경비는 이들 포로가 선택할 국가가 부담, (8) 포로들에게 이들 상황을 알려줌. 여기서 남일이 이전에 제안한 것과 다른 부분은 송환을 원치 않는 포로들을 5개 국가로 구성되는 중립국송환위원회로 넘기자는 제안과 포로들의 인터뷰 및 상담 기간을 6개월에서 4개월로 줄였다는 사실이었다.[16]

5월 8일 유엔군사령관 클라크는 5월 7일 공산 측이 제시한 안이 최초의 중요한 양보라고 평가했다. "금일 공산 측의 조치는 현재의 정전협상에서 이들이 제기한 가장 중요한 형태의 양보다. 이들이 진정 조기에 정전협정을 체결할 의향이 있음을 많은 사람들이 기대할 수 있게 해주는 성격이다.…공산 측 제안은 유엔총회의 정치 및 안보 위원회에서 미국이 지지했던 인도의 결의안과 여러 면에서 유사하다."[17]

클라크와의 5월 12일 회동에서 이승만은 포로송환 문제 등 정전협정 체결 관련 몇몇 사항을 논의했다. 5월 12일 클라크는 정전협정 체결 이전에 반공포로를 석방할 필요가 있다는 본인의 입장을 미 합참에 다음과 같이 보고했다. "이승만은 북한군 포로 가운데 북한으로 송환하지 않은 포로, 다시 말해 반공포로를 중립국으로 보내면 안 된다고 강력히 말했다.…이 문제와 관련한 유일하게 현실적이고도 실현 가능한 해결안은 정전협정이 발효되는 날 이들을 석방하는 것이다.…나는 어느 때보다도 지금 이 순간 이것이 유일한 해결안으로 느끼고 있다.…반공포로 석방에 관한 공산 측 반응과 관련하여 말하면, 이들이 진정 정전협정 체결을 원한다면 이

16. "The Commander in Chief, United Nations Command (Clark) to the Joint Chiefs of Staff, May 7 1953," in *FRUS*, 1952-1954, Korea, Vol. 15, pp. 980-1.

17. "The Commander in Chief, United Nations Command (Clark) to the Joint Chiefs of Staff, May 8 1953," in *FRUS*, 1952-1954, Korea, Vol. 15, p. 988.

문제에 관한 유엔사의 단호한 입장을 수용할 것으로 생각된다."[18] 이 같은 유엔군사령관의 글을 보면 이승만의 반공포로 석방과 관련하여 이미 한미 간에 어느 정도 교감이 있었음을 알게 된다.

이승만과의 5월 12일 회동과 관련하여 클라크는 재차 다음과 같이 보고했다. "이승만은 본인이 가장 절실하게 원하는 것이 한미상호방위조약임을 분명히 했다. 이승만은 일본, 뉴질랜드 및 오스트레일리아와 안보조약을 체결한 미국이 자국과 가장 많은 전투를 하고 있으며 자국의 주요 우방국인 한국과 유사한 협정을 체결할 수 없다는 사실을 이해할 수 없어 했다. 나는 이승만이 공산 측이 정전협정을 위배하는 경우 미국정부가 한국을 즉각 도와주어야 함을 강조하고 있다고 느꼈다. 이 부분에 관해 이승만에게 약속해 주지 않았다. 그러나 개인적으로 나는 미국이 가능한 한 조속히 이처럼 약속해 주지 않을 이유가 없다고 생각한다."[19]

5월 15일 덜러스 국무장관은 현재 상황에서 미국이 한국과 상호방위조약을 체결할 준비가 되어 있지 않다고 말했다. 그러면서 한국과 상호방위조약에 관한 논의를 시작하기 이전에 이승만에게 다음과 같이 요구해야 할 것이란 내용의 문서를 주한미국 대사에게 보냈다. "(1) 한국은 더 이상 정전협상에 반대하거나 정전협상과 관련하여 소요(騷擾)를 일으키지 않을 것이다. 한국인들이 이처럼 하지 못하도록 나름의 조치를 취할 것이다. (2) 한국은 정전협정 합의사항의 이행과 관련하여 적극 협조할 것이다. (3) 한미 양국 정부가 이 같은 지휘관계가 더 이상 필요 없다고 합의하는 순간까지 한국군을 유엔군사령관이 작전통제하게 할 것이다." 문서에는

---

18. "The Commander in Chief, United Nations Command (Clark) to the Joint Chiefs of Staff, May 12 1953," in *FRUS*, 1952–1954, Korea, Vol. 15, pp. 1,008–9.

19. "The Commander in Chief, Far East (Clark) to the Joint Chiefs of Staff, May 13 1953," in *FRUS*, 1952–1954, Korea, Vol. 15, p. 1,011.

또한 다음과 같은 부분이 포함되어 있었다. "…정전협정 체결 이전 또는 이후 한국군이 일방적인 군사 조치를 취하거나 유엔사에서 철수하는 등의 불행한 사태가 벌어지는 경우 미국은 미군을 포함한 유엔군의 안전을 보장하기 위한 온갖 조치를 취하지 않을 수 없을 것임을 이승만에게 분명히 말해주어야 한다."[20]

5월 18일 덜러스 국무장관은 반공포로 석방 문제의 어려움에 관해 아이젠하워 대통령에게 다음과 같이 보고했다. "정전협상이 위기 국면입니다. 유엔참전국들과 미국의 관계가 매일 악화되고 있습니다. 특히 정전협정이 발효되는 즉시 반공포로를 석방해야 할 것이란 우리의 입장에 대한 여타 참전국들의 지지가 미흡합니다.…이승만은 이들 반공포로를 정전협정이 발효되는 즉시 석방해야 할 것이란 단호한 입장을 견지하고 있습니다.… 반공포로 즉각 석방에 관한 입장을 철회하는 경우 이승만에게 우리가 모종의 양보를 해주어야 할 가능성도 없지 않습니다.…정치적으로 가장 효과적인 양보는 미국이 한미상호방위조약 체결 문제와 관련하여 협상할 의향이 있음을 이승만에게 알려주는 것입니다."[21]

5월 19일 정전협상에 관해 미 국방부장관 중심의 토의가 있었다. 당시 미 국방성 차관 스미스 대장은 한반도 방위에 관한 미국의 입장을 다음과 같이 표명했다. "이승만은 한미상호방위조약 체결을 열망합니다. 그러나 미국의 관점은 한국을 유엔이 방어해주어야 한다는 것입니다.…문제는 이승만이 미국을 제외한 유엔을 포함한 어느 조직도 신뢰하지 않는다는 사

20. "The Acting Secretary of State to the Embassy in Korea, May 15 1953," in *FRUS*, 1952-1954, Korea, Vol. 15, p. 1,030.

21. "Memorandum by the Acting Secretary of State to the President, May 18 1953," in *FRUS*, 1952-1954, Korea, Vol. 15, pp. 1,046-8.

실입니다."[22]

5월 21일 인도수상 네루와 미 국무장관 덜러스의 대화를 보면 한국이 반공포로를 석방하기 이전에 이미 북한이 친공성향의 한국군 포로를 석방했음을 알게 된다. "…우리가 북한으로의 송환을 원치 않는 반공포로를 즉각 석방하자고 제안한 것은 이 같은 이유 때문입니다. 이승만은 반공포로 석방을 강력히 원하고 있습니다. 반공포로를 석방해주는 경우 이승만이 정전협정을 보다 더 수용하게 될 것입니다. 사실 북한은 이미 한국군 포로 가운데 친공성향 포로를 석방했습니다.…"[23]

미국은 한미상호방위조약을 체결하지 않더라도 또 다른 방식으로 한국을 방어해 줄 의향이 있었다. 5월 22일 미 국무장관 덜러스는 주한미국 대사에게 다음과 같이 말했다. "아이젠하워 대통령은 다음과 같은 이유로 이승만의 한미상호방위조약 체결 요청을 지금 이 순간 고려할 수 없습니다.…미국은 미래에 대한, 외세의 침략에 대한 한국인들의 불안을 잘 알고 있습니다. 미국은 지금까지와 마찬가지로 이들 불안 해소를 위해 최선을 다할 것입니다.…이승만도 잘 알고 있듯이 미국은 서태평양 지역에 미군을 장기 주둔시킬 계획입니다.…가능한 한 미군과 유엔군이 한반도에 주둔할 것임을 이승만에게 말해줄 수 있을 것입니다. 미국은 6·25전쟁에서의 3년 동안의 미국인들의 희생이 결코 헛되지 않게 할 것입니다." 그러면서 덜러스는 한국 안보 측면에서 또 다른 방안을 제안했다. "현재 상황에서 보면 한국은 주변국의 침략을 직접 겨냥하게 될 한미상호방위조약보다는 한반도로 국한되지 않는 적들까지 포함하는 '보다 큰 제재성명(Greater

---

22. "Memorandum of Conversation, by the Deputy Assistant Secretary of State for Far Eastern Affairs (Johnson), May 19 1953," in *FRUS*, 1952–1954, Korea, Vol. 15, p. 1,056.

23. "Memorandum of Conversation, by the Secretary of State, 21 May 1953," in *FRUS*, 1952–1954, Korea, Vol. 15, p. 1,069.

Sanction Statement)'[24]이 보다 바람직합니다." 덜러스는 "이외에도 미국은 군사 원조를 포함한 포괄적인 협정과 관련하여 한국과 논의를 시작할 것입니다. 여기에는 미군과 유엔군의 한반도 주둔 문제, 한국군의 훈련 및 유지 문제 등이 포함될 것입니다.…그러나 한미상호방위조약은 정전협정 체결을 통해 현재의 적대 행위를 종료시킨 이후에나 체결할 수 있을 것입니다."라고 말했다.[25] 여기서 보듯이 미국은 미군의 한반도 장기 주둔을 구상하고 있었다. 또한 정전협정 체결 이후 한미상호방위조약을 체결할 의향이 있었다.

5월 25일 판문점의 유엔사 측 대표 윌리엄 해리슨(William Harrison)은 공산측에 새로운 제안을 했다. 여기서는 본국 송환을 원치 않는 포로들을 인도가 좌장인 5개국 중립국송환위원회로 넘기는 것으로, 인도군만이 이들 포로를 돌보게 하는 것으로 가정했다. 양측은 송환을 원치 않는 포로의 의사를 90일 동안 검증하며, 어느 국가에도 송환되지 않은 포로의 진로는 정전협정 체결 이후 예정되어 있던 정치회담에서 결정하는 것으로 가정했다. 여기서도 송환 국가가 결정되지 않은 포로는 120일 이내에 민간인 신분으로 전환해주어야 한다고 가정했다.[26]

5월 26일 이승만은 유엔군사령관 클라크가 제시한 포로송환 관련 유엔

24. 1952년 1월 유엔참전국들이 작성한 이 문서에서는 한국을 재차 어느 국가가 침략하는 경우 참전국 차원에서 대항할 것임을 다음과 같이 표명했다. "우리는 유엔의 원칙과 목적에 관한 우리의 믿음, 한반도에서의 우리의 지속적인 책임에 관한 우리의 인식을 재차 천명한다.…재차 유엔의 원칙을 위배하며 무력침략을 재개하는 경우 세계평화 차원에서 우리가 재차 단합하여 신속히 저항할 것임을 굳게 약속한다. 이 같은 정전협정을 위배함의 결과는 우리가 분쟁을 한반도 내부로 국한시키지 않을 정도로 심각한 수준일 것이다." "The Joint Chiefs of Staff to the Commander in Chief, Far East (Ridgway), January 10 1952," in *FRUS*, 1952–1954, Korea, Vol. 15, p. 14.

25. "The Acting Secretary of State to the Embassy in Korea, May 22 1953," in *FRUS*, 1952–1954, Korea, Vol. 15, pp. 1,086–8.

26. "The Commander in Chief, United Nations Command (Clark) to the Joint Chiefs of Staff, May 23 1953," in *FRUS*, 1952–1954, Korea, Vol. 15, pp. 1,090–3.

사의 최종 입장에 실망을 표명했다. 클라크가 한국 안보 측면에서 '보다 큰 제재성명'을 거론하자 이승만은 "이것이 본인과 한국에 거의 의미가 없다. 본인이 원하는 것은 미국이 일본과 체결한 형태의 상호방위조약이다."라고 말했다. 이승만은 "본인이 정전협정 체결과 관련하여 소동을 피우는 것이 아니다. 이는 한국인들의 뜻이다. 한국정부가 강요해도 한국인들이 이들 새로운 정전협정 조건을 수용하지 않을 것이다."라고 말했다. 주한 미국대사 브릭스가 전해준 아이젠하워의 메시지가 이승만을 보다 상심케 했다. 아이젠하워는 이승만이 본국 송환을 원치 않는 여타 공산군 포로와 북한군 포로를 구분하여 생각하는 이유가 무엇인지 의문을 제기했다. 브릭스가 아이젠하워의 메시지를 읽어주자 이승만은 다음과 같이 말했다. "우리가 원하는 것은 중국군의 철수다…한국군 전력증강을 결정할 수 있는 국가는 미국이다.…우리는 생존을 원한다. 중국군을 한반도에 방치하면 우리의 생존이 곤란해진다. 미국이 모든 유엔군을 한반도에서 철수시킨 후 한국에 대한 경제 원조를 거부할 수 있을 것이다. 조선인이 조선의 운명을 결정할 것이다. 우리는 외국이 우리를 위해 싸워달라고 요구하지 않는다. 처음에 우리는 민주국가들에 의존했는데 이는 실수였다. 미안하지만 현 상황에서 아이젠하워 대통령에게 협조할 수 없다."[27]

  이승만과 대화한 이후인 5월 26일 브릭스는 다음과 같은 가능성이 있다고 생각했다. "미국/유엔의 정전협정 체결 제안을 비난하면서 한국이 별도 제안을 천명할 가능성이 있다. 한반도에서 유엔군과 중국군을 동시에 철수하게 함으로써 조선인들이 한반도 문제를 스스로 해결할 것이란 대안을 제시할 가능성이 있다.…반공포로들과 관련하여 이승만이 모종의 조치

---

27. "The Commander in Chief, United Nations Command (Clark) to the Joint Chiefs of Staff, May 26 1953," in *FRUS*, 1952-1954, Korea, Vol. 15, pp. 1,106-8.

를 취할 가능성이 있다."[28]

5월 29일 유엔군사령관 클라크는 이승만이 반공포로 석방, 상호방위조약 체결, 중국군 철수 문제에 관한 본인의 관점이 반영되지 않는 경우 취할 가능성이 있는 조치와 관련하여 다음과 같이 미 합참에 보고했다. "(1) 반공포로를 석방할 가능성, (2) 공산 측에 한국이 독자적인 제안을 할 가능성, (3) 정전협정 문구를 수용하지 않을 것이라고 천명할 가능성, (4) 유엔사에서 한국군을 회수할 가능성.…"[29]

5월 29일 미 국무성-합참 회동이 있었다. 이는 미국이 정전협정과 관련하여 공산 측에 제안한 안에 대해 한국정부가 불만을 표시했다는 사실과 이승만을 제거하기 위한 '에버레디 계획'을 검토하기 위함이었다. 국무성 차관보 월터 로버츠선(Walter Robertson)은 이승만을 제거하기 위한 미 8군의 쿠데타 계획인 '에버레디 계획'을 검토한 후 "쿠데타에 미군이 개입하지 않는 것이 좋을 것이다."라고 말했다. 국무성 차관 알렉시스 존슨(Alexis Johnson)은 "한국군이 이승만을 제거하게 만들어야 할 것이다."라고 말했다. "한국군을 내세워 군정(軍政)을 실시해야 할 것이다"라고 말했다. 콜린스는 이승만의 한미상호방위조약 체결 제안과 관련하여 "개인적으로 이 같은 조약으로 이승만을 혹하게 만들기 보다는 구금해야 한다고 생각한다."고 말했다. 아무튼 당시의 검토를 통해 이들이 한미상호방위조약 체결을 아이젠하워 대통령에게 건의하게 되었다.[30]

---

28. "The Ambassador in Korea (Briggs) to the Department of State, May 25 1953," in *FRUS*, 1952-1954, Korea, Vol. 15, p. 1,102.; "The Ambassador in Korea (Briggs) to the Department of State, May 26 1953," in *FRUS*, 1952-1954, Vol. 15, Korea, 1,103.

29. "The Commander in Chief, United Nations Command (Clark) to the Joint Chiefs of Staff, May 29 1953," in *FRUS*, 1952-1954, Korea, Vol. 15, pp. 1,112-3.

30. "Memorandum of the Substance of Discussion at a Department of State-Joint Chiefs of Staff Meeting, May 29 1953," in *FRUS*, 1952-1954, Korea, Vol. 15, pp. 1,115-9.

5월 30일 콜린스 육군참모총장은 클라크에게 전문을 보냈다. 콜린스는 다음과 같이 말했다. "한국정부가 정전협정 조건에 불만을 토로한다는 사실과 한국군을 유엔사에서 철수시킬 가능성에 기인하는 한반도 상황의 심각성에 관해 잘 알고 있다.…한국정부로 인해 초래될 모든 위협적인 상황에서 유엔군의 안전을 보장하고자 할 당시 필요하다고 생각되는 조치를 취할 권한을 귀하에게 부여한다.…이승만의 한미상호방위조약 체결 요구를 수용해야 할 것이란 사실을 국무장관이 아이젠하워 대통령에게 강력히 권고할 것이다. 이승만에게 알려주면 위험스럽고도 도발적인 상황을 모면할 수 있어 보이는 경우 재량껏 이 같은 사실을 알려줄 수 있다.…"[31]

5월 30일에는 한미상호방위조약 체결 관련 미 국무성–합참 회동이 있었다. 여기서 다음과 같이 결정했다. "유엔사가 이승만을 제거한 후 군정(軍政)을 실시할 것이란 계획에 동의할 수 없음을 클라크에게 통보해 주기로 합의했다. 필리핀과 맺은 조약과 유사한 상호방위조약을 한국정부에 제안하는 방안을 아이젠하워 대통령에게 권유하기로 합의했다. 상호방위조약 체결의 전제조건은 가장 최근에 유엔사가 제시한 노선에 따라 한국정부가 정전협정 체결을 수용하고, 정전협정 합의사항을 충실히 이행하며, 한미 양국이 더 이상 이 같은 지휘관계가 필요 없다고 합의하는 순간까지 한국군을 유엔군사령관이 작전통제하게 할 것임에 동의하는 것이다." 그 후 아이젠하워 대통령과 고급 관리들 간의 회동이 있었다.[32]

5월 30일 미국은 이승만이 다음과 같은 사항을 보장해 줄 때만이 한미상호방위조약을 체결할 것이란 내용의 문서를 극동군사령관 클라크에게

31. "The Chief of Staff, United States Army (Collins) to the Commander in Chief Far East(Clark), 30 May 1953" in *FRUS*, 1952–1954, Korea, Vol. 15, Part 1, pp. 1,119–20.

32. "Memorandum for the Record, Prepared by the Assistant Chief of Staff, G–3, Department of the Army (Eddleman), June 1 1953," in *FRUS*, 1952–1954, Korea, Vol. 15, p. 1,128.

보냈다. "아이젠하워 대통령은 미국이 한국과 상호방위조약 체결 문제를 놓고 즉각 협상할 준비가 되어 있음을 이승만에게 알려줄 권한을 귀하와 브릭스에게 부여한다.…미국이 이 같은 협상을 시작하여 체결할 것인지 여부는 이승만으로부터 다음과 같은 확약을 받을 수 있는지에 좌우될 것이다. A. 한국정부는 유엔사가 현재 제시한 노선에 따른 정전협정에 반대하지 않을 것이며, 소란을 피우지도 않는다. 또한 한국인들이 이처럼 반대하거나 소란을 피우지 못하도록 나름의 조치를 취한다. B. 한국정부가 정전협정 합의사항 이행 측면에서 협조한다. C. 이 같은 지휘관계가 더 이상 필요하지 않다고 한미 양국이 합의하는 순간까지 한국군을 유엔군사령관이 작전 통제하게 한다.…이 같은 약속을 받는 순간 미국은 즉각 협상을 시작할 것이다.…한국정부는 이 같은 조약체결이 미 상원의 조언과 승인이 요구되는 미 헌법 과정에 영향을 받는다는 사실을 인지해야 한다. 이 같은 조약을 미 상원이 비준하는 과정에서 유엔사에 대한 한국정부의 협조가 주요 요인일 것임은 의문의 여지가 없다.…[33]

바로 그날 아이젠하워에게 보낸 편지에서 이승만은 5월 25일 해리슨이 제시한 유엔사의 제안이 "공산 측에 대한 유엔군의 항복으로 보일 수밖에 없을 정도로 유화적인 성격이다. 결과적으로 모두가 일대 재앙에 직면하게 될 것이다."라고 말했다. 이승만은 한미상호방위조약을 체결한 후 "유엔군과 중국군의 동시 철수"를 원하고 있었다. 이처럼 할 수 없는 경우 "한국군이 지속적으로 싸울 수 있게 해야 할 것이다."[34]라고 말했다. 이승만은 미군과 중국군이 한반도에서 철수하는 경우 한국군이 북한군과 전투

---

33. "The Chief of Staff, United States Army (Collins) to the Commander in Chief, Far East (Clark), May 30 1953," in *FRUS*, 1952-1954, Korea, Vol. 15, pp. 1,122-3.

34. "The President of the Republic of Korea (Rhee) to President Eisenhower, May 30 1953," in *FRUS*, 1952-1954, Korea, Vol. 15, pp. 1,124-6.

를 재개할 의향이 있어 보였다.

6월 4일 공산 측 협상가들은 유엔사가 5월 25일 제안한 안에 원칙적으로 동의했다.[35] 6월 5일 클라크 대장과 브릭스가 이승만을 방문하여 한국 정부가 독단적인 조치를 취하지 않을 것을 요청했다. 정전협정에 반대하는 성명서를 발표하지 말라고 요청했다. "이승만은 클라크와의 사전 협의가 없는 상태에서 유엔군의 안전을 위협할 수 있는 독단적인 조치를 취하지 않을 것이라고 확약해 주었다." 이승만은 정전협정에 반대하는 성명서를 발표하고자 했다. 그러나 이승만은 본인이 정전협정 체결과 관련하여 협조하지 않는 경우 미국의 군사 및 경제 원조를 받을 수 없음을 잘 알고 있었다. "브릭스와 클라크는 이승만이 정전협정 체결 지원을 약속하는 경우 미국이 한국과 상호방위조약을 체결할 의향이 있다는 사실을 적절한 순간에 이승만에게 알려줄 생각이었다."[36] 6월 8일 해리슨과 남일은 포로 송환에 관한 합의문에 서명했다. 본국 송환을 원치 않는 포로들의 운명을 향후 예정되어 있던 정치회담에서 결정하지 못하는 경우 이들 포로를 중립국송환위원회로 이관하여 120일 이후 석방할 것이었다.[37]

한편 6월 6일 아이젠하워 대통령은 이승만에게 다음과 같은 내용의 편지를 보냈다. "전쟁이 아니고 정치적 수단을 통해 남북통일을 추구해야 할 시점이 도래했다. 한국 안보를 고려하여 미국이 경제 및 군사적 원조를 제공해줄 것이며, 상호방위조약 체결 문제를 놓고 협상할 것임을 약속한다."[38]

6월 9일 8군사령관 테일러 대장이 이승만을 예방했다. 테일러는 정전협

---

35. "Memorandum by the Secretary of State to the President, June 4 1953," in *FRUS*, 1952–1954, Korea, Vol. 15, p. 1,137.

36. "The Ambassador in Korea (Briggs) to the Department of State, June 5 1953," in *FRUS*, 1952–1954, Korea, Vol. 15, pp. 1,144–6.

37. Department of State Bulletin, June 22, 1953, pp. 866–7.

38. Department of State Bulletin, June 15, 1953, pp. 835–6.

정과 관련하여 이승만이 요구하는 사항이 무엇인지 질문했다. 그러자 이승만은 다음과 같은 4개 사항을 거론했다. (1) 정전협정 체결 이후 60일 동안의 정치회담 개최, (2) 한미상호방위조약 체결, (3) 한국육군의 20개 사단 확대 개편과 더불어 해군과 공군 발전, (4) 인도와 공산국 대표의 한국 입국 금지. "이승만은 이들 제안에 대한 아이젠하워 대통령의 반응을 알기 이전에는 이들 제안을 편지로 보내기가 꺼려진다고 말했다.…"[39]

당시 미국 관리들은 정전협정 체결 이후의 한반도정책을 구상했다. 미 NSC 기획위원회는 "한반도 정전협정 체결 직후의 미국의 전술(United States Tactics Immediately Following an Armistice in Korea,)"이란 제목의 보고서에서 미국이 추구해야 할 일부 목표를 정했다. 6월 15일자 이 연구에서는 미국의 한반도 전략을 명시했다. 한반도에 관한 미국의 기본 전략은 정전협정 체결 이후에도 미국이 추구하는 목표에 상응하는 수준의 미군을 한반도에 주둔시키며, 한국군 전력을 증강시키고, 한국과 상호방위조약을 체결하며, "민주적 제도와 경제 부흥" 측면에서 한국의 역량을 강화시킨다는 것이었다. 향후 예정되어 있던 정치회담에서 통일되어 있으며 독립된 민주적인 한반도정부를 수립하고자 노력한다는 것이었다.[40]

6월 15일 미 국무성 차관보 월터 스콧(Walter K. Scott)은 "한국과 관련한 미국의 기본 목표 결정(To Determine the Basic U.S. Objective with Respect to Korea,)" 이란 제목의 보고서를 NSC 기획위원회에 제출했다. 스콧은 남한 중심으로 통일된 한반도가 미국의 아태지역 안보체제와 연계되고, 미국과 군사 동맹 관계를 유지하는 경우를 미국 입장에서 최상으로 생각했다. 그러나

---

39. "The Commanding General, United States Eighth Army, (Taylor) to the Commander in Chief, Far East (Clark), June 9 1953," in *FRUS*, 1952–1954, Vol. 15, pp. 1,159–60.

40. "Draft Statement of Policy Proposed by the National Security Council, June 15 1953," in *FRUS*, 1952–1954, Korea, Vol. 15, pp. 1,172–3.

스콧은 이것이 현실적으로 불가능하다는 점에서 다음과 같은 2개 대안을 제시했다. (1) 한반도를 무기한 분단시킨 상태에서 대한민국을 미국의 군사동맹으로 유지, (2) "정치적으로 미국과 우호적인 대한민국 중심으로 한반도를 통일시킨 후 통일한반도를 중립국으로 유지." 후자의 경우 미국이 통일한반도에 기지와 군사력을 유지하지 않으며, 통일한반도를 미국의 군사적 영향권에서 배제시키지만 통일한반도가 정치적으로 미국과 친밀한 지역이란 사실과 관련하여 공산주의자들이 동의하게 만들 필요가 있었다. 스콧은 이 같은 상태를 한국은 물론이고 공산국가, 미국의 우방국, 그리고 미국이 싫어할 이유가 없다고 가정했다. 따라서 스콧은 후자가 최상의 대안이라고 주장했다.[41]

스콧은 통일한반도가 정치적으로 미국과 우호적인 관계를 유지하는 상황을 공산 측이 수용할 것이라고 가정했다. 그러나 그렇지 않을 가능성도 없지 않았다. 당시 많은 조선인들이 공산주의 또는 사회주의를 선호했다는 점에서 보면 통일한반도가 미국을 정치적으로 선호할 것이란 가정은 잘못된 것이었다. 예를 들면, 미국의 저명 언론인 스톤(I. F. Stone)은 미국이 6·25전쟁을 참혹한 방식으로 수행하는 모습을 보며 조선인들이 미국을 보다 더 싫어하게 된 것으로 생각했다.[42]

미 NSC 기획위원회 연구와 스콧이 이 위원회에 제출한 문서에서는 전후 분단되어 있으며, 미국과 동맹관계에 있는 대한민국을 구상하고 있었다. 스콧의 문서가 통일된 중립국이란 또 다른 대안을 추가하고 있다는 차이가 있을 뿐이었다.

---

41. "Draft Paper for Submission to the Planning Board of the National Security Council, June 15 1953," in *FRUS*, 1952–1954, Korea, Vol. 15, pp. 1,180–3.

42. I. F. Stone(1952), *The Hidden History of the Korean War, 1950–1951* (New York: Monthly Review Press, 1952), p. 118.

6월 16일의 미 합참-국무성 회동에서는 이들 연구와 보고서를 놓고 논의했다. 이들은 제네바 정치회담을 통해 미국이 추구해야 할 한반도 모습을 놓고 논의했다. 당시 회동에 참석한 사람 가운데 많은 사람이 전후 한반도를 중립국으로 유지하는 방안에 의문을 제기했다. 예를 들면, 플레츨러(Flechteler) 장군은 "군사적 관점에서 볼 때, 중립국 상태의 통일한반도란 대안이 가능할 것인지 의문이다.…중국군이 한만국경 너머 지역으로 철수할 것이며, 미군은 일본으로 철수하게 될 것이다. 공산주의자들의 한반도 재진입을 막을 방법은 있는가?"라고 말했다. 국무성 차관 매튜스는 "이론상으로 보면 중국군이 한반도로 재진입하는 경우 우리가 한반도로 진입하거나 또 다른 지역에서 중국군에 대항하여 조치를 취하게 될 것이다."라고 말했다. 매콜리프(McAuliffe) 장군은 "미군이 한반도에서 철수하지 않고 그대로 있는 것과 비교하여 중국군이 재진입할 당시 재진입하는 것이 훨씬 어려울 수 있다."라고 말했다. 트위닝(Twining) 장군은 "…통일한반도를 중립국으로 만들면 군사적 진공상태가 초래될 가능성이 있다."라고 말했다.[43] 결론적으로 말하면, 이들은 향후 예정되어 있던 제네바 정치회담에서 한반도를 분단시킨 상태에서 미국과 동맹관계를 유지하게 해야 할 것으로 생각했다. 이것이 아닌 또 다른 대안은 통일한반도가 미국과 군사적으로 동맹관계이거나 중립국인 경우일 것이다. 그런데 이미 살펴본 바처럼 미국과 동맹 상태에 있는 통일한반도는 결코 쉽지 않은 일이었다. 마찬가지로 중립국 형태의 통일한반도는 미국보다는 소련과 우호적일 가능성이 컸다.

한편 6월 17일 아이젠하워에게 보낸 편지에서 이승만은 상호방위조약

---

43. "Memorandum of the Substance of Discussion at a Department of State–Joint Chiefs of Staff Meeting, June 16 1953," in *FRUS*, 1952–1954, Korea, Vol. 15, pp. 1,184–7.

체결 구상과 관련하여 감사를 표시하는 한편 다음과 같이 경고했다. "…저는 공산 측이 전쟁터에서 수용하지 않았던 부분을 협상장에서 수용할 것이라고 믿지 않습니다. …한미상호방위조약 체결을 정전협정 체결과 결부시키면 상호방위조약의 의미가 놀라울 정도로 반감될 것입니다. …현재의 정전협정 조건에서 보면 공산 측이 자신들이 원하는 시점에 단숨에 대한민국을 제압할 수 있을 정도의 전력을 구축하게 될 것입니다."[44] 바로 그날 밤 이승만은 남한의 4개 포로수용소에서 2만 5천 명 정도의 반공포로를 석방했다. 이승만의 이 같은 일방적인 조치는 정전협정 과정에 쐐기를 박기 위한 성격이었다.

이승만의 반공포로 석방 조치에 대응하기 위한 6월 18일의 미 NSC 회동에서 아이젠하워는 "우리는 친구가 아니고 또 다른 적을 얻은 듯 보인다."라는 뼈 있는 발언을 했다. 그러면서 아이젠하워는 "본인과 본인의 보좌관들은 이승만이 계속해서 이처럼 행동하면 미군을 한반도에서 철수시킬 것이란 의미의 메시지를 작성하고 있다."고 말했다. 그런데 아이젠하워를 제외하면 당시 회동에 참석한 모든 사람이 미군의 한반도 철수에 반대하는 내용의 발언을 했다. 예를 들면, 험프리(Humphrey)는 "…군사적 재앙을 초래하지 않으면서 한반도에서 미군을 철수시킬 수 있을 것인지 의문이다."라고 말했다. 덜러스는 "반공포로 석방에 따른 재앙은 적절히 관리하면 치유 불가능한 성격은 아니다."라고 말했다. 잭슨(Jackson)은 "이승만의 반공포로 석방을 동독과 체코에서 벌어진 폭동과 연계시켜 생각할 필요가 있다. …이들 사건은 공산세력을 진정 약화시킬 수 있는 기회다. 미국이 이승만에게 강력히 대응해야 할 것이지만, 정전협정을 예정대로 체결하지 않은 채 철수 운운하는 것은 잘못이다. …"라고 말했다. 당시 대화를

---

44. Department of State Bulletin, July 6, 1953, pp. 13-4.

정리하면서 아이젠하워 대통령은 이승만의 반공포로 석방이 잘못임을 공개적으로 언급하고, 개인적으로 이승만에게 강력한 메시지를 전달할 계획이라고 말했다.[45]

다음날 미 국무성-합참은 이승만의 반공포로 석방에 따른 피해를 통제하기 위해 회동했다. 그러나 당시 회동에 참석한 사람들은 대응 방안을 찾지 못해 어찌할 바를 몰랐다. 이승만이 독단적으로 행동하는 경우 제거한다는 계획은 이미 고려대상에서 제외시켰다. 이들은 반공포로 석방을 현장에서 주도한 육군헌병감 원용덕(元容德)을 제거하는 방안을 제시했다. 그러나 이들은 적절한 대응 방안을 찾지 못했다.[46]

6월 19일 공산 측은 이승만의 정전협정 체결 와해 노력을 저지하지 못했다며 김일성과 펑더화이의 이름으로 유엔사를 비난했다. 김일성과 펑더화이는 다음과 같은 세 가지를 질문했다. "유엔사는 한국정부와 한국군을 통제할 능력이 있는가? 그렇지 않다면 한반도 정전협정 체결에 이승만 도당(徒黨)을 포함시킬 것인가? 포함시키지 않는다면 남한의 정전협정 이행을 어떻게 보장할 수 있겠는가?"[47]

6월 22일 유엔군사령관 클라크 대장이 1시간 이상 동안 이승만과 독대했다. 클라크는 이승만의 반공포로 석방에 관해 전혀 언급하지 않았다. 향후 문제에 관해서만 논의했다. 클라크는 다음과 같은 미국의 두 가지 핵심원칙을 수용해야 본인과 대화가 가능하다고 이승만에게 말했다. 정전협정 체결이 미국의 확고부동한 결심이란 사실과 유엔사가 한반도에서 중국군

45. "Memorandum of Discussion at the 150th Meeting of the National Security Council, Thursday, June 18 1953," in FRUS, 1952-1954, Korea, Vol. 15, pp. 1,200-5.

46. "Memorandum of the Substance of Discussion at a Department of State-Joint Chiefs of Staff Meeting, June 19 1953," in FRUS, 1952-1954, Korea, Vol. 15, p. 1,217.

47. Department of State Bulletin, June 29, 1953, p. 907.

을 강제로 몰아낼 준비가 되어 있지 않을 뿐만 아니라 이 문제를 정전협정 조건에 포함시키지도 않을 것이란 사실이 바로 그것이었다. 이승만은 한 미상호방위조약 체결에 많은 관심을 보였다. 이승만은 "한미상호방위조약 이 장문의 문서일 필요가 없으며, 미국이 한국을 도우러 올 것이란 일반적 인 문구만으로도 충분하다고 말했다.…"[48]

다음 날 클라크는 일본으로 떠났으며, 이승만은 정전협정 체결 관련 본 인의 조건을 워싱턴에 전해달라며 나름의 비망록을 클라크에게 건네주었 다. 이승만은 다음과 같은 조건이 충족되는 경우 본인이 일방적인 조치를 취하기 위해 유엔사에서 한국군을 철수시키지 않을 것이며, 한국이 정전 협정에 서명하지 않을 것이지만 정전협정 이행에 관한 유엔사의 명령을 따를 것이라고 말했다. (1) 정전협정 체결 이후 외국군 철수와 한반도 통 일 문제를 해결하기 위한 최대한 90일 동안 진행되는 정치회담 개최. 이 기간 동안 중국군 철수 및 남북통일과 관련하여 합의에 도달하지 못하는 경우 정전협정이 종료될 것이며, 미 공군과 해군의 지원 아래 한국군이 북 한을 침공, (2) 정전협정 체결 이전에 한미상호방위조약 체결, (3) 한국에 대한 미국의 군사 및 경제 원조 제공, (4) 외국군이 포로 보호 차원에서 남 한에 진입하지 못하게 하며, 공산 측 대표가 포로와 상담하지 못하게 한 다. 이들 이외에 이승만은 "한국이 공격받는 경우 세계대전 위험이 있는 경우에도 미국이 한국 방어를 위해 자동으로 한반도로 올 것, 자립이 가능 할 정도로 한국을 산업화시킬 것…"과 같은 것들을 미국에 제안했다.[49]

6월 22일 아이젠하워와 덜러스의 특사 자격으로 로버츠선이 덜러스의

---

48. "The Commander in Chief, United Nations Command (Clark) to the Joint Chiefs of Staff, June 22 1953," in *FRUS*, 1952-1954, Korea, Vol. 15, pp. 1,231-2.

49. "The Commander in Chief, United Nations Command (Clark) to the Joint Chiefs of Staff, June 23 1953," in *FRUS*, 1952-1954, Korea, Vol. 15, pp. 1,241-2.

서신을 휴대한 채 한국으로 떠났다. 편지에서 덜러스는 6·25전쟁에 수백만 명의 미군이 유엔군의 일환으로 참전하여 24,000명 이상이 전사했으며, 미국이 수십 억$의 전비(戰費)를 사용했다고 말했다. 이 전투를 통해 한국이 희망하는 것을 얻지 못했다는 이유로 이승만이 단일 지휘체계로 싸우고 있는 유엔군을 와해시키고자 노력하고 있는 듯 보인다고 말했다. 덜러스는 이승만이 이처럼 할 권리가 없다고 주장했다. 한국이 독자적으로 행동하는 경우 엄청난 재앙에 직면할 것이며, 공산군 입장에서 일대 승리를 얻게 될 것이라고 말했다. 유엔군의 일환으로 상호의존적인 방식으로 전쟁을 수행하는 과정에서 희생은 불가피하다며, 한국이 일정 부분 희생했던 것과 마찬가지로 미국 또한 적지 않은 희생을 치렀다고 말했다.[50]

6월 24일과 25일 로버츠선은 도쿄에서 클라크 유엔군사령관, 콜린스 육군참모총장을 포함한 몇몇 인사와 회동했다. 당시 이들은 이승만의 정전협정 체결 반대를 고려해볼 때 미국이 선택할 수 있는 방책이 3가지가 있을 것이라고 생각했다. (1) 정전협정 체결을 지연시킨 후 한국과 함께 지속적으로 전투 수행, (2) 한국의 반대와 무관하게 정전협정 체결, (3) 한반도에서 미군 철수를 초래할 또 다른 대안 구상. 그런데 이들은 이들 모두 수용 불가능하다고 생각했다. 이들은 한국의 방해로 정전협정 체결이 어려워지는 경우 미국이 "공산 측과 또 다른 방안을 모색하지 않을 수 없다.…이승만이 기존 정책을 고수하는 경우 미국이 한반도에서 철수하는 것 이외에 별 다른 도리가 없다는 냉엄한 사실을 이승만에게 말해주어야 할 시점이 되었다."는 사실에 동의했다. 또한 이들은 "가장 중요한 부분은 이승만이 미국의 세계정책을 좌우할 수 없다는 사실이다.…정전협정 체결

---

50. "The Secretary of State to the President of the Republic of Korea (Rhee), June 22 1953," in *FRUS*, 1952–1954, Korea, Vol. 15, pp. 1,238–40.

이후 예상되는 정치회담에 대비하여 미국과 한국이 긴밀히 공조하는 가운데 공동 전략을 개발해야 한다.…"[51]라고 말했다.

6월 25일 NSC 기획위원회는 "정전협정 체결 이후 한반도에서의 미국의 목표(U.S. Objective With Respect to Korea Following an Armistice,)"란 제목의 문서인 NSC-157를 NSC에 제출했다. 이는 6월 15일 스콧이 덜러스의 승인 아래 NSC 기획위원회에 제출한 것과 동일한 문서였다. 여기서는 정치적으로 미국과 우호적인 남한 중심의 통일된 중립국이란 대안을 결론이자 권고안으로 제시하고 있었다. 여기서는 "중립국 형태의 남한 중심의 통일 한반도가 미국의 이익과 부합된다는 점에서 이것이 미국의 목표가 되어야 할 것이다."[52]라고 제안했다.

6월 26일 로버츠선과 클라크 대장은 이승만과 만나 몇몇 사항에 관해 합의했으며, 그 내용을 비망록으로 작성했다. 주요 내용은 다음과 같았다. (1) 정전협정 체결 이후 예상되는 정치회담에서 한국과 미국의 공동 목표에 관한 모든 측면을 놓고 한국과 고위급 회담 개최, (2) 대한(對韓) 경제지원, 한국군 전력증강 및 유지 지원 준비, 한미상호방위조약 체결 관련 협상 시작, 그러나 이들 내용은 한국정부가 다음을 수용할 것임을 전제로 한다. (1) 분쟁 수행 및 종결 관련 유엔사의 권한 인정, (2) 공산군과 유엔사 간의 정전협정 지원, (3) 한미 양국 정부가 더 이상 이 같은 지휘관계가 필요 없다고 합의하는 순간까지 유엔군사령관이 한국군을 작전 통제.[53]

그러나 6월 28일 이승만은 로버츠선과의 대화에 입각한 것이라며 나름

51. "Memorandum of Discussion of a Meeting Held at Tokyo on the Korean Situation, June 24–25, 1953," in *FRUS*, 1952–1954, Korea, Vol. 15, pp. 1,265–9.

52. "Report by the National Security Council Planning Board Submitted to the National Security Council, June 25, 1953," in *FRUS*, 1952–1954, Korea, Vol. 15, pp. 1,272–4.

53. "The Assistant Secretary of State for Far Eastern Affairs (Robertson) to the Department of State June 27 1953," in *FRUS*, 1952–1954, Korea, Vol. 15, pp. 1,279–80.

의 비망록을 제시했는데 여기서 주목해야 할 부분은 정전협정 체결 이전에 한미상호방위조약을 체결해야 한다는 것이었다. 미국과 한국이 정전협정 체결 이후 예정되어 있던 정치회담을 공동으로 박차고 나오는 경우 곧바로 군사작전을 시작해야 한다는 것이었다. 또한 이승만은 전쟁을 승리로 종결짓는 방식으로 공동 대의를 촉진시키는 과정에서 미국이 한국정부를 지원하는 한 1950년 7월 14일 이승만이 맥아더에게 보낸 서신에서 명시한 바처럼 한국군이 유엔사의 작전통제를 받게 할 것이라고 말했다.[54]

덜러스는 상기 비망록을 놓고 볼 때, 이승만의 입장에 변화가 없다고 말하면서 그 사실을 아이젠하워에게 보고했다.[55] 6월 29일 로버츠선은 이승만과 만났다. 당시 로버츠선은 이승만이 제시한 비망록이 본인과 합의한 내용과 몇몇 차이가 있다고 말했다. 이승만은 미국의 한미상호방위조약 체결이 반공의 보루(堡壘)로서 한반도를 이용하기 위함이며, 본인이 6·25 전쟁 지속을 원한다고 말했다. 로버츠선은 이승만의 비망록을 수용할 수 없다고 말하면서 본인의 비망록이 본인과 이승만의 대화를 매우 잘 반영하고 있다고 주장했다. 이승만은 로버츠선의 비망록에서 수정이 요구되는 부분이 일부 있다고 말했다. 클라크는 유엔사가 판문점에서 대화를 재개할 것이라고 이승만에게 말했다. 그러자 이승만은 보다 만족스런 형태의 비망록을 곧바로 제시할 것이라고 약속했다.[56]

6월 30일 미 군부는 정전협정 체결 이후의 한반도 모습에 관한 최종 입

---

54. "Aide-Mémoire From the President of the Republic of Korea (Rhee) to the Assistant Secretary of State for Far Eastern Affairs (Robertson), June 28 1953," in *FRUS*, 1952-1954, Korea, Vol. 15, p. 1,283.

55. "Memorandum by the Secretary of State to the President, June 28 1953," in *FRUS*, 1952-1954, Korea, Vol. 15, p. 1,285.

56. "The Commander in Chief, Far East (Clark) to the Department of State, June 29 1953," in *FRUS*, 1952-1954, Korea, Vol. 15, p. 1,286.

장을 밝혔다. 미 합참은 윌슨 국방부장관에게 보낸 보고서에서 한반도를 중립국으로 만든 후 미군을 한반도에서 철수시킬 것이란 방안에 반대했다. 이 방안이 북한이 이 같은 방안에 동의할 것이란 가정과 공산주의자들이 이 같은 성격의 협정 또는 정치적 타결 조항을 준수할 것이란 가정에 근거하고 있는데 이들 가정이 비현실적이라고 말했다. 이 방안이 전략적으로 미국에 도움이 되지 않는다고 주장했다. 미 합참은 공산주의자들이 극동지역 지배 결심을 고수하는 한 미국의 지속적인 한국군 지원이 미국의 안보 이익 측면에서 매우 중요하다고 생각했다. 미 합참은 "통일되어 있으며 독립된 비공산권 한반도"란 미국의 주요 목표를 달성하는 순간까지 미국이 극동지역에 강력한 군사력을 전개하여, 한국을 적시에 효과적으로 지원해야 할 것이라고 주장했다. 이처럼 하고자 하는 경우 적정 수준의 한국군을 유지하고 지원해야 할 것이라고 주장했다. 미 군부는 "자유진영과 공조함에 따른 정치 및 경제적 이점을 보여주는 사례로서 한국을 변모시키기 위한 다양한 프로그램"을 추천했다. 또한 "북한 내부의 불평과 불안 조성"을 통해 남북이 통일될 수 있도록 하자고 제안했다.[57]

7월 1일 이승만은 로버츠선에게 장문의 메시지를 보냈다. 여기서 이승만은 정전협정 체결 이후 개최될 정치회담을 통해 한반도 통일이 불가능해지는 경우 한국이 남북통일을 위한 전쟁을 지속할 것이라고 주장했다. 이 같은 전쟁에 미국의 동참을 원한다고 말했다. 이승만은 미국이 이 같은 전쟁에 직접 동참할 수 없는 경우 해군과 공군을 이용하여 한국의 남북통일 노력을 지원해 주어야 할 것이라고 주장했다. 이승만은 "우리는 정치회담이 실패로 끝나는 경우 남북이 통일될 때까지 미국이 우리와 전투를 재

57. "Memorandum by the Joint Chiefs of Staff to the Secretary of Defense, June 30 1953," in *FRUS*, 1952–1954, Korea, Vol. 15, pp. 1,289–90.

개할 것이라고 구체적으로 약속해 주면 정전협정 체결에 반대하지 않을 것임을 약속할 수 있는 그러한 시점에 다가와 있다. 이처럼 할 수 없는 경우 나는 정전협정 체결에 관한 귀하의 요청을 수용할 수 없다. 왜냐하면 현재의 정전협정 조항에 구체적으로 반대하고 있는 한국인들을 설득할 방도가 없기 때문이다."[58]라고 말했다.

7월 1일 덜러스 국무장관은 이승만의 제안이 주한미국 대사 로버츠선이 아이젠하워 대통령으로부터 위임받은 권한을 초월하는 성격이며, 아이젠하워 또한 미 헌법으로 인해 이승만의 제안과 관련하여 언질해 줄 수 없는 입장이라고 말했다. 덜러스는 미국이 미 의회의 승인이 없는 가운데 유엔결의안에 입각하여 미군을 6·25전쟁에 참전시켰는데 이 부분과 관련해서 또한 말이 많다고 말했다. 이승만이 요구하는 상황에서의 전쟁 재개는 유엔의 또 다른 대북 제재가 없는 한 미 의회의 승인이 있어야 가능해진다고 말했다.[59]

7월 2일 미 NSC는 NSC-154를 놓고 논의했다. 당시의 논의에서 미국은 "미국이 필리핀, 오스트레일리아 및 뉴질랜드와의 조약을 통해 수행하고 있는 것과 유사한…약속을 한국에 할 것이다."라고 말했다. 이 같은 문구로 인해 한국이 미국의 안보체제와 연계되었다.[60]

7월 2일 이승만에게 보낸 별도 편지에서 로버츠선은 미군이 유엔결의안에 입각하여 한반도에 와 있으며, 정치회담이 결렬된 후 한국의 남북통일

---

58. "The President of the Republic of Korea (Rhee) to the Assistant Secretary of State for Far Eastern Affairs (Robertson), July 1 1953," in *FRUS*, 1952-1954, Korea, Vol. 15, pp. 1,294-5.

59. "The Secretary of State to the Embassy in Korea, July 1 1953," in *FRUS*, 1952-1954, Korea, Vol. 15, p. 1,295.

60. "Memorandum of Discussion at the 152d Meeting of the National Security Council, Thursday, July 2 1953," in *FRUS*, 1952-1954, Korea, Vol. 15, pp. 1,301-8.

노력을 미국이 군사적으로 지원해 주려면 미 의회의 전쟁선포가 요구된다고 말했다. 로버츠선은 한국이 독립된 통일한반도란 목표 달성 측면에서 보면 미국과 공조하여 노력하는 것이 훨씬 유리할 것이라고 주장했다. 향후 예상되는 정치회담이 결렬되는 경우 미국은 회담장을 박차고 나온 후 바람직한 통일 방안을 결정하는 과정에서 한국과 곧바로 협의할 준비가 되어 있다고 말했다.[61]

7월 4일 로버츠선은 이승만과 회동했다. 당시 이승만은 정치회담이 결렬되는 경우 미국이 전투를 재개할 수 없을 것이란 사실을 수용했음이 분명했다. 미 의회가 한미상호방위조약을 비준해 주어야 하는데, 이승만이 정전협정 체결에 반대하는 경우 이 같은 상원의 비준을 받기가 어려울 것이란 로버츠선의 발언이 나름의 효과가 있었다. 이승만은 미 상원이 조속히 한미상호방위조약을 비준해 줄 것임을 아이젠하워와 덜러스로부터 확답받고자 했다. 로버츠선은 본인이 제시한 비망록에 이승만이 동의하는지 질문했으며, 이승만은 동의한다고 말하고자 하는 듯 보였다. 그런데 변영태가 한미상호방위조약 체결 이후에나 정전협정을 체결해야 할 것이라고 주장했다. 로버츠선은 정전협정을 체결할 당시 미국이 공표할 성명서가 공산주의자들에게 나름의 경고가 될 것이며, 결과적으로 한미상호방위조약이 체결되기 이전까지 이것이 한국안보를 보장해줄 수 있을 것이라고 말했다. 그러자 이승만과 변영태가 어느 정도 안심하는 듯 보였다. 로버츠선은 "미국과 한국이 공동 목표 촉진을 위해 공동의 적에 대처한다는 차원에서 공동 전선을 펼쳐야 한다고 말했다. 한국이 독자적이고도 일방적인 방책을 택하는 경우와 비교하여 미국과 공조함으로서 훨씬 많은 것을 얻

---

61. "The Assistant Secretary of State for Far Eastern Affairs (Robertson) to the Department of State, July 3, 1953," in *FRUS*, 1952–1954, Korea, Vol. 15, p. 1,314.

을 수 있을 것이다."라고 말했다.[62]

7월 8일 이승만은 수정한 본인의 비망록을 제시했다. 그런데 이는 미 상원이 한미상호방위조약을 승인하게 하기 위한 성격이었다. 이승만은 미 상원이 이 같은 조약을 주저하는 경우 미일안보조약과 유사한 성격도 무 방하다고 말했다. 이승만은 정치회담이 결렬되는 경우 미국이 전투 재개 에 동의할 수 없다는 점에서 "적어도 통일을 염두에 둔 한국의 투쟁을 사 기 및 물질적으로 지원해 주어야 한다."라고 주장했다. 이승만은 다음과 같이 말했다. "유엔사와 한국이 남북통일이란 공동 목표를 추구하는 한 유 엔사와 한국군이 기존 지휘관계를 그대로 유지할 것이다. 그렇지 않은 경 우 기존 지휘관계 측면에서 분명한 변화가 있을 것이다."[63]

7월 9일 로버츠선과 주한미국 대사 브릭스가 이승만과 변영태와 회동했 다. 로버츠선은 한국이 정전협정에서 그리고 향후 있게 될 정치회담에서 협조하는 경우 한미상호방위조약을 비준해줄 것이란 미 상원 리더가 아이 젠하워에게 보낸 전문을 읽었다.[64] 이승만은 본인이 정전협정 체결 이전 에 중국군을 한반도에서 철수시키고, 남북통일을 달성해야 할 것이라고 주장한 바 있다고 말했다. 이승만은 이들 사항을 정전협정 체결 이후 개최 될 정치회담에서 추구할 것이라면서, 로버츠선에게 미국이 원하는 형태의 다음과 같은 약속을 했다. "한국은 정전협정에 서명하지 않을 것이다. 그 러나 미국이 한국의 생존을 위협하는 조치 또는 수단을 취하지 않는 한 이 같은 정전협정에 반대하지 않을 것이다." 그러면서 이승만은 "대화를 시작

---

62. "Memorandum of Conversation, by the Assistant Secretary of State for Far Eastern Affairs (Robertson), July 4 1953," in *FRUS*, 1952–1954, Korea, Vol. 15, pp. 1,326–9.

63. "The Assistant Secretary of State for Far Eastern Affairs (Robertson) to the Department of State July 8 1953," in *FRUS*, 1952–1954, Korea, Vol. 15, p. 1,351.

64. "The Assistant Secretary of State for Far Eastern Affairs (Robertson) to the Department of State, July 8 1953," in *FRUS*, 1952–1954, Korea, Vol. 15, pp. 1,353–4.

할 당시 나는 한반도 통일이란 공동 목표 달성을 위한 한국군의 노력에 유엔군과 미군이 동참해야 할 것이라고 말했다. 이 같은 제안이 미국 입장에서 탐탁지 않은 경우 한반도에서 침략자를 몰아내기 위한 한국군의 노력을 미국이 사기 및 물질적으로 지원해줄 것이란 구체적인 약속을 받아야 할 것이다."라고 말했다.[65]

이승만은 "남북통일을 달성하는 순간까지 전투를 지속"할 것이란 언질을 미국에 요구할 것이란 기존 입장을 철회했다. 그러나 이승만은 아직도 한국군의 전투에 대한 미국의 지원을 원하고 있었다. 상기 문서에 첨부되어 있던 한미상호방위조약의 한국측 초안에서는 한국의 관할권이 "북쪽으로 압록강과 두만강"[66]으로까지 확대된다는 기존 입장을 고수했다.

로버츠선은 이승만의 상기 서신을 미 국무성으로 보내면서 한국의 관할권이 "북쪽으로 압록강과 두만강"으로 확대된다는 이승만의 주장이 아직 해결되지 않았음을 주목했다. 또한 "유엔사가 한국군을 작전 통제하게 할 것이다."란 구체적인 언질이 없다는 사실에 주목했다.[67] 그러나 덜러스는 "이승만의 편지가 정전협정 체결 과정을 시작할 수 있을 정도로 만족스런 형태라고 생각했다. 덜러스는 세부 문제는 추후 논의와 협상의 대상으로 생각했다."[68]

정전대화가 재개된 7월 10일 남일은 한국군을 정전협정 문서 서명 주

---

65. "The President of the Republic of Korea (Rhee) to the Assistant Secretary of State for Far Eastern Affairs (Robertson), July 9 1953," in *FRUS*, 1952–1954, Korea, Vol. 15, pp. 1,358-9.

66. "Republic of Korea Draft of Mutual Defense Treaty Between the United States and the Republic of Korea, July 9 1953," in *FRUS*, 1952–1954, Korea, Vol. 15, p. 1,360.

67. "The Assistant Secretary of State for Far Eastern Affairs (Robertson) to the Department of State, July 10, 1953," in *FRUS*, 1952–1954, Korea, Vol. 15, p. 1,361-2.

68. "The Secretary of State to the Embassy in Korea, July 9, 1953," in *FRUS*, 1952–1954, Korea, Vol. 15, p. 1,362.

체로 포함시킬 것인지 질문했다. 그러자 유엔사 측 대표 해리슨은 한국군은 유엔사의 지휘를 받기 때문에 "합의 문구를 준수할 것이다."라고 말했다.[69] 임무를 완수한 로버츠선은 화기애애한 분위기에서 이승만과 회동했으며, 7월 12일 미국으로 떠났다.[70]

제2절. 한미동맹의 주요 문제점

  한미상호방위조약과 한미합의의사록으로 대변되는 한미동맹은 군사동맹 성격이다. 1954년 11월에 발효된 한미합의의사록에서는 한국군에 대한 유엔군사령관의 작전통제권 행사와 한국군의 구조를 명시하고 있었다. 여기서는 향후 가능한 한반도전쟁에서 미군이 합동전, 해전, 공중전을 주도하는 반면, 한국군이 지상전을 주도하는 것으로 가정했다. 한국군을 극단적인 육군 중심으로 편성했다. 미국은 한국군을 한반도전쟁에서 미군을 보완 및 지원하는 성격으로 만들었다.[71] 이 같은 미국의 노력으로 한국군은 미군과 한 몸을 구성할 때만이 비로소 기능할 수 있는 군이 되었다.[72]
  결과적으로 한국군은 여타 국가의 군대에서는 쉽게 볼 수 없는 비정상

---

69. "The Commander in Chief, United Nations Command (Clark) to the Joint Chiefs of Staff, July 9 1953," in *FRUS*, 1952–1954, Korea, Vol. 15, pp. 1,364–5.

70. "Memorandum of Conversation, by the Assistant Secretary of State for Far Eastern Affairs (Robertson), July 11 1953," in *FRUS*, 1952–1954, Korea, Vol. 15, p. 1,374.

71. Bruce E. Bechtol(2006), "Force Restructuring in the ROK–US Military Alliance: Challenge and Implications," *International Journal of Korean Studies*, Vol. X. no. 2(Fall/Winter 2006), pp. 21–2 & 34.

72. Bridget Gail(1979), "The Korean Balance Vs The US Withdrawal," *Armed Forces Journal*(April 1979), pp. 37–42

적인 모습을 노정시켰다. 첫째, 극단적인 육군 중심 구조에서 출발했다는 점에서 수차례에 걸친 국방개혁을 통해 한국군이 보다 더 육군 중심 군대가 되었다. 둘째, 한국군이 미군의 하부구조로 출발했다는 점에서 한국군 장교들의 자주의식이 대거 약화되었다. 예를 들면, 전작권 전환이 진지하게 논의된 2007년부터 조건부 전환으로 결정된 2014년의 기간 예비역 장성들이 국가의 주요 주권인 전작권 전환에 반대했는데, 이는 한국군 장교들의 자주의식 결여와 도덕적 해이를 노정시킨 사건이었다. 셋째, 평시 한국군 국방부가 군사력 건설을 주도하는 반면 전시 한미연합사령관이란 미군이 군사력 운용을 주도한다는 점에서 평시 군사력 건설과 전시 군사력 운용이 불일치하는 현상이 벌어졌다. 결과적으로 적어도 1980년대 중반 이후 북한군과 비교하여 상당히 많은 국방비를 사용해왔음에도 불구하고 한국군이 북한 위협을 제대로 통제하지 못하게 된 것이다. 넷째, 북한이 아니고 냉전 당시는 소련, 냉전 이후는 중국을 주요 적국으로 간주하는 미국의 4성 장군이 한국군을 지휘한다는 점에서 한국이 한반도에서의 미국의 국익 추구 행위에 쉽게 연루될 수 있었다.

1. 구조적 문제점: 미군 의존적인 한국군 구조

개인과 마찬가지로 육군, 해군 및 공군은 나름의 이익과 정체성에 따라 행동하는 행위자다.[73] 한미합의의사록으로 인해 한국군에서 해군 및 공군과 비교하여 육군의 파워가 훨씬 막강했다는 사실과 각 군이 국익이 아니고 자군의 이익을 열심히 추구하는 행위자란 점에서 한국군은 전후 보다 더 육군 중심의 군이 되었다.

---

73. 권영근, 『한국군 국방개혁의 변화와 지속』(연경문화사, 2013), p. 114.

병력구조

"합동전, 공중전, 해전은 미군이, 지상전은 한국군이 주도한다."는 미국의 한반도 군사정책으로 인해 한국군은 지상군 중심의 병력구조로 출발했다. 한국군의 병력구조는 1954년 7월 30일 체결한 '한미합의의사록'에서 출발했다. '한미합의의사록 부칙B'[74]에 따르면 1955 회계연도 당시 한국군 병력은 72만 명을 초과하지 않는 선에서, 육군 66만 1천 명, 해군 1만 5천 명, 해병대 2만 7천 5백 명, 공군 1만 6천 5백 명 수준을 유지했다.[75] 그 후 일부 변화가 있었지만 아직도 한국군은 육군 중심의 군이다.

구분	총병력	육군	해군	해병대	공군
1954	720,000	661,000	15,000	27,500	16,500
		91.8%	2.1%	3.8%	2.2%
1960	626,800	565,000	16,000	23,800	22,000
		90.1%	2.6%	3.8%	3.5%
1971	623,316	548,258	18,400	29,600	27,000
		88.0%	3.0%	4.7%	4.3%
1980	619,000	540,000	27,000	20,000	32,000
		87.2%	4.4%	3.2%	5.2%
1997	660,000	548,000	35,000	25,000	52,000
		83.0%	5.3%	3.8%	7.9%
2010	687,000	555,000	43,000	25,000	64,000
		80.8%	6.3%	3.6%	9.3%
2018	599,000	464,000	41,000	29,000	65,000
		77.4%	6.8%	4.8%	10.8%
2025	500,000	365,000	41,000	29,000	65,000
		73%	8.2%	5.8%	13%

[표-1] 한국군의 시기별 군종별 병력구조
출처: 윤공용, 50년대 미국의 대한안보정책과 한국군 전력구조에 관한 연구, p. 204.; *FRUS* 1952-1954 Vol. 15, Part 2, p. 1878.; 2018년 국방백서, p. 87.

---

74. Appendix B to the Agreed Minute Between the Governments of the United States and Korea: Measures for an Effective Military Program.

75. "The Department of the Army to the Commander in Chief United Nations Command (Hull), September 15 1954," in *FRUS*, 1952-1954, Korea, Vol. 15, Part 2, p. 1,878.

한국군에서 육군의 비중은 여타 국가와 비교해도 높은 수준이다. 한국과 유사한 상황의 이탈리아 및 그리스 군과 한국군을 비교해도 결과는 마찬가지다. 2010년을 기준으로 이탈리아는 육군 58.1%, 해군 18.23%, 공군 23.3%인 반면 그리스는 육군 64.5%, 해군 13.8%, 공군 21.7%였다.[76] 2025년을 기준으로 한국군은 육군 73%, 해군(해병대 포함) 14%, 공군 13%다. 이는 육군이 아직도 8.5%~14.9% 많은 반면, 해군이 4%, 공군이 8.4 ~10% 정도 적음을 의미한다.

육군, 해군 및 공군의 장군 비율을 보면 2008년에는 육군 324명, 해군 73명, 공군 64명에서[77] 2025년에는 전체 장군숫자 360명 가운데 육군 247명, 해군(해병대) 59명, 공군 54명으로 바뀔 것이다.[78] 전체 장군 숫자에서 각 군이 차지하는 비율은 2008년의 육군 70.3%, 해군 15.84%, 공군 13.86%에서 육군 68.6%, 해군 16.4%, 공군 15%로 바뀔 것이다. 공군이 장교 중심, 해군이 부사관 중심, 육군이 사병 중심 군이란 점을 고려해보면 육군 장군이 상대적으로 많은 반면 해군과 공군, 특히 공군 장군은 상대적으로 매우 적다.

3군 합동작전을 강조하는 미군은 2021년을 기준으로 육군 231명, 해군 162명, 해병대 62명, 공군 192명의 장군을 유지했다.[79] 2016년 방위연감이란 잡지를 보면 육상 자위대 120명, 해상 및 공중 자위대 각각 70명 정도의 장군을 유지하고 있다. 한국군의 장군 비율은 전작권 전환 측면에서

76. 윤공용, "50년대 미국의 대한안보정책과 한국군 전력구조에 관한 연구." (경남대학 박사논문, 2010), p. 206.

77. 안동한 기자, "병사는 줄어드는데 장군은 증가." 『서울신문』(2009. 6. 1).

78. 송영무, 『선진 민주국군을 향해: 문재인 정부의 국방정책』(박영사, 2020), p. 87.

79. "U.S. Code § 526 – Authorized strength: general and flag officers on active duty," at https://www.law.cornell.edu/uscode/text/10/526 (Accessed: March 24, 2021)

필수적인 3군 합동작전이 거의 불가능한 수준으로 보인다.

　문재인 정부는 육군 장군 숫자 감축과 더불어 해군과 공군의 장군 숫자를 감축했다. 전작권 전환 측면에서 3군 합동작전이 가능한 구조 정립이 필수적이란 사실을 고려했더라면 문재인 정부는 해군과 공군 장군 숫자를 줄이는 것이 아니고 육군 장군 숫자 감축 부분으로 해군과 공군 장군 숫자를 늘려주었어야만 했을 것이다.

지휘구조

　오늘날 한미연합사체제에서 한국군이 지휘 통제하는 부분은 지상 전력뿐이다. 결과적으로 한국군은 지상군에 대한 지휘 통제만을 경험해 보았다.

　1988년의 818계획 추진 당시 국방부는 합참과 같은 합동 조직에 근무하는 육군, 해군 및 공군 장교를 2:1:1 비율로 유지할 것이라고 했다.[80] 그러나 해군과 공군의 경우 여기서 크게 떨어지는 비율을 유지하고 있다. 결과적으로 육군은 주요 직위는 제외한 상태에서 나머지 직위와 관련해 2:1:1을 유지한다는 개념을 적용했다.[81] 진정한 의미에서 공중, 지상 및 해상에서 진행되는 전쟁을 제대로 지휘 통제하려면 합동조직은 1:1:1 비율을 유지해야만 한다.[82] 문재인 정부 국방개혁을 통해서도 합참대학, 합동참모본부와 같은 합동 부서의 3군 비율이 1:1:1을 보장하지 못하고 있다. 결과적으로 한국군이 합동 차원에서의 전쟁이 아니고 육군 중심 전쟁

---

80. "합참본부의 육군, 해군 및 공군 장교 비율 2:1:1로 대폭 상향 조정한다." 합참 전략기획국 1차장 육군준장 이석복, "군구조 개선의 필요성과 내용." 『국군 조직의 문제점과 개선방향』(서울 힐튼호텔 : 국방세미나, 1990. 5. 10), p. 17.

81. 김종호 전 해군참모총장과의 2012년 7월 25일 인터뷰

82. 1986년에 제정된 미국의 Goldwater-Nichols Act에서는 합동조직에서의 육군, 해군 및 공군 장교의 비율을 1:1:1로 정했다.; 일본, 영국, 미국과 같은 선진국 군대의 경우 일반적으로 육군 병력이 많다. 그러나 2성 장군 이상의 숫자는 거의 동일한 수준이다.

만을 수행할 수 있는 조직이 되었다.[83]

한편 2009년 한미 양국은 전작권 전환 이후의 지휘구조로서 병행적인 구조를 채택한 바 있다. 북한 위협은 한국군이 주도하고 미군이 지원하는 반면 주변국 위협은 미군이 주도하고 한국군이 지원한다는 개념이었다. 그런데 2014년 한미 양국은 현재의 한미연합사령부 구조에서 사령관(미군) 과 부사령관(한국군)을 사령관(한국군), 부사령관(미군)으로 단순 교체하기로 합의했다. 문제는 이 같은 연합지휘구조로는 전작권 전환이 불가능하다는 사실이다. 주요 이유는 오늘날 한반도에서 미국의 주요 관심이 중국인 반면 한국의 주요 관심이 북한이기 때문이다. 결과적으로 한국군이 한미연합사령관이 되면 중국 위협이 아니고 북한 위협에 초점을 맞출 것인데 이는 미국 입장에서 결코 수용할 수 없는 현상일 것이다. 한국 안보 측면에서 보면, 중국에 전적으로 관심이 있는 미군 장군이 한국군을 작전 통제하는 현재의 지휘구조도 수용 곤란할 것이다. 전작권 전환을 추구하고자 하는 경우 2009년 당시의 병행적인 지휘구조로 환원해야 할 것이다.[84] 이 같은 사실을 반영한 것으로 보이지만 2020년 10월 27일 주한미군사령관 대외협력 보좌관 함지민은 매일경제에 기고한 "안보정책, 달라진 한반도 상황 맞게 변화를"란 제목의 글에서 한미 양국이 전작권 전환 측면에서 병행적인 지휘구조를 추구해야 할 것이라고 주장했다.

전력구조

한국군 전력구조의 문제는 크게 세 가지로 보인다. 첫째는 한반도에서 미국이 추구하는 목표를 지원하기 위한 성격이다. 둘째는 3군 합동작전

---

83. 천안함과 연평도 사태는 이것을 극적으로 입증해준 사건이었다.

84. 권영근, "미국은 왜 병행적인 한미 지휘구조를 원할까," 『내일신문』, 2021. 3. 3.

개념이 제대로 반영되지 않은 형태다. 셋째는 각 군의 임무와 역할을 제대로 반영하지 않은 성격이다. 결과적으로 1980년대 중반 이후 북한군과 비교하여 상당히 많은 국방예산을 사용해왔음에도 불구하고 전작권 전환 등 자주국방이 곤란한 실정이다.

이미 언급한 바처럼 한국군은 미군을 지원 및 보완하기 위한 성격의 군으로 시작되었다. 1970년대 중반까지만 해도 한국군이 미국의 군사원조에 대거 의존했다는 점에서 이는 어찌할 수 없는 현상이었다. 그러나 1970년대 말경부터 한국군은 전적으로 국민의 세금으로 운영되고 있다. 특히 1980년대 중반 이후 북한군과 비교하여 상당히 많은 국방예산을 사용해왔다. 2021년 한국군은 480억$(세계 8위), 북한군은 35억$(세계 59위)의 국방비를 사용하고 있다. 상황이 그러함에도 불구하고 한국군의 전력구조는 오늘날에도 미군을 보완해 주는 수준에서 탈피하지 못하고 있는 듯 보인다. 주요 이유는 오늘날에도 한국군이 1950년대 당시의 관성에 따라 미군을 보완해주는 전력구조를 지속적으로 추구하고 있기 때문일 것이다.

냉전 당시 한미 양국의 주요 관심은 휴전선을 통한 공산세력의 남진 저지였다. 이 같은 이유로 냉전 당시는 해군보다는 공군과 육군이 중요한 의미가 있었다. 냉전 당시 미국이 한국해군 전력 건설을 지원하지 않았던 것은 이 같은 이유 때문이었다. 이처럼 한반도전쟁에서 공군과 육군이 매우 중요했음에도 불구하고 냉전 당시 미국은 한국군이 공군 전력이 아니고 육군 전력 중심의 군을 유지하기를 원했다. 이는 미국이 전시 인명이 많이 희생될 수 있는 육군이 아니고 공군 중심으로 한반도 전쟁에 기여하고자 했기 때문이었다. 결과적으로 냉전 당시 한국군은 극단적인 육군 중심의 군을 유지했다.

냉전 종식 이후 미국의 관심이 중국으로 바뀌었는데 아태지역을 겨냥한 중국의 세력팽창 저지는 휴전선이 아니고 서해안에서나 가능했다. 이 같은 이유로 휴전선 부근에 있던 모든 미군이 중국의 주요 해군기지가 있는 칭따오(青島)를 바라보는 평택으로 이전해 갔다. 이처럼 해상을 통한 중국군의 세력팽창 저지 차원에서 오늘날 미국은 한국해군의 전력증강을 내심 원하고 있는 듯 보인다. 예를 들면, 2000년대 초반 미국은 한국해군에 이지스함 구축을 요구했다. 문재인 정부의 핵잠수함 추진 구상 내지는 경항모함 구축 또한 이 같은 미국의 구상과 무관하지 않아 보인다. 냉전 당시와 비교하면 오늘날 한국군에서 해군의 비중이 상당히 높아졌는데 이는 한국해군 전력증강이 중국을 겨냥한 미국의 봉쇄정책 측면에서 중요한 의미가 있기 때문일 것이다.

이처럼 미국의 아태지역 전략의 일환으로서 전력을 구축하는 한 한국군은 전작권 전환이 지속적으로 어려워질 것이다. 미군에 의존할 수밖에 없을 것이다.

한국군 전력 구조의 두 번째 문제는 3군 합동작전 개념이 부재한 상태에서 전력을 건설하고 있어 보인다는 사실이다. 예를 들면, 오늘날 육군은 북한과 비교하여 훨씬 많은 지대지미사일, 상당한 규모의 무인기, 헬리콥터 획득을 추구하고 있으며, 해군은 경항모함과 함대지 및 함대함 미사일을, 해병대는 독자적인 헬리콥터 획득을 추구하고 있다. 그런데 이들 공중전력은 전시 공군구성군사령관의 통제를 받을 수밖에 없는 성격이다. 상황이 그러함에도 한반도 상공에서의 공중무기 운용에 관한 통합적인 시각이 부재한 상태에서 이들 고가의 무기를 대거 구입하고 있는 실정이다. 이처럼 획득하는 경우 평시 엄청난 규모의 획득 및 유지 비용이 소요될 뿐만 아니라 전시 이들 무기 가운데 많은 부분을 제대로 운용할 수 없는 상황이 벌어질 것이다.

한국군 전력 구상 측면에서 가장 먼저 선결되어야 할 부분은 우리의 적이 누구인가란 부분일 것이다. 우리의 주요 적이 중국인가? 북한인가? 중국이라면 공군과 해군 중심의 전력증강이 필요할 것이다. 북한이라면 공군과 육군 중심의 전력증강이 필요할 것이다. 아니면 북한과 중국 모두인가? 이 경우 육군, 해군 및 공군 전력을 동시에 구축해야 할 것이다.

우리의 주요 관심이 북한이며, 중국이 아니라고 가정하는 경우 해군 경항모함 구축과 핵잠수함 구축 노력은 중국봉쇄란 미국의 국익 추구 행위에 연루되는 형국일 것이다. 주요 관심이 중국이라면 과도한 육군 전력 건설은 자원 낭비와 다름이 없을 것이다.

전작권 전환을 통한 자주국방을 염원하는 경우 한국군은 공군 전력증강을 위해 노력해야 할 것이다. 예를 들면, 미국이 전작권 전환을 염원했던 2007년부터 2012년까지의 기간 미국은 한국공군 전력증강을 지속적으로 강조한 바 있다.[85]

마지막으로 3군 합동작전에 입각한 전력 건설 측면에서 가장 중요한 부분은 육군, 해군 및 공군의 분명하고도 올바른 임무와 역할 정립이다. 문제는 한국군이 이 같은 임무와 역할에 관한 개념이 없는 가운데 전력을 획득하고 있어 보인다는 사실이다. 예를 들면, 전 세계 도처에서 육군, 해군, 공군 및 해병대가 독자적으로 전쟁을 수행할 가능성을 고려하여 미국의 각 군은 상당한 규모의 항공력을 보유하고 있다. 미 해병대 항공력 또

---

85. Bruce E. Bechtol Jr, "Force Restructuring in the ROK-US Military Alliance : Challenges and Implications.," *International Journal of Korean Studies*, Vol. X. no. 2(Fall/Winter 2006), p. 22.; Bruce E. Bechtol Jr. "Planning for Changing in the ROK-US Alliance: Challenges and Implications," *Seoul-Washington Forum* Co-hosted by The Brookings Institution and The Sejong Institute, May 1-2, 2006.; Shelly Su, "The OPCON Transfer Debate," in *SAIS US-Korea 2011 Yearbook*(Johns Hopkins University, 2011), p. 163.; "항공력 현대화에 투자하지 않으면 전작권 전환은 성공하지 못할 것이다. 정밀타격능력에 더불어 지휘통제 능력을 신장시킬 필요가 있다." Robbin Laird, "South Korean Defense Re-Considered: Preparing for 2015," *SLDinfo.com*, 08/28/2012.; General(Ret) Walter Sharp, "OPCON Transition in Korea," *CSIS*, Dec 2, 2013.; Kurt M. Campbell, Lindsey Ford, Nirav Patel, Vikram J. Singh, "Going Global: The Future of the U.S.-South Korea Alliance," *Center for a New America Security*, Feb 2009, p. 64

한 한국공군과 비교하여 훨씬 막강한 수준이다. 그러나 이들 미군 항공력은 한반도전쟁에 투입되는 경우 공군구성군사령관이 모두 통제하게 되어있다. 한국군의 육군, 해군, 해병대, 공군은 미군처럼 독자적으로 항공력획득을 추구하고 있는데 이는 심각한 문제로 보인다. 그 이유는 한국군이 미군과 달리 전 세계 도처에서가 아니고 한반도에서 전쟁을 수행하는 군이기 때문이다. 한국군은 서둘러 육군, 해군, 해병대 및 공군이 독자적으로 획득을 추구하고 있는 한반도 공중무기를 공군 중심으로 통합적으로 획득하여 운용해야 할 것이다.

오늘날 우리는 코로나 이후의 세계에 대비해야 한다. 국민의 기본생활을 보장해 줄 필요가 있다. 이처럼 하고자 하는 경우 국가예산을 효과적이고도 효율적인 방식으로 사용해야 할 것이다. 한반도 공중 무기 통폐합을 추구함으로써 여기에 필요한 예산을 일정 부분 확보할 수 있을 것이다.

부대구조

한국군 부대 구조의 주요 문제는 지상전 수행을 위한 구조만 제대로 구비되어 있다는 사실이다. 합동전, 해전 및 공중전 수행을 위한 구조가 미흡한 수준이란 사실이다. 이 같은 문제가 초래된 주요 이유는 한미동맹 안에서의 한미 임무/역할 분담 때문이었다. 한국군이 지상전을 주도하는 반면 미군이 해전, 공중전 및 합동전을 주도하기로 한국과 미국이 임무와 역할을 분담한 결과였다.

이처럼 합동전, 해전 및 공중전 수행을 위한 부대구조 미흡으로 오늘날 한국군은 미군이 없는 상태에서의 독자전인 전쟁 계획 수립 및 수행이 곤란한 실정이다. 출산율 저하 등의 이유로 한국군은 점차 병력을 감축할 수밖에 없을 것이다. 이는 육군 병력 삭감을 의미할 것이다. 이처럼 육군 병력을 줄이는 한편 합동전, 해전 및 공중전 수행을 위한 부대구조 구비를 위해 노력해야 할 것이다.

예를 들면, 전쟁에서 교리는 필수적인 요소다. 그런데 오늘날 한국군은 지상군 교리를 발전시키기 위한 방대한 조직을 구비하고 있는 반면 해군, 공군 및 합동 교리 발전 조직이 매우 미흡한 수준이다. 또한 전구 차원의 정보를 주도하는 군은 세계적으로 공군인 반면[86] 한국공군의 정보 조직과 비교해 한국육군의 정보 조직이 방대한 수준이란 점에서, 이 같은 각 군 정보 조직을 국방부 차원에서 통합해놓은 결과 한국군 정보조직이 육군 중심이 되었다. 전시 제대로 기능할 수 없는 조직이 되었다.[87]

2. 주요 증상

여기서는 미군 대장이 한국군을 작전 통제하는 형태의 한미동맹의 주요 문제점을 살펴볼 것이다. 한국군에서 고급 장교로 예편한 예비역들이 전작권 전환에 반대하는 등의 도덕적 해이 현상, 평시 국방부가 군사력을 건설하는 반면 전시 한미연합사령관이란 미군 대장이 군사력을 운용함에 따른 군사력 건설과 운용의 불일치 문제, 한반도에서의 미국의 국익 추구 행위에 한국이 연루되는 현상을 살펴볼 것이다.

---

86. 예를 들면, 미국은 육군, 해군, 해병대 및 공군이 방대한 규모의 정보 능력과 조직을 구비하고 있다. 그러나 한반도와 같은 전구 차원에서의 전쟁에서 미국은 항공력의 경우와 마찬가지로 정보 자산을 공군 중심으로 통합 운용하고 있다. Air Force Doctrine Document 2-0. *Global Integrated Intelligence, Surveillance, & Reconnaissance Operations*(2012. 1. 16), pp. 12-3.

87. 공중전과 비교하여 지상전에서는 정보의 가치가 크게 떨어진다. 지상에서 목격되는 '불확실성'과 '안개'의 문제 때문이다. 반면에 투명한 공중 공간에서는 '안개'와 '불확실성'이란 요소가 거의 영향력을 행사하지 못한다. 또한 지상작전과 달리 항공작전은 매우 빠른 속도로 진행된다. 결과적으로 공중에서는 정보가 대단히 중요한 의미가 있다. 전통적으로 외국군에서 공군이 군의 정보 조직을 장악하고 있는 것은 이 같은 이유 때문이다. 한국군은 상대적으로 정보의 중요성이 떨어지는 육군이 국방 정보조직을 장악하고 있다.

동맹, 자율성, 도덕적 해이: 전작권 전환 사례를 중심으로

전작권 전환이 진지하게 논의되던 2007년부터 2014년의 기간 생존하고 있던 거의 모든 예비역 대장들이 전작권 전환에 반대했다. 이들의 반대 논리는 전작권을 전환하면 한미연합사령부가 해체되고, 한미연합사령부가 해체되면 주한미군이 철수하며, 주한미군이 철수하면 한반도가 적화통일된다는 것이었다. 전작권을 전환하면 한미연합사령부가 해체될 가능성은 있었다. 그러나 한미연합사령부가 해체되어도 주한미군은 결코 한반도에서 철수하지 않을 것이었다. 당시 한미연합사령관과 주한미국 대사는 이처럼 말했다. 주한미군이 철수하면 한반도가 적화통일될까? 이것도 의문이었다. 미국의 한반도 전문가들은 적화통일이 아니고 남한 중심의 통일이 될 것으로 생각했다. 그러면 왜 예비역 대장들은 전작권 전환에 반대한 것일까? 혹자는 이것이 본인들의 기득권 유지와 관련이 있다고 말한다. 전작권 전환에 반대한 대부분 대장이 육군 출신인데, 이들이 전작권 전환 이후 육군과 비교한 해군과 공군의 상대적 파워 증대를 우려했다는 것이다. 한국군이 더 이상 육군 중심의 군을 유지하지 못하게 될 가능성을 우려했다는 것이다. 혹자는 이들이 전작권 전환에 반대한 또 다른 이유로 한국군이 전작권 전환 이후 항공기, 전차 및 함정 운용 중심의 군에서 전략 및 교리와 같은 개념을 중시하는 군으로 변모할 가능성을 우려했기 때문이라고 말한다. 항공기, 전차, 함정 운용과 같은 전술 수준 임무 수행을 통해 고위직으로 승진했던 자신들과 같은 사람들이 더 이상 한국군에서 고위직으로의 승진이 어려워질 가능성을 우려했기 때문이라는 것이다. 이들의 전작권 전환 반대는 국익이 아니고 본인이 소속되어 있던 군 또는 본인의 이익을 대변하고 있었다는 것이다. 이 같은 현상을 우리는 도덕적 해이로 지칭한다.

이미 살펴본 바처럼 1953년 당시 미국은 한미상호방위조약 체결 조건으로 한국군에 대한 작전통제권 행사를 강력히 요구했다. 1953년 당시 미국은 왜 이처럼 작전통제권 행사를 요구한 것일까? 이는 이승만의 북진통일 노력처럼 한반도에서 한국의 국익 추구 행위에 연루되지 않기 위함이었다.

그러면 2007년 당시 미국은 왜 한국군에 대해 거의 50여 년 동안 행사해 온 작전통제권을 한국에 돌려주고자 노력한 것일까? 이는 한국군에 대한 작전통제권 행사와 관련하여 2002년 당시 한국인들이 주한미군 철수를 외치는 등 반미감정이 고조되었기 때문이었다. 한반도가 미중 패권경쟁 측면에서 대단히 중요하다는 점에서 미군의 지속 주둔이 필수적인데 반미감정으로 인해 미군이 한반도에서 강제 철수당할 가능성이 있었기 때문이었다. 미국 입장에서 전작권 전환을 원치 않았지만 한국군에 대한 전작권 행사로 미군이 한반도에서 강제 철수당하는 것과 비교하면 전작권을 전환해 주는 것이 보다 바람직하다고 생각했기 때문이었다.

그러면 1953년 당시 거의 모든 한국인이 미군의 한반도 주둔을 염원했던 반면 2002년 당시 한국인들이 주한미군 철수를 외칠 수 있었던 것은 무슨 이유 때문이었을까? 1953년 당시 북한군과 비교하여 한국군의 전력이 상당히 열세했던 반면 2002년 당시만 해도 북한군과 비교하여 한국군이 상당한 우위에 있었기 때문이었다. 더 이상 미군이 한반도에 없더라도 북한 위협을 한국이 독자적으로 통제할 수 있을 것으로 많은 한국인들이 생각했기 때문이었다.

이 같은 상황에서 예비역 장군들이 전작권 전환 반대를 외쳐대었는데 일각에서는 이것이 타당성이 없다고 비판했다. 미중 패권경쟁 측면에서의 한반도의 중요성으로 전작권을 전환한 이후에도 미국이 미군의 한반도 주둔을 염원하고 있었다는 점에서 미군의 자발적인 철수는 상상조차 할 수 없다는 것이다. 한국군이 북한군과 비교하여 상당한 우위에 있었다는 점에서 미군이 철수해도 한반도가 적화통일될 가능성은 거의 없었다는 것이다. 결과적으로 2002년 당시의 예비역 대장들의 전작권 전환 반대는 도덕적 해이를 보여준 대표적인 사례라는 것이었다.

지금까지의 논의를 동맹이론 측면에서 표현하면 다음과 같다.

동맹에는 대칭동맹과 비대칭동맹이 있다. 비대칭동맹은 강대국과 약소국 간의 동맹을 의미한다. 한미동맹은 대표적인 비대칭동맹이다. 비대칭동맹에서 동맹국들은 안보와 자율성을 교환한다. 약소국은 높은 자율성과 상대적으로 낮은 안보를 유지하고 있는 반면 강대국은 높은 자율성과 안보를 유지하고 있다. 약소국은 자율성을 일부 희생하면서 자신의 안보 증진을 위해 동맹을 체결하고자 노력한다.[88] 이들 자율성 양보에는 전력 투사를 가능케 하는 군사기지를 강대국에게 제공해 주거나 강대국이 약소국의 국내정치에 관여할 수 있게 해주는 협정이 포함될 수 있다. 그러나 모든 약소국이 이 같은 방식으로 동맹을 체결할 수 있는 것은 아니다. 이 같은 종류의 자율성을 양보해 줄 수 없는 약소국들은 자국의 안보 증진 필요성과 무관하게 강대국과 동맹을 체결할 수 없을 것이다.[89]

동맹 내부에서 일반적으로 약소국은 방기를 우려하는 반면 강대국은 약소국의 전쟁에 연루되는 현상을 우려한다.[90] 미국이 한미동맹 체결 조건으로 한국군에 대한 작전통제권 행사를 요구했던 것은 이승만의 북진통일

---

88. James D. Morrow, "Alliances and Asymmetry: An Alternative to the Capability Aggregation Model of Alliances," *American Journal of Political Science*, Vol. 35, No. 4 (Nov. 1991), pp. 905, 911-3.

89. Ibid.,

90. Michael Mandelbaum(1988). *The Fate of Nations: The Search for National Security in the Nineteenth and Twentieth Centuries*. (Cambridge, MA: Cambridge University Press, 1988), p. 101.

노력에 연루될 가능성을 우려했기 때문이었다. 이 같은 우려로 미국은 또한 한국군을 미국의 지원이 있을 때만이 제대로 기능할 수 있는 육군 중심 군으로 만들었던 것이다.

　강대국이 동맹에 대한 관심을 줄이는 경우 약소국은 방기를 우려하게 되며, 결과적으로 자주국방을 추구하게 된다. 1971년 당시의 박정희 정부의 자주국방 정책과 1980년대 말경의 노태우 정부의 자주국방 정책은 전형적인 경우였다.

　한반도가 미국 입장에서 '전략적 이익'이 걸려 있는 지역[91]이란 점에서 한미동맹에서 미국도 방기를 우려할 수 있었다.[92] 1990년까지만 해도 한국이 북한 위협을 너무나 많이 우려하고 있었으며, 미국의 군사적 지원에 너무나 많이 의존하고 있었다는 점에서 미국이 방기를 우려할 필요가 없었을 뿐이었다. 그러나 국력의 신장으로 한국이 안보적으로 미국에 의존하는 정도가 지속적으로 줄어든 반면 중국의 부상으로 미국 입장에서 미군의 한반도 주둔이 보다 중요해졌다. 결과적으로 오늘날 미국이 한미동맹 안에서 방기를 우려해야 하는 입장이 될 수 있었다. 2002년 미국은 전작권 전환을 추구했는데 이는 한국군에 대한 전작권 행사로 초래된 반미 감정으로 인해 한반도에서 미군이 강제 철수당할 가능성이 있었기 때문이었다. 당시의 미국의 전작권 전환 노력은 한미동맹에서 방기될 가능성을 줄이기 위한 대표적인 사례였다.[93]

---

91. Victor D. Cha(2003), "America's Alliance in Asia: The Coming Identity Crisis with the Republic of Korea?," in Recalibrating The U.S.-Republic of Korea Alliance(U.S. Department of Defense, May 2003), edited by Donald W. Boose, Jr. Balbina Y. Hwang, Patrick Morgan, Andrew Scobell, p. 16

92. Glenn H. Snyder(1984), "The Security Dilemma in Alliance Politics," *World Politics*, Vol. 36, No. 4(Jul, 1984), p. 473.

93. WikiLeaks (2006, September 29) "Ambassador Vershbow Discusses OPCON With GNP Lawmakers,"at https://wikileaks.org/plusd/cables/06Seoul3369_a.html (accessed: 20

그럼에도 불구하고 미국정부는 전작권 전환을 탐탁지 않게 생각한 듯 보였다. 그 이유는 전작권 전환 이후 주한미군이 더 이상 필요 없을 정도로 한국군의 능력이 신장될 가능성이 있었기 때문이었다.[94] 김대중 정부 말기 한국군은 북한군과 비교하여 막강한 수준이었다. 또한 일부 한국인들은 미국이 한국군에 대한 전작권 행사를 통해 한국의 주권을 침해하고 있다면서 주한미군 철수를 요구했다. 이 같은 이유로 미국은 전작권 전환을 고려하지 않을 수 없었다. 전환을 추구하지 않는 경우 한미동맹 안에서 미국이 방기될 가능성이 있을 것으로 생각되었기 때문이었다.

그러나 전작권 전환을 겨냥한 미국과 한국 정부의 노력은 예비역 한국군 장군들의 저항에 직면했다. 그런데 이들 장군 가운데 대부분은 육군 출신이었다. 통상 이들 예비역 육군 장군들은 전작권을 전환하면 주한미군이 한반도에서 철수할 것이라고 주장했다.[95] 이들은 많은 미군 장교들이 가능한 한 장기간 동안 미군이 한반도에 주둔할 것이라고 말했음에도 불구하고 이처럼 주장했다. 이들은 또한 주한미군이 철수하는 경우 북한군이 남침해 올 것이라고 주장했다. 육군 장군들은 전작권을 전환하는 경우 한국사회에서의 자신들의 기득권이 상실될 가능성을 우려하고 있는 듯 보였다. 이들 예비역 육군 장군들의 전작권 전환 반대는 도덕적 해이로 생각

April, 2016).; WikiLeaks (2006, November 20) "Opposition Chairmain Clarifies Opcon Remarks," at https://wikileaks.org/plusd/cables/06Seoul3999_a.html (accessed: 20 April, 2016).

94. Shelley Su(2011), "The OPCON Transfer Debate," *US-Korea 2011 Yearbook*, Johns Hopkins University, 2011, p. 168.; Selig S. Harrison(2009), *Korean Endgame: A Strategy for Reunification and U.S. Disengagement* (Princeton, New Jersey: Princeton University Press, 2009), pp. 166-7.

95. WikiLeaks (2006, September 25) "Security Policy Initiative (SPI) 10: OPCON and More OPCON," at https://wikileaks.org/plusd/cables/06Seoul3286_a.html (accessed: May 20, 2018).

될 수 있는 가장 전형적인 사례였다.[96]

평시 군사력 건설과 전시 군사력 운용의 불일치

한국군은 평시 국방부, 합참, 육군, 해군 및 공군으로 구성되어 있는 국방체제 아래서 군사력을 건설하고 있는 반면 전시 미군 대장인 한미연합사령관이 군사력을 운용한다. 한미연합사령부의 군사력 운용 개념은 3군 합동작전에 입각하고 있는 반면 한국군의 군사력 건설 개념은 1982년 당시 미 육군이 개발한 공지전투(Airland Battle) 교리와 유사한 입체고속기동전 교리에 입각하고 있다. 문재인 정부 국방개혁 측면에서 해군제독 출신의 송영무(宋永武) 장관이 표방한 전쟁 수행개념 또한 입체고속기동전 교리와 다름이 없었다.

한미연합사령부의 전시 군사력 운용 개념과 한국군의 평시 군사력 건설 개념인 입체고속기동전 교리의 주요 차이는 지상 전력과 항공 전력의 통합 방법에 있다. 한미연합사령부의 작계5027(최근 작계5015로 개칭), 1990년대 중반 이후 수차례 수정된 이 작전계획에서는 비무장지대 이남 지역으로 진격하고자 하는 북한군 지상군을 한미 지상군이 저지하는 한편 항공력으로 전선 너머의 적의 표적을 타격할 것을 요구하고 있다. 여기서는 한미연합군이 항공력을 이용하여 적을 충분히 무력화시킨 후 한미 지상군이 비무장지대 너머로 진격할 것으로 가정하고 있다. 한미연합사령부가 이 같은 전시 전략을 추구하는 이유는 한반도가 산악이 많은 지형이란 점에서 한미지상군이 지상을 통해 적진을 돌파하고자 하는 경우 적어도 적 지상군과 비교하여 3배 이상의 전력이 요구되기 때문이다.[97]

---

96. Shelley Su(2011), "The OPCON Transfer Debate," pp. 164-5.

97. Michael O'Hanlon(1998), "Stopping a North Korean Invasion: Why Defending South Korea Is Easier than the Pentagon Thinks," *International Security*, Vol. 22 | Issue 4 | Spring 1998.

반면에 입체고속기동전 교리는 한국 해군과 공군의 지원을 받으면서 한국육군이 비무장지대를 관통하여 진격할 것이란 개념에 입각하고 있다. 여기서 한국공군의 전투기는 육군을 지원해 줄 것으로 가정하고 있다. 그런데 육군은 또 다른 한반도전쟁에 대비한다는 측면에서 공군의 전투기보다는 헬리콥터, 전차 그리고 지대지미사일이 보다 중요한 의미가 있다고 주장하고 있다.[98] 여기서의 문제는 육군의 항공무기인 헬리콥터 및 지대지미사일의 경우 또 다른 한반도전쟁에서 종심작전에 제대로 운용될 수 없을 정도로 효과적이지 않다는 사실이다.[99] 이는 한반도에서 재차 전쟁이 벌어지는 경우 한국육군이 획득하고자 노력하고 있는 무기체계 가운데 많은 부분이 궁극적으로 의미가 없을 것이란 의미다. 한국군의 평시 군사력 건설 전략이 한미연합사령부의 전시 군사력 운용 전략과 상이하다는 사실로 인해 한국군은 투입하는 국방비 규모와 무관하게 지속적으로 전투 수행 준비가 제대로 안되어 있을 가능성이 높은 것이다. 결과적으로 한국은 영원히 미국에 의존해야 할 가능성이 있는 것이다.

문제는 한국 내부에서 육군의 파워가 막강한 수준이란 점에서 한반도전쟁에서 적용 가능하지 않은 입체고속기동전 교리에 입각하여 한국군이 전력을 건설할 가능성이 매우 높다는 사실이다.

미국의 국익 추구 행위에 연루

냉전 당시 한국과 미국이 한미동맹을 통해 추구한 정치적 목표는 달랐

p. 148.

98. 권영근, 『한국군 국방개혁의 변화와 지속』, pp. 105-6.

99. Johnson, David E. (2007) *Learning Large Lessons: The Evolving Roles of Ground Power and Air Power in the Post-cold War Era*, RAND, Washington, DC, pp. 131, 172-175.; 권영근, 『한국군 국방개혁의 변화와 지속』, pp. 135, 140, 195, 241.

다. 한국의 정치적 목표가 적화통일 방지였다면 미국의 정치적 목표는 아태지역을 겨냥한 소련의 세력팽창 저지였다. 이처럼 한미동맹을 통해 한국과 미국이 추구한 정치적 목표는 달랐지만 군사적 목표는 같았다. 휴전선을 통한 공산군의 남진을 억제하고, 억제가 실패하는 경우 대항하여 싸우는 것이었다. 이 같은 이유로 한미동맹이 체결된 1953년 7월 27일부터 2010년까지 휴전선 부근에 전개된 미군이 인계철선 역할을 수행했던 것이다.

1991년 12월의 소련의 해체와 그 후 중국의 부상으로 한미동맹을 통해 미국과 한국이 추구하는 정치적 목표뿐만 아니라 군사적 목표가 달라졌다. 오늘날 한국인들이 생각하는 한미동맹의 정치적 목표와 군사적 목표는 냉전 당시와 동일하다. 북한 위협 대비 성격이다. 그런데 미국의 목표가 달라진 것이다. 오늘날 미국은 아태지역을 겨냥한 소련의 세력팽창이 아니고 중국의 세력팽창 저지에 관심이 있다. 그런데 중국의 세력팽창은 휴전선을 통해서가 아니고 자국의 광활한 태평양 해안을 통해 이루어질 것으로 예상된다. 중국의 지도자들은 6·25전쟁 이후 휴전선 부근에 집중 배치되어 있던 미군 기지가 2010년 중국의 주요 해군기지인 칭따오(青島)를 마주보는 평택으로 모두 이전한 것이 아태지역을 겨냥한 자국의 세력팽창을 저지하기 위함일 수 있다고 우려했다.[100]

이처럼 냉전 종식 이후 미국의 정치 및 군사적 목표가 한국의 정치 및 군사적 목표와 매우 상이함에도 불구하고 한국군이 아직도 전시 미군 대장의 작전통제를 받고 있는 것이다. 이는 한국이 미중 패권경쟁에 연루될 가능성이 있음을 의미한다. 한국군이 의도와 달리 미국과 중국의 싸움에

---

100. Oh, Soonkun (2006) *The U.S. Strategic Flexibility Policy: Prospects for the U.S.-ROK Alliance* (MS Dissertation), Monterey, CA: Naval Postgraduate School, p. 59.

동원될 수 있음을 의미한다. 사드체계의 한반도 배치는 이 같은 가능성을 보여준 대표적인 경우다. 박근혜 정부 당시 미 국방성과 한국 국방부는 한반도에 배치된 사드체계가 전적으로 한국을 겨냥한 북한의 미사일 위협에 대항하기 위한 것이라고 주장했다. 그러나 중국은 한반도에 있는 사드 레이더가 중국이 미 본토를 겨냥하여 발사할 대륙간탄도탄이 한반도 상공과 북쪽으로 날아갈 당시 탐지하여 추적하기 위한 것이라고 주장했다.[101] 중국이 한반도에 배치되어 있는 사드체계를 자국 안보를 심각하게 위협하는 성격으로 간주하고 있으며, 이 체계가 미중 갈등의 새로운 원인이 되고 있다는 점에서 한국은 중국을 봉쇄하기 위한 미국의 보다 포괄적인 노력에 연루될 수도 있는 상황이다. 이 같은 가능성을 고려하여 1995년 이후 미국은 한미동맹이 추구해야 할 정치적 목표에 한반도 차원의 위협과 더불어 지역 차원의 위협 대비를 포함시키고자 노력했다. 그런데 여기서 말하는 지역 차원의 위협은 중국 위협을 의미했다. 여기서의 문제는 대다수 한국인들이 한미동맹을 북한 위협을 억제하기 위한 것으로, 억제가 실패하는 경우 북한 위협에 대항하여 싸우기 위한 것으로 알고 있다는 사실이다. 한국인들이 한미동맹을 중국 위협과 같은 지역 차원의 위협에 대항하기 위한 성격으로 생각하지 않고 있다는 사실이다. 한국군이 중국 위협에 관심이 집중되어 있는 미군 대장의 지휘를 받고 있다는 점에서 한국이 의도하지 않게 미국의 국익 추구 행위에 연루될 수 있는 상황인 것이다.

101. Park, Hyun (2015, June 2) "AN/TPY-2 radar could track any Chinese ICBMs as they pass over the Korean peninsula," HANKYOREH, at www.hani.co.kr/arti/english_edition/e_international/693916.html (accessed: Sep 20, 2018)

제3절. 제네바회담

제네바회담은 외국군 철수 문제와 남북통일을 포함한 한반도 문제의 평화적인 해결을 위한 성격을 가지고 있었다. 제네바회담은 1954년 4월 26일부터 6월 15일까지 지속되었다. 이 회담이 개최되었던 것은 정전협상을 군사문제로 국한시켜야 할 것이란 미국의 주장 때문이었다. 이 회담은 정전협정에 서명한 후 3개월 이내에 개최될 예정이었다. 그러나 이 회담에 참석해야 할 국가에 관한 이견으로 회담이 1954년 4월 말경에나 개최되었다. 이 회담에 6·25전쟁 참전국들과 소련을 초청하기로 최종 합의했다. 6·25전쟁 참전국 가운데 남아프리카공화국만이 회담에 참여하지 않았다.

제네바회담의 분위기를 주도한 국가는 한반도 신탁통치 구상에서 6·25 전쟁을 거쳐, 정전협정에 이르는 기간까지와 마찬가지로 미국과 소련이었다. 그런데 이 회담에서의 미국과 소련의 입장은 한반도 신탁통치 구상 등 주요 사건에 관한 입장과 동일했다. 미국은 공산 측이 결코 수용할 수 없는 조건을 제시했으며, 이들 조건과 관련하여 타협을 거부했다. 결과적으로 분단을 추구했다. 공산 측은 타협을 통해 남북통일을 모색했다. 이들 국가가 이처럼 했던 주요 이유는 통일한국이 소련에 우호적일 가능성이 컸기 때문이었다. 미국은 한반도에 미국의 국익에 우호적인 정부가 출현할 것이 분명한 경우에나 한반도 통일을 지지할 생각이었다. 6·25전쟁을 통해서도 제네바회담에서도 이것이 불가능해 보이자 미국은 한반도의 지속적인 분단을 추구했다. 미군의 한반도 주둔 보장 차원에서 평화협정 체결에 반대했다.

정전협정 체결 이후 예정되어 있던 제네바회담을 통해 미국이 남북통일을 추구하지 않을 것일 뿐만 아니라 평화정착을 위해서도 노력하지 않을 것임은 외국군 철수 문제를 놓고 유엔사 측과 공산 측이 실랑이를 벌였던

1951년 7월 중순에 이미 결정된 사항이었다. 당시 미 합동전략조사위원회(The Joint Strategic Survey Committee)는 한반도에서 일시적인 정전이 아니고 항구적인 평화를 정착시키지 못하는 경우 유엔군이 한반도에 주둔해야 할 것이라고 주장했다. 7월 19일 미 합참은 미군과 유엔군이 한반도에 장기 주둔해야 할 것이란 내용의 문서를 국무성과의 조율을 통해 작성했다.[102] 애치슨 국무장관은 한반도에 진정한 평화가 정착되기 이전에는 유엔군이 한반도에서 철수하지 않을 것임을 언론매체를 통해 강력히 주장했다. 마샬 국방부장관 또한 만족스런 평화가 정착된 이후 한반도에서 외국군이 자연히 철수하게 될 것임을 강조했다.[103] 당시의 미국의 주요 인사들의 발언에서 보듯이 유엔군의 한반도 주둔을 보장하기 위해 미국은 남북통일을 추구하면 안 되었다. 평화협정을 체결해도 안 되었다.

미국이 전후 현재의 휴전선인 캔사스–와이오밍 선을 사이에 두고 공산군과 대치하는 형태로 한반도에서 소련의 남진 저지를 위해 노력할 계획이었음은 1954년 4월 15일 미 동북아문제실 실장 영(Young)이 미 국무성 극동문제 차관보 로버츠선에게 보낸 다음의 문서를 통해서도 확인 가능해진다.

정전협정 체결 이후 한반도 평화정착 목적으로 예정되어 있는 제네바 정치회담에서 미국이 평양–원산을 연결하는 선을 휴전선으로 고집해야 할 것이란 일부 언론보도가 있는데 이는 옳지 않습니다.…1951년 당시 우리는 이처럼 할 능력이 있었지만 하지 않았습니다.…1951년 봄과 여름 우리는 우수한 군사력을 보유하고 있었음에도 불구하고 한반도에서 군사 또는 영토적 타결을 추

---

102. Government, U.S. History of the Joint Chiefs of Staff – Vol. III: The Joint Chiefs of Staff and National Policy 1951 – 1953 (p. 15), Kindle Edition.

103. Ibid., p. 17.

구하지 않기로 결심했습니다. 이 같은 당시의 결심을 이제 되돌릴 수 없습니다.…당시 미 합참은 캔사스–와이오밍 선 너머 북한지역을 추가 점령하여 얻을 수 있는 이점이 없다고 판단했습니다.…미 국무성이 한반도 대부분을 재차 점령하는 정책을 옹호하지 않았던 정치적 이유가 있었음이 분명합니다.…지난 2년 동안 미국정부는 극동지역과 세계에서의 미국의 단기 및 장기 목표가 미 합참이 권고한 캔사스–와이오밍 선을 따라 정전협정을 체결하고 분쟁을 종료시키는 경우 가장 잘 충족된다고 생각했습니다. 이 같은 측면에서 보면 한반도에 관한 정치적 타결을 통해 남북통일과 자유 쟁취 또는 만족스런 결론을 초래할 수 없 가능성이 있습니다. 우리는 정전협정 체결 이후 예상되는 제네바 평화회담이 적정 형태의 정전상태를 지속 유지하는 형태의 교착국면, 미국이 무기한 동안 수용 가능한 형태의 교착국면을 초래할 것으로 생각했습니다.[104]

이 같은 미국의 입장은 제네바회담을 준비하며 작성한 비밀문서를 통해서도 확인 가능해진다. 당시 제네바회담을 통해 미국이 추구한 주요 목표는 "한반도를 공산주의자들에게 넘겨주는 상황을 막는 것이었다. 한반도에서 전투를 통해 저지하고자 했던 것을 회담을 통해 잃지 않는 것이었다." 이 같은 측면에서 미국은 "우방국들, 미국 및 한국과 회담 진행 및 발언 측면에서 단일의 통일된 입장을 견지할 예정이었다." 당시 미국은 "공산주의자들이 한반도에서 미국이 수용할 수 있는 형태의 남북통일에 동의하지 않을 것"으로 가정했다. "미국은 한반도와 관련하여 유엔에서 제기되었던 결의안들의 완벽한 이행을 추구할 예정이었다.…미국이 한국을 방기할 가능성에 대한 한국인들의 우려를 최대한 이용할 예정이었다." 당시

---

104. "Memorandum by the Director of the Office of Northeast Asian Affairs (Young) to the Assistant Secretary of State for Far Eastern Affairs (Robertson), April 15 1953," in *FRUS*, 1952–1954, Vol. 15, pp. 908-9.

미국은 한반도 통일과 관련하여 크게 세 가지 방안을 구상했다. 첫째는 유엔 감독 아래 실시된 1948년 5월 선거에서 북한에 할당해 놓은 자리만을 놓고 선거를 하는 것이었다. 소위 말해 북한을 기존의 한국으로 통합시키는 방안이었다. 두 번째 방안은 한국의 헌법에 입각하여 북한과 남한지역 모두에서 유엔 감독 아래 선거를 실시하여 한반도 정부를 수립하는 것이 있다. 세 번째 방안은 새로운 국회와 헌법을 제정하기 위한 한반도 차원의 선거였다. 여기서 미국은 첫째와 둘째 방안을 선호했다.[105]

여기서 보듯이 미국은 한반도 문제 해결을 위한 제네바회담을 전혀 성과 없이 종료시킬 예정이었다. 이 같은 목표를 겨냥한 미국의 전략은 분명했다. 북한지역에서 유엔감시 하의 선거를 촉구하고 있던 유엔결의안을 포함한 한반도에 관한 모든 유엔총회 결의안의 완벽한 이행을 남북통일 전제조건으로 요구하는 것이었다. 유엔참전국들은 어떠한 상황에서도 유엔의 역할을 부인하면 안 되었다. 북한 입장에서 보면 유엔은 6·25전쟁 당시 적대세력이었다. 이 같은 점에서 북한은 유엔감시 아래서의 선거를 수용할 수 있는 입장이 아니었다. 따라서 당시 한반도와 관련한 모든 유엔총회 결의안을 완벽히 이행하게 할 것이란 미국의 전략은 한반도 평화와 통일 과정을 진척시키기 위한 성격이 아니었다. 북한이 유엔결의안을 수용하지 않을 것이란 점에서 볼 때, 당시의 미국의 전략은 유엔결의안을 수용하고자 하는 민주세력이 유엔결의안을 부인하고자 하는 공산세력보다 우수한 성격임을 선전하기 위한 성격이었다.

유엔 평화협상에 관한 많은 책을 저술한 시드니 베일리(Sydney D. Bailey)는 이 같은 사실을 다음과 같이 분명히 했다. "미국 대표는 제네바회담과 관

---

105. "Position Paper Prepared for the Korean Phase of the Geneva Conference, April 14 1954," in *FRUS*, 1952-1954, The Geneva Conference, Vol. 16, pp. 97-9.

련한 미국의 심리적 과업에 관한 다음과 같은 내용의 비망록을 영국 대표에게 보여주었다. 이 회담에서의 주제는 소련 주도의 세계 공산화 노력에 공산중국이 전념하고 있다는 사실을 입증하고, 공산중국의 명성을 약화시키기 위해 온갖 노력을 전개해야 할 것이란 사실이다." 당시 공산 측이 추구한 목표는 한반도에서 모든 외국군을 철수시킨 가운데 남한과 북한이 대등한 수준에서 편성한 특별 위원회 아래 남한과 북한을 단일 국가로 만드는 것이었다.[106]

이승만은 유엔군을 미군 대장이 지휘했던 것처럼 제네바회담에 참여하는 유엔참전국들의 관점을 미국이 통제해야 할 것이라고 생각했다. 한국과 미국만이 제네바회담에서 투표권을 행사해야 할 것이라고 주장했다. 미국은 이것을 과도한 주문으로 생각했다. 이것이 아니고 미국은 "'유엔참전국들의 전술적인 반응을 통제할 수 있는 권한(Control of tactics)'을 요청하여 확보했다."[107] 달리 말하면 미국은 6·25전쟁을 수행할 당시와 마찬가지로 유엔참전국들의 의사를 자국의 국익 측면에서 상호 조정할 수 있는 권한을 확보했다.

당시 한국 대표 변영태(卞榮泰) 외무장관은 대한민국이 한반도 유일의 합법적인 정부이며, 남북통일을 겨냥한 유엔감시 하의 선거는 북한지역에서만 실시해야 할 것이라고 주장했다. 1954년 4월 27일 이 같은 입장을 제시하면서 변영태는 유엔이 요구한 사항들을 준수하며 남한지역에서 이미 선거가 실시되었다는 사실을 강조했다. 북한이 불법 조직이며 침략을 자행했다는 사실을 고려해보면 한국을 북한정권과 동일하게 취급하면 안 될

106. Sydney D. Bailey(1992), *The Korean Armistice* (New York: St Martin's Press, 1992), p. 156.
107. Ibid., pp. 151-2.

것이라고 주장했다.[108] 당시 변영태는 소련의 통제를 받는 중국군의 경우 한반도에서 즉각 철수해야 할 것인 반면 유엔군은 한반도에 체류할 수 있다고 주장했다. 유엔군의 경우 "공산중국의 침략 행위 이전에 북한군의 침략을 응징하기 위한 경찰 활동 차원에서 한반도에 있었기 때문이다."라는 것이었다.[109] 그런데 변영태의 발언은 앞에서 언급한 미국의 제네바회담 준비 비밀자료에 입각하고 있었다. 미국과 사전 조율한 성격이었다. 이는 6·25전쟁 당시 미국이 유엔참전국을 통합적으로 지휘했던 것과 마찬가지로 제네바회담 당시 미국이 유엔참전국들의 입장을 사전 조율했음을 보여주는 부분이었다.

북측 대표 남일은 남한과 상이한 입장을 보였다. 남일은 한반도 전체를 대변하는 국회의원들을 선출하기 위한 선거를 한반도 차원에서 실시하자고 제안했다. 이 같은 선거를 단일의 한반도위원회가 조직해야 할 것이라고 주장했다. 남일은 이 같은 과정 촉진 차원에서 "한반도위원회는 상업, 재정, 운송, 전선(戰線) 관계, 전선 너머로의 자유로운 이동, 교류의 자유, 과학 및 문화 교류, 여타 모든 관계 측면에서 북한과 남한 간의 경제 및 문화적 관계를 정립하여 발전시키기 위한 수단을 즉각 강구해야 할 것이다."라고 주장했다. 한반도위원회는 동일한 숫자의 남측 대표와 북측 대표로 구성되어야 하며, 모든 사안은 "상호 합의"[110]에 의해 결정될 것이었다. 모든 외국군은 6개월 이내에 한반도에서 철수해야 할 것이었다. 중국대표 저우언라이(周恩來)는 북측 제안을 일부 수정했다. 몇몇 중립국 대표들이 한반도 차원의 국회의원 선거를 감독하게 하자고 제안했다. 북측이 이 같은

108. United States. Department of State, *The Korean Problem at the Geneva Conference, April 26-June 15, 1954*, (U.S. Government Printing Office, 1954), p. 6.

109. Sydney D. Bailey(1992), *The Korean Armistice*, p. 160.

110. Ibid., pp. 160-1.

수정안을 수용했다.

덜러스 국무장관이 미국 입장을 제시했다. 다음에서 보듯이 덜러스의 모두(冒頭) 발언은 6·25전쟁에 관한 책임을 소련에 전가하고, 전후(戰後) 한반도 문제 처리 과정에서 유엔이 주도적인 역할을 해야 할 것이란 미국의 결심을 분명히 보여주었다.

> 오늘날의 한반도의 순교(殉敎)는 1945년 8월로 거슬러 올라갑니다. 당시 이미 4년 동안 대일전쟁을 수행해왔던 미국은 일본군의 항복을 받을 수 있도록 소련군이 만주와 한반도로 진입할 수도 있을 것이란 사실에 동의했습니다. 그러나 일본군의 항복을 받을 목적으로 한반도로 진입한 소련은 또 다른 목적으로 지속적으로 한반도에 체류했습니다. 소련이 추구한 목표는 직접적인 방식으로 또는 북한 괴뢰정권을 통해 북한지역을 소련의 위성국가로 전환시키는 것이었습니다. 가능하다면 한반도 전체를 소련이 통제할 수 있게 하는 것이었습니다.…오늘날 한반도에서 벌어지는 문제는 단순한 한반도 차원의 문제가 아니란 사실을 항상 명심할 필요가 있습니다. 이는 유엔의 권위와 관련이 있는 문제입니다. 유엔은 조선을 자유로우며 독립적인 국가로 만들 주요 책임을 감당했습니다. 유엔이 한국의 건국과 육성에 기여했습니다. 침략자들이 한국을 지구상에서 말살시키고자 했을 당시 유엔회원국들에게 한국 방어를 호소한 것은 유엔이었습니다.[111]

계속해서 덜러스는 유엔군이 외국군 가운데 유일하게 한반도에 체류할 자격이 있으며, 민주적인 한반도정부를 수립하기 위한 유일한 방안이 북

---

111. Department of State, *The Record on Korean Unification, 1943-1960, Far Eastern Series 101* (Washington, D.C., 1960), p. 160.

한지역에서 유엔감시 하의 선거를 실시한 후 단일의 통일된 한반도정부를 구성하는 것이란 한국 입장을 지지한다고 말했다.

이 같은 한미 양국과 여타 국가 간의 입장 차이로 나름의 문제가 초래되었다. 예를 들면, 여타 유엔참전국들은 중국군이 철수해야 하는 반면 유엔군이 지속적으로 체류해야 할 것이란 요구 내지는 북한지역에서만 선거를 실시해야 할 것이란 요구가 합리적이라고 생각하지 않았다. 이들 대부분은 미국 입장에 대항할 의향이 없었다는 점에서 침묵을 지켰다. 베일리에 따르면 "영국 외무상 이든은 한국-미국 입장을 지지하지 않았다. 왜냐하면 세계여론이 이 같은 입장을 합리적이라고 판단하지 않을 것으로 생각되었기 때문이었다. 1954년 4월 29일과 30일 덜러스는 우방국들이 이처럼 침묵하자 영국의 이든 외무상, 벨기에의 폴 스팍(Paul-Henry Spaak) 그리고 캐나다의 피어슨(Pearson)을 질책했다."[112] 이들 유엔참전국은 수용 가능한 형태의 제안을 간청했다. 그러나 한국이 기존 입장을 고수했다. 이승만은 한반도 차원에서의 선거란 개념에 극구 반대했다. 유엔감시 아래서의 이 같은 선거 또한 반대했다.

유엔참전국들의 강력한 압박으로 5월 21일 한국이 새로운 제안을 했다. 변영태는 남한의 헌법 절차를 준수한다는 조건 아래 유엔감시 하의 한반도 차원 선거를 수용할 의향이 있다고 말했다. 변영태는 선거 1개월 전에 중국군이 한반도에서 철수해야 할 것이라고 제안했다. 유엔 요원들의 경우 한반도 전 지역을 자유롭게 왕래할 수 있어야 하며, 신생 한반도 정부가 한반도 전 지역을 완벽히 통제할 수 있을 정도의 권한을 확보한 이후에나 철수해야 할 것이라고 제안했다.[113] 미국은 이것이 "분명하고, 중도적

---

112. Sydney D. Bailey(1992), *The Korean Armistice*, pp. 162-3.

113. Ibid., pp. 165-6.

이며 합리적"이라고 칭송한 반면 영국, 캐나다, 뉴질랜드, 벨기에 그리고 프랑스 대표는 논평을 거부했다.

당시 미국은 제네바회담 분위기를 자신의 뜻대로 조성할 수 없음을 확인했다. 6·25전쟁 당시 미국은 미국에 우호적인 정권을 남한지역에 유지함으로써 한반도에 대한 영향력을 행사할 것이란 자국의 목표를 군사적 수단을 통해 어느 정도 달성할 수 있었다. 미국은 이 같은 목표를 제네바회담의 협상장에서 상실할 가능성을 우려했다. 그러자 미국은 공산 측이 한반도에서의 유엔의 권한을 수용하지 않고자 한다며 제네바회담이 실패한 회담임을 천명하라고 유엔참전국 대표들에게 압박하기 시작했다. 무엇보다도 미국은 이 회담을 조속히 종료시키고자 했다. 그 형태와 무관하게 어떠한 성명서도 발표하지 않기로 결심했다. 대부분 유엔참전국들은 미국이 제시한 제네바회담 종료 이유를 수용할 수 없는 형태라고 생각했다. 제네바회담은 유엔 명령에 따라 개최한 것이 아니었다. 이 같은 측면에서 보면 제네바회담 진행 여부는 유엔 그리고 유엔의 권한과 관련이 없었다. 그러나 당시 대부분 유엔참전국들이 미국으로부터 많은 원조를 받고 있었다는 점에서 이들 국가의 대표들이 미국의 권위에 감히 도전하려 하지 않았다.

1954년 6월 15일의 마지막 회동에서 소련 대표 몰로토프는 통일되어 있으며 독립된 민주적인 한반도 정부 출범을 지지하는 형태의 선언문을 최종적으로 제안했다. 중국대표 저우언라이는 몰로토프가 제안한 안과 유사한 안을 제시했다. 그러나 저우언라이는 적정 시점과 장소에 한반도의 평화적 통일을 달성하기 위한 협상을 재개해야 할 것이란 내용을 추가했다. 베일리는 벨기에 대표인 스팍의 다음과 같은 발언에 주목했다.

제네바회담에서는 소련과 중국의 제안을 승인하지 않기로 했다. 그러나 이처

럼 승인하지 않을 것이란 사실이 이들 제안에 포함되어 있는 아이디어를 거부
했다는 의미는 아니다.[114]

　그러자 영국의 리딩(Reading) 경은 스팍의 관점에 동의한다고 말했다. 영
국 대표 이든은 저우언라이의 제안이 제네바회담 참여국들의 입장을 대변
하는 성격으로 보인다는 관점을 표명했다. 그럼에도 불구하고 한반도 문
제에 관한 모든 유엔결의안의 완벽한 이행을 제네바회담에서 추구할 것이
란 미국의 전략이 상황을 주도했다. 결과적으로 제네바회담은 어떠한 최
종 성명 또는 원칙에 관한 성명도 발표하지 않은 상태에서 종료되었다.
　제네바회담에 관한 미국을 제외한 유엔참전국들의 평가는 부정적이었
다. 특히 이들은 미국의 태도를 부정적으로 평가했다.
　당시 영국대표 이든의 수석비서인 에블린 슉버거(Evelyn Shuckburgh)는 본
인의 4월 29일 일기장에 다음과 같이 기록했다. "아직까지 서방측은 합
리적인 제안을 제시하지 않았다." 그는 5월 5일 일기장에 다음과 같이 기
술했다. "제네바회담이 난항에 봉착했다.…이는 비공산국가들의 잘못 때
문이다.…" 캐나다 대표 채스터 로닝(Ronning, Chester)은 다음과 같이 말했
다. "미국 및 한국 입장과 나머지 유엔참전국들의 입장 간의 격차가 상당
하다는 사실에 매우 놀랐다." 그 후 로닝은 제네바회담과 관련한 많은 서
방국가 대표들의 이면의 정서를 다음과 같이 표현했다. "미 국무성은 유엔
의 권위를 문제 삼아 제네바회담을 결렬시키라고 미국 대표들에게 지시했
다.…그런데 이는 전적으로 위선적인 행위다.…유엔의 권위 제기는 제네
바회담을 결렬시키기 위해 날조한 것이다.…" 벨기에 대표 스팍이 제네바
회담 말미에 저우언라이의 제안과 타협하는 안을 제안하려 하자 미 국무

---

114. Ibid., pp. 167-8.

성 차관 베델 스미스(Bedell Smith)는 손을 번쩍 치켜들고는 발언을 차단시켰다. 프랑스 대표 쟝 쇼벨(Jean Chauvel)은 이 사건을 다음과 같이 표현했다. "미국이 몰염치하게도 당시의 토론을 훼방 놓았다."[115]

제네바회담과 관련하여 캐나다 대표 로닝은 다음과 같이 말했는데 이는 미국의 조치에 대한 유엔참전국들의 실망감을 가장 잘 요약한 성격이었을 것이다.

> 공산 측은 협상을 위해 제네바회담에 참석했다.…나는 내가 평화회담 참석을 위해 이곳에 온 것으로 생각했다.…이것이 아니었다. 이곳의 분위기는 한반도에 평화가 정착되지 않도록 하는 일에 초점이 맞춰져 있었다.…평화협정을 체결하지 않은 상태에서 제네바회담을 종료해야 할 이유가 전혀 없었다. 몰로토프가 제시한 결의안…을 기본으로 유엔참전국 16개국 가운데 대부분 국가가 수용할 수 있는 형태의 협정을 체결할 수도 있었을 것이다.[116]

제네바회담이 종료된 이후인 1954년 6월 21일 이승만은 한국 입장에서 정전협정이 의미를 상실했다고 주한미국 대사 브릭스에게 말했다. 당시 이승만은 한반도 통일계획을 구상했으며, 본인의 구상을 미국을 방문하여 아이젠하워 대통령과 덜러스 국무장관에게 은밀하게 전달할 계획이었다. 워싱턴에서 이승만은 미국이 점차 평화를 추구하는 정책을 표방하고 있음에 실망을 표명했다. 이승만은 정전협정의 공식적인 폐기를 원했으며, 본인의 비밀 계획을 거론했다. 물론 이 계획은 미국이 군사적 수단을 강구할 의사가 있는 경우에나 의미가 있었다.

---

115. Jon Halliday(1988), *Korea, The Unknown War* (New York: Pantheon Books, 1988), p. 210.
116. Ibid., p. 211.

아이젠하워는 본인이 전쟁에 호소하는 행위에 절대 반대하는 입장이라고 말했다. 한반도에서의 소규모 전쟁이 지구적 차원의 전쟁으로 신속히 비화될 가능성이 있다고 말했다. 아이젠하워와의 대화 이후 이승만은 서울에서 무미건조한 성명서를 발표했다. 그러나 미국이 한국군을 작전 통제할 것이란 내용과 한국군의 군 구조에 관한 개괄적인 내용을 담고 있던 한미합의의사록이 나오기까지는 거의 4달의 기간이 소요되었다. 부분적으로 이는 아직도 정전협정이 유효하며, 평화적인 방식으로 한반도를 통일시킬 수 있을 것이란 미국의 관점을 한국이 수용하지 않고자 했기 때문이었다. 1954년 11월 17일 한미 양국은 한미상호방위조약을 비준했다.[117]

제4절. 결론

미국이 한미동맹을 체결한 가장 근본적인 이유는 미국 안보 측면에서 한반도에 미군을 주둔시킬 필요가 있기 때문이었다. 한국이 한미동맹을 체결한 근본적인 이유는 1953년 당시 한국이 독자적으로 북한 위협을 감당할 능력이 없었기 때문이었다.

한미동맹 체결 과정에서의 가장 큰 문제는 체결 조건으로 한국군에 대한 작전통제권을 미군장교에게 넘겨주었다는 사실이다. 미일동맹 체결 당시에도 미국은 일본 자위대와 주일미군이 한미연합사령부처럼 통합사령부를 구성할 것과 미국이 일본 자위대를 작전 통제하게 해줄 것을 요구했

117. Sydney D. Bailey(1992), *The Korean Armistice*, p. 169.

다. 이 같은 요구에 요시다 시게루(吉田茂) 수상을 포함한 일본의 정치가들이 반대했다. 이처럼 하는 경우 일본에서의 미국의 국익 추구 행위에 일본이 연루될 가능성이 있을 것이란 우려 때문이었다.[118]

한미동맹 체결로 미군장교가 국가의 주요 주권에 해당하는 한국군에 대한 작전통제권을 행사하게 되었다. 미국은 작전통제권 행사 이외에 한국군을 미국의 도움이 있어야만 전쟁을 수행할 수 있는 육군 중심, 보병 중심 군대로 만들었으며, 한국군의 병참 능력을 제한시켰다. 미 군사고문관을 주요 부대에 파견하여 한국군의 동정을 살폈다. 미국에 우호적인 인사가 한국군에서 성장하도록 만들고자 노력했다.

당시 한국이 한미동맹 체결을 원하던 것 이상으로 미국이 미군의 한반도 주둔을 염원했다는 점에서 보면, 작전통제권을 넘겨주지 않았더라도 미국은 한미동맹을 체결하지 않을 수 없었을 것이다. 이처럼 미국이 한미동맹 체결 조건으로 한국군의 자율성을 대거 약화시켰던 것은 한반도에서 한국의 국익 추구 행위에 연루되지 않으면서 미국의 국익 추구 행위에 한국을 연루시키기 위함이었다.

한국경제의 비약적인 발전으로 한국의 국력이 정치, 경제, 외교 등 다방면에서 북한과 비교할 수 없을 정도로 막강한 수준이 되면서 안보적 측면에서 한국이 미국에 의존하는 정도는 대거 줄어들었다. 한반도 안보 측면에서 보면 미군이 없어도 한국이 독자적으로 북한 위협을 통제할 수 있는 수준이 되었다. 외국의 많은 안보전문가들이 이처럼 생각하고 있다. 전쟁이 발발하는 경우 어느 측이 승리할 것인지가 아니고 얼마나 적은 피해를 입으면서 승리할 것인지가 문제가 되었다는 것이다. 1953년 당시 북한 위

118. Sheila A Smith(2019), *Japan Rearmed* (Kindle Location 2940). Harvard University Press. Kindle Edition.

협 대비 측면에서 한미동맹이 반드시 필요했다면 오늘날에는 그 중요성이 상당히 감소한 것이다.

이처럼 안보적 측면에서 미국이 한국에 제공해 줄 수 있는 부분, 제공해 주는 부분은 상당히 줄어든 반면 미국 입장에서 한반도가 갖는 지정학적인 의미는 냉전 당시와 비교하여 훨씬 커졌다. 미국의 안보전문가들은 이처럼 말하고 있다. 이처럼 냉전 당시와 비교하여 미국 입장에서 한미동맹이 보다 중요해진 주요 이유는 중국의 부상 때문이었다.

냉전 당시 미국의 주요 적국인 소련이 유럽국가인 반면 오늘날 미국의 주요 적국인 중국은 아시아국가다. 유럽의 경우 미군을 주둔시킬 장소가 많이 있는 반면 아태지역에는 미군을 주둔시킬 만한 장소가 많지 않다. 더욱이 한반도는 중국의 수도인 베이징에 인접해 있다. 오늘날 중국은 자국 영토 부근에 미군 전력이 접근하지 못하도록 '반접근 지역거부 전략'을 구사하고 있는데 북한 위협과 한미동맹을 빌미로 미국의 전략자산이 베이징 부근인 한반도로 수시 전개할 수 있는 것이다. 이외에도 냉전 당시 미국은 미군을 한반도에 주둔시켜 주는 대가로 한국을 경제 및 군사적으로 지원해 주었다. 그런데 오늘날 미국은 한국을 더 이상 지원해 주지 않을 뿐만 아니라 매년 10억$ 이상의 방위비분담금을 지원받고 있는 실정이다. 결과적으로 미국 입장에서 냉전 당시와 비교하여 훨씬 중요해진 한반도에 보다 적은 비용으로 미군을 주둔시킬 수 있게 된 것이다. 냉전 당시와 비교하여 오늘날 한미동맹이 보다 중요한 의미가 있다고 미국의 전문가들이 이구동성으로 말하는 것은 이 같은 이유 때문이다.

개인과 개인의 관계와 마찬가지로 국가와 국가의 관계도 주고받는 관계다. 상대방으로부터 받는 것보다 상대방에게 보다 많은 것을 제공해 주는 측이 상대적으로 큰소리를 칠 수 있는 것이다. 냉전 당시 한미관계는 주고받는 측면에서 어느 정도 균형을 이루었다. 아니 미국이 보다 많은 것을 챙겼다. 한국 안보를 보장해 주는 조건으로 한반도란 주요 지역에 미군을 주둔시켜 주었을 뿐만 아니라 3만 명 정도의 미군 주둔을 통해 한국군과 더불어 소련의 남진을 저지할 수 있었기 때문이다.

이미 지적한 바처럼 이 같은 주고받는 관계 측면에서의 한미 간의 균형은 냉전 종식 이후 급격히 와해되었다. 북한과 비교하여 한국의 국력이 비약적으로 신장했기 때문이었다. 미군이 없어도 스스로 북한 위협을 통제할 수 있는 수준이 되었기 때문이었다. 한국 입장에서 미국으로부터 얻을 수 있는 것이 상당히 줄어든 반면 미국이 한국으로부터 얻을 수 있는 것이 상대적으로 매우 커진 것이다.

연루와 방기란 동맹의 딜레마 측면에서 보면 한미동맹이 체결될 당시는 미국이 한국을 버릴 수도 있을 것이란 우려가 한국이 미국을 버릴 것이란 우려보다 컸다고 볼 수 있다. 왜냐하면 한미동맹을 통해 미군이 한반도란 전략적 지역에 주둔함에 따라 미국이 얻는 이득과 비교하여 주한미군 주둔으로 안보적 측면에서 한국이 얻을 수 있는 이득이 컸다고 생각되었기 때문이었다. 실제는 아니더라도 한국인들이 느끼는 인식 측면에서 그러했기 때문이다.

이처럼 오늘날 한국 입장에서 한미동맹의 의미가 많이 줄어들었다는 사실 이외에 오늘날 한미동맹의 가장 큰 문제는 한미가 추구해야 할 공동 목표를 상실했다는 사실이다. 동맹이 공동 목표를 전제로 한다는 점에서 보면 한미동맹이 그 의미를 대거 상실한 것이다. 냉전 당시 한미동맹을 통해 추구한 한국의 정치적 목표는 적화통일 방지였던 반면 군사적 목표는 휴전선을 통한 북한군 남침 저지였다. 반면에 미국이 추구한 정치적 목표는 아태지역을 겨냥한 소련의 세력팽창 저지였던 반면 군사적 목표는 북한지역을 통한 소련의 남진 저지였다. 이처럼 한미동맹을 통해 한국과 미국이 추구하는 정치적 목표는 달랐지만 군사적 목표가 유사했다. 한미동맹이 체결된 1954년부터 주한미군이 평택으로 이전해간 2010년까지 이들 미군이 휴전선 부근에서 인계철선(引繼鐵線) 역할을 담당했던 것은 이 같은 이유 때문이었다.

1991년 12월의 소련의 해체와 중국의 부상으로 한미동맹을 통해 미국과 한국이 추구하는 정치적 목표뿐만 아니라 군사적 목표가 달라졌다. 오늘날 한국인들이 생각하는 한미동맹의 정치적 목표와 군사적 목표는 냉전당시와 동일하다. 북한 위협 대비 성격이다. 반면에 오늘날 미국은 아태지역을 겨냥한 소련의 세력팽창이 아니고 중국의 세력팽창 저지에 관심이 있다. 그런데 중국의 세력팽창은 휴전선을 통해서가 아니고 자국의 광활한 태평양 해안을 통해 이루어질 것으로 예상된다. 전후 휴전선 부근에 집중 배치되어 있던 미군이 중국의 주요 해군기지가 있는 칭따오(青島)를 마주보는 평택으로 이전한 것은 이 같은 이유 때문이었다.

이 같은 사실을 고려하여 1990년대 말경부터 미국은 한미동맹이 겨냥해야 할 위협을 북한 위협과 더불어 주변국 위협을 포함하는 성격으로 바꾸고자 노력했다. 그런데 여기서 말하는 주변국 위협은 중국 위협이었다. 여기서 보듯이 한미가 추구해야 할 공동 위협 개념이 약화된 것이다.

동맹국들은 가능하면 상대방 동맹국을 자국의 이익 추구 행위에 연루시키고자 노력하는 한편 상대방 동맹국의 이익 추구 행위에 연루되는 현상을 방지하고자 적극 노력하게 된다. 한미동맹을 체결하면서 미국이 한국군에 대한 작전통제권 행사를 이승만에게 요구했던 것은 자국의 이익에 저촉되는 한국의 북진통일 노력에 연루되지 않기 위함이었다. 이승만의 북진통일이 미국의 도움을 받아 한국의 주요 국익에 해당하는 남북통일을 달성하고자 하는 형태란 점에서 미국을 연루시키고자 한 노력인 반면 북진통일에 대한 미국의 반대는 한국의 국익 추구 행위에 연루되지 않겠다는 미국의 단호한 의지를 반영한 것이었다.

1968년의 1·21사태, 그 후 3일 뒤에 벌어진 미 정보수집함 푸에블로호 납치 사건은 미국이 한국의 국익 추구 행위에 연루되지 않고자 적극 노력함을 보여준 또 다른 사례였다. 1968년 1월 21일 김신조를 포함한 31명의 북한 무장공비가 청와대 부근까지 왔다. 체포된 김신조는 "박정희 목 따러 왔다."고 말했다. 미국은 그 배후에 소련이 있는지 확인했다. 북한 단독 소행임을 파악한 미국은 한국의 보복을 저지했다. 그 후 3일 뒤 공해 상에서 미 정보수집함 푸에블로호가 북한에 납치되었다. 그러자 미국은 항공모함 엔터프라이즈호를 동해상으로 출동시키는 등 일대 소동을 벌였다. 이 같은 미국의 반응에 박정희가 분노했다. 냉전 당시 이 같은 경우가 빈번히 있었다. 북한 단독 소행인 경우 미국은 매번 한국의 대응을 저지한 것이다. 당시의 사건은 미군의 한반도 주둔이 북한 위협 때문이 아니고 북한 위협을 빌미로 소련 위협에 대항하기 위한 것임을 분명히 보여주었다.

오늘날에도 한반도에서 미국의 입장은 변함이 없어 보인다. 북한 위협을 빌미로 한미동맹을 중국위협 대비 목적으로 이용하는 것으로 보인다. 소위 말해, 한반도에서의 한국의 국익 추구 행위에 연루되지 않으면서 한국을 미국의 국익 추구 행위에 연루시키기 위한 것으로 보인다. 그런데 이처럼 타국의 국익 추구 행위에 연루되지 않으면서 타국을 자국의 국익 추구 행위에 연루시키고자 노력하는 것은 모든 동맹국이 추구하는 바이다. 미국이 말하는 한미동맹 강화가 한국을 미중 패권경쟁에 연루시키기 위한 성격으로 생각할 수 있다면 종전협정 선언은 이 같은 미국의 굴레에서 벗어나기 위한 성격으로 생각할 수도 있을 것이다. 오늘날 한미동맹의 딜레마는 이것으로 보인다.

오늘날 미국은 한국을 미중 패권경쟁에 연루시키고자 적극 노력하고 있는 듯 보인다. 이 같은 측면에서 남북한 평화체제 정착을 위한 한국의 노력, 자율성 확보를 겨냥한 한국의 노력을 저지하고자 적극 노력하고 있는 듯 보인다. 예를 들면, 2020년 11월 18일 미 하원은 한반도와 관련해 발의된 두 결의안, 한미동맹 강화 결의안과 종전선언 결의안 가운데 전자를 만장일치로 통과시킨 반면 후자를 상정조차 하지 않은 채 폐기했다고 한다. 그런데 미국은 한미동맹 강화를 한국을 자국의 글로벌 파트너십으로 전환하기 위한 노력으로 생각하고 있다고 한다. 반면에 한국 일각에서는 종전선언처럼 한국의 자율성 증진 노력을 한미동맹 강화로 생각하고 있는 듯 보인다. 문제는 미국이 생각하는 한미동맹 강화가 한반도에서의 미국의 국익 추구 행위에 한국을 연루시키기 위한 성격으로 보이는 반면, 한국 일각에서 생각하는 한미동맹 강화가 이 같은 미국의 노력으로부터 벗어나기 위한 성격으로 보인다는 사실이다.

인도−태평양 전략에 한국을 동참시키고자 하는 미국의 노력 또한 한국을 미중 패권경쟁에 연루시키기 위한 성격으로 볼 수 있을 것이다. 왜냐하면, 센카쿠열도(尖閣列島) 문제를 놓고 또는 패권을 놓고 중국과 대립하고 있는 일본 및 미국과 달리 한국은 중국과 대립해야 할 특별한 이유가 없기 때문이다.

사드미사일의 한반도 배치는 또 다른 사례로 보인다. 미국은 사드미사일의 한반도 배치가 북한 핵위협으로부터 주한미군을 보호할 목적의 것이라고 말하고 있는 반면 중국과 러시아는 이것이 미국을 겨냥한 중국과 러시아의 핵탄도미사일을 무력화시킬 목적의 것이라고 말하고 있다. 북한과 한국이 인접해 있다는 점에서 북한이 한국을 겨냥하여 발사하는 핵미사일을 사드미사일로 요격할 수 없다고 한다. 만약 그러하다면 이것의 배치를 통해 한국은 미국의 국익 추구 행위에 연루되는 것과 다름이 없을 것이다. 사드미사일의 한반도 배치를 염두에 둔 미국의 노력은 자국의 이익 추구 행위에 한국을 연루시키고자 하는 행위와 다름이 없을 것이다. 이 같은 연루로 인해 한반도가 미중 패권경쟁의 와중에서 상당한 피해를 볼 가능성도 없지 않을 것이다.

오늘날 한미동맹의 주요 문제는 미국 입장에서 남북한 문제에 연루되지 않으면서 한국을 미중 패권경쟁에 연루시키고자 한다는 사실에 있다. 한국 입장에서 보면 한미동맹이 도움이 되는 측면은 상당히 감소한 반면 한미동맹으로 인해 한반도가 6·25전쟁 당시처럼 패권경쟁의 희생 지역이 될 가능성이 있다는 사실에 있다. 이 문제를 어떻게 해결할 것인지 한미 양국의 위정자들이 진지하게 고민해야 할 것으로 보인다.

이외에도 오늘날 미국은 한국군을 지속적으로 작전 통제하고자 노력하고 있는데, 이는 한국군 장교들의 능력 함양 저지를 통해 한국이 지속적으로 미국에 의존적이도록 하기 위함일 것이다. 미군이 한반도에서 필요 없어질 가능성을 줄이기 위함일 것이다. 문제는 한국군이 미군의 작전통제를 받는 경우 장교들의 도덕적 해이, 전시 군사력 건설과 무관한 평시 군사력 건설 등의 문제가 벌어진다는 사실이다.

제7장

결론

1943년부터 1954년까지의 미국의 한반도정책, 특히 300만 명 이상의 인명을 희생시키는 등 엄청난 피해를 초래하며 진행된 6.25전쟁을 어떻게 해석해야 할까? 6·25전쟁은 미국과 소련이란 강대국이 한반도에서 벌인 패권전쟁이었다. 이들 국가가 자국의 국익을 위해 한반도를 철저히 희생시킨 전쟁이었다. 미국 입장에서 보면 미군 재무장과 동맹체제 구축을 통해 냉전 승리의 초석을 마련하기 위한 전쟁이었다. 그러면 미국의 한반도정책 분석을 통해 얻을 수 있는 주요 교훈은 무엇일까? 국가안보를 외세에 전적으로 의존하면 결코 안 된다는 사실이다. 자주국방이 절실히 요구된다는 사실이다. 전작권을 서둘러 전환해야 한다는 사실이다.

제1절. 미국의 한반도정책 회고

1943년부터 1954년에 이르는 미국의 한반도정책을 어떻게 설명할 수

제7장. 결론 707

있을까? 이는 미국이 아닌 또 다른 패권국가의 부상 방지 차원에서 한반도에 대한 미국의 영향력을 확보하기 위한 성격의 것이었다. 아태지역에서 미국이 아닌 또 다른 패권국가가 부상하는 경우 이 국가가 태평양을 건너 미 본토를 공격할 가능성이 있기 때문이었다. 미국이 이처럼 패권경쟁 차원에서 한반도에 관심을 기울였던 주요 이유는 한반도가 미국, 소련, 중국 및 일본이란 4강의 이익이 교차하는 지구상 유일 지역이기 때문이었다. 한반도에 대한 모든 영향력이 자국 입장에서 적성국으로 넘어가는 경우 패권경쟁에서 상당히 불리해지기 때문이었다.

예를 들면, 루즈벨트의 신탁통치 구상은 38선을 중심으로 분할 점령함으로써 한반도에 대한 미국의 영향력을 확보하기 위한 첫 단계 조치였다. 루즈벨트의 미국은 겉으로는 신탁통치를 표방했지만 이면에서는 한반도 분할 점령을 추구했다. 이는 일정 기간 동안의 신탁통치 이후 한반도를 독립시켜 주는 방식으로는 한반도에 대한 영향력을 확보할 수 없기 때문이었다. 결과적으로 1945년 8월 15일 한반도가 해방과 동시에 38선을 중심으로 분할된 것이다.

1945년 9월 8일 한반도에 진주한 하지 장군 중심의 미국은 곧바로 한반도를 영구 분단시키기 위한 작업에 착수했다. 이 같은 측면에서 먼저 미군정은 남한지역에 반공(反共) 성향의 단독정부 수립을 추구했다. 한반도 진입 직후인 1945년 9월 16일 미군정은 일부 친일성향 인사와 지주(地主)로 하여금 한민당을 창당하게 했다. 1945년 11월에는 친일파 중심의 경찰, 군대 및 검찰을 창설하기 위한 작업을 시작했다. 하지는 일제 당시 친일파와 공산주의자들이 견원지간(犬猿之間)이었다는 사실에 착안하여 남한지역을 친일파들이 주도하게 만들었다. 북한지역을 공산주의자들이 장악할 것이란 점에서 남한지역을 친일파가 주도하게 하는 경우 남한과 북한이 상호 대립할 것이기 때문이었다. 이처럼 상호 대립해야만 미군을 한반도에 주둔시킬 수 있으며, 미군을 주둔시켜야만 한반도에 대한 영향력을 확보할 수 있을 것이기 때문이었다.

이 같은 미군정의 정책에 대항하여 많은 조선인들이 분단반대와 미군철수를 외쳤다. 그러자 미군정이 이들 조선인을 가혹하게 탄압했다. 대구 10·1사건, 제주도 4·3사건, 여수/순천 10·19사건은 이 같은 성격이었다. 이 같은 탄압으로 6·25전쟁이 벌어지기 이전까지 남한지역에서 10만 명에서 20만 명의 조선인이 희생되었다. 그런데 분단반대와 외세철수를 외쳤다는 측면에서 보면 이들은 3·1운동에 참여했던 애국선열과 다르지 않았다.

1948년 8월에는 남한지역에 반공성향 정부, 동년 9월에는 북한지역에 공산 정부가 수립되었다. 이 같은 상태에서 1948년 12월 북한지역에서 소련군이, 1949년 6월 남한지역에서 미 전투부대가 모두 철수했다.

한반도에 대한 영향력 확보를 강조했던 미국이 1949년 6월 30일 미 전투부대를 모두 철수시켰던 것은 중국대륙 공산화와 관련이 있었다. 1948년 12월에는 중국대륙 공산화가 분명해졌다. 당시 미국은 공산중국이 소련과 동맹을 체결하지 않으면 미군을 재무장하지 않아도 소련의 위협에 대항할 수 있다고 생각했다. 미국은 공산중국과 소련이 동맹을 체결하는 경우 미군을 재무장하고, 유라시아 대륙 주변부의 주요 국가들과 동맹을 체결해야 할 것으로 판단했다. 이 같은 방식으로 소련과 중국 모두를 봉쇄해야 할 것으로 생각했다.

미국은 이 같은 재무장과 동맹 결성 측면에서 미 국방비를 400% 증액해야 할 것으로 판단했다. 이처럼 증액시키고자 하는 경우 미군과 공산군이 장기간 동안 치열하게 싸움으로서 미국을 포함한 자유진영 국가 국민들에게 공산세력의 위협을 절감하게 만들 필요가 있었다. 그런데 이 같은 공산국가는 핵무기를 보유하고 있던 소련일 수 없었다. 이는 중국이었다.

미군과 중국군이 싸울 수 있는 곳은 미국, 소련, 중국 및 일본의 이익이 교차하는 한반도였다.

미군과 중국군이 한반도에서 격돌하려면 먼저 북한군의 남침이 필요했다. 북한군의 남침에 대항하여 참전한 미군이 38선 너머로 북진하는 경우 자국 안보 측면에서 중국군의 참전이 필연적이었다. 미국은 이 같은 중국군과 미군이 한반도에서 격돌할 수 있을 것으로 생각했다. 미군이 한반도에 주둔하고 있는 상태에서는 북한군의 남침은 불가능했다. 중국대륙 공산화로 미국 입장에서 한반도가 보다 더 중요해진 1949년 6월 미국이 주한미군 전투부대를 모두 철수시킨 것은 이 같은 이유 때문이었다.

1949년 1월부터 중소동맹 체결이 확실해진 1950년 1월 중순의 기간 미국은 한편으로는 중국과 소련을 이간시키기 위해 노력하면서 또 다른 한편으로는 한반도전쟁을 준비했다. 중국과 소련을 이간시키지 못하는 경우 미군 재무장과 동맹체제 구축 측면에서 한반도전쟁이 필요했기 때문이었다.

1949년 6월 27일 미국은 한반도에서 전쟁이 벌어지는 경우 미군을 유엔군의 일환으로 참전시킬 것이란 극비문서를 작성했다. 9월에는 북한군이 남침하는 경우 유엔군의 일환으로 참전한 미군이 낙동강까지 후퇴했다가 인천상륙작전을 통해 반격하며, 진남포와 원산 상륙을 통해 북진할 것이란 한반도전쟁 계획인 SL-17을 작성했다. 이들 계획은 물론이고 1949년 6월 30일의 주한미군 전투 병력의 철수는 한반도전쟁에 대비하기 위한 성격이었다. 한편 1949년 12월 미국은 소련과 중국의 이간을 추구할 뿐만 아니라 공산군의 남침을 전제로 하는 롤백정책을 담고 있던 NSC-48/2란 문서를 만들었다. 1950년 1월 5일에는 트루먼이, 1월 12일에는 애치슨 국무장관이 이 문서를 근거로 연설했다.

1950년 1월 중순에는 중소동맹 체결이 확실해졌다. 이 순간부터 미국은 한반도전쟁을 본격적으로 준비했다. 소위 말해, 한반도에서 전쟁이 벌어지도록 여건을 조성하기 위한 작업에 착수한 것이다. 이 순간부터 미국은 북한군이 남침하는 경우 남한을 포기할 것처럼 보이는 다양한 조치를 취했으며, 북한군의 남침 준비에도 불구하고 한국군의 전력을 약화시켰다. 그러면서도 미국 내부에서 북한군의 고속 남진에 대비한 훈련을 실시했다.

『군번1번의 외길인생』이란 자서전에서 이형근 대장이 지적한 6·25전쟁 10대 불가사의는 미국이 한반도에서 전쟁이 벌어지는 경우 이 전쟁이 남한의 도발이 없는 가운데 북한군의 남침임을 입증하기 위한 알리바이를 확보하기 위해 노력했음을 보여주는 성격이었다. 예를 들면, 1950년 6월 24일 한국군은 전 장병의 1/3 정도를 외출/외박을 내보냈는데, 당시 남한이 북침할 의도가 있었다면 그처럼 할 수 없었을 것이다.

한편 6·25전쟁과 관련하여 아직도 '정보 실패' 운운하는데 당시 미국은 정보 측면에서 실패하지 않았다. 미국은 북한군의 남침 준비는 물론이고 남침 시점까지 정확히 알고 있었다. 그러면서도 모른 척했다. 이처럼 알면서도 모른 척 했던 것은 한반도에서 미군과 중국군이 장기간 동안 격돌하려면 북한군의 남침이 필수적이기 때문이었다. 1950년 10월 16일경의 중국군의 한반도 진입 또한 마찬가지였다. 미국은 당시의 중국군 진입을 매우 잘 알고 있던 상태에서 모른 척했던 것이다.

6·25전쟁은 20세기의 어느 전쟁과 비교해도 참혹한 방식으로 수행되었다. 3년 동안의 전쟁을 통해 300만 명 이상의 조선인이 사망했다. 당시 남한과 북한 인구가 3,000만 명 정도였다는 점에서 이는 인구의 10% 정도가 희생되었음을 의미했다. 굶주림과 질병을 고려하는 경우 최대 600만 명이 사망했다고 한다. 이외에도 1,000만 명에 달하는 이산가족이 생겨났다. 2차 세계대전 당시 사망한 일본인 군인과 민간인은 200만 명 정도였다. 그런데 이는 일본 인구의 3% 정도였다.

이처럼 6·25전쟁이 참혹한 방식으로 진행되었던 것은 미군 재무장과 동맹체제 구축 측면에서 미군과 중국군이 한반도에서 가능한 한 장기간 동안 참혹한 방식으로 싸워야 할 것이란 미국의 전쟁 목표 때문이었다. 미국이 6·25전쟁을 이 같은 방식으로 수행하기로 결심했음을 보여주는 대표적인 사례는 1952년 2월부터 1953년 7월까지의 포로송환 과정이다. 당시 트루먼은 1949년의 제네바협약에서 언급하고 있던 포로의 강제송환이 아니고 자유송환을 주장하면서 전쟁을 1년 6개월 연장시켰다. 이 기간 동안 고지쟁탈전과 같은 거의 의미 없는 목표를 놓고 엄청난 포탄을 퍼부었다.

　3년 동안 진행된 피비린내 나는 전쟁을 보며 대부분 남한 국민이 미군의 한반도 주둔을 염원해야만 하는 신세가 되었다. 특히 이승만 대통령이 한미상호방위조약 체결을 염원했다. 그런데 정전협상이 시작된 지 얼마 지나지 않은 1951년 7월 중순 트루먼을 중심으로 하는 미국의 수뇌부는 전후 거의 무기한 동안 미군을 한반도에 주둔시키기로 결심했다. 1943년 당시 미 국무성이 한반도와 관련하여 추구한 목표, 한반도에 대한 영향력 확보란 목표 측면에서 보면 이는 당연한 현상이었다. 그럼에도 불구하고 이승만을 포함한 대부분 한국인이 한미상호방위조약 체결을 염원하는 입장임을 감지한 미국은 조약 체결 조건으로 한국군에 대한 작전통제권 행사를 요구했다. 한국군을 전쟁 수행이 불가능한 구조, 지상군 중심, 현행 작전 중심의 군으로 만들었다.

　이 같은 미국의 노력으로 한미동맹이 체결된 지 거의 70년이 지났음에도 불구하고 한국군이 전쟁 수행 능력을 제대로 구비하지 못하게 된 것이다. 전작권을 아직도 전환하지 못하고 있는 것이다. 이외에도 현역 및 예비역 군인들이 국익이 아니고 사익 또는 타국의 이익을 대변하는 현상, 소위 말해 도덕적 해이 현상을 노정시키는 상황이 되었던 것이다. 2007년부터 2014년까지의 예비역 대장들의 전작권 전환 반대는 도덕적 해이를 보여준 대표적인 경우였다. 또한 평시 군사력 건설을 한국군 중심으로 하는 반면 전시 군사력 운용을 미군 대장이 주도하게 되면서 군사력 건설과 운용이 불일치하는 현상이 초래되었다. 적어도 1980년대 중반 이후 북한군과 비교하여 상당히 많은 국방비를 사용해 왔음에도 불구하고 자주국방 측면에서 미흡한 부분이 없지 않은 것은 이 같은 이유 때문이었다. 마지막으로 한국군이 중국 위협에 초점을 맞추고 있는 미군 대장의 지휘를 받고 있다는 사실로 인해 한반도가 미중간의 싸움에서 전초기지가 될 가능성이 상당히 높아졌다. 미중경쟁이 전쟁으로 비화되는 경우 한반도가 6.25전쟁과 비교하여 훨씬 참혹한 상황에 처할 가능성도 없지 않은 것이다.

이들 논의를 종합해 보면, 1943년 이후 미국은 한반도를 미국의 안보와, 특히 아태지역 안보와 연계시켰다. 1945년 2월의 얄타회담에서 정립된 전후 체제에 따르면 미국은 장제스가 통치하는 중국 대륙, 미군이 주둔하는 한반도과 일본을 이용하여 아태지역을 겨냥한 소련의 남진을 저지할 구상이었다. 미군의 한반도 주둔 차원에서 한반도를 38선으로 분할시켰으며, 남한에 단독정부를 수립한 것이었다. 1948년 말경에는 중국 대륙 공산화가 분명해지면서 얄타체제가 의미를 상실했다. 6.25전쟁은 얄타체제를 대체하기 위한 새로운 체제를 구축하기 위한 전쟁이었다. 소련과 중국을 포함한 공산세력을 유라시아대륙 주변부에서 봉쇄하기 위한 체제를 구축하기 위한 성격이었다. 6·25전쟁을 통해 미국이 재무장할 수 있었으며, 나토, 미일동맹 등 지구상 도처에 동맹체제를 구축할 수 있었던 것이다. 얄타체제를 대체하기 위한 새로운 체제를 구축할 수 있었던 것이다.

미중 패권경쟁이 격화되고 있는 오늘날 미국은 재차 한반도를 미중 패권경쟁 측면에서 생각하고 있는 듯 보인다. 혹자는 미국이 미군의 한반도 주둔을 보장하기 위해 북한 핵무장을 간접적으로 지원했다고 말하고 있다. 이것이 사실이라면 이는 오늘날에도 미국이 자국 안보를 위해 한반도를 희생시키고자 하는 또 다른 주요 사례로 보인다.

제2절. 교훈

　1943년부터 1954년에 이르는 미국의 한반도정책 분석을 통해 얻을 수 있는 주요 교훈은 무엇일까? 자주국방의 필요성이다. 한반도를 외세의 영향권에서 서둘러 벗어나게 해야 할 것이다. 적어도 북한 위협을 독자적으로 통제할 수 있어야 할 것이다. 전작권을 곧바로 전환해야 할 것이다. 이것이 가능한 것일까? 충분히 가능하다.

　오늘날 미중 패권경쟁이 격화되고 있다. 그런데 미국은 아태지역을 겨냥한 중국의 세력팽창을 냉전 당시 구축해 놓은 동맹체제를 중심으로 저지하고자 노력하고 있다. 이 같은 미국의 아태지역 동맹체제에서 한국은 최첨단 지역에 위치해 있다. 결과적으로 패권경쟁이 격화되는 경우 한반도가 가장 먼저 피해를 입을 가능성이 있는 것이다. 오늘날 미국과 일본이 한국을 한미일 3각 동맹으로 편입시키고자 진지하게 노력하는 주요 이유는 미중 패권경쟁이 전쟁으로 비화되는 경우 미국과 일본을 대신하여 한국을 희생시킬 필요가 있기 때문일 것이다. 한국이 이 같은 동맹에 들어가지 않으면 일본이 가장 먼저 희생될 가능성이 있을 것이다. 한국과 일본이 미중 싸움에 동참하지 않는 경우 미 본토가 공격 받을 가능성이 있을 것이다.[1]

---

1. 이영희. "미국 따라 중국 때리긴 했는데, 日 '美中 대립 최전선되나' 우려도." 『중앙일보』, 2021. 3. 17.

문제는 미국 및 일본과 달리 한국이 중국과 직접 대결해야 할 이유가 없다는 사실이다. 미국은 패권경쟁 측면에서 중국과 대립하지 않을 수 없는 입장이다. 일본은 센카쿠열도 문제로 중국과 일전도 불사하지 않을 수 없는 입장이다. 한국이 중국과 직접 대결해야 할 이유는 무엇인가? 자유민주주의 수호를 위함인가?

1943년부터 1954년까지의 기간처럼 한반도가 재차 미국과 일본을 대신하여 희생되어야 할 것인가? 이는 한국인 모두 진지하게 고민해야 할 부분일 것이다.

이처럼 한국을 패권경쟁에 동참시키고자 하는 미국과 일본의 노력에서 벗어나고자 하는 경우 한국은 자주국방을 추구해야 할 것이다. 서둘러 전작권을 전환해야 할 것이다.

장기적으로 보면 중립국 형태로 한반도 통일을 추구해야 할 것이다. 중립국을 추구하는 경우 남북통일이 매우 용이해질 것이다. 혹자는 북한 중심 통일 운운한다. 경제력, 인구, 군사력 등 국력의 제반 요소 측면에서 북한과 비교하여 한국이 월등하다는 사실, 북한인들조차 풍요로운 삶을 원한다는 사실 측면에서 보면, 통일은 남한 중심으로 될 수밖에 없다.

혹자는 통일한국의 중립국 상태 유지가 어려울 것이라고 말한다. 그렇지 않다. 통일 이후 중립국 상태를 추구하는 경우 통일한국은 미국과 중국 모두와 동맹을 체결하는 효과를 누릴 수 있을 것이다. 이는 패권국 입장에서 한반도에 대한 영향력을 상실하는 경우 패권경쟁 측면에서 상당한 악영향을 받게 된다는 한반도의 지정학적인 특성 때문이다.

19세기 당시와 달리 오늘날에는 타국을 점령하여 자국의 식민지로 만들 수 없다. 이 같은 사실과 더불어 특정 국가가 통일한국을 침입하는 경우 특정 국가의 적성국이 통일한국을 지원하지 않을 수 없을 것이다. 예를 들면, 중국이 통일한국을 침범하는 경우 한반도에 대한 모든 영향력이 중국으로 넘어갈 가능성을 우려하는 일본과 미국이 한국을 지원하지 않을 수 없을 것이다. 일본 또는 미국이 한국을 침범하는 경우도 마찬가지일 것이다. 중국이 수수방관할 수 없을 것이다. 소위 말해, 통일 이후 중립국을 유지하면 통일한국은 미국 및 중국 모두와 동맹을 체결하는 효과를 누릴 수 있을 것이다. 미국과 중국 가운데 특정 국가와 동맹을 체결하는 경우 나머지 국가와 대립하게 되는 반면 중립국을 유지하는 경우 모든 주변 강대국들과 우호적인 관계를 유지하면서도 유사시 모든 강대국으로부터 동맹을 체결한 것과 동일한 형태의 지원을 얻을 수 있을 것이다.

한편 통일한국은 주변국과의 싸움에서 승리할 수 있는 수준은 아닐지라도 상당한 피해를 입힐 수 있을 정도의 전력을 건설해야 할 것이다. 항공기, 전차 및 함정과 같은 재래식 전력과 더불어 핵무장을 추구해야 할 것이다. 이처럼 하는 경우 어느 국가도 통일한국을 넘볼 수 없을 것이다.

어떻게 하면 중소기업이 대기업이 될 수 있나

홍석환 지음 | 값 17000원

본 서는 삼성전기, GS칼텍스, KT&G 등 유수의 회사에서 31년여간 인재개발과 인사전략 업무를 해온 홍석환 저자가 제언하는 중소기업의 성장을 위한 조언이다. 특히 수년간 중소기업 대상의 기업 컨설팅과 강의 활동을 하면서 경험한 내용을 바탕으로 중소기업의 성장을 방해하는 일곱 가지 고질적 문제점과 다양한 사례를 바탕으로 타산지석의 조언을 전개하고 있다.

삼족오(문헌을 토대로 고찰한 가장 잘 사는 이야기)

이상덕 지음 | 값 17000원

'삼족오'는 황종구 저자의 10여 년간의 고찰을 담은 책이다. 저자는 『환단고기』를 비롯, 한민족의 비원을 담은 서적들과 기독교(천주교)의 성경을 비교 고찰하며 기독교(천주교)사상과 한민족의 고대사 간의 관계에 대한 새로운 분석과 함께 '인간답게 살아가는 법'에 대한 해답을 제공한다.

담장 속에서 찾은 행복 이야기

이상덕 지음 | 값 17000원

본 도서는 2017년에 나온 『눈사람 미역국』의 개정판으로 저자가 청송 제3교도소에 수감 중이었던 시절 겪은 여러 일들을 가감 없이 풀어낸 책이다. 조직폭력배로서 주변에 상처를 안기며 좌절할 수밖에 없는 나날들이었지만 '글쓰기'라는 과정을 통해 지난날의 잘못을 뉘우치고 참회하는 한편, 어려움 속에서 살아가는 사람들을 위로하며 행복의 길을 찾길 비라는 저자의 마음을 책 곳곳에서 느낄 수 있다.

윤석열의 운명

오풍연 지음 | 값 15500원

출입기자와 법무부 정책위원 등으로 법조계와 약 12년간 인연을 맺어 온 오풍연 전 서울신문 법조대기자는 이 책을 통해 2022년 대선의 '폭풍의 눈'으로 떠오른 윤석열 전 검찰총장을 신중하게 주목한다. 특히 그가 기존의 비정치인 출신 대권주자들과 차별화되는 강점과 함께 그가 대권주자로 거듭나는 과정에 얽힌 복잡한 정치적 지형을 흥미진진하면서도 예리하고 치밀하게 해부한다.

'행복에너지'의 해피 대한민국 프로젝트!
〈모교 책 보내기 운동〉

대한민국의 뿌리, 대한민국의 미래 청소년·청년들에게 책을 보내주세요.

　많은 학교의 도서관이 가난해지고 있습니다. 그만큼 많은 학생들의 마음 또한 가난해지고 있습니다. 학교 도서관에는 색이 바래고 찢어진 책들이 나뒹굽니다. 더럽고 먼지만 앉은 책을 과연 누가 읽고 싶어 할까요?
　게임과 스마트폰에 중독된 초·중고생들. 입시의 문턱 앞에서 문제집에만 매달리는 고등학생들. 험난한 취업 준비에 책 읽을 시간조차 없는 대학생들. 아무런 꿈도 없이 정해진 길을 따라서만 가는 젊은이들이 과연 대한민국을 이끌 수 있을까요?

　한 권의 책은 한 사람의 인생을 바꾸는 힘을 가지고 있습니다. 한 사람의 인생이 바뀌면 한 나라의 국운이 바뀝니다. **저희 행복에너지에서는 베스트셀러와 각종 기관에서 우수도서로 선정된 도서를 중심으로 〈모교 책 보내기 운동〉을 펼치고 있습니다.** 대한민국의 미래, 젊은이들에게 좋은 책을 보내주십시오. 독자 여러분의 자랑스러운 모교에 보내진 한 권의 책은 더 크게 성장할 대한민국의 발판이 될 것입니다.

　도서출판 행복에너지를 성원해주시는 독자 여러분의 많은 관심과 참여 부탁드리겠습니다.

도서출판 **행복에너지** 임직원 일동
문의전화　0505-613-6133

하루 5분 나를 바꾸는 긍정훈련

행복에너지

**'긍정훈련' 당신의 삶을
행복으로 인도할
최고의, 최후의 '멘토'**

'행복에너지
권선복 대표이사'가 전하는
행복과 긍정의 에너지,
그 삶의 이야기!

인터파크
자기계발 분야 주간
베스트 1위

권선복 지음 | 15,000원

권선복

도서출판 행복에너지 대표
지에스데이타(주) 대표이사
대통령직속 지역발전위원회
문화복지 전문위원
새마을문고 서울시 강서구 회장
전 팔팔컴퓨터 전산학원장
전 강서구의회(도시건설위원장)
아주대학교 공공정책대학원 졸업
충남 논산 출생

책 『하루 5분, 나를 바꾸는 긍정훈련 - 행복에너지』는 '긍정훈련' 과정을 통해 삶을
업그레이드하고 행복을 찾아 나설 것을 독자에게 독려한다.
긍정훈련 과정은 [예행연습] [워밍업] [실전] [강화] [숨고르기] [마무리] 등 총
6단계로 나뉘어 각 단계별 사례를 바탕으로 독자 스스로가 느끼고 배운 것을 직접
실천할 수 있게 하는 데 그 목적을 두고 있다.
그동안 우리가 숱하게 '긍정하는 방법'에 대해 배워왔으면서도 정작 삶에 적용시키
지 못했던 것은, 머리로만 이해하고 실천으로는 옮기지 않았기 때문이다. 이제 삶
을 행복하고 아름답게 가꿀 긍정과의 여정, 그 시작을 책과 함께해 보자.

『하루 5분, 나를 바꾸는 긍정훈련 - 행복에너지』
